Repertorio de funciones comunicativas del español

Niveles umbral, intermedio y avanzado

REPERTORIO DE FUNCIONES COMUNICATIVAS DEL ESPAÑOL

NIVELES UMBRAL, INTERMEDIO Y AVANZADO

VERSIÓN BILINGÜE: ESPAÑOL-INGLÉS

M.ª JOSE GELABERT
EMMA MARTINELL
MANUEL HERRERA
FRANCISCO MARTINELL

SOCIEDAD GENERAL ESPAÑOLA DE LIBRERÍA, S. A.

Primera edición, 1996

Produce: SGEL-Educación
           Avda. Valdelaparra, 29 - 28100 ALCOBENDAS (MADRID)

© M.ª José Gelabert, Manuel Herrera, Emma Martinell, Francisco Martinell, 1996
© Sociedad General Española de Librería, S. A., 1996
   Avda. Valdelaparra, 29. 28100 ALCOBENDAS (MADRID)

ISBN: 84-7143-575-6
Depósito Legal: M. 35.398 - 1996
Impreso en España - Printed in Spain

Cubierta: Manuel Agüero
Maqueta: C. Campos
Compone: Nueva Imprenta, S. A.
Imprime: Sittic, S. L.
Encuaderna: F. Méndez

A la memoria de doña María Moliner.
LOS AUTORES

SUMARIO

PRESENTACIÓN	8
Advertencias	11
I. RELACIÓN SOCIAL	13
1- 9. Saludo	14
10-29. Ofrecimiento. Invitación	23
30-38. Fórmulas	49
II. INFORMACIÓN Y COMUNICACIÓN	61
39-56. Conversación	62
57-78. Información	80
79-85. Información lingüística	102
III. ACCIONES COMUNICATIVAS	107
86-109. Obligación. Consejo. Permiso	108
110-123. Reacción	141
IV. SENTIMIENTOS, GUSTOS Y OPINIONES	167
124-150. Sentimientos	168
151-158. Gustos. Aficiones. Intereses	209
159-180. Opiniones	217
ÍNDICE DE FUNCIONES	250
ÍNDICE LÉXICO	256
ÍNDICE DE ELEMENTOS COMUNICATIVOS	262

CONTENTS

INTRODUCTION	8
Additional advance on how to use the Dictionary	11
I. SOCIAL RELATIONS	13
1- 9. Greetings	14
10-29. Offering. Inviting	23
30-38. Social formulas	49
II. INFORMING AND COMMUNICATING	61
39-56. Conversation	62
57-78. Information	80
79-85. Linguistic information	102
III. COMMUNICATIVE ACTS	107
86-109. Obligation. Advice. Permission	108
110-123. Reaction	141
IV. FEELINGS, PREFERENCES AND OPINIONS	167
124-150. Feelings	168
151-158. Tastes. Pastimes. Interests	209
159-180. Opinions	217
INDEX OF FUNCTIONS	250
INDEX OF WORDS	256
INDEX OF COMMUNICATIVE ELEMENTS	262

PRESENTACIÓN

Este diccionario está dedicado, por una parte, al extranjero que estudia español, tanto al que lo hace en su país —para quien el repertorio de estructuras y la sucesión de funciones suplirá las intervenciones reales y directas— como al que lo hace en un país de habla hispana —para quien será un testimonio fijado y susceptible de revisión de las intervenciones reales oídas—. Por otra parte, este libro va destinado al profesor de esos dos tipos de estudiantes de español. Este texto le ahorra la necesidad de confiar en su personal manifestación lingüística y la obligación de memorizar estructuras que él no emplea con asiduidad. En una palabra, este repertorio constituye un depósito de lengua viva del que podrá servirse, desestimando o aconsejando de acuerdo con su criterio personal.

Pensamos, además, que cualquier hablante nativo de español puede acudir a este texto como acude no a un diccionario alfabético o a un repertorio fraseológico, sino a un diccionario de sinónimos. Porque este texto es, a la vez, un diccionario ideológico o nocional y un diccionario de estructuras que pueden usarse en la misma situación y con el mismo fin.

Una de las mayores dificultades que plantea la confección de este libro es la elección de una modalidad de español y el deseo de no sobrepasar sus límites salvo en contados casos.

El nivel estándar al que pertenecen las estructuras que presentamos no comprende giros tan actuales que quizá hayan dejado de usarse al poco tiempo de su publicación, ni giros tan arcaicos que apenas se oigan en el ámbito hispanoparlante. La razón de esta elección es que pretendemos que sea un texto útil, un retrato más de lo estable de la lengua que de lo fugaz. De ahí que no tengan cabida en él, de modo regular, expresiones groseras ni tampoco expresiones tan refinadas que sorprendieran a los posibles oyentes. También hemos prescindido de muchas voces típicamente hispanoamericanas, a pesar de su importancia y vitalidad, pero hemos indicado en algunas notas variantes de determinados términos.

Existen en el mercado algunos repertorios fraseológicos y también algunos inventarios de español. Nosotros, basados en nuestra experiencia docente, hemos pretendido plasmar la manifestación en lengua española para una gama muy extensa de funciones: desde aquellas que son básicas e ineludibles en la vida cotidiana, hasta aquellas que suponen acciones especializadas o la expresión de sentimientos personales. Por esto nuestra meta no es sólo cubrir lo que se llama nivel umbral del español, sino proporcionar un material mucho más complejo. En su recopilación, agrupación y anotación puede radicar el mérito de la tarea realizada y la utilidad de la obra. Obra que sólo podrá perfeccionarse tras su publicación y difusión, con la deseada aportación de las opiniones de los lectores.

El material que constituye este libro está estructurado en tres cuerpos:

INTRODUCTION

This dictionary is aimed partly at the foreign student of Spanish, whether he is residing in his own country, in which case the listed structures and the sequence of functions will substitute for actual direct communication, or is learning the language in a Spanish-speaking country, in which case this book will serve as a fixed source of reference and development for authentic forms of speech encountered by the non-native. It is also aimed at the teacher of both categories of student, relieving him of the need to rely exclusively on his own use of the language and memorisation of structures which he rarely employs. In other words, this dictionary is a compendium of the living language which he can use selectively, recommending or disregarding the elements it contains at his own discretion.

In addition, any native speaker of Spanish with a knowledge of English might usefully consult this work, not as he would a standard bilingual dictionary or phrase-book, but as a thesaurus. For this book is both a notional dictionary of synonyms and a functional dictionary of structures which may be used in similar situations and with similar intentions.

In this bilingual edition of the dictionary the Spanish version of each element is placed in the left hand column while the English translation is placed alongside it on the right. Most of the notes accompanying the original monolingual edition have also been translated. There are no notes referring specifically to lexical, semantic or syntactic aspects of the English versions. The reason for this is the same as that which motivated the English translation in the first place: the aim of the authors and editors is not to present a list of equivalent expressions in each language so much as to facilitate the comprehension of the Spanish structures which express each function through the medium of an English translation, bearing in mind that English, as well as being the native tongue of many people learning Spanish, is often the medium through which the speakers of other languages acquire new knowledge and skills. Thus, if the Spanish expression is not understood, the English translation will facilitate comprehension. The same applies to the note: there may be readers who might fail to understand them in Spanish, but will have no difficulty doing so in English. We are aware, nonetheless, that with regard to the degree of difficulty and complexity of the items listed, students who are able to make use of Advanced Level material may not need to refer to the English translation.

An additional reason for producing this bilingual edition is that it enhances the usefulness of the work for students who do not have immediate access to a teacher.

One of the greatest difficulties in compiling this book has been the choice of one particular variety of Spanish to which we have endeavoured to restrict ourselves in all but a few instances. The standard version of the language to which the structures selected belong does not include expressions which are so contemporary that they are likely to go out of

*1. **180 unidades correspondientes a otros tantos actos comunicativos frecuentes, agrupados en cuatro apartados:***

*I. **Relación social.*** *Se trata de los intercambios verbales regidos por unas normas que dicta la convivencia social. Comprende: A) Saludo. B) Ofrecimiento. Invitación. C) Fórmulas.*

*II. **Información y comunicación.*** *Se trata de los intercambios verbales debidos al deseo de solucionar una necesidad de información. Comprende: A) Conversación. B) Información. C) Información lingüística.*

*III. **Acciones comunicativas.*** *Se trata de los intercambios verbales referidos a acciones. Comprende: A) Obligación. Consejo. Permiso. B) Reacción.*

*IV. **Sentimientos. Gustos. Opiniones.*** *Se trata de las emisiones verbales que suponen la expresión de lo subjetivo. Comprende: A) Sentimientos. B) Gustos. Aficiones. Intereses. C) Opiniones.*

Cada unidad abarca una relación de estructuras que se pueden usar para realizar el acto comunicativo del que se trata. Hemos procurado que cada estructura se presente en la forma más simplificada posible, aun sabiendo que a veces, al estar fuera de un contexto, resulta ambigua. De ahí los tres puntos entre paréntesis que indican la libre elección de un elemento. Cuando el enunciado no podía quedar abierto se ha completado la estructura.

Las estructuras se acogen a uno de los tres niveles: **Elemental, Intermedio** y **Avanzado.** La inclusión en uno de éstos viene determinada por la naturaleza del léxico de la estructura, su complejidad morfológica y sintáctica, su entonación, la dificultad de su interpretación y lo común o restringido de su uso. Una misma estructura puede encontrarse en más de una función, incluso no en el mismo nivel. Esto se debe a que su uso resulta básico para el cumplimiento de un acto comunicativo, pero no para la ejecución de otro.

A menudo, en el nivel Elemental aparecen fórmulas sencillas que —por rehuir, por ejemplo, el uso del condicional o del subjuntivo— son menos usadas que otras que aparecen en el Intermedio y Avanzado. Este fenómeno refleja el contraste existente entre el enfoque gramatical y el comunicativo en la enseñanza de la lengua: muy a menudo, las fórmulas más usadas no son, desde luego, las más sencillas gramaticalmente.

Con el deseo de poner de manifiesto determinadas características de las estructuras, relativas a registro, nivel, intención y fijación, hemos arbitrado ocho referencias codificadas, que son un dato orientativo para su uso correcto.

*2. **Un cuerpo de notas para las estructuras de cada función que pueden resultar más oscuras o ambiguas.*** *No son notas estrictamente gramaticales, alusivas a los tiempos o modos verbales, a la obligatoriedad de determinados pronombres o preposiciones. Se trata de una información relativa al léxico (palabras de composición interesante, palabras de carácter metafórico; expresiones procedentes de un ámbito concreto, cuyo uso se ha generalizado) y de una información relativa a las condiciones de uso de la estructura (una frase interrogativa con la que no se pregunta, una construcción interrumpida*

fashion soon after publication, or so archaic that they would seldom be heard in a Spanish-speaking context. This preference is motivated by the desire to produce a work which is useful, a description of stable rather than ephemeral forms of communication. Consequently we have not generally included vulgar expressions nor phrases that are so refined that they might surprise the listener. Nor have we included many Latin-Americanisms, in spite of their importance and vitality, although several notes do refer to such variants.

While we are aware that a number of phrasebooks and word-lists are already available, we have drawn on our own experience as teachers to put together the Spanish for an extensive gamut of functions, ranging from those which are basic and unavoidable in everyday communication to those which are more specialised or personal in character. Our aim is therefore to cater not only for the requirements of the threshold level, but to provide much more complex material as well. On the selection, arrangement and annotation of this material the success of the enterprise and the usefulness of the work can be judged: and this enterprise will only be completed by publication and diffusion. Readers' opinions of the results are welcome as a contribution to the completion of our task.

This book is organised into three sections:

*1. **180 units corresponding to the same number of habitual communicative acts, arranged into four sub-sections:***

*I. **Social relations.*** *These deal with those verbal exchanges which are governed by the norms of social interaction. They include: (A) Greeting. (B) Offering and inviting. (C) Social formulae.*

*II. **Information and communication.*** *These deal with verbal exchanges deriving from the desire for information. They include: (A) Conversation. (B) Information. (C) Linguistic Information.*

*III. **Communicative actions.*** *These deal with verbal exchanges relating to actions. They include: (A) Obligation, advice and permission. (B) Reaction.*

*IV. **Feelings, tastes and opinions.*** *These deal with the expression of the subjective. They include: (A) Feelings. (B) Tastes, pastimes and interests. (C) Opinions.*

Each unit contains groups of structures which achieve the communicative objective stipulated. We have endeavoured to present these structures in their simplest forms, while recognising that the absence of a context can sometimes render them ambiguous. Where there is a free choice of elements to complete the sense this is indicated by three full stops in parenthesis. When no such choice exists the utterance is completed.

The structures fall into one of three categories of difficulty: **Basic, Intermediate** and **Advanced.** The choice of level is determined by lexical considerations, morphological and syntactic complexity, intonation, difficulty of interpretation and extent of usage. The same structure may be found under more than one functional heading, and even in different categories of difficulty. This is because its use may be fundamental to the achievement of one communicative act but not to that of another.

o que presenta omisión de elementos consabidos, expresiones que no deben interpretarse a partir de su significado fundamental). Por lo general, las estructuras englobadas en el nivel Avanzado son las que han precisado más notas. Hay que añadir que siempre que una estructura aparezca en más de una función, aparecerá la nota correspondiente, con una redacción casi idéntica.

En alguna nota se ha indicado el gesto que acompaña determinadas emisiones lingüísticas. Puede tratarse de un gesto sin el cual no se comprendería la construcción o de un gesto que refuerza su expresividad. Somos conscientes de que decenas de las estructuras presentadas se pronuncian acompañadas de gestos, pero sólo hemos aludido a ellos con una nota en los casos en los que hemos considerado muy necesario hacerlo.

3. **Tres Índices,** que le permitirán al lector abordar el conocimiento de la obra por otro camino.

En primer lugar, está el **Índice de funciones,** con indicación de la estructura más representativa para realizar esa función comunicativa, que no siempre coincide con la primera de las que aparecen.

En segundo lugar, hay un **Índice léxico,** que comprende elementos aislados metafóricos, refranes, locuciones y todas aquellas construcciones que presenten una estructura fija, aunque no siempre tengan valor metafórico. Con esto el lector, además de conocerlas, puede saber qué funciones puede expresar con ellas.

En tercer lugar, el **Índice de elementos comunicativos,** que abarca los elementos estimulantes, enfatizadores, conectores, etc., y que permite sólo a aquellas funciones en las que esos elementos juegan un papel relevante. Así el lector puede encontrar, agrupadas, piezas clave de la lengua coloquial, de las cuales echa mano, aun sin ser consciente de ello. Este índice cuenta con la distinción en tres niveles establecida en la exposición de estructuras.

Los elementos que constituyen las entradas de estos dos índices se han transcrito en su forma más neutra que, a menudo, no coincide con la que presentan en las funciones respectivas.

Frequently, the Basic level contains simple forms which, because they avoid the use of the conditional or the subjunctive, for example, are less widely used than others which appear in the Intermediate and Advanced categories. This reflects the difference between grammar-based and communicative approaches to language teaching: very often the most common forms are by no means the simplest in grammatical terms.

To clarify those aspects of the structures which relate to register, level, intention and invariability, we have specified eight coded references. These are designed to serve as a guide to correct usage.

2. **A body of footnotes for those structures which might appear obscure or ambiguous.** These are not, strictly speaking, grammatical notes referring, for example to tenses, moods or the obligatory use of pronouns and prepositions. Their purpose is to provide lexical information (about words whose composition is noteworthy; metaphors; expressions which, originally deriving from a specific context, have become generalised), and information about the way in which the structures are used (interrogative constructions which are not true questions; an interrupted construction or one which omits elements which are superfluous to communication; expressions which should not be interpreted literally). In general, the expressions contained in the Advanced category require most elucidation. We should add that if a note refers to elements in more than one function it will reappear in a more or less identical form in each instance.

In some of the notes reference is made to the physical gestures which accompany particular forms of verbal communication. The gesture in question may be necessary to make the communication comprehensible, or simply a means of reinforcing it. We are aware that dozens of the structures included are normally accompanied by non-verbal gestures, but only those cases where such an accompaniment is vital are annotated.

3. **Three indices,** which will allow the reader to approach the work in different ways.

Firstly, an **index of functions**, specifying the construction which is most closely associated with each function, even though this may not be the one that appears first in the list.

Secondly, a **lexicon** containing isolated expressions, proverbs, idioms and set phrases of all types, whether or not these are used figuratively. This index allows the reader not only to become acquainted with these expressions but to identify the functions which they express.

Thirdly, an **index of communicative elements** which contains forms used to encourage, emphasise, connect, etc., and lists only those functions in which these elements play a significant part. This index will enable the reader to access key components of colloquial usage which he may employ in an unconscious way. These are classified according to the three levels of difficulty used in the body of the work.

Entries in the second and third indices are transcribed in their least specific forms which do not always correspond to the form in which they appear in the text.

ADVERTENCIAS

1. Las estructuras presentan un uso alternado del *tú* y del *usted.* Hemos optado por el *tú* en las construcciones más espontáneas y en las más corrientes, y por el *usted* en las construcciones más formales y en las propias de la lengua escrita. En cuanto al género, hemos optado por el uso general del masculino, menos cuando resultaba obligatorio el femenino.

2. Las estructuras presentan uno de estos tres tipos de final: un *punto,* indica que la estructura constituye un mensaje cerrado; un *paréntesis* en el que se encierran *tres puntos,* que la estructura está abierta a múltiples finales; unos *puntos suspensivos,* que la estructura tiene una entonación final suspendida. A veces, dentro de la propia estructura aparecen una o varias palabras entre paréntesis: indican que se trata de un elemento interesante y digno de ser conocido, pero optativo.

3. El repertorio, de referencias con las que se marcan determinados rasgos de las estructuras es el siguiente:

- **E** (*escrito,* se refiere al registro de uso).
- **F** (*formal,* se refiere al nivel de uso).
- **I** (*informal,* se refiere al nivel de uso).
- **V** (*vulgar,* se refiere al nivel de uso).
- **R** (*restringido,* se refiere a la extensión de uso).
- **Enf** (*enfático,* se refiere a la intención de uso).
- **Ir** (*irónico,* se refiere a la intención de uso).
- **FH** (frase *hecha,* se refiere a la fijación de la estructura).

4. En el *Índice de elementos comunicativos* el lector notará que bastantes elementos aparecen en dos o incluso en los tres niveles, dado que su dificultad no viene dada por el elemento en sí mismo, sino por el contexto que lo envuelve o por el uso que se hace de él.

Queremos advertir, además, de que hay entradas polivalentes que remiten a varias funciones, en cada una de las cuales tienen un valor determinado. Habrá que deshacer la ambigüedad por medio de una consulta de esas diferentes funciones.

5. Las estructuras que llevan una nota se destacan con un asterisco. En las notas hay una mínima información sobre entonación. Indicamos con *puntos suspensivos* la entonación final suspendida. El problema básico es que existen estructuras acogidas a más de una función, ya que se utilizan en diversos actos comunicativos, tan sólo en virtud de pequeñas variaciones únicamente perceptibles en la entonación. Hemos procurado que ese dato quede registrado en una nota. Para indicar el carácter a la vez interrogativo y exclamativo de algunas estructuras, hemos recurrido a la presencia simultánea de dos signos.

ADDITIONAL ADVICE ON HOW TO USE THE DICTIONARY

1. In the structures listed the use of *tú* and *usted* alternates. We have chosen to use the informal *tú* in the more spontaneous and common expressions, and *usted* in the more formal or written constructions. With regard to gender, we have opted for masculine forms unless the expression requires the feminine.

2. The structures end in one of three ways: a full stop indicates that the message is complete; three full stops in parenthesis indicate that the structure may be completed in a variety of ways; a sequence of full stops without brackets indicates that the final intonation trails away.

3. The list of abbreviations used to denote usage is as follows:

- **E** (*escrito* [written], referring to expressions used in written communication).
- **F** (*formal* [formal], indicating register).
- **I** (*informal* [informal], indicating register).
- **V** (*vulgar* [vulgar], indicating register).
- **R** (*restringido* [restricted], indicating a limited context).
- **Enf** (*enfático* [emphatic], indicating the speaker's intention).
- **Ir** (*irónico* [ironic], indicating the speaker's intention).
- **FH** (*frase hecha* [set phrase], indicating that the form of the expression is fixed).

4. In the *Index of Communicative Elements* the reader will observe that a number of elements appear in two or even three levels, since the degree of difficulty depends not on the element itself but on the context in which it appears or the use to which it is put.

The reader should also note that certain entries have a variety of meanings relating to a range of functions, with a specific meaning in each case. This ambiguity can be resolved by consulting the various functions to which reference is made.

5. The structures which are annotated are asterisked. Only minimal information about intonation is given in the footnotes. An unbracketed sequence of full stops indicates that the intonation trails away. The basic problem here is that certain structures are to be found in more than one function, since they are used in a variety of communicative acts, the only perceptible differences in meaning being conveyed by slight variations in intonation.

6. En la redacción de las notas se ha tenido en cuenta la información que contienen estos textos:

W. Beinhauer, *El español coloquial,* Gredos, Madrid, 2.ª ed., 1968.

J. M.ª Iribarren, *El porqué de los dichos,* Aguilar, Madrid, 4.ª ed., 1974.

V. León, *Diccionario de argot,* Alianza, Madrid, 1980.

Por otra parte, las definiciones se han obtenido de:

M.ª Moliner, *Diccionario de uso del español,* Gredos, Madrid, reimpresión 1970, 2 vols.

6. In the notes we have referred to information contained in the following works:

W. Beinhauer, *El español coloquial,* Gredos, Madrid, 2.ª ed., 1968.

J.M.ª Iribarren, *El porqué de los dichos,* Aguilar, Madrid, 4.ª ed., 1974.

V. León, *Diccionario de argot,* Alianza, Madrid, 1980.

In addition, definitions have been supplied by:

M.ª Moliner, *Diccionario de uso del español,* Gredos, Madrid, reimpresión 1970, 2 vols.

I. RELACIÓN SOCIAL

I. SOCIAL RELATIONS

1. SALUDAR A ALGUIEN

— ELEMENTAL —

1. ¡Hola!
2. ¡Hola! ¿Qué tal?
3. ¡Buenos días!
4. ¡Buenas tardes!
5. ¡Buenas!
6. ¿Qué hay?
7. ¿Cómo estás?
8. ¿Cómo está usted?
9. ¡Bien venido!
10. ¡(…)! (*)
11. ¿Cómo te va?

— INTERMEDIO —

12. ¿Cómo van las cosas?
13. ¿Qué tal va?
14. ¿Cómo vamos?
15. Buenas, ¿qué hay? (*)
16. ¿Cómo andamos?
17. ¡Cuánto tiempo sin verte!

— AVANZADO —

18. Te veo muy bien.
19. Parece que las cosas te van bien.
20. ¿Tú por aquí?
21. ¿También vienes por aquí?
22. ¡Anda, qué sorpresa! No esperaba encontrarte aquí.
23. Dale recuerdos a (…).
24. Saluda de mi parte a (…).
25. Le saluda muy atentamente. **E**.
26. Aprovecha la ocasión para saludarle atentamente. **E**.

10. El modo más sencillo de saludar a alguien es pronunciar su nombre (¡*Juan*!) o un término de parentesco (¡*Papá*!).
15. ¿*Qué hay*? se sustituye por ¿*Qué hubo*? en amplias zonas de Hispanoamérica.

1. GREETING SOMEONE

— BASIC —

1. Hello! Hi!
2. Hello! How are things?
3. Good morning.
4. Good afternoon/evening.
5. Good afternoon/evening.
6. How are things?
7. How are you?
8. How are you?
9. Welcome!
10. (…)!
11. How are things with you?

— INTERMEDIATE —

12. How are things?
13. How are things?
14. How goes it?
15. Hello, how are things?
16. How goes it?
17. It's been ages since I last saw you!

— ADVANCED —

18. You're looking well!
19. Things seem to be going well for you.
20. What are you doing here?
21. So you come here too?
22. Gosh, what a surprise! I didn't expect to find you here!
23. Give my regards to (…).
24. Tell (…) I was asking for him/her.
25. Yours truly/sincerely.
26. I take this opportunity to convey to you my best wishes.

10. The simplest form of greeting is to say the person's name (¡*Juan*!) or indicate the relationship (¡*Papá*!).
15. ¡*Qué hubo*! replaces ¡*Qué hay*! in much of Spanish America.

2. RECIBIR A ALGUIEN

— ELEMENTAL —

1. ¡Adelante!
2. ¡Pase, pase!
3. Pase, por favor.
4. Entra, por favor.
5. Puede pasar.
6. Ésta es su casa.
7. ¡Bien venido!

2. WELCOMING SOMEONE

— BASIC —

1. Come in!
2. Come in/ this way please!
3. Please come in.
4. Please come in.
5. You can go/come through now.
6. Make yourself at home
7. Welcome!

— INTERMEDIO —

8. ¡Entre, entre!
9. Siéntese, por favor.
10. Estaba esperándole.
11. Está usted en su casa.
12. Pude sentarse, por favor.
13. Tome asiento.
14. Sírvase usted sentarse. (*)
15. Haga usted el favor de entrar.
16. ¿¡Sí!? (*)

— AVANZADO —

17. Póngase cómodo.
18. Espero que se encuentre como en su casa.
19. Tenga usted la bondad de pasar y sentarse. **F.**
20. ¡Qué caro eres de ver! (*) **R.**
21. ¡Dichosos los ojos! (*) **Enf.**
22. Aquí estará a sus anchas (*).
23. Aquí se sentirá como pez en el agua. (*)
24. Siéntase como (si estuviera) en su propia casa.
25. Ha tomado usted posesión de su casa. **F.**

14. El verbo *servir,* que en otros contextos equivale a *trabajar* o a *atender,* aparece en fórmulas de cortesía en las que se solicita o invita al interlocutor. En esos casos es sinónimo del aún más circunspecto *dignarse.*
16. Se trata de una emisión breve, de entonación a la vez exclamativa e interrogativa, con la que se recibe a alguien, invitándolo a que se manifieste verbalmente con una relativa rapidez. Se oye en oficinas y despachos.
20. Aunque el adjetivo *caro/-a* se asocia inmediatamente al precio de algo, hay que tener en cuenta que también es un sinónimo para *querido/-a;* además, en un valor ya arcaico fijado en frases concretas, como en esta fórmula, equivale a *difícil.*
21. Se trata de una fórmula de saludo que encierra un cumplido. Hay elipsis de una frase: que *te ven.* El adjetivo *dichoso* es sinónimo de *feliz,* salvo en contextos en los que equivale a *pesado* o *fastidioso.*
22. La locución *a sus anchas* alude a la libertad y comodidad con las que se obra, se siente o se está. En este contexto la expresión completa constituye un modo de recibir a alguien, asegurándole una estancia sin cohibiciones.
23. El refuerzo comparativo como *pez en el agua* alude a la naturalidad con la que se hallará la persona a la que se recibe. Como en el caso anterior, ha de tratarse de una estancia relativamente prolongada.

3. RECLAMAR LA ATENCIÓN DE ALGUIEN

— ELEMENTAL —

1. ¡Eh! (*)
2. ¡Chsss! (*)
3. ¡Eh, señor!
4. ¡Oiga...!
5. ¡Oye...!

— INTERMEDIATE —

8. Come in, come in!
9. Please sit down.
10. I've been expecting you.
11. Make yourself at home.
12. Please sit down.
13. Take a seat please.
14. Please be seated.
15. Please go/come through.
16. Yes!?

— ADVANCED —

17. Make yourself comfortable.
18. I hope you'll feel at home here.
19. Would you please come in and take a seat?
20. You're hard to find!
21. You're a sight for sore eyes!
22. You'll feel completely at home here.
23. You'll be in your element here.
24. Sit down and make yourself at home.
25. My home is your home.

14. The verb *servir,* which in other contexts is equivalent to «to work» or «to attend to», also figures in polite expressions in which the listener is requested or invited to do something. In these expressions it is synonymous with the even more circumlocutory *dignarse* («to be kind enough to»).
16. A short interrogative exclamation which invites an immediate verbal response, often used by office staff.
20. Although the adjective *caro/-a* usually refers to monetary value, it can also be used as a synonym for *querido/-a;* in this expression it retains the additional archaic meaning of «difficult».
21. A exclamation which indicates a compliment. This is an elliptical expression which omits the words *que te ven* («which see you»). *Dichoso* usually means «fortunate», but in certain contexts is equivalent to «tedious» or «tiresome».
22. The expression *a sus anchas* refers to the ease or comfort experienced in a given action, situation or state of mind. Here the entire expression is a form of greeting which assures the new arrival that his stay will not be subject to any conditions or constraints.
23. The simile *como pez en el agua* refers to the ease with which the new arrival will adapt to his new environment. As with the previous expression, it indicates that the visit is going to be a lengthy one.

3. ATTRACTING SOMEONE'S ATTENTION

— BASIC —

1. Hey!
2. Hey!/Chhh!
3. Sir!
4. Excuse me...!
5. Hey...!

6. ¡Tú...!
7. ¡Mira...!
8. ¿¡Hola!?
9. ¡Eh, usted, usted!
10. ¡Camarero!

— INTERMEDIO —

11. ¡Oiga, por favor!
12. ¡Oiga, escuche..., escuche!
13. ¡Caballero!
14. ¡Señora..., la llaman!
15. ¡Señorita..., señorita!

— AVANZADO —

16. ¡Socorro!
17. ¡Auxilio!
18. ¡Por favor, ayúdenme!
19. ¡Oiga! ¿Quiere hacer el favor de atenderme?
20. ¡Ejem..., ejem...! (*)
21. ¡Oiga, que me toca a mí! (*)
22. ¡Escuche, es mi turno!
23. ¡Oiga! ¿Puede usted atenderme?
24. Pido la palabra. (*)

1. Es una interjección que, pronunciada en tono exclamativo, constituye una llamada. Se emite sola, repetida (¡Eh, eh!), seguida de un pronombre vocativo (¡Eh, tú!, ¡Eh, usted!) o seguida de un imperativo de percepción (¡Eh, oiga!).
2. Se trata de una interjección siseante que es un gesto sonoro que constituye tanto una llamada como, en otras ocasiones, una invitación a callar.
20. Con esta ortografía se reproduce un leve carraspeo o tosecilla con la que el hablante reclama la atención del interlocutor. Puede ser que desee intervenir y que aún solicite su turno para hablar.
21. El verbo *tocar*, en tercera persona y acompañado de un pronombre (*me, le, nos*), significa que a alguien le llega el turno para algo. Así se usa en los juegos, y también cuando hay gente que espera respetando un orden.
24. Es un modo de reclamar la atención cuando se está delante de un grupo de personas, de un auditorio. Esta frase puede usarla tanto el que desea intervenir en una reunión como el que, en una situación de confianza, desea que los demás le presten atención.

6. Hey, you...!
7. Look here...!
8. Hello?!
9. I say, excuse me!
10. Waiter!

— INTERMEDIATE —

11. Excuse me...!
12. Excuse me, I say, excuse me!
13. Excuse me, sir!
14. Madam, someone's calling you.
15. Miss..., miss.

— ADVANCED —

16. Help!
17. Help!
18. Please, help me!
19. Excuse me! Would you mind serving me?
20. Hmm hmm!
21. Excuse me, but I'm next (in the queue)/it's my turn.
22. Excuse me, but I'm next/it's my turn.
23. Excuse me! Could you serve me please?
24. May I speak please?

1. Expressed as an exclamation this is a means of attracting attention. It can be used singly, repeated (¡Eh, eh!), before a subject pronoun (¡Eh, tú, ¡Eh, usted!) or a verb of perception in the imperative form (¡Eh, oiga!)
2. This hissing sound has the dual function of attracting attention or, in other contexts, requesting silence.
20. This sound, which mimics a slight cough or clearing of the throat, is used to attract the speaker's attention. It may indicate a desire to interrupt, thereby claiming one's turn to speak.
21. The verb *tocar*, in the third person with an object pronoun (*me, le, nos,* etc.) is used to indicate that one's turn has come. It is thus used in games and also in contexts where people wait their turn in a queue.
24. This is a means of attracting attention before a group of people or an audience. The phrase may be used by someone wishing to contribute to a meeting or, in an more informal gathering, to request the attention of those present.

4. EXCUSARSE POR UN TIEMPO

4. EXCUSING ONESELF FOR A PERIOD OF TIME

— ELEMENTAL —

1. ¡Perdón!
2. ¡Perdone!
3. ¡Un momento, por favor!
4. ¡Un segundo, por favor!
5. ¡Ahora no!
6. Espere, por favor.
7. ¿Puede esperar un momento?
8. ¡Ahora (mismito) vuelvo!

— BASIC —

1. Sorry!
2. Sorry!
3. Just a moment please.
4. One second please.
5. Not now!
6. Could you please wait?
7. Could you wait a moment?
8. I'll be back in just a moment.

— INTERMEDIO —

9. Tendrá que esperar.
10. A ver, un momento, por favor. (*)
11. Espere, en este momento no puedo.
12. En este instante me es imposible.
13. Enseguida estoy con usted.
14. Ahora mismo le atenderán.
15. Sólo dos minutos y estaré a su disposición.
16. Un momento, no puedo hablar con todos a la vez.
17. ¡Ya voy, ya voy! No se ponga nervioso.

— AVANZADO —

18. Con permiso. (*)
19. Permítame un momento.
20. Disculpe usted que le haga esperar.
21. Tendrá que aguantar unos minutos.
22. No se impaciente; es (sólo) cuestión de unos minutos.
23. Le agradecería que esperara unos minutos.
24. Si tuviera la amabilidad de esperar, ahora estoy ocupado.
25. El caso es que ahora no puedo, vuelva dentro de un rato (*)
26. ¿No ve que estoy ocupado? Vuelva dentro de (...). **Enf.**
27. Lo malo es que tendrá que esperar un poco.
28. Ya ve cómo está esto (de gente). ¿Le importa esperar? **R.**

---

10. *A ver* tiene diversos valores y funciones. Aquí, con una entonación ligeramente suspendida, constituye una llamada a la atención del interlocutor antes de la emisión del mensaje definitivo.
18. La emisión de esta frase acompaña el movimiento físico del que la pronuncia, que se levanta o inicia acción de marcharse.
25. *El caso es que,* en este contexto, es una fórmula que precede al resto del enunciado traduciendo una cierta indecisión por parte del locutor. Este valor la hace frecuente ante frases de excusa.

— INTERMEDIATE —

9. You'll have to wait (a while).
10. Let's see, one moment please.
11. I can't right now. Could you wait?
12. It's impossible just at the moment.
13. I'll be with you right away.
14. Someone will see to you in just a moment.
15. Give me a couple of minutes and I'll be with you.
16. One moment, please. I can't talk to everyone at once.
17. I'm coming, I'm coming! Calm down.

— ADVANCED —

18. Please excuse me.
19. Excuse me for just a moment.
20. I'm sorry to keep you waiting.
21. You'll have to wait a few minutes.
22. Please be patient; it'll only take a few minutes.
23. Would you be kind enough to wait a few minutes please?
24. If you wouldn't mind waiting, please. I'm busy at the moment.
25. The fact is I can't just at the moment. Could you come back later please?*
26. As you can see I'm busy just at the moment. Come back in (...).
27. Unfortunately you'll have a bit of a wait.
28. As you can see we're inundated. Would you mind waiting?

---

10. *A ver* has a number of meanings and functions. Here, uttered with a slightly protracted intonation, it is used to attract the other speaker's attention prior to the initiation of the main message.
18. This utterance is accompanied the physical movement of rising to one's feet to signal departure.
25. *El caso es que* is an expression of hesitation which often precedes an utterance, serving to introduce an apology or an excuse.

5. DESPEDIRSE DE ALGUIEN

— ELEMENTAL —

1. ¡Adiós! (*)
2. ¡Hasta luego!
3. ¡Hasta mañana!
4. ¡Hasta la vista!
5. ¡Hasta otro día!
6. ¡Adiós, hasta pronto!
7. ¡Mucha suerte!
8. ¡Hasta lueguito!

— INTERMEDIO —

9. ¡Hasta otra!
10. ¡Hasta la próxima!

5. SAYING GOOD-BYE TO SOMEONE

— BASIC —

1. Good-bye!
2. See you later!
3. Bye, see you tomorrow!
4. So long!
5. Till we meet again!
6. Bye, see you soon!
7. Good luck!
8. Be seeing you!

— INTERMEDIATE —

9. See you again!
10. Till we meet again!

11. Hasta ahora (mismo).
12. ¡Que vaya bien!
13. ¡Adiós, que te vaya bien!
14. ¡Adiós, que (...)!
15. ¡Que usted lo pase bien!
16. ¡A pasarlo bien!
17. Vamos a vernos pronto.
18. Espero verte muy pronto.
19. ¡Con Dios! (*)

11. See you shortly.
12. All the best!
13. Bye, and good luck.
14. Good-bye, and I hope (...)!
15. I hope you enjoy yourself!
16. Have a good time!
17. We'll meet again soon.
18. I hope to see you again very soon.
19. God bless.

— AVANZADO

20. ¡Adiós! (*)
21. ¡Abur! (*) **R.**
22. ¡A más ver! (*)
23. ¡Hasta nunca! (*) **Ir.**
24. Espero que volvamos a vernos.
25. A ver si es verdad que vuelves pronto.
26. Si no hay nada más, me retiro por el foro. (*) **FH.**
27. Ahí os quedáis. (*) **Ir.**
28. Bueno, me las piro. (*) **I.**
29. Vaya usted con Dios. (*)
30. Quede usted con Dios. (*)
31. Le saluda atentamente (...) (*) **E.**
32. Queda a su disposición (...) (*) **E.**
33. De Ud. atte. y s.s. (...) (*) **E.**

— ADVANCED

20. Good-bye.
21. Good-bye.
22. 'Bye for now.
23. Good riddance!
24. I do hope we meet again.
25. Here's hoping you're back soon.
26. If there's nothing else, I'll make tracks.
27. I'll leave you to it.
28. Right, I'll make tracks.
29. Good-bye and God bless.
30. God bless.
31. Yours faithfully/ truly (...).
32. Yours sincerely.
33. I remain, yours faithfully (...).

- 1, 19, 20, 29 y 30. *Adiós* y *Con Dios* son fórmulas de despedida, muy usual la primera y localizada en ambiente rural la segunda. En ambas hay una antigua elipsis del verbo, ya sea éste *ser, estar, ir* o *quedar* (casos de las fórmulas 31 y 32). La usual forma *adiós* conoce una pronunciación muy rápida que hemos transcrito *'dios*, pues ésa es la secuencia que se oye.
- 21. La forma vasca *agur* (¿posible relación con «augurio»?) y su variante *abur* son fórmulas de despedida muy coloquiales, pero poco usadas.
- 22. *A más ver* y la variante *hasta más ver* son frases de despedida familiares, pero no muy frecuentes.
- 23. La fórmula ¡*Hasta nunca!* se ha creado en oposición a la muy corriente *Hasta pronto*. El hecho de que el adverbio *nunca* implique un reencuentro imposible en cualquier tiempo, convierte a esa fórmula en irónica o hiriente.
- 26. *Por el foro* es una locución adverbial que se usa tras verbos de movimiento. Foro describe una parte del escenario, aquella por la que entran y salen los actores. Propia, también, del lenguaje del mundo teatral es *hacer mutis (por el foro)*, que se aplica, ya fuera de ese ámbito, a la acción de callarse y retirarse.
- 27. Como fórmula de despedida puede usarse con ironía, cuando uno abandona el lugar de trabajo o una situación no demasiado agradable. Marcharse constituye una suerte, y el que habla no sólo no desea suerte a los que se quedan, sino que les recuerda que deben permanecer en ese sitio.
- 28. *Pirarse*, o con el posible incremento del pronombre femenino *las (pirárselas)*, pertenece al argot y es de probable origen gitano. Describe la acción de marcharse con precipitación de un sitio. Con la misma base léxica existen *irse de pira* (irse de juerga) y *pirandón* (juerguista), formas mucho menos frecuentes.
- 29 y 30. Ver nota al n. 1.
- 31, 32 y 33. Las tres últimas frases son propias de la lengua escrita. La primera es la más espontánea; la última es un buen ejemplo de la abreviación de fórmulas empleadas en la correspondencia comercial.

- 1, 19, 20, 29 and 30. *Adiós* and *con Dios* are forms of farewell, the former standard and the latter more common in rural usage. Both are elliptical expressions from which the verbs *ser/estar* («to be»), *ir* («to go») or *quedar* («to remain») have been dropped. In colloquial speech *adiós* often elides to *'dios*.
- 21. The Basque form *agur* (a possible cognate of *augurio*?) and its derivative *abur* are both highly colloquial but infrequently used expressions of farewell.
- 22. *A más ver* and the alternative *hasta más ver* are familiar forms of farewell, rarely used.
- 23. This expression contrasts with the more usual *hasta pronto* («see you soon»). The incorporation of *nunca* («never»), implying the unlikelihood of any future encounter, renders the expression ironic or cutting.
- 26. *Por el foro* refers to the back or front of a stage where actors make their entrances and exits. Another expression with its roots in the theatre is *hacer mutis (por el foro)* which refers to the action of falling silent and withdrawing.
- 27. An ironic expression which indicates that the person departing is relieved to be leaving and reminds those remaining that they have no choice but to endure the situation.
- 28. *Pirarse* or *pirárselas* is a slang expression, reputedly of gypsy origin, implying a sudden departure. From this derive the expressions *irse de pira* («to go on a spree») and *pirandón* («reveller»).
- 31, 32 and 33. Expressions restricted to letter-writing, the first being least formal and the last being a good example of the abbreviated formulae used in commercial correspondence.

6. PRESENTAR A ALGUIEN O PRESENTARSE

ELEMENTAL

1. Te presento a (…).
2. Éste es (…).
3. Aquí está (…).
4. Soy (…).
5. Me llamo (…).
6. Mi nombre es (…).

INTERMEDIO

7. Quiero presentarte a (…).
8. ¿Conoces a (…)?
9. Tengo el gusto de presentarte a (…).
10. Tengo el placer de presentarte a (…). **F.**
11. Mira, éste es (…).
12. Aquí, (…); aquí, (…). (*)
13. Me presentaré, yo soy (…).
14. ¿No te acuerdas de mí? Yo soy (…).

AVANZADO

15. Seguro que has oído hablar de (…).
16. Me gustaría presentarle a (…).
17. Me gustaría que conociera a (…).
18. Me place presentarle a (…). **E.**
19. Le encantará conocer a (…).
20. Permítame que le presente a (…).
21. Tengo el (gran) honor de presentarles a (…) (*) **R.**
22. Creo que usted no me conoce; yo soy (…).
23. ¿No nos habíamos visto alguna vez? Yo soy (…).
24. El portador de la presente es (…). **E.**
25. No sé si ha reparado usted en que está delante de (…).

12. En lenguaje popular *aquí* lo emplea el locutor para referirse a alguien que está a su lado, incluso con omisión del nombre: *aquí dice que...* Ese adverbio puede usarse como fórmula de presentación si la emisión se acompaña con un gesto del brazo que señale a la persona a la que se identifica.
21. Esta fórmula está indicada cuando se presenta una personalidad a un auditorio, como ocurre en una conferencia.

6. INTRODUCING YOURSELF OR SOMEONE ELSE

BASIC

1. Let me introduce you to (…).
2. This is (…).
3. This is (…).
4. I am (…).
5. My name is (…).
6. My name is (…).

INTERMEDIATE

7. I'd like to introduce you to (…).
8. Have you met (…)?
9. It's my pleasure to introduce you to (…).
10. It's my pleasure to introduce you to (…).
11. And this is (…).
12. This is (…) and this is (…).
13. Let me introduce myself. I'm (…).
14. Don't you remember me? I'm (…).

ADVANCED

15. You must have heard of (…).
16. I'd like to introduce you to (…).
17. I'd like you to meet (…).
18. It's my pleasure to introduce you to (…).
19. You'll really enjoy meeting (…).
20. Allow me to introduce you to (…).
21. It is a great honour for me to introduce (…).
22. I don't believe we've met. I'm (…).
23. Haven't we met before? I'm (…).

12. In colloquial speech *aquí* («here») is used to refer to someone beside the speaker, even if the personal pronoun is omitted: *aquí dice que* («[…] says that»). The adverb is often used to introduce someone, in which case it is accompanied by a hand gesture indicating the person being introduced.
21. This formula is used to present a speaker to an audience.

7. RESPONDER A UNA PRESENTACIÓN

ELEMENTAL

1. ¡Hola!
2. ¡Mucho gusto! (*)
3. ¡Encantado!
4. ¡Es un placer conocerle!
5. ¡Tanto gusto!

7. RESPONDING TO AN INTRODUCTION

BASIC

1. Hello.
2. Pleased to meet you.
3. Delighted to meet you.
4. It's a pleasure to make your acquaintance.
5. Pleased to meet you.

— INTERMEDIO

6. Mucho gusto en conocerle.
7. No lo conocía. ¡Mucho gusto!
8. Encantado de conocerle.
9. Hace tiempo que quería conocerle.
10. Esperaba conocerte.
11. Me place conocerle.
12. Encantado de saludarle.
13. ¡Ah, me parece que nos conocemos!
14. No tenía el gusto de conocerlo.
15. Tenía ganas de conocerle.
16. Estoy contento de haberle conocido.

— AVANZADO

17. Tu cara me suena. (*)
18. Su cara me resulta familiar, pero (…).
19. Creo que nos vimos en (…).
20. Hemos coincidido en (…), pero no habíamos hablado nunca.
21. ¡Hombre, he oído hablar mucho de ti!
22. ¡Vaya! ¡Por fin te conozco!
23. Me es grato saludarle.
24. ¡Por fin! ¡Deseaba tanto conocerle personalmente!
25. Me moría de ganas de conocerte. **Enf.**
26. No sabes las ganas que tenía de conocerte.
27. ¡Me han hablado tanto de ti que es como si te conociera de toda la vida! (*)
28. Ya nos conocíamos de vista.

---

2. La emisión de esta fórmula de respuesta a una presentación puede dar pie a una frase del interlocutor, muy cortés, pero no muy usada: *el gusto es mío.* Con ella se expresa el reconocimiento de la dignidad de la persona presentada.
17. E! verbo sonar, además de referirse a la producción de un sonido, alude a algo que despierta un recuerdo de alguien, en este caso un rostro.
27. La emisión de esta fórmula de respuesta a una presentación implica que las referencias al interlocutor con las que uno contaba eran tantas y tan favorables que equivalían a un dilatado conocimiento personal, al que en realidad se accede en este momento.

8. PREGUNTAR A ALGUIEN CÓMO ESTÁ

— ELEMENTAL

1. ¿Cómo estás?
2. ¿Qué tal?
3. ¿Estás bien?
4. ¿Cómo está usted?
5. ¿Qué tal se encuentra?
6. ¿Cómo te encuentras?

— INTERMEDIO

7. ¿Y tú (…)? (*)
8. ¿Y en casa? (*)

— INTERMEDIATE

6. I'm very pleased to meet you.
7. We haven't met before. Pleased to meet you.
8. Delighted to meet you.
9. I've been wanting to meet you for a long time.
10. I was hoping to meet you.
11. It's a pleasure to meet you.
12. It's a pleasure to talk to you.
13. Ah, I don't think we've met!
14. I haven't had the pleasure…
15. I've been looking forward to meeting you.
16. It's a pleasure to have met you.

— ADVANCED

17. Your face looks familiar.
18. Your face is familiar, but (…).
19. I think we met at/in (…).
20. We were both at/in (…) but we'd never talked to each other before.
21. I've heard so much about you! (**)
22. Well! We meet at last!
23. I'm delighted to meet you.
24. At last! I've been so looking forward to meeting you personally.
25. I've been dying to meet you!
26. You can't imagine how much I've been looking forward to meeting you.
27. I've heard so much about you, it's as if I've known you all my life.
28. We already knew each other by sight.

---

2. This response may elicit the reply *el gusto es mío*, which is more polite and restricted to formal usage.
17. Here the verb *sonar* («to sound») refers to the triggering of a memory. In this case the stimulus is a face.
21. The exclamation ¡hombre!, has no single equivalent in English. American usage of «man!» is much more restricted in English than ¡hombre! is in Spanish. Here ¡hombre! conveys surprise.
27. This expression implies that the references to the person in question have been so copious and favourable that they are equivalent to a fully developed personal acquaintance, which is, in fact, only now beginning.

8. ASKING HOW SOMEONE IS

— BASIC

1. How are you?
2. How are things?
3. Are you all right?
4. How are you?
5. How are you (feeling)?
6. How are you (feeling)?

— INTERMEDIATE

7. How is your (…)?
8. And how are things at home?

9. En casa, ¿bien? (*)
10. ¿Qué tal (...)? (*)
11. ¿Cómo vas?
12. ¿Cómo va eso?
13. ¿Cómo va ese (...)?
14. ¿Cómo van esos ánimos?
15. ¿Qué cuentas?
16. ¿Qué explicas?
17. ¿Cómo andas?
18. ¿Cómo andamos? (*)
19. ¿Cómo sigue usted? (*)
20. ¿Como te va la vida?
21. ¿Cómo marchan tus cosas?
22. ¿Algo nuevo?
23. ¿Todo bien? (*)

― AVANZADO ―

24. ¿Qué hay de nuevo?
25. ¿Qué es de tu vida?
26. De (...), ¿bien? (*)
27. Por lo que veo, no hace falta que te pregunte cómo (...).
28. A juzgar por tu aspecto estás bien, ¿no?

7, 8, 9 y 10. Estas cuatro fórmulas traducen el interés por el estado, no del interlocutor, sino de alguien relacionado con él.
18. A pesar de que el verbo está en la primera persona del plural, con la fórmula ¿Cómo andamos? nos interesamos exclusivamente por el interlocutor, o sea, que el locutor, yo, está excluido de la referencia.
19. Se trata de una fórmula especialmente indicada para ser dirigida a un enfermo.
23. Esta fórmula, que presenta elipsis de ir, no siempre se emite deseando recibir información, sino que se da de una forma automática. Sería impensable la sustitución de bien por mal.
26. En esta expresión es bien visible el desorden de los elementos que caracteriza a la lengua hablada. Consta de una estructura partitiva (de + sustantivo) emitida en tono enunciativo, seguida de una interrogación, con omisión de un verbo, estar o seguir.

9. MANIFESTAR CÓMO SE ENCUENTRA UNO

― ELEMENTAL ―

1. Bien, gracias.
2. ¡Estupendo!
3. ¡Fatal!
4. Estoy muy bien.
5. Estoy perfectamente (bien).
6. Estoy mal.
7. No estoy muy bien.
8. Así, así... (*)
9. Regular...
10. Estoy mejor.

8. La repetición del adverbio así, pronunciado en un tono suspendido y con un eventual gesto oscilatorio de la mano derecha, equivale al adjetivo regular, o sea, a ni bueno ni malo.

9. All well at home?
10. How is (...) ?
11. How are you?
12. How's it going?
13. How's that (...) doing?
14. Keeping your spirits up?
15. What's new?
16. What's new?
17. How are things with you?
18. How are we doing then?
19. How are you keeping?
20. How's life?
21. How are things going with you?
22. Any news?
23. Everything all right?

― ADVANCED ―

24. What's new?
25. How's life?
26. Is (...) all right?
27. I can see there's no need to ask you how (...).
28. Judging by your appearance you're fine, aren't you?

7, 8, 9 and 10. These four expressions convey the speaker's interest in the well-being not of the listener but someone connected with him.
18. Although the first person plural of andar (lit. «to go») is used, the speaker is not including himself in the question, since it refers exclusively to the listener.
19. This phrase is particularly appropriate when addressing someone who is ill.
23. This elliptical expression, from which ir («to go») is omitted, is not always a request for information, but rather an automatic utterance associated with a greeting. To substitute mal (badly) for bien (well) would be unthinkable.
26. This expression illustrates the tendency of the spoken language to reorganise the components of grammar. It consists of a partitive construction (de + noun) enunciating the utterance, followed by an elliptical interrogative, omitting a verb such as estar («to be») or seguir («to proceed»).

9. EXPRESSING HOW ONE IS FEELING

― BASIC ―

1. Fine, thanks.
2. Great!
3. Awful.
4. I'm fine.
5. I'm perfectly fine.
6. I'm unwell.
7. I'm not very well.
8. So so.
9. Not too bad.
10. I'm better.

8. The repetition of the adverb así («so»), delivered in a flat tone of voice and possibly accompanied by an oscillating motion of the hand, is equivalent to the adjective regular («neither good nor bad»).

INTERMEDIO

11. ¡Pse! (*)
12. Voy tirando. (*)
13. ¡A medias!
14. ¡Como nunca!
15. ¡Como siempre!
16. ¡Ni bien ni mal!
17. Peor, imposible. (*)
18. Estoy en (plena) forma.
19. Estoy pasando una mala racha. (*)
20. Paso malos días.
21. Nunca he estado mejor.
22. ¡Pues ya ves…! (*)
23. ¡Tú mismo…! (*) **R**.

AVANZADO

24. ¡De pena!
25. No puedo estar peor.
26. ¿Y tu qué crees? **Ir**.
27. Bien, dentro de lo que cabe.
28. ¡Juzga tú mismo!
29. Me siento bajo de moral. (*)
30. Como todos…
31. No sabría decirte…
32. ¿¡Qué quieres que te diga!?
33. De hecho, ni yo mismo lo sé.
34. Estoy que (…). (*)
35. ¡Aquí me tienes! (*)
36. Medio muerto.
37. Estoy hecho polvo. (*) **I**.
38. Estoy para el arrastre. (*) **I**.
39. Estoy hecho un asco. **I**.
40. Estoy hecho una mierda. **V**.

11. Esta interjección, transcrita *pse* (articulación abierta de la *e*, *è*) o *pschs* según su pronunciación, traduce un cierto desagrado o desánimo. También equivale a regular.
12. Aunque el significado fundamental de *tirar* es parecido al de *lanzar*, junto al auxiliar *ir* describe la acción de vivir vista con poco entusiasmo. A veces es una respuesta mecánica a una pregunta de saludo.
17. Se trata de un modo brusco de traducir un estado de ánimo pesimista. Hay omisión de la forma *sería* y anteposición del atributo de esa estructura copulativa (el comparativo irregular de *mal, peor*).
19. El sustantivo *racha*, que puede aludir a un golpe de viento, aquí describe una llegada de hechos adversos en la vida de uno.
22. Esta fórmula, que tiene una entonación final suspendida, traduce abatimiento y visión negativa del emisor, que pone al interlocutor como testimonio de su mal estado.
23. Casi como una versión abreviada de ¡Juzga tú mismo!, ¡Tú mismo…! es un modo, no tanto de manifestar cómo se encuentra uno como de dejar que el interlocutor lo deduzca del aspecto exterior, o de circunstancias que conoce. La frase puede emitirse acompañada de un alzamiento de los hombros, o de un gesto del brazo o de la mano.
29. La expresión adjetiva *bajo de moral* equivale a *con la moral baja*. Aparte de que hay que entender *moral* como *estado de ánimo*, es interesante fijarse en la transposición del adjetivo *bajo*, que no se aplica a *moral*, sino que concuerda con el emisor. El mismo tipo de estructura presentan: *un jersey ancho de mangas* (con las mangas anchas), *un hombre oscuro de piel* (con la piel oscura).

INTERMEDIATE

11. So so.
12. Surviving.
13. So so.
14. Never felt better.
15. As usual.
16. Neither good nor bad.
17. Things couldn't be worse.
18. I'm in the pink of health.
19. I'm going through a bad patch.
20. Things are a bit rough lately.
21. I've never felt better.
22. You can see for yourself…!
23. You can judge for yourself…!

ADVANCED

24. Terrible!
25. I couldn't be worse.
26. What do *you* think?
27. Okay, all things considered.
28. Judge for yourself!
29. I'm feeling a bit low.
30. Like everybody else…
31. I can't really say…
32. What can I say!?
33. Actually, I don't even know myself.
34. I'm well and truly (…).
35. Surviving.
36. Half dead.
37. I'm shattered.
38. I'm knackered.
39. I'm in a terrible state.
40. I feel like shit.

11. This interjection, transcribed *pse* with an open è or *pschs*, depending on pronunciation, conveys a degree of dissatisfaction or despondency. It is also equivalent to *regular* («so so»).
12. Although the basic meaning of *tirar* is similar to *lanzar* («to throw»), in conjunction with the auxiliary *ir* («to go») it describes the action of living in less than enthusiastic terms. It is sometimes an automatic response to an interrogative form of greeting.
17. This is a blunt and elliptical way of conveying a pessimistic frame of mind. The form *sería* («would be») is understood.
19. The noun *racha* («a gust of wind») here refers to the advent of a series of misfortunes.
22. This expression, which concludes with a flattening of the intonation, conveys dejection and pessimism, and invites the listener to bear witness to the speaker's predicament.
23. A shorter form of ¡Juzga tú mismo! («Judge for yourself!»), ¡Tú mismo…! is a way not of revealing to the listener how one is but of allowing him to deduce this from one's appearance or from knowledge of one's circumstances. The utterance may be reinforced by shrugging the shoulders or by a movement of the arm or hand.
29. Here *moral* refers to state of mind rather than ethical matters.

34. Está ausente la segunda parte de una construcción consecutiva, encabezada por *que* (*estoy que no puedo más*, por ejemplo). Esta fórmula se usa siempre en situaciones y estados que el locutor considera malos (*estoy que muerdo*).
35. A veces, esta frase se usa para ofrecer la propia ayuda. Pero, en este contexto, alude a que, a pesar de circunstancias adversas, el emisor está en pie, en presencia del interlocutor.
37. En español son numerosísimas las frases construidas a partir de la perífrasis *estoy hecho* (*estoy hecho un lío, estoy hecho papilla, está hecho un hombre*), a la que le sigue un sustantivo que alude a esa característica que le ha sobrevenido a la persona. En este caso, *estar hecho polvo* se refiere al gran cansancio que se experimenta.
38. Esta fórmula procede del ámbito taurino, en la que la locución *para el arrastre* describe el momento en el que el toro es retirado del ruedo; evoca la, sensación de un cansancio total, que impide el movimiento autónomo.

34. This expression always introduces a negative physical or mental state such as *estoy que no puedo más* («I just can't take any more») or *estoy que muerdo* («I feel like biting someone»). Here the construction is left incomplete.
35. This expression, whose meaning is literal here, can also introduce an offer of help.
37. *Estar hecho* frequently introduces a physical or mental condition resulting from particular circumstances or events, e.g. *estoy hecho un lío* («I'm in a real mess»); *estoy hecho papilla* («I'm utterly exhausted»); *está hecho un hombre* («he's become a man»).
38. An expression deriving from bullfighting which alludes to the point at which the carcass of the dead animal is dragged from the ring. It suggests total exhaustion, preventing any independent movement.

10. INVITAR A ALGUIEN

— ELEMENTAL —

1. ¿Quieres (…)?
2. Te invito.
3. Venga, te invito. **I**.
4. ¡Venga, vamos a (…)! **I**.
5. ¿Vienes?
6. ¿Quieres venir?

— INTERMEDIO —

7. Te invito a (…).
8. ¡Vamos a (…) !
9. Ya sabe que ésta es su casa. (*)
10. ¿Por qué no (…)?
11. ¿Te apetece (…)?

— AVANZADO —

12. Te convido a (…).
13. ¿Qué te parecería si (…)?
14. Quiero que seas nuestro huésped.
15. Ven y te haré los honores.
16. Ya sabes que puedes venir cuando quieras.
17. Para ti las puertas de mi casa están abiertas de par en par. **R**.
18. ¿Te vienes? (*)
19. Espero que tenga usted a bien aceptar mi invitación. **F**.
20. Cuento contigo. (*)
21. Cuento con tu asistencia.
22. Considérate mi invitado.

9. Se trata de una fórmula de ofrecimiento del domicilio propio; existe la variante: *ya sabe usted dónde tiene su casa*. Puede presentarse como un ofrecimiento personal: *ya sabes dónde tienes un amigo*.
18. Esta forma directa de invitar a alguien ha de usarse con precaución, pues en zonas de Hispanoamérica tiene clara connotación sexual, equiparable a la que en España tiene *correrse*.

10. INVITING SOMEONE

— BASIC —

1. Would you like to (…)?
2. My treat.
3. Come on, I'll treat you.
4. Come on, let's (…).
5. Are you coming?
6. Do you want to come?

— INTERMEDIATE —

7. Let me treat you to (…).
8. Let's go and (…).
9. Make yourself at home.
10. Why not (…)?
11. Do you fancy (…)?

— ADVANCED —

12. Let me treat you to (…).
13. What would you say if (…)?
14. I'd like you to be our guest.
15. Come and I'll give you the red carpet treatment.
16. You know you can come whenever you like.
17. For you the door of my house is always open.
18. Are you coming?
19. I hope you see fit to accept my invitation.
20. I'm counting on you.
21. I'm counting on your presence.
22. Consider yourself my guest.

9. This is a formula for offering hospitality in one's own home; an alternative version is *ya sabe dónde tiene su casa* («you know where you have a home»). It can also take the form of a personal offer: *ya sabes dónde tienes un amigo* («you know where you have a friend»).
18. The reflexive form *venirse* («to come») should be used with caution since in certain areas of Spanish America it is a colloquial expression for having an orgasm.

20. Aparte de un valor que hace referencia a cantidades, y de otro valor equivalente al de los verbos *referir* o *narrar*, *contar con* alude a la creencia de que se puede disponer de algo o de alguien.

20. Apart from the meaning which relates to quantities, and as a synonym for *referir* or *narrar* («to relate»), the verb *contar*, when followed by *con*, conveys the belief that one can rely on someone or something.

11. ACEPTAR UNA INVITACIÓN

─ ELEMENTAL ─

1. Sí, gracias. (*)
2. Sí, ¿dónde?
3. ¡Encantado, gracias! (*)
4. Vale, de acuerdo. (*)
5. ¡Con mucho gusto!
6. ¡Claro!
7. ¡Qué bien! **Enf.**
8. Muy agradecido. (*)
9. Buena idea, gracias.
10. Me gusta (mucho) tu idea.
11. Me encanta. (*)
12. Sí, me gusta mucho, gracias.
13. Me parece excelente.
14. ¡Qué buena idea has tenido!

─ INTERMEDIO ─

15. Sí, me gustaría mucho.
16. Gracias, agradezco mucho su invitación. **F.**
17. ¿Por qué no?
18. ¿Cómo no? (*) **Enf.**
19. Por mí, no hay inconveniente.
20. Iré encantada. (*)
21. No puedo decir que no. (*)
22. Sí, estaba deseándolo.

─ AVANZADO ─

23. ¡Ya lo creo que iré! **Enf.**
24. ¡Quién podría negarse!
25. ¡Vaya si iré! (*) **Enf.**
26. ¡Allí estaré como un clavo! (*) **Enf.**
27. ¡(No) Faltaría más! **Enf.**
28. ¡A ver...! (*) **I.**
29. Si me lo pide así... **R.**
30. Si se pone así... **R.**
31. Gracias, me complace mucho su invitación. **F.**
32. Le estoy muy agradecido por haber pensado en mí.
33. Me siento muy honrado en aceptar su invitación. **F.**
34. No puedo por menos de aceptar su amable invitación. (*) **F.**

1 y 3. *Gracias* es un elemento que puede acompañar a cualquier fórmula usada para aceptar una invitación. Suele colocarse bien al principio, bien cerrando la frase.

1 y 8. La frecuencia de uso de una construcción implica que alguno de sus elementos puede hacerse superfluo y desaparecer. Eso ocurre con *(estar) agradecido* y *dar las gracias*.

3, 11 y 20. El verbo *encantar*, aparte de un valor relacionado con la magia, traduce gusto o complacencia. Es muy expresivo, pero usual generalmente en hablantes femeninos.

11. ACCEPTING AN INVITATION

─ BASIC ─

1. Yes, thanks.
2. Yes, where?
3. I'd be delighted, thanks!
4. All right, fine.
5. I'd love to!
6. Of course!
7. Great!
8. I'm very grateful.
9. It's a good idea, thanks.
10. I like your idea a lot.
11. I love it.
12. Yes, I like it, thank you.
13. I think it's an excellent idea.
14. What a good idea you've had!

─ INTERMEDIATE ─

15. Yes, I'd like to very much.
16. Thank you very much for your invitation.
17. Why not?
18. Of course.
19. No problem, as far as I'm concerned.
20. I'll be delighted to go.
21. How could I refuse?
22. Yes, I was looking forward to it.

─ ADVANCED ─

23. Of course I'll go.
24. Who could refuse?
25. Of course I'll go!
26. I'll be there like a shot!
27. Of course, no question about it!
28. But of course...!
29. If you put it like that....
30. If you're going to be like that about it....
31. Thank you, I am very gratified by your invitation.
32. Thank you very much for thinking of me.
33. I consider it a great honour to accept your invitation.
34. I cannot but accept your kind invitation.

1 and 3. *Gracias* can be used with any expression employed to accept an invitation. It is usually placed in an initial or final position.

1 and 8. Through frequent use certain expressions may become elliptical, as elements become superfluous to communication and are omitted, e.g. (*estar*) *agradecido* («[to be] grateful»); (*dar las*) *gracias* («[to give] thanks»).

3, 11 and 20. The verb *encantar* («to enchant»), conveys pleasure or willingness. It is highly expressive, but more typical of female speakers.

4. *Vale* es una forma verbal que, casi con carácter de interjección, viene usándose, y cada vez con mayor frecuencia, como expresión afirmativa o de aprobación.
8. Ver nota al n. 1.
11. Ver nota al n. 3.
18. Bajo la forma admirativa, ¡*Cómo no!* constituye un asentimiento educado, que alude a la imposibilidad de rechazar una invitación.
20. Ver nota al n. 3.
21. Es una fórmula muy social, que hace hincapié no tanto en el deseo de participar en algo como en la desatención y grosería que supondría rehusar la invitación.
25. La tercera persona singular del presente de subjuntivo de *ir*, *vaya*, tiene carácter de interjección. Aislada, es una exclamación que suele traducir sentimientos negativos. Junto a *si* y seguida de un verbo, expresa la seguridad en el cumplimiento de la acción aludida.
26. La locución comparativa *como un clavo* sirve para hacer hincapié en la fijeza o seguridad con las que se acude a una cita. Aparece junto al verbo *estar*.
28. Esta expresión tiene diversos valores: traduce interés, constituye una llamada de atención. Con tono exclamativo se emplea como elemento afirmativo, parecido a ¡*claro!* Tiene entonación final suspendida.
34. *No poder por menos de* es una frase que significa que uno no puede evitar o no puede resistirse a llevar a cabo lo que expresa el infinitivo que necesariamente sigue a la preposición.

4. *Vale* is a verbal form which, used almost as an interjection, is becoming increasingly common as an expression of affirmation or consent.
8. See n.1.
11. See n.3.
18. As an exclamation, this is a polite way of inferring that acceptance is mandatory.
20. See n. 3.
21. This is an expression of social etiquette which stresses not so much the desire to participate in something as the rudeness which declining would entail.
25. The subjunctive ¡*vaya!* is frequently used as an ejaculation expressing surprise, often with negative connotations. Followed by *si* + verb it indicates certainty that the action in question will be performed.
26. *Como un clavo* («like a nail»), preceded by the verb *estar* («to be»), stresses the determination or certainty of one's intention to attend.
28. In other contexts *a ver* is used to express interest or attract attention. Here, in the exclamatory form, it is equivalent to ¡*claro!* There is a flattening of the intonation.
34. *No poder por menos de* is a phrase which conveys the idea that one is unable to avoid or refuse to carry out the action which is expressed in the infinitive that necessarily follows.

12. REHUSAR UNA INVITACIÓN

ELEMENTAL

1. ¡No! **I**.
2. No, gracias.
3. No, no puedo.
4. Ahora no, gracias.
5. Muchas gracias, pero no puedo.
6. No puedo aceptar.
7. ¡No, imposible!
8. Muchas gracias por su invitación, pero (…).
9. Gracias, pero me es imposible.

INTERMEDIO

10. ¡Ni hablar! (*) **Enf.**
11. ¡De ningún modo! **Enf.**
12. Gracias, pero acabo de (…).
13. Lo siento, me resulta imposible.
14. ¡No, otro día será! (*)
15. No insista, no puedo.
16. Me gustaría, pero no puedo.
17. ¡Lástima, no puedo!
18. Lástima, pero es que tengo otras ocupaciones.
19. Lo siento, pero es que tengo que hacer un recado. (*)

10. ¡*Ni hablar!* y ¡*Ni hablar de eso!* son formas bruscas de negar o rehusar lo dicho previamente.
14. *Otro día* es una expresión con la que se aplaza algo hasta un día futuro, indeterminado. El verbo *ser* significa, en este caso, algo parecido a *tener lugar*, *ocurrir*, *celebrarse*.
19. El sustantivo *recado*, a partir de un antiguo valor por el que designaba las cosas de consumo diario, o el conjunto de cosas necesarias, en la actualidad se usa para referirse al encargo que se envía o se transmite.

12. DECLINING AN INVITATION

BASIC

1. No!
2. No thank you!
3. No, I can't.
4. Not now, thanks.
5. Thank you very much, but I can't.
6. I can't accept.
7. No, it's impossible.
8. Thanks for your invitation, but (…).
9. Thank you, but I'm unable to.

INTERMEDIATE

10. Not likely!
11. No way!
12. Thank you, but I have just (…).
13. I'm sorry, but I'm not able to.
14. Sorry, maybe another time!
15. Don't insist, I can't.
16. I'd like to, but I can't.
17. Sorry, I can't!
18. Sorry, I have other things to do.
19. I'm sorry, but I have an errand to attend to.

10. ¡*Ni hablar!* and ¡*Ni hablar de eso!* are abrupt ways of denying or rejecting what has just been said.
14. *Otro día* («another day») is an expression by means of which one defers something to an unspecified date in the future. The verb *ser* («to be») in this context is roughly equivalent to *tener lugar*, *ocurrir*, or *celebrarse* («to take place»).
19. The noun *recado*, originally a collective noun referring to items of daily consumption or necessities, is now used to refer to an errand or message.

20. No creo que pueda.
21. Si de mí dependiera, (…).

— AVANZADO —

22. Lo lamento mucho, pero hoy no puedo. Quizá más adelante.
23. Tendrá que disculparme.
24. No se ofenda, pero (…).
25. Siento defraudarle pero (…). **R.**
26. Me temo que no podré. (*)
27. No creo que sea el momento más indicado.
28. Lo siento, pero me resulta imposible.
29. Gracias, pero esta vez me toca a mí. (*)
30. Bien, pero vamos a escote. (*) **I**
31. Gracias por pensar en mí, pero (…).
32. Me encantaría, pero es imposible.
33. ¡Qué lástima que no pueda!
34. Lo siento, pero tengo otro compromiso.
35. Muchas gracias por su invitación. Me hubiera gustado ir. **F.**
36. Me hubiera encantado haber podido aceptar su invitación. **F.**
37. ¡Qué más quisiera yo! (*) **Enf.**

26. El verbo *temer* sirve para referirse al miedo a recibir un daño: *no lo hizo porque temía las consecuencias*. Pero también expresa recelo o sospecha, tanto bajo la forma *temer* como bajo la pronominal *temerse*. El verbo de la frase que lo complementa suele estar en indicativo: *me temo que no llegaremos a tiempo*.
29. El verbo *tocar*, en tercera persona y acompañado de un pronombre *(me, le, nos)*, significa que a alguien le llega el turno para algo. Así se usa en los juegos, cuando hay gente haciendo cola o cuando unos amigos suelen invitarse alternativamente.
30. La locución *a escote* alude a una forma de pago usual en reuniones de amigos, según la cual cada uno paga una parte igual del gasto total.
37. Es una forma de rehusar una invitación que implica que se desearía aceptar, pero que no es posible hacerlo. El verbo *querer* podría también estar en condicional: *querría*.

20. I don't think I'll be able to.
21. If it was up to me, (…).

— ADVANCED —

22. I'm very sorry, but I can't today. Some other time, perhaps.
23. You'll have to forgive me, (but I can't).
24. Please don't be offended, but (…).
25. I'm sorry to let you down, but (…).
26. I'm afraid I won't be able to.
27. I don't really think it's the right time.
28. I'm sorry but I'm not able to.
29. Thank you, but it's my turn/round this time.
30. All right, but we'll go Dutch.
31. Thanks for the thought, but (…).
32. I'd love to, but I can't.
33. What a pity I can't!
34. I'm sorry, but I have another engagement.
35. Many thanks for your invitation. I'd love to have gone.
36. I'd love to have accepted your invitation.
37. If only I could!

26. The verb *temer* is used to refer to fear of possible injury: *no lo hizo porque temía las consecuencias* («he didn't do it because he feared the consequences»). However both *temer* and the reflexive form *temerse* can also express apprehension or suspicion. The verb in the following clause usually takes the indicative mood.
29. The verb *tocar*,, in the third person with an object pronoun (*me, le, nos*, etc.) is used to indicate that one's turn has come. It is thus used in games, in contexts where people are waiting in a queue, or amongst friends taking turns to pay for drinks or meals.
30. The expression *a escote* refers to a method of payment, customary among friends, whereby each party pays an equal portion of the total cost.
37. This is a form of refusal which suggests a desire to accept the invitation but recognises that to do so would be impossible. As such, the conditional *querría* («would like to») could replace the imperfect subjunctive *quisiera*.

13. OFRECER ALGO A ALGUIEN

13. OFFERING SOMETHING

— ELEMENTAL —

1. ¿Quieres?
2. ¿Quieres (…)?
3. Toma (…).
4. ¿No quiere? (*)
5. Toma uno.
6. Coge.
7. Coge, coge.
8. Te ofrezco (…).

— INTERMEDIO —

9. Quiero ofrecerte (…).
10. Ya sabes que ésta es tu casa. (*)

— BASIC —

1. Would you like some/one?
2. Would you like to (…)?
3. Have a/ some (…).
4. Won't you have one/ some?
5. Take one/ some.
6. Take one/ some.
7. Go on, take one/ some.
8. Let me offer you (…).

— INTERMEDIATE —

9. I'd like to offer you (…).
10. Consider yourself at home.

11. ¿En qué puedo servirle? **R.**
12. Quiero hacerle un ofrecimiento.
13. Voy a hacerle una oferta. **R.**
14. Avíseme si necesita algo.
15. ¿Te apetece (…)?

— AVANZADO

16. ¿No te tienta? (*) **I.**
17. Te brindo (…). (*)
18. Quiero ofrendarte (…). (*) **R.**
19. Me gustaría ofrecerte (…).
20. Ya sabes que puedes contar con (…). (*)
21. Ha tomado usted posesión de su casa. (*) **F.**
22. Dígame en qué puedo servirle. **R.**
23. Contad con (…).
24. ¿Se le ofrece a usted algo más? (*)

4. La dificultad de esta frase estriba en que no se espera una respuesta y en que no es negativa. Es decir, se trata de una fórmula de ofrecimiento, muy usual en el caso de regalar cigarrillos, bombones, etc. El adverbio negativo sólo aporta énfasis. La frase se pronuncia acompañada del gesto de alargar al interlocutor aquello que se le ofrece.
10. Se trata de una fórmula de ofrecimiento: existe la variante *ya sabes dónde tienes tu casa*. Puede presentarse como un ofrecimiento personal: *ya sabes dónde tienes un amigo*.
16. Además del valor relativo al sentido del tacto el verbo *tentar* alude a una seducción o a la atracción que algo despierta. Su uso es muy expresivo si lo que se ofrece es algo no excesivamente importante, como puede ser algo de comida.
17. El verbo *brindar* describe el deseo que es tradicional expresar cuando los que van a beber alzan las copas en alto. Con menor frecuencia vale como equivalente de *ofrecer*. Sus complementos serán sustantivos que impliquen una ayuda. Como pronominal, *brindarse* significa que uno se ofrece. El complemento, un infinitivo, va precedido de la preposición *a*.
18. Referidos al verbo *ofrecer* existen los sustantivos *oferta* y *ofrecimiento*. Muy próximo es el verbo *ofrendar*, que implica un ofrecimiento, pero en el ámbito de la religión. El sustantivo correspondiente es *ofrenda*.
20. Aparte de un valor que hace referencia a cantidades, y de otro valor equivalente al de los verbos *referir* o *narrar*, *contar con* alude a la creencia de que se puede disponer de algo o de alguien.
21. Se trata de una fórmula de ofrecimiento del domicilio propio bastante más enfática que *ya sabe dónde tiene su casa*, *ya sabe que ésta es su casa*, puesto que *tomar posesión* suele implicar un cargo estable.
24. Ésta es una fórmula para preguntar a alguien si cree que necesita algo de la persona que pronuncia la frase. Se usa en las tiendas en las que uno se provee de diversos artículos, o en los casos en los que alguien, presumiblemente subordinado, pregunta a su superior si ha de hacer algo más de lo que ya ha hecho.

14. ACEPTAR UN OFRECIMIENTO

— ELEMENTAL

1. Sí.
2. Gracias.
3. Sí, gracias.

---

11. What can I offer you?
12. I'd like to make you an offer.
13. I'll make you an offer.
14. Let me know if you need anything.
15. Do you feel like (…)?

— ADVANCED

16. Aren't you tempted?
17. Let me offer you (…).
18. I'd like to donate (…).
19. I'd like to offer you (…).
20. You know you can count on (…).
21. From this moment on you are in your own home.
22. Tell me what I can do for you.
23. You can rely on (…).
24. Is there anything else you'd like?

4. This question is unusual in that no response, whether positive or negative, is expected, nor is it a genuinely negative question, the adverb *no* being used merely for emphasis. The expression is often employed when offering cigarettes, chocolates, etc., and is accompanied by the action of offering the item concerned to the listener.
10. This is a formula for offering hospitality; an alternative version is *ya sabe dónde tiene su casa* («you know where you have a home»). It can also take the form of a personal offer: *ya sabes dónde tienes un amigo* («you know where you have a friend»).
16. In addition to the sense of «to touch», the verb *tentar* refers to the action of tempting or attracting. It is particularly expressive when used with things which are not of major importance such as certain foodstuffs.
17. Another common meaning of *brindar* is «to drink a toast» and accompanies the raising of glasses. More unusually it is used as a synonym for *ofrecer* («to offer»), in which case the following noun will refer to some form of assistance. In the reflexive form the verb *brindarse* is used when offering oneself for a particular task or purpose.
18. The nouns *oferta* and *ofrecimiento* («offer») are related to the verb *ofrecer*. Also closely associated is the verb *ofrendar* (noun *una ofrenda* [«offering» or «donation»]) although its use is restricted to religious contexts.
20. Apart from the meaning which relates to quantities, and as a synonym for *referir* or *narrar* («to relate»), the verb *contar*, when followed by *con* conveys the belief that one can rely on someone or something.
21. This expression is rather more emphatic than *ya sabe dónde tiene su casa* or *ya sabe que ésta es su casa* since *tomar posesión* («to take possession») implies a greater degree of permanence.
24. A formal expression used, in particular, by shop assistants or by a subordinate asking a superior whether anything else is required of him.

14. ACCEPTING AN OFFER

— BASIC

1. Yes.
2. Thank you.
3. Yes, thanks.

4. ¡Ah sí, gracias!
5. ¡Huy, qué bien! **I.**
6. ¡Claro que acepto!
7. Encantado.
8. Con mucho gusto.
9. ¡Claro que sí!
10. Te acepto (...).
11. Te lo acepto.
12. Gracias, sólo uno.
13. Me encanta. (*)

— INTERMEDIO —

14. Gracias por tu ofrecimiento.
15. Gracias por ofrecérmelo.
16. Acepto encantado.

— AVANZADO —

17. ¡No faltaría más! **Enf.**
18. Sí, pero sólo voy a cogerte uno.
19. Gracias por brindarme (...). (*)
20. No sabes cómo te lo agradezco. **F.**

13. El verbo *encantar*, aparte de un valor relacionado con la magia, traduce gusto o complacencia. Es muy expresivo, pero usual generalmente en hablantes femeninos.
19. El verbo *brindar* describe el deseo que es tradicional expresar cuando los que van a beber alzan las copas en alto. Con menor frecuencia vale como equivalente de *ofrecer*. Sus complementos serán sustantivos que impliquen una ayuda. Como pronominal, *brindarse* significa que uno se ofrece. El complemento, un infinitivo, va precedido de la preposición *a*.

15. REHUSAR UN OFRECIMIENTO

— ELEMENTAL —

1. ¡No! **I.**
2. Gracias.
3. No, gracias.
4. ¡No, no, no! Gracias. **Enf.**
5. Lo siento, pero (...).
6. No puedo aceptarlo, gracias.

— INTERMEDIO —

7. ¡Ni hablar! **Enf.**
8. ¡De ningún modo! **Enf.**
9. No puedo aceptárselo.
10. Gracias por su ofrecimiento, pero (...).
11. Gracias por ofrecérmelo, pero (...).
12. Siento no poder (...).
13. Lo siento, ¡otro día será! **R.**
14. ¡Hoy me es imposible, lo siento!

— AVANZADO —

15. Lo siento, pero no puedo aceptar.
16. Me encantaría, pero (...).

---

4. Oh yes, thanks!
5. Oh, lovely!
6. Of course I accept!
7. Marvellous.
8. Lovely.
9. Of course!
10. I accept your (...).
11. I'll accept it from you.
12. Thanks, just the one.
13. I love it.

— INTERMEDIATE —

14. Thanks for the offer.
15. Thanks for offering.
16. I'm delighted to accept.

— ADVANCED —

17. But of course!
18. Yes, but I'll just have the one.
19. Thanks for offering me (...).
20. You can't imagine how grateful I am.

13. The verb *encantar* («to enchant»), conveys pleasure or willingness. It is highly expressive, but more typical of female speakers.
19. Another common meaning of *brindar* is «to drink a toast» and accompanies the raising of glasses. More unusually it is used as a synonym for *ofrecer* («to offer»), in which case the following noun will refer to some form of assistance. In the reflexive form the verb *brindarse* is used when offering oneself for a particular task or purpose.

15. DECLINING AN OFFER

— BASIC —

1. No!
2. Thanks.
3. No, thank you!
4. No no no, thanks!
5. I'm sorry, but (...).
6. I can't accept, thanks.

— INTERMEDIATE —

7. Not likely!
8. No way!
9. I can't accept it from you.
10. Thanks for your offer, but (...).
11. Thanks for offering, but (...).
12. I'm sorry I can't (...).
13. I'm sorry, some other time!
14. I can't today, sorry!

— ADVANCED —

15. I'm sorry, but I can't accept.
16. I'd love to, but (...).

17. Es por problemas de salud, ¿sabe?
18. Es que estoy indispuesto.
19. Gracias por brindármelo, pero (...). (*)
20. Gracias por su buena disposición, pero (...).
21. Me sabe mal, pero no puedo aceptárselo.
22. No, de ningún modo, no estaría bien que (...).
23. Lamento no poder aceptarlo.
24. Me duele no (...). (*)
25. No se ofenda, pero es que (...).
26. Me sabría mal que usted se ofendiera, pero (...).
27. Ya sé que usted me ha invitado con su mejor buena voluntad, pero (...). **R.**
28. Si me lo hubiera dicho antes, pero es que (...).
29. Ya tienes tú bastantes problemas como para que encima yo (...). **I.**
30. No, gracias, me da no sé qué aprovecharme de tu buena disposición. **I.**
31. ¡Sólo faltaría que tú tuvieras que (...)! **Enf.**

19. El verbo *brindar* describe el deseo que es tradicional expresar cuando los que van a beber alzan las copas en alto. Con menor frecuencia vale como equivalente de *ofrecer*. Sus complementos serán sustantivos que impliquen una ayuda. Como pronominal, *brindarse* significa que uno se ofrece. El complemento, un infinitivo, va precedido de la preposición *a*.

24. Además del valor fundamental de «sentir dolor en una parte del cuerpo», el verbo *doler* describe la pena provocada por sentimientos fuertes, como el remordimiento o la lástima, o, como en este caso, por la pena que produce no poder aceptar un ofrecimiento.

17. It's for reasons of health.
18. I'm indisposed.
19. Thanks for offering, but (...).
20. Thanks for being so willing, but (...).
21. I'm very sorry, but I can't accept it from you.
22. No, it's out of the question, it wouldn't be right to (...).
23. I regret that I can't accept.
24. I'm very sorry not (...).
25. Please don't be offended, but (...).
26. I don't wish to offend you, but (...).
27. I know that you invited me out of the kindness of your heart, but (...)
28. If only you'd told me before, but it's just that (...).
29. You have enough on your plate already without me (...).
30. No thank you, I'd hate to take advantage of your kindness.
31. The last thing we need is for you to have to (...).

19. Another common meaning of *brindar* is «to drink a toast» and accompanies the raising of glasses. More unusually it is used as a synonym for ofrecer («to offer»), in which case the following noun will refer to some form of assistance. In the reflexive form the verb *brindarse* is used when offering oneself for a particular task or purpose.

24. In addition to the meaning of «feeling pain in some part of the body», the verb *doler* describes the feelings caused by powerful sensations such a remorse or pity or, as in this case, the regret at being unable to accept an offer.

16. PROPONER UN PLAN

— ELEMENTAL

1. ¿Quieres (...)?
2. ¿Vamos a (...)?
3. Propongo (...).
4. Sugiero (...).
5. Tengo una idea: (...).
6. (...) es una sugerencia.
7. Mira, quiero proponerte un plan.
8. He planeado (...).
9. ¿Te va bien (...)? (*)

— INTERMEDIO

10. ¿No te gustaría (...)?
11. Quiero haceros una sugerencia.
12. Voy a haceros una propuesta.
13. Propongo que (...).
14. Sugiero que (...).
15. Mi plan es el siguiente: (...).

9. El verbo *ir*, a partir del valor inicial, referido al movimiento, tiene una gran amplitud significativa. Acompañado, por lo general, de los adverbios *bien/mal se* refiere a algo con lo que uno está de acuerdo o en desacuerdo. En este contexto irá acompañado de un infinitivo.

16. PROPOSING A PLAN

— BASIC

1. Do you want to (...)?
2. Shall we (...)?
3. I propose (...).
4. I suggest (...).
5. I have an idea: (...).
6. (...) is one suggestion.
7. Listen, I'd like to put a plan to you.
8. I've planned (...).
9. Is (...) all right by you?

— INTERMEDIATE

10. Wouldn't you like (...)?
11. I want to put a suggestion to you.
12. I'll put a proposal to you.
13. I propose that (...).
14. I suggest that (...).
15. My plan is as follows: (...).

9. **Refer to note in Spanish.**

16. ¿Qué te parece la idea de (...)?
17. Tengo un plan estupendo: (...).
18. Vayamos a (...), ¿de acuerdo? **I.**
19. He pensado que podríamos (...).
20. ¿Te apetecería (...)?
21. Luego vamos a (...), ¿te vienes?

— AVANZADO

22. ¿Te apuntas? (*) **I.**
23. ¿Y si (...)? (*)
24. ¿Qué te parece si (...)?
25. ¿No estaría mal, verdad?
26. ¿No os vendría bien (...)?
27. ¿Qué me decís de (...)? (*)
28. Mi proyecto es el de (...).
29. Quiero plantearos algo.
30. Nos gustaría proponerles la siguiente iniciativa: (...). **R.**
31. Lo más indicado sería (...).
32. Tenemos una propuesta para ustedes: (...).
33. Nos gustaría sugerirles que (...).
34. Estamos interesados en que escuchen nuestra proposición: (...). **R.**
35. Quiero presentar una moción. (*) **R.**
36. Queremos presentar una ponencia sobre (...). (*) **R.**
37. Quisiera hacerle una descripción de mis planes: (...). **F.**
38. Voy a exponeros mi plan.
39. He planificado lo siguiente: (...).
40. Quiero exponerles nuestra planificación para el próximo año: (...). **R.**

---

22. El verbo *apuntar,* formado sobre el sustantivo *punta,* tiene varios valores *(apuntar a alguien con un arma, apuntar los capullos).* Como pronominal alude a la inscripción como participante en alguna actividad; en sentido figurado se refiere a que alguien acepta o se suma a un plano o proyecto.
23. Una forma de proponer es emitir un enunciado condicional bajo una forma interrogativa. Si la frase se completara, el verbo podría ser tanto un presente de indicativo como un pretérito imperfecto de subjuntivo.
27. Aunque esta pregunta puede interpretarse como tal en unos contextos, en cuyo caso equivale a *contar (¿qué me decís de vuestro primo?),* también sirve para proponer un plan. Tras la preposición puede aparecer un sustantivo o un infinitivo.
35 y 36. El sustantivo *moción* designa la proposición que se presenta en una asamblea, junta o Parlamento. Por su parte, *ponencia* alude al informe o proyecto expuesto por alguien al que se designa con el término de *ponente.*

17. ACEPTAR UN PLAN

— ELEMENTAL

1. Sí.
2. ¡Dime!
3. Cuéntame tu plan.
4. Sí, acepto.
5. Vale. **I.**
6. Vale, de acuerdo. **I.**
7. Bueno.
8. ¡Qué buena idea!

---

16. What do you think of the idea of (...).
17. I have a wonderful plan: (...).
18. Let's (...), okay?
19. I thought we might (...).
20. Would you fancy (...)?
21. We'll be (...) later, are you coming?

— ADVANCED

22. Are you with us?
23. What about (...)?
24. What do you think about (...)?
25. It would be all right, wouldn't it?
26. Wouldn't it be all right by you (...)?
27. How do you feel about (...)?
28. My plan is to (...).
29. I want to put a proposal to you.
30. We'd like to put the following initiative to you: (...).
31. The most appropriate thing would be to: (...).
32. We have a proposition to put to you: (...).
33. We'd like to suggest to you that (...).
34. We are keen for you to hear our proposal: (...).
35. I'd like to propose a motion.
36. We'd like to give a presentation about (...).
37. I'd like to give you a description of my plans: (...).
38. Let me explain my plan to you.
39. I've planned the following: (...).
40. I'd like to explain to you our planning for next year: (..).

---

22. The verb *apuntar,* formed from the noun *punta* («point»), has various meanings: *apuntar a alguien con un arma* («to point a gun at someone»); *apuntar los capullos* («to bud»). In the reflexive form it refers to participation in some activity; in the figurative sense it refers to acceptance or involvement in a project.
23. One way of putting forward a proposal is to make a conditional proposition (*si* [«if»]) interrogative. If the phrase is completed, the verb will take either the present indicative or the imperfect subjunctive.
27. Although this phrase may be interpreted as a straightforward question in other contexts, (*¿qué me decís de vuestro primo?* [«what can you tell me about your cousin?»]), it is also used for putting forward a plan. The preposition can be followed by a noun or an infinitive.
35 and 36. The noun *moción* («motion») designates a proposal put forward in an assembly, meeting, or Parliament. *Ponencia* refers to a report, paper or project presented by a *ponente* («speaker»).

17. ACCEPTING A PROPOSAL

— BASIC

1. Yes.
2. Tell me about it!
3. Tell me your plan.
4. Yes, I agree.
5. All right.
6. All right, agreed.
7. Okay.
8. What a good idea!

9. Vale, vamos a (…). **I.**
10. ¡Estupendo!
11. ¡Encantado!
12. Con mucho gusto.

— INTERMEDIO —

13. Me parece bien.
14. Sí que me va bien.
15. Me gusta tu idea.
16. Me parece una idea estupenda.
17. Sí que me gustaría.
18. Me gustaría mucho.
19. ¡Claro que me gustaría!
20. De acuerdo, vayamos a (…).
21. ¡Qué plan tan bueno!
22. Sí, me apetece.

— AVANZADO —

23. Sí, me apunto. (*)
24. Sí, me seduce la idea.
25. Tus planes me parecen muy sensatos.
26. Tu plan me parece factible.
27. Saliendo de ti, tenía que ser un buen plan.
28. Lo encuentro muy interesante.
29. Sí, vale la pena.
30. Sí, ha logrado convencerme.
31. Sí, manos a la obra. (*)
32. Sí, ahora cuéntame los detalles.
33. Bien, cuéntame los pormenores.
34. Desde luego parece atractivo; acepto.
35. ¿No pensarías que iba a decir que no? Pues claro que acepto.
36. ¿Qué creías que iba a contestar? Pues que sí, por descontado.
37. Sí, era lo que yo me esperaba que me propusieras.
38. Tu proyecto me convence por completo.
39. Secundo tu propuesta. **R.**
40. ¡Con cuánto tino has elaborado ese plan! **F.**
41. Estoy totalmente de acuerdo con su planificación.

23. El verbo *apuntar,* formado sobre el sustantivo *punta,* tiene varios valores *(apuntar a alguien con un arma, apuntar los capullos).* Como pronominal alude a la inscripción como participante en alguna actividad; en sentido figurado se refiere a que alguien acepta o se suma a algún plan o proyecto.
31. La expresión exclamativa *¡Manos a la obra!* constituye una invitación a iniciar una tarea.

9. Right, let's (…).
10. Wonderful!
11. I'd be delighted!
12. I'd be very pleased to!

— INTERMEDIATE —

13. I think it's fine.
14. It's absolutely fine by me.
15. I like your idea.
16. I think it's a wonderful idea.
17. I certainly would like to.
18. I'd like to very much.
19. Of course I'd love to!
20. All right, let's (…).
21. What a good plan!
22. Yes, it appeals to me.

— ADVANCED —

23. Yes, I'm with you.
24. Yes, the idea tempts me.
25. Your plans seem very sensible to me.
26. Your plan strikes me as feasible.
27. Coming from you, it had to be a good plan.
28. It looks very interesting to me.
29. Yes, it's worthwhile.
30. Yes, you've succeeded in convincing me.
31. Yes, let's get stuck in.
32. Right, now go over the details.
33. Fine, now go take me through the small print.
34. It certainly looks attractive: I agree.
35. You wouldn't expect me to say no, would you? Of course I accept.
36. What did you think my answer would be? Yes, of course.
37. Yes, it was what I expected you to put to me.
38. I find your plan utterly convincing.
39. I second your proposal.
40. It seems like a very sensible plan to me.
41. I'm in total agreement with your planning.

23. The verb *apuntar,* formed from the noun *punta* («point»), has various meanings: *apuntar a alguien con un arma* («to point a gun at someone»); *apuntar los capullos* («to bud»). In the reflexive form (*apuntarse*) it refers to participation in some activity; in the figurative sense it refers to acceptance or involvement in a project.
31. The expression *¡manos a la obra!* is an exhortation to begin a task.
40. The noun *tino* («touch») is used with the verbs *perder* («to lose»), *sacar* («to remove») or *echar fuera de* («to throw out of») to describe unwise or exasperating behaviour. The corresponding adjective is *atinado* («sensible, pertinent») with the antonyms *desatino* («foolishness, tactlessness») and *desatinado* («foolish, tactless»).

18. REHUSAR UN PLAN

— ELEMENTAL —

1. No.
2. No me interesa.

18. REJECTING A PROPOSAL

— BASIC —

1. No.
2. I'm not interested.

31

3. No, no me gusta.
4. No, imposible.
5. No, no puedo ir a (...).
6. No, prefiero (...).
7. Lo siento, no puedo.
8. Lo siento, pero es que (...).

— INTERMEDIO

9. No me apetece.
10. No me va bien.
11. No tengo tiempo.
12. Perdona, pero me es imposible.
13. Me es totalmente imposible.
14. No tengo ganas.

— AVANZADO

15. No, no me apunto. (*)
16. Tu plan no me parece factible.
17. ¡Para planes estoy yo! (*) **Ir.**
18. No me vengas con planes. (*) **I.**
19. Me parece un plan disparatado.
20. Tus planes me horrorizan.
21. Me parece que nunca podríamos llevar a la práctica tu plan.
22. Ha hecho una buena descripción de su plan, pero me parece inviable.
23. ¿Estás loco? (*) **Enf.**
24. ¿No lo dirás en serio?
25. No lo veo claro. (*)
26. Desde ahora ya te digo que no. **Enf.**
27. Mi respuesta es no y no insistas. **I.**
28. La verdad, no me entusiasma nada.
29. ¡Qué insensatez!
30. ¡Qué disparates me propones!
31. No me convence tu proyecto.
32. No lo encuentro interesante.
33. Lo encuentro interesante, pero me es imposible participar.
34. ¿Tú pensabas que iba a aceptar? Pues estabas muy equivocado.
35. Pues no, o ¿qué creías que contestaría?
36. Ahórrate los detalles porque voy a decirte que no. **Enf.**
37. Puede que valga la pena, pero no me interesa.
38. No te esfuerces más; no me seduce la idea...
39. Esa idea me parece descabellada. (*)
40. ¡Se te ocurren unas cosas! ¡Mira que creer que yo me avendría a una cosa así!
41. Estoy totalmente en desacuerdo con la planificación que ha hecho usted.
42. Me es imposible secundar su propuesta. **R.**
43. ¡Qué desatino!

---

15. El verbo *apuntar*, formado sobre el sustantivo *punta*, tiene varios valores *(apuntar a alguien con un arma, apuntar los capullos)*. Como pronominal alude a la inscripción como participante en alguna actividad; en sentido figurado se refiere a que alguien acepta o se suma a algún plan o proyecto.
17. El verbo *estar*, seguido de la preposición *para* y muy a menudo en enunciados negativos, significa que uno se halla en condiciones o con ganas de hacer algo *(no estoy para bromas)*. Aunque desaparezca el ad-

3. No, I don't like it.
4. No, impossible.
5. No, I can't go to (...).
6. Sorry, I'd rather (...).
7. Sorry, I can't.
8. Sorry, but (...).

— INTERMEDIATE

9. I don't fancy it.
10. It's not convenient.
11. I don't have the time.
12. Sorry, but I can't.
13. It's utterly impossible.
14. I don't want to.

— ADVANCED

15. No, count me out.
16. Your does not seem feasible to me.
17. A plan? That's the last thing I need!
18. Don't come to me with your plans.
19. I think it's a crazy plan.
20. Your plans appal me.
21. I don't think we could ever put your plan into practice.
22. You've described your proposal very well, but it doesn't seem viable to me.
23. Are you mad?
24. You aren't serious, are you?
25. I'm not convinced.
26. I can tell you right now that I'm against it.
27. My answer is no, and that's final.
28. To tell you the truth, I'm not impressed.
29. How silly!
30. What a crazy scheme to put to me!
31. I'm not convinced by your plan.
32. I don't find it interesting.
33. I find it interesting, but I can't be involved.
34. Did you think I'd accept? Well, you were quite wrong.
35. Well, no, ... what did you think my answer would be?
36. Don't waste your time on the details. My answer is no.
37. It may be all right, but I'm not interested.
38. Save your breath; the idea doesn't tempt me.
39. That idea seems crazy to me.
40. The things you dream up! Imagine thinking I'd go for something like that!
41. I am totally opposed to your planning.
42. I am unable to back your proposal.
43. How foolish!

---

15. The verb *apuntar*, formed from the noun *punta* («point»), has various meanings: *apuntar a alguien con un arma* («to point a gun at someone»); *apuntar los capullos* («to bud»). In the reflexive form (*apuntarse*) it refers to participation in some activity; in the figurative sense it refers to acceptance or involvement in a project.
17. The verb *estar* («to be») followed by the preposition *para* («for»), frequently found in negative utterances, indicates that one is not disposed or in a position to do something: *no estoy para bromas* («I'm in no mood for jokes»). Even without the negative adverb

verbio, la anteposición del complemento y la pronunciación exclamativa traducen de modo incuestionable una actitud negativa y de rechazo

18. El verbo *venir,* sin valor de movimiento y seguido de la preposición *con,* alude a las historias, pretextos, etc., que alguien presenta a otro *(¡me vino con unas exigencias...!).* Como es natural, si se presenta en forma de orden supone que se rechaza algo de antemano.
23. El adjetivo *loco,* aparte de aludir a la alteración de las facultades mentales, es calificativo equivalente *a insensato.* Ese sentido tiene cuando se emplea esa frase para rechazar un plan que se considera del todo inviable, dando por sentado que aceptarlo es imposible.
25. El verbo *ver,* en su significado fundamental, alude a la actividad propia del sentido de la vista, pero es muy frecuente referido a una capacidad de comprensión mental: *¿Ves ahora por qué lo he hecho?,* como sinónimo de *comprender.* A veces, ver algo implica un juicio, una opinión: *lo veo bien/mal, estupendo, claro,* etc.
39. El adjetivo *descabellado,* aunque derivado de *cabello,* no guarda, en su significado, relación con el contenido de ese elemento base, pues equivale a *disparatado, absurdo.*

no the inversion of the subject/complement order and the exclamatory tone unequivocally convey a negative attitude towards a proposal.

18. The verb *venir* followed by the preposition *con* («with»), in contexts where no movement is involved, refers to the stories, excuses, etc., which one individual brings to another *(¡me vino con unas exigencias...!* [he put such demands to me...!]). Obviously, if an emphatic tone is used, this indicates outright rejection.
23. The adjective *loco* may refer not only to the clinically insane but to what the speaker considers «crazy», as in the case of a proposal he dismisses as unfeasible.
25. *Ver* means «to see» in both the visual and mental senses: *¿Ves ahora por qué lo he hecho?* («You see now why I did it?»). Occasionally *ver* infers a judgement or opinion: *lo veo muy bien/ mal/ estupendo/ claro,* etc. («It seems fine/ bad/ marvellous/ clear, etc., to me»).
39. The adjective *descabellado,* which derives from *cabello* («hair»), has lost this etymological sense and is now a synonym for *disparatado, absurdo* («crazy» or «absurd»).

19. PEDIR ALGO A ALGUIEN

— ELEMENTAL

1. ¡Dámelo!
2. ¡Dame (...)!
3. ¿Puedes darme (...)?
4. ¿Me das (...)?
5. Por favor, déme (...).
6. Pásame (...). (*)
7. Regálame (...).
8. Déjame (...).
9. ¿Me dejas (...)?
10. ¿Puedes dejarme (...)?

— INTERMEDIO

11. Contribuye con algo a (...).
12. (...) ¿Quieres participar?
13. Proporcióname (...).
14. ¿Podrías darme (...)?
15. ¿Te importaría darme (...)?
16. Préstame (...).
17. ¿Podría prestarme (...)?
18. ¿Has visto por ahí mi (...)?
19. ¿Dónde habré puesto mi (...)?
20. ¿Llegas tú que estás más cerca?
21. Alcánzame (...). (*)
22. Acércame (...).

6. En uno de sus múltiples valores, el verbo *pasar* sirve para referirse al movimiento de una cosa que alguien lleva desde un sitio a otro próximo, para dársela a otra persona *(pásame el pan, por favor).* El verbo *alargar* cumple esa misma función.
21. Este verbo sirve para describir el movimiento de coger algo que está a una cierta distancia para dárselo a otra persona *(alcánzame ese libro del estante de arriba).* El verbo *acercar* cumple esa misma función.

19. ASKING SOMEONE FOR SOMETHING

— BASIC

1. Give it to me!
2. Give me (...).
3. Can you give me (..)?
4. May I have (...)?
5. Could you give me (...)?
6. Pass me (...).
7. Let me have (...) as a present.
8. Let me have (...).
9. Could you lend me (...)?
10. Could you lend me (...)?

— INTERMEDIATE

11. Make a contribution to (...).
12. (...). Would you like to take part?
13. Let me have (...).
14. Could you give me (...)?
15. Would you mind giving me (...)?
16. Lend me (...).
17. Could you lend me (...)?
18. Have you seen my (...) anywhere?
19. Where can I have put my (...)?
20. Could you reach me it, you're closer?
21. Reach me (...).
22. Pass me (...).

6. One of the many meanings of the verb *pasar* is the physical act of passing an object from one person to another *(pásame el pan, por favor* [«pass me the bread, please»]). The verb *alargar* fulfils the same function.
21. The verb *alcanzar* describes the movement of picking up an object which is some distance away and passing it to another person *(alcánzame ese libro del estante de arriba* [«reach me that book down from the top shelf»]). The verb *acercar* has the same function.

— AVANZADO

23. Afloja, venga. (*) **V.**
24. Deposite (…). **R.**
25. Desembolsa. **I.**
26. Ráscate el bolsillo. **I.**
27. Larga la pasta. (*) **V.**
28. Suelta, suelta. **I.**
29. Suelta la guita. (*) **V.**
30. Aporta algo.
31. Suminístranos (…). **R.**
32. Por favor, contribuya a la cuestación de (…). **R.**
33. ¿Podría usted hacer donación de (…)? **R.**
34. Entregue su donativo. **R.**
35. No quiero parecer un sablista, pero, ¿podrías dejarme (…)? (*)
36. ¡Por Dios! (*) **R.**
37. ¡Por amor de Dios! (*) **R.**
38. ¡Por todos los Santos! (*) **R.**
39. ¡Por lo que más quieras! (*) **R.**

---

23. En principio, los verbos *aflojar* y *soltar* son sinónimos; ambos describen algo que cede o se desprende. En sentido figurado y con carácter expresivo se combinan con el sustantivo *dinero,* aludiendo a su entrega.
27. El verbo *largar,* propio del ámbito del mar, describe el movimiento de soltar un cable o una cuerda. Con tono enfático y un matiz algo despectivo sirve como sinónimo de *hablar* y de *confesar* o *declarar.* También, como *soltar* o *aflojar,* sirve para referirse a que se da un dinero. El sustantivo *pasta,* muy coloquial, designa el dinero.
29. En principio el verbo *soltar* describe algo que cede o se desprende. En sentido figurado y con matiz expresivo se combina con *dinero,* aludiendo a su entrega. En este sentido es sinónimo de *aflojar* y *largar.* El sustantivo *guita,* del argot, designa el *dinero.*
35. Del sustantivo *sable,* que designa un tipo de arma parecida a la espada, se derivan *sablear, sablazo* y *sablista.* Los tres se refieren a la acción de obtener dinero de alguien con cualquier pretexto y al que la realiza.
36, 37 y 38. Son invocaciones que acompañan una petición que no necesariamente es de dinero, aunque también traducen la sorpresa y desagrado ante algo.
39. Esta exclamación acompaña los ruegos y peticiones.

— ADVANCED

23. Come on, cough up.
24. Give (…).
25. Pay up.
26. Cough up.
27. Where's the dough?
28. Come on, cough up.
29. Produce the readies.
30. Make a contribution.
31. Let us have (…).
32. Please, make a donation to (…).
33. Could you donate (…)?
34. Make a donation.
35. I don't like to appear a scrounger, but could you let me have (…)?
36. For God's sake!
37. For the love of God!
38. For the love of all the Saints!
39. For the sake of all that you hold dear!

---

23. In principle the verbs *aflojar* and *soltar* are synonymous, both describing the action of giving way or working loose. In the figurative sense they are used with *dinero* to refer to handing over money.
27. The verb *largar,* originally a nautical term, describes the action of casting off a cable or rope. When the tone of voice is emphatic and slightly pejorative it is synonymous with *hablar* («to talk»), *confesar* («to confess») or *declarar* («to declare»).
29. The verb *soltar* describes the action of giving way or working loose. In the figurative sense it is used for handing over money. It is synonymous with the verbs *aflojar* and *largar.* The noun *guita* is a slang term for money.
35. *Sablista* («a scrounger») derives from *sable* («a sabre»). The derivatives are *sablear* («to scrounge») and *un sablazo* («an act of scrounging»).
36, 37 and 38. These are invocations which accompany a request, not necessarily for money, although they can also be used to express surprise or displeasure.
39. This is an exclamation which accompanies requests and petitions.

20. DAR ALGO A ALGUIEN

20. GIVING SOMETHING TO SOMEONE

— ELEMENTAL

1. ¡Toma!
2. ¡Tómalo!
3. ¡Coge, coge!
4. ¡Cógelo!
5. ¡Ten!
6. ¡Tenga!
7. Esto es para ti.
8. Te lo regalo.
9. Te lo doy.
10. Se lo dejo.
11. Puedo dejártelo.
12. ¡Gratis, gratis! (*) **R.**
13. Tome uno.

— BASIC

1. Here!
2. Here you are!
3. Go on, take it!
4. Take it!
5. Here!
6. Here!
7. This is for you.
8. Keep it.
9. Keep it.
10. I'll let you have it.
11. I can let you keep it.
12. Free, free!
13. Take one.

INTERMEDIO

14. Aquí lo tienes.
15. Tuyo es. (*)
16. Ya es suyo. (*)
17. Se lo entrego.
18. Puedes quedártelo.
19. Mira qué te he traído.
20. Contribuyo con (…).
21. Aquí tiene mi contribución.
22. Te presto (…).
23. Ya te lo daré.
24. Ya te lo proporcionaré.
25. Participo con (…).
26. Me haré cargo de (…). (*)
27. Yo te lo alcanzo. (*)
28. Sírvase usted mismo.

AVANZADO

29. Puedo aportar (…).
30. Yo os puedo suministrar (…). **R.**
31. ¡Adjudicado! (*) **R.**
32. ¡Asignado! (*) **R.**
33. El (…) te ha tocado. (*)
34. Todo lo que tengo es tuyo. **Ir.**
35. Te lo endilgo. (*) **V.**
36. ¡Aquí tiene…! (*)
37. Quiero hacer donación de (…). **R.**
38. Doy este donativo para (..). **R.**
39. Tengo su aguinaldo. (*) **R.**

---

12. La voz *gratis* alude a la condición de gratuito de algo por lo que no hay que pagar. Aislado, como exclamación, se usa como reclamo, por ejemplo, por parte de los vendedores ambulantes que atraen así la atención de los transeúntes.
15 y 16. Son frases muy contundentes si acompañan el gesto de dar algo, pues no aluden a entrega sino a la inmediata posesión. Son frecuentes en los casos en los que de manera espontánea se regala algo a alguien que demuestra mucha ilusión por ello (*¿Te gusta? Toma, es tuyo*).
26. Esta expresión alude, por una parte, a que alguien comprende algo que le ocurre a otra persona *(me hago cargo de tu preocupación)*; por otra, a que alguien se compromete a costear ciertos gastos de otra persona *(me haré cargo de tus estudios)*.
27. El verbo *alcanzar* sirve para describir el movimiento de coger algo que está a una cierta distancia para dárselo a otra persona. El verbo *acercar* tiene ese mismo valor.
31. El verbo *adjudicar*, en concursos, subastas, etc., alude a que a alguien se le concede algo a lo que estaba aspirando, junto a otras personas.
32. El verbo *asignar*, como *atribuir*, describe la determinación de que a alguien le corresponda algo.
33. En uno de sus valores, y en un registro espontáneo, *tocar* alude a que a alguien le ha correspondido algo en un reparto, tanto si se trata de un premio como si se trata de la adjudicación de una tarea: *te ha tocado poner la mesa*.
35. Más vulgar que *soltar, largar, endosar* o *enchufar*, el verbo *endilgar* alude a que a alguien se le da algo, o se le hace soportar algo que, en cualquier caso, implica molestia.
36. Esta frase, inacabada, suele acompañar el gesto de una persona de dar una propina o una limosna a alguien. Claro que podría pronunciarse también cuando se paga algo.
39. El sustantivo *aguinaldo* designa el regalo o la cantidad de dinero que se da en las fiestas de Navidad por parte de algunas personas o de personas privadas.

INTERMEDIATE

14. Here you are.
15. It's yours.
16. It's yours.
17. I'll let you have it.
18. You can hold on to it.
19. Look what I've got for you.
20. I'll contribute (…).
21. Here's my contribution.
22. I'll lend you (…).
23. I'll give it to you.
24. I'll let you have it.
25. I'm contributing (…).
26. I'll be responsible for (…).
27. I'll reach it for you.
28. Help yourself.

ADVANCED

29. I can contribute (…)
30. I can provide you with (…)
31. It's yours!
32. It's yours!
33. The (…) goes to you.
34. What's mine is yours.
35. I'll dump it on you.
36. Here's (…)!
37. I want to donate (…).
38. This is a donation for (…).
39. Here's your Christmas box.

---

12. The adjective *gratis* («free») can be used in isolation, and is often employed as such by street hawkers.
15 and 16. These expressions are very forceful if they are accompanied by the gesture of giving something, since they do not refer to delivering but to immediate possession. They are frequently employed in situations where something is offered spontaneously as a present to someone who shows a keen interest in it (*¿Te gusta? Toma, es tuyo* [«Do you like it? Here, it's yours»]).
26. This expression indicates, in some contexts, awareness of what is happening to someone else (*me hago cargo de tu preocupación* [«I'm aware of what's worrying you»]) while in others it conveys an undertaking to take responsibility for someone else's expenses (*me haré cargo de tus estudios* [«I'll pay for your education»]).
27. The verb *alcanzar* describes the movement of picking up an object which is some distance away and passing it to another person. The verb *acercar* has the same function.
31. The verb *adjudicar*, in the context of competitions, auctions etc., indicates that someone has gained something for which he, along with others, has been hoping.
32. The verbs *asignar* and *atribuir* describe the determination with which something is assigned to someone.
33. One of the meanings of the verb *tocar*, particularly in spontaneous utterances, refers to the fact that something has been given to someone, whether it is a prize or responsibility for a particular task: *te ha tocado poner la mesa* («you're responsible for laying the table»).
35. A more vulgar expression than *soltar, largar, endosar* or *enchufar*, which have a roughly similar meaning, the verb *endilgar* refers to the action of giving someone something, particularly something unwelcome.
36. This expression usually accompanies the action of handing someone a tip or alms. It can also be used when making a payment.
39. The noun *aguinaldo* is used for private Christmas gifts in the form of presents or cash.

40. Le gratificaremos con (…).
41. Reciba esta gratificación con (…).
42. Reciba este obsequio por (…).
43. ¡Cázalo! (*) **I.**
44. ¡Ahí va! (*) **I.**
45. Quiero compensarte con (…)
46. Le vamos a premiar (…) por (…).
47. Sufragaremos todos sus gastos. **R.**
48. Yo te costearé (…). **R.**

---

43. El verbo *cazar*, relativo a la persecución y muerte de animales, se emplea, como *pescar* o *pillar*, para lo que se coge u obtiene, en general con habilidad. Puede aludir a lo que se lanza desde una cierta distancia al interlocutor, aunque *cazarlas al vuelo* se dice de comprender las cosas con mucha rapidez. A veces son sinónimo de *robar*. *Pillar*, *pescar* y *agarrar* ocupan el lugar de *coger* ante sustantivos como *resfriado*, *borrachera*, etc.
44. Esta expresión, que puede constituir una mera exclamación de sorpresa, también acompaña el gesto de alargarle algo al interlocutor. Puede pronunciarse aislada o con la referencia a lo que se entrega: ¡Ahí van tus libros!

21. PEDIR AYUDA

— ELEMENTAL —

1. ¿Me ayudas?
2. ¿Puedes ayudarme?
3. Necesito su ayuda.
4. Necesito ayuda.
5. ¡Ayuda! **R.**
6. ¡Auxilio! **R.**
7. ¡Socorro! **R.**
8. ¡Policía! **R.**
9. ¡Aquí! (*) **R.**
10. ¡A mí! (*) **R.**

— INTERMEDIO —

11. Necesito que alguien me ayude.
12. Quiero que me ayudes.
13. ¿Podrías ayudarme?
14. ¿Puedes ayudarme en (…)?
15. Ayúdame a hacerlo, por favor.
16. ¡Dios mío, ayúdame!
17. Te necesito para (…).
18. ¡Ven, por favor, te necesito!
19. ¡Cogedlo! (*) **R.**
20. Cuando tenga usted tiempo, ¿podría (…)?
21. ¿Podría usted colaborar con nosotros en (…)?
22. Queremos pedirte tu colaboración para (…).

---

9 y 10. Con estas dos formas exclamativas, la del adverbio y la del pronombre personal de primera persona, se pide ayuda y auxilio.
19. Con esa frase (igual que con *¡al ladrón!*, *¡deténganlo!*, etc.) se pide ayuda o auxilio, por cuanto se anima a los testigos de una agresión o de un robo a que vayan tras el agresor.

---

40. We'll reward you with (…).
41. Please accept this reward with (…)
42. Please accept this gift for (…)
43. Here, catch!
44. There you go!
45. I'd like to give you (…) in return.
46. We'll reimburse all your expenses.
47. I'll pay for your (…).

---

43. The verb *cazar* («to hunt»), like *pescar* («to fish») or *pillar* (lit. «to pillage»), is used for the action of obtaining something, generally with some skill. It can also refer to throwing something to someone from a certain distance, although *cazarlas al vuelo* means «to be quick-witted». Sometimes they are synonyms of *robar* («to steal»). *Pillar*, *pescar* and *agarrar* can replace *coger* («to catch») before nouns such as *resfriado* («a cold»), *borrachera* («a binge»).
44. This expression, which can be a mere exclamation of surprise, can also accompany the action of handing something to someone: ¡Ahí van tus libros! («There are your books!»).

21. REQUESTING HELP

— BASIC —

1. Can you help me?
2. Can you help me?
3. I need your help.
4. I need help.
5. Help!
6. Help!
7. Help!
8. Police!
9. Over here!
10. I need help!

— INTERMEDIATE —

11. I need someone to help me.
12. I want you to help me.
13. Could you help me (…)?
14. Could you help me with (…)?
15. Help me to do it, please.
16. For God's sake, help me!
17. I need you to (…)
18. Please, I need you, can you come?
19. Catch him!
20. When you have the time, could you (…)?
21. Could you assist us with (…)?
22. We should like to ask for your assistance with (…).

---

19. This phrase, like *¡al ladrón!* («stop thief!»), *¡deténganlo!* («stop him!»), is used by the victim of an assault or robbery to urge witnesses to pursue the assailant.

AVANZADO

23. ¡Ataja! **R.**
24. ¡Venga, va!
25. ¡Arrima el hombro! (*)
26. ¿Me prestas tu ayuda?
27. ¿Le importaría ayudarme a (…)?
28. Me gustaría que me ayudaras.
29. Si fueras tan amable de ayudarme…
30. Estoy en apuros, ¿podrías ayudarme?
31. ¿Podrías ayudarme a salir de este atolladero? (*).
32. No te hagas el desentendido y ayúdame. **I.**
33. ¿Puedes hacer algo mientras tanto? (*).
34. ¿Puedo contar con usted para (…)?
35. ¿Puedes darme cuartel por unos días? (*) **R.**
36. ¡Échame una mano! (*)
37. ¿Puedo dejarlo en tus manos? (*)
38. Necesito que alguien me eche una mano. (*)
39. ¿No pensarás quedarte ahí mano sobre mano? (*) **I.**
40. ¿Es que no vas a mover un dedo? (*) **I.**
41. ¿Te molestaría mucho (…) tú también? **Ir.**
42. ¿Y si hicieras algo por mí? **Ir.**
43. No te hagas el sueco; haz tú también algo. (*) **I.**
44. Entre nosotros (…) podríamos terminar antes.
45. Si fuera usted tan amable, ¿podría (…)?
46. ¿Te sobra tiempo para (…)?
47. ¿Podría prestarme auxilio?
48. Recurro a usted en busca de auxilio. **R.**

---

25. Con la expresión *arrimar el hombro* se alude a la cooperación entregada en algún trabajo. Si constituye una petición de ayuda, implica mucha familiaridad entre los interlocutores.
31. El sustantivo *atolladero* designa un lugar del que es difícil salir y, en sentido figurado, una situación conflictiva. Se combina con verbos como *estar, meterse, salir,* etc.
33. *Mientras tanto* y *entre tanto* —escrita así o *entretanto*— son dos expresiones que se refieren a una acción que se desarrolla al mismo tiempo que otra.
35. Por lo general *dar cuartel* significa ofrecer condiciones al enemigo para que se rinda (en sentido contrario, por ejemplo, *una guerra sin cuartel* es una guerra dura y cruel donde no se tiene ninguna piedad con el enemigo). En este caso, sin embargo, es una forma de pedir alojamiento en casa de algún amigo. Como es de suponer, y dado que proviene del ámbito militar, no todo tipo de hablantes la conocen y la usan.
36, 37 y 38. Además de *echar una mano*, otras expresiones con *mano* se refieren a la ayuda: *dar la mano, ofrecer la mano, dejar (algo) en manos (de alguien), tender la mano,* etc.
39. La expresión *mano sobre mano* equivale a *sin hacer nada*. Esta alusión a la falta de actividad se combina con verbos como *estar, quedarse,* etc.
40. Con la expresión *no mover (ni) un dedo* se alude a la ausencia de un movimiento tan pequeño como el de un dedo. En sentido figurado, se aplica a la actitud del que no parece dispuesto a ayudar o a colaborar en algo, sea físico o no.
43. *Hacerse el sueco* es equivalente a *hacerse el desentendido*, es decir, significa no hacer caso de algo, no considerarse afectado por algo. A pesar de que *sueco* es el nombre del oriundo de Suecia, no hay que buscar ahí el contenido, sino en un valor que, por etimología, remite *a tonto, bobo*.

ADVANCED

23. Stop (him)!
24. Come on now!
25. Shoulders to the wheel!
26. Could you give me some help?
27. Would you mind helping me with (…)?
28. I'd like you to help me.
29. Would you be kind enough to help me …?
30. I'm in a tight corner, could you help me?
31. Could you help me out of this tight spot?
32. Don't pretend you can't hear me and help.
33. Could you do something in the meantime?
34. Can I count on you to (…)?
35. Could you put me up for a few days?
36. Lend a hand!
37. Can I leave it with you?
38. I need someone to lend me a hand.
39. You don't intend to sit there twiddling your thumbs, do you?
40. Are you just going to sit there doing nothing?
41. Would you mind awfully if (I asked) you to (…) as well?
42. Could you do something for me?
43. Don't pretend you can't hear: you do something too!
44. Between the (…) of us we could finish sooner.
45. Would you be so kind as to (…)?
46. Would you have a spare minute to (…)?
47. Could you give me some assistance?
48. I appeal to you for assistance.

---

25. The expression *arrimar el hombro* refers to co-operation given to complete a task. As a request for help it implies a considerable degree of familiarity between the speakers.
31. The noun *atolladero* designates a places from which it is difficult to extricate oneself and, figuratively, a problematic situation. It is used with verbs such as *estar, meterse, salir,* etc.
33. *Mientras tanto* or *entre tanto* (also written *entretanto*) refers to an action which is simultaneous with another.
35. The literal sense of *dar cuartel* means offering an enemy terms to encourage him to surrender. (In the contrary sense, *una guerra sin cuartel* is a hard, cruel war in which the enemy is shown no pity.) In this example, however, it is a way of requesting accommodation from a friend. Understandably, given the military origins of the expression, not all speakers know or use it.
36, 37 and 38. *Mano* figures in other expressions for giving or receiving assistance: *dar la mano* («to lend a hand»); *ofrecer la mano* («to offer one's hand»); *dejar (algo) en manos de alguien* («to leave [something] in someone's hands»); *tender la mano* («to hold out one's hand»).
39. The expression *mano sobre mano* is equivalent to «doing nothing». This reference to inactivity is used with verbs such as *estar* («to be») and *quedarse* («to remain»).
40. The expression *no mover (ni) un dedo* refers to the absence of even the most minimal activity. Used figuratively it refers to the attitude of someone who is not prepared to co-operate in any way, physically or otherwise.
43. The sense of *sueco* in this expression is not the adjective of nationality "Swedish" but the more archaic one of *bobo* or *tonto* (simpleton). The idiom therefore indicates feigned ignorance on the part of someone who does not consider himself to be affected by something.

49. ¿Puede socorrerme? (*)
50. ¿Podrías echarme un capote? (*) **FH.**
51. ¿Podría usted contribuir con algo?
52. Me gustaría que pudiera usted cooperar con nosotros. **F.**
53. Ruego a usted se sirva concedernos la subvención para (…). **R.**
54. Solicito de la institución que usted representa una beca para (…). **R.**
55. Esperamos poder contar con su patrocinio.

---

49. Aunque *socorrer,* como *auxiliar,* se refiere a ayudas de cualquier tipo, en forma de pregunta suele constituir una petición de dinero.
50. *Capote* es el nombre de una prenda de abrigo. Con la expresión *echar un capote* se alude a una ayuda oportuna; en especial, a una intervención oral del interlocutor, que le viene muy bien a alguien.
55. El término *patrocinio* es el más adecuado para referirse a la acción de hacerse cargo del gasto que algo supone. En la actualidad se usa en su lugar, de forma innecesaria, la voz inglesa *sponsor,* que recubre tanto el verbo como el sustantivo.

49. Could you bail me out?
50. Could you give me a helping hand?
51. Could you make a contribution?
52. I should appreciate it if you could co-operate with us.
53. I beg you to see fit to award us the grant for (…)
54. I am applying to the institution you represent for a grant to (…).
55. We hope that we can count on your sponsorship.

---

49. Although *socorrer,* like *auxiliar* refers to help of any type, employed in a question it represents a request for financial assistance.
50. *Capote* («cape») is used in this idiom to indicate an appropriate form of help, particularly in the form of a verbal intervention.
55. The term *patrocinio* («sponsorship») is currently being displaced, quite unnecessarily, by the English «sponsor», used both as a verb and a noun.

22. OFRECER AYUDA Y APOYO

— ELEMENTAL —

1. ¿Te ayudo?
2. ¿Puedo ayudarte?
3. ¿Puedo ayudarte en algo?
4. Yo lo haré. (*) **Enf.**
5. Me ofrezco a (…).
6. ¿Necesita usted ayuda?

— INTERMEDIO —

7. Ya te ayudo yo.
8. ¿Quieres que te ayude?
9. Yo podría ayudarle…
10. ¡Déjeme hacerlo, por favor!
11. ¿En qué puedo ayudarle?
12. ¿Me necesita para algo?
13. Déjame que te ayude.
14. ¿Me permite que le ayude?
15. ¿Puedo hacer algo por usted?
16. (Estoy) A su disposición.
17. ¡Ya voy! **I.**

— AVANZADO —

18. ¿Te echo una mano? (*) **FH.**
19. ¿Quieres que te eche una mano? (*) **FH.**
20. Déjalo en mis manos. (*)

---

4. Cuando hay confianza entre los interlocutores, en lugar de ofrecer ayuda para hacer algo, decimos que será uno mismo quien lo haga.
18, 19, 20 y 35. Además de *echar una mano,* otras expresiones con *mano* se refieren a la ayuda: *dar la mano, echar una mano, ofrecer la mano, dejar (algo) en manos (de alguien).*

22. OFFERING HELP AND SUPPORT

— BASIC —

1. Can I help you?
2. Can I help you?
3. Can I help in any way?
4. I'll do it.
5. I'm willing to (…).
6. Do you need any help?

— INTERMEDIATE —

7. I'll help you.
8. Do you want me to help?
9. I could help you.
10. Please, let me do it!
11. How can I help?
12. Do you need me for anything?
13. Please let me help you.
14. May I help you?
15. Can I do anything for you?
16. I am at your disposal.
17. I'm coming!

— ADVANCED —

18. Can I give you a hand?
19. Do you want me to give you a hand?
20. Leave it with me.

---

4. When the speakers know each other well, instead of offering to help, it is normal to offer to perform the action oneself.
18, 19, 20 and 35. In addition to *echar una mano,* other expressions for giving or receiving assistance include: *dar la mano* («to lend a hand»); *ofrecer la mano* («to offer one's hand»); *dejar (algo) en manos de alguien* («to leave [something] in someone's hands»).

21. Parece que necesitas ayuda.	21. You look as if you need help.
22. Ya sabes dónde tienes un amigo. (*)	22. You know where to come if you need a friend.
23. Ya sabes que siempre puedes contar con mi apoyo.	23. You know you can always count on me for support.
24. ¡A mandar! (*) **R.**	24. Your wish is my command!
25. Deje, deje, ya lo haré yo. **Enf.**	25. Leave it, I'll do it.
26. ¿Puedo hacer algo mientras tanto? (*)	26. Can I do anything in the meantime?
27. ¿Puedo serle útil en algo?	27. Can I be of some use to you?
28. Ya sabe que podrá contar siempre conmigo.	28. You know you can always count on me.
29. Tal vez yo podría serle de ayuda en algo.	29. Perhaps I could be of some use to you.
30. Me tiene usted a su entera disposición. **F.**	30. I am entirely at your disposal.
31. ¿Hay algo que pueda hacer por usted?	31. Is there anything I can do for you?
32. Si usted quisiera, yo podría ayudarle.	32. If you wanted, I could help you.
33. Ya sabe que estoy dispuesto a (…).	33. You know I'm ready to (…).
34. Quizá yo podría servirle de ayuda.	34. Perhaps I could be of some help to you.
35. Siempre estaré dispuesto a tenderte una mano. (*) **F.**	35. You can always count on me to lend a hand.
36. Me brindo a (…). (*)	36. I'll gladly (…).
37. Yo me presto a (…). (*)	37. I'm willing to (…).
38. Cualquier cosa que necesite…	38. If there's anything you need (…).
39. Si me necesita, no tendrá más que avisarme.	39. If you need me, you only have to call.
40. Quiero que sepas que puedes pedirme lo que quieras.	40. I want you to know I'll do whatever you ask of me.
41. Los amigos están para eso, para ayudarse.	41. That's what friends are for, to help each other.
42. Puede usted contar con nuestra cooperación. **R.**	42. You can count on our co-operation.
43. ¿Puedo contribuir con (…)? **R.**	43. Can I contribute (…)?
44. Les ofrecemos una subvención de (…). **R.**	44. We offer you a grant of (…).
45. Le concedemos una beca para (…). **R.**	45. We have awarded you a bursary for (…).
46. Nos encantaría ser sus patrocinadores. (*) **R.**	46. We would be delighted to sponsor you.

---

22. Se trata de una fórmula de ofrecimiento, aquí personal; existe una variante en la que se ofrece el domicilio: *ya sabe dónde tiene su casa/aquí tiene usted su casa*.
24. Con esta fórmula alguien se ofrece a otra persona. Suele responder a una relación jerárquica entre ellas, pues el que la pronuncia se reconoce como subordinado, dispuesto a cumplir cualquier orden, o a satisfacer cualquier deseo. Fuera de esta situación se usaría en tono irónico.
26. *Mientras tanto* y *entre tanto* —escrita así o *entretanto*— son dos expresiones que se refieren a una acción que se desarrolla al mismo tiempo que otra.
35. Ver nota al n. 18.
36. La forma pronominal *brindarse* significa que uno se ofrece. El complemento, un infinitivo, va precedido de la preposición *a*. *Brindar* describe la acción de levantar sus copas varias personas para manifestar un deseo. Además equivale a *ofrecer*.
37. La forma pronominal de *prestar*, *prestarse*, es sinónimo de *ofrecerse* o *brindarse*. Aparece en construcciones negativas que suponen que uno se niega a participar en algo dudoso: *yo no me presto a esos enredos*.
46. El término *patrocinador* es el más adecuado para referirse a la entidad o al individuo que se hacen cargo del gasto que algo supone. En la actualidad se usa en su lugar, de forma innecesaria, la voz inglesa *sponsor*, que recubre tanto el verbo como el sustantivo.

22. This is a personal offer of help. In another version one offers accommodation in one's home: y*a sabe dónde tiene su casa/ aquí tiene su casa* («you know where to come if you need a roof over your head»).
24. This offer of help usually indicates that the speaker is subordinate to the listener, since he is prepared to carry out any order or desire expressed by the latter. Elsewhere the expression can be used ironically.
26. *Mientras tanto* or *entre tanto* (also written *entretanto*) refers to an action which is simultaneous with another.
35. See n. 18.
36. Another common meaning of *brindar* is «to drink a toast» and accompanies the raising of glasses. More unusually it is used as a synonym for *ofrecer* («to offer»), in which case the following noun will refer to some form of assistance. In the reflexive form the verb *brindarse* is used when offering oneself for a particular task or purpose.
37. The reflexive form of this verb, *prestarse*, is a synonym of *ofrecerse* or *brindarse* («to offer oneself»). It is employed in negative expressions which indicate that one is not prepared to become involved in something dubious: *yo no me presto a esos enredos* («I'm not getting mixed up in that sort of thing»).
46. The term *patrocinador* («sponsor» or «sponsoring») is the most apt term for describing the institution or individual assuming responsibility for costs incurred. *Patrocinador* is currently being displaced, quite unnecessarily, by the English «sponsor», used both as a verb and a noun.

23. ACEPTAR UNA OFERTA DE AYUDA

— ELEMENTAL —

1. Sí.
2. Sí, gracias.
3. Sí, por favor.
4. Sí, ayúdame.
5. Sí, necesito ayuda.
6. ¡Qué bien!
7. ¡Qué amable!
8. ¡Ay, sí, qué bien! **Enf.**
9. ¡Claro!
10. ¡Naturalmente!
11. Sí, gracias, hazlo tú.
12. Sí, gracias por su colaboración.

— INTERMEDIO —

13. Sí, muy amable.
14. Muy amable de su parte.
15. Sí, gracias por su amabilidad.
16. ¡Cómo no! (*)
17. Sí, ¿puedes (...)?
18. Sí, ¿podría (...)?
19. Sí, lléveme esto. (*)
20. Sí, gracias por hacerlo.
21. Gracias por su ofrecimiento.
22. Sí, se lo agradezco.
23. Gracias, pero ¿no le molestará?
24. Sí, claro que necesito ayuda.
25. Su ayuda siempre será bien recibida. **F.**
26. Sí, gracias, sabía que podía contar contigo.
27. Ahora veo que eres un amigo en quien puedo confiar.

— AVANZADO —

28. ¡Cuánta amabilidad!
29. Sí, hombre, ¿cómo no? (*) **F.**
30. Sí, ¿por qué no?
31. Sí, le estaré muy agradecido.
32. Sí, gracias, no sabe lo cansado que estoy.
33. Sí, gracias, es que estoy muerto. **I.**
34. ¡Ay, sí, gracias, estoy reventado! **I.**
35. Sí, lo dejo en tus manos. (*)
36. ¡Ay, sí! ¡Gracias por echarme una mano! (*) **FH.**

---

16 y 29. Bajo la forma admirativa, ¡*Cómo no!* constituye un asentimiento educado, que alude a la imposibilidad de rechazar, bien una invitación, bien un ofrecimiento de ayuda.
19. Esta frase se emite cuando se acepta que otra persona transporte un peso o carga en vez de hacerlo uno mismo.
29. Ver nota al n. 16.
35. La expresión *en manos de,* combinada con verbos como *estar, poner* o *dejar,* se refiere a la responsabilidad o encargo de alguien sobre algo.
36 y 37. Además de *echar una mano,* otras expresiones con *mano* se refieren a la ayuda: *dar la mano, ofrecer la mano, dejar (algo) en manos (de alguien), tender la mano,* etc.

23. ACCEPTING AN OFFER OF HELP

— BASIC —

1. Yes.
2. Yes, thanks.
3. Yes, please.
4. Yes, please help me.
5. Yes, I need help.
6. Great!
7. How kind of you!
8. Oh, yes, great!
9. Of course!
10. Of course!
11. Yes, thanks, you do it.
12. Yes, thanks for your help!

— INTERMEDIATE —

13. Yes, that's very kind of you.
14. That's very kind of you.
15. Thank you for being so kind.
16. Of course!
17. Yes, can you (...)?
18. Yes, could you (...)?
19. Yes, carry this for me.
20. Yes, thanks for doing it.
21. Thanks for offering.
22. Yes, I'm very grateful.
23. Thanks, but are you sure it's no trouble?
24. Yes, of course I need help.
25. Your help will always be welcome.
26. Thanks. I knew I could count on you.
27. I can now see that you're a friend I can trust.

— ADVANCED —

28. How very kind!
29. Yes, of course!
30. Yes, why not?
31. Yes, I'd be very grateful.
32. Yes, thanks, you can't imagine how tired I am.
33. Yes, thanks, I'm dead beat.
34. Oh yes, thanks. I'm shattered.
35. Yes, I'll leave it with you.
36. Oh yes! Thanks for lending a hand!

---

16 and 29. As an exclamation, ¡*cómo no!* is a polite way of recognising that acceptance of an invitation or offer of help is mandatory.
19. This expression is used when one agrees to another person carry a load or burden instead of oneself.
29. See n. 16.
35. The expression *en manos de,* in combination with verbs like *estar* («to be»), *poner* («to put»), or *dejar* («to leave»), refers to the responsibility that lies with someone for a particular thing.
36 and 37. *Mano* figures in other expressions for giving or receiving assistance: *dar la mano* («to lend a hand»); *ofrecer la mano* («to offer one's hand»); *dejar (algo) en manos de alguien* («to leave [something] in someone's hands»); *tender la mano* («to hold out one's hand»).

37. Sí, gracias por tenderme una mano. (*)
38. No, no, es igual, no se moleste. (*)
39. Me sabe mal. ¿No será mucho trabajo para usted? (*)
40. ¡Ay, sí, que cuatro ojos ven más que dos! (*) **FH**
41. ¡Qué alivio saber que no tendré que enfrentarme solo a (…)!
42. No sabes cuánto (te) agradezco tu oferta de ayuda.
43. Sí, gracias, ¡qué maravilla saber que siempre puedo contar con tu apoyo!
44. Sí, quisiera (…).
45. Gracias por ofrecerse a colaborar con nosotros.
46. Agradecemos su desinteresada cooperación.
47. Le doy las gracias por la beca que me ha sido concedida. **R.**
48. Agradecemos su subvención. **R.**
49. Gracias por ofrecerse como patrocinador de (…). (*) **R.**
50. Sí, gracias, que Dios se lo pague. **R.**
51. Gracias, tu ayuda me hace falta, pero ¿no te estaré dando la lata? **I.**
52. Tu entrega casi me abruma. **Ir.**
53. Sí, que no quiero ir dando palos de ciego. (*) **FH.**

38 y 39. Ambas frases suponen la aceptación de un ofrecimiento, aunque con corteses reservas, tan explícitas a veces que puede llegar a emitirse un enunciado que en apariencia supone rechazo.
40. Con esta frase se alude a que la ayuda del interlocutor es muy bien recibida y útil; suele tratarse de una colaboración que implica la actividad visual.
49. El término *patrocinador* es el más adecuado para referirse a la entidad o al individuo que se hacen cargo del gasto que algo supone. En la actualidad se usa, en su lugar, de forma innecesaria, la voz inglesa *sponsor*, que recubre tanto el verbo como el sustantivo.
53. Con *palos de ciego,* como los propios del ciego que tantea el suelo con el bastón, nos referimos a acciones poco precisas y desorientadas. Esta expresión se documenta ya en un diccionario del año 1611.

37. Yes, thanks for lending a hand!
38. No no, it doesn't matter, don't trouble yourself.
39. I don't like to ask. Are you sure it won't be a lot of trouble for you?
40. Oh yes. Two heads are better than one.
41. What a relief to know I won't have to face (…) alone!
42. You can't imagine how grateful I am for your offer of help.
43. Thank you. It's marvellous to know I can always count on your support.
44. Yes, I'd like (…).
45. Thank you for offering to work with us.
46. We thank you for your generous cooperation.
47. Thank you for the bursary/grant which I have been awarded.
48. We are grateful for your grant.
49. Thank you for offering to sponsor (…).
50. Thank you and God bless you.
51. Your enthusiasm is overwhelming, almost.

38 and 39. Both these phrases, although indicating acceptance of an offer of help, do so with such polite reluctance that the utterance might appear to be tantamount to a rejection of the offer.
40. This expression indicates that the offer of help is well received and useful; it usually refers to a type of task involving visual activity, lit. "four eyes are better than two."
49. The term *patrocinador* («sponsor» or «sponsoring») is the most apt term for describing the institution or individual assuming responsibility for costs incurred. *Patrocinador* is currently being displaced, quite unnecessarily, by the English «sponsor», used both as a verb and a noun.
53. The expression *con palos de ciego* (lit. «with a blind man's sticks»), recorded in a dictionary published in 1611, refers to actions which are lacking in precision and purpose.

24. REHUSAR UNA OFERTA DE AYUDA

— ELEMENTAL —

1. No.
2. No, gracias.
3. ¡Claro que no!
4. ¡Naturalmente que no!
5. ¡Que no, que no! **Enf.**
6. No, no necesito ayuda.
7. No, es que tengo que hacerlo yo.

— INTERMEDIO —

8. No, gracias, no tiene por qué ayudarme.
9. Muy amable de su parte, pero (…).
10. No, gracias, ya lo haré yo.

24. REJECTING AN OFFER OF HELP

— BASIC —

1. No.
2. No, thanks.
3. Of course not!
4. Of course not!
5. No, no, no!
6. No, I don't need any help.
7. No, the thing is I have to do it myself.

— INTERMEDIATE —

8. No, thanks, there's no need to help.
9. It's very kind of you, but (…).
10. No thank you, I'll do it myself.

11. No, ya lo llevo yo. (*) **R.**
12. No, pero gracias por su ofrecimiento.
13. Gracias por su atención, pero no.
14. No, hombre, no, de ninguna manera. **Enf.**

— AVANZADO

15. No, aunque se lo agradezco.
16. No creas que desprecio tu ayuda, pero es que (…).
17. No te lo tomes a mal, pero (…).
18. Me sabe mal que pienses que es un desprecio, pero (…).
19. No, de ningún modo, no estaría bien que (…).
20. Yo me he metido en esto y yo solo tengo que salirme. **I.**
21. No, gracias, usted no sabe cómo va. (*)
22. Gracias, pero es que esto prefiero hacerlo a mi manera.
23. No, gracias, me da no sé qué aprovecharme de su buena disposición.
24. No dejaré que usted lo haga.
25. Sólo faltaría que tú tuvieras que hacerlo por mí. **Enf.**
26. Ya tienes tú bastantes problemas como para que encima yo (…).
27. No, gracias, pero le estaré tan agradecido como si lo hubiera hecho.
28. Me basto yo solo. (*) **I.**
29. Yo me basto y me sobro. **I.**
30. No, que ya conozco cómo son tus ayudas. **Ir.**
31. No, que la última vez (…). **I.**
32. No, que ya estoy escarmentado. **I.**
33. No, gracias, tanta amabilidad me confunde. **Ir.**
34. Te lo agradezco en el alma, pero prefiero hacerlo yo solito. **Ir.**
35. No, gracias, porque sería peor el remedio que la enfermedad.
36. Hay ayudas que sirven de estorbo. **I.**
37. Aunque estoy reventado, es algo que debo hacer yo solo.
38. No, ya me las arreglaré yo como pueda. (*) **I.**
39. Gracias por la beca que me ha sido concedida, pero ahora no me es posible aceptarla. **R.**
40. Muy agradecidos, pero tenemos por norma no aceptar ningún tipo de subvención. **R.**
41. Comprendemos el interés de su oferta de cooperación, pero no podemos aceptarla. **R.**

---

11. Esta frase se emite cuando no se acepta que otra persona transporte un peso o carga en vez de hacerlo uno mismo.
21. Dado que *ir,* en uno de sus valores, es sinónimo de *funcionar,* esta frase se emite cuando uno rechaza una ayuda para utilizar algo (un aparato, una herramienta) que se teme que el interlocutor desconozca.
28. El verbo *bastar* equivale a *llegar, alcanzar* o *ser suficiente.* Se usa en la forma ¡basta!, de carácter interjectivo. Aunque es corriente su uso en tercera persona con valor impersonal *(basta con que me lo expliques una vez),* en primera alude a que no se necesita a los demás. Esta suficiencia se hace más patente cuando se añade el verbo *sobrar.*
38. *Arreglárselas* tiene aquí el significado de obrar con acierto, de modo que se alcance un fin pretendido. *Componérselas* y *apañárselas* tendrían un valor parecido.

11. No, I'll carry it myself.
12. No, thanks for offering.
13. You're very kind, but no.
14. No, no, I wouldn't consider it.

— ADVANCED

15. No, but I'm grateful anyway.
16. Don't think I don't appreciate your help, but (…).
17. Don't take this the wrong way, but (…).
18. I'm sorry if you're offended, but (…).
19. No, no way, it wouldn't be right to/if (…).
20. I've got myself into this, it's now up to me to get myself out of it.
21. No, thank you. You wouldn't know how it works.
22. Thanks, but I prefer to do this my own way.
23. No, thanks. I'd feel awful taking advantage of your good will.
24. I won't allow you to do it.
25. It would be the limit if you had to do it for me.
26. You already have enough on your plate without me (…).
27. No, thank you, but I'd be just as grateful if you'd actually done it.
28. I can manage on my own.
29. I'm quite capable of doing it on my very own.
30. No, I know your kind of «help».
31. No, the last time (…).
32. No, I've learnt my lesson.
33. No, thanks, I can't cope with such kindness.
34. Thank you most sincerely, but I'd really rather do it on my own.
35. No thanks, but the cure would be worse than the illness.
36. Some kinds of help you can do without.
37. Although I'm shattered, it's something I've got to do myself.
38. No, thank you, I'll manage somehow.
39. Thank you for the bursary which I have been awarded but I am now unable to accept it.
40. We are very grateful but it is our policy not to accept any type of financial support.
41. We appreciate your interest in offering to collaborate, but we are unable to accept your offer.

---

11. This expression is used when one refuses to let another person carry a load or burden instead of oneself.
21. Given that one of the meaning of *ir* («to go») is «to work», this phrase is used when rejecting an offer of help on the grounds that the person offering is ignorant of the way in which a machine or tool operates.
28. The verb *bastar* is equivalent to *llegar, alcanzar* or *ser suficiente* in the sense of «to be equal to». It is used as an interjection in the form of ¡basta! («enough!»). Although its use is common in the third person in impersonal constructions (*basta con que me lo expliques una vez* [«one explication is sufficient»]), in the first person it indicates that the speaker requires no help from anyone else. This self-sufficiency is made even clearer by the addition of the verb *sobrar* («to be more than enough»).
38. Roughly equivalent expressions to *arreglárselas* («to manage to do something») include *componérselas* and *apañárselas.*

42. Prefiero hacerlo yo solo; ya sabes que nadie escarmienta en cabeza ajena.
43. Yo, como Juan Palomo: yo me lo guiso, yo me lo como. (*) **FH.**

---

43. Con esta frase alguien expresa su intención de hacer él mismo algo desde el principio hasta el fin (*de cabo a rabo*, en frase hecha popular), sin permitir que nadie intervenga, ni siquiera con su ayuda.

42. I prefer to do it on my own; you know the saying: «we all have to make our own mistakes».
43. I want to do the whole thing, lock, stock and barrel.

---

43. This indicates an intention to complete a task *de cabo a rabo* («from start to finish») without any intervention or support from a third party.

25. SOLICITAR UNA CITA O CONVOCAR

— ELEMENTAL —

1. ¿A qué hora (…)?
2. ¿Qué día podemos vernos?
3. ¿Cuándo nos vemos?
4. ¿Cuándo podemos encontrarnos?
5. Le llamo para pedir hora. (*)
6. ¿Podría darme hora para (…)? (*)
7. ¿Quedamos el (…)?
8. ¿Quedamos en (…)?
9. ¿Qué día quedamos?
10. ¿Dónde quedamos?
11. ¿Por qué no (…)? **I.**
12. Os convocamos para (…).

— INTERMEDIO —

13. Querría pedir hora para (…).
14. ¿Cuándo podríamos entrevistarnos?
15. ¿Cree usted que (…) podría recibirme hoy? **R.**
16. ¿Podría atenderme (…)?
17. Quisiera mantener una entrevista con (…) **F.**
18. ¿Puedo tomar hora? (*)
19. ¿Te va bien salir el (…)? (*)
20. ¿A qué hora podríamos reunirnos?
21. ¿A las (…) te va bien?
22. ¿Te viene bien en (…)?
23. ¿Qué te parece el (…)?
24. La siguiente convocatoria es para (…).

5, 6 y 18. Para solicitar una cita y para concederla se utilizan los verbos *pedir, tomar* y *dar*. El sustantivo *hora* alude a la hora concreta, señalada. Esta situación se da en la consulta de un médico, en el bufete de un abogado, etc.
19. El verbo *salir*, además de un verbo de movimiento muy usual *(salir de un sitio),* se utiliza para describir una actividad social *(salir a cenar, salir con amigos, salir a menudo).* También se aplica para describir relaciones sentimentales *(Juan sale con mi hermana, hace dos años que salen).*

25. REQUESTING OR ARRANGING AN APPOINTMENT

— BASIC —

1. At what time (…)?
2. On what day can we meet?
3. When shall we see each other?
4. When can we meet?
5. I'm ringing to ask for an appointment.
6. Can I have an appointment for (…)?
7. Shall we say (…)?
8. Shall we meet in/at (…)?
9. What day shall we meet?
10. Where shall we meet?
11. Why not (…)?
12. We should like to invite you to a meeting on (…).

— INTERMEDIATE —

13. I'd like an appointment for (…).
14. When could we arrange an interview?
15. Do you think you could see me today?
16. Could you attend to me?
17. I'd like to see (…).
18. Can I have an appointment?
19. Would (…) be convenient for going out?
20. When could we meet?
21. Is (…) convenient?
22. Is (…) all right with you?
23. What about (…)?
24. The next meeting will be on (…).

5, 6 and 18. To request or grant an appointment the verbs *pedir* («to ask for»), *tomar* («to take») and *dar* («to give») are used. The noun *hora* refers to the actual hour specified. This applies to situations such as the doctor's surgery, the lawyer's office, etc.
19. *Salir,* besides being a straightforward verb of movement *(salir de un sitio* [«to leave a place»]), is used in the context of social activity: *salir a cenar* («to go out for dinner»); *salir con amigos* («to go out with friends»); *salir a menudo* («to go out often»). It is also used for intimate relationships: *Juan sale con mi hermana* («Juan is going out with my sister»); *hace dos años que salen* («they've been going out for two years»).

AVANZADO

25. A ver si (…). (*) **R.**
26. Quisiera concertar una cita con usted. **F.**
27. ¿Podrás acudir a (…)?
28. Le emplazo a reunirnos (…). **F.**
29. Y por lo tanto debe usted acudir a dicha convocatoria (…).
30. Por favor, no me dejes plantado; nos encontramos en (…), ¿vale? **I.**
31. La conferencia está convocada para (…).
32. No me hagas ir en balde. ¿Quedamos allí a las (…) en punto? (*)
33. ¿Y si nos encontráramos esta noche?
34. La presente tiene por objeto solicitar una entrevista con usted. (*) **E.**

25. La forma *a ver* tiene diversos valores: traduce interés, constituye una llamada de atención. Aislada y en tono exclamativo es un elemento afirmativo parecido a *¡claro!* Seguido de *si* condicional es una forma de referirse a hechos posibles: *¡a ver si nos vemos un día de estos!*
30. Con la expresión *dejar a alguien plantado* se describe una situación en la que alguien no acude a una cita concertada. Idéntico contenido tiene *dar un plantón*. *Dejar a alguien plantado* también se utiliza en el caso de una relación personal interrumpida bruscamente por una persona.
32. Hay dos locuciones casi idénticas: *en balde* y *de balde*. La primera equivale a *inútilmente* y la segunda a *gratis*.
34. Se trata de una fórmula del lenguaje escrito. El adjetivo *presente* se refiere a un sustantivo omitido, *carta*. La expresión *tener por objeto* se refiere a la finalidad de esa carta.

ADVANCED

25. Let's see if (…).
26. I'd like to make an appointment with you.
27. Could you attend (…)?
28. I request your attendance at a meeting (…).
29. And you should therefore attend the said meeting (…).
30. Please, don't let me down. We'll meet at (…), all right?
31. The meeting has been scheduled for (…).
32. Don't make me go there for nothing. Shall we meet there at (…) o' clock precisely?
33. What about meeting up tonight?
34. I am writing to request a meeting with you.

25. The form *a ver* has several meanings: it conveys interest and can be used to attract attention. In the exclamatory form, it is equivalent to *¡claro!* («of course!»). Followed by a conditional construction beginning with *si* («if») it is a means of referring to possibilities: *¡a ver si nos vemos un día de éstos!* («let's see if we can meet up one of these days!»).
30. *Dar un plantón* is another expression for «standing someone up». *Dejar a alguien plantado* is also used for describing the sudden curtailment of a personal relationship by one of the parties.
32. Though very similar to *en balde* («in vain»), the expression *de balde* means «free of charge».
34. This letter-writing formula illustrates the use of *la presente* («this letter») and *tener por objeto* («to have the aim of»).

26. ACEPTAR O CONCEDER UNA CITA

26. ACCEPTING OR GIVING AN APPOINTMENT

ELEMENTAL

1. Sí.
2. Sí, gracias.
3. Vale. **I.**
4. De acuerdo.
5. Vale, de acuerdo. **I.**
6. Sí, encantado.
7. Sí, con mucho gusto.
8. Vale, a las (…). (*) **I.**
9. De acuerdo, quedamos a las (…)
10. Acepto encantado.

BASIC

1. Yes.
2. Yes, thanks.
3. Okay.
4. All right.
5. Okay, right.
6. Yes, I'd be delighted.
7. Yes, with pleasure.
8. Right, at (…).
9. Okay, let's meet at (…).
10. I'm delighted to accept.

INTERMEDIO

11. Sí, allí estaré puntualmente.
12. Sí, ¿le va bien mañana?

INTERMEDIATE

11. Yes, I'll be there on time.
12. Yes, is tomorrow all right?

8. *Vale* es una forma verbal que, casi con carácter de interjección, viene usándose, y cada vez con mayor frecuencia, como expresión afirmativa de aprobación. Se emplea repetida: *vale, vale*. Sirve, como *basta* y *aprisa*, para interrumpir y para apresurar. En Hispanoamérica suele sustituirse por *bueno* y por *bueno, bueno*.

8. *Vale* is a verbal form which, used almost as an interjection, is becoming increasingly common as an expression of affirmation or consent. It can be used in a reiterative way: *vale, vale*. Like *basta* («enough») and *aprisa* («quickly») it can be used to interrupt and hurry a speaker along. In Spanish America it is replaced by *bueno* and *bueno, bueno*.

13. Le puedo dar hora para (…). (*)
14. Así que nos encontraremos a las (…) en (…).
15. Sí, me va bien.
16. Sí, pero… ¿podría ser un poco más tarde?
17. (…) puede recibirle a usted el (…).
18. Lo dicho, nos vemos a las (…) en (…).

13. Yes, I can fit you in on (…).
14. So, we'll meet at (…) in (…).
15. Yes, fine by me.
16. Yes, but … could we make it a bit later?
17. (…) can see you on (…).
18. As we said, then , we'll meet at (…) in (…).

— AVANZADO

19. Vente cuando quieras. (*) **I.**
20. Pásate por aquí cualquier día de éstos.
21. Hasta (…) están todas las horas tomadas. (*)
22. Tendría que ser el (…) a las (…).
23. Sí, sólo que no hay ninguna hora libre hasta dentro de (…).
24. Sí, pero no me dejes plantado, ¿eh? (*) **I.**
25. Sí, confío en que no me des plantón, ¿vale? **I.**
26. Claro que puedo acudir.
27. Sí, allí me encontrarás.
28. No te preocupes, no te dejaré plantado. (*) **I.**
29. Sí, allí estaré como un clavo. (*) **I.**
30. Acudiré a la cita.
31. Bien, podríamos convenir una cita para (…), si a usted le parece. **F.**
32. ¡Faltaría más! (*) **Enf.**

— ADVANCED

19. Come whenever you like.
20. Drop round one of these days.
21. Until (…) there are no free slots.
22. It would have to be (…) at (…).
23. Yes, only there are no times available until (…) from now.
24. Yes, but you won't stand me up, will you?
25. Yes, I trust you not to stand me up, all right?
26. Of course I can be there.
27. Yes, I'll be there.
28. Don't worry. I won't let you down.
29. Yes, I'll be there without fail.
30. I'll be there at the appointed time.
31. Right, we could arrange a meeting for (..), if that's convenient.
32. But of course!

13 y 21. Para solicitar una cita y para concederla se utilizan los verbos *pedir, tomar* y *dar*. El sustantivo *hora* alude a la hora concreta, señalada. Esta situación se da en la consulta de un médico, en el bufete de un abogado, etc.
19. Esta forma directa de invitar a alguien ha de usarse con precaución, pues en zonas de Hispanoamérica tiene clara connotación sexual, equiparable a la que en España tiene *correrse*.
21. Ver nota al n. 13.
24, 25 y 28. Con la expresión *dejar a alguien plantado* se describe una situación en la que alguien no acude a una cita concertada. Idéntico contenido tiene *dar un plantón*. *Dejar a alguien plantado* también se utiliza en el caso de una relación personal interrumpida bruscamente por su persona.
29. La locución comparativa *como un clavo* sirve para hacer hincapié en la fijeza o seguridad con las que se acude a una cita. Aparece junto al verbo *estar*.
32. Con esta forma o con ¡*Sólo faltaría!* se rechaza algo inadmisible o se rehúsa una propuesta.

13 and 21. To request or grant an appointment the verbs *pedir* («to ask for»), *tomar* («to take») and *dar* («to give») are used. The noun *hora* refers to the actual hour specified. This applies to situations such as the doctor's surgery, the lawyer's office, etc.
19. This direct form of invitation using the reflexive form of *venir* («to come») should be used with caution since in certain areas of Spanish America *venirse* is a colloquial expression for having an orgasm.
21. See n.13.
24, 25 and 28. *Dar un plantón* is another expression for «standing someone up». *Dejar a alguien plantado* is also used for describing the sudden curtailment of a personal relationship by one of the parties.
29. *Como un clavo* («like a nail»), preceded by the verb *estar* («to be»), stresses the determination or certainty of one's intention to attend.
32. This expression, like ¡*sólo faltaría!*, is used to reject something as unacceptable or to dismiss a proposal.

27. REHUSAR O NO CONCEDER UNA CITA

27. REFUSING TO ACCEPT OR GRANT AN APPOINTMENT

— ELEMENTAL

1. No.
2. No, no puedo.
3. No, es imposible.
4. Lo siento, pero (…).
5. ¡Lástima! Es que (…).
6. Rehúso (…).

— BASIC

1. No.
2. No, I can't.
3. No, it's impossible.
4. Sorry, but (…).
5. What a pity. It's just that (…).
6. I refuse (…).

INTERMEDIO

7. ¡De ninguna manera!
8. ¡Ni hablar! (*) **I.**
9. ¡Ni pensarlo! (*) **I.**
10. No, me es imposible.
11. ¡Cuánto lo siento!
12. El (…) es imposible.
13. ¡Qué pena! Pero ese mismo día (…).
14. Otra vez será. (*) **R.**
15. Ya quedaremos otro día.
16. Perdone, pero no puedo aceptar esa cita de ninguna manera.
17. No, ese (…) no me va bien.
18. Me gustaría, pero (…).
19. Aceptaría encantado, pero (…).
20. A esa hora me es imposible.
21. (…) estaré muy ocupado.
22. (…) no podrá recibirle. Tendrá que espera a (…). **R.**

AVANZADO

23. Si fuera a otra hora…
24. Hay más días que longanizas para eso. (*) **I.**
25. No te preocupes, ya nos reuniremos cualquier día de éstos.
26. No, no podré acudir a la cita.
27. Ya sabe usted que me hubiera gustado, pero (…).
28. Habría aceptado si no (…).
29. Me sabe mal, pero (…).
30. Lo siento, pero si (…) tendré que declinar su invitación. **F.**
31. ¡Que te crees tú eso! (*) **Ir.**
32. ¿Y qué más? (*) **Ir.**
33. No me convencerás.
34. (…) no recibe. **R.**
35. (…) no concede citas. **R.**
36. De momento no es posible citarse con él. **F.**

---

8 y 9. Son formas bruscas de negar o rehusar lo dicho previamente. *Ni hablar* puede completarse con *de eso*. Una variante para *ni pensarlo* es *ni soñarlo*.

14. Con esta expresión, parecida a *Otro día será*, se aplaza una cita hasta un día futuro. De hecho, parece que hay un aplazamiento indefinido. En este caso, el verbo *ser* significa algo parecido a *tener lugar, ocurrir, celebrarse*.

24. Se trata de un refrán documentado ya en el siglo XV. Nos servimos de él para indicar que hay mucho tiempo para hacer una cosa, que no hay razón para actuar con precipitación.

31. Con esta frase o con la variante ¡*Que te lo has creído!* se expresa un rechazo, una oposición o, como es aquí el caso, una negativa. Para los tres valores se requiere una intervención previa del interlocutor.

32. Esta fórmula negativa responde a un sentimiento de rechazo hacia lo que se ha dicho, que se considera exagerado o imposible.

INTERMEDIATE

7. It's out of the question!
8. I wouldn't even consider it!
9. No way!
10. No, I can't.
11. I'm terribly sorry!
12. The (…) is impossible.
13. What a pity! But on that same day (…).
14. Some other time.
15. We'll find another day.
16. I'm sorry, but there is no way I can make that appointment.
17. No, I can't make that (…).
18. I'd like to, but (…).
19. I'd love to say yes, but (…).
20. I can't at that time.
21. (…) I'll be very busy.
22. I can't see you on/at (…). You'll have to wait until (…).

ADVANCED

23. If it was at a different time ….
24. There'll be plenty of other times for that.
25. Don't worry, we'll get together one of these days.
26. No, I shan't be able to make it.
27. You know I'd love to have said yes, but (…).
28. I'd have said yes but for (…).
29. I'm sorry, but (…).
30. Sorry, but if (…), I'll have to turn down your invitation.
31. You can't be serious!
32. That'll be the day!
33. You won't get me to change my mind.
34. (…) does not give appointments.
35. (…) is unavailable for appointments.
36. It is impossible to make an appointment to see him at present.

---

8 and 9. These are rather abrupt ways of denying or rejecting what has previously been said. *Ni hablar* is often followed by *de eso*. The same sense as *ni pensarlo* would be conveyed by the expression *ni soñarlo*.

14. *Otro día* («another day») is an expression by means of which one defers something to an unspecified date in the future. The ver *ser* («to be») in this context is roughly equivalent to *tener lugar, ocurrir,* or *celebrarse* («to take place»).

24. This proverb (lit. «there are more days than [a string of] sausages») was documented as early as the fifteenth century.

31. This phrase, like the alternative ¡*Que te lo has creído!* expresses rejection of, opposition to or, as in this case, refusal to concede to what has just been proposed.

32. This is an expression which expresses a rejection of something considered excessive or impossible.

28. DAR LAS GRACIAS

ELEMENTAL

1. Gracias. (*)
2. Muchas gracias. (*)
3. Muchísimas gracias. (*).
4. Gracias por todo. (*).
5. Gracias por (...). (*).
6. Quiero agradecer (...)
7. Te doy las gracias por (...).

INTERMEDIO

8. Te lo agradezco.
9. Le estoy muy agradecido.
10. Le agradezco mucho (...).
11. ¡Te estoy tan agradecido!
12. Siempre le estaré agradecido.
13. ¡Cuánto se lo agradezco!
14. No sé cómo agradecerle lo que usted ha hecho por mí.
15. Le estoy inmensamente agradecido. **F.**
16. Hacía tiempo que quería agradecérselo y hasta ahora no había podido.
17. ¡Gracias a Dios! **R.**

AVANZADO

18. Gracias, pero que muchas gracias. (*) **Enf.**
19. Te lo agradezco con toda el alma.
20. Dios se lo pagará. (*) **R.**
21. ¡Que Dios se lo pague! (*) **R.**
22. Espero que algún día podré corresponderle. (*)
23. No sabes cómo te lo agradezco.
24. No sabes cuánto te debo.
25. Quiero expresarle mi más sincero agradecimiento por (...). **F.**
26. No viviré bastante para poder pagar todo lo que has hecho por mí. **R.**
27. Le estamos muy reconocidos por (...). (*) **F.**
28. Gracias por los servicios prestados. **R.**

1, 2, 3, 4 y 5. La frecuencia de uso de una construcción implica que alguno de sus elementos puede hacerse superfluo y desaparecer. Eso ocurre con *(dar las) gracias*.
18. Una forma de ponderar cuantitativamente consiste en la repetición de un término (sustantivo: *gracias, pero que muchas gracias*; adjetivo: *feo, pero que muy feo*; adverbio: *lejos, pero que muy lejos*) y la intercalación del bloque *pero que muy/mucho*.
20 y 21. Son expresiones de agradecimiento dichas por alguien reconocido a la ayuda de una persona para la cual solicita una recompensa divina.
22. El verbo *corresponder* tiene múltiples valores, pero en todos ellos se ponen en relación dos cosas. *Corresponder a alguien con* supone la respuesta que se da a alguien de quien se ha recibido algo.
27, 29 y 31. El verbo *reconocer*, muy usual, equivale fundamentalmente a *identificar*, *confesar* o *admitir*, y a *mostrarse agradecido*. Se califica de reconocida a la persona que agradece el bien que se le ha hecho.

28. EXPRESSING GRATITUDE

BASIC

1. Thank you.
2. Many thanks.
3. Very many thanks.
4. Thanks for everything.
5. Thank you for (...).
6. I'd like to thank you for (...).
7. Thank you for (...).

INTERMEDIATE

8. I'm very grateful to you.
9. I'm indebted to you.
10. I'm grateful to you for (...).
11. I'm so grateful to you!
12. I shall always be indebted to you.
13. I am so grateful to you!
14. I can't thank you enough for what you've done for me.
15. I'm extremely grateful to you.
16. I'd been wanting to thank you for some time but I couldn't until now.
17. Thanks be to God!

ADVANCED

18. Thank you very, very much indeed.
19. Thank you from the bottom of my heart.
20. God will repay you.
21. May God reward you!
22. I hope I'll be able to reciprocate one day.
23. You can't imagine how grateful I am to you.
24. You can't imagine how much I owe to you.
25. I'd like to convey to you my most sincere thanks for (...).
26. However long I live I could never repay all that you've done for me.
27. We are indebted to you for (...).
28. Thank you for services rendered.

1, 2, 3, 4 and 5. Through frequent use certain expressions may become elliptical, as elements become superfluous to communication, and are omitted e.g. *(dar las) gracias* («[to give] thanks»).
18. One method of giving added weight to an utterance is through the repetition of particular elements, e.g. a noun: *gracias, pero que muchas gracias*; an adjective: *feo, pero que muy feo* («ugly, really ugly»); an adverb: *lejos, pero que muy lejos* («far, really far»). Note the insertion of the combination *pero que* between the repeated elements.
20 and 21. Invocations of divine reward are still fairly common ways of repaying a favour by proxy. They acknowledge that it is beyond the speaker's means to reciprocate.
22. The verb *corresponder* has several meanings but in all cases it serves to link two elements. *Corresponder a alguien con* refers to the response of the recipient to the donor.
27, 29 and 31. The verb *reconocer* usually means «to identify, confess or admit to». Here the sense is «to show gratitude».

29. Queremos manifestarle nuestro más sincero reconocimiento por (…). (*) **F.**
30. Queremos manifestarle nuestra gratitud por (…). **F.**
31. No puede imaginarse cuán reconocido le estoy. (*) **F.**
32. ¡Cuán generoso es usted! **R.**
33. ¡Gracias, Dios le bendiga! **R.**
34. ¿Cómo podré pagarle lo que hace usted por mí?
35. Siempre estaré en deuda con usted.
36. Espero que algún día pueda corresponderle.
37. Gracias, y me quedo corto. (*)
38. Reciba el presente obsequio como muestra de agradecimiento por (…). **R.**

37. La expresión *quedarse corto* se refiere a que se hace, coge, dice de algo menos de lo conveniente o necesario. Ese valor tan amplio favorece que se use tanto en relación con el dinero (*calculé mal y me he quedado corto; necesito que me prestes algo*) como para referirse al agradecimiento que uno siente.

29. We wish to convey to you our most sincere appreciation for (…).
30. We wish to convey to you our gratitude for (…).
31. You can't imagine how grateful I am to you.
32. How generous you are!
33. Thank you, God bless you!
34. How can I ever repay what you're doing for me?
35. I shall always be indebted to you.
36. I hope I'll be able to repay you one day.
37. Thank you, words fail me.
38. Please accept this gift as a token of gratitude for (…).

37. *Quedarse corto* refers to the action of doing, taking or saying less than is appropriate or necessary. The expression is used in a broad range of contexts from money (*calculé mal y me he quedado corto; necesito que me prestes algo* [«I miscalculated and I've left myself short; I need you to lend me something»]) to gratitude, as in this case.

29. DEVOLVER LAS GRACIAS

— ELEMENTAL

1. ¡De nada! (*)
2. ¡Nada, nada!
3. ¡De nada, hombre, de nada! (*)
4. No tiene importancia.

— INTERMEDIO

5. ¡No hay de qué! (*).
6. Nada de gracias. **Enf.**
7. No tiene por qué agradecérmelo.
8. No tienes que agradecerme nada.
9. No tienes que darme las gracias.
10. Estoy a su disposición.
11. ¡Si es que no me ha costado nada…! **I.**
12. ¡Hombre, no es para tanto! **I.**

— AVANZADO

13. ¡No hay por qué darlas! (*)
14. ¡Por nada!

1 y 3. Esta locución que, en función adjetiva equivale a *poco importante, insignificante* (*un sueldo de nada*), constituye una típica fórmula de respuesta hacia el interlocutor que ha dado las gracias. Puede emitirse aislada o repetida y, como en este caso, enriquecida con un vocativo que traduce un trato de familiaridad.

5 y 13. Esta frase constituye una fórmula de respuesta hacia el interlocutor que ha dado las gracias previamente. Hay una parte omitida, el infinitivo *darlas*. Se trata de una alusión que traduce un sentimiento de modestia, a que no ha habido motivo justificado para el agradecimiento.

29. RESPONDING TO AN EXPRESSION OF GRATITUDE

— BASIC

1. Don't mention it!
2. It's nothing at all!
3. You're welcome!
4. It's nothing.

— INTERMEDIATE

5. Don't mention it!
6. Don't thank me.
7. No need to thank me.
8. You don't have to thank me for anything.
9. There's no need to thank me.
10. I'm at your disposal.
11. But it was no trouble at all!
12. It's not such a big deal!

— ADVANCED

13. There's no need to thank me!
14. It's nothing!

1 and 3. This expression which, as an adjectival construction refers to something insignificant (*un sueldo de nada* [«a miserably low wage'»]) is a typical response to an expression of gratitude. It may be uttered repeatedly, with the addition of *hombre* when there is a degree of familiarity between the speakers. The exclamation *¡hombre!* is usually untranslatable. In English usage the Americanism «man!» is much more restricted.

5 and 13. The first of these expressions of modesty is elliptical, *darlas*, present in the second, having been omitted.

15. Estoy para servirle. (*) **R.**
16. No se merecen. (*)
17. Ya sabe que puede contar con nosotros. (*)
18. ¿De qué? (*) **I.**
19. Para eso estamos. (*).
20. Lo he hecho con mucho gusto. (*) '

15. I'm at your service.
16. I don't deserve thanks.
17. You know you can count on us.
18. Thanks? What for?
19. That's what we're here for.
20. It was a pleasure.

15. Se trata de un modo muy humilde de contestar al agradecimiento del interlocutor, puesto que se declara una actitud de servicio. Implica una relación jerárquica entre los que se hablan. Muy parecida es: *para eso estamos*. Hay quien puede considerarla un poco humillante para el que la pronuncia.
16. El verbo *merecer* alude a la recompensa o al castigo al que uno se hace acreedor por causa de su conducta. Se trata de una construcción de carácter pasivo: *las gracias no son merecidas*.
17. Aparte de un valor que hace referencia a cantidades, y de otro valor equivalente al de los verbos *referir* o *narrar*, *contar con* alude a la creencia de que se puede disponer de algo o de alguien.
18. Esta expresión, de pronunciación interrogativa, traduce extrañeza, incredulidad o, incluso, reto. Como respuesta a una expresión de agradecimiento del interlocutor, resulta inconveniente y grosera.
19. Se trata de un modo muy humilde de contestar al agradecimiento del interlocutor, puesto que se declara una actitud de servicio. Con el demostrativo neutro *eso* se alude a la acción de servir. Implica una relación jerárquica entre los que hablan. Muy parecida es: *estoy para servirle*. Hay quien puede considerarla un poco humillante para el que la pronuncia.
20. La existencia de un contexto previo implica que en la intervención siguiente son posibles las omisiones o las referencias sobreentendidas. Con el pronombre femenino *las* se alude a «gracias».

15 and 19. Like *estoy para servirle* («I'm here to serve you», these are expressions of humility, which some may consider excessive, implying hierarchical subordination on the part of the speaker.
16. The verb *merecer* («to deserve») relates to reward and punishment for previous actions. The expression derives from a passive construction: *las gracias no son merecidas* («thanks are not deserved»).
17. Apart from the meaning which relates to quantities, and as a synonym for *referir* or *narrar* («to relate»), the verb *contar*, when followed by *con*, conveys the belief that one can rely on someone or something.
18. This expression, which conveys surprise, incredulity or even a challenge would be considered a rude or inappropriate response by many speakers.
19. **Refer to note in Spanish.**
20. The existence of a previous context means that in subequent utterances elliptical omissiones and inferred references are possible. The feminine pronoun *las* corresponds to *gracias*.

30. DESEAR BUENA SUERTE A ALGUIEN

ELEMENTAL

1. ¡Suerte!
2. ¡Buena suerte!
3. Te deseo buena suerte.
4. ¡Feliz (…)!
5. ¡Buen (…)!

INTERMEDIO

6. ¡Que te vaya bien! (*)
7. ¡Que tengas mucha suerte!
8. Te deseo lo mejor.
9. Deseamos que lo pases bien.
10. ¡Que te toque la lotería!
11. ¡Ojalá (…)! (*)
12. ¡Que seas muy afortunado!

6. Esta expresión es sustituida en Hispanoamérica por ¡*Que te vaya bonito!*, donde el adjetivo *bonito*, equivalente en España a *bien*, tiene un uso adverbial.
11. *Ojalá es* una interjección exclamativa con la que se expresa deseo. Además de aislada, se usa seguida de un verbo o de una frase completa. El verbo está en subjuntivo, ya sea un presente o un pretérito imperfecto.

30. WISHING SOMEONE GOOD LUCK

BASIC

1. Good luck!
2. Good luck!
3. I wish you good luck.
4. Happy (…)!
5. Have a good (…).

INTERMEDIATE

6. All the best!
7. The best of luck!
8. I wish you all the best.
9. We hope you enjoy yourself.
10. I hope you win the Lottery!
11. Here's hoping (…).
12. May you be very fortunate.

6. *Que le vaya bonito* is a Spanish American variant of this expression, in which *bonito* («pretty») is used as an adverbial equivalent of *bien* («well»).
11. As an expression of wishing, *ojalá* is used in complete phrases, the verb being in the present or imperfect subjunctive.

13. Espero que (...).
14. Deseo que (...).
15. ¡Próspero Año Nuevo!
16. Deseo que pases un feliz día de aniversario.
17. ¡Que tu suerte mejore!
18. ¡Que (...)! (*)
19. ¡Verás cómo todo sale bien!
20. ¡Por muchos años!

— AVANZADO

21. ¡Que tengas un venturoso Año Nuevo!
22. ¡Que tengas un golpe de fortuna!
23. ¡Que te sea leve! (*) **I.**
24. ¡Que no te pase nada! (*) **Ir.**
25. ¡Que Dios te bendiga! **R.**
26. ¡Dios quiera que todo salga bien! **R.**
27. ¡Que la fortuna te acompañe!
28. ¡Que todos tus sueños se conviertan en realidad!
29. ¡Que entres en el Año Nuevo con buen pie! (*)

18. En expresiones desiderativas es frecuente que la frase esté encabezada por la conjunción *que* sin que haya un verbo principal. Se construyen así frases de uso diario (*¡Que te vaya bien!*, *¡Que descanses!*, *¡Que aproveche!*). El verbo que sigue ha de ser un subjuntivo presente.
23. Con esta expresión se le desea a alguien que tenga suerte o, mejor, que sobrelleve una situación que comporta dificultad, peligro o pesadez. Se usa para animar al que debe enfrentarse a algo.
24. Con esta expresión, más expresiva que *¡Que te sea leve!*, se le desea a alguien que tenga suerte cuando es evidente que la situación a la que se enfrenta comporta dificultades o peligro. Aunque con ella se anima al interlocutor, hace presuponer un desastre.
29. Las locuciones *con buen pie* y *con el pie derecho* tienen el mismo significado que con *buena suerte* o *de forma acertada*. Se combinan con verbos como *empezar, entrar,* etc. Para aludir a la situación contraria usamos las correspondientes *con mal pie, con el pie izquierdo.*

13. I hope that (...).
14. I hope that (...).
15. A Prosperous New Year!
16. I hope you have a happy anniversary.
17. I hope your luck improves!
18. I hope (...)!
19. Everything will turn out well, you'll see!
20. Many happy returns!

— ADVANCED

21. All the very best in the New Year!
22. I hope you have a stroke of good luck!
23. I hope you don't have too rough a time!
24. I hope you come out of it in one piece!
25. God bless!
26. God willing, everything will turn out well.
27. May fortune smile on you!
28. May all your dreams come true!
29. I hope you get off to a good start in the New Year!

18. In expressions of wishing it is common for the utterance to begin with *que* followed by a verb in the present subjunctive. Everyday examples include *¡Que te vaya bien!* («I hope it goes well»); *¡Que descanses!* («I hope you have a good rest!»); *¡Que aproveche!* («I hope you enjoy your meal!»).
23. This expression is used to encourage someone facing adversity, danger or tedium.
24. More expressive than the previous expression, this suggests that the situation to be faced involves a greater element of difficulty or danger. While aiming to encourage the individual concerned, it implies impending disaster.
29. The expressions *con buen pie* and *con el pie derecho* are equivalent to *con buena suerte* («with good luck») or *de forma acertada* («successfully»). They are used with verbs such as *empezar* («to begin») and *entrar* («to enter») etc. Corresponding negative idioms involving *pie* include *con mal pie* («on the wrong foot»); *con el pie izquierdo* («on the wrong side of the bed»).

31. CORRESPONDER AL DESEO DE BUENA SUERTE

— ELEMENTAL

1. Gracias.
2. Gracias, igualmente.
3. Igualmente.
4. Y a ti también. (*)
5. Usted también. (*)

4 y 5. Con esta breve frase se le devuelve al interlocutor el mismo deseo de buena suerte que él ha formulado previamente. Del mismo tipo serían: *lo mismo digo, lo mismo para ti.*

31. RESPONDING TO AN EXPRESSION OF GOOD LUCK

— BASIC

1. Thanks.
2. Thanks, the same to you.
3. The same to you.
4. The same to you.
5. I wish you the same.

4 and 5. This is a brief way of returning the compliment. Equivalent expressions are: *lo mismo digo* (lit. «I say the same») and *lo mismo para ti* (lit. «the same for you»).

6. ¡Ojalá! (*)
7. Gracias, guapo. (*) **I.**

INTERMEDIO

8. Eso espero. (*)
9. Espero tenerla. (*)
10. ¡Dios lo quiera! **R.**
11. Gracias, ya lo intentaremos.
12. Yo también lo deseo.
13. Espero que Dios lo quiera así. **R.**
14. ¡Esperemos!
15. Confiemos en que sí.

AVANZADO

16. ¡Lo propio! (*)
17. ¡Dios te oiga! **R.**
18. Amén. (*) **R.**
19. ¡Así sea! (*) **R.**
20. ¡Dios te escuche! **R.**
21. ¡Y que usted lo pueda ver! (*)
22. ¡Y que tus ojos lo vean! (*)

6. *Ojalá* es una interjección exclamativa con la que se expresa deseo. Además de aislada, se usa seguida de un verbo o de una frase completa. El verbo está en subjuntivo, ya sea un presente o un pretérito imperfecto.
7. En esta breve respuesta se dan dos fenómenos interesantes: por un lado, la omisión de *(te doy) las gracias,* posible porque se trata de algo consabido; por otro lado, el calificativo *guapo* referido al interlocutor. No importa quién lo usa; traduce un sentimiento de simpatía y cordialidad, y no se refiere a la belleza del interlocutor.
8 y 9. La existencia de un contexto previo implica que en la intervención siguiente son posibles las omisiones o las referencias sobrentendidas. Con el demostrativo neutro de *eso espero* se alude a «tener suerte»; con el pronombre femenino *la* de *espero tenerla* se alude a «suerte».
16. El adjetivo *propio/-a*, en principio sinónimo de *peculiar*, expresa también identidad. Con esta breve fórmula, equivalente a *lo mismo (digo)*, se le devuelve al interlocutor el deseo de buena suerte que él había formulado previamente.
18. La voz *amén*, procedente del hebreo, sirve para cerrar las oraciones. Su significado es *así sea*; de modo que se usa, de forma familiar, para manifestar que se desea que ocurra lo que acaba de decirse. Al mismo tiempo constituye un cierre. Igual valor tiene *así sea*.
19. Con esta frase, traducción de la voz hebrea *amén*, con la que se cierran las oraciones, se muestra, aunque de manera más bien informal, el deseo de que se realice algo que ha dicho previamente el interlocutor.
21 y 22. Estas dos frases sirven para hacer votos por que la persona aludida viva cuando tenga lugar cierto suceso favorable a que ella se ha referido previamente en una frase de deseo.

6. I hope so!
7. Cheers, mate!

INTERMEDIATE

8. I hope so.
9. I hope so.
10. I hope to Heaven it's so!
11. Thanks, we'll do our best.
12. I hope so too.
13. I hope it's God will.
14. Let's hope so!
15. Let's hope so!

ADVANCED

16. The same to you!
17. I hope someone up there's listening!
18. Amen to that!
19. You said it!
20. I hope someone up there's listening!
21. May you live to see the day!
22. May you live to see the day!

6. As an expression of wishing, *ojalá* is used in complete phrases, the verb being in the present or imperfect subjunctive.
7. This expression illustrates two interesting points: firstly the elliptical omission of *te doy* («I give you»); secondly the rather affectionate use of *guapo* (lit. «good-looking») which can be employed regardless of whether the recipient of the compliment is physically attractive to the speaker or not.
8 and 9. The existence of a previous context means that in subequent utterances elliptical omissions and inferred references are possible. The demonstrative pronoun *eso* corresponds to *tener suerte* («to be lucky»); the feminine pronoun *la* to *suerte* («luck»).
16. The adjective *propio/a*, in principle equivalent to *peculiar* («particular»), also expresses identity. This formula is similar in function to *lo mismo (digo)* (see notes 4 and 5 above).
18. The expression *amén*, from the Hebrew for «so be it», is used in prayers. In familiar utterances it is used to endorse a wish that another speaker has just expressed, and also marks a conclusion. *Así sea* is an equivalent expression.
19. This is a more informal version of *amén*.
21 and 22. These expressions convey the hope that the speaker who has just expressed the wish lives long enough to see his desires come to fruition.

32. EXPRESAR CONDOLENCIA

ELEMENTAL

1. Lo siento.
2. Siento la muerte de (…).
3. Lo siento mucho.
4. Le expreso mi condolencia.

32. EXPRESSING CONDOLENCES

BASIC

1. I am sorry.
2. I'm sorry to hear of the death of (…).
3. I'm very sorry.
4. Please accept my condolences.

— INTERMEDIO

5. Le acompaño en el sentimiento. (*)
6. No somos nada. (*)
7. Era de esperar.
8. En casa todos hemos sentido mucho la pérdida de (…).
9. Te doy mi más sentido pésame. (*)
10. No encuentro palabras para expresarle la tristeza que siento por (…).
11. Le expreso mi más sincera condolencia por (…). **F.**
12. Lamento lo ocurrido. (*)
13. Todos estamos de luto por (…). (*)

— AVANZADO

14. El motivo de la presente es expresarle a usted mi más sentido pésame por la muerte de (…) **E.**
15. ¡Dios nos lo dio, Dios nos lo quitó! (*) **R.**
16. No sabes cuánto lo siento.
17. No sé cómo expresarle mi dolor por la muerte de (…).
18. Estoy desolado.
19. Estoy afligido por la muerte de (…).
20. ¡Sólo Dios sabe la aflicción y desolación que sentimos por (…)! **F.**
21. Todo (…) está de duelo por (…). **R.**
22. ¡Qué pesar tan hondo se siente en momentos como éstos! **F.**
23. ¡Cuando lo supe no pude creerlo!
24. ¡Cómo me compadezco de usted! Sé lo que está pasando en estos momentos.
25. ¡Tenga fe en Dios! **R.**
26. Estoy deshecho por (…). (*)

---

5. Es la fórmula más característica para expresar condolencia por la muerte de alguien, y se dirige a sus familiares.
6. Del mismo modo que no ser *nada* alude a que algo no es importante (*no es nada*, por ejemplo, se le contesta al que nos pisa, para tranquilizarlo), con *no somos nada* se expresa la insignificancia de la vida del hombre, evidente sobre todo en el momento de la muerte.
9. Es una fórmula característica para expresar condolencia por la muerte de alguien, y se dirige a los familiares. El sustantivo pésame es un compuesto del verbo *pesar* y del pronombre personal *me*.
12. Esta frase no es exclusivamente una fórmula de condolencia en caso de la muerte de una persona. Puede usarse también cuando se desea expresar que se comparte el dolor de otra persona ante cualquier contratiempo o desgracia.
13. El sustantivo *luto* alude a la situación que sigue a la muerte de un familiar o conocido. Es frecuente combinado con *estar de*. En un sentido más figurado se emplea en una situación triste. Con esta frase se intenta demostrar a los familiares que su dolor es compartido.
15. Con esta frase se intenta consolar a alguien de la pérdida de un familiar, haciéndole ver que es Dios el que determina la vida y la muerte del hombre.
26. El participio del verbo *deshacer* se refiere tanto a lo que está por hacer *(cama deshecha)* como a la persona que está muy cansada o muy abatida. Éste es el caso del que ha perdido a un ser querido.

— INTERMEDIATE

5. My deepest sympathy.
6. We are insignificant.
7. It was only to be expected.
8. The whole family has been shaken by the loss of (…).
9. My sincerest condolences.
10. There are no words to express my grief (…).
11. Please accept my deepest sympathy (…).
12. I am saddened by the news.
13. We all mourn the loss of (…).

— ADVANCED

14. I am writing to express my deepest sympathy on the death of (…).
15. The Lord giveth and the Lord taketh away!
16. I can't tell you how sorry I am.
17. I cannot find words to express my grief at the death of (…).
18. I am deeply distressed.
19. I am deeply grieved by the death of (…).
20. God alone knows the grief and distress we feel for (…)!
21. The entire (…) mourns the loss of (…).
22. How deeply one feels at times like this!
23. When I heard the news I couldn't believe it!
24. How I feel for you! I know what you must be going through at this time.
25. Trust in the Lord.
26. I am shattered by (…).

---

5. This is the standard formula for expressing condolences to the bereaved.
6. Lit. «we are nothing», an expression of the insignificance of human existence in the face of death.
9. A compound of *pesar* («to weigh») and the pronoun *me*, this is a standard expression of condolence.
12. This expression of condolence can be applied to other contexts where one feels sympathy for the plight of someone else.
13. The phrase *estar de luto* («to be in mourning») can be also be used figuratively in other situations of sadness.
15. This expression attempts to console the bereaved by encouraging them to recognise that it is God who determines the life and death of human beings.
26. The past participle of the verb *deshacer* («to unmake») may refer either to an action or task yet to be completed (*una cama deshecha* [«an unmade bed']), or to a person who is exhausted or demoralised, as in the case of someone mourning a loved one.

27. Sé lo que es verse en un trance como éste. (*)

27. El sustantivo *trance* alude a un momento o a una ocasión muy difícil de soportar. Cuando se combina con un verbo, suele tratarse de *encontrarse, verse en, pasar por*.

27. I know what it is to be going through something like this.

27. The noun *trance* refers to an unbearable set of circumstances. The verbs which accompany it include *encontrarse* («to find oneself»), *verse en* («to see oneself in») and *pasar por* («to go through»).

33. HACER CUMPLIDOS

ELEMENTAL

1. ¡Qué (…)!
2. Estás (…).
3. ¡Qué bien (…)!
4. ¡Qué guapo!
5. ¡Qué bello! (*)
6. Te veo igual que siempre.
7. Eres una persona (…).
8. Tú si que eres (…).
9. ¡Guapa, guapa, qué guapa eres! **R.**

INTERMEDIO

10. ¡Qué bien te veo!
11. Todo lo haces bien. (*)
12. ¡No has cambiado nada!
13. Cada día estás más (…).
14. Estás más (…) que nunca.
15. Cada día te veo mejor.
16. ¡Pero si estás igual que hace veinte años!
17. Quiero hacerte un cumplido: (…). **R.**
18. No es por hacer cumplidos, pero (…).
19. Nunca había (…) nada igual.
20. En mi vida había (…) tan bien.

AVANZADO

21. No soy muy cumplido, pero tengo que decirle que (…). **R.**
22. No soy muy amigo de hacer cumplidos, pero la verdad es que usted (…).
23. ¡Qué manos tienes! (*)
24. Eres un manitas. (*) **I.**
25. Eres único.

5. Esta exclamación conoce un uso más amplio en Hispanoamérica y más restringido en España, donde alterna con *hermoso*. Lo mismo ocurre con *lindo*, usual en Hispanoamérica, y con *bonito*, más normal en España.

11. Esta exclamación tiene el mismo significado que ¡*Qué buen aspecto tienes!* o que la más espontánea y familiar ¡*Qué estupendo estás!* En Hispanoamérica se expresa también en forma reflexiva: ¡*Qué bien te ves!*

23 y 24. El sustantivo *mano*, aparte de su contenido fundamental, equivale a *habilidad manual, tacto, talento*. Existen expresiones como: *tener mano en algo, tener buenas manos para algo, estar en buenas manos*. En cuanto al diminutivo *manitas*, se usa como calificativo para la persona habilidosa con las manos, casi lo contrario de *manazas*.

33. PAYING COMPLIMENTS

BASIC

1. How (…)!
2. You're (…).
3. How well (…)!
4. How handsome!
5. How beautiful!
6. You haven't changed.
7. You are a (…) person.
8. You certainly are (…).
9. Beautiful, that's what you are, just beautiful!

INTERMEDIATE

10. You're looking so well!
11. You're as wonderful as ever!
12. You haven't changed at all!
13. You're looking more and more (…).
14. You're more (…) than ever.
15. You look better every day.
16. But, you haven't changed in twenty years!
17. I want to pay you a compliment: (…).
18. I'm not trying to flatter you, but (…).
19. I've never (…) the like of it.
20. I have never in my whole life (…) so well.

ADVANCED

21. I'm not one to flatter, but I have to tell you that (…).
22. I'm not one to flatter, but the truth is that (…).
23. You have a real knack!
24. You're so good with your hands!
25. You're one of a kind.

5. This adjective is more commonly used in Spanish America. In Spain *hermoso* is preferred. Similarly *lindo* («pretty»), common in Latin America, is replaced by *bonito* in Spain.

11. This exclamation has the same meaning as ¡*Qué buen aspecto tienes!* («you're looking so well!») or the more familiar and spontaneous ¡*Qué estupendo estás!* («You're looking marvellous!»). In Spanish America a reflexive construction may also be used: ¡*Qué bien te ves!* with no change of meaning.

23 and 24. Apart from the literal meaning of «hand», *mano* can refer to manual dexterity and other accomplishments. It is found in expressions such as *tener mano en algo* («to have a hand in something»); *tener buenas manos para algo* («to have a knack for something»); *estar en buenas manos* («to be in good hands»). The noun *manitas* refers to a person with such skill. *Manazas* («a clumsy person») is virtually an antonym.

26. Eres de lo que no hay.
27. Eres (...) donde los haya. (*)
28. Tú vales mucho.
29. Viniendo de ti, ha de ser bueno.
30. Por ti no pasan los años.
31. ¡Qué bien te conservas!
32. ¿Qué haces para conservarte tan bien?
33. ¡Qué (...) las tuyas! (*)
34. ¡Para (...) el tuyo! (*)
35. Tu (...) me recuerda (...).
36. ¡Cómo te (me) pareces a (...)!
37. Hoy estás radiante.
38. ¡Qué tío tan bien plantado! **I.**
39. ¡Qué salero tienes! (*) **R.**
40. ¡Qué cacho de (...)! (*) V.

26. You're priceless.
27. You're a (...) if ever there was one.
28. You're a treasure.
29. Coming from you, it's bound to be good.
30. You look as young as ever.
31. You really don't show your age!
32. How do you stay so young-looking?
33. What (...) you've got!
34. Nobody can touch your (...)!
35. Your (...) reminds me of (...).
36. You remind me so much of (...)!
37. You're a sight for sore eyes!
38. The world would be a sadder place without you!
39. You're so vivacious!
40. What a (...).

27. Esta frase, que se completa con un nombre calificador del tipo *hombre, artista*, supone una ponderación enfática basada en una comparación. No sólo sirve para destacar cualidades, sino también para aludir a defectos. Existen otras construcciones con *haber: eres (...) como hay pocos, eres (...) si los hay, eres de lo que no hay*.

33 y 34. Estas dos frases, que se completan con un sustantivo (*¡Qué cabeza la tuya!, ¡Para coche, el tuyo!*) constituyen cumplidos, aunque no exclusivamente, pues el contexto y la entonación pueden convertirlas en exclamaciones insultantes.

39. El sustantivo *salero* designa el recipiente donde se guarda la *sal*. En sentido figurado, tanto *sal* como *salero* equivalen a *gracia*, al encanto vivaz de algunas personas, a las que se califica de *salerosas*. Se aplica en especial a mujeres.

40. Introducido con el exclamativo *qué*, el interjectivo *vaya* o el ponderativo antepuesto *menudo*, constituye una exclamación ponderativa, de alabanza o de crítica según el tono en que se emita y el sustantivo con que la frase se complete. Puede emitirse acortada: *¡Cacho (de) cielo!* Sinónimos suyos, en este uso, son *pedazo* y *trozo* (*¡Pedazo de animal, ¡Vaya trozo de mujer!*).

27. This expression, usually qualified by a noun such as *hombre* («man»), *artista* («artist»), etc., is emphasised by an implied comparison. It is not only used for highlighting virtues but also shortcomings. Other expressions with *haber* include: *eres (...) como hay pocos* («there are few [...] like you»); *eres (...) si los hay* («you're a [...] if ever there was one»); *eres de lo que no hay* («you're like nobody else on earth»).

33 and 34. These two expressions, which both take nouns (*¡Qué cabeza la tuya!* [What a head you have!]; *¡Para coche, el tuyo!* [«There's no car to touch yours!»]), are used here in a complimentary way. In other contexts and with a different tone of voice they can be used to insult.

39. The noun *salero* («salt cellar»), like *sal* («salt»), is used figuratively as a synonym for *gracia* («vivacity and charm»). Persons demonstrating such qualities are described as *salerosas*. These terms are applied mainly to women.

40. Preceded by *qué, vaya* or the more emphatic *menudo*, this expression represents an exclamation conveying either praise or censure, depending on the tone of voice and the noun in the following phrase. It can be used in an abbreviated form: *¡Cacho de cielo!* («What a sky!»). The same sense is conveyed with *pedazo* and *trozo* («a piece»): *¡Pedazo de animal!* («What an animal!»); *¡Vaya trozo de mujer!* («What a lovely bit of stuff!» [referring to a very attractive woman]).

34. FELICITAR A ALGUIEN

— ELEMENTAL

3. ¡Felicidades!
2. ¡Muchas felicidades!
3. Te deseo muchas felicidades.
4. ¡Feliz aniversario!
5. ¡Feliz Navidad!
6. ¡Feliz en tu día!
7. Te felicito.
8. Te felicitamos de todo corazón.

— INTERMEDIO

9. Felicidades por (...).
10. Hombre, te felicito por (..).

34. CONGRATULATING SOMEONE

— BASIC

1. Congratulations!
2. Many congratulations!
3. Many congratulations!
4. Happy Anniversary!
5. Happy Christmas!
6. Happy birthday!
7. Congratulations.
8. Our heartiest congratulations.

— INTERMEDIATE

9. Congratulations on (...).
10. I do congratulate you on (...).

11. Reciba usted mis más sinceras felicitaciones por (...). **F.**
12. Te felicito, te lo mereces.
13. ¡Felicidades! Creo que es un éxito bien merecido.
14. ¡Enhorabuena! (*)
15. ¡Mi enhorabuena! (*)
16. Te doy la enhorabuena de todo corazón.
17. ¡Por muchos años! (*)
18. ¡Congratulaciones! **R.**
19. ¡Qué bien, me alegro!
20. Me alegro mucho por ti.

— AVANZADO —

21. Se te felicita. (*) **I.**
22. Quiero expresarle mis más sinceras felicitaciones con motivo de (...). **F.**
23. Reciba usted mis más sinceras congratulaciones. **R.**
24. Me satisface poder darle la enhorabuena.
25. Todos nos congratulamos por el éxito de (...).
26. Le doy mis parabienes por (...). (*) **F.**
27. ¡Reciba usted mis plácemes por (...)! (*) **F.**
28. ¡Mis sinceros plácemes por (...)! (*) **F.**

14 y 15. La frecuencia de uso de una construcción implica que alguno de sus elementos puede hacerse superfluo y desaparecer. Eso ocurre con *(te doy la) enhorabuena, (te doy mi) enhorabuena.* Enhorabuena es un sustantivo compuesto a partir del grupo *en hora buena.* Desde muy antiguo existen en *buena/mala hora* referidos a la buena o mala suerte de alguien en una ocasión.

17. Con esta fórmula se desea la duración de la felicidad. No hace falta completarla; de hacerse, ha de usarse un verbo en subjuntivo, ya que se trata de un deseo: *por muchos años puedas disfrutar de (...).*

21. Es curiosa la construcción impersonal en una fórmula de felicitación, pues cuando se emite esta frase están presentes el locutor y el destinatario. De hecho, lo que hay es como una ampliación del que felicita.

26. El sustantivo compuesto *parabién* es sinónimo de *felicitación,* aunque menos corriente y, por ello, menos espontáneo. Mientras que existe la pareja *bienestar/malestar,* no existe el opuesto de *parabién.*

27 y 28. La voz *placet,* latinismo, es sinónimo de *aprobación.* Este valor, alejado del actual del sustantivo *placer,* es el mismo de *beneplácito* y parecido al de *pláceme,* sustantivo equivalente a felicitación, formado a partir de un verbo y de un pronombre personal.

11. Please accept my warmest congratulations on (...).
12. Congratulations, you deserve it.
13. Congratulations! I think your success is well–deserved.
14. Congratulations!
15. My congratulations!
16. I congratulate you from the bottom of my heart!
17. Many happy returns!
18. Congratulations!
19. It's great, I'm so pleased!
20. I'm so pleased for you.

— ADVANCED —

21. You're to be congratulated.
22. I wish to express my warmest congratulations on the occasion of (...).
23. Please accept my warmest congratulations.
24. I'm so happy to congratulate you.
25. We are all delighted by the success of (...)
26. I congratulate you for (...).
27. Please accept my congratulations for (...)!
28. My sincerest congratulations for (...)!

14 and 15. Through frequent use certain expressions may become elliptical, as elements become superfluous to communication and are omitted, e.g. *(te doy la) enhorabuena* and *(te doy mi) enhorabuena.* The noun *enhorabuena* derives from *en hora buena* (lit. «in a good hour»). Since ancient times the terms «good» and «bad» hours have been used to designate the good or bad luck associated with particular occasions.

17. With this formula one expresses the hope that happiness will last. It is not necessary to complete the phrase, but if this is the case, the following verb will take the subjunctive, since it is governerd by an expression of wishing: *por muchos años puedas disfrutar de (...),* («may you enjoy [...] for many years»).

21. This curious impersonal construction seems to extend the source of the congratulations to include more than just the person uttering them.

26. The composite noun *parabién (para+bien)* is roughly equivalent in meaning to *felicitación* but, being less common, sounds less spontaneous. While there exists a pair of opposites in the form of *bienestar/malestar* («well-being/ malaise»), there is no corresponding antonym for *parabién.*

27 and 28. The Latin term *placet* is synonymous with *aprobación* («approval»). This meaning, at some remove from the verb *placer* («to please») is equivalent to *beneplácito* and roughly similar in sense to *pláceme,* which is an alternative to *felicitación.* It comprises a verb followed by a pronoun.

35. RESPONDER A LOS CUMPLIDOS Y FELICITACIONES

— ELEMENTAL —

1. Gracias.
2. Muchas gracias.

35. RESPONDING TO COMPLIMENTS AND CONGRATULATIONS

— BASIC —

1. Thank you.
2. Thank you very much.

3. ¿De verdad? (*)
4. ¿De veras? (*)
5. ¿En serio? (*)
6. ¿Qué dices? (*)
7. ¿Tú crees? (*)
8. Sí, todo el mundo me lo dice. (*) **I.**
9. Pues mira, no sé…
10. Sí, es que (…).
11. ¡Qué amable eres!

— INTERMEDIO

12. Sí que pasan los años. (*)
13. Se hace lo que se puede. (*) **Ir.**
14. Gracias, y eso que no sabes lo que he pasado.
15. No eres el único que me lo ha dicho. **Ir.**
16. Me alegro de que (…).
17. ¡Y usted que lo vea! **R.**
18. Gracias, pero no tiene importancia.
19. Gracias, te estoy muy agradecido.
20. Muy agradecido por (…).
21. Te agradezco (…).

— AVANZADO

22. ¡No seas exagerado!
23. ¡Huy, qué exagerado eres!
24. No hay para tanto.
25. Harás que me sonroje.
26. Me sacarás los colores. (*)
27. Tú, que sólo ves en mí lo bueno.
28. Eso es que tú me ves con buenos ojos.
29. El mérito no es sólo mío.

3, 4 y 5. Estas tres locuciones, de contenido equivalente si se pronuncian en tono interrogativo constituyen una manifestación de sorpresa, incluso de una cierta incredulidad. Si son respuesta a un cumplido del interlocutor, dado que le incitan a seguir hablando, traducen una postura de coquetería, basada en la autocomplacencia.

6 y 7. En realidad, aunque las dos frases tienen entonación interrogativa, si se emiten como respuesta a una felicitación o a un cumplido, no encierran pregunta alguna. Con ¿Qué dices? se expresa algo de sorpresa, probablemente fingida —y, en consecuencia, coqueta—. Lo que se pretende con ambas es que el interlocutor repita de nuevo sus alabanzas.

8. Esta frase, si se dice en serio, es grosera por el sentimiento de orgullo que comporta. En realidad, cuando se usa, es precisamente para quitarle importancia a lo que ha dicho el interlocutor. En ese caso cumple la misma función que la mucho más modesta *Nadie me lo había dicho*.

12. Esta frase ha de emitirse cuando el interlocutor haya dicho: *Por ti no pasan los años,* aludiendo a que uno conserva su aspecto sin demasiadas alteraciones. Supone el reconocimiento del inevitable paso del tiempo con sus consecuencias y, por lo tanto, es una forma de atenuar el cumplido recibido.

13. Esta frase, que sigue a un cumplido referido por lo general al aspecto físico, supone una atenuación relativa de éste, ya que se confiesa el esfuerzo realizado para alcanzar el punto que ha provocado la alabanza.

26. El plural de *color, colores,* designa el rubor del rostro provocado por la timidez o por la vergüenza, por ejemplo. Además de la frase *sacarle a uno los colores,* existen *subirle a uno los colores* y *ponerse uno de mil colores*.

3. Do you think so?
4. Do you really think so?
5. Really?
6. Come come…
7. Do you honestly think so?
8. Yes, that's what they all say.
9. Well, I don't know …
10. Yes, actually …
11. How kind of you to say so!

— INTERMEDIATE

12. I'm not getting any younger.
13. One does one's best.
14. Thanks, even though you don't know what I've been through.
15. You're not the only one to tell me that.
16. I'm glad that (…).
17. I hope you're around to enjoy it too.
18. Thanks, it's nothing at all.
19. Thanks, I'm very grateful to you.
20. I'm very grateful for (…).
21. Thank you for (..).

— ADVANCED

22. Oh come now, don't exaggerate!
23. You always exaggerate!
24. That's a bit over the top.
25. You'll make me blush.
26. You'll make me blush.
27. You can only see my good points.
28. I can do no wrong in your eyes.
29. I can't take all the credit.

3, 4 and 5. These three expressions, equivalent in meaning, express surprise, and even a degree of incredulity, when used interrogatively. If uttered in response to a compliment, given that they constitute an invitation for the flatterer to continue speaking, they imply a certain coquettishness and smugness on the part of the recipient.

6 and 7. As a response to flattery these are not genuine interrogative phrases. They imply an element of false modesty, as in 3, 4 and 5.

8. If intended to be taken literally, this response would be conceited to the point of rudeness. In fact it is normally used to the opposite effect, in order to brush aside the compliment which has just been paid. The sense is therefore equivalent to the more modest *Nadie me lo había dicho* («You're the first one to say so»).

12. This expression is an appropriate response to the flattering *por ti no pasan los años* («you look as young as ever»), modestly tempering the compliment with a recognition of the inevitable results of the passage of time on the speaker's looks.

13. This modest response to a compliment about one's appearance seeks to deflate some of the flattery it implies by pointing to the effort required to maintain the good looks that elicited the favourable comment.

26. Other expressions involving *colores* («blushes») include *sacarle a uno los colores* («to make someone blush»); *subirle a uno los colores* («to blush»); and *ponerse uno de mil colores* («to blush scarlet»).

30. Gracias, todo ha sido cuestión de suerte.
31. No exageres, yo sólo (…).
32. ¡Menos coba! (*) **Ir.**
33. A ti también te llegará. (*)
34. Lástima que no se pueda decir lo mismo de ti. (*) **Ir.**
35. Me confunde usted con sus lisonjas.
36. La presente es para agradecerle su carta de felicitación. **E.**
37. Reciba usted mi más sincero agradecimiento por (…). **F.**

32. El sustantivo *coba*, que si aparece en una frase es como complemento directo de los verbos *dar* y *gastar*, designa una alabanza no sincera, sino interesada. Puede usarse para agradecer un cumplido, si se desea quitarle importancia al hecho, tomándolo a broma.
33. Esta frase traduce el deseo de que el interlocutor llegue a conocer la suerte o la felicidad de que uno goza. Hace referencia a una cierta espera recompensada.
34. Esta frase, si se emite en serio, es grosera, pues con ella se dice que el interlocutor no participa de la cualidad que uno posee. En realidad, suele usarse con ironía, quitándole importancia a lo que el interlocutor ha dicho.

30. Thanks, it was all a question of luck.
31. Don't exaggerate, I only (…).
32. Flattery will get you nowhere!
33. Your time will come.
34. It's a pity I can't say the same about you.
35. All this flattery is making me dizzy.
36. I am writing to thank you for your letter of congratulation.
37. Please accept my most sincere thanks for (…).

32. The noun *coba* in this expression refers to an insincere form of flattery, often with an ulterior motive. The expression is a means of politely brushing aside such a comment, by treating it as a joke.
33. This expression of a desire for the speaker's good fortune to be shared by the person paying him the compliment alludes to the possibility of future reward.
34. If meant to be taken at face value this response would be considered rude but, on the contrary, it is usually ironic, its function being to deflate the compliment that has just been paid.

36. PEDIR DISCULPAS A ALGUIEN

ELEMENTAL

1. ¡Perdón! (*)
2. Perdona.
3. Lo siento (mucho).
4. ¡Perdón! Es que (…). *($)*
5. Disculpe.
6. Excúseme. **R.**

INTERMEDIO

7. Perdóname.
8. Lo lamento.
9. ¿Me perdonas?
10. Le ruego que me perdone.
11. Con perdón.
12. Usted perdone.
13. No lo haré más. **R.**
14. ¿Podría disculparme?
15. Siento lo ocurrido.
16. ¡Cómo lo siento!
17. He hablado demasiado, perdóname…
18. Le ruego que me excuse con (…). **F.**
19. De verdad que lo lamento.
20. Ha sido sin querer.
21. Lo hice sin darme cuenta.

1 y 4. La frecuencia de uso de una construcción implica que alguno de sus elementos puede hacerse superfluo y desaparecer. Eso ocurre con *(te pido) perdón*. Cuando aparece *es que* es porque se añade una explicación justificativa de la conducta.

36. APOLOGISING

BASIC

1. Sorry!
2. Sorry!
3. I'm (so) sorry!
4. Sorry! It's just that (…).
5. Please forgive me.
6. Please excuse me.

INTERMEDIATE

7. Please forgive me.
8. I'm truly sorry.
9. Am I forgiven?
10. I beg you to forgive me.
11. My apologies.
12. I do apologise.
13. It won't happen again.
14. Could you forgive me?
15. I regret what happened.
16. I am so sorry!
17. I've said too much, forgive me.
18. Please offer my apologies to (…).
19. I am truly sorry.
20. It was an accident.
21. I didn't mean to.

1 and 4. Through frequent use certain expressions may become elliptical, as elements become superfluous to communication, and are omitted e.g. *(te pido) perdón* ([«I beg your] forgiveness»). When preceded by *es que*, an explication to justify the conduct is being offered.

57

— AVANZADO —

22. Perdón, no creía que (…).
23. Lo siento, yo no pensé que (…).
24. No ha sido con mala intención.
25. No era mi intención ofenderte.
26. No pretendía ofenderte.
27. Le ruego que disculpe mi (…).
28. Por favor, presente mis disculpas a (…). **F.**
29. Le presento mis disculpas. **F.**
30. Me disculpo por (…).
31. ¿Querría usted aceptar mis disculpas?
32. Dispense. **R.**
33. Dispénseme por (…). **R.**
34. Le ruego que me perdone por no haberle (…) antes.
35. ¿Puedes pasar por alto mi olvido? **R.**
36. Chico, de verdad, no lo hice a posta. (*) **I.**
37. Por favor, no me lo tomes en cuenta por esta vez. (*)
38. Desearía que olvidaras lo sucedido.
39. ¿Podrías hacer como si no lo hubieras visto?
40. ¿No podrías hacer la vista gorda por una vez? (*) **FH.**
41. ¿Esto será suficiente para que me perdones? **R.**
42. Y pido para mi defendido la absolución. **R.**
43. ¡Perdóname, Señor! **R.**
44. Quisiera que usted hiciera el favor de excusarme con (…). **F.**

36. Aunque el término *posta* guarda relación con los caballos destinados en otra época al transporte, en la actualidad la locución *a posta* (también *aposta*) equivale al adverbio voluntariamente y al cultismo *ex profeso* (también a menudo a la expresión *a mala idea*).
37. El sustantivo *cuenta*, relacionado con *contar*, aparece en expresiones muy corrientes, como *dar cuenta* (comunicar), *darse cuenta de algo* (advertir), *tomar en cuenta* (hacer caso), *tener en cuenta* (considerar). *No me lo tomes en cuenta* constituye un ruego para que el interlocutor quite importancia a lo que uno ha hecho. *Echar a buena parte* es una expresión de valor muy parecido, con la que pedimos que se interprete positivamente lo que hemos hecho.
40. La expresión *hacer la vista gorda,* algo equivalente a *disimular,* supone que se hace como si no se viera o no se entendiera algo. Si se pide eso al interlocutor es porque se ha cometido una falta, para la que se pide una actitud de tolerancia.

— ADVANCED —

22. Sorry, I didn't think that (…).
23. Sorry, I didn't realise that (…).
24. I meant no harm.
25. No offence was intended.
26. It was not my intention to offend you.
27. Please forgive my (…).
28. Please offer my apologies to (…).
29. Please accept my apologies.
30. I apologise for (…).
31. Could you accept my apologies?
32. Forgive me.
33. Forgive me for (…).
34. Please forgive me for not (…) before now.
35. Could you forgive my oversight?
36. Look, I didn't do it on purpose.
37. Can't you forget about it just this once?
38. I'd like you to forget what happened.
39. Could you pretend you didn't see it?
40. Couldn't you turn a blind eye just this once?
41. Have I done enough to be forgiven?
42. And I ask that my client be found not guilty.
43. Lord, forgive me!
44. I would be grateful if you would be kind enough to convey my apologies to (…).

36. Although *posta* originally designated «a relay team of horses» the term *a posta* currently functions as a synonym for *voluntariamente* («deliberately»). Similar expressions are *a mala idea* and the learned *ex profeso*.
37. The noun *cuenta,* derived from *contar* («to count or narrate»), appears in a number of very common expressions such as *dar cuenta* («to communicate»); *darse cuenta de algo* («to realise something»); *tomar en cuenta* («to bear in mind»); *tener en cuenta* («to take into consideration»). *No me lo tomes en cuenta* is a request for the listener to disregard what the speaker has done. This is similar in meaning to *echar a buena parte* («to look kindly on»).
40. The expression *hacer la vista gorda* is roughly equivalent to *disimular* («to pretend») and entails acting as though one has not seen or heard something. When put as a request it represents a plea for forbearance.

37. ACEPTAR LAS DISCULPAS DE ALGUIEN

37. ACCEPTING AN APOLOGY

— ELEMENTAL —

1. ¡Perdonado! (*)
2. Estás perdonado.
3. ¡Disculpado! (*)
4. Estás disculpado.

1, 3 y 21. La frecuencia de uso de una construcción implica que alguno de sus elementos puede hacerse superfluo y desaparecer. Eso ocurre con *estar/quedar* y cualquiera de los adjetivos citados.

— BASIC —

1. I forgive you.
2. You're forgiven.
3. You're forgiven.
4. You're forgiven.

1, 3 and 21. Through frequent use certain expressions may become elliptical, as elements become superfluous to communication, and are omitted. In each of these expression the verbs *estar* or *quedar* («to be») are understood.

5. No importa.
6. No tiene importancia.

— INTERMEDIO

7. No se preocupe.
8. No ha sido nada. (*)
9. ¡No hay de qué! (*)
10. Naturalmente que puedo perdonarte.
11. Sí, te perdono.
12. No tiene ninguna importancia.
13. Tú no has tenido la culpa.
14. Ya sé que tú no has sido el culpable.
15. Me consta que no lo hiciste a propósito.

— AVANZADO

16. Bien, pero que no vuelvas a hacerlo. **R.**
17. Bien, de acuerdo, pero no lo hagas más. **R.**
18. Sí, acepto sus disculpas.
19. Acepto tus disculpas, pero que no se repita. **R.**
20. Puede darse usted por disculpado. **F.**
21. ¡Dispensado! (*) **R.**
22. Quedas dispensado. **R.**
23. Todos podemos tener un mal momento. (*)
24. Eso le ocurre a cualquiera.
25. No se hable ya más de ello. (*)
26. Ya ni me acordaba, de verdad.
27. ¡Cualquiera diría que ha sido tan horroroso! (*) **Enf.**
28. Por esta vez no te lo tomaré en cuenta. (*)
29. De acuerdo, haremos tabla rasa. (*) **FH.**

8. Es la fórmula más corriente para quitarle importancia a algo ocurrido, por ejemplo, al pisotón en el autobús. Si se usa tras las disculpas de alguien, es para asegurar que no ha habido molestia u ofensa.
9. Esta expresión se usa también para reaccionar cuando a uno le dan las gracias por algo, significando que lo que uno ha hecho no tiene mayor importancia.
21. Ver nota al n. 1.
23. Tras la disculpa del interlocutor, el uso de esta frase supone no que se comparte la falta, sino que se considera que lo ocurrido a él podría haberle ocurrido a cualquiera. Se llama *mal momento* a una ocasión poco oportuna, a una debilidad.
25. Es una fórmula corriente y tajante para responder a una disculpa previa, aunque cerrar el asunto definitivamente no siempre implica que se disculpe de verdad. Puede tratarse de que se desea olvidar el asunto, si bien uno se sigue considerando herido.
27. Al emitir esta frase después de la disculpa del interlocutor uno desea quitarle importancia a lo ocurrido, haciendo ver que la disculpa es desproporcionada para la falta. Aunque la frase es enunciativa, ha de entenderse como el enunciado negativo *no ha sido tan horroroso* (lo ocurrido).
28. El sustantivo *cuenta*, relacionado con *contar*, aparece en expresiones muy corrientes, como *dar cuenta* (comunicar), *darse cuenta de algo* (advertir), *tomar en cuenta* (hacer caso), *tener en cuenta* (considerar). *No te lo tomo en cuenta* constituye una promesa de olvidar lo ocurrido.
29. El sustantivo *tabla* designa una pieza plana y delgada. La frase *hacer tabla rasa* (de algo) implica prescindir de ello por completo. Si esta frase se usa tras una disculpa es para olvidar lo ocurrido.

5. It doesn't matter.
6. It's of no importance.

— INTERMEDIATE

7. Don't worry about it.
8. It was nothing at all.
9. It doesn't matter.
10. Of course I can forgive you.
11. Yes, I forgive you.
12. It's of no consequence.
13. It wasn't your fault.
14. I know it's not your fault.
15. I'm aware that you didn't do it on purpose.

— ADVANCED

16. Okay, but don't do it again.
17. Okay, fine, but don't do it again.
18. Yes, I accept your apology.
19. I accept your apology, but don't do it again.
20. Consider yourself forgiven.
21. You're forgiven!
22. You're forgiven.
23. We all have our bad moments.
24. Nobody's perfect.
25. Say no more about it.
26. I'd forgotten all about it already, really.
27. Anyone would think it was something really terrible!
28. I'll overlook it just this once.
29. All right, let's wipe the slate clean.

8. This is the most common way of dismissing something as unimportant, e.g. having one's foot stepped on in a bus. If it is a resonse to an apology its function is to assure the person responsible that no injury or offence has been caused.
9. This also constitutes a suitable response to an expression of gratitude. In both functions its purpose is to affirm that the act provoking the comment was unimportant.
21. See n. 1.
23. This response implies not a sharing of responsibility but the recognition that anyone might be capable of the committing the same act. *Un mal momento* (lit. «a bad moment») can also refer to a particular limitation or weakness.
25. This is a common, brusque way of responding to an apology, although the apparent finality of the statement does not always indicate that genuine forgiveness is forthcoming. It may imply a desire to forget the matter, even though the speaker may still feel hurt.
27. The function of this remark is to minimise the importance of the offence by suggesting that the apology is disproportionate. Although uttered as an affirmation, it implies a negative statement: *no ha sido tan horroroso (lo ocurrido)* («[what happened] was not that terrible»).
28. The noun *cuenta*, derived from *contar* («to count or narrate»), appears in a number of very common expressions such as *dar cuenta* («to communicate»); *darse cuenta de algo* («to realise something»); *tomar en cuenta* («to bear in mind»); *tener en cuenta* («to take into consideration»). *No te lo tomo en cuenta* constitutes a promise to forget what has happened.
29. The noun *tabla* («board») is used in this expression to suggest that the matter should be dispensed with completely. If in response to an apology it represents a proposal to forget what has happened.

30. Corramos un tupido velo, ¿de acuerdo? (*)
31. Está usted excusado.
32. ¡Pelillos a la mar! (*) **FH.**

30. Con esta frase se expresa la conveniencia de no hablar más de cierta cosa que se considera tema delicado o conflictivo.
32. *Pelillo* es diminutivo de *pelo*. La frase *echar pelillos a la mar* significa olvidar sus diferencias dos personas, quitar importancia a algo ocurrido que podría constituir motivo de enfado o de ofensa. La procedencia es incierta, pero se alude a una costumbre de muchachos cuando deseaban manifestar que hacían las paces.

30. Let's draw a veil over this one, okay?
31. You're forgiven
32. Let's bury the hatchet!

30. This expression suggests that discussion of a sensitive or controversial matter should cease forthwith.
32. The literal meaning of *pelillo*, the diminutive of *pelo*, is «little hair». The origin of this expression (lit. «[let's cast] little hairs into the sea]», roughly equivalent to «let bygones be bygones»), is obscure, but it may have something to do with a custom practised by boys when making peace after a dispute.

38. HACER UN BRINDIS

— ELEMENTAL —

1. ¡Salud!
2. ¡Por (…) !
3. Vamos a brindar por (…).
4. ¡Chin chin! (*) **I.**
5. ¡Salud y pesetas! (*) **R.**

— INTERMEDIO —

6. ¡Brindemos!
7. Brindo por (…).
8. ¡Viva (…)!
9. ¡A tu salud!
10. ¡Por tu salud!
11. ¡A la salud de (…)!
12. Bebamos a la salud de (…).
13. Bebamos por (…).
14. Levantemos las copas para brindar por (…).
15. Pongámonos de pie para brindar por (…).

— AVANZADO —

16. Hagamos un brindis por (…).
17. Permitidme que haga un brindis por (…). **R.**
18. Pronunciemos un brindis por (…).
19. Que este brindis sea por la felicidad de (…).
20. ¿Y si brindáramos por (…)?
21. ¡Va por tu salud! **I.**
22. Y esta copa va por (…). **I.**
23. Choquemos las copas. (*) **I.**
24. ¡Alcemos las copas!
25. ¡Hagamos votos por (…)! **R.**
26. ¡Por los ausentes! **R.**
27. Levantémonos para que con las copas en la mano podamos rendir homenaje a la memoria de (…).

4. Con esta voz de carácter onomatopéyico, por cuanto reproduce el tintineo del entrechocar de las copas, se hace un brindis. No todos los hablantes la conocen y la usan.
5. Pronunciar la palabra *salud* en un brindis es algo bastante común. En algunas zonas de España este sustantivo se coordina a otro, *pesetas*. Piénsese que existe el grupo *salud, dinero y amor*. Desde luego es una fórmula de brindis poco elegante.
23. Aunque el verbo *chocar* evoca un golpe algo contundente entre dos objetos, se usa para aludir a la unión de las copas en el brindis junto a *entrechocar*. También se *chocan* las manos cuando se estrechan con fuerza. Además, *chocar* se usa como sinónimo de *sorprender*.

38. PROPOSING A TOAST

— BASIC —

1. Cheers!
2. To (…).
3. Let's drink to the health of (…).
4. Cheers!
5. To health and prosperity!

— INTERMEDIATE —

6. Let's raise our glasses!
7. I propose a toast to (…).
8. Long live (…)!
9. Your good health!
10. Your good health!
11. To the health of (…).
12. Let's drink to the health of (…).
13. Let's drink to (…).
14. Let's raise our glasses to (…).
15. Let us stand and raise our glasses to (…).

— ADVANCED —

16. Let's toast (…).
17. I'd like to propose a toast to (…).
18. Let's toast (…).
19. Let this toast be to the happiness of (…),
20. Why not drink a toast to (…)?
21. Your very good health!
22. And this toast is to (…).
23. Let's chink our glasses.
24. Let's raise our glasses!
25. Our very best wishes for (…)!
26. To absent friends!
27. Let us now rise, glass in hand, to honour the memory of (…).

4. An onomatopoeic expression, not in wide circulation, which recalls the sound of chinking glasses.
5. To the popular *salud* may be added, in some areas of Spain, the word *pesetas*. The rather inelegant sequence *salud, dinero y amor* («health, money and love») also exists.
23. Although elsewhere the verb *chocar* means «to collide» or «to shock», along with *entrechocar* it is also used for the delicate chinking of glasses. The more robust sense of *chocar* recurs in the expression *chocarse las manos* («to shake hands vigorously»).

II. INFORMACIÓN Y COMUNICACIÓN

II. INFORMATION AND COMMUNICATION

39. INICIAR UNA CONVERSACIÓN O CHARLA (*)

ELEMENTAL

1. ¡Hola! ¿Qué tal?
2. ¡Hola! ¿Eres de aquí?
3. Bien, (...).
4. Pues (...).
5. ¡Oye, escucha! **I.**
6. ¡Qué frío!
7. ¡Qué calor!
8. ¡Qué tiempo hace!
9. ¿Tienes fuego?
10. ¿Me da fuego, por favor?
11. ¿Qué hora es, por favor?
12. ¿Tiene hora, por favor?
13. Vamos a hablar de (...).
14. ¿Sabes que (...)?

INTERMEDIO

15. Parece que va a llover.
16. Quiero decirte que (...).
17. ¿Le molesta que fume?
18. Voy a comunicaros que (...).
19. Os comunico que (...).
20. Me gustaría hablarte de (...).
21. Hace tiempo que tengo ganas de hablar contigo.
22. Perdone, es que no soy de aquí, pero ¿podría decirme (...)?
23. ¿No nos hemos visto antes?
24. Oiga, ¿no nos conocemos de algo?
25. Como decía antes, (...).

AVANZADO

26. A propósito, (...).
27. Quisiera informarle de (...).
28. El tema de hoy trata de (...).
29. Querría deciros que (...).
30. Hablando de (...).
31. La reunión de hoy tratará de (...). **R.**
32. Estoy seguro que no se acuerda usted de mí, pero yo soy (...).
33. Tal como señalaba ayer, (...).
34. Como íbamos diciendo, (...).
35. Perdone, pero ¿no es usted por casualidad (...)?

(*) Aparte de las verdaderas fórmulas de saludo, hemos incluido como fórmulas utilizadas para iniciar una conversación o charla frases que sólo constituyen un pretexto, ya que reclaman la intervención activa del interlocutor. Los temas más corrientes son: preguntar la hora, comentar algo del tiempo, pedir fuego, ofrecer tabaco o pedirlo, o decirle al otro que se le conocía.

39. INITIATING A CONVERSATION OR CHAT (*)

BASIC

1. Hello! How are you?
2. Hello! Are you from here?
3. Right, (...).
4. Well, (...).
5. Excuse me!
6. It's so cold!
7. It's so hot!
8. Such weather!
9. Do you have a light please?
10. Could I have a light please?
11. What time is it, please?
12. Do you have the time, please?
13. Let's talk about (...).
14. Do you know that (...)?

INTERMEDIATE

15. It looks like rain.
16. I want to tell you that (...).
17. Do you mind if I smoke?
18. I'm going to inform you that (...).
19. You are hereby informed that (...).
20. I should like to talk to you about (...).
21. I've been wanting to talk to you for some time.
22. Excuse me, I'm not form here, but could you tell me (...)?
23. Haven't we met before?
24. Don't I know you from somewhere?
25. As I was saying before, (...).

ADVANCED

26. By the way
27. I should like to inform you of (...).
28. The topic for today is (...).
29. I should like to tell you that (...).
30. Talking about (...).
31. The subject of today's meeting will be (...).
32. I'm sure you don't remember me, but I'm (...).
33. As I pointed out yesterday, (...).
34. As we were saying, (...).
35. Excuse me, but you aren't (...) by any chance?

(*) In addition to genuine forms of greeting, we have also included conversation-starters which serve merely to engage the listener, the most common of which are: asking the time, commenting on the weather, asking for a light, offering or requesting a cigarette, or telling someone that you know him.

40. CONCLUIR UNA CONVERSACIÓN O CHARLA

─ ELEMENTAL ─

1. En fin, (…).
2. ¡Eso es todo!
3. Para terminar, (…).
4. Para acabar, (…).
5. Para concluir, (…).
6. Y ya está.
7. Fin.
8. ¡Y punto! (*) **Enf.**
9. ¡Punto final! (*) **Enf.**

─ INTERMEDIO ─

10. No hay más. **I.**
11. En conclusión, (…).
12. Con esto concluimos.
13. ¡Bueno! Ya está bien por hoy. **I.**
14. ¡He dicho! **Enf.**
15. El resto ya lo sabes.
16. ¡Basta ya de charla! (*) **Enf.**
17. Concluiremos con (…).
18. Bueno, pues no hay más.
19. Ya te lo he contado todo.
20. Muchas gracias por su atención. **R.**
21. No quiero saber más.
22. El final ya te lo contaré otro día.
23. Dejémoslo. Mañana será otro día.
24. Y se acabó.

─ AVANZADO ─

25. En resumidas cuentas, (…).
26. Terminaremos diciendo (…).
27. No me hable más de ello.
28. No se hable más del asunto.
29. Lo doy por terminado.
30. Así daremos por acabada la reunión. **R.**
31. La moraleja es que (…). (*)

---

8 y 9. El sustantivo *punto* se utiliza como denominación del signo ortográfico que indica una pausa. El *punto final* es aquel con el que se cierra un párrafo. En sentido figurado, *punto final* son las palabras con las que se cierra y se da por terminada una intervención oral. Actualmente se está usando mucho el sustantivo aislado, es decir, *punto,* pero precedido de la conjunción *y*. La emisión suele hacerse en un tono rotundo y enfático.

16. El verbo *bastar,* equivalente a *llegar, alcanzar* o *ser suficiente* es muy corriente en la forma ¡*basta!* que, con valor de interjección, y con entonación exclamativa, supone la orden de callar o, en todo caso, de interrumpir el interlocutor lo que estaba diciendo. La función de esta fórmula es más clara con la presencia del sustantivo *charla.*

31. El sustantivo *moraleja* se refiere a la enseñanza que se desprende del final de una fábula o de un tipo de cuentos. Su valor se amplía cuando designa las conclusiones que se extraen de algo.

40. TERMINATING A CONVERSATION OR CHAT

─ BASIC ─

1. So, finally, (…).
2. That's all.
3. In conclusion, (…).
4. In conclusion, (…).
5. To conclude, (…).
6. And that's that.
7. The end.
8. That's my last word!
9. That's my very last word!

─ INTERMEDIATE ─

10. There's nothing else to say.
11. In conclusion, (…).
12. And on that note we shall conclude.
13. Well, that's enough for today.
14. And on that note I'll conclude.
15. You know all the rest.
16. That's enough chat!
17. We'll finish with (…).
18. Well, that wraps it up.
19. I've told you everything now.
20. Thank you for your attention.
21. I've heard enough.
22. I'll tell you the ending another day.
23. Let's leave it. Tomorrow's another day.
24. And that's that.

─ ADVANCED ─

25. To sum up, (…).
26. Let's finish by saying (…).
27. Say no more about it.
28. Let's say no more on the subject.
29. I consider the matter closed.
30. Let's end the meeting on that note.
31. The moral of the story is that (…).

---

8 and 9. *Punto* refers, literally, to a full stop, marking the end of an utterance. *Punto final* marks the end of a paragraph. Both these expressions, along with the increasingly popular *y punto* are emphatic ways of signalling the end of discourse.

16. The verb *bastar* is equivalent to *llegar, alcanzar* or *ser suficiente* in the sense of «to be equal to». It is used as in interjection in the form of ¡*basta!* («enough!») and, as an exclamation, constitutes an order to be quiet or a means of interrupting another's discourse. The use of the noun *charla* («chat») makes this intention even clearer.

31. The noun *moraleja* refers to the moral to be derived from a tale or story. This meaning extends to any form of conclusion to be derived from something.

32. Colorín, colorado este cuento se ha acabado. (*) **FH.**
33. Y fueron felices y comieron perdices. (*) **FH.**
34. Voy a cortar el rollo. (*) V.
35. ¡Sanseacabó! (*)
36. Se acabó el carbón. (*) **FH.**
37. Se acabó lo que se daba. (*)

32. *Colorín* es un diminutivo de *color,* y *colorado* vale casi lo mismo que *rojo* o *encarnado.* Es una fórmula tradicional de terminar propia de los cuentos infantiles.
33. Fórmula tradicional de terminar los cuentos infantiles que, si se dice completa, es: *se casaron, fueron felices y comieron perdices.*
34. El sustantivo *rollo* designa un cilindro *(rollo de película, rollo de cuerda).* Con un valor figurado describe la pesadez o el aburrimiento que algo provoca. Con *cortar el rollo* nos referimos a interrumpir lo que uno está diciendo, con el sentido de que es aburrido para los que escuchan.
35. Es una palabra expresiva formada con *san* (abreviación de *santo)* y una forma impersonal del verbo *acabar.* Se usa como fórmula para cortar o cerrar una discusión, aunque de forma algo tajante.
36 y 37. Con estas dos fórmulas se alude a que ya no hay más de lo que hablar; por lo tanto, es una forma de cerrar una conversación, si bien algo familiar y brusca.

32. And that's the end of the story.
33. And they all lived happily ever after.
34. I'm going to cut you short.
35. That's it!
36. I think we've run out of steam.
37. Let's call it a day.

32. This traditional phrase is used as an ending for children's stories. *Colorín* is derived from *color* («colour»), and *colorado* is «blood-red».
33. Many traditional fairy stories end with the rhyming formula *se casaron, fueron felices y comieron perdices* («they were married, were happy and ate partridges»).
34. The noun *rollo* («roll») is used figuratively for anything which produces tedium or irritation. Hence its use with the verb *cortar* («to cut») refers to the brusque interruption of a tedious monologue.
35. A compound form of *san*, the apocopated form of *santo* («saint») and *se acabó* (the impersonal form of «finished»), this is a very abrupt way of interrupting or concluding a discussion.
36 and 37. These two expressions indicate that there is no more to be discussed. As such, they are rather familiar and brusque ways of terminating a conversation.

41. GANAR TIEMPO PARA PENSAR

— ELEMENTAL —

1. Bien, (.)
2. Pues, (…). (*)
3. Bien, pues, (…).
4. Bueno, pues (…).
5. Bueno, (…).
6. Hum, hum, (…).

— INTERMEDIO —

7. Hombre, pues, (…).
8. A ver (…).
9. Es que (…). (*)
10. Espera (…).
11. Un momento, (…).
12. Si (…).
13. Esto (…). (*)

— AVANZADO —

14. Déjame que lo piense.

2. El adverbio *pues,* al principio de una emisión, sirve para ganar tiempo antes de seguir hablando.
9 y 20. Se trata de una fórmula que se utiliza con varios fines. En estos dos casos sirve para demorar un momento la propia intervención. Traduce, por lo tanto, una cierta inseguridad.
13. El pronombre demostrativo neutro se utiliza como recurso momentáneo en atascos, cuando uno está discurriendo lo que ha de decir a continuación.

41. GAINING TIME FOR THOUGHT

— BASIC —

1. Well, (…).
2. Well, (…).
3. Right, then (…).
4. Right, then (…).
5. Right, (…).
6. Hmm…, hmm, (…).

— INTERMEDIATE —

7. Well, I don't know, (…).
8. Let's see (…).
9. The thing is you see (…).
10. Wait (…).
11. Just a moment, (…).
12. If (…).
13. Er…

— ADVANCED —

14. Let me think.

2. The adverb *pues* («then»), when used at the beginning of a utterance, is a means of gaining time before continuing to talk.
9 and 20. This method of delaying communication conveys a degree of uncertainty.
13. The «neuter» demostrative pronoun is used as a «filler» while one considers how to continue the conversation.

15. Bueno, ahora que lo pienso.
16. Digamos (…). (*)
17. Veamos (…).
18. Yo diría (…).
19. Pues verás, (…).
20. El caso es que (…). (*)
21. Pues, pensándolo bien, (…).
22. A ver si me explico.
23. Deja que me aclare. **I.**
24. Deja que lo piense un momento.
25. ¿Cómo te lo explicaría?

16. En lenguaje coloquial, esta primera persona se antepone a la expresión aproximada de una cantidad (*digamos… cien mil*); también significa que la palabra que sigue a continuación no es la más exacta o adecuada (*Era, digamos, como un medio pariente mío*).
20. Ver nota al n. 9.

15. Well, now that I come to think of it.
16. Let's say (…).
17. Let's see (…).
18. I'd say (…).
19. Well, you'll see, (…).
20. The point is that (…).
21. Well, when you really think about it, (…).
22. Let me try to explain.
23. Let me get this right.
24. Let me think for a minute.
25. How can I put it?

16. In colloquial usage, this use of the first person plural of the verb introduces a quantity (*digamos … cien mil* [«let's say … 100,000 then»]). It is also used to indicate that what follows is only an approximation: (*era, digamos, un medio pariente mío* [«he was a sort of half relation of mine»]).
20. See n. 9.

42. AFIRMAR ALGO

— ELEMENTAL —

1. ¡Sí!
2. ¡Sí, hombre, sí!
3. ¡Claro!
4. ¡Seguro!
5. ¡Por supuesto!
6. ¡Ya!
7. ¡Eso!
8. Ya lo creo.
9. Es cierto.
10. Es verdad.
11. Es evidente.
12. Ciertamente.
13. Evidentemente.
14. Naturalmente.
15. Claro que sí.

— INTERMEDIO —

16. Pues claro.
17. ¿Cómo no? (*) **Enf.**
18. Está claro que sí.
19. ¡Di que sí!
20. Te digo que sí.
21. Claro, hombre, claro.
22. ¡Que sí, hombre, que sí!
23. Parece que sí.

— AVANZADO —

24. ¡A ver! (*) **I.**

17. Bajo la forma exclamativa, *¡Cómo no!* constituye asentimiento cortés.
24. Esta expresión tiene diversos valores: traduce interés, constituye una llamada de atención. Con tono exclamativo se emplea como elemento afirmativo parecido a *¡claro!*

42. RESPONDING POSITIVELY

— BASIC —

1. Yes!
2. Yes, of course!
3. Of course!
4. Definitely!
5. Naturally!
6. Yes, all right/yes, of course!
7. Exactly!
8. I'm sure you're right.
9. True.
10. That's for certain.
11. That's obvious.
12. That's for certain.
13. Obviously.
14. Of course.
15. Of course.

— INTERMEDIATE —

16. Of course.
17. Of course.
18. It's obvious to anyone.
19. I'll say!
20. I'm telling you.
21. Of course, of course.
22. Yes, I tell you, yes.
23. It would seem so.

— ADVANCED —

24. Let's see.

17. As an exclamation this form constitutes a polite expression of agreement.
24. The form *a ver* has several meanings: it conveys interest and can be used to attract attention. In the exclamatory form, it is equivalent to *¡claro!* («of course!»).

25. ¡Sólo faltaría! (*) **Enf.**
26. ¡No faltaba más! (*) **Enf.**
27. ¡Y que lo digas! (*)
28. ¡Ni qué decir tiene! (*) **Enf.**
29. ¡Y dígalo! **Enf.**

25 y 26. Son frases con las que se rechaza algo inadmisible o se rehúsa una propuesta; por lo tanto, sirven, indirectamente, para afirmar.
27. Es una exclamación de afirmación de tono familiar. Del mismo tipo es ¡Y dígalo!
28. Es una enérgica expresión de afirmación. Implica que no cabe ninguna duda acerca de aquello de lo que se trata.

25. Obviously!
26. Of course!
27. You can say that again!
28. That goes without saying.
29. I should say!

25 and 26. These phrases are used to reject something unacceptable or turn down a proposal. They can be used, indirectly, to affirm something.
27. This exclamation is rather familiar in tone, similar to ¡y dígalo!.
28. This is a vigorous way of responding positively, indicating total conviction.

43. NEGAR ALGO

ELEMENTAL

1. No.
2. No es así.
3. No, hombre, no.
4. No es cierto.
5. No es verdad.
6. Mentira
7. ¡Nada! (*)
8. De eso, nada. (*)
9. No, eso sí que no.

INTERMEDIO

10. ¡Qué va! (*) **Enf.**
11. ¡No, no y no! **I.**
12. ¡Que no, que no y que no! **I.**
13. Ni mucho menos.
14. Está claro que no.
15. Es evidente que no.
16. Seguro que no.
17. ¡Ni hablar (de eso)! (*) **Enf.**
18. Te digo que no.
19. No, no, no y mil veces no. **Enf.**

AVANZADO

20. ¡Ca! (*) **R.**
21. ¡Narices! (*) **V.**

7 y 8. Nada, con el valor de en absoluto, niega lo anterior con fuerza. ¡Nada! se pronuncia exagerando la fuerza de la sílaba tónica, y se produce su alargamiento; de ahí que pueda oírse, con carácter muy popular, la forma acortada ¡Na!
10. Expresión exclamativa, en la que el verbo ir no conserva su significado. Se usa para manifestar oposición. Equivale a un adverbio negativo.
17. Forma brusca de negar lo dicho anteriormente.
20. Forma interjectiva que se usa para negar. Puede aparecer sola, o acompañada de un elemento vocativo: ¡Ca, hombre!
21. Exclamación con la que se niega o rehúsa algo; traduce enfado. La denominación de esta parte del cuerpo, a menudo en plural, además de utilizarse como exclamación aislada, entra en muchas frases hechas: estar de algo hasta las narices, tocarle a uno las narices, etc.

43. DENYING SOMETHING

BASIC

1. No.
2. It's not like that.
3. No, definitely not.
4. It's not true.
5. It's not true.
6. That's untrue.
7. No way!
8. No no, definitely not.
9. No no, definitely not.

INTERMEDIATE

10. You must be joking!
11. No, no, no.
12. No, no, no.
13. Far from it.
14. Obviously not.
15. Obviously not.
16. Certainly not,
17. No way!
18. No, and I mean no.
19. No, no, a thousand times no!

ADVANCED

20. Pooh!
21. Rubbish!

7 and 8. Nada, in the sense of en absoluto («absolutely not») is a vigorous way of denying something. The word is stressed heavily on the first syllable, to such an extent that it can lengthen to produce the highly colloquial pronunciation ¡Na!
10. In this exclamation, equivalent to a negative adverb, the verb ir («to go») has lost its usual meaning.
17. This is a brusque form of rejection.
20. This exclamation can be made more expressive by the addition of the interjection ¡hombre! after it. As an exclamation ¡hombre! is usually untranslatable. In English usage the Americanism «man!» is much more restricted.
21. This conveys a degree of anger. Narices («nostrils») also figures in expressions such as estar de algo hasta las narices («to be fed up with something»); tocarle a uno las narices («to get on someone's nerves»).

22. ¡Nanay! (*) **R.**
23. ¡Y qué más...! (*) **Ir.**
24. ¡Y un huevo! (*) **V.**
25. ¡Y una mierda! (*) **V.**
26. ¡Naranjas de la China! (*) **FH.**
27. ¡He dicho que no, y cuando yo digo que no, es que no! (*) **Enf.**

---

22. Esta forma sólo tiene existencia como exclamación negativa.
23. Esta fórmula negativa responde a un sentimiento de rechazo hacia lo que se ha dicho, que se considera exagerado o imposible.
24, 25, 26 y 27. Formas despectivas y vulgares de negación, que traducen rechazo o disconformidad.

22. Balderdash!
23. No way!
24. You're talking through your hat!
25. Pull the other one!
26. Pigs might fly!
27. I said no and when I say no I mean no.

---

22. This is only used in negative exclamations.
23. This exclamation implies that the proposition to which it is responding is far-fetched or impossible.
24, 25, 26 and 27. These expressions of rejection are rather coarse and disparaging.

44. CAMBIAR DE TEMA

— ELEMENTAL —

1. ¡Ah!, otra cosa (...).
2. Oye, por cierto...
3. Oye y de (...), ¿qué?
4. Perdón, pero (...).
5. Sí, sí, pero (...).

— INTERMEDIO —

6. Vamos a lo que importa.
7. Ahora que me acuerdo.
8. ¡Ah! Ahora que lo pienso, (...).
9. A todo esto, (...).
10. ¡Oye! ¿Por qué no cambiamos de tema?
11. Perdone que le interrumpa, pero (...). **F.**
12. ¿No sabes hablar de otra cosa? **I.**
13. No quiero seguir hablando siempre de lo mismo.
14. Hablando de otra cosa, (...).
15. Eso que dices me hace pensar en (...).
16. Perdona, pero no quiero ni oír hablar más de eso.

— AVANZADO —

17. Perdona, ¿sabes qué se me ha ocurrido?
18. ¡A otra cosa, mariposa! (*) **FH.**

---

18. *Otra cosa* significa *cosa distinta* (*el vestido que has comprado hoy ya es otra cosa, porque el de ayer era feísimo*). La locución *a otra cosa* supone un cambio; en este caso un cambio en el tema del que se habla.

44. CHANGING THE SUBJECT

— BASIC —

1. Oh, and another thing (...)!
2. By the way ...
3. Oh yes, what do you know about (...)?
4. Sorry, but (...).
5. Yes, yes, but (...).

— INTERMEDIATE —

6. Lets talk about what's important.
7. That reminds me, (...).
8. Ah! That reminds me, (...).
9. Talking about that, (...).
10. Look! Let's change the subject.
11. Excuse me for interrupting, but (...).
12. Can't you talk about anything else?
13. I don't want to go on and on about the same thing.
14. To change the subject, (...).
15. What you're saying reminds me of (...).
16. I'm sorry, but I don't want to hear another word on the subject.

— ADVANCED —

17. Sorry, do you know what has just occurred to me?
18. Change the subject!

---

18. In this idiom the function of *mariposa* («butterfly») is simply to rhyme with *otra cosa* («something different»), a synonym of *distinto*, e.g. *el vestido que has comprado hoy ya es otra cosa, porque el de ayer era*

19. Es mejor que cambiemos de tercio. (*)
20. Corramos un tupido velo. (*)
21. Pasemos página.
22. ¿Y si olvidáramos ya esto?
23. Óyeme, antes de que me olvide, (...).
24. Oye, ¿no te importaría que habláramos de otro tema?

19. We'd better change the subject.
20. Let's draw a veil over that.
21. Let's just forget it and move on.
22. Let's move on to something else.
23. Listen, before I forget, (...).
24. Listen, would you mind if we talked about something else?

La segunda parte, *mariposa*, constituye un juego fónico por el efecto de la rima, y sin que el valor de la palabra signifique nada.
19. Se llama *tercio* a cada una de las tres partes en que se considera dividida la lidia de un toro. Procedente del lenguaje taurino, la expresión constituye una invitación a cambiar de tema.
20. Con esta frase se expresa la conveniencia de no hablar de cierta cosa que se considera tema delicado o conflictivo.

feísimo («the dress you bought today is a different matter altogether, because yesterday's was really ugly»).
19. *Tercio* («a third») in this expression derives from the division of the bullfight into three stages or *tercios*.
20. This expression is isued to suggest that discussion of a sensitive or controversial matter should be avoided.

45. INTERRUMPIR O CORTAR A ALGUIEN

45. INTERRUPTING OR SILENCING SOMEONE

— ELEMENTAL —

1. Perdón, (...).
2. Oye, (...).
3. ¡Alto!
4. ¡Basta! (*)
5. ¡Basta ya! (*)
6. No sigas.
7. Cállate.
8. No hables más de eso.
9. No quiero oírte más.

— BASIC —

1. Sorry, (...).
2. Listen, (...).
3. Stop!
4. Enough!
5. That's quite enough!
6. You've said enough.
7. Be quiet.
8. Drop the subject.
9. I've heard quite enough.

— INTERMEDIO —

10. ¡Calla, calla!
11. Deja eso ya.
12. Que te calles, te digo.
13. Ya basta, ¿no? (*) **Enf.**
14. Basta de eso ya.
15. Haz el favor de callarte.

— INTERMEDIATE —

10. Oh, do be quiet!
11. Drop it.
12. Do shut up, please.
13. That's quite enough, don't you think?
14. That's really quite enough.
15. Would you kindly shut up?

— AVANZADO —

16. ¡Quita, quita! (*)
17. ¡Cambia, cambia!
18. Cambia de tema.
19. ¡Corta el rollo! (*) **V.**

— ADVANCED —

16. Oh, leave it out!
17. Oh, leave it out!
18. Change the subject.
19. Oh, dry up!

4, 5 y 13. El verbo *bastar* equivale a *llegar, alcanzar* o *ser suficiente*. Es corriente su uso en tercera persona con valor impersonal (*basta con que me lo expliques una vez*). La forma *¡Basta!* tiene carácter interjectivo. Con entonación exclamativa supone la orden de interrumpir lo que el interlocutor estaba diciendo o haciendo.
16. Esta exclamación, procedente de un imperativo, pero alejada del contenido inicial, se usa para rechazar enérgicamente lo que el otro dice; es una forma de cortarlo.
19, 20 y 21. El verbo *cortar*, además de sus valores fundamentales, equivale a *detener* o *interrumpir*. Referido a palabras, se usa para interrumpir al otro, o para

4, 5 and 13. The verb *bastar* is equivalent to *llegar, alcanzar* or *ser suficiente* in the sense of «to be equal to». Its use is common in the third person in impersonal constructions (*basta con que me lo expliques una vez* [«one explication is sufficient»]). It is used as an interjection in the form of *¡basta!* («enough!»). As an exclamation, its function is to stop what the other person is saying or doing.
16. As a means of cutting a speaker short, this imperative has lost the original sense of *quitar* («to remove»).
19, 20 and 21. The noun *rollo* («roll») is used figuratively for anything which produces tedium or irritation. Hence its use with the verb *cortar* («to cut, cut short

20. Perdona que te corte, pero (…). (*) **I.**
21. Que cortes, te digo. (*) **V.**
22. ¡No te enrolles! (*) **V.**
23. Punto en boca.
24. Que te calles de una puñetera vez.
25. Cierra el pico. (*) **V.**
26. Para el carro. (*)

invitarlo a que deje de hablar. Son fórmulas muy tajantes. El sustantivo *rollo* se refiere a la pesadez de las palabras del interlocutor. Son propias de hablantes jóvenes.
22. El verbo *enrollar* significa poner algo (papel, alambre) en forma de rollo. Se usa para aludir a una intervención que se extiende sin fin, que impide hablar a los demás. A veces se oye: *te enrollas como una persiana*. Es propia de hablantes jóvenes.
25. El sustantivo *pico,* que se refiere a las aves, se usa a menudo como sustitutivo expresivo de *boca*. Así, del que habla con facilidad se dice que *tiene un pico de oro*.
26. Con esta frase, que suele usarse en forma de mandato, se le invita a alguien a que se contenga, a que no siga diciendo lo que dice.

20. Sorry to butt in, but (…).
21. Oh drop it, I say.
22. Don't rabbit on!
23. Keep that under your hat.
24. Oh shut up once and for all.
25. Shut it!
26. Oh, do give over.

or interrupt») refers to the brusque interruption of a tedious monologue. The expression is popular among young people.
22. The verb *enrollar* («to roll up») is used to refer to discourse which is interminable and monopolising. The expression *te enrollas como una persiana* «you roll up like a roller-blind» is popular among young people.
25. *Pico* («a bird's beak») is an expressive alternative to *boca* («mouth»). It is also found in the idiom *tiene un pico de oro* («he has a silver tongue» [lit. «he has a golden beak»]).
26. This expression is generally used in the imperative form.

46. RESUMIR UNA CONVERSACIÓN O CHARLA

ELEMENTAL

1. En resumen, (…).
2. Para resumir, (…).
3. Resumiendo, (…).
4. Vamos a resumir: (…).

INTERMEDIO

5. Total, que (…).
6. En pocas palabras, (…).
7. Con estas palabras podemos resumir (…).
8. Para abreviar, (…).
9. Abreviando, (…).
10. Lo dicho: (…).

AVANZADO

11. Como síntesis, (…).
12. Pensándolo bien, (…).
13. Los puntos fundamentales tratados son: (…).
14. Así que (…).
15. Conque, (…). (*)
16. Todo lo dicho puede condensarse en (…).
17. Lo que se puede sacar en claro es que (…).
18. Podemos sacar la conclusión de que (…).
19. Resumimos diciendo que (…).
20. Lo que he querido decirte ante todo es que (…).
21. Acabaremos sintetizando.

15. Formada con la preposición *con* y con el elemento *que,* la conjunción *conque* introduce, por lo general, la conclusión o consecuencia de lo dicho anteriormente.

46. SUMMARISING A CONVERSATION

BASIC

1. To sum up, (…).
2. To summarise, (…).
3. To put it in a nutshell, (…).
4. Let's summarise: (…).

INTERMEDIATE

5. In short, (…)
6. To put it in a nutshell, (…).
7. We can sum up in these terms (…)
8. Put simply, (…).
9. In simple terms, (…).
10. As I said: (…).

ADVANCED

11. In short, (…).
12. Taking everything into account, (…).
13. The basic points covered are: (…).
14. So, (…).
15. So, (…).
16. All that has been said can be summed up in (…).
17. What's clear is that (…).
18. We can conclude that (…).
19. To sum up, we could say that (…).
20. What I wanted to say above all is that (…).
21. We'll conclude by summing up.

15. A compound of the preposition *con* («with») and the relative *que, conque* generally introduces a conclusion to, or extrapolation from, what has been stated previously.

22. Concretando, diremos que (…).
23. Bien mirado, (…). (*)
24. Recapitulemos: (…). (*) **F.**

---

23. Esta fórmula, que equivale a la condicional *si bien se mira,* constituye un preámbulo, la presentación de unas palabras que comentan o rectifican las anteriores.
24. Aunque el verbo *capitular* es muy poco usado, sí se emplea su derivado *recapitular,* como sinónimo de *resumir* o de *sintetizar.*

22. To be specific, we can say that (…).
23. Looking at it form all sides, (…).
24. To recap: (…).

---

23. This expression, similar in meaning to the conditional *si bien se mira*, is a preamble which introduces a comment on, or correction of, what has been said.
24. Although the ver *capitular* («to agree to») is rarely used, its derivative *recapitular,* a synonym of *resumir* or *sintetizar* («to summarise») is common.

47. PEDIR A ALGUIEN QUE REPITA LO QUE HA DICHO

47. ASKING SOMEONE TO REPEAT SOMETHING

— ELEMENTAL

1. Perdón, ¿puede repetir?
2. Repita, por favor.
3. Repítalo, por favor.
4. ¿Me lo repite, por favor?
5. ¿Cómo dice?
6. ¿Qué dice?
7. ¿Eh? **I.**
8. ¿Qué, cómo? **I.**
9. ¿Cómo, cómo? **I.**

— BASIC

1. Sorry, could you repeat that?
2. Would you repeat that, please?
3. Would you repeat that, please?
4. Could you repeat that, please?
5. Sorry?
6. Come again?
7. Eh?
8. What?
9. What?

— INTERMEDIO

10. ¿Podría decirlo de nuevo, por favor?
11. ¿Le importaría repetirlo una vez más, por favor?
12. ¡Otra vez, por favor!
13. ¿Qué ha dicho?
14. ¿Qué, qué (…)? (*) **I.**
15. ¿Que si qué (…)? (*) **I.**
16. Debo de estar sordo (…). **Ir.**
17. No lo he oído bien. (*)

— INTERMEDIATE

10. Could you say it again?
11. Would you mind repeating that once more, please?
12. Say it again please.
13. What did you say?
14. What?
15. What was that again?
16. I must be going deaf…
17. I didn't quite hear that.

— AVANZADO

18. ¿Podría hacer el favor de repetírmelo?
19. ¿Tendría la amabilidad de repetírmelo? **F.**
20. ¿No podría decir lo mismo de otra manera?
21. ¿Podría explicarlo de una manera más sencilla?
22. ¡A ver, a ver, que yo me entere bien! **Enf.**
23. ¿Tendrá la bondad de repetírmelo?
24. ¿Le importaría ponerlo por escrito?

— ADVANCED

18. Would you mind repeating that please?
19. Would you be kind enough to repeat that please?
20. Could you put that a different way, please?
21. Could you explain it more simply please.
22. Let's see now, let me get this straight…!
23. Would you be kind enough to repeat that please?
24. Would you mind putting it down in writing?

---

14 y 15. Son dos formas de solicitar al interlocutor la repetición de sus palabras. Puede considerarse omitido un verbo *decir* antes del primer *que,* conjuntivo; el segundo *qué* es un pronombre interrogativo. Ambas fórmulas se usan como interrogativas y con un tono final suspendido.

17. Es una forma de invitar al interlocutor a que repita sus palabras. Puede constituir una amenaza, un reto, cuando se desea constatar que lo que uno cree haber oído es lo que se ha dicho.

14 and 15. These are elliptical expressions, the verb *decir* («to say») being omitted after the first *que*, the second *qué* being an interrogative pronoun. There is a lengthening of the final stressed syllable.

17. This can be interpreted as a challenge whose purpose is to confirm that the listener has not misheard what has just been said.

48. REPETIR DE OTRA MANERA LO YA DICHO

ELEMENTAL

1. Repito, (…).
2. Es decir, (…). (*)
3. O sea, (…). (*)
4. Mejor dicho, (…). (*)

INTERMEDIO

5. Dicho de otro modo (…).
6. Dicho de otra manera, (…).
7. O, lo que es lo mismo, (…).
8. Dicho con otras palabras, (…).
9. Mira, lo mismo que si (…).
10. Total, (…). (*)
11. Vamos, que (…). (*) **I.**
12. Viene a ser como (…).
13. Es igual que si (…).
14. Mira, es lo mismo que si (…).
15. Equivale a (…).
16. Es sinónimo de (…).
17. Espera, te lo repito de otra forma, (…).

AVANZADO

18. Como acabo de decir, (…).
19. Lo que es lo mismo que decir (…).
20. Lo que equivale a decir que (…).
21. A ver si de esta forma resulta más claro.
22. Más fácil, para que me comprendas, (…).

2 y 3. Son expresiones aclarativas muy frecuentes, que se anteponen a la explicación o desarrollo de algo que se acaba de decir. *O sea* conoce una versión informal e incorrecta, *o séase*.
4. Con esta expresión se introduce una corrección o rectificación a lo que se acaba de decir.
10. *Total* o *En total* preceden a una consecuencia o visión definitiva de todo lo que se ha dicho antes.
11. La partícula *vamos*, de origen verbal, funciona como elemento retardatario, como *por así decirlo*. El que habla busca otra forma de decir lo mismo: el *vamos* traduce el esfuerzo que se hace por encontrar la forma más adecuada de expresar algo.

48. REPHRASING SOMETHING

BASIC

1. I repeat, (…).
2. That is to say, (…).
3. That's to say, (…).
4. Or rather, (…).

INTERMEDIATE

5. Put another way, (…).
6. In other words, (…).
7. Or, in other words, (…).
8. In other words, (…).
9. Look, it's as though (…).
10. In short, (…).
11. In other words, (…).
12. It's rather as if (…).
13. It's the same as if (…).
14. It's as if (…).
15. It's the same thing as saying (…).
16. It's equivalent to saying (…).
17. Wait, I'll put it another way, (…).

ADVANCED

18. As I just said (…).
19. Which is just another way of saying that (…).
20. Which is equivalent to saying that (…).
21. Let's see if it's clearer like this.
22. Let me put it more simply, so you'll understand, (…).

2 and 3. These are common expresions used to preface a clarification or development of a point already stated. *Séase* is an incorrect colloquial version of *o sea*.
4. This introduces a correction or rectification of what has just been said.
10. *Total* or *en total* introduce an extrapolation or synopsis of what has just been said.
11. *Vamos*, from the verb *ir* («to go»), is a «delaying tactic» similar in function to *por así decirlo* («so to speak»). It implies that the speaker is searching for a more appropriate way to convey his meaning.

49. PONER UN EJEMPLO

ELEMENTAL

1. Por ejemplo, (…).
2. Como ejemplo, (…).
3. O sea, (…). (*)
4. Es decir, (…). (*)

3 y 4. Ambas fórmulas se intercalan en el propio discurso como presentación de lo que constituirá una explicación o, en este contexto, un ejemplo.

49. GIVING AN EXAMPLE

BASIC

1. For example, (…).
2. For example, (…).
3. That's to say, (…).
4. That's to say, (…).

3 and 4. Both these expressions can be intercalated in discourse to introduce clarification or, as in this case, exemplification.

INTERMEDIO

5. A modo de ejemplo, (...).
6. Es como decir que (...).
7. Es como aquello de (...).
8. Un caso evidente es (...).
9. Éste es el caso de (...).
10. Ejemplificando (...).
11. Sirva de ejemplo (...).

AVANZADO

12. Pongamos por caso (...).
13. Verbigracia, (...). (*) **F.**
14. Es igual que si (...).
15. Mira, es lo mismo que si (...). (*)
16. Por no citar más que un caso, (...).

---

13. La versión escrita de esta locución latina es en una palabra o en dos, *verbi gracia.* Es un equivalente exacto de *por ejemplo,* aunque de carácter mucho más culto.
15. Con *lo mismo que si* (o con *como si*) se introduce una comparación hipotética. El verbo que sigue ha de ser un pretérito imperfecto de subjuntivo.

INTERMEDIATE

5. To give you an example, (...).
6. That's like saying (...).
7. It's just like (...).
8. An obvious example is (...).
9. This is the case with (...).
10. By way of example (...).
11. By way of example (...).

ADVANCED

12. Think, for example, of (...).
13. For instance, (...).
14. It's the same as if (...).
15. Look, it's as if we were to say (...).
16. To give just one example, (...).

---

13. A learned alternative to *por ejemplo* («for example»), formed from two Latin words: *verbi gracia.*
15. Like its equivalent *como si* («as if»), any verb following this expression takes the imperfect subjunctive.

50. MANIFESTAR ATENCIÓN

ELEMENTAL

1. ¡¿Ah, sí?! (*)
2. ¿Síííí...?
3. ¡No me digas! (*)
4. ¡¿Cómo, cómo?!
5. ¡Oh!
6. ¡Ah...!
7. ¿Y... entonces?
8. ¿Quééé...? **Enf.**
9. ¡¿De verdad?!
10. ¡¿De veras?!

INTERMEDIO

11. ¡Anda...! (*)
12. ¡Vaya...! (*)

---

1. Se trata de una expresión exclamativa provocada por la sorpresa o el interés ante las palabras del interlocutor. De hecho constituye una invitación, un estímulo para que siga hablando.
3. Con esta frase se muestra sorpresa ante lo que se acaba de oír. Es una forma de demostrar que se está pendiente de las palabras del interlocutor.
11. La forma exclamativa *¡anda!* es polivalente. Muy característica de ella es la traducción de un sentimiento de sorpresa; así que traduce la reacción ante las palabras del interlocutor, una reacción de interés.
12. La tercera persona singular del presente de subjuntivo de *ir, vaya,* tiene carácter de interjección que traduce sorpresa, a menudo asociada con un sentimiento de desilusión, molestia o desagrado, si bien otras veces alude a admiración. Además, puede acompañar a sustantivos *(¡Vaya suerte!)* e introducir grupos más amplios *(¡Vaya forma de llover!).*

50. DEMONSTRATING ATTENTION

BASIC

1. Oh really?
2. Really?
3. You don't say!
4. Come again?
5. Oh!
6. Ah...!
7. And then what?
8. What?
9. Really?
10. Really?

INTERMEDIATE

11. Goodness me!
12. Gosh!

---

1. This exclamation conveys surprise and interest in the speaker's words, encouraging him to continue speaking.
3. This expresses surprise and close attention to the speaker's words.
11. One of the many functions of *¡anda!* is to express surprise and interest in the speaker's words.
12. The third person of the present subjunctive of the verb *ir* («to go») is an interjection expressing surprise, often tinged with disappointment, annoyance, displeasure, or even amazement. It can also precede nouns (*¡Vaya suerte!* [«What bad luck!»]) or longer clusters (*¡Vaya forma de llover!* [«Such rain!»]).

13. ¿En serio? (*)
14. Sí..., sí...
15. ¿Y...?
16. ¡Ya, ya!, ¿y qué más? **Enf.**
17. ¡Fíjate! (*)
18. ¡Sigue, sigue!
19. ¡Cuenta, cuenta!
20. Sigue contando.
21. ¡A ver, cuéntame!

— AVANZADO

22. Te sigo, te sigo.
23. Soy todo oídos. (*)
24. Te escucho con mis cinco sentidos. (*)
25. Tomo (buena) nota. (*)
26. Estoy pendiente de tus palabras.

13. La locución adverbial *en serio* equivale al adverbio de modo *seriamente,* o sea, significa lo mismo que *de verdad.* Pronunciada en tono interrogativo constituye una manifestación de sorpresa que incita al interlocutor a seguir hablando.
17. Este imperativo constituye una llamada de atención. Aunque por tratarse de una segunda persona parece que con ella reclamamos una actitud del interlocutor, en realidad también vale para traducir el propio interés o valoración ante lo que se está escuchando.
23. Esta frase significa que uno está escuchando con mucha atención.
24. La locución adverbial *con los/mis cinco sentidos* se usa para expresar la atención y el cuidado que uno pone en algo. Se combina con varios verbos *(oír/escuchar, trabajar...).*
25. La frase *tomar (buena) nota* se utiliza para manifestar que uno se fija mucho en algo, o que está muy pendiente de algo; en este contexto, de las palabras del interlocutor.

13. Seriously?
14. Yes...yes....
15. And ...?
16. Yah...yah!, so then what?
17. Just imagine!
18. Don't stop!
19. Do tell me!
20. Go on.
21. Come on, tell me!

— ADVANCED

22. I'm with you.
23. I'm all ears.
24. You have my undivided attention.
25. I'm paying attention.
26. I'm hanging on your every word.

13. This is equivalent to the adverb *seriamente,* a synonym for *de verdad.* Used interrogatively it expresses surprises at the speaker's words, encouraging him to continue.
17. This imperative (lit. «pay attention») might appear to be directed at a listener, but here it used to express interest in and appreciation of the value of what is being said.
23. This implies that one is listening with rapt attention to the speaker's words.
24. The adverbial construction *con mis/los cinco sentidos* («with my five senses») refers to the care and attention devoted to an activity, and is used with verbs such as *oír / escuchar* («to listen»), *trabajar* («to work») etc.
25. The expression *tomar (buena) nota* is used to indicate that one is paying close attention to or dependent on something, in this case the words of the speaker.

51. HACER REFERENCIA A ALGO

— ELEMENTAL

1. ¡Ah, eso de (...)! (*)
2. Sobre (...).
3. Respecto a (...).

— INTERMEDIO

4. Acerca de (...).
5. Esto se refiere a (...).
6. Quiero referirme a (...).
7. En relación a (...).
8. Con relación a (...).
9. En referencia a (...).
10. Con referencia a (...).

1. Con el demostrativo neutro se alude a algo contextual, algo que quizá ha dicho el interlocutor antes. La frase se completa con un infinitivo *(eso de salir después de cenar)* o con una frase encabezada por *que: eso de que te vas (...).*

51. REFERRING TO SOMETHING

— BASIC

1. Ah, about (...).
2. Regarding (...).
3. With regard to (...).

— INTERMEDIATE

4. Concerning (...).
5. This refers to (...).
6. I wish to refer to (...).
7. In relation to (...).
8. With regard to (...).
9. With reference to (...).
10. With reference to (...).

1. This «neuter» pronoun refers to some contextual element, perhaps something which the other speaker has said previously. The expression is followed by an infinitive *(eso de salir después de cenar* ...[«about going out after dinner...»]), or a phrase beginning with *que, (eso de que te vas* [«about your going away»]).

11. Y hablando de (…), (…).
12. A propósito de (…).
13. En cuanto a (…).
14. ¿Te has fijado en (…)?
15. ¿Te acuerdas de (…)?
16. ¿Sabes lo de (…)?

— AVANZADO

17. Como te decía, (…).
18. Te decía esto por (…).
19. Refiriéndonos a (…).
20. En lo concerniente a (…). **F.**
21. Con esto hacemos alusión a (…). **F.**
22. Lo que digo tiene que ver con (…).
23. Digno de mención es (…).
24. No dejaré de hacer mención de (…).
25. No puedo dejar de citar (…).
26. No desearía terminar sin hacer una referencia a (…). **R.**
27. (…) es de obligada referencia.
28. Ref. (*) **E.**

28. Abreviatura de *referencia* que se utiliza en los textos impresos, sobre todo en libros científicos y en correspondencia comercial. También son frecuentes las abreviaturas *Cfr.* (confrontar), *vid.* (ver), *ob. cit.* (obra citada) y *loc. cit.* (lugar citado).

11. And talking about (…).
12. As regards (…).
13. As for (…).
14. Have you noticed (…)?
15. Do you remember (…)?
16. Do you know about (…)?

— ADVANCED

17. As I was telling you (…).
18. I was telling you this because of (…).
19. Referring to (…).
20. Concerning (…).
21. Here we refer to (…).
22. What I'm saying has to do with (…).
23. Worthy of mention is (…).
24. I shall not fail to mention (…).
25. I cannot avoid quoting (…).
26. I should hate to finish without referring to (…).
27. (…) must be quoted in this context.
28. Re.

28. The standard abbreviation of *referencia* («reference») used in printed material, in particular scientific and learned publications. Other common abbreviations of this type are *Cfr.* («cf.» or «compare»); *vid.* («v.» or «see»); *ob. cit.* («op. cit.» or «work quoted»); *loc. cit.* («l.c.» or «the passage quoted»).

52. PONER ALGO DE RELIEVE

— ELEMENTAL

1. Pero, ¡ojo!, (…). (*) **E.**
2. Quiero subrayar (…).
3. Preste atención: (…).

— INTERMEDIO

4. Deseo enfatizar (…).
5. Me gustaría poner de relieve (…).
6. Y que conste que (…). **Enf.**
7. Me consta que (…).
8. Quiero que quede bien claro (…).
9. Para que quede bien claro, (…).
10. Conviene destacar (…).
11. Hay que poner más énfasis en (…).
12. Vale la pena insistir en (…).

— AVANZADO

13. Quiero recalcar lo siguiente: (…).
14. Nada menos que (…). (*)

1. El sustantivo *ojo,* a partir de su designación del órgano de la vista, equivale, en un sentido figurado, a *atención, cuidado.* Se usa aislado, en tono exclamativo: ¡*Ojo!;* también seguido de *con* y de un sustantivo o de un infinitivo: ¡*Ojo con quemarte!*
14. Se trata de una expresión de ponderación que precede a algo que queremos realzar como si constituyera una sorpresa. Con frecuencia se presentan así fechas, cifras o nombres.

52. STRESSING SOMETHING

— BASIC

1. But, watch out, (…).
2. I wish to stress (…).
3. Please note: (…).

— INTERMEDIATE

4. I'd like to emphasise (…).
5. I'd like to stress (…).
6. And it must be clearly understood that (…).
7. I know for certain that (…).
8. I want to make it absolutely clear that (…).
9. To make it absolutely clear, (…).
10. It must be pointed out that (…).
11. More emphasis needs to be given to (…).
12. It's worth stressing that (…).

— ADVANCED

13. I'd like to underline the following: (…).
14. (…), no less!

1. *Ojo* («eye») is used as a warning to take care and may be followed by the preposition *con* with the infinitive, e.g. ¡*ojo con quemarte!* («be careful not to burn yourself!»).
14. This is an expression of surprise often used to emphasise the significance of the dates, figures or names that follow it.

15. No es cosa de risa. (*) **I.**
16. No hay que tomárselo en broma. (*)
17. No es como para echarlo a broma. (*)
18. No es de despreciar (…).
19. (…), ¡fíjate tú! **Enf.**
20. (…) como quien no dice nada. (*)
21. (…) como quien no quiere la cosa. (*)
22. No es hablar por hablar. (*)
23. ¡Ahí es nada! (*) **Enf.**
24. Tome (buena) nota de (…).

15. It's no laughing matter.
16. It's no joking matter.
17. It's no joke.
18. (…) is not to be sneezed at.
19. (…), just imagine!
20. (…) as if it were of no importance.
21. (…) as if it weren't worth bothering about.
22. This is not mere talk.
23. Just imagine!
24. Do bear in mind that (…).

15. Con la frase *no ser algo cosa de risa* (también *broma* o *guasa*), se quiere dar importancia a lo que se está diciendo, obligando al interlocutor a que lo considere con seriedad.
16 y 17. Como en el caso anterior, se intenta, a través de unas construcciones negativas, hacer énfasis en lo que se está diciendo.
20. Es una forma de hacer énfasis aludiendo a algo que se dice con toda naturalidad, como si se tratara de algo trivial.
21. Es una locución comparativa que traduce el deseo de poner énfasis, y se consigue aludiendo a que quizá no parece que eso tenga importancia (en realidad, se está asegurando que sí la tiene). Se coloca al final de la frase.
22. La frase *hablar por hablar*, a veces *hablar por no estar callado*, se refiere al acto de hablar, pero de cosas sin importancia, a una forma de hablar sin objeto. Precedida de un *no* sirve para realzar el interés de un tema.
23. Exclamación de énfasis con la que se expresa que cierta cosa es muy importante. A veces se oye el final: *lo del ojo y era tuerto*, o *…y lo llevaba en la mano*.

15. This phrase stresses the importance of a particular utterance by encouraging the listener to take the information seriously. *Risa* («laugh») may be replaced by *broma* or *guasa* («joke»).
16 and 17. These expressions, like 15 above, emphasize what is being said through the forceful use of negatives.
20 and 21. Placed at the end of a statement, these reinforce it by presenting it in a deliberately off-the-cuff manner, as though it were a matter of no importance that deserves to be taken for granted.
22. *Hablar por hablar* refers to discourse which has no specific purpose. Making the phrase negative stresses the interesting nature of the communication.
23. This emphatic exclamation underlines something considered to be important. It is sometimes completed with highly idiomatic expressions of amazement: *lo del ojo y era tuerto* (lit. «the business with the eye, and he was one-eyed») or *y lo llevaba en la mano* (lit. «and I had it in my hand [all the time]»).

53. QUITARLE IMPORTANCIA A ALGO

53. PLAYING SOMETHING DOWN

ELEMENTAL

1. No es nada.
2. No vale la pena.
3. ¡No tiene importancia!
4. No importa.
5. Da igual.
6. Da lo mismo.
7. Es igual.
8. Es lo más natural.
9. ¡Exagerado!

BASIC

1. It's nothing.
2. It's not worth it.
3. It's unimportant.
4. It doesn't matter.
5. It's all the same.
6. It's all the same.
7. It's all the same.
8. It's perfectly natural.
9. You're exaggerating!

INTERMEDIO

10. ¡Qué más da! (*)
11. ¡Hala! (*) **I.**
12. Eso y nada es lo mismo.
13. Si no es más que eso, (…).

INTERMEDIATE

10. What does it matter!
11. For heaven's sake!
12. It's nothing, nothing at all.
13. If that's all we're talking about, (…).

10 y 21. Las dos expresiones exclamativas sirven para quitar importancia a algo, que se presenta como indiferente al que las pronuncia.
11. *Hala* es una interjección propia que expresa valores muy variados. Además de constituir una fórmula de apremio (*Hala, termina de una vez*), traduce el sentimiento ante algo exagerado. No hay que confundirla con el imperativo del verbo *halar*, usado en gran parte de Hispanoamérica.

10 and 21. These expressions play down the importance of what has been said by conveying indifference.
11. *¡Hala!* can also be used to convey both impatience (*Hala, termina de una vez* [«come on, finish once and for all»]) and scepticism about a statement considered to be exaggerated. It should not be confused with the imperative of the verb *halar* («to pull») widely used in Spanish America.

14. No hay para tanto.
15. No es cosa de (…).
16. ¡Bah, bah, …! **I.**
17. ¿Y a mí, qué? **I.**
18. No le des tanta importancia.
19. ¿Por qué le das tanta importancia?
20. No le des más importancia de la que tiene.

— AVANZADO

21. ¡Tanto da! (*) **I.**
22. ¿Por eso?
23. ¿Por tan poca cosa?
24. ¡Ya será menos! **Enf.**
25. No te lo tomes tan a pecho.
26. No te lo tomes tan en serio.
27. ¡Ni que (…)! **Enf.**
28. ¡Pues sólo faltaría! **Enf.**
29. ¡¿Y qué más?! **Ir.**
30. ¿Sólo eso (…)?
31. ¿Tanto (…) para eso?
32. ¡¿Y para eso tanta historia…!? (*) **I.**
33. ¡Mucho ruido y pocas nueces! **FH.**
34. Hay que quitar hierro al asunto.
35. Eso son trivialidades. (*)
36. ¡Esto es una minucia! (*)
37. Esto es el chocolate del loro. (*) **FH.**

21. Ver nota al n. 4.
32. Una forma indirecta de quitar importancia a algo es comparar, por ejemplo, lo limitado de los resultados con lo enorme del esfuerzo: ¿*Para escribir estas cuatro páginas tanto leer y leer?* El sustantivo *historia* puede sustituirse por *cuento,* ambos aluden a algo pesado, complicado.
35 y 36. El sustantivo *trivialidad* es un derivado del adjetivo *trivial* que describe a algo elemental o corriente, que todo el mundo sabe o conoce. Además de *minucia* puede usarse *nonada* (formado por los adverbios *no* y *nada*) o *pequeñeces.* Todos ellos designan algo muy pequeño o de muy poca importancia.
37. Dicho popular que se utiliza, por ejemplo, cuando un problema económico exige ahorrar mucho dinero y a uno sólo se le ocurre eliminar una partida insignificante que no resuelve nada. Equivale a decir que esa propuesta es una tontería inútil.

14. It's not such a big deal.
15. It's not as if (…).
16. Oh, really, …!
17. What's that to me?
18. Don't take it so seriously.
19. Why do you take it so seriously?
20. Don't give it more importance than it deserves.

— ADVANCED

21. It doesn't matter!
22. Over something like that?
23. Over something as trivial as that?
24. It's not that bad!
25. Don't take it to heart.
26. Don't take it so seriously.
27. It's not even as if (…).
28. Oh, honestly!
29. You can't be serious…!
30. Is that all (…)?
31. So much (…) over that?
32. So much fuss over that?
33. You're making a mountain out of a molehill.
34. Let's keep a sense of proportion.
35. It's trivial.
36. It's hardly worth bothering about!
37. That's chicken feed.

21. See n. 10.
32. One method of diminishing the importance of something is to compare the meagre results with the scale of the effort that produced them: ¿*Para escribir estas cuatro páginas tanto leer y leer?* («So much reading to write just these four pages?»). The noun *cuento,* like *historia,* alludes to something tedious and complicated.
35 and 36. Synonyms for *trivialidad* («triviality») are *minucia, nonada* (a compound of *no* + *nada* («not anything») or *pequeñeces.*
37. A colloquial response to a gesture judged to be silly and pointless, such as an attempt to solve a major financial problem by eliminating only a small part of it.

54. COMPROBAR QUE UNO HA COMPRENDIDO

— ELEMENTAL

1. (…), ¿verdad?
2. (…), ¿no?
3. ¿Es esto?
4. ¿Es así?
5. ¿Lo he entendido?
6. ¿Has dicho esto?
7. Creo que lo he entendido.

— INTERMEDIO

8. O sea, que (…).
9. Si no me equivoco, usted ha dicho que (…).

54. CHECKING THAT ONE HAS UNDERSTOOD SOMETHING

— BASIC

1. (…), isn't that right?
2. (…), no?
3. Is this right?
4. Is this how it is?
5. Have I understood correctly?
6. Is that what you said?
7. I think I've understood.

— INTERMEDIATE

8. In other words (…).
9. If I'm not mistaken, you said that (…).

10. A ver si lo entiendo bien: (...).
11. Si lo entiendo bien, lo que dice es que (...).
12. Yo se lo repito.
13. Me gustaría comprobar si lo he entendido.
14. Ahora te leo yo este texto.
15. Le repito el número.

— AVANZADO

16. A ver, a ver si me aclaro: (...). **I.**
17. ¿Lo que tú quieres decir es (...)?
18. ¿Le importa que se lo repita para confirmar que lo he entendido? **F.**

55. COMPROBAR QUE ALGUIEN HA COMPRENDIDO

— ELEMENTAL

1. ¿Me entiendes?
2. ¿(Me) Comprendes?
3. ¿Comprendido?
4. ¿Lo entiendes bien?
5. ¿Ya? (*) **I.**
6. ¿Vale? **I.**
7. ¿De acuerdo?
8. ¿Está claro?
9. ¿Me explico?
10. ¿Puedo continuar?
11. ¿Podemos seguir?

— INTERMEDIO

12. ¿Lo ves?(*)
13. ¿Estás? (*) **I.**
14. ¿Estamos? (*)
15. ¿Estás en lo que digo?
16. ¿Me sigues? (*)
17. ¿Te das cuenta?
18. Perdone, ¿le parece que lo ha entendido bien?

---

5. Con esta interjección, formulada en tono interrogativo, deseamos saber si el interlocutor está enterado o comprende lo que le decimos.
12. Aunque el verbo *ver* alude a una percepción visual, se usa con frecuencia como equivalente de *notar*, *comprender*, es decir, con alusión a una función intelectiva.
13 y 14. Las dos expresiones enfáticas equivalen a ¿*comprendes?* A la vez que sirven para comprobar si el interlocutor ha entendido, dan énfasis a las propias palabras. Lo curioso es que se usa tanto la segunda persona del singular como la primera del plural, en cuyo caso no hay inclusión del *yo*, sino sólo pregunta por la atención del interlocutor.
16 y 22. En ninguna de las dos frases el verbo de movimiento está expresando movimiento real ni en el espacio o en el tiempo. Se trata de «movimiento mental». *Seguir* supone seguir el pensamiento expresado por el interlocutor; con *ir* se alude a la dirección del pensamiento expresado.

10. Let's see if I've understood you: (...).
11. If I've understood you correctly, what you're saying is that (...).
12. I'll repeat what you said.
13. I'd like to check that I've understood you.
14. Now I'll read you this text.
15. I'll repeat the number to you.

— ADVANCED

16. Now, let's just see whether I've got this right: (...).
17. What you mean is (...).
18. Do you mind if I repeat it to you to check that I've understood?

55. CHECKING THAT SOMEONE HAS UNDERSTOOD SOMETHING

— BASIC

1. Do you understand?
2. Do you understand (me)?
3. Understood?
4. Are you sure you understand?
5. Okay?
6. All right?
7. Okay?
8. Is that clear?
9. Am I making myself clear?
10. May I continue?
11. Can we continue?

— INTERMEDIATE

12. Do you see?
13. Are you with me?
14. Okay?
15. Are you with me?
16. Do you follow?
17. Do you see?
18. Sorry, do you think you've understood correctly?

---

5. This interrogative interjection is used to check whether the listener has heard and understood what he has just been told.
12. *Ver* means «to see» in both the visual and mental senses, being frequently used as a synonym for *notar* («to note») and *comprender* («to understand»).
13 and 14. Both these emphatic expressions are equivalent to ¿*comprendes?* («do you understand?»). As well as checking that the listener has understood, they stress the speakers own words. Curiously, both the second person singular and first person plural of the verb are employed; in the latter case, the speaker does not actually refer to himself in the question.
16 and 22. In neither of these expressions is the verb of movement used literally. Both *seguir* («to follow») and *ir* («to go») are used figuratively to refer to the mental process of following the speaker's train of thought.

— AVANZADO —

19. ¿Te aclaras? **I.**
20. ¿Caes? (*) **I.**
21. ¿Lo captas?
22. ¿Ves por dónde voy? (*)

---

20. *Caer* es un verbo de significación muy rica. En uno de sus valores alude, como *ocurrirse*, a que el pensamiento encuentra una noción, idea o solución.
22. Ver nota al n. 16.

56. MANTENER UN DIÁLOGO TELEFÓNICO (*)

— ELEMENTAL —

1. ¡Diga!
2. Dígame.
3. (...); dígame.
4. ¡¿Sí?!
5. No, (ahora) no está.
6. ¿De parte...?
7. ¿De parte de quién?
8. Un momento, por favor.
9. Enseguida se pone. (*)
10. No te oigo.
11. Llame más tarde.
12. No, se equivoca.
13. ¿A qué número llama?
14. ¿Está (...), por favor?
15. ¿Puedo hablar con (...)?
16. (...), por favor.
17. Con (...), por favor. (*)
18. ¿Eres (...)?
19. Soy (...).
20. Hola, soy (...). ¿Está (...)?
21. De parte de (...).
22. Te llamo desde (...).
23. Aquí (...).

— INTERMEDIO —

24. Oigo.
25. ¿Quiere dejarle algún recado? (*)
26. No cuelgue.

(*) En esta función, dentro de cada uno de sus tres niveles, hemos relacionado primero las expresiones usadas por el que recibe la llamada telefónica, y después las correspondientes al que la origina.

9, 17, 30, 45 y 46. El verbo *poner*, entre sus muchos valores, cuenta con el de pasar una llamada telefónica a alguien. Puede haber ausencia del verbo, como en: *Con (...), por favor.* Como pronominal, *ponerse al aparato*, describe la acción de coger el aparato para hablar.

25, 34 y 35. El sustantivo *recado*, a partir de un antiguo valor por el que designaba las cosas de consumo diario, o el conjunto de cosas necesarias, en la actualidad se usa para referirse al encargo que se envía o se transmite. En el teléfono los encargos *se dejan* o *dan* y *se toman* o *cogen*.

— ADVANCED —

19. Are you with me?
20. Do you get my meaning?
21. Do you catch my drift?
22. Do you follow me?

---

20. The use of the verb *caer* («to fall») alludes to the notion of understanding as a process whereby ideas, thoughts and solutions «fall into place». The verb *ocurrirse* has a similar meaning.
22. See n. 16.

56. CONDUCTING A TELEPHONE CONVERSATION

— BASIC —

1. Hello!
2. Hello!
3. (...); good morning/good afternoon.
4. Yes?!
5. No, he's not here (at the moment).
6. Who's calling?
7. Who's calling?
8. Just a moment please.
9. One moment please, I'll just get him to come to the phone.
10. I can't hear you.
11. Call back later.
12. Sorry, wrong number.
13. What number did you want?
14. Is (...) there please?
15. May I speak to (...)?
16. (...) please.
17. May I speak to (...) please?
18. Is that (...)?
19. It's (...).
20. Hello. This is (...). Is (...) there?
21. It's (...) calling.
22. It's (...) calling from (...).
23. This is (...).

— INTERMEDIATE —

24. I can hear you.
25. Do you want to leave him a message?
26. Hold the line please.

(*) Each level in this section begins with expressions used by someone answering the telephone, followed by those used by the caller.

9, 17, 30, 45 and 46. *Poner/ponerse* in this section refers to the action of a third party in passing on a call. These expression may not employ a verb: *Con (...), por favor*, («[...] please»).

25, 34 and 35. The noun *recado*, originally a collective noun referring to items of daily consumption or necessities, is now used to refer to an errand or message. To «leave» a message the verbs *dar* or *dejar* are used; for «taking» a message, *tomar* or *coger*.

27. Vuelva usted a llamar.
28. ¡Qué mal se oye!
29. ¿Puede usted llamar más tarde?
30. Ahora le pongo. (*)
31. Enseguida le paso (*)
32. ¿Podría hablar con (…)?
33. Quisiera hablar con (…).
34. ¿Podría dejarle un recado? (*)
35. ¿Le puede dar usted un recado a (…)? (*)
36. Ya te volveré a llamar.
37. ¿Cuál es el prefijo de (..)?
38. ¿Podría darme el número de (…)?
39. ¿Qué número tengo que marcar para (…)?
40. Llamo desde una cabina. (*)

— AVANZADO

41. ¡Haló!
42. El señor (…) no se encuentra aquí en estos momentos.
43. Está comunicando. (*)
44. Habla el contestador automático de (…).
45. Que se ponga (…). (*)
46. Póngame con (…). (*)
47. ¿Podría ponerme con la extensión (…)?
48. Perdone, el teléfono no da señal de marcar.
49. ¿Tengo que colgar o espero?
50. No encuentro el número de (…) en el listín. (*)
51. Perdone que le llame otra vez, pero se había cortado la comunicación.
52. Quisiera poner una conferencia con el número (…), de (…). (*)
53. Quisiera hablar con el (…), de (…).
54. Querría poner una conferencia de persona a persona. (*)
55. Querría hacer una llamada a cobro revertido. (*)
56. ¿Puede decirme si el número (…) está averiado?

27. Ring back please.
28. What an awful line!
29. Could you call back later?
30. I'll put you through.
31. One moment and I'll put you through.
32. Could I speak to (…)?
33. I'd like to speak to (…).
34. Could I leave a message for him?
35. Could you give a message to (…)?
36. I'll call you back.
37. What's the code for (…)?
38. Could you give me (…)'s number?
39. What number should I dial for (…)?
40. I'm ringing from a call-box.

— ADVANCED

41. Hello?
42. Mr. (…) is not here at the moment.
43. It's engaged.
44. This is (…)'s answering machine.
45. Could you ask (…) to come to the 'phone?
46. Could you put me through to (…)?
47. Could I have extension (…) please?
48. Excuse me, I can't get a dialling tone.
49. Should I hang up or wait?
50. I can't find (…)'s number in the book.
51. Sorry to bother you again, but we were cut off.
52. I'd like to make a long distance call to (…).
53. I'd like to speak to (…) in (…).
54. I'd like to make a long-distance person-to-person call.
55. I'd like to reverse the charges.
56. Could you check whether there's a fault on line (…)?

---

30. Ver nota al n. 9.
31. El verbo *pasar,* entre sus muchos valores, cuenta con uno relacionado con las comunicaciones telefónicas. *Pasar* se usa para describir la acción del que contesta al teléfono y hace llegar esa llamada a una segunda persona.
34 y 35. Ver nota al n. 25.
40. Esta frase se emite con la intención de que el diálogo telefónico sea rápido, en especial si el que contesta ha de ir a llamar a una tercera persona para que se ponga al aparato.
43. Este verbo, *comunicar,* describe la situación en la que el teléfono al que se llama da señal de estar ocupado por otra comunicación telefónica. Precisamente ese verbo es el que se emplea en zonas de Hispanoamérica, donde se dice *está ocupado.*
45 y 46. Ver nota al n. 9.
50. El sustantivo *listín,* diminutivo de *lista,* designa lo mismo que *guía telefónica* o lo mismo que, a veces y por calco del inglés, se denomina *directorio.*
52. El sustantivo *conferencia,* aparte de otro valor que lo pone en relación con *discurso* o *charla,* designa una llamada telefónica de larga distancia.
54. Se llama *conferencia de persona a persona* aquella llamada de larga distancia que se concierta con el acuerdo de que sólo se contabilizará la llamada a partir del momento en que la persona deseada se ponga al teléfono.
55. Se denomina *llamada a cobro revertido* aquella que se concierta con el acuerdo de que la pagará no el que la solicita, sino la persona que la recibe.

30. See n. 9.
31. The specific meaning of the verb *pasar* in this context is that of passing a caller on to the person he is seeking.
34 and 35. See n. 25.
40. This is a standard formula for ensuring speedy communication, particularly if the person answering has to call someone else to the phone.
43. This expression is replaced by *está ocupado* in many areas of Spanish America.
45 and 46. See n. 9.
50. The terms *guía telefónica* or the anglicism *directorio* are also used.
52. **Refer to note in Spanish.**
54. **Refer to note in Spanish.**
55. **Refer to note in Spanish.**

57. PEDIR INFORMACIÓN

ELEMENTAL

1. Perdone, ¿sabe usted (…)?
2. ¿Tienes (alguna) idea de (…)?
3. Por favor, necesito información sobre (…).
4. ¿Qué sabes de (…)?
5. ¿Me dices (…)?
6. ¿Puede decirme alguien (…)?

INTERMEDIO

7. Me interesaría saber (…).
8. ¿Podría decirme, por favor, (…)?
9. Perdone, ¿podría explicarme cómo (…)?
10. ¿Por casualidad sabría usted (…)?
11. A ver si puedes decirme (…).

AVANZADO

12. Por favor, quisiera saber (…).
13. Perdone, ¿dónde podrían informarme sobre (…)?
14. Buenas tardes. Quizá usted pueda informarme de (…).
15. Perdone la molestia, pero ¿podría indicarme (…)? **F.**
16. Buenas. Espero que usted pueda darme información acerca de (…).
17. Les agradecería que me enviaran información relativa a (…). **E.**

57. REQUESTING INFORMATION

BASIC

1. Excuse me, do you know (…)?
2. Do you have any idea of (…)?
3. Excuse me, I need some information about (…).
4. What do you know about (…)?
5. Can you tell me (…)?
6. Can anyone tell me (…)?

INTERMEDIATE

7. I'd like to know whether (…).
8. Could you please tell me (…)?
9. Excuse me, could you tell me how (…)?
10. You wouldn't by any chance know (…)?
11. I wonder whether you could tell me (…).

ADVANCED

12. Excuse me, I'd like to know (…).
13. Excuse me, where could I find out about (…)?
14. Good afternoon. I wonder whether you could give me some information about (…).
15. Sorry to bother you, but could you tell/show me (…)?
16. Good afternoon. Could you please give me some information about (…)?
17. I should be grateful if you could send me information about (…).

58. PREGUNTAR A ALGUIEN SI SABE ALGO

ELEMENTAL

1. ¿Qué sabes de (…)?
2. ¿Ha oído (…) ?
3. ¿Sabes si (…)?
4. ¿Sabe usted algo acerca de (…)?

INTERMEDIO

5. Perdone, ¿por casualidad sabe usted (…)?
6. ¿Tiene usted idea de (…)?
7. ¿Se ha enterado usted de que (…)?
8. ¿Está usted enterado de (…)?
9. ¿No te has enterado de (…)?
10. ¿Se ha dado cuenta usted de que (…)?
11. ¿Ha oído usted hablar de (…)?
12. ¿Ha oído usted decir que (…)?
13. ¿Ya ha tenido noticias de (…)?
14. Pero, ¿no sabías que (…)?
15. ¿Seguro que no sabes nada de (…)?

58. ASCERTAINING WHETHER SOMEONE KNOWS SOMETHING

BASIC

1. What do you know about (…)?
2. Have you heard (…)?
3. Do you know whether (…)?
4. Do you know anything about (…)?

INTERMEDIATE

5. Excuse me, do you by any chance know (…)?
6. Do you have any idea (…)?
7. Have you heard that (…)?
8. Have you heard that (…)?
9. Haven't you heard that (…)?
10. Do you realise that (…)?
11. Have you heard of (…)?
12. Have you heard it said that (…)?
13. Have you heard from (…)?
14. But didn't you know that (…)?
15. Are you sure you know nothing about (…)?

AVANZADO

16. ¿Es usted consciente de (…)?
17. ¿Qué me cuentas de (…)? **I.**
18. Perdone que le interrumpa. ¿Sabe usted (…)?
19. ¿Ha llegado a sus oídos algo sobre (…)?
20. ¿Está usted al corriente de lo que ha ocurrido?
21. ¿Te dice algo el nombre de (…)? (*)
22. Oye, ¿estás al tanto de (…)? (*) **I.**
23. ¿Te suena (…)? (*) **I.**
24. ¿Ya sabes que corre el rumor de que (…)?

---

21. El verbo *decir*, además de su contenido fundamental, conoce otros valores. Aquí alude a la evocación que despierta en alguien un nombre.
22. *Estar al tanto* significa estar enterado de algo, o bien pendiente de algo. El elemento *tanto* no presenta, pues, ningún valor ponderativo ni comparativo.
23. El verbo *sonar*, además de referirse a la producción de un sonido, alude a algo que despierta un recuerdo en alguien, alude a cosas ya conocidas.

ADVANCED

16. Are you aware that (…)?
17. What can you tell me about (…)?
18. I'm sorry to interrupt. Do you know (…)?
19. Have you heard anything about (…)?
20. Are you aware of what's happened?
21. Does the name (…) mean anything to you?
22. Listen, do you know about (…)?
23. Does (…) ring any bells?
24. You know that there's a rumour going round that (…)?

---

21. In this context the verb *decir* («to say») alludes to triggering a mental association.
22. *Estar al tanto* indicates possession of up-to-date information on a given subject. The usual sense of *tanto* «so much» is not applicable in this context.
23. The verb *sonar* («to sound») refers to the triggering of a memory or to matters already known.

59. DECIR QUE UNO ESTÁ INFORMADO DE ALGO

ELEMENTAL

1. Sí, sí, ya lo sé.
2. Sí, he oído hablar de eso.
3. Sí, ya sé que (…).
4. Sí, algo sé de (…).

INTERMEDIO

5. Ya me lo habían dicho.
6. Me he enterado de que (…).
7. Tengo entendido que (…).
8. Algo de eso he oído.
9. Ésa es la información que tengo.
10. Eso es lo que me han dicho.
11. Me han hecho saber que (…).
12. Nos han notificado que (…). **R.**
13. Lo sabemos de buena fuente.

AVANZADO

14. Me consta que (…). (*)
15. Ya estamos sobre aviso. (*)
16. ¡Adivina quién (…)!
17. Radio Macuto dice (…). (*) **R.**

---

13. La expresión *de buena fuente* se refiere a una información digna de crédito. El mismo valor tiene *de buena tinta*.
15. *Estar sobre aviso* significa estar avisado, y preparado, ante algo que ha de ocurrir.
17. *Radio Macuto*, procedente del argot militar, alude a la fuente de la que procede una información, cuando no se desea ser más claro, o no se puede hacer una referencia más concreta. Alude a una emisora imaginaria de donde parten las noticias oficiosas. *Macuto* da nombre a una bolsa en la que se llevan las provisiones.

59. SAYING THAT YOU KNOW ABOUT SOMETHING

BASIC

1. Yes, yes, I know.
2. Yes, I've heard about that.
3. Yes, yes, I know about (…).
4. Yes, I know a bit about (…).

INTERMEDIATE

5. I already know.
6. I've found out that (…).
7. I gather that (…).
8. I've heard something about that.
9. That's all the information I've got.
10. So I've been told.
11. I've been informed that (…).
12. We have been informed that (…).
13. We have it on good authority that (…).

ADVANCED

14. I know for a fact that (…).
15. We've been forewarned.
16. Guess who (…)!
17. I've heard on the grapevine that (…).

---

13. The expression *de buena tinta* is synonymous.
15. This suggests both prior knowledge of and adequate preparation for a future event.
17. The term *Radio Macuto* (lit. «Radio Back-pack») derives from military slang. Originally referring to official messages transmitted by camp radio, it is now used to avoid divulging the source of any information which is vague or confidential.

18. Estoy en el ajo. (*) **I.**
19. Esto no me coge de sorpresa. (*)

18. *Estar en el ajo* significa intervenir o estar enterado de un asunto.
19. Con la frase *coger a alguien de/por sorpresa* se describe el carácter repentino con que ocurre algo para lo que uno no está preparado. Si se emplea como negativa, implica que no ha habido sorpresa, que ya se conocía o sabía algo.

18. I'm in on it.
19. This comes as no surprise to me.

18. This term implies both awareness of and involvement in some matter.
19. This expression is used negatively to indicate prior knowledge. It can also be used positively to refer to matters which catch us unawares.

60. TRANSMITIR LO QUE HA DICHO OTRO

─ ELEMENTAL ─

1. Dice que (…).
2. Me ha dicho que (…).
3. Opina que (…).
4. Me dijo: «(…)». (*)

─ INTERMEDIO ─

5. Dice que (…). (*)
6. Me dijo que (…). (*)
7. Le parece que (…).
8. Ha hablado de (…).
9. Nos ha comentado que (…).
10. Me ha explicado que (…).
11. Nos ha contado que (…).
12. Os envía recuerdos (…) **R.**
13. Les manda saludos (…). **R.**
14. Repetiré lo que dijo.
15. (…). Éstas fueron sus palabras. **F.**
16. (…). Esto fue lo que nos dijo.

─ AVANZADO ─

17. Comentó: «(…)».
18. Señaló: «(…)».
19. Subrayó: «(…)». **R.**
20. Me ha dicho que os salude de su parte. **R.**
21. Vino a decir más o menos que (…). (*)
22. Me parece que lo que quiere decir es que (…).
23. Supongo que lo que ha dicho es que (…).
24. Si no me equivoco, lo que ha dicho es que (…).
25. Me parece que se refiere a (…).
26. Creo que lo que viene a decir es (…).
27. Opino que al decir esto lo que quiere decir es que (…).

4, 5 y 6. Uno puede repetir, citándolas directamente, las palabras de otras personas. O puede referirse a ellas indirectamente, en cuyo caso aparece el elemento *que* tras el verbo *decir*; a continuación vendrán verbos en tercera persona. Estas alternativas se conocen, respectivamente, con los nombres de *estilo directo* y *estilo indirecto*.
21. La perífrasis *venir a* + infinitivo tiene carácter aproximativo, es decir, sirve para referirse a algo de lo que no se está del todo seguro. Esta impresión está reforzada, en este caso, por la locución *más o menos*, que equivale a *aproximadamente*.

60. CONVEYING WHAT SOMEONE ELSE HAS SAID

─ BASIC ─

1. He says that (…).
2. He has told me that (…).
3. He considers that (…).
4. He told me:"(…)."

─ INTERMEDIATE ─

5. He says that (…).
6. He told me that (…).
7. He feels that (…).
8. He talked about (…).
9. He has told us about (…).
10. He has told me that (…).
11. He has told us that (…).
12. (…) sends his regards.
13. Regards from … (…).
14. I'll repeat what he said.
15. He sends his best wishes.
16. (…). Those were his words.

─ ADVANCED ─

17. He remarked: (…).
18. He pointed out: (…)».
19. He stressed: (…).
20. He told me to pass on his best wishes.
21. Roughly, what he said was that (…).
22. I think what he means is that (…).
23. I reckon what he said is that (…).
24. Unless I'm mistaken, what he said was that (…).
25. I think he's talking about (…).
26. I think that, roughly, what he's saying is that (…).
27. In my opinion what he means by that is that (…).

1-6. Speech can be reported directly or indirectly using the verb *decir* («to say»). Indirect speech will be introduced by the *decir* + the relative *que*, followed by a verb in the third person. Direct speech reports the speaker's words verbalism.
21. *Venir a* followed by an infinitive introduces a version of events the authenticity of which is acknowledged to be approximate. It is often reinforced by *más o menos* («more or less»).

28. Leyendo entre líneas, lo que viene a decir es que (...). (*)

28. Con la expresión *entre líneas* nos referimos a algo que, a pesar de no estar escrito o de no haber sido dicho, se adivina. Se combina con los verbos *decir, leer, haber*.

28. Reading between the lines, what he's saying amounts to (...).

28. The expression *entre líneas* («between the lines») can be used with the verbs *decir* («to say»), *leer* («to read»), *haber* («to be»).

61. NO SABER RESPONDER A LO QUE SE PREGUNTA

61. EXPRESSING INABILITY TO ANSWER A QUESTION

— ELEMENTAL

1. No lo sé.
2. Lo siento, pero no lo sé.
3. Lo lamento, pero no estoy informado.
4. Lo siento, pero es que no sé nada.
5. ¡Y yo qué sé! (*) **I.**

— BASIC

1. I don't know.
2. I'm sorry, but I don't know.
3. I regret to say I do not have that information.
4. I'm sorry, but the thing is I know nothing about it.
5. How should I know!

— INTERMEDIO

6. ¡Ni idea! **Enf.**
7. Lo ignoro. (*)
8. Lo siento, pero no puedo ayudarle.
9. Lo siento, pero no puedo decírselo.
10. Temo que no podré decirle nada sobre (...).
11. Lamento decirle que no lo sé.
12. Tengo que admitir que no sé nada acerca de (...).
13. Aún no tengo ninguna información sobre ese tema. **F.**

— INTERMEDIATE

6. I have no idea!
7. I do not know.
8. I'm sorry, I can't help you.
9. I'm sorry, I can't tell you.
10. I'm afraid I can't tell you anything about (...).
11. I regret to say that I do not know.
12. I have to confess I know nothing about (...).
13. I still don't have any information about this.

— AVANZADO

14. ¡Ojalá lo supiera!
15. ¡Ojalá pudiera ayudarle!
16. No sabría decirle.
17. ¡Ni puta idea! (*) **V.**
18. ¡No tengo ni puñetera idea! (*) **V.**
19. ¡No tengo ni la más remota idea! **Enf.**
20. ¡Ni me lo preguntes! (*) **I.**

— ADVANCED

14. I wish I knew!
15. I wish I could help you!
16. I wouldn't know what to say.
17. I haven't a bloody clue!
18. I haven't the foggiest!
19. I haven't the faintest idea.
20. Don't ask!

5. Con esta exclamación se manifiesta ignorancia ante lo que se pregunta, aunque también, a veces, una cierta indiferencia, que provoca pereza para opinar.
7. *Ignorar* es el verbo de significado contrario al de *saber*. Para expresar ese contenido es mucho más frecuente emplear *no saber*. Son útiles otros términos de la misma familia léxica: el sustantivo *ignorancia* y el adjetivo *ignorante*, aplicados a la ausencia total de conocimientos y al que la padece. El adjetivo se usa como insulto.
17 y 18. En este contexto *puta* y *puñetera* actúan como calificadores de *idea*, con un contenido muy parecido al que tendrían *ligera, menor* y *mínima*. Constituyen un refuerzo expresivo de la negación. En las dos frases hay elipsis del verbo *tener*.
20. Al usar esta frase nos adelantamos a una posible pregunta del interlocutor, al que invitamos a que desista de hacerlo. Puede ser que no conozca la respuesta, pero también que la conozca pero que no esté dispuesto a darla. Es una expresión cortante.

5. This expression can convey not only ignorance but also indifference deriving from the weariness elicited by the question.
7. *Ignorar*, the antonym of *saber* («to know») is used occasionally instead of the much more common *no saber*. The noun *ignorancia* («ignorance») and the adjective *ignorante* («ignorant») are widely used, the latter also serving as a term of abuse similar in tone to «ignoramus».
17 and 18. The vulgar qualifiers *puta* (lit. «whore») and *puñetero* («bloody») are synonymous, in this context, with «slightest». 17 is an elliptical expression, the omitted construction *no tengo* («I don't have») being understood.
20. This brusque exclamation preempts an unwelcome question, which one is unwilling or unable to answer.

21. ¡Qué más quisiera yo que saberlo! (*) **Enf.**
22. Tendrá que decírtelo otro, porque lo que es yo... (*) **Ir.**
23. ¿No has encontrado a nadie mejor para preguntárselo? (*) **Ir.**
24. Como no se lo preguntes a otro, (...). (*) **I.**
25. ¿Y cómo quieres que yo lo sepa? (*).

---

21. El uso de la frase ¡Qué más quisiera!, que traduce un deseo hipotético, da a entender, implícitamente, desconocimiento. Puede completarse con la alusión a cualquier acción, como ocurre en este caso, o bien usarse aislada, si el contexto proporciona información suficiente.
22. Hay elipsis del verbo y del complemento, es decir, de no lo sé.
23. Es una forma algo grosera de informar al interlocutor de que uno no puede contestar a la pregunta.
24. Lo que está omitido es la segunda parte de la estructura condicional, pero el fragmento que se emite es suficiente para que el interlocutor entienda que uno no sabe la respuesta.
25. Esta construcción deja en evidencia que no se sabe responder, pero además, que no le corresponde a uno saber hacerlo. Es decir, incluye una cierta crítica al interlocutor y una disculpa de la propia ignorancia.

21. I wish I knew!
22. You'll have to ask someone else because as far as I'm concerned (...).
23. Couldn't you find anybody better to ask?
24. You'd be better asking someone else (...).
25. How do you expect me to know?

---

21. ¡Qué más quisiera! is an expression of wishful thinking which implies ignorance. It may be used in isolation if the context makes the reference clear.
22. This statement is elliptical, no lo sé («I don't know») being understood.
23. This is a rather rude way of indicating inability to answer a question.
24. The second clause is omitted from this elliptical conditional phrase, but the speaker's ignorance of the answer is clearly implied.
25. This response conveys not only ignorance, but also censure, the implication being that the question is inappropriate and that ignorance of the answer is therefore forgivable.

62. PREGUNTAR A ALGUIEN SI LE OCURRE ALGO

62. ASKING WHETHER SOMETHING IS THE MATTER

— ELEMENTAL —

1. ¿Qué te pasa?
2. ¿Te pasa algo?
3. ¿Cómo te va?
4. ¿Cómo estás?
5. ¿Estás bien?
6. ¿Cómo te encuentras?
7. ¿Te sientes mal?
8. ¿No te sientes bien?
9. ¿Cómo te sientes?
10. ¿Va todo bien?
11. ¿Estás preocupado por algo?

— BASIC —

1. What's the matter?
2. Is anything the matter?
3. How is it going?
4. How are you?
5. Are you all right?
6. How are you felling?
7. Are you feeling unwell?
8. You aren't feeling well?
9. How are you feeling?
10. Is everything all right?
11. Are you worried about something?

— INTERMEDIO —

12. ¿Hay malas noticias?
13. ¿Seguro que estás bien?
14. Pareces un poco preocupado...
15. ¿Le ocurre algo? (*)
16. ¿Te sucede algo?
17. ¿No estarás (...), verdad? (*)

— INTERMEDIATE —

12. Have you had bad news?
13. Are you sure you're okay?
14. You seem a bit worried ....
15. Is anything the matter?
16. Is anything wrong?
17. You're not (...), are you?

---

15. El verbo ocurrir tiene un valor análogo al de suceder o pasar (ocurrió un accidente espantoso). En forma pronominal, ocurrirse alude a que a alguien le viene una idea a la mente: se me ocurre que podríamos ir a bailar.
17. Aunque la frase es interrogativa, se usa cuando uno cree percibir en el interlocutor esa característica, que puede ser tanto física como psíquica.

15. The verb ocurrir («to occur») is synonymous with suceder or pasar, e.g. ocurrió un accidente espantoso («a terrible accident occurred»). The reflexive form ocurrirse refers to a mental occurrence: se me ocurre que podríamos ir a bailar («it occurs to me that we could go dancing»).
17. Although used interrogatively, this phrase indicates that the person concerned exhibits physical or mental evidence of the characteristic alluded to.

AVANZADO

18. Se te nota que estás inquieto, ¿no es así?
19. Me pregunto si no está usted un poco decepcionado. **F.**
20. ¿Me equivoco si te digo que pareces estar muy abatido?
21. ¡A ti te pasa algo! (*) **Enf.**
22. Por tu cara, se diría que (…). (*) **I.**

---

21. Esta frase exclamativa no se formula como pregunta. A pesar de ello, esa aseveración tan contundente casi exige una explicación por parte del interlocutor. Su uso es muy arriesgado, porque a menudo la respuesta no es una explicación, sino una negativa o una respuesta evasiva.
22. La preposición *por* equivale en este caso a *a través de*. Podría pensarse, también, en la ausencia de un verbo como *juzgar: A juzgar por tu cara (…)*. En cualquier caso, *cara* alude a unos indicios que se interpretan como señal de algo.

ADVANCED

18. You seem anxious about something, am I right?
19. I wonder if you're not feeling a bit disappointed.
20. Would I be wrong in thinking that you look rather downcast?
21. There's something the matter, isn't there?
22. From the look of you, anyone would think that (…).

---

21. This exclamation, which is not formulated as an interrogative, demands an explanation from the person at whom it is directed. Its use is risky, since it is likely to elicit a negative or evasive response.
22. In this context the preposition *por* is equivalent to *a través de* («by means of»). The phrase might be considered elliptical, a verbal construction such as *a juzgar* («to judge…») being understood. *Cara* («face») alludes to visual clues as to the state of mind of the other person.

63. MANIFESTAR CURIOSIDAD POR ALGO

ELEMENTAL

1. ¿Sí…?
2. ¿Ah sí…?
3. ¿De verdad?
4. ¿De veras?
5. Cuenta…, cuenta.
6. Habla…, habla.

INTERMEDIO

7. ¡¿Que qué?! (*) **I.**
8. ¿Cómo dices? (*)
9. ¡Venga, venga! **I.**
10. ¡No me digas! **Enf.**
11. Me interesaría mucho saber (…).
12. Sería interesante saber (…).
13. Me pregunto (…).
14. ¿Has oído algo de (…)?
15. ¿Me dirías (…)?
16. Me encantaría saber (…). (*)
17. Siento mucha curiosidad por saberlo.
18. Me interesa mucho que me lo cuentes.

---

7. Esta frase supone que se pide la repetición de las palabras dichas; así pues, constituye una manifestación de curiosidad e interés. Aunque según el contexto, traducirá una cierta incredulidad. Puede considerarse omitido un verbo *decir* antes del primer *que*, conjuntivo; el segundo *qué* es un pronombre interrogativo.
8. Esta frase supone que se pide la repetición de lo dicho, o porque no se ha oído bien o porque cuesta de creer o, simplemente, porque la curiosidad se traduce en un deseo de obtener más información.
16. El verbo *encantar*, aparte de un valor relacionado con la magia, traduce gusto o complacencia. Es muy expresivo, y se usa generalmente entre hablantes femeninos.

63. INDICATING CURIOSITY

BASIC

1. Really…?
2. Oh really…?
3. Really?
4. Really?
5. Do tell me.
6. Do tell me.

INTERMEDIATE

7. Come again?
8. What was that?
9. Come on now!
10. You're joking!
11. I'd be very interested to know (…).
12. It would be interesting to know (…).
13. I wonder (…).
14. Have you heard anything about (…)?
15. Would you tell me …?]
16. I'd love to know (…).
17. I'm very curious to find out (…).
18. I'm really interested in hearing about it.

---

7. This expression appears to request the repetition of what has just been said, and indicates interest, curiosity and even incredulity. It may be considered elliptical, implying the verb «to say», equivalent, in English to «*what* did you say?»
8. This expression is a request for the repetition of what has just been said, because it has not been clearly heard, is hard to believe or, simply because the listener is curious to hear more.
16. The verb *encantar* («to enchant»), conveys pleasure or willingness. It is highly expressive, but more typical of female speakers.

AVANZADO

19. ¿Es verdad eso de que (...)?
20. ¡Cómo me gustaría enterarme de (...). **Enf.**
21. Daría cualquier cosa por enterarme de (...).
22. Podrías adelantarnos algo.
23. No me disgustaría saber (...). **Ir.**
24. ¿A ti también te han llegado rumores acerca de (...)?
25. Estoy muerto de curiosidad. Dime, ¿tú sabes (...)? (*)
26. Me muero de ganas de enterarme. **Enf.**
27. Me pica la curiosidad. ¿Dónde (...)? (*) **I.**
28. Estoy sobre ascuas. (*).
29. No quiero parecer entrometido, pero, por favor, dígame (...).
30. Aunque sea meterme donde no me llaman, cuéntame (...). (*)

---

25. *Estar muerto de* es una locución que, seguida de un sustantivo abstracto, alude a la persona totalmente dominada por ese sentimiento o sensación: *muerto de miedo, muerto de envidia, muerto de hambre*.
27. El verbo *picar*, relacionado con la acción de morder las aves con el pico, se usa en sentido figurado, para describir estímulo o incitación.
28. En algunos lugares de España pervive la tradición de origen árabe de andar descalzo sobre ascuas (pedazos de carbón, madera u otro material que arden sin llama). Por extensión, la frase *estar sobre ascuas* describe un estado de inquietud o de gran curiosidad.
30. *Meterse alguien donde no le llaman,* como la variante *meterse alguien en lo que no le importa,* se refiere al intento de enterarse de algo, o de intervenir en ello.

64. PREGUNTAR SOBRE LO OCURRIDO

ELEMENTAL

1. ¿Qué ha pasado?
2. ¿Qué ha sucedido?
3. ¿Ha sido importante?
4. ¿Cómo fue?
5. ¿Fue todo bien?
6. ¿Qué ocurrió? (*)
7. ¿Cómo ocurrió? (*)

INTERMEDIO

8. ¿Qué ha sido eso?
9. ¿Cómo fue todo?
10. ¿Marchó todo bien?
11. Cuéntame lo sucedido.

6, 7 y 17. El verbo *ocurrir* tiene un valor análogo al de *suceder* o *pasar (ocurrió un accidente espantoso).* En forma pronominal, *ocurrirse* alude a que a alguien le viene una idea a la mente: *se me ocurre que podríamos ir a bailar.*

ADVANCED

19. Is it true what I've heard about (...)?
20. How I'd like to know about (...).
21. I'd give anything to find out about (...).
22. You could give us something to be going on with.
23. I wouldn't mind knowing (...).
24. Have you heard the rumours about (...) as well?
25. The suspense is killing me. Listen, do you know (...)?
26. I'm dying to know.
27. I'm itching to find out. Where (...)?
28. I'm on tenter hooks.
29. I don't wish to appear nosy, but could you please tell me (...)?
30. I know it's none of my business, but tell me (...).

---

25. *Estar muerto* is an expression which, when followed by an abstract noun, implies that the person concerned is totally dominated by a particular sensation: *muerto de miedo* («dying with fear»); *muerto de envidia* («dying with envy»); *muerto de hambre* («dying with hunger»).
27. The verb *picar* («to peck») is used figuratively to describe a stimulus or urge.
28. In some parts of Spain the tradition of walking on hot coals or burning embers, inherited from the Arabs, survives. By extension, the phrase *estar sobre ascuas* describes a state of anxiety or great curiosity.
30. The expression *meterse donde no le llaman,* like *meterse alguien en lo que no le importa* refers to an attempt to find out about something, or become involved in it.

64. ASKING ABOUT WHAT HAPPENED

BASIC

1. What's happened?
2. What's happened?
3. Was it serious?
4. How did it go?
5. Did everything go well?
6. What happened?
7. How did it happen?

INTERMEDIATE

8. What was that?
9. How did it all go?
10. Did everything go all right?
11. Tell me about what happened.

6, 7 and 17. The verb *ocurrir* («to occur») is synonymous with *suceder* or *pasar,* e.g. *ocurrió un accidente espantoso* («a terrible accident occurred»). The reflexive form *ocurrirse* refers to a mental occurrence: *se me ocurre que podríamos ir a bailar* («it occurs to me that we could go dancing»).

12. ¿Qué novedades ha habido?
13. ¿Pasó algo importante?
14. ¿Ha habido daños considerables? **R.**
15. ¿Cómo ha quedado?

— AVANZADO

16. ¿Ha habido algún incidente?
17. ¿Ha ocurrido alguna desgracia? (*) **R.**
18. ¿Crees que valió la pena?
19. ¿Podrías ponerme al corriente?
20. ¿Conoce usted las causas?

12. What's new?
13. Did anything important happen?
14. Was there much damage?
15. How did it end up?

— ADVANCED

16. Has there been an incident?
17. Has something awful happened?
18. Do you think it was worth it?
19. Could you bring me up to date?
20. Do you know the cause?

65. PREGUNTAR A ALGUIEN SI ESTÁ SEGURO DE ALGO

65. ASKING WHETHER SOMEONE IS SURE ABOUT SOMETHING

— ELEMENTAL

1. ¿Seguro?
2. ¿De verdad?
3. ¿De veras?
4. ¿Está usted seguro?
5. ¿Estás del todo convencido?
6. ¿Lo has mirado bien?
7. ¿Lo has oído bien?

— INTERMEDIO

8. ¿Cree usted que está en lo cierto?
9. ¿Cree usted que es cierto lo que dice?
10. Perdóneme, pero ¿está usted completamente seguro?
11. ¿Has comprobado bien todos los datos?
12. ¿Te has asegurado bien?
13. Quizá le he entendido mal. ¿Está usted seguro?
14. ¿Lo sabes de cierto?
15. ¿Lo jurarías? **I.**
16. ¡Huy, huy, huy! ¿Seguro que es verdad? **Enf.**

— AVANZADO

17. ¿Y si no fuera así? (*)
18. ¿No le cabe ninguna duda?
19. ¿No cabe la posibilidad de que esté equivocado?
20. ¿No me estarás tomando el pelo, verdad? (*) **I.**
21. ¿Descartas cualquier posibilidad de error?

---

17. Esta frase interrogativa es una forma indirecta de preguntar al interlocutor si está seguro de algo, puesto que se le transmite una sensación de inseguridad.
20. *Tomar el pelo* es una locución equivalente a *burlarse*.

— BASIC

1. Are you sure?
2. Really?
3. Really?
4. Are you certain?
5. Are you quite sure about that?
6. Have you given it careful consideration?
7. Are you sure you've heard correctly?

— INTERMEDIATE

8. Are you sure you're right?
9. Are you sure what you say is correct?
10. Sorry, but are you absolutely sure about that?
11. Have you checked all the facts carefully?
12. Have you made absolutely sure?
13. Perhaps I've misunderstood you. Are you sure?
14. Do you know that for certain?
15. Would you swear to it?
16. Phew! Are you sure it's true?

— ADVANCED

17. But what if it wasn't like that?
18. There's no doubt in your mind?
19. There's no possibility that you could be mistaken?
20. You're not pulling my leg, are you?
21. Would you rule out any possibility of error?

---

17. This is an indirect way of ascertaining whether the speaker is certain, since it conveys a feeling of uncertainty on the part of the listener.
20. Another expression with a similar meaning is *burlarse*.

87

66. DECIR QUE UNO ESTÁ SEGURO DE ALGO

— ELEMENTAL —

1. ¡Sí!
2. ¡Sí, claro!
3. ¡Sí, por supuesto!
4. ¡Sí, desde luego!
5. ¡Seguro!
6. ¡Seguro que sí! **Enf.**
7. ¡Segurísimo!
8. Está clarísimo.
9. Estoy (completamente) seguro.
10. Estoy absolutamente convencido.
11. Tiene que ser cierto.

— INTERMEDIO —

12. No tengo ninguna duda.
13. Sé que estoy en lo cierto.
14. Es obvio.
15. ¡Te lo juro! **Enf.**
16. Te prometo que es así.
17. ¡Puedes estar bien seguro! **Enf.**
18. Lo sé de fijo. (*)
19. Lo tengo muy claro. **R.**
20. Lo sé a ciencia cierta. (*)

— AVANZADO —

21. Quien diga lo contrario, miente. **Enf.**
22. No creo que pueda haber ninguna duda.
23. No me cabe la menor duda.
24. Es tan cierto como es de día. (*) **Enf.**
25. No tiene vuelta de hoja. (*)
26. Lo sé de buena tinta. (*)
27. Yo pondría las manos en el fuego. **FH.**
28. ¡Por éstas! (*) **R.**
29. Lo he visto con estos ojos que se va a comer la tierra. **R.**
30. Que me caiga muerto aquí mismo si lo que digo no es verdad. **Enf.**

---

18 y 20. Las dos locuciones son equivalentes a *con seguridad*. Son habituales tras el verbo *saber*.

24. La expresión comparativa *como es de día* se utiliza para confirmar con énfasis la veracidad de algo.

25. *No tener algo vuelta de hoja* o *sin vuelta de hoja* describen la claridad y el carácter indiscutible de algo.

26. Las locuciones *de buena tinta* y *de buena fuente* se refieren al origen de una noticia, creíble y digna de fe.

28. Esta frase exclamativa tiene una parte elíptica, *que son cruces,* que desvela el objeto al que se refiere el demostrativo. La emisión de esta fórmula de juramento va acompañada de un gesto que consiste en cruzar los dedos índice y pulgar de una mano en forma de cruz. En la actualidad es poco conocida, poco usada.

66. STATING THAT YOU ARE SURE OF SOMETHING

— BASIC —

1. Yes!
2. Yes, of course!
3. Yes, of course!
4. Yes, of course!
5. I'm sure!
6. I'm absolutely certain!
7. I'm one hundred per cent sure!
8. It's obvious!
9. I'm (absolutely) certain.
10. As sure as sure can be.
11. It must be true.

— INTERMEDIATE —

12. There's no doubt in my mind.
13. I know I'm right.
14. It's obvious.
15. I swear!
16. You have my word!
17. You can bet your bottom dollar!
18. I know it for certain.
19. I'm absolutely certain about it.
20. I know it for a fact.

— ADVANCED —

21. Whoever says otherwise is lying.
22. I don't think there can be any doubt.
23. I haven't the slightest doubt.
24. It's as clear as daylight.
25. There are no two ways about it.
26. I have it on the best authority.
27. I'd stake my life on it.
28. Scout's honour!
29. Cross my heart and hope to die.
30. May I be struck dead if what I'm saying is untrue.

---

18 and 20. These two expressions are equivalent to *con seguridad* («for certain») and often follow the verb *saber* («to know»).

24. The simile *como es de día* is an emphatic way of confirming the veracity of something.

25. Like the expression *sin vuelta de hoja* this refers to the indisputably obvious truth of something.

26. Like *de buena tinta* this expression confirms that the origin of a piece of news is so reliable that it can be believed without any doubt.

28. This is an elliptical saying, which should be completed with *que son cruces* («which are crosses»). It constitutes an oath which is accompanied by the gesture of crossing the thumb and index finger to represent the crucifix to which verbal reference is made. It is little known or used today.

67. DECIR QUE UNO NO ESTÁ SEGURO DE ALGO

ELEMENTAL

1. No (lo) sé.
2. ¡Yo qué sé! (*) **I.**
3. ¡Qué sé yo! (*) **I.**
4. Quizá.
5. Tal vez.
6. No lo sé seguro.
7. Tengo mis dudas.
8. Bueno, ya veremos.
9. No sé, es que… (*)
10. Perdone, pero no lo sé con seguridad. **F.**

INTERMEDIO

11. ¡Hummm…! (*)
12. No sé si (…).
13. ¡Quién sabe! (*)
14. ¡No tengo ni idea! **Enf.**
15. No estoy demasiado seguro.
16. No estoy del todo convencido.
17. No me decido.
18. No acabo de decidirme.
19. Todavía no me he formado una idea.
20. Tengo algunas dudas sobre esto.
21. No sé qué decirte.
22. No sé qué te diga.

AVANZADO

23. Estoy en un dilema.
24. Yo no podría asegurarlo.
25. No me atrevería a afirmarlo.
26. No pondría las manos en el fuego. (*) **FH.**
27. No las tengo todas conmigo. (*)

---

2 y 3. *Yo qué sé, qué sé yo* son exclamaciones con las que se expresa sorpresa o ignorancia ante lo que se ha dicho o preguntado anteriormente. Según la entonación que se les dé, traducen un matiz despectivo.

9. *Es que* es una expresión que con frecuencia precede a explicaciones y disculpas. Aquí, los puntos suspensivos reproducen una entonación suspendida; en este caso se trata de un medio de demorar una opinión o, aún más sencillo, traduce inseguridad o mera dificultad de expresión.

11. *¡Hummm…!* es la reproducción gráfica de una emisión de voz que no sale por la boca, sino por la nariz. Con ella se manifiestan sentimientos de desagrado, duda, desconfianza…

13. Es una frase exclamativa que tiene muchos valores: duda, incredulidad, ignorancia…

26. Esta frase, en esta situación, significa que no se responde de la veracidad de algo. En otros casos expresa duda acerca de la honradez de alguien: *no pondría la mano en el fuego por ese hombre*.

27. Esta frase se usa para manifestar que no se está muy seguro o muy tranquilo acerca de algo. El pronombre femenino tiene un valor indeterminado (pocas veces se reconoce un sustantivo femenino concreto). Es muy frecuente en expresiones españolas.

67. SAYING YOU'RE NOT SURE ABOUT SOMETHING

BASIC

1. I don't know.
2. How should I know!
3. How should I know!
4. Maybe.
5. Perhaps.
6. I don't know for sure.
7. I have my doubts.
8. Hmmm…, we'll see.
9. I don't know, the thing is (…).
10. Sorry, but I don't know for sure.

INTERMEDIATE

11. Hmmm…
12. I don't know whether (…).
13. Who knows!
14. I haven't a clue!
15. I'm not too sure.
16. I'm not one hundred per cent certain.
17. I can't make up my mind.
18. I can't quite decide.
19. I haven't formed any idea as yet.
20. I have my doubts about this.
21. I don't know what to say.
22. I don't know what to say.

ADVANCED

23. I'm in a quandary.
24. I couldn't guarantee it was true.
25. I'd be reluctant to say so.
26. I wouldn't swear to it.
27. I'm unsure of my ground.

---

2 and 3. These exclamations are responses which convey both surprise and ignorance. Depending on the tone of voice, they may sound slightly disparaging.

9. *Es que* is a phrase which often precedes explanations or excuses. Here, the full stops indicate a trailing off of the intonation, which may be a prelude to the offering of an opinion or simply an expression of uncertainty or difficulty in finding the appropriate words.

11. A sound articulated through the nose, with the mouth closed. It conveys, amongst other things, displeasure, doubt, distrust.

13. This can suggest doubt, incredulity, ignorance.

26. Here, this expression casts doubt on the veracity of a statement. In other contexts it might serve to impugn someone's honesty: *no pondría la mano en el fuego por ese hombre* (Lit. «I wouldn't put my hand in the fire for that man»).

27. This translates both uncertainty and disquiet. The use of the feminine plural object pronoun is common to many expressions in Spanish: in most cases there is no obvious reference to a specific noun.

28. ¡Vete tú a saber! (*) **I.**
29. Estoy verdaderamente perplejo.
30. (Me) Temo que no puedo asegurarlo.
31. Encuentro muy difícil poder llegar a una conclusión.
32. Me resulta muy difícil poder adoptar una decisión. **F.**
33. De hecho, no estoy muy enterado de este asunto.
34. No tengo suficientes elementos de juicio como para (…) **F.**

28. La segunda persona no es una alusión al interlocutor, sino una referencia generalizada; la misma frase existe en tercera persona: *¡Vaya usted a saber!* Denota inseguridad, duda; a veces, indiferencia. El mismo valor tiene otra construcción menos ambigua: *¡Cualquiera sabe!*

28. Your guess is as good as mine!
29. I'm really baffled.
30. I'm afraid I couldn't vouch for it.
31. I find it very difficult to reach a conclusion.
32. I find it very hard to make a decision.
33. Actually, I know very little about that.
34. I have too little to go on to (…).

28. The use of the second person does not indicate a reference to the listener but makes the statement more generalized: the third person would be equally appropriate: *¡vaya usted a saber!* It conveys uncertainty, doubt and occasionally indifference. Similar in meaning is the phrase *¡Cualquiera sabe!*

68. DECIR QUE UNO VA A HACER ALGO

― ELEMENTAL ―

1. Voy a (…).
2. Pienso (…).
3. En estos días (…).
4. Mañana salgo de viaje. **R.**
5. Pasado mañana (…).
6. El domingo que viene (…).
7. La semana próxima (…).
8. El mes que viene (…).
9. Muy pronto (…).
10. Dentro de unos días (…).
11. Las próximas vacaciones (…).

― INTERMEDIO ―

12. Ahora voy. (*)
13. ¿Sabes qué voy a hacer?
14. Lo que voy a hacer es (…).
15. He decidido dedicarme a (…).
16. He decidido ponerme a (…). (*)
17. Enseguida lo hago.

― AVANZADO ―

18. No tengo más remedio que ponerme a (…).
19. A partir de ahora procuraré ocuparme de (…).
20. Me pondré manos a la obra. (*)
21. Voy volando. (*) **Enf.**
22. Descuida, que lo haré.

12 y 21. En ambas frases se supone la ejecución inmediata de una acción que ha sido solicitada por el interlocutor.
16. La perífrasis *ponerse a* + infinitivo se usa para expresar el inicio inmediato de una acción, o la intención de iniciarla. Parecidas son: *echarse a, romper a, lanzarse a. Ponerse a* (…) es mucho más útil porque se combina con cualquier verbo.
20. La expresión exclamativa *¡Manos a la obra!* constituye una invitación a iniciar una tarea.
21. Ver nota al n. 12.

68. SAYING YOU'RE GOING TO DO SOMETHING

― BASIC ―

1. I'm going to (…).
2. I intend to (…).
3. One of these days.
4. Tomorrow I'm going away.
5. The day after tomorrow.
6. Next Sunday.
7. Next week.
8. Next month.
9. Very soon.
10. In a few days time.
11. In the next holidays (…).

― INTERMEDIATE ―

12. Right away.
13. Shall I tell you what I'm going to do?
14. What I'm going to do is (…).
15. I've decided to devote myself to (…).
16. I've decided to start (…).
17. I'll do it right away.

― ADVANCED ―

18. I have no alternative but to start (…).
19. From now on I'll try to attend to (…).
20. I'll get cracking on it.
21. I'll get my skates on.
22. Don't worry, I'll do it.

12 and 21. Both these responses indicate that the action requested will be accomplished forthwith.
16. *Ponerse a* + infinitive refers to the immediate initiation of an action, or the intention of initiating it. It can be used in front of most infinitives, unlike its synonyms *echarse a, romper a, lanzarse a.*
20. As an exclamation this represents an exhortation to others to begin a task.
21. See n. 12.

69. DECIR QUE UNO NO VA A HACER ALGO

ELEMENTAL

1. No voy a (…).
2. No pienso (…).
3. En estos días no saldré de casa.
4. Mañana no (…).
5. Pasado mañana no (…).
6. El domingo que viene no (…).
7. La semana próxima no (…).
8. El mes que viene no (…).
9. Dentro de unos días no (…).
10. No lo haré. **Enf.**

INTERMEDIO

11. Lo que no pienso hacer es (…).
12. He decidido no ponerme a (…).
13. Lo que no pienso es ponerme a (…).
14. A mí no me esperéis. Yo esto no lo hago. **I.**
15. ¡No cuentes conmigo! (*) **I.**
16. Conmigo no contéis para hacer eso. **I.**
17. Jamás haré tal cosa. **Enf.**

AVANZADO

18. ¡No me da la gana! **V.**
19. No voy a mover ni un dedo. (*)
20. Pienso quedarme mano sobre mano. (*)
21. Lo que no pienso hacer es dedicarme a (…).
22. Si piensas que voy a hacerlo yo, estás muy equivocado.
23. Si piensas que seré yo quien lo haga, estás fresco. **Ir.**
24. ¡Que te lo has creído! (*) **Ir.**
25. ¡¿A mí con ésas?! **Ir.**
26. ¡Ni muerto! (*) **V.**
27. ¡Ni borracho! (*) **V.**
28. ¡Ni a rastras! (*) **V.**
29. ¡Ni que estuviera loco! (*) **V.**
30. No me sale de los cojones (…) **V.**

---

15. Aparte de un valor que hace referencia a cantidades y de otro valor equivalente al de los verbos *referir* o *narrar*, *contar con* alude a la creencia de que se puede disponer de algo o de alguien.
19. Con esta frase se expresa la intención de no intervenir en algo, de dejar que ocurra algo sin hacer nada por cambiarlo o impedirlo.
20. La expresión *mano sobre mano* equivale a *sin hacer nada*. Esta alusión a la falta de actividad se combina con verbos como *estar, quedarse,* etc.
24. Con esta frase o con la variante *¡Que te crees tú eso!* se expresa un rechazo, una oposición o, como es aquí el caso, una negativa. Para los tres valores se requiere la intervención previa del interlocutor.
26, 27, 28 y 29. Se trata de exclamaciones de registro coloquial que traducen una negativa total. De hecho, en los cuatro casos está implícita una construcción condicional como: *no lo haría*. *A rastras* equivale a *por la fuerza, de mala gana, obligado*; guarda relación con el verbo *arrastrar*.

69. SAYING YOU'RE NOT GOING TO DO SOMETHING

BASIC

1. I'm not going to (…).
2. I don't intend to (…).
3. I shan't be going out for the time being.
4. Tomorrow I'm not (…).
5. The day after tomorrow I'm not (…).
6. Next Sunday I'm not (…).
7. Next week I'm not (…).
8. Next month I'm not (…).
9. In a few days time I won't (…).
10. I won't do it.

INTERMEDIATE

11. What I have no intention of doing is (…).
12. I've decided not to start (…).
13. What I don't intend to do is start (…).
14. Don't wait for me. I'm not doing that.
15. Count me out!
16. Don't expect me to join in.
17. I'll never do such a thing!

ADVANCED

18. I can't be bothered.
19. I'm not going to lift a finger.
20. I'm just going to sit here twiddling my thumbs.
21. What I don't intend to do is spend my time (…).
22. If you think I'm going to do that, you can think again!
23. If you think I'm the one who's going to do it, you have a right nerve.
24. That's what you think!
25. What do you take me for!
26. I'd sooner jump off a cliff!
27. I'd need to be out of my brain!
28. Wild horses wouldn't drag me!
29. Nobody in their right mind would do it!
30. I'm buggered if I'll (…).

---

15. Aside from the meaning which relates to quantities, and as a synonym for *referir* or *narrar* («to relate»), the verb *contar*, when followed by *con*, conveys the belief that one can rely on someone or something.
19. This phrase is used to express the intention of not becoming involved in something, of allowing something to happen without any attempt to alter or prevent it.
20. The expression *mano sobre mano* is equivalent to «doing nothing». This reference to inactivity is used with verbs such as *estar* («to be») and *quedarse* («to remain»).
24. This expression, like the related *¡Que te crees tú eso!* expresses rejection of, opposition to, or denial of, what has just been said.
26, 27, 28 and 29. These colloquial expressions convey outright refusal. In each case a conditional construction is implicit: *no lo haría* («I wouldn't do it»). *A rastras* («unwillingly») is related to the verb *arrastrar* («to drag») and is equivalent to *por la fuerza, de mala gana, obligado*.

70. RECORDAR ALGO A ALGUIEN

ELEMENTAL

1. ¡Oye, acuérdate de (…)!
2. ¿Te acuerdas de (…)?
3. Recuerda (…).
4. Te recuerdo que (…).
5. ¡No te olvides! **Enf.**
6. Por favor, no olvide (…).

INTERMEDIO

7. ¿Qué hay de (…)?
8. ¿Qué me dices de (…)?
9. ¿Te acordarás de (…), verdad?
10. Si te acuerdas, (…).
11. Creí que habías dicho que (…). **I.**
12. Me permito recordárselo. **F.**
13. Me gustaría recordarle (…).
14. Quizá debería usted recordar (…).
15. ¿No te habrás olvidado, no? **Enf.**
16. ¿Que no te acuerdas de (…)? (*)
17. ¡Espero que no te hayas olvidado!

AVANZADO

18. Estoy en un dilema.
19. Supongo que ya te lo he dicho, pero (…).
20. Espero que no le moleste, pero debo recordarle (…). **F.**
21. ¡Oye! ¿No era hoy cuando (…)?
22. Haz memoria, por favor.
23. ¿Ya tienes presente que (…)? (*)
24. No te hagas el olvidadizo. Recuerda (…).
25. Si no fueras tan desmemoriado, sabrías (…).
26. Perdone, pero me veo en la obligación de recordarle (…). **F.**
27. ¿Quieres que te refresque la memoria? (*) **I.**
28. ¿Te dice algo el nombre de (…)? (*)

16. Se trata de un modo indirecto de recordar algo, pues se hace ante una evidencia; por ejemplo, en presencia de la tercera persona objeto del posible recuerdo.
23. La expresión *tener presente* tiene el mismo significado que *recordar*, en especial recordar a alguien o algo en el momento oportuno.
27. Aunque *refrescar* significa poner fresca una cosa o enfriarse el tiempo, se usa, en sentido figurado, junto a sustantivos como *memoria* o *recuerdo* para referirse a la acción de recordar algo a alguien.
28. El verbo *decir*, además de su contenido fundamental, conoce otros valores. Aquí alude a la evocación que despierta en alguien la pronunciación de un nombre.

70. REMINDING SOMEONE OF SOMETHING

BASIC

1. By the way, remember to (…).
2. You won't forget to (…).
3. Remember to (…).
4. Can I remind you that (…)?
5. Don't forget!
6. Please, don't forget (…).

INTERMEDIATE

7. Any news of (…)?
8. What about (…)?
9. You'll remember to (…), won't you?
10. If you remember, (…).
11. I though you said that (…).
12. Allow me to remind you.
13. I'd like to remind you (…).
14. Maybe you ought to remember (…).
15. You haven't forgotten, have you?
16. Don't you remember (…)?
17. I hope you haven't forgotten (…).

ADVANCED

18. I'm in a quandary.
19. I guess I've told you before, but (…).
20. I hope I'm not bothering you, but I should remind you (…).
21. Hey! Wasn't today the day that (…)?
22. Try to jog your memory, please.
23. Your will recall that (…).
24. Don't pretend you've forgotten. Remember (…).
25. If you weren't such a scatterbrain you'd know (…).
26. Forgiven me, but I feel duty bound to remind your that (…).
27. Shall I refresh your memory?
28. Does the name (…) mean anything to you?

16. This is an indirect way of recalling something, since it is done in the presence of a material stimulus, such as a third person who is the object of the recollection.
23. The expression *tener presente* is equivalent to *recordar* («to remember») and is particularly apt when recalling someone or something on cue.
27. The verb *refrescar* («to refresh») is also used in its literal sense when referring to waether or objects.
28. In this context the verb *decir* («to say») alludes to triggering a mental association.

71. PREGUNTAR A ALGUIEN SI RECUERDA ALGO

ELEMENTAL

1. ¿Recuerdas (…)?
2. (…), ¿recuerdas?

71. ASKING SOMEONE IF THEY REMEMBER SOMETHING

BASIC

1. Do you remember (…)?
2. (…), do you remember?

3. ¿Te acuerdas (...), verdad?
4. ¿No recuerdas (...)?
5. Seguramente recordarás (...).
6. ¿Por casualidad te acuerdas de (...)?

── INTERMEDIO ──

7. Seguro que recuerdas (...).
8. ¿Has olvidado que (...)?
9. No te habrás olvidado (...), ¿verdad?
10. No se te habrá olvidado (...), ¿verdad?
11. No puedes haberlo olvidado.
12. No puedes haberte olvidado de (...).
13. ¿No consigues acordarte de (...)?
14. ¿Podría preguntarle si lo recuerda?

── AVANZADO ──

15. No es posible que te hayas olvidado de (...).
16. ¿Es posible que te hayas olvidado de (...)?
17. Suponía que ya te lo había dicho, pero (...).
18. Me preguntaba si por casualidad recordaría (...). **F.**
19. ¿Ya tienes presente que (...)?
20. ¿A que no te acuerdas de (...)?
21. Espero que no se te haya ido de la cabeza lo de (...). (*)
22. ¿No se te habrá borrado de la memoria (...)? **Ir.**
23. Oye, por cierto, ¿has caído en la cuenta de que (...)? (*)
24. ¿No te suena (...)? (*) **I.**
25. ¿Qué te dice el nombre de (...)? (*)

21. Hay muchas frases hechas en las que aparece el término *cabeza*. Pueden no referirse a la parte concreta del cuerpo, sino más bien a la inteligencia o a la voluntad, caso de: *calentar la cabeza, meter algo en la cabeza, perder la cabeza*. En otras, *cabeza* se refiere concretamente a *memoria*. Son éstas: *venir a la cabeza, irse de la cabeza*.
23. *Cuenta*, sustantivo que es frecuente junto al verbo pronominal *darse*, con un contenido conjunto parecido al de *percibir, advertir*, se combina también con *caer*. *Caer en la cuenta* significa comprender de repente algo que hasta ese momento no era claro.
24. El verbo *sonar*, además de referirse a la producción de un sonido, alude a algo que despierta un recuerdo en alguien, alude a cosas ya conocidas.
25. El verbo *decir*, además de su contenido fundamental, conoce otros valores. Aquí alude a la evocación que despierta en alguien la pronunciación de un nombre.

72. RECORDAR ALGO

── ELEMENTAL ──

1. Me acuerdo de (...).
2. Recuerdo (...).
3. ¡Ya me acuerdo!
4. Puedo recordar (...).
5. Creo recordar (...).
6. Siempre recordaré (...).
7. Nunca (jamás) lo olvidaré.
8. Algo recuerdo de eso.

3. You haven't forgotten (...), have you?
4. Don't you remember (...)?
5. You must surely remember (...).
6. Do you by any chance recall (...)?

── INTERMEDIATE ──

7. I'm sure you remember (...).
8. Have you forgotten that (...)?
9. You can't have forgotten (...), can you?
10. You haven't forgotten (...), have you?
11. You can't have forgotten it.
12. You can't have forgotten (...).
13. Can't you manage to recall (...)?
14. Could I ask whether you remember (it/him)?

── ADVANCED ──

15. You can't possibly have forgotten about (...).
16. Is it possible that you have forgotten that (...)?
17. I assumed I'd already told you, but (...).
18. I was wondering whether you might by any chance remember (...)
19. You're not forgetting that (...)?
20. You don't remember (...), do you?
21. I hope that (...) hasn't skipped your mind.
22. I trust you're still aware that (...).
23. By the way, you are aware that (...)?
24. Doesn't (...) ring any bells?
25. Doesn't the name (...) mean anything to you?

21. The noun *cabeza* («head») features in numerous idioms, often with reference to the mind or will rather than the physical organ, as in *calentar la cabeza* («to worry someone»); *meter algo en la cabeza* («to put an idea in someone's head»); *perder la cabeza* («to lose one's head»). In other cases, *cabeza* refers specifically to memory, e.g. *venir a la cabeza* («to occur to one»); *irse de la cabeza* («to escape one's mind»).
23. *Cuenta*, a noun often used with *darse* to mean «to realise», is often found with *caer* («to fall»), e.g. *caer en la cuenta* refers to «the penny dropping».
24. Here the verb *sonar* («to sound») refers to the triggering of a memory.
25. In this context the verb *decir* («to say») refers to a mental association triggered by the uttering of a name.

72. REMEMBERING SOMETHING

── BASIC ──

1. I remember (...).
2. I remember (...).
3. I remember now!
4. I can remember (...).
5. I seem to recall (...).
6. I'll always remember (...).
7. I'll never forget it.
8. I seem to remember something about that.

INTERMEDIO

9. ¡Claro que me acuerdo!
10. Lo tengo bien presente.
11. ¡Ya lo tengo! (*) **Enf.**
12. Hasta donde puedo recordar (...).
13. Si no me equivoco, (...).
14. Si mal no recuerdo, (...).
15. Si no estoy equivocado, (...).
16. Tal como yo lo recuerdo, (...).
17. Lo que sí recuerdo es que (...).

AVANZADO

18. Ahora que lo pienso, recuerdo que (...).
19. Si la memoria no me falla, (...).
20. No se me va de la memoria.
21. Ahora me viene a la memoria.
22. No puedo quitármelo de la cabeza.
23. Lo recuerdo como si fuera ayer.
24. Me acaba de venir a la cabeza.
25. De pronto he caído en la cuenta de que (...). (*)
26. Su cara no se me despinta. (*) **I.**
27. Me suena (lejanamente).
28. ¡Ahora caigo! (*) **Enf.**

---

11. Esta frase con el verbo *tener* es útil en varios contextos: haber encontrado un objeto extraviado, haber solucionado un acertijo o un problema, haber recordado algo que se buscaba en la memoria (una cifra, un nombre).
25 y 28. *Cuenta*, sustantivo que es frecuente junto al verbo pronominal *darse*, con un contenido conjunto parecido al de *percibir, advertir*, se combina también con *caer. Caer* es un verbo de significación muy rica. En uno de sus valores alude, como *ocurrirse*, a que el pensamiento encuentra una noción, idea o solución. *Caer en la cuenta*, por ejemplo, significa *comprender* de repente algo que hasta ese momento no era claro.
26. El verbo *despintar* es un derivado de *pintar* mediante el prefijo *des-*. De su contenido inicial, perder algo la pintura, se pasa al valor figurado de perderse o borrarse una imagen o un recuerdo.

INTERMEDIATE

9. Of course I remember!
10. I'm well aware of that.
11. Now I remember!
12. As far as I can recall (...).
13. If I'm not mistaken (...).
14. If I remember rightly (...).
15. If I'm not mistaken (...).
16. As I recall, (...).
17. What I do remember is that (...).

ADVANCED

18. Now that I come to think about it, (...).
19. If my memory serves me well, (...).
20. I can't get it out of my mind.
21. It's coming back to me now.
22. I can't get it out of my mind.
23. I remember it as if it were only yesterday.
24. It has just come back to me.
25. I've suddenly realised that (...).
26. I can't get his face out of my mind.
27. It rings a (faint) bell.
28. Now I remember!

---

11. This construction is useful in a variety of contexts: on finding a lost object, solving a problem or puzzle, or retrieving something such as a name or a figure from one's memory.
25 and 28. *Cuenta,* a noun often used with *darse* to mean «to realise», is often found with caer («to fall»), e.g. *caer en la cuenta* refers to «the penny dropping». The use of the verb *caer* («to fall») alludes to the notion of understanding as a process whereby ideas, thoughts and solutions «fall into place». The verb *ocurrirse* has a similar meaning.
26. The verb *despintar* (from *pintar* [«to paint»]) has the figurative meaning of «to disappear» or «fade» from memory.

73. DECIR QUE UNO HA OLVIDADO ALGO

ELEMENTAL

1. No me acuerdo.
2. No lo recuerdo.
3. Lo he olvidado.
4. No puedo recordarlo.
5. Ahora mismo no me acuerdo.

INTERMEDIO

6. Perdona, pero lo he olvidado por completo.
7. Lo siento, pero se me ha pasado.
8. Lo que no puedo recordar es (...).
9. No consigo acordarme de (...).
10. Hace tanto tiempo que ya ni me acuerdo.

73. SAYING THAT YOU'VE FORGOTTEN SOMETHING

BASIC

1. I don't remember.
2. I can't remember (it).
3. I've forgotten (it).
4. I can't remember (it).
5. I can't remember offhand.

INTERMEDIATE

6. Sorry, but I'd forgotten all about it.
7. Sorry, it didn't register.
8. What I can't remember is (...).
9. I can't quite recall (...).
10. It's been so long I'd completely forgotten about it.

11. Debo admitir que se me ha olvidado.
12. Me temo que lo he olvidado.

— AVANZADO —

13. Se me ha quedado la mente en blanco. (*)
14. Soy un desmemoriado. No le he dicho que (…).
15. Como no te acuerdes tú, lo que es yo… **Ir.**
16. No consigo hacer memoria.
17. Lo siento. Se me ha ido de la memoria.
18. No me viene a la cabeza.
19. Por más que lo intento, no consigo recordarlo.
20. Soy tan flaco de memoria que (…). (*)
21. Espera, ya me saldrá. Lo tengo en la punta de la lengua. (*) **I.**
22. Ahora mismo no me sale. (*)
23. Con tanto barullo se me ha ido el santo al cielo. (*) **FH.**
24. Lo siento, he perdido el hilo. ¿Por dónde íbamos? (*)
25. Creo que me dejo algo en el tintero. Ya saldrá. (*)
26. Se me ha pasado por alto (…).

---

13. La locución *en blanco* referida a un papel o algo parecido se refiere a la ausencia de escritura. Combinada con verbos, como *estar, quedarse,* alude a desconocimiento u olvido. Su valor más corriente es la referencia a un bloqueo mental repentino.
20. *Flaco* es un adjetivo sinónimo de *delgado,* aunque más expresivo. La referencia implícita a «debilidad» hace que se aplique a características humanas más abstractas: *voluntad flaca, memoria flaca.*
21. La locución *tener algo en la punta de la lengua* alude a aquella situación en la que uno está a punto de decir algo, intentando, en vano, acordarse de ello.
22. El verbo *salir,* además de su contenido como verbo de movimiento, conoce otros. *No me sale,* por ejemplo, implica que no se consigue algo, o que no se soluciona algo. También vale para aludir a algo concreto que no se consigue recordar (una cifra, un nombre).
23. La frase *írsele a alguien el santo al cielo* alude a la distracción o el olvido que, por alguna razón, sufre una persona.
24. El sustantivo *hilo,* que da nombre a una porción alargada de una materia textil y por extensión a la de otro material *(hilo del teléfono),* se utiliza para describir un chorro débil (tanto un *hilo de agua* como un *hilo de voz).* El mismo valor de «curso» es el que permite que designe el desarrollo de un pensamiento, de una conversación.
25. El sustantivo *tintero* da nombre al recipiente en el que se conserva la tinta. *Dejar(se) algo en el tintero* equivale a no decirlo, debido a que se ha olvidado.

11. I must confess I'd forgotten.
12. I'm afraid I've forgotten it.

— ADVANCED —

13. My mind's gone blank.
14. I have a terrible memory. Didn't I tell you that (…)?
15. If *you* don't remember, how can I …?
16. I can't quite remember.
17. Sorry, it has slipped my mind.
18. It won't come to me.
19. It's no use, I just can't remember.
20. I have such a poor memory that (…).
21. Wait, it'll come to me. It's on the tip of my tongue.
22. It has slipped my mind for the moment.
23. In the commotion, I've lost my train of thought.
24. Sorry, I've lost my thread. What were we talking about?
25. I think I've left something out. It'll come to me.
26. It was an oversight (…).

---

13. The expression *en blanco* («blank»), used in conjunction with verbs such as *estar* («to be»), *quedarse* («to remain») refers to ignorance or forgetfulness, in particular to a sudden mental block.
20. *Flaco,* a more expressive alternative to *delgado* («thin»), has connotations of «weakness» and is applied to more abstract human faculties, e.g. *voluntad flaca* («weak will»); *memoria flaca* («poor memory»).
21. **Nota innecesaria (véase traducción).**
22. The verb *salir* («to leave»), as well as indicating movement, is used in expressions such as *no me sale,* to convey inability to obtain, resolve, or recall something.
23. This idiom refers to sudden forgetfulness or absent-mindedness.
24. The noun *hilo* («thread») can also apply to a thin line of something (*un hilo de agua* [«a trickle of water»]), (*un hilo de voz* [«a whisper»]). It is in this sense that it can refer to a train of thought or a conversation.
25. Lit. «I think I've left something in the ink-well». In other words, «I'm unable to retrieve it (from my memory)».

74. PREGUNTAR SI ALGO ES CORRECTO

74. ASKING WHETHER SOMETHING IS CORRECT

— ELEMENTAL —

1. Por favor, ¿está bien (…)?
2. ¿Vale? **I.**
3. ¿De acuerdo?
4. ¿Es así?

— BASIC —

1. Excuse me, is this okay…?
2. Okay?
3. All right?
4. Is that right?

5. (...), ¿es verdad? (*)
6. (...), ¿no? (*)
7. ¿Está mal?
8. ¿Está bien así?
9. ¿Hay algo equivocado?

— INTERMEDIO —

10. ¿Es verdad que (...)?
11. ¿Es cierto que (...)?
12. ¿Hay algún defecto (...)?
13. ¿Estoy haciéndolo bien?
14. ¿Ha quedado bien?
15. ¿Es así como (...)?
16. ¿Crees que es un error (...)?
17. ¿Podría decirme si esto está bien?
18 ¿No faltará nada, verdad?
19 ¿Le importaría decirme si esto es correcto?

— AVANZADO —

20. ¿Te parece un disparate (...)? (*)
21. ¿Sería acertado (...)?
22. Si estoy equivocado, prefiero que me lo diga.
23. Me gustaría comprobar si esto funciona bien.
24. ¿Estoy en lo cierto si pienso que (...)?
25. Mira a ver si esto ha de ser así.
26. Si es que está mal, preferiría saberlo.
27. ¿Tú crees que haciéndolo así no habrá ninguna pega? (*) **I.**
28. Por más que le doy vueltas, no sé si está bien.
29. ¿Y si ésta no fuera la mejor forma de (...)?

5 y 6. Si enunciamos algo con carácter de afirmación y a continuación preguntamos, ¿es verdad? o ¿no?, esperamos del interlocutor que confirme o niegue nuestra afirmación inicial.
20. Como el sustantivo *disparate* alude a una cosa absurda, increíble o tonta, sirve para referirse a errores que se cometen por ignorancia o por confusión.
27. Se llama *pega,* en lengua coloquial, a una dificultad o inconveniente; en este caso se refiere a un problema que podría surgir como consecuencia de la forma en que hemos hecho algo.

75. DECIR QUE ALGO ES CORRECTO

— ELEMENTAL —

1. ¡Está bien!
2. ¡Vale! (*) **I.**
3. ¡Sí!
4. Sí, es correcto.
5. De acuerdo.
6. ¡Bien, bien!
7. Muy bien.
8. ¡Qué bien!

2. *Vale* es una forma verbal que, casi con carácter de interjección, viene usándose, y cada vez con mayor frecuencia, como expresión afirmativa de aprobación. No es de uso general en el ámbito hispanoparlante.

5. (...), is that right?
6. (...), is that right?
7. Is it wrong?
8. Is it all right like that?
9. Is there something not quite here?

— INTERMEDIATE —

10. Is it true that (...)?
11. Is it true that (...)?
12. Is there anything wrong with this (...)?
13. Am I doing it right?
14. Has it turned out right?
15. Is that how (...)?
16. Do you think it's wrong to (...)?
17. Could you tell me whether this is right?
18. I haven't left anything out, have I?
19. Would you mind telling me whether this is all right.

— ADVANCED —

20. Does (...) make any sense to you?
21. Would it be right to (...)?
22. If I've made a mistake, I'd rather you told me.
23. I'd like to check whether this is working properly.
24. Am I right in thinking that (...)?
25. Have a look and see whether this is the way it should be.
26. If it's wrong, I'd rather know.
27. Do you think that by doing it this way we won't have any hitches?
28. Whatever way I look at it I still can't tell whether it's right.
29. What if this weren't the best way to (...)?

5 and 6. Ending a statement with ¿es verdad? or ¿no? is a means of inviting the listener to confirm or deny an initial proposition.
20. The noun *disparate* («nonsense») can be used to refer to errors that are the product of ignorance or confusion.
27. *Pega,* a colloquial expression for «a snag», here refers to a problem that has emerged as a result of a particular method of executing a task.

75. SAYING THAT SOMETHING IS RIGHT

— BASIC —

1. That's right/fine!
2. Okay/ Fine!
3. Yes!
4. Yes, it's correct.
5. Okay.
6. Fine, fine!
7. Very good.
8. Very good!

2. *Vale* is a verbal form which, used almost as an interjection, is becoming increasingly common as an expression of affirmation or consent. This usage does not, however, extend to Spanish America where *bueno* and *bueno, bueno* are employed instead.

9. Es así.
10. ¡Perfecto!
11. ¡Exactamente!
12. Sí, por supuesto.
13. Sí, así está bien.

── INTERMEDIO ──

14. ¡Eso mismo! **Enf.**
15. ¡Justo!
16. ¡Por completo!
17. (…) está perfecto.
18. Creo que (…) es correcto.
19. Está perfectamente bien.

── AVANZADO ──

20. Así es, y no de otro modo. **Enf.**
21. Ha salido a la perfección.
22. No podría ser mejor.
23. Ni más ni menos.
24. Nada más acertado.
25. Te ha salido a pedir de boca. (*)
26. Lo mires por donde lo mires no encontrarás ningún fallo.

25. La locución adverbial *a pedir de boca* implica una valoración positiva, en cuanto alude a más que *bien*, a todo lo bien que se desea. Se combina con verbos como *estar* o *salir*.

9. That's it.
10. Perfect!
11. Exactly!
12. Yes, of course.
13. Yes, it's fine like that.

── INTERMEDIATE ──

14. Spot on!
15. Precisely!
16. Absolutely!
17. (…) is perfect.
18. I think (…) is correct.
19. It's perfectly fine.

── ADVANCED ──

20. This is the only way it should be.
21. It has turned out spot on.
22. It couldn't be better.
23. Just right.
24. It couldn't be improved on.
25. You couldn't ask for more.
26. Looked at from any angle it's flawless.

25. *A pedir de boca* is a superlative expression, often used with *estar* («to be») or *salir* («to turn out»).

76. DECIR QUE ALGO NO ES CORRECTO

── ELEMENTAL ──

1. ¡No, no!
2. ¡No, no es así!
3. Esto está mal.
4. Esto no está bien.
5. ¡Muy mal!
6. ¡Qué mal!
7. ¡Fatal! **Enf.**

── INTERMEDIO ──

8. Lo siento, pero no está bien.
9. De hecho, no es así.
10. Esto no funciona.
11. Aquí hay algún defecto.
12. Eso no se hace así.
13. Aquí hay un error.
14. Creo que debería indicar que no es correcto. **F.**

── AVANZADO ──

15. No es por nada, pero yo diría que algo falla.
16. Eso es un asco. **I.**

76. SAYING THAT SOMETHING IS NOT RIGHT

── BASIC ──

1. No, no!
2. No, it's not like that!
3. This is wrong.
4. This not right.
5. Terrible!
6. It's dreadful!
7. Appalling!

── INTERMEDIATE ──

8. I'm sorry, but it's not right.
9. Actually, it's not right.
10. This doesn't work.
11. There's a flaw here.
12. That's not the way to do it.
13. There's a mistake here.
14. I think I ought to point out that it's not correct.

── ADVANCED ──

15. I don't like to say it, but there's something not quite right here.
16. This is real mess.

17. ¡Esto no son más que mamarrachadas! (*) **I.**
18. Aquí hay algo que no va.
19. Esto es un puro disparate. (*)
20. ¡Ya te enseñaré yo cómo se hace! **I.**
21. ¡Vaya churro! (*) **V.**
22. ¡Te has colado! (*) **I.**
23. No hay por dónde cogerlo. (*)

---

17. Palabra mucho más expresiva que *tonterías*, el sustantivo *mamarrachada*, derivado del calificativo *mamarracho/-a*, alude a algo ridículo, grotesco, que provoca la risa.
19. El adjetivo *puro/-a*, que describe algo que no presenta mezcla, con frecuencia se antepone a un sustantivo; en esa posición equivale a *mero, simple*, y actúa como ponderativo. Son corrientes las expresiones: *la pura verdad, por pura casualidad*.
21. *Churro* es la denominación de una masa de harina frita. Se usa como calificativo para algo mal hecho. Puede emitirse como exclamación, con los ponderativos *qué, vaya, menudo*, o en forma de frase con un verbo como *ser* o *salir*.
22. Aunque no es su significado fundamental *(colarse en un cine sin pagar)*, es muy frecuente usar este verbo de forma metafórica y en un registro familiar, como sinónimo de *equivocarse*.
23. Aplicada a una persona o a un objeto, esta frase significa que se trata de algo negativo, malo o mal hecho. En realidad alude a que no hay ni una sola parte que pueda defenderse.

17. This is a completely ridiculous!
18. There's something wrong here.
19. This is utter rubbish.
20. I'll show you how to do it!
21. What a cock-up!
22. You've done it wrong!
23. The whole thing is a mess.

---

17. A stronger term than *tonterías* («nonsense»), the noun *mamarrachada*, from the adjective *mamarracho/a*, refers to something which is ridiculous, grotesque, provoking laughter.
19. The adjective *puro/a* («pure, unadulterated») often precedes an adjective, in which position it is equivalent in meaning to *mero* or *simple* («mere»), its function being to stress the adjective. Common examples are *la pura verdad* («the simple truth») and *por pura casualidad* («by pure chance»).
21. *Churro* («doughnut») is an expression which is applied to something which is badly done. It can be uttered as an exclamation, reinforced by *qué, vaya*, or *menudo* («what a … «), or in a verbal construction including the verbs *ser* («to be») or *salir* («to turn out»).
22. Although the more usual meaning of *colarse* is «to sneak in without paying», e.g. *colarse en un cine sin pagar* («to sneak into a cinema without paying»), its use as a synonym for *equivocarse* («to be mistaken») is common in familiar registers.
23. With reference to a person or object, this expression indicates something negative, bad or badly done, inferring that not a single part of it stands up to scrutiny.

77. CONTRADECIR A ALGUIEN

— ELEMENTAL —

1. ¡No!
2. Sí, pero… (…).
3. No estoy de acuerdo.
4. No tienes razón.
5. Esto no es así
6. Esto no está nada claro.
7. ¡Esto es mentira! **I.**
8. ¡Eso no es verdad! **Enf.**
9. Yo no lo veo así.
10. Seguramente eso no es así.
11. En realidad, eso no es cierto. (*)
12. ¿Cómo que sí? (*) **Enf.**
13. ¿Cómo que no? (*) **Enf.**
14. ¡No sabes lo que dices! (*) **I.**
15. Creo que no tiene razón.

---

11. *En realidad*, locución igual al adverbio *realmente*, alude, en este contexto, a lo que subyace a una apariencia.
12 y 13. *Cómo*, pronunciado en un tono en el que predomina la exclamación o la interrogación, sirve para expresar asombro, extrañeza o enfado ante las palabras del interlocutor. Aquí aparece reforzado.
14. Son modos muy cortantes de decir que alguien está equivocado por completo. Muy parecido es: *no sabes lo que haces*, con la que se expresa que alguien obra equivocada o inconscientemente.

77. CONTRADICTING SOMEONE

— BASIC —

1. No!
2. Yes, but (…).
3. I don't agree.
4. You're not right.
5. This is not right.
6. This is not at all clear.
7. That's untrue.
8. That's not true!
9. That's not how I see it.
10. It's probably not like that.
11. Actually, that's not true.
12. What do you mean, it is?
13. What do you mean, it isn't?
14. You don't know what you're talking about!
15. I don't think you're right.

---

11. *En realidad*, a synonym for *realmente* («really»), refers to what lies behind the outward appearance.
12 and 13. *Cómo*, expressed as an exclamation or interrogative, is used to convey amazement or anger at the speaker's words. Here it is reinforced.
14. These are very brusque ways of telling someone that they are completely mistaken. Very similar is *no sabes lo que haces*, («you don't know what you're doing»).

INTERMEDIO

16. ¡Ni hablar! (*) **Enf.**
17. ¡Qué va! (*) **Enf.**
18. ¡Bah..., bah...! (*) **I.**
19. ¡De ningún modo! **Enf.**
20. ¡De ninguna manera! **Enf.**
21. ¡De eso, nada! **I.**
22. ¡Calla, hombre, calla! (*) **I.**
23. ¡No, hombre, no! (*)
24. ¡Quita, quita! (*) **I.**
25. ¡Por Dios! (*)
26. Yo pienso justo lo contrario.
27. Yo no estaría tan seguro.
28. En mi opinión, está equivocado.
29. Estás completamente equivocado.
30. Sí, pero es que (...).
31. Bien, pero de hecho (...).
32. ¡Hala, pero qué dices! (*) **I.**
33. ¡No sabes de qué va! **I.**
34. No estoy en absoluto de acuerdo con lo que dice.
35. En esto no puedo estar de acuerdo contigo, ni mucho menos. (*)
36. No creo que tengas razón.
37. Creo que se equivoca usted completamente.
38. Creo que sería más correcto decir (...).
39. Lo siento, pero no puedo compartir su punto de vista. **F.**

---

16. *¡Ni hablar!* es una expresión con la que se rehúsa una proposición anterior. Puede completarse con *de eso*. Son muy parecidas: *ni pensarlo, ni soñarlo*. Pronunciada con tono exclamativo constituye una forma de negación como *¡no!*
17. Expresión exclamativa, en la que el verbo *ir* no conserva ya su significado. Se usa para manifestar oposición. Equivale a un adverbio negativo.
18. *Bah* es una interjección propia con la que se expresa desprecio o incredulidad ante lo que se ha oído. La repetición aumenta su expresividad.
22. *¡Calla! ¡Calle! son* imperativos con valor interjectivo que reproducen sorpresa. Pueden usarse repetidos o, como aquí, con la intercalación de un vocativo; de ese modo traducen la extrañeza o el desacuerdo ante las palabras del interlocutor.
23. La repetición del adverbio negativo con intercalación de un vocativo es un medio enfático de negar, oponerse o contradecir a alguien. La actitud pierde algo de dureza para hacerse condescendiente si se usa *hijo* en vez de *hombre*. Existen las correspondientes frases con *mujer* e *hija*.
24. Esta exclamación, procedente del imperativo de *quitar*, pero alejada del contenido inicial, constituye una reacción de enérgico rechazo.
25. Esta exclamación traduce una actitud de oposición. Existen, sobre la misma palabra, formas vocativas como: *¡Dios!, ¡Dios mío!, ¡Dios Santo!,* y expresiones más complejas como: *como Dios manda, Dios dirá, Dios mediante, si Dios quiere, ¡Válgame Dios!, ¡Vaya por Dios!,* todas ellas usuales y de aplicaciones muy dispares.
32. *Hala* es una interjección propia que expresa valores muy variados. Muy a menudo se usa como fórmula de estímulo: *Hala, termina de una vez*. Aquí traduce el sentimiento ante algo exagerado y, de ahí, increíble.
35. *Ni mucho menos* es una expresión exclamativa con la que se niega lo dicho, ya sea una pregunta o una afirmación. Puede usarse aislada, con entonación adecuada: *¡Ni mucho menos!*

INTERMEDIATE

16. Not likely!
17. You must be joking!
18. Huh...!
19. Not likely!
20. Not likely!
21. No way!
22. Leave it out!
23. No, no, no!
24. Come off it!
25. For heavens sake!
26. I think the exact opposite.
27. I wouldn't be so sure about that.
28. In my opinion you're mistaken.
29. You're completely wrong.
30. Yes, but (...).
31. Okay, but actually (...).
32. Come now, what are you saying!
33. You know nothing about it!
34. I couldn't disagree more with what you're saying.
35. I couldn't agree with you at all on that score.
36. I don't think you're right.
37. I think you're completely mistaken.
38. I think it would be more accurate to say (...).
39. I'm sorry but I don't share your point of view.

16. *¡Ni hablar!* conveys rejection of a previous proposition. It may be followed by *de eso* («about that»). *Ni pensarlo* and *ni soñarlo* («don't even thing of it») are very similar in meaning and use. Uttered as an exclamation they constitute a firm negative equivalent to *¡no!*
17. In this exclamation the verb *ir* («to go») has lost its original meaning. It is used to express opposition and is equivalent to a negative adverb.
18. This interjection expresses contempt or incredulity at what one has just heard. It is reinforced through repetition.
22. *¡Calla!* and *¡Calle!* («Be quiet!») are interjections which convey surprise. They can be used singly or, as in this case, with the intercalation of a vocative *hombre* («man»). They convey the surprise or disagreement of the listener.
23. The repetition of the negative adverb with the intercalation of a vocative *hombre* («man») is an emphatic way of denying, opposing or contradicting what someone says. The tone is softened by substituting the rather more condescending *hijo* («son») for *hombre*. The corresponding feminine forms are *mujer* and *hija* («woman» and «daughter»).
24. This exclamation, the imperative form of *quitar* («to remove»), is a forceful way of expressing rejection which has lost the original sense of the verb.
25. This exclamation conveys opposition. Other versions include: *¡Dios!* («God!»);*¡Dios mío!*(«My God!»); *¡Dios santo!* («Holy God!»); as well as more complex phrases such as *Dios manda* («God ordains»); *Dios mediante* («God willing»); *si Dios quiere* («if it's God's wish»); *¡Válgame Dios!* («so help me God»); *¡Vaya por Dios!* («For Heaven's sake!»). These are all common and used in a variety of ways.
32. *Hala* is an interjection which has a variety of functions. It is often used as an exhortation: *Hala, termina de una vez* («Come on, finish once and for all»). Here it conveys a response to something exaggerated and, as such, unbelievable.
35. *Ni mucho menos* (Lit. «nor much less»), can be used separately in its own right as an exclamation denying what has just been said, whether this was a statement or a question.

— AVANZADO —

40. Todo lo que quieras, pero (...).
41. ¡No tienes ni puta idea! (*) **V.**
42. ¡No tienes ni zorra! (*) **V.**
43. Te has colado (*) **I.**
44. ¡De eso nada, monada! **FH.**
45. ¡Te equivocas de medio a medio!
46. Creo que va desencaminado.
47. Disiento de su parecer. **F.**
48. Desde mi punto de vista, creo que estás equivocado.
49. No es por nada, pero creo que no llevas razón.
50. Creo que no tienes ni la más remota idea de lo que dices.
51. Hasta donde yo sé, (...). (*)
52. Por lo que yo sé, (...). (*)
53. ¡Qué coño sabrá éste de lo que está diciendo! (*) **V.**
54. Perdone que le lleve la contraria, pero (...).
55. Si me lo permite, le diré que discrepo de usted en (...). **F.**
56. Si me permite contradecirle, le diré que (...).
57. Me veo obligado a desmentir lo que usted ha dicho. **F.**
58. Siempre acabo llevándote la contraria. (*)

---

41 y 42. Las dos expresiones contienen una «mala palabra», un «taco». Su uso, si se da, ha de ser selectivo. *Puta*, en el contexto, no es más que un calificador de *idea*, y lo mismo le ocurre a *zorra* (está omitido el sustantivo *idea*). Esa calificación, aunque muy exagerada y vulgar, equivale a la que haría *la menor*.

43. Aunque no es su significado fundamental *(colarse en un cine sin pagar)*, es muy frecuente usar este verbo de forma metafórica y en un registro familiar, como sinónimo de *equivocarse*.

51 y 52. Es un modo muy prudente de manifestar desacuerdo con el interlocutor. Se alude a un límite en el propio conocimiento: *hasta donde...*, o a la fuente de ese conocimiento: *por lo que...*

53. Las malas palabras se usan a menudo como meras exclamaciones, desprovistas de su contenido inicial. *Coño* tiene una gama muy extensa de valores, pero siempre, como en la expresión, traduce un refuerzo expresivo.

58. *Llevar la contraria* significa decir o hacer justo lo opuesto a lo que otra persona diría o haría. En general, se utiliza para expresar una oposición sistemática.

— ADVANCED —

40. As you wish, but (...).
41. You haven't a bloody clue!
42. You haven't a bloody clue!
43. You're wrong.
44. No way, José.
45. You're completely and utterly wrong.
46. I think your on the wrong track.
47. I beg to differ.
48. As far as I'm concerned, I think you're wrong.
49. I don't like to say it, but I think you're mistaken.
50. I don't think you have the slightest idea what you're talking about.
51. As far as I know, (...).
52. As far as I'm aware, (...).
53. What the hell does he know about what he's saying!
54. Forgive me for contradicting you, but (...).
55. If you don't mind my saying so, I don't share your view of (...).
56. I'm sorry to disagree with you, but I should say that (...).
57. I feel obliged to contradict what you have said.
58. I always end up contradicting what you say.

---

41 and 42. Both these coarse expressions contain words for «whore» (*puta/zorra*) used to signify *ni la menor* («not the least»). They should be used with care.

43. Although the more usual meaning of *colarse* is «to sneak in without paying», e.g. *colarse en un cine sin pagar* («to sneak into a cinema without paying»), its use as a synonym for *equivocarse* («to be mistaken») is common in familiar registers.

51 and 52. This is a very tactful way of conveying disagreement. It suggests that one's own knowledge, or source of knowledge, is limited.

53. Swear words are often used as exclamations, regardless of their original meaning. *Coño* («cunt») has a wide range of functions, but is invariably used to reinforce an utterance.

58. *Llevar la contraria* («to oppose someone through word or deed») is generally applied to systematic forms of contradiction.

78. ESPECULAR SOBRE LO QUE PODRÍA OCURRIR

78. SPECULATING ABOUT WHAT MIGHT OCCUR

— ELEMENTAL —

1. ¡Quizá!
2. ¡Quizás (...)!
3. ¡Tal vez!
4. A lo mejor (...).
5. Me pregunto si (...).

— INTERMEDIO —

6. Puede ser que (...).
7. Probablemente (...). (*)

— BASIC —

1. Perhaps!
2. Maybe (...)!
3. Perhaps.
4. Possibly/probably (...).
5. I wonder whether (...).

— INTERMEDIATE —

6. It may be that (...).
7. Probably (...).

8. ¡Acaso (...)! **F.**
9. Supongo que (...).
10. Supongamos que (...).
11. Imagina que (...).
12. Imaginemos que (...).
13. ¿Y si (no) (...)? (*)
14. ¿Qué pasaría si (...)? (*)
15. Lo que puede pasar es que (...).
16. Ya veremos cómo irán las cosas.

8. Perhaps (...)!
9. I suppose that (...).
10. Let's suppose that (...).
11. Imagine that (...).
12. Let's imagine that (...).
13. What if (...) (not) (...)?
14. What would happen if (...)?
15. What could happen is that (...).
16. We'll see how things go.

— AVANZADO

17. Si (...), (...). (*)
18. Igual (...). (*)
19. Seguramente (...). (*)
20. Suponiendo que (...).
21. Pongamos por caso que (...).
22. Lo que sea sonará. (*) **FH.**
23. Todavía podría ocurrir que (...). (*)
24. Pase lo que pase, yo (...).
25. Tomemos como hipótesis (...). **F.**
26. Quizá sea especular mucho, pero (...).
27. ¿Y qué pasaría si (...)?
28. ¿Y si por si acaso (...)?
29. La única novedad sería que (...).
30. Es posible que suceda que (...).
31. A lo mejor acaba armándose una (...). (*) **I.**
32. Como ocurrir, puede ocurrir cualquier cosa. (*)
33. Ya veremos qué trae de nuevo el día de mañana.

— ADVANCED

17. If (...), (...).
18. Maybe (...).
19. Probably (...).
20. Supposing that (...), (...).
21. Let's suppose that (...).
22. We'll know, one way or the other.
23. It could still happen that (...).
24. Whatever happens, I (...).
25. Let's say, for the sake of argument that (...).
26. It may be pure speculation, but (...).
27. And what would happen if (...)?
28. What if, just to be on the safe side, (...)?
29. The only novelty would be that (...).
30. It may well happen that (...).
31. If the worst comes to the worst, there may be one almighty (...).
32. Come to that, anything might happen.
33. Let's wait and see what tomorrow brings.

7. Este adverbio, que traduce un grado igual de seguridad que de inseguridad, se construye con indicativo y con subjuntivo, según el punto de vista del locutor.

13 y 14. Una forma evidente de especular es emitir un enunciado condicional bajo una forma interrogativa. Si la frase se completara, el verbo podría ser tanto un presente de indicativo como un pretérito imperfecto de subjuntivo.

17. Este *si* es el introductor de una construcción condicional: *si tuviera más días de vacaciones, me iría a las Bahamas*.

18. El adjetivo *igual*, con un significado relacionado con la comparación, puede introducir una frase con verbo en indicativo, con la que se expresa una posibilidad. No es necesario que esté referido, como aquí, al futuro. Así en: *igual te podían haber suspendido el examen*.

19. A pesar de las apariencias, el adverbio *seguramente* no equivale a *con seguridad;* sólo indica una aproximación a esa seguridad. Se construye con un verbo en indicativo.

22. Con esta frase, de estructura bimembre muy propia de los refranes, se alude a que en el futuro ocurrirá lo que en este momento no se ve. Traduce un cierto sentimiento de impotencia.

23 y 32. El verbo *ocurrir* tiene un valor análogo al de *suceder* o *pasar (ocurrió un accidente espantoso)*. En forma pronominal, *ocurrirse* alude a que a alguien le viene una idea a la mente: *se me ocurre que podríamos ir a bailar*.

31. La forma pronominal *armarse* no alude a una preparación bélica, sino a la preparación o desencadenamiento de una situación conflictiva. El femenino *una* tiene un valor indeterminado, aunque se piensa en sustantivos femeninos como *pelea, situación*...

32. Ver nota al n. 23. Aquí tenemos, además, un procedimiento de énfasis, basado en la repetición de un elemento verbal. El *como* podría sustituirse por *lo que es, lo que se dice*. La misma fórmula sintáctica se usa con adjetivos calificadores: *como guapa, es guapa*.

7. This adverb can translate both certainty and uncertainty. Depending on the speaker's inference, it takes the indicative or subjunctive mood.

13 and 14. An obvious way of speculating is to utter a conditional clause in the interrogative form. If the phrase were complete, the verb would take either the present indicative or the imperfect subjunctive.

17. This *si* («if») introduces a conditional clause: *si tuviera más días de vacaciones, me iría a las Bahamas* («if I had longer holidays, I'd go the Bahamas»).

18. The adjective *igual* («equal»), when used in a comparative sense, can refer to a future event: *igual te podían haber suspendido el examen* («they could easily have failed you»).

19. In spite of appearances, the adverb *seguramente* («surely») is not equivalent in meaning to *con seguridad* («for certain»), since it only indicates a relative degree of likelihood. It takes the indicative.

22. This bipartite construction, typical of proverbs, refers to an event occurring in the future although there is no sign of it in the present. It conveys a feeling of impotence.

23 and 32. The verb *ocurrir* («to occur») is synonymous with *suceder* or *pasar,*, e.g. *ocurrió un accidente espantoso* («a terrible accident occurred»). The reflexive form *ocurrirse* refers to a mental occurrence: *se me ocurre que podríamos ir a bailar* («it occurs to me that we could go dancing»).

31. *Armarse* («to arm oneself») refers to preparation for imminent conflict. The use of the feminine *una* may allude to a noun such as *pelea* («fight») or *situación* («situation»).

32. See also n. 23. Here there is an additional element of reinforcement in the repetition of the verb. *Como* («as») could be replaced by *lo que es* or *lo que se dice* , all conveying the sense «if you mean...». *Como* can also be used to qualify adjectives: *como guapa, es guapa* («if you mean pretty, yes, she's pretty»).

79. PREGUNTAR SOBRE LA PRONUNCIACIÓN CORRECTA

— ELEMENTAL

1. ¿Cómo se dice (…)?
2. ¿Cómo se pronuncia la palabra *Zaragoza*?
3. ¿Cómo se pronuncia *ojalá*?
4. ¿Se pronuncia así?
5. ¿Se pronuncia la *hache*?
6. ¿Está bien pronunciado?
7. ¿Se dice *España* o *Espania*?
8. ¿Puede repetir el sonido (…)?
9. ¿Cómo se acentúa la palabra *Málaga*?
10. ¿Qué diferencia hay entre la pronunciación de *pero* y *perro*?

— INTERMEDIO

11. ¿Dónde lleva la fuerza de la pronunciación la palabra *Jamaica*?
12. ¿Por favor, puede corregirme si pronuncio mal?
13. ¿Cuál es la diferencia de pronunciación entre *vasto* y *basto*?
14. ¿Cómo podría perder mi acento extranjero?
15. ¿Tengo que separar más los labios?
16. ¿Podría decirme si esta palabra se pronuncia igual en toda España?

— AVANZADO

17. ¿Cómo debo entonar una frase para darle mucho énfasis?
18. ¿Dónde recae el acento para pronunciar correctamente las palabras *círculo, circulo* y *circuló*?
19. ¿Suena igual la z española que el *th* inglés? (*)
20. ¿Qué entonación debo dar a un saludo para que tenga un matiz irónico?
21. ¿Cómo debo poner la lengua para pronunciar la zeta de *ceniza*, por ejemplo?
22. ¿Cómo distinguen los hispanoamericanos la pronunciación de la s y de la z? (*)

---

19. La letra z representa la consonante fricativa /θ/, que se articula entre los dientes. En inglés existe también, pero su grafía es *th*.
22. En determinadas zonas del dominio lingüístico del español, /s/ y /θ/, ortográficamente s y z, se igualan en /s/. Este fenómeno —denominado *seseo*— puede provocar confusión entre *casa* y *caza*, *caso* y *cazo*, *poso* y *pozo*.

79. ASKING ABOUT CORRECT PRONUNCIATION

— BASIC

1. How do you say (…)?
2. How do you pronounce the word *Zaragoza*?
3. How do you pronounce *ojalá*?
4. Is that how it's pronounced?
5. Is the *h* pronounced?
6. Is that the correct pronunciation?
7. Do you say *España* or *Espania*?
8. Could you repeat that sound?
9. Where is the stress on the word *Málaga*?
10. What's the difference in pronunciation between *pero* and *perro*?

— INTERMEDIATE

11. Where is the word *Jamaica* stressed?
12. Could you correct me if I pronounce something wrong please?
13. What's the difference between the pronunciation of *vasto* and *basto*?
14. How can I get rid of my foreign accent?
15. Should my lips be farther apart?
16. Could you tell me whether this word is pronounced the same way throughout Spain?

— ADVANCED

17. How should I use intonation to stress a particular phrase?
18. Where does the stress fall when you pronounce the words *círculo, circulo* and *circuló*?
19. Does the Spanish *z* sound the same as the English *th*?
20. What intonation should I use in a greeting to make it sound slightly ironic?
21. Where should I put my tongue to pronounce the *z* of *ceniza*, for example?
22. How do Latin Americans distinguish between the pronunciation of *s* and *z*?

---

19. The letter *z* represents the interdental fricative /θ/ similar to the English «th» in «think».
22. In certain Spanish-speaking areas, /s/ and /θ/, written *s* and *z*, are both pronounced /s/. This phenomenon, known as *seseo*, can lead to a confusion between *casa* and *caza* («house» and «hunt»), *caso* and *cazo* («hunt» and «saucepan»), *poso* and *pozo* («dregs» and «well»).

80. PREGUNTAR SOBRE LA ORTOGRAFÍA CORRECTA

— ELEMENTAL

1. ¿Se escribe así?
2. ¿Está bien escrito así?

80. ASKING ABOUT CORRECT SPELLING

— BASIC

1. Is this how it's spelt?
2. Is that the proper spelling?

3. ¿Cómo se escribe (...)?
4. ¿Pero se escribe con *erre* o con *doble erre*?
5. ¿Hay un acento sobre la *i*?
6. ¿Lleva acento la *i* de *huir*?

— INTERMEDIO

7. ¿Puede deletrear *Zaragoza*?
8. ¿Es ésta la ortografía correcta de esta palabra?
9. No estoy seguro de si he escrito bien esta palabra. ¿Puede decirme si está bien escrita?

— AVANZADO

10. ¿Hay reglas para usar la *ge* y la *jota*?
11. ¿Puede corregirme, por favor, la ortografía de esta carta?
12. ¿Podría señalarme, por favor, los errores que haya en esta nota?
13. ¿Hay una *hache* intercalada en *buhardilla*?
14. ¿Forman una sílaba la *e* y la *u* de *deuda*?
15. ¿En qué casos se utiliza la diéresis?

3. How do you spell (...)?
4. Is *pero* spelt with a single or double *r*?
5. Is there an accent on the *i*?
6. Is there an accent on the *i* of *huir*?

— INTERMEDIATE

7. Could you spell *Zaragoza*?
8. Is this the correct spelling of this word?
9. I'm not sure whether I've written this word correctly. Can you tell me whether it's spelt properly?

— ADVANCED

10. Are there any rules for the use of *g* and *j*?
11. Could you correct the spelling in this letter please?
12. Could you point out any mistakes in this note please?
13. Is there an *h* in the middle of *buhardilla*?
14. Do the *e* and *u* of *deuda* form a single syllable?
15. In what circumstances is diæresis used?

81. PREGUNTAR SOBRE LA CORRECCIÓN GRAMATICAL

81. ASKING ABOUT GRAMMATICAL ACCURACY

— ELEMENTAL

1. ¿Está bien dicho *viajaré en avión*?
2. ¿Se puede decir (...)?
3. He escrito (...). ¿Está bien?
4. ¿Cómo escribo (...)?

— INTERMEDIO

5. ¿Qué tal hablo?
6. ¿Puede explicarme cómo se usa la palabra (...)?
7. ¿Cómo es más correcta esta frase, con *trabajaba* o con *trabajé*?
8. ¿Es correcto decir (...). ¿Debería decir más bien (...)?

— AVANZADO

9. ¿Qué me dice de la sintaxis de este trabajo?
10. ¿Cuándo se usa la forma verbal (...)? ¿Me puede poner un ejemplo?
11. ¿Puede corregirme si cometo algún error gramatical?
12. ¿Cómo puedo mejorar mi español?
13. ¿Cabría la posibilidad de usar otro pronombre en el mismo contexto?

— BASIC

1. Is it correct to say *viajaré en avión*?
2. Can you say (...)?
3. I've written (...). Is it all right?
4. How can I write (...)?

— INTERMEDIATE

5. What's my spoken Spanish like?
6. Can you explain to me how the word (...) is used?
7. Which is more correct in this sentence: *trabajaba* or *trabajé*?
8. Is it correct to say (...)? Shouldn't I be saying (...)?

— ADVANCED

9. What do you think of the syntax of this piece of work?
10. When is the verb form (...) used? Could you give me an example?
11. Can you correct me if I make any grammatical errors?
12. How can I improve my Spanish?
13. Would it be possible to use another pronoun in the same context?

82. PREGUNTAR SOBRE EL SIGNIFICADO DE UNA PALABRA O EXPRESIÓN

— ELEMENTAL

1. No comprendo esta palabra.
2. ¿Cómo se dice (…) en español?
3. ¿Qué quiere decir (…)?
4. ¿Cuál es el significado de la palabra (…)?
5. ¿Cómo se llama en español (…)?
6. ¿Cuál es la diferencia entre (…) y (…)?
7. ¿Puedo usar (…) para decir (…)?

— INTERMEDIO

8. ¿Podría explicarme esta expresión?
9. (…) ha usado la palabra (…). ¿Qué quería decir?
10. ¿Cuál es el contrario de (…)?
11. ¿La palabra (…) significa (…)?
12. ¿Qué otras palabras hay para decir (…)?
13. ¿De qué otra manera se puede decir (…)?
14. ¿Qué palabra podemos usar como sinónimo de (…)?
15. ¿(…) y (…) significan exactamente lo mismo?
16. ¿Existe alguna diferencia entre (…) y (…)?
17. ¿Qué palabra sirve para definir (…)?

— AVANZADO

18. Además de (…), ¿qué otros significados tiene la palabra (…)?
19. ¿Qué tal si en lugar de decir (…) digo (…)?
20. ¿Tiene sentido decir (…)?
21. ¿Qué otros sentidos tiene la palabra (…)?
22. ¿El término (…) tiene un sentido figurado?
23. ¿Cuál es el verbo que se refiere a la acción de (…)?
24. ¿Tiene otras acepciones esta palabra? (*)
25. ¿Tiene otras connotaciones esta palabra? (*)
26. ¿Qué connotaciones adquiere esta palabra en este contexto?

24. Se llama *acepción* al significado concreto de una palabra en un contexto determinado o a cada uno de los sentidos de una palabra polisémica (*operación* bancaria, *operación* policial, *operación* quirúrgica).
25. Se llama *connotación* a la capacidad de determinadas palabras de evocar otras, o bien de provocar asociaciones de algún tipo. Son muy conocidas las connotaciones *meliorativas* o *peyorativas*; en otro terreno, las connotaciones *sexuales* de algunas voces.

83. PREGUNTAR SOBRE LA PROPIEDAD DE UNA PALABRA O EXPRESIÓN

— ELEMENTAL

1. ¿Es correcto decir (…)?
2. ¿Es *chaval* una palabra muy informal?
3. ¿Es correcto el uso de (…) en esta frase?

82. ASKING ABOUT THE MEANING OF A WORD OR EXPRESSION

— BASIC

1. I don't understand this word.
2. How do you say (…) in Spanish?
3. What does (…) mean?
4. What is the meaning of the word (…).?
5. What's (…) called in Spanish?
6. What's the difference between (…) and (…)?
7. Can I use (…) to say (…)?

— INTERMEDIATE

8. Could you explain this expression to me please?
9. (…) has used the word (…). What did he mean?
10. What is the opposite of (…)?
11. Does the word (…) mean (…)?
12. What other words are there for saying (…)?
13. How else can you say (…)?
14. What word can be used as a synonym for (…)?
15. Do (…) and (…) have exactly the same meaning?
16. Is there any difference between (…) and (…)?
17. What word can be used to define (…)?

— ADVANCED

18. Besides (…) what are the other meanings of the word (…)?
19. What if, instead of saying (…) I said (…)?
20. Does it make sense to say (…)?
21. What are the other meanings of the word (…)?
22. Can the term (…) be used figuratively?
23. What is the verb that refers to the action of (…)?
24. Can this word be used in other senses?
25. Does this word have other connotations?
26. What connotations does this word have in this context?

24. The term *acepción* refers to the sense of a particular word in a particular context, or the range of meanings of a word with a multiplicity of applications, e.g. *operación bancaria* («bank transaction»), *operación policial* («police operation»), *operación quirúrgica* («surgical operation»).
25. *Connotación* («connotation») refers to the capacity of particular words to evoke others, or other types of association. Pejorative and positive connotations are familiar to all speakers, as are sexual connotations.

83. ASKING ABOUT THE APPROPRIATENESS OF A WORD OR EXPRESSION

— BASIC

1. Is it correct to say (…)?
2. Is *chaval* a very colloquial word?
3. Is it correct to use (…) in this sentence?

INTERMEDIO

4. ¿Se considera de mala educación usar la palabra *joder*?
5. En estas circunstancias, ¿se dice *estoy fatigado*?
6. ¿Suena bien la palabra (…)?
7. ¿Se debe decir *excúsame* si creemos que hemos molestado a alguien?
8. Si voy a salir de una tienda, ¿he de decir ¡*Adiós!, buenas tardes,* o con *adiós* basta?
9. Si saludo a una persona diciéndole (…), ¿es formal o informal?
10. Si llamo a un camarero ¡*mozo!,* ¿puede molestarse?
11. ¿Cree que me entenderán si sólo digo (…)?

AVANZADO

12. En caso de ser atacado, ¿qué suele decirse, *auxilio* o *socorro*?
13. ¿Suele utilizarse el adjetivo *bello* o ha quedado ya anticuado?
14. ¿Qué resulta más educado, decir *mucho gusto* o *encantado*?
15. ¿Es de mal gusto decir (…) en público?
16. ¿Queda ñoña la expresión *estar cañón*? (*)
17. ¿No es muy cursi la fórmula *beso a usted la mano*? (*)
18. En este contexto, ¿puede usarse la palabra (…)?

16. El adjetivo *ñoño/a,* palabra de sonidos expresivos, se aplica a personas y a cosas carentes de gracia y algo anticuadas o ridículas.
17. El adjetivo *cursi* se aplica a personas y a cosas que resultan afectadas o ridículas aunque pretenden ser refinadas.

INTERMEDIATE

4. Is it considered rude to use the word *joder*?
5. Do you say *estoy fatigado* in this context?
6. Does the word (…) sound right?
7. Should you say *excúsame* if you think you've bothered someone?
8. If I'm about to leave a shop, do I have to say *adiós, buenas tardes,* or is *adiós* enough?
9. If I greet someone with the words (…) is it polite or familiar?
10. If I address a waiter as *mozo,* might it cause offence?
11. Do you think I'll be understood if I just say (…)?

ADVANCED

12. In the event of an assault, what does one usually say, *auxilio* or *socorro*?
13. Is it usual to use the adjective *bello,* or is it now considered old-fashioned?
14. What sounds more polite, saying *mucho gusto* or *encantado*?
15. Is it rude to say (…) in public?
16. Does the expression *estar cañón* sound naff?
17. Isn't the expression *beso a usted la mano* very affected?
18. Can you use the word (…) in this context?

16. The adjective *ñoño/a,* a word with very expressive sounds, is used for people lacking in charm and rather old-ashioned or ridiculous.
17. The adjective *cursi* has no exact equivalent in English. Its meaning lies somewhere between «naff» and «vulgarly pretentious». It can be applied to any attempt at refinement with affected or ridiculous results. The term *kitsch* covers some of its manifestations.

84. PREGUNTAR SOBRE LA FORMA DE EXPRESAR ALGO

ELEMENTAL

1. ¿Qué se dice cuando (…)?
2. ¿Qué tengo que decir cuando (…)?
3. ¿Qué se contesta cuando (…)?
4. En (…) decimos (…). ¿Cómo se dice en español?
5. ¿Cómo se contesta el teléfono?
6. Si necesito (…), ¿cómo lo pido?
7. Cuando estoy en (…), ¿qué debo decir?

INTERMEDIO

8. Le he dicho a un camarero: *cóbreme*. ¿Se dice así?
9. ¿Cómo debo dirigirme a (…)?
10. ¿Cuál es la frase más formal para (…)?
11. ¿Es muy informal decir (…)?
12. ¿Cuál es la forma más correcta de dirigirse a (…)?
13. A (…), ¿se le debe tratar de tú o de usted?

84. ASKING ABOUT HOW TO EXPRESS SOMETHING

BASIC

1. What do you say when (…)?
2. What should I say when (…)?
3. What should you reply when (…)?
4. In (…) we say (…). What do you say in Spanish?
5. What do you say when you answer the phone?
6. If I need (…) how do I ask for it?
7. When I am in (…) what should I say?

INTERMEDIATE

8. I said *cóbreme* to a waiter. Is this correct?
9. How should I address (…)?
10. What is the most polite way of saying (…)?
11. Is it very colloquial to say (…)?
12. What is the most polite way of addressing (…).
13. With (…) should I use *tú* or *usted*?

14. Si alguien me llama (...), ¿cómo tengo que contestarle?
15. ¿Qué se dice cuando alguien se equivoca?
16. ¿Cuál es la frase más corriente para agradecer una invitación?

— **AVANZADO** —

17. ¿Cómo puedo expresar el sentimiento de (...)?
18. ¿Es correcto el tuteo cuando uno se dirige a (...)? (*)
19. ¿Hay en español una frase hecha que equivalga a (...)?

18. El sustantivo *tuteo* se refiere al trato de familiaridad que se manifiesta en el uso de la segunda persona del singular, en los pronombres y en los verbos, para referirse al interlocutor. El verbo *tutear* equivale a *hablar de tú*. *Voseo* y *vosear* existen, pero se usan exclusivamente en dialectología.

14. If somebody calls me, how should I reply?
15. What do you say when somebody makes a mistake?
16. What is the most usual way of thanking someone for an invitation?

— **ADVANCED** —

17. How can I express the feeling of (...)?
18. Is using the *tú* form correct when addressing (...)?
19. Is there a set phrase in Spanish equivalent to (...)?

18. The noun *tuteo* refers to the use of the second person singular of verbs and pronouns when addressing someone. The verb *tutear* is used for such an action. *Voseo* and *vosear* are terms restricted to dialectology.

85. CORREGIR ALGO A ALGUIEN

85. CORRECTING SOMEONE'S MISTAKES

— **ELEMENTAL** —

1. Eso no es así.
2. Eso no se dice así.
3. Eso no se escribe así.
4. Tienes que decirlo así (...).

— **INTERMEDIO** —

5. Eso está mal pronunciado.
6. Tienes que corregir la pronunciación de (...).
7. Me parece que así está mal escrito.
8. En lugar de (...), debes decir (...).
9. Si lo dices así, nadie te entenderá.
10. Tienes que poner un acento sobre la (...).

— **AVANZADO** —

11. ¿Por qué no tratas de mejorar la pronunciación de (...)?
12. Tendrías que corregir este fallo.
13. En ese caso lo mejor es decir (...).
14. No lo digas así, que la gente se burlará de ti. (*)

14. Este *que* inicial, encabezador tras la pausa, podría sustituirse por un *porque* causal. Pero aislado introduce casi como la consecuencia de lo que se dice antes de la pausa. Es frecuente este *que* en la lengua coloquial, y con muchos valores (¡*Que sí, hombre!*, ¡*Que te calles!*, ¡*Mira que eres pesado!*).

— **BASIC** —

1. That is not the way to say it.
2. That's not how you say it.
3. You can't write it that way.
4. You have to say the following: (...).

— **INTERMEDIATE** —

5. That's not the right pronunciation.
6. You have to change the way you pronounce (...).
7. I don't think this is the correct way to write/spell this.
8. Instead of (...) you must say (...).
9. If you say that, nobody will understand you.
10. You need to put an accent on the (...).

— **ADVANCED** —

11. Why don't you try to improve the way you pronounce (...)?
12. You should correct this mistake.
13. In that instance the best thing to say is (...).
14. Don't say that, people will laugh at you.

14. In this initial position, after a pause, *que* has a value roughly equivalent to *porque* («because»). However in isolation it introduces what amounts to a consequence of what was said before the pause. This use of *que* is common in colloquial language, where it has a wide range of functions: ¡*Que sí, hombre!* («Yes, yes, I tell you!»); ¡*Que te calles!* («[Look, I'm telling you to] shut up!»); ¡*Mira que eres pesado* («You aren't half irritating»).

III. ACCIONES COMUNICATIVAS

III. COMMUNICATIVE ACTIONS

86. PREGUNTAR SI UNO ESTÁ OBLIGADO A HACER ALGO

ELEMENTAL

1. ¿Tengo que (...)?
2. ¿Estoy obligado a (...)...
3. ¿Debo (...)?
4. (...). ¿No tengo otra posibilidad?
5. ¿No puedo hacer otra cosa?
6. (...), ¿es obligatorio?
7. ¿(...) es mi obligación?
8. ¿(...) es mi deber?

INTERMEDIO

9. ¿Tengo la obligación de (...)?
10. ¿He de (...)?
11. ¿De veras tengo que (...)?
12. ¿De veras?
13. ¿Me obligan a (...)?
14. (...), ¿me obliga a (...)?
15. ¿Tengo el compromiso de (...)?
16. ¿Tendría que (...)? (*)
17. ¿Debería (...)? (*)
18. ¿Verdaderamente cree que debo (...)? **F.**

AVANZADO

19. ¿No tengo más remedio que (...)?
20. ¿Es forzoso que lo haga?
21. ¿Me corresponde a mí (...)?
22. ¿Tengo que cumplir el compromiso?
23. ¿Crees que no tengo otra salida?
24. ¿Es que no tengo escapatoria? (*)
25. ¿Tendré que apechugar con (...)? (*)
26. ¿Me estás apretando las clavijas, verdad? (*) **FH.**

---

16 y 17. *Tener que* + infinitivo y *deber* + infinitivo constituyen perífrasis obligativas. En condicional, *tendría* y *debería* atenúan el mandato, en especial si el locutor no se refiere a sí mismo; casi parece un consejo. En la forma negativa pueden usarse para describir lo que uno hace libremente, sin obligación de hacerlo.

24. Hay tres sustantivos relacionados con el verbo *escapar*; el *escape*, la *escapatoria* y la *escapada*. El primero se usa, sobre todo, para aludir a las fugas de un gas y en la locución *a escape*, equivalente a *a toda prisa*. El valor más frecuente de *escapatoria* es figurado y alude al modo de salir de algún apuro.

25. El sustantivo *pechuga* designa la carne del pecho de las aves (a los otros dos cuartos se los llama *muslos*). Con un uso restringido puede llamarse así también al pecho de las personas. El verbo *apechugar* supone cargar o hacerse cargo de algo que a la persona le resulta molesto.

26. El sustantivo *clavija* designa una pieza de metal o de madera semejante a un clavo, que se introduce en un orificio con el fin de fijar algo. La expresión *apretar las clavijas* describe el trato que se da a una persona, por el que se la coacciona u obliga a algo.

86. ASKING WHETHER ONE HAS TO DO SOMETHING

BASIC

1. Do it have to (...)?
2. Am I obliged to (...)?
3. Must I (...)?
4. (...). Is there no other possibility open to me?
5. Can't I do anything else?
6. (...). Is it compulsory?
7. Am I obliged to (...)?
8. Is (...) my duty?

INTERMEDIATE

9. Am I obliged to (...)?
10. Do I have to (...)?
11. Do I really have to (...)?
12. Really?
13. Am I obliged to (...)?
14. (...), am I obliged to (...)?
15. Have I committed myself to (...)'?
16. Ought I to (...)?
17. Should I (...)?
18. Do you really thing I have to (...)?

ADVANCED

19. Have I no alternative but to (...)?
20. Am I forced to do it?
21. Is it my responsibility to (...)'?
22. Do I have to fulfil the commitment?
23. Do you think there's no other alternative open to me?
24. Do you think there's no other way out for me?
25. Will I have to face up to (...)?
26. You're really putting the pressure on me, aren't you?

---

16 and 17. *Tener que* + infinitive and *deber* + infinitive are expressions of obligation. In the conditional, *tendría* and *debería* («ought to») soften the effect of the obligation, particularly if the speaker is not referring to himself; it is almost as if it were a piece of advice. These constructions can be used in the negative to describe what one does willingly, not under duress.

24. There are three nouns related to the verb *escapar* («to escape»): *el escape*, used in particular for gas leaks and in the expression *a escape* («at full speed»); *la escapatoria*, used figuratively to refer to the method of extricating oneself from a difficulty; and *la escapada* («escape, flying visit»).

25. The noun *pechuga* refers to the breast of a fowl. In a more restricted way it can also be applied to the human breast. The verb *apechugar* means assuming responsibility for an unpleasant task.

26. *Clavija* («peg» or «pin») is used in this idiom to describe a form of treatment whereby one person applies pressure on another to do something.

27. ¿Tengo que cargar con el mochuelo? (*) **FH.**

27. A partir del nombre de un ave, el *mochuelo,* de grito lúgubre, se forman las expresiones *tocar el mochuelo* y *cargar con el mochuelo,* que hacen referencia a la parte más dura y molesta de algo.

27. Will I have to carry the can?

27. Incorporating the noun *mochuelo* («owl»), famous for its mournful cry, the expressions *tocar el mochuelo* and *cargar con el mochuelo* refer to the toughest and most unpleasant part of something.

87. ESTAR OBLIGADO A HACER ALGO

87. HAVING TO DO SOMETHING

— ELEMENTAL —

1. Tengo que (…).
2. Estoy obligado a (…).
3. Debo (…).
4. No tengo otra posibilidad.
5. (…) es obligatorio.
6. (…) es mi obligación.
7. (…) es mi deber.

— BASIC —

1. I have to (…).
2. I'm obliged to (…).
3. I must (…).
4. I have no choice.
5. (…) is compulsory.
6. It's my duty to (…).
7. It's my duty to (…).

— INTERMEDIO —

8. Tengo la obligación de (…).
9. He de (…).
10. (…) me obliga a (…).
11. (…) no tengo otra opción.
12. Me veo en la obligación de (…).
13. Tengo el compromiso de (…).
14. Me he comprometido a (…).
15. Debería (…). (*)
16. Tendría que (…). (*)

— INTERMEDIATE —

8. I'm obliged to (…).
9. I have to (…).
10. (…) makes me (…).
11. (…), I have no other option.
12. I feel obliged to (…).
13. I have committed myself to (…).
14. I have committed myself to (…).
15. I ought to (…).
16. I should (…).

— AVANZADO —

17. ¡Qué remedio! (*) **I.**
18. ¡Qué remedio me queda! (*) **I.**
19. No tengo más remedio que (…).
20. Quedé en (…).
21. Me siento obligado a (…).
22. Me encuentro obligado a (…).
23. Estoy en la obligación de (…).
24. Me veo forzado a (…).
25. Lo hago a la fuerza.
26. Tengo que hacerlo, aunque sea a la fuerza.
27. ¡A la fuerza ahorcan! (*) **FH.**
28. Es forzoso que lo haga.

— ADVANCED —

17. What's the alternative!
18. What alternative do I have!
19. I have no alternative but to (…).
20. I agreed to (…).
21. I feel obliged to (…).
22. I feel obliged to (…).
23. I'm obliged to (…).
24. I'm forced to (…).
25. I'm forced to do it.
26. I have to do it, even if it's against my will.
27. My hands are tied!
28. I'm obliged to do it.

15 y 16. *Tener que* + infinitivo y *deber* + infinitivo constituyen perífrasis obligativas. En condicional *tendría* y *debería* atenúan el mandato, en especial si el locutor no se refiere a sí mismo; casi parece un consejo. En la forma negativa pueden usarse para describir lo que uno hace libremente, sin obligación de hacerlo.

17 y 18. La exclamación *¡Qué remedio!* puede considerarse la versión corta de *¿Qué (otro) remedio me queda sino (…)!* Significa que algo es forzoso e inevitable.

27. Esta frase manifiesta una resignación inevitable; el símil, algo truculento, es el del ahorcado.

15 and 16. *Tener que* + infinitive and *deber* + infinitive are expressions of obligation. In the conditional, *tendría* and *debería* («ought to») soften the effect of the obligation, particularly if the speaker is not referring to himself; it is almost as if it were a piece of advice. These constructions can be used in the negative to describe what one does willingly, not under duress.

17 and 18. The exclamation *¡Qué remedio!* could be considered an elliptical form of *¡Qué (otro) remedio me queda (sino)!*, signifying something obligatory and inevitable.

27. Lit. «they hang you against your will». The idiom in Spanish affirms the obvious truth that victims do not go willingly to the gallows, and conveys the idea of an obligation to which the affected party must, however reluctantly, submit.

29. Me imponen que (...).
30. Así me lo han impuesto.
31. No puedo por menos que (...).
32. No tengo otra salida.
33. No tengo escapatoria. (*)
34. Me apremian para que (...). (*)
35. Tengo que cumplir lo prometido.
36. (...) se empeña en que yo lo haga.
37. Parece que me corresponde a mí (...).
38. Estoy acorralado. (*)
39. Me tienen acosado. (*)
40. Tendré que apechugar con (...). (*)
41. (...) me está apretando las clavijas. (*) **FH**.
42. Tengo que cargar con el mochuelo. (*) **FH**.

29. They're making me (...).
30. That's what they're making me do.
31. I cannot but (...).
32. There's no way round it.
33. I can't get out of it.
34. They're pestering me to (...).
35. I have to fulfil my promise.
36. (...) is insisting that I do it.
37. It seems it's my responsibility to (...).
38. I'm cornered.
39. They have me over a barrel.
40. I'll have to face up to (...).
41. (...) is putting the screws on me.
42. I have to carry the can.

33. Hay tres sustantivos relacionados con el verbo *escapar*: el *escape*, la *escapatoria* y la *escapada*. El valor más frecuente de *escapatoria* es figurado y alude al modo de salir de algún apuro.
34. *Apremiar* significa obligar a alguien a hacer algo deprisa. La *vía de apremio* es un procedimiento administrativo por el que la Administración puede ejecutar las deudas.
38. El sustantivo *corral* designa el lugar cercado próximo a la casa en el que se guardan animales domésticos. El verbo *acorralar* describe la situación en la que se pone a alguien que no va a tener más remedio que actuar en un sentido determinado, que se le exige.
39. El valor inicial del verbo *acosar* es el de perseguir a una persona o un animal con el fin de cogerlo o cazarlo. De modo figurado este verbo se usa para referirse a la insistencia con la que se busca que alguien actúe, hable, etc., de un modo determinado.
40. El sustantivo *pechuga* designa la carne del pecho de las aves (a los otros dos cuartos se les llama *muslos*). Con un uso restringido puede llamarse así también al pecho de las personas. El verbo *apechugar* supone cargar o hacerse cargo de algo que resulta molesto.
41. El sustantivo *clavija* designa una pieza de metal o de madera, semejante a un clavo, que se introduce en un orificio con el fin de fijar algo. La expresión *apretar las clavijas* describe el trato que se da a una persona, por el que se la coacciona u obliga a algo.
42. A partir del nombre de un ave, el *mochuelo*, de grito lúgubre, se forman las expresiones *tocar el mochuelo* y *cargar con el mochuelo*, que hacen referencia a la parte más dura y molesta de algo.

33. There are three nouns related to the verb *escapar* («to escape»): *el escape*, used in particular for gas leaks and in the expression *a escape* («at full speed»); *la escapatoria*, used figuratively to refer to the method of extricating oneself from a difficulty; and *la escapada* («escape, flying visit»).
34. *Apremiar* means to pressurise someone into doing something quickly. *La vía del apremio* is a an administrative procedure for expediting the collection of debts.
38. The noun *corral* («farmyard» or «pen») gives rise to the verb *acorralar* («to hem someone in»).
39. *Acosar* («to pursue relentlessly») is applied to situations where someone is obliged to behave in a predetermined manner.
40. The noun *pechuga* refers to the breast of fowl. It a more restricted way it can also be applied to the human breast. The verb *apechugar* means undertaking a responsibility for an unpleasant task.
41. *Clavija* («peg» or «pin») is used in this idiom to describe a form of treatment whereby one person applies pressure on another to do something.
42. Incorporating the noun *mochuelo* («owl»), famous for its mournful cry, the expressions *tocar el mochuelo* and *cargar con el mochuelo* refer to the toughest and most unpleasant part of something.

88. NO ESTAR OBLIGADO A HACER ALGO

88. NOT HAVING TO DO SOMETHING

ELEMENTAL

1. No tengo que (...).
2. No estoy obligado a (...).
3. No debo (...).
4. (...) no es obligatorio.
5. (...) no es mi obligación.
6. (...) no es mi deber.

BASIC

1. I don't have to (...).
2. I'm not obliged to (...).
3. I don't have to (...).
4. (...) is not compulsory.
5. It's not up to me to (...).
6. (...) is not my duty.

INTERMEDIO

7. No tengo la obligación de (...).
8. No he de (...).

INTERMEDIATE

7. I am not obliged to (...).
8. I don't have to (...).

9. (…) no me obliga a (…).
10. No me veo en la obligación de (…).
11. No tengo el compromiso de (…).
12. No me he comprometido a (…).
13. No tendría que (…). (*)
14. No debería (…). (*)
15. No creo que tenga ninguna obligación.

— AVANZADO

16. ¡No tengo por qué hacerlo!
17. Yo no quedé en hacerlo.
18. No me siento obligado a (…).
19. No me encuentro en la obligación de (…).
20. ¿Quién coño puede obligarme? **V.**
21. No me veo forzado a (…).
22. No me importa, no lo hago a la fuerza.
23. No es forzoso que (…).
24. No me lo han impuesto.
25. No creo que me corresponda a mí (…).
26. Nadie me impone que (…).
27. ¡No sé por qué tendría que hacerlo yo!
28. No veo que sea yo quien tenga que hacerlo.
29. No tengo que cumplir ningún compromiso.
30. ¿Acaso he adquirido yo el compromiso de (…)?

13 y 14. *Tener que* + infinitivo y *deber* + infinitivo constituyen perífrasis obligativas. En condicional, *tendría* y *debería* atenúan el mandato, en especial si el locutor no se refiere a sí mismo; casi parece un consejo. En la forma negativa pueden usarse para describir lo que uno hace libremente, sin obligación de hacerlo.

9. (…) doesn't oblige me to (…).
10. I'm not obliged to (…). 1
11. I have not committed myself to (…).
12. I have not committed myself to (…).
13. I oughtn't (…).
14. I shouldn't (…).
15. I feel no obligation whatsoever.

— ADVANCED

16. There's no reason why I should do it!
17. I didn't say I'd do it.
18. I don't feel I have to (…).
19. I do not feel obliged to (…).
20. Who the hell can make me?
21. I don't feel obliged to (…)
22. I don't mind, no-one's forcing me,
23. It's not compulsory to (…).
24. No-one has made me.
25. I don't think it's my responsibility to (…).
26. Nobody's forcing me to (…).
27. I don't see why I should have to do it.
28. I don't think it should be me who has to do it.
29. I don't have any commitment to fulfil.
30. Have I by any chance assumed responsibility for (…)?

13 and 14. *Tener que* + infinitive and *deber* + infinitive are expressions of obligation. In the conditional, *tendría* and *debería* («ought to») soften the effect of the obligation, particularly if the speaker is not referring to himself; it is almost as if it were a piece of advice. These constructions can be used in the negative to describe what one does willingly, not under duress.

89. DECIR A ALGUIEN QUE ESTÁ OBLIGADO A HACER ALGO

89. TELLING SOMEONE THAT THEY HAVE TO DO SOMETHING

— ELEMENTAL

1. Tienes que (…).
2. Estás obligado a (…).
3. Debes (…).
4. No tienes otra posibilidad.
5. (…) es tu obligación.
6. (…) es tu deber.

— BASIC

1. You have to (…).
2. You're obliged to (…).
3. You must (…).
4. You have no other option.
5. You are under an obligation to (…).
6. (…) is your duty.

— INTERMEDIO

7. Tienes la obligación de (…).
8. Es obligatorio que tú (…).
9. (…) te obliga a (…).
10. Te ves en la obligación de (…).
11. Ha de (…).
12. (…), no tienes otra opción.
13. Tienes el compromiso de (…).
14. Recuerda que te has comprometido a (…).
15. Tendrías que (…). (*)

— INTERMEDIATE

7. You are under an obligation to (…).
8. It is compulsory for you to (…).
9. (…) obliges you to (…).
10. Your are obliged to (…).
11. You have to (…).
12. (…), you have no other option.
13. You have committed yourself to (…).
14. Remember that you have undertaken to (…).
15. Your should (…).

15, 16, 17 y 18. *Tener que* + infinitivo y *deber* + infinitivo constituyen perífrasis obligativas. En condicional,

15, 16, 17 and 18. *Tener que* + infinitive and *deber* + infinitive are expressions of obligation. In the conditio-

16. Deberías (…). (*)
17. Creo que debes (…). (*)
18. Me parece que deberías (…). (*)

— **AVANZADO** —

19. ¡Qué remedio! (*) **I.**
20. ¡Qué remedio le queda! (*) **I.**
21. No tienes más remedio que (…). (*)
22. ¿No quedaste en que (…)?
23. Te encuentras obligado a (…).
24. Usted está en la obligación de (…).
25. (…), y por eso te ves forzado a (…).
26. Hazlo, aunque sea a la fuerza.
27. Es forzoso que lo hagas.
28. ¡A la fuerza ahorcan! (*) **FH.**
29. Te impongo que (…).
30. Desde luego, a ti te corresponde (…).
31. No tienes otra salida.
32. Tienes que cumplir tu compromiso.
33. Me empeño en que usted lo haga.
34. ¡Ni lo preguntes! ¡Tienes que ser tú!
35. ¿Es que no te has dado cuenta de que debes (…)?
36. ¡Que no me entere yo de que no lo has hecho!
37. Estás acorralado. (*)
38. Te tengo acosado. (*)
39. Lo prometido es deuda. (*)
40. Tienes que cargar con el mochuelo. (*) **FH.**

---

tendría y debería atenúan el mandato, en especial si el locutor no se refiere a sí mismo; casi parece un consejo. En la forma negativa pueden usarse para describir lo que uno hace libremente, sin obligación de hacerlo.

19, 20 y 21. La exclamación ¡Qué remedio! puede considerarse la versión corta de ¡Qué (otro) remedio me queda sino (…)! Significa que algo es forzoso e inevitable.

28. Esta frase manifiesta una resignación inevitable; el símil, algo truculento, es el del ahorcado.

37. El sustantivo corral designa el lugar cercado próximo a la casa en el que se guardan animales domésticos. El verbo acorralar describe la situación en la que se pone a alguien que no va a tener más remedio que actuar en un sentido determinado, que se le exige.

38. El valor inicial del verbo acosar es el de perseguir a una persona o un animal con el fin de cogerlo o cazarlo. De modo figurado, este verbo se usa para referirse a la insistencia con la que se busca que alguien actúe, hable, etc., de un modo determinado.

39. Se trata de una frase tradicional por la que se habla de la obligación de cumplir aquello que se ha prometido. Deuda es el sustantivo relacionado con el verbo deber.

40. A partir del nombre de un ave, el mochuelo, de grito lúgubre, se forman las expresiones tocar el mochuelo y cargar con el mochuelo, que hacen referencia a la parte más dura y molesta de algo.

---

16. You ought to (…).
17. I think you should (…).
18. I think you ought to (…).

— **ADVANCED** —

19. There's no alternative!
20. What alternative do you have!
21. You have no alternative but to (…).
22. Didn't you agree to (…)?
23. You are obliged to (…).
24. You are under the obligation to (…).
25. (…), and you are therefore forced to (…).
26. Do it, even if it's against your will.
27. You have no choice but to do it.
28. No-one went willingly to the gallows.
29. I demand that you (…).
30. You, of course, are responsible for (…).
31. There's no other way round it.
32. You must fulfil your commitment.
33. I insist that you do it.
34. Don't even ask! It has to be you!
35. Don't you realise that you must (…)?
36. Don't let me find out that you haven't done it.
37. You're cornered.
38. I think you should face up to (…).
39. A promise is a promise.
40. You have to carry the can.

---

nal, tendría and debería («ought to») soften the effect of the obligation, particularly if the speaker is not referring to himself; it is almost as if it were a piece of advice. These constructions can be used in the negative to describe what one does willingly, not under duress.

19, 20 and 21. The exclamation ¡Qué remedio! could be considered an elliptical form of ¡Qué (otro) remedio me queda (sino)!, signifying something obligatory and inevitable.

28. Lit. «they hang you against your will». The idiom in Spanish affirms the obvious truth that victims do not go willingly to the gallows, and conveys the idea of an obligation to which the affected party must, however reluctantly, submit.

37. The noun corral («farmyard» or «pen») gives rise to the verb acorralar («to hem someone in»).

38. The noun pechuga refers to the breast of fowl. In a more restricted way it can also be applied to the human breast. The verb apechugar means undertaking a responsibility for an unpleasant task.

39. Lit. «what is promised is a debt», this proverb contains the noun deuda from the verb deber («to owe»).

40. Incorporating the noun mochuelo («owl»), famous for its mournful cry, the expressions tocar el mochuelo and cargar con el mochuelo refer to the toughest and most unpleasant part of something.

90. DECIR A ALGUIEN QUE NO ESTÁ OBLIGADO A HACER ALGO

ELEMENTAL

1. No tienes que (…).
2. No estás obligado a (…).
3. No debes (…).
4. (…) no es tu obligación.
5. (…) no es tu deber.

INTERMEDIO

6. No tienes la obligación de (…).
7. No es obligatorio que tú (…).
8. No te ves en la obligación de (…).
9. (…) no te obliga a (…).
10. No has de (…).
11. No tienes el compromiso de (…).
12. Recuerda que no te has comprometido a (…).
13. No es necesario que (…).
14. No es preciso que (…).
15. No tendrías que (…). (*)
16. No deberías (…). (*)
17. No creo que debas (…). (*)
18. Me parece que no deberías (…). (*)

AVANZADO

19. No tienes por qué hacerlo.
20. Tú no quedaste en hacerlo.
21. No te encuentras obligado a (…).
22. No estás en la obligación de (…).
23. No te veas forzado a (…).
24. A la fuerza, no lo hagas.
25. No es forzoso que tú (…).
26. Nadie te impone que (…).
27. No te lo han impuesto.
28. Creo que no te corresponde a ti.
29. Nadie te atosiga para que (…).
30. No tienes que cumplir ningún contrato.
31. ¡Es que no sé por qué tendrías que hacerlo tú!
32. Nadie te tiene acosado para que (…). (*)
33. No sé por qué lo haces, si nadie te está apretando las clavijas. (*)

15, 16, 17 y 18. *Tener que* + infinitivo y *deber* + infinitivo constituyen perífrasis obligativas. En condicional, *tendría* y *debería* atenúan el mandato, en especial si el locutor no se refiere a sí mismo; casi parece un consejo. En la forma negativa pueden usarse para describir lo que uno hace libremente, sin obligación de hacerlo.

32. El valor inicial del verbo *acosar* es el de perseguir a una persona o un animal con el fin de cogerlo o cazarlo. De modo figurado este verbo se usa para referirse a la insistencia con la que se busca que alguien actúe, hable, etc., de un modo determinado.

33. El sustantivo *clavija* designa una pieza de metal o de madera semejante a un clavo, que se introduce en un orificio con el fin de fijar algo. La expresión *apretar las clavijas* describe el trato que se da a una persona, por el que se la coacciona u obliga a algo.

90. TELLING SOMEONE THAT HE IS NOT OBLIGED TO DO SOMETHING

BASIC

1. You don't have to (…).
2. You're not obliged to (…).
3. You mustn't (…).
4. You are under no obligation to (…).
5. (…) is not your duty.

INTERMEDIATE

6. You are under no obligation to (…).
7. It's not compulsory for you to (…).
8. You are under no obligation to (…).
9. (…) doesn't oblige you to (…).
10. You don't have to (…).
11. You have not committed yourself to (…).
12. Remember that you haven't committed yourself to (…).
13. It's not necessary to (…).
14. It's not necessary to (…).
15. You shouldn't (…).
16. You shouldn't (…).
17. I don't think you should (…).
18. I don't think you ought to (…).

ADVANCED

19. You don't have to do it.
20. You didn't agree to do it (…).
21. You are not obliged to (…).
22. You are under no obligation to (…).
23. Who the hell can make you?
24. Don't be forced into (…).
25. Don't do it against your will.
26. You are under no obligation to (…).
27. No-one's demanding that you (…).
28. No-one's making you.
29. I don't think it's your responsibility.
30. Nobody's harassing you to (…).
31. You're under no contractual obligation.
32. I don't see why it has to be you.
33. I don't know why you're doing it, nobody's pressurising you.

15, 16, 17 and 18. *Tener que* + infinitive and *deber* + infinitive are expressions of obligation. In the conditional, *tendría* and *debería* («ought to») soften the effect of the obligation, particularly if the speaker is not referring to himself; it is almost as if it were a piece of advice. These constructions can be used in the negative to describe what one does willingly, not under duress.

32. **Refer to note in Spanish.**

33. Clavija («peg» or «pin») is used in this idiom to describe a form of treatment whereby one person applies pressure on another to do something.

34. No tienes que ser tú quien siempre cargue con el mochuelo. (*)

34. A partir del nombre de un ave, el *mochuelo,* de grito lúgubre, se forman las expresiones *tocar el mochuelo* y *cargar con el mochuelo,* que hacen referencia a la parte más dura y molesta de algo.

34. You shouldn't always be the one to carry the can.

34. Incorporating the noun *mochuelo* («owl»), famous for its mournful cry, the expressions *tocar el mochuelo* and *cargar con el mochuelo* refer to the toughest and most unpleasant part of something.

91. PREGUNTAR A ALGUIEN SI PUEDE HACER ALGO

91. ASKING SOMEONE WHETHER HE CAN DO SOMETHING

— ELEMENTAL —

1. ¿Puedes (...)?
2. (...), ¿puedes?
3. ¿Podrías (...)?
4. ¿Crees que puedes (...)?
5. ¿Tienes experiencia?
6. ¿Sabes (...)?
7. ¿Te parece que podrás (...)?
8. ¿Crees que vas a poder (...)?

— BASIC —

1. Can you (...)?
2. (...), can you?
3. Could you (...)?
4. Do you think you could (...)?
5. Do you have experience?
6. Do you know how to (...)?
7. Do you think you'll be able to (...)?
8. Do you think you'll be able to (...)?

— INTERMEDIO —

9. ¿Tú crees que podrías (...)?
10. ¿Podrías hacerlo?
11. ¿Sabes cómo hacerlo?
12. ¿Tienes experiencia en (...)?
13. ¿Eres capaz de (...)?
14. ¿Se siente usted capaz de (...)?
15. ¿Sirves para (...)?
16. ¿No podrías (...)?
17. ¿Crees que estás capacitado?
18. ¿Estás seguro de que estás capacitado para (...)?
19. ¿Te ves apto para (...)?
20. ¿Estás suficientemente preparado?
21. ¿Crees que en (...) podrás hacerlo?
22. ¿No crees que es demasiado para ti? **Ir.**
23. ¿De verdad crees que esto está hecho para ti? **Ir.**
24. ¿Te atreves a (...)?

— INTERMEDIATE —

9. Do you think you could (...)?
10. Could you do it?
11. Do you know how to do it?
12. Do you have any experience in (...)?
13. Are you able to (...)?
14. Do you feel able to (...)?
15. Are you any good at (...)?
16. Couldn't you (...)?
17. Do you think you have the ability?
18. Are you sure you have the ability to (...)?
19. Do you think you're suitable for (...)?
20. Do you have the right skills?
21. Do you think that in (...) you could do it?
22. Don't you think it's too much for you?
23. Do you really think you're the right person for this?
24. Would you dare to (...)?

— AVANZADO —

25. Oye, tú que sabes de esto, ¿podrías (...)?
26. ¿Ves en ti suficientes condiciones como para (...)?
27. ¿Tienes fuerza suficiente para (...)?
28. (...), ¿está a tu alcance? (*)
29. ¿Crees que estás a la altura de (...)? (*)

— ADVANCED —

25. Hey, since you know a bit about this, could you (...)?
26. Do you think you're up to (...)?
27. Do you think you have the strength to (...)?
28. (...), do you think you could manage that?
29. Do you think you've got what it takes to (...)?

28. El verbo *alcanzar* significa llegar al punto en el que algo está. Con la locución *al alcance (de la mano)* o con la locución a *(mi) alcance* se expresa que algo está muy cerca de la mano o, en sentido figurado, que algo es asequible. Se combinan con verbos como: *ser, estar, tener, poner.*
29. El sustantivo *altura* designa la medida desde el punto más alto de algo hasta su base; *altitud* se aplica a la

28. From the verb *alcanzar* («to reach»), the expressions *al alcance (de la mano)* («within one's reach») or *a mi alcance* («within my reach») also have the figurative meaning of «accessible». They are used with verbs such as *ser/estar* («to be»), *tener* («to have»), and *poner* («to put»).
29. The noun *altura* («height») is used for people and objects; for «altitude» the term *altitud* is used. The

30. ¿Está en tus manos? (*)
31. ¿Podemos dejarlo en tus manos? (*)
32. ¿Contamos contigo para (…)?
33. ¿Tiene usted la competencia suficiente como para (…)? **F.**
34. ¿Crees que para (…) te falta empuje? **I.**
35. ¿Te consideras apto para (…)?
36. ¿Crees que vales para (…)? **I.**
37. ¿Tendrás valor suficiente para (…)?
38. ¿Te ves tan fuerte como para (…)?

30. Is it within your power?
31. Can we leave it in your hands?
32. Can we rely on you to (…)?
33. Do you have the necessary skills for (…)?
34. Do you feel you lack the drive to (…)?
35. Do you feel you're the right person for/to (…)?
36. Do you think you've got what it takes to (…)?
37. Will you be brave enough to (…)?
38. Do you think you're strong enough to (…)?

---

altura de algún lugar sobre el nivel del mar. La frase *estar a la altura (de algo)* significa comportarse como corresponde en una situación. Muy a menudo se completa con el sustantivo *circunstancia*.

30 y 31. Además de *dejar (algo) en manos (de alguien)*, otras expresiones con *mano* se refieren a la ayuda: *dar la mano, tender la mano, ofrecer la mano, echar una mano*. La frase *estar en manos (de alguien)* significa que esta persona tiene poder y autoridad sobre algo.

phrase *estar a la altura (de algo)* means to behave in an appropriate way in given circumstances. Indeed, the expression is often completed with the noun *circunstancias*.

30 and 31. Apart from *dejar (algo) en manos de alguien* («to leave [something] in someone's hands»), expressions incorporating the noun *mano* include: *dar la mano* («to lend a hand»); *ofrecer la mano* («to offer one's hand»); *tender la mano* («to hold out one's hand»); *echar una mano* («to lend a hand»). The phrase *estar en manos de alguien* means that that person has power and authority over something.

92. DECIR A ALGUIEN QUE PUEDE HACER ALGO

92. TELLING SOMEONE THAT HE CAN DO SOMETHING

— ELEMENTAL

1. Sí.
2. Sí que puedes (…).
3. Sí, puedes hacerlo.
4. Tú puedes hacer esto.
5. Me parece que tú podrás.
6. Creo que podrás.
7. ¡Claro que sí!
8. ¡Naturalmente que podrás!
9. ¡Por supuesto!
10. ¡Desde luego!

— BASIC

1. Yes.
2. You can (…).
3. Yes, you can do it.
4. You can do this.
5. I think you'll be able to.
6. I think you'll be able to.
7. Of course!
8. Of course you'll be able to!
9. Of course!
10. Of course!

— INTERMEDIO

11. Sí, si estás capacitado.
12. Sí que estás capacitado para esto.
13. Sí que te veo capaz de (…).
14. Estás lo suficientemente preparado.
15. Te veo apto para (…).
16. ¿Cómo no vas a poder hacerlo? (*) **Ir.**
17. ¿Cómo no vas a poder, si (…)? (*) **Ir.**
18. ¿Tú?, ¡claro que puedes hacerlo!
19. ¡Con tanto tiempo ya podrás! **Ir.**
20. Pero… ¿no ves que puedes?
21. ¡Claro que sí! Tienes suficiente (…).
22. Creo que no es demasiado (…) para ti.
23. ¡Recapacita, esto está hecho para ti!
24. Creo que puedes.
25. No puedo comprender cómo no te atreves a (…).

— INTERMEDIATE

11. Yes, if you have the ability.
12. Yes, you do have the aptitude for this.
13. I do think you're capable of (…).
14. You have enough skills.
15. I consider you suitable for (…).
16. Why couldn't you do it?
17. Why couldn't you, if (…)?
18. You? Of course you can do it!
19. With so much time you're bound to be able!
20. But, can't you see that you can?
21. Of course! You have enough (…).
22. I don't think it's too (…) for you.
23. Think it over, it's made for you!
24. I think you can.
25. I can't understand why you won't tackle (…)

---

16 y 17. Con estas preguntas se quiere mostrar la confianza en que el interlocutor puede hacer algo.

16 and 17. These phrases demonstrate the confidence that the speaker has in the listener's ability.

— AVANZADO —

26. Como poder, puedes. (*)
27. Puedes, y de sobras.
28. Otro quizá no podría, pero lo que es tú (…).
29. Con toda una vida por delante, ¿cómo no vas a poder hacerlo?
30. Veo en ti suficientes condiciones como para (…).
31. Tienes fuerza suficiente para (…).
32. Usted tiene la competencia suficiente como para (…). **F.**
33. ¿Por qué coño crees que no vas a poder (…)? **V.**
34. (…) está a tu alcance. (*)
35. Creo que estás a la altura de (…). (*)
36. No creo que (…) te venga grande. (*) **I.**
37. (…) está en tus manos. (*)
38. Creo que no te falta empuje para (…).
39. No creo que seas un inepto. **I.**
40. Pero, ¿es que no te das cuenta de que vales para (…)? **I.**
41. Tú tienes valor para esto y para mucho más.
42. ¿Tú?, ¿pero no ves lo fuerte que eres? **I.**

---

26. Se trata de una construcción enfática que consiste en anteponer el mismo verbo en infinitivo, con lo cual se produce su repetición. El lugar de *como* puede ocuparlo *lo que es*. Ahora bien, el contenido conjunto de la frase es algo ambiguo por cuanto se usa como una afirmación rotunda, pero también como alusión a que algo que no depende del agente puede modificar esa capacidad inicial.
34. El verbo *alcanzar* significa llegar al punto en el que algo está. Con la locución *al alcance (de la mano)* o con la locución *a (mi) alcance* se expresa que algo está muy cerca de la mano o, en sentido figurado, que algo es asequible. Se combinan con verbos como: *ser, estar, tener, poner*.
35. El sustantivo *altura* designa la medida desde el punto más alto de algo hasta su base; *altitud* se aplica a la altura de algún lugar sobre el nivel del mar. La frase *estar a la altura (de algo)* significa comportarse como corresponde en una situación. Muy a menudo se completa con el sustantivo *circunstancia*.
36. Con la frase *venir(le) (a alguien) grande/ancho (algo)* se expresa que dicha cosa es excesiva para la capacidad de alguien. De hecho, en sentido material, puede decirse de una prenda de ropa: *este abrigo te viene/está demasiado grande*.
37. Además de *dejar (algo) en manos (de alguien)*, otras expresiones con *mano* se refieren a la ayuda: *dar la mano, tender la mano, ofrecer la mano, echar una mano*. La frase *estar en manos (de alguien)* significa que esta persona tiene poder y autoridad sobre algo.

— ADVANCED —

26. If it's just a question of being able to, you can.
27. Not half you can!
28. Others might not be able to, but as for you (…).
29. You have your whole life ahead of you, how can you fail?
30. I think you are up to (…).
31. You have enough strength to (…).
32. You have the enough aptitude to (…).
33. Why the hell do you think you won't be able to (…).
34. (…) is within your range.
35. I think you're up to (…).
36. I don't think that (…) is beyond you.
37. (…) is in your hands.
38. I don't think you lack the drive to (…).
39. I don't think you're incompetent.
40. But, don't you realise that you're good at (…)?
41. You are good enough for this and many things besides.
42. You, but can't you see how strong you are?

---

26. Here there is an element of reinforcement in the repetition of the verb at the start of the statement. *Como* («as») could be replaced by *lo que es*. The phrase is ambiguous: although it appears to be an unequivocal affirmation, there is an inference that something beyond the listener's control may limit his capacity.
34. From the verb *alcanzar* («to reach»), the expressions *al alcance (de la mano)* («within one's reach») or *a mi alcance* («within my reach») also have a figurative meaning of «accessible». They are used with verbs such as *ser/estar* («to be»), *tener* («to have»), *poner* («to put»).
35. The noun *altura* («height») is used for people and objects; for «altitude» the term *altitud* is used. The phrase *estar a la altura (de algo)* means to behave in an appropriate way in given circumstances. Indeed, the expression is often completed with the noun *circunstancias*.
36. In the material sense, this expression can be used literally with clothing: *este abrigo te viene muy grande* («this coat is too big on you»).
37. Apart from *dejar (algo) en manos de alguien* («to leave something in someone's hands»), expressions incorporating the noun *mano* include: *dar la mano* («to lend a hand»); *ofrecer la mano* («to offer one's hand»); *tender la mano* («to hold out one's hand»); *echar una mano* («to lend a hand»). The phrase *estar en manos de alguien* means that that person has power and authority over something.

93. DECIR A ALGUIEN QUE NO PUEDE HACER ALGO

ELEMENTAL

1. No.
2. No puedes (…).
3. No, no puedes hacerlo.
4. Tú no puedes hacer esto.
5. Me parece que tú no puedes.
6. Creo que no podrás hacerlo.
7. ¡Imposible!

INTERMEDIO

8. No, no estás capacitado.
9. Es que no te veo capaz de (…).
10. No estás lo suficientemente preparado.
11. No te veo apto para (…).
12. ¿Cómo vas a hacerlo? (*) **Ir.**
13. ¿Tú? ¡Qué vas a poder hacerlo! (*) **Ir.**
14. ¿Qué has de poder, si (…)? (*) **Ir.**
15. Pero… ¿no ves que no puedes? **I.**
16. Con tan poco tiempo no podrás (…).
17. ¡Imposible! No tienes suficiente (…).
18. No estás en situación de (…).
19. No estás en condiciones de (…).
20. Creo que es demasiado (…) para ti.
21. Recapacita, esto no es para ti.
22. No creo que puedas (…).
23. No puedo comprender cómo te atreves a (…).

AVANZADO

24. No veo en ti suficientes condiciones como para (…).
25. No tienes suficiente fuerza para (…).
26. No veo que tengas redaños como para (…). (*) **V.**
27. (…) no está a tu alcance.
28. No te veo a la altura de (…).
29. Me parece que (…) te viene grande. **I.**
30. (…) no está en tu mano.
31. No le veo a usted competencia suficiente como para (…). **F.**

---

12. Con esta pregunta no solamente se le pide a alguien que explique de qué modo va a hacer algo; sirve también para demostrar la incredulidad que uno siente de que pueda hacerlo.
13 y 14. Se trata de un modo algo insolente de manifestar que uno no cree a otra persona capaz de hacer algo, precisamente cuando la persona ha dicho que lo hará.
26. El sustantivo *redaño* designa una parte de la cavidad abdominal del hombre. El plural designa la energía o el valor que se pone en algo. El mismo carácter enfático y algo vulgar tiene *agallas* (el término se refiere a los órganos respiratorios de los peces, situados a uno y otro lado de la cabeza), y las voces más groseras *cojones* y *huevos*.

93. TELLING SOMEONE THAT HE CAN'T DO SOMETHING

BASIC

1. No.
2. You can't (…).
3. No, you can't do it.
4. You can't dot his.
5. I don't think you'll be able to.
6. I don't think you'll be able to.
7. Impossible!

INTERMEDIATE

8. No, you don't have the ability.
9. I don't think you're capable of (…).
10. You don't have enough skills.
11. I don't consider you suitable for (…).
12. How could you do it?
13. You? How would you be able to do it?
14. How could you do it, if (…)?
15. But, can't you see that you can't?
16. With so little time you won't be able to!
17. Impossible! You haven't enough (…).
18. You're not in a position to (…).
19. You're in no state to (…).
20. I think it's too (…) for you.
21. Think it over, it's not for you!
22. I don't think you can.
23. I can't understand how you dare to (…)

ADVANCED

24. I don't think you are up to (…).
25. You don't have the strength to (…).
26. How the hell do you imagine you'll be able to?
27. (…) is beyond you.
28. I don't think you're up to (…).
29. I think that (…) is beyond you.
30. (…) is not in your hands.
31. I don't think you have enough aptitude to (…).

---

12. This question not only asks how the other person intends to do something: it also conveys incredulity as to whether the person in question is capable of what he claims to be able to do.
13 and 14. This is a rather insolent response which challenges the other person's ability to perform an action which he has just said he will accomplish.
26. **Refer to note in Spanish.**

32. Te falta empuje para (...).
33. ¡Qué manazas eres! (*) **I.**
34. Eres un inepto. **I.**
35. Más vale que te dediques a otra cosa.
36. ¿Pero es que no ves que no das para más? **I.**
37. ¿Tú? Si no eres capaz de matar una mosca. **I.**
38. ¿Tú?, pero si no puedes ni con tu alma. (*) **I.**
39. Eso es querer estirar más el brazo que la manga. (*) **FH.**

---

33. El sustantivo *mano*, aparte de su contenido fundamental, equivale a *habilidad manual, tacto, talento*. Existen expresiones como: *tener mano en algo, tener buena mano para algo, estar en buenas manos*. El diminutivo *manitas* se usa como calificativo para la persona habilidosa con las manos, casi lo contrario de lo que se quiere expresar con el aumentativo *manazas*.
38. La frase *no poder alguien con su alma* describe la debilidad o el cansancio de alguien.
39. Esta frase supone que una persona aspira a más de lo que es posible, o gasta más de lo que tiene, o cree que hará más de lo que en realidad puede hacer. El término *brazo* aparece en muchas más construcciones fijas, pero también *manga*. La más conocida es *tener la manga muy ancha*, que se refiere a un carácter tolerante en exceso.

32. You lack the drive to (...).
33. You're so clumsy with your hands!
34. You're incompetent.
35. You'd be better doing something else.
36. But, don't you realise that you're no good at (...)?
37. You? But you couldn't kill a fly.
38. You? But you couldn't in the state you're in!
39. That's overstretching it a bit.

---

33. Apart from the literal meaning of «hand», *mano* can refer to manual dexterity («to have a hand in something»); *tener buenas manos para algo* («to have a knack for something»); *estar en buenas manos* («to be in good hands»).The noun *manitas* refers to a person with such skill. *Manazas* («a clumsy person») is virtually an antonym.
38. This expression describes weakness or fatigue.
39. This phrase conveys the idea that someone has unrealistic aspirations, spends more than he has, or believes that he will do more than he is capable of doing. *Manga* appears in a number of expressions such as *tener la manga muy ancha* («to be too easy-going»).

94. DECIR A ALGUIEN QUE HAGA ALGO

94. TELLING SOMEONE TO DO SOMETHING

— ELEMENTAL —

1. ¡(...)! (*)
2. Haz (...).
3. ¡Hazlo!
4. Por favor, (...). (*)
5. Por favor, ¿puedes (...)?
6. Pero dime, ¿lo harás?
7. ¡A (...)! (*)
8. Puede usted (...).
9. Pero, ¡(...)! (*)

— BASIC —

1. (...)!
2. Do/make (...)!
3. Do it!
4. Please, (...).
5. Please, can you (...)?
6. But tell me, will you do it?
7. Let's (...).
8. Could you (...)?
9. But, (...)!

— INTERMEDIO —

10. ¡Anda, (...)! (*)

— INTERMEDIATE —

10. Come on now, (...)!

1, 4, 9 y 10. El modo más elemental de decir a alguien que haga algo consiste en emitir una forma imperativa (si se habla de *tú*) o un presente de subjuntivo (si se habla de *usted*). Estas formas se usan aisladas o precedidas de un cortés *por favor*. En situaciones más espontáneas, cuando se desea una reacción inmediata, a la forma de orden se le antepone el adversativo *pero*, o una interjección de estímulo: *anda, venga, vamos.*
7. Esta exclamación puede completarse con un infinitivo (*comer, estudiar*) o con un sustantivo (*¡A la cama!*). Se usa para órdenes muy directas, para invitar a acciones (*¡A comer!*), pero siempre en una situación de familiaridad.
9 y 10. Ver nota al n. 1.

1, 4, 9 and 10. The most basic way of telling someone to do something is to use the imperative form of the verb (if one is using *tú*) or the present subjunctive (if one is using the *usted* form). These forms are used in isolation or preceded by a polite *por favor* («please»). In more spontaneous situations, when one desires an immediate response, the order may be introduced by *pero* («but»), or an interjection of encouragement: *anda, venga, vamos* («come, come»).
7. This exclamation can be completed with an infinitive (*comer, estudiar* [«to eat, to study»]) or with a noun (*¡a comer!* [«let's eat!»]), provided the context allows for familiarity.
9 and 10. See note 1.

11. ¿Podrías (…)? (*)
12. ¿Querrías (…)? (*)
13. ¿Te importaría (…)? (*)
14. Le ordeno que (…). **R.**
15. Te mando que (…).
16. Te digo que (…).
17. Quiero que (…).
18. No te olvides de (…).
19. (…) Lo harás, ¿verdad?
20. ¿Lo harás o no lo harás? (*) **I.**
21. Es mejor que lo hagas.
22. Que lo hagas, te digo. **Enf.**
23. Ve, y (…). (*)

— AVANZADO —

24. ¿Tendrías algún inconveniente en (…)? (*)
25. ¿Querrías hacerme el favor de (…)?
26. Querría que (…).
27. Quisiera que (…).
28. Agradecería que (…).
29. Me gustaría que (…).
30. ¿Y si lo hicieras? (*) **Ir.**
31. Recuerda, no dejes de (…).
32. ¿Verdad que no te olvidarás de (…)?
33. ¿Querrás (…) de una puñetera vez? **V.**
34. ¡Alto! (*) **R.**
35. ¡Firmes! (*) **R.**
36. ¡Acate las ordenanzas! (*) **R.**

11. Could you (…)?
12. Would you like to (…)?
13. Would you mind (…)?
14. I order you to (…):
15. I order you to (…):
16. I'm telling you to (…).
17. I want you to (…).
18. Don't forget to (…).
19. (…). You'll do it, won't you?
20. Are you going to do it or aren't you?
21. It's best if you do it.
22. Do it, I tell you.
23. Go and (…).

— ADVANCED —

24. Would you mind awfully (…)?
25. Would you do me the favour of (…)?
26. I'd like you to (…).
27. I'd like you to (…).
28. I'd be grateful if (…).
29. I'd like you to (…).
30. What if you were to do it?
31. Remember without fail, (…).
32. You won't forget to (…), will you?
33. Will you (…) once and for all!
34. If you don't do it, (…).
35. Halt!
36. Attention!

11, 12, 13 y 24. Se trata de fórmulas adecuadas para ordenar algo, por cuanto se emiten como preguntas y, además, contienen un verbo modal: *poder, querer* o un giro indirecto: *importar, tener algún inconveniente (en)*.

20. Con esta pregunta, en apariencia inofensiva, y en relación con el tono en el que se emite, puede decirse a alguien que haga algo incluso en tono amenazador, como aludiendo a unas posibles consecuencias negativas para el interlocutor.

23. Esta construcción puede completarse con un imperativo (*ve y ponte a estudiar*), pero es usual también seguida de un presente (*ve, y compras […]*). Muy conocida es: *Ve, y le dices a (…) que (…)* que emplean, por ejemplo, las madres con sus hijos.

24. Ver nota al n. 11.

30. Con esta pregunta, en apariencia inofensiva, que parece casi una sugerencia, se le dice a alguien que haga algo. Incluso puede suponer amenaza, como aludiendo a unas posibles consecuencias negativas para el interlocutor.

34. Esta forma, procedente del adjetivo *alto/-a*, se usa como llamada a detenerse o a interrumpir una acción. Hay que recordar que existe el sustantivo *un alto* que, combinado con *hacer*, significa que uno se detiene o interrumpe lo que hacía; conocido es también el grupo *un alto en el camino*.

35. Esta forma, procedente del adjetivo *firme*, constituye una voz de mando, usada en el ejército cuando se les ordena a los soldados que se cuadren, es decir, que se queden quietos y erguidos, con los pies juntos. También existe: *¡A su sitio!*

36. El sustantivo *orden*, aparte de otros valores, es sinónimo de *mandato*. En cuanto a *ordenanza*, designa una disposición dictada por una autoridad para reglamentar algo; se usa más en plural. Los dos sustantivos, *orden* y *ordenanza*, se combinan con verbos como *dar, dictar; cumplir, acatar, obedecer; anular, revocar*.

11, 12, 13 and 24. These interrogative formulae are appropriate for ordering things. They incorporate modal verbs (*poder, querer* [«to be able, to want»]), or an indirect construction, (*importar, tener algún inconveniente en* [«to mind»]).

20. With this ostensibly inoffensive question, and depending on the tone of voice used, the order can be issued in a threatening manner, inferring that the consequences of not carrying it out may be negative.

23. This construction may me completed with an imperative (*ve y ponte a estudiar* [«go and do some studying»]), but it is frequently followed by the present tense of the verb (*ve y compras* [«go and buy»]). Very common, particularly with mothers addressing their children, is *ve, y le dices a (…) que (…)*, «go and tell (…) that (…).

24. See note 11.

30. With this ostensibly inoffensive question, and depending on the tone of voice used, the order can be issued in a threatening manner, inferring that the consequences of not carrying it out may be negative.

34. This form, deriving from the adjective *alto/a*, is used to tell someone to stop or to interrupt someone. The noun *alto* («halt») also exists, as in the expression *un alto en el camino* («a halt on the road»).

35. This form, derived from the adjective *firme* («firm»), is a command used in the army to order soldiers to stand to attention. The form *¡a su sitio!* («to your places!») also exists.

36. **Refer to note in Spanish.**

37. ¡A ver si acabas de (...)! (*) **I.**

37. La expresión ¡A ver! tiene diversos valores: traduce interés, constituye una llamada de interés. Seguida de *si* condicional, introductor de una hipótesis, y con entonación final suspendida, es una forma de referirse a posibles hechos futuros. Si concluye con una frase con el verbo en segunda persona es un modo de conminar a alguien a hacer algo.

37. Let's see if you can (...) once and for all!

37. The form *a ver* has several meanings: it conveys interest and can be used to attract attention. Followed by a conditional construction beginning with *si* («if») and uttered with a slightly protracted intonation, it is a means of referring to future possibilities. If it concludes with a verb in the second person it constitutes an invitation to the listener to do something.

95. DECIR A ALGUIEN QUE NO HAGA ALGO

95. TELLING SOMEONE NOT TO DO SOMETHING

— ELEMENTAL

1. ¡No (...)! (*)
2. No hagas (...).
3. ¡No lo hagas!
4. Por favor, no (...). (*)
5. Pero dime, ¿no lo harás, no?
6. ¿Puede usted (...)?
7. ¡Anda, no (...)! (*) **I.**
8. ¡Pero no (...)! (*) **I.**
9. ¡Basta! (*)
10. ¡Basta ya! (*) **Enf.**
11. ¡No, no, déjalo!

— BASIC

1. Don't (...)!
2. Don't do (...)!
3. Don't do it !
4. Please, don't (...)!
5. But tell me, you won't do it, will you?
6. Can you (...).
7. Come on now, don't (...)!
8. But don't (...)?
9. That's enough!
10. That's quite enough!
11. No, no, leave it!

— INTERMEDIO

12. ¡Podrías no (...)? (*)
13. ¡Querrías no (...)? (*)
14. ¿Te importaría no (...)? (*)
15. Le ordeno que no (...). **R.**
16. Te mando que no (...).
17. Te digo que no (...).
18. Quiero que no (...).
19. No te olvides de no (...).

— INTERMEDIATE

12. Could you not (...)?
13. Would you mind not (...)?
14. Would you mind not (...)?
15. I'm telling you not to (...).
16. I'm telling you not to (...)
17. I'm telling you not to (...)
18. I don't want you to (...).
19. Don't forget not to (...).

1, 4, 7 y 8. El modo más elemental de decir a alguien que no haga algo consiste en emitir una forma imperativa (presente de subjuntivo). Esta forma se usa aislada o precedida de un cortés *por favor*. En situaciones más espontáneas, cuando se desea una reacción inmediata, a la forma de orden se le antepone el adversativo *pero*, o una interjección de estímulo: *anda, venga, vamos*.

9 y 10. El verbo *bastar* equivale a *llegar, alcanzar* o *ser suficiente*. Es corriente su uso en tercera persona con valor impersonal (*basta con que me lo expliques una vez*). La forma ¡Basta! tiene carácter interjectivo. Con entonación exclamativa supone la orden de interrumpir lo que el interlocutor estaba diciendo o haciendo.

12, 13, 14 y 29. Se trata de fórmulas educadas de ordenar algo, por cuanto se emiten como preguntas y, además, contienen un verbo modal: *poder, querer*, o un giro indirecto: *importar, tener algún inconveniente (en)*.

1, 4, 7 and 8. The most basic way of telling someone to do something is to use the imperative form of the verb (if one is using *tú*) or the present subjunctive (if one is using the *usted* form). These forms are used in isolation or preceded by a polite *por favor* («please»). In more spontaneous situations, when one desires an immediate response, the order may be introduced by *pero* («but»), or an interjection of encouragement: *anda, venga, vamos* («come, come»).

9 and 10. The verb *bastar* is equivalent to *llegar, alcanzar* or *ser suficiente* in the sense of «to be equal to». Its use is common in the third person in impersonal constructions (*basta con que me lo expliques una vez* [«one explication is sufficient»]) It is used as an interjection in the form of ¡basta! («enough!»). As an exclamation, its function is to stop what the other person is saying or doing.

12, 13, 14 and 29. These interrogative formulae are appropriate for ordering things. They incorporate modal verbs (*poder, querer* [«to be able, to want»]), or an indirect construction, (*importar, tener algún inconveniente en* [«to mind»]).

120

20. ¿Lo harás o no lo harás? (*) **I.**
21. (...). ¿No lo harás, verdad?
22. Es mejor que no lo hagas.
23. Que no lo hagas, te digo.
24. ¡No, por Dios! **Enf.**
25. ¡No siga!
26. ¡Déjelo como está!
27. ¿Cuántas veces te he dicho que no (...) **Enf.**
28. Ve, y no (...). (*)

— AVANZADO —

29. ¿Tendrías algún inconveniente en no (...)? (*). **Ir.**
30. ¿Querrías hacerme el favor de no (...)?
31. Querría que no (...).
32. Quisiera que no (...).
33. Agradecería que no (...).
34. No me gustaría que (...).
35. ¿Y si no lo hicieras? (*) **Ir.**
36. Recuerda, deja de (...).
37. ¿Querrás no (...)?
38. Si lo haces, (...). **Enf.**
39. ¡Alto! (*) **R.**
40. No te metas en lo que no te importa. **I.**
41. ¡Déjalo! No es de tu incumbencia. (*) **F.**
42. No te incumbe. (*) **F.**
43. ¡Que no sepa yo que lo has hecho! (*) **R.**

---

20. Con esta pregunta, en apariencia inofensiva, y en relación con el tono en que se emite, puede decirse a alguien que no haga algo incluso en tono amenazador, como aludiendo a unas posibles consecuencias negativas para el interlocutor.
28. Esta construcción puede completarse con un presente de subjuntivo (ve, y no hagas el tonto).
29. Ver nota al n. 12.
35. Con esta pregunta, en apariencia inofensiva, que parece casi una sugerencia, se le dice a alguien que no haga algo. Incluso puede suponer amenaza, como aludiendo a unas posibles consecuencias negativas para el interlocutor.
39. Esta forma, procedente del adjetivo *alto/-a*, se usa como llamada a detenerse o a interrumpir una acción. Hay que recordar que existe el sustantivo *un alto* que, combinado con *hacer*, significa que uno se detiene o interrumpe lo que hacía; conocido es también el grupo *un alto en el camino*.
41 y 42. El verbo *incumbir* es sinónimo de *corresponder, competer, concernir*. Con ellos se expresa que es obligación o responsabilidad de alguien llevar a cabo ciertas tareas o funciones. Para expresar lo mismo se usan los sustantivos *incumbencia* y *competencia*.
43. Se trata de una forma indirecta de decir a alguien que no haga algo, pues, al decir que uno no conviene que se entere de ello, lo que se hace, en realidad, es amenazar. La usan los mayores con los más jóvenes o el que está en una situación de mucha superioridad sobre otro.

---

20. Are you or are you not going to do it?
21. (...). You won't do it, will you?
22. It's best if you don't do it.
23. Don't do it, I tell you.
24. Don't, for Heaven's sake (...).
25. Stop now!
26. Leave it as it is!
27. How many times have I told you not to (...).
28. Go, and don't (...).

— ADVANCED —

29. Would you mind not (...)?
30. Would you do me the favour of not (...)?
31. I'd like you not to (...).
32. I'd like you not to (...).
33. I'd be grateful if you didn't (...).
34. I wouldn't like you to (...).
35. Don't do it, okay?
36. Remember, don't (...).
37. Will you please (...)?
38. If you do it (...).
39. Halt!
40. Don't poke your nose into other people's business.
41. Leave it. It doesn't concern you.
42. It doesn't concern you.
43. Don't let me find out that you've done it!

---

20. With this ostensibly inoffensive question, and depending on the tone of voice used, the order can be issued in a threatening manner, inferring that the consequences of not carrying it out may be negative.
28. This construction can be completed with a verb in the present subjunctive (*ve, y no hagas el tonto* [«go, and stop acting the fool»]).
29. See note 12.
35. With this ostensibly inoffensive question, and depending on the tone of voice used, the order can be issued in a threatening manner, inferring that the consequences of not carrying it out may be negative.
39. This form, deriving from the adjective *alto/a*, is used to tell someone to stop or to interrupt someone. The noun *alto* («halt») also exists, as in the expression *un alto en el camino* («a halt on the road»).
41 and 42. The verb *incumbir* is synonymous with *corresponder, competer, concernir* («to concern»). These verbs are used to indicate a responsibility for certain tasks or functions. The nouns *incumbencia* and *competencia* («competence») are also used.
43. This is an indirect way of telling someone not to do something since the reference to not finding out contains a veiled threat. The tone that accompanies this construction is indicative of a hierarchical relationship, such as an adult addressing a child or a superior instructing a subordinate.

96. ANIMAR A ALGUIEN A HACER ALGO

— ELEMENTAL —

1. ¡Ánimo!
2. ¡Adelante!
3. ¡(…), (…)! (*)
4. ¡Anímate a (…)!
5. ¡Continúa!
6. ¡Sigue!
7. ¡Ánimo, continúa, sigue!
8. ¡Sigue, sigue!
9. ¡No pares!
10. ¡Qué bien, muy bien!
11. ¡Andando! **I.**
12. ¡Hala! (*) **I.**
13. ¡Hala, hala! (*) **I.**
14. ¡Arriba!
15. ¡Vamos!
16. ¡Vayamos!
17. ¡Hagámoslo!
18. ¡Venga, venga! (*) **I.**

— INTERMEDIO —

19. ¡Anda, anda! (*)
20. Tú puedes hacerlo.
21. ¡No te detengas!
22. ¡Ya falta poco!
23. ¡Continúa, así vas bien!
24. Un poco más y ya estará.
25. ¿Vas a dejarlo cuando falta tan poco?

— AVANZADO —

26. ¡Tira, tira! (*) **I.**
27. Si sigues así, llegarás muy lejos.

---

3. Ordenar, animar, aconsejar son acciones que se expresan mediante un imperativo, si se habla de *tú*, o un presente de subjuntivo, si se habla de *usted*. La presencia de un cortés *por favor* atenúa la dureza.
12 y 13. *Hala* es una interjección propia que expresa valores muy variados. Muy a menudo se usa como fórmula de estímulo, pero puede traducir el sentimiento ante algo exagerado, increíble.
18. La forma de subjuntivo de *venir, venga,* tiene valor interjectivo y se utiliza para diferentes funciones, como mostrar una cierta incredulidad ante lo que ha dicho el interlocutor, a exigir una cierta prisa en el que escucha. A veces, si se emite repetida, se acompaña con un gesto de la palma de la mano.
19. La forma exclamativa ¡*Anda!* es polivalente. Muy a menudo se usa como fórmula, pero puede traducir el sentimiento de sorpresa admirativa y también de incredulidad.
26. El verbo *tirar* tiene una rica significación. Uno de sus valores, familiar, es el de ir o seguir en una dirección. En forma de exclamación sirve para animar a alguien a proseguir con lo que estaba haciendo. Puede completarse con el adverbio *adelante*. De hecho, el verbo *seguir,* en la forma *sigue,* cumpliría la misma función.

96. ENCOURAGING SOMEONE TO DO SOMETHING

— BASIC —

1. Come on!
2. Go ahead!
3. (…), (…)!
4. Go ahead and (…)!
5. Keep going!
6. Keep on!
7. Come on, keep going, keep it up!
8. Keep going, keep going!
9. Don't stop!
10. Great, very good!
11. Keep it up!
12. Come on!
13. Come on, come on!
14. Hooray!
15. Let's go!
16. Let's go!
17. Let's do it!
18. Come on, come on!

— INTERMEDIATE —

19. Come, come!
20. You can do it.
21. Don't stop!
22. You're almost there!
23. Keep going, you're doing fine!
24. Not long to go now!
25. You're not going to give up now you're so close to the end!

— ADVANCED —

26. Keep going, keep going!
27. If you keep this up, you'll go far.

---

3. The most basic way of telling someone to do something is to use the imperative form of the verb (if one is using *tú*) or the present subjunctive (if one is using the *usted* form). These forms are used in isolation or preceded by a polite *por favor* («please»), which softens the effect of the imperative.
12 and 13. *Hala* is a distinctive expression with a variety of functions. It is often used to exhort, but can also convey a response to something incredible or excessive.
18. *Venga,* the subjunctive of the verb *venir,* («to come»), is used as an interjection for a variety of purposes, from indicating a degree of incredulity in response to a speaker's words, to encouraging the listener to make haste. Occasionally, especially when it is repeated, *venga* is reinforced with a gesture with the palm of the hand.
19. The exclamation ¡*anda!* has many functions. Apart from formulaic usage, it can convey amazement and incredulity.
26. The verb *tirar* has a variety of meanings, including «to continue in a particular direction». As an exclamation it is an encouragement to someone to continue what he is doing. It can be followed by the adverb *adelante* («ahead»). The imperative *sigue,* from the synonymous verb *seguir,* is used in much the same way.

28. Como tú, nadie. (*)
29. Demuéstranos quién eres.
30. No cejes en tu empeño.
31. Tenemos cifradas en ti todas nuestras esperanzas.
32. ¡Va, decídete, hombre!
33. Ya verás, lo peor es empezar, pero después (...).
34. Vamos, hazlo, ¿no ves que es tan fácil?
35. ¡Andando, que es gerundio! (*) **I.**
36. ¡Aúpa! (*) **R.**
37. ¡Upa! (*) **R.**

---

28. La frase supone una comparación: *no hay nadie como tú*. Esta forma de elogiar, parecida a *eres el mejor*, se utiliza para animar a alguien a que haga algo o a que siga haciéndolo. La misma estructura presenta la frase *de buena mañana, nada como un chocolate con churros*.
35. El gerundio tiene un valor como forma de orden (*¡ya te estás callando!, ¡Vete cerrando las puertas!*). La forma *¡andando!* incita, en su pleno sentido, a ponerse en movimiento o tan sólo a iniciar una actividad. Se le ha añadido la coletilla algo pedante de *que es gerundio*. De hecho, es similar a *¡En marcha!*
36 y 37. Las exclamaciones ¡Aúpa! y ¡Upa!, equivalentes a ¡Arriba!, animan a la acción de levantar algo. Con la locución *de aúpa*, que acompaña a un sustantivo, se pondera algo: *una borrachera de aúpa*. Existe el verbo derivado *aupar*.

97. INTENTAR PERSUADIR A ALGUIEN A HACER ALGO

— ELEMENTAL

1. ¡Inténtalo!
2. ¡Convéncete!
3. ¿Por qué no lo intentas?

— INTERMEDIO

4. ¿Por qué no tratas de hacerlo?
5. Venga, hazlo; o ahora o nunca. **Enf.**
6. No lo dude, decídase.
7. ¡Déjate convencer!
8. ¡Desengáñate! Es lo que te conviene.
9. No es que quiera convencerte, pero deberías hacerlo.
10. Cuando lo pruebe, lo comprará. **R.**
11. Pruébelo y se convencerá. **R.**

— AVANZADO

12. Si finalmente vienes, te convencerás de que es así.

---

28. There's nobody like you.
29. Show us what you're made of?
30. Don't weaken your resolve.
31. We've placed all our hopes in you.
32. Come on, put your mind to it!
33. You'll see, starting is the worst part, but then (...).
34. Come on, do it, can't you see how easy it is?
35. Come on, get down to it!
36. Upsa-daisy!
37. Upsa-daisy!

---

28. This expression implies a comparison: «there is nobody like you». This form of praise, similar to *eres el mejor* («you're the best»), is used to encourage someone to do, or continue doing, something. The same construction is used in phrases such as *de buena mañana, nada como un chocolate con churros* («first thing in the morning, there's nothing quite like chocolate and doughnuts»).
35. The gerund can be used as an alternative imperative (*¡ya te estás callando!* [be quiet!]; *¡vete cerrando las puertas!* [«go and shut the doors!»]). The form *andando*, in its fullest sense, is an exhortation to get moving or simply initiate an activity. The rather pedantic appendage *que es gerundio* can be added. The expression *¡en marcha!* is similar in meaning to *¡andando!*
36 and 37. The exclamations *¡aúpa!* and *¡upa!*, equivalent in meaning to *¡arriba¡* are used to encourage others in the operation of lifting a heavy object. The expression *de aúpa* is used with nouns as an intensifier: *una borrachera de aúpa* («one hell of a skilful of drink»). The verb *aupar* is a derivative.

97. ATTEMPTING TO PERSUADE SOMEONE TO DO SOMETHING

— BASIC

1. Try it!
2. Believe me (you should do it)!
3. Why don't you try it?

— INTERMEDIATE

4. Why don't you try to do it?
5. Come on, do it; it's now or never.
6. Don't hesitate, make up your mind.
7. You know you should do it!
8. Wise up! It's in your own interest!
9. I'm not trying to make your mind up for you, but you ought to do it.
10. When you try it, you'll buy it.
11. Try it and you'll be convinced.

— ADVANCED

12. If you finally come, you'll be convinced that that's the way it is.

13. ¡Métetelo en la cabeza, tienes que hacerlo! (*) **I.**
14. (...) es una razón convincente para que (...).
15. ¿No te seduce la idea de (...)?
16. Si no lo pruebas, no sabrás lo que es bueno.
17. ¡Convénzase, como (...) no hay otro! **R.**
18. Mira que es una ocasión única para (...).
19. Si no (...) ahora, luego no lo harás.
20. Hacerlo sólo puede reportarte ventajas.
21. Hazlo, anda. ¡Si lo estás deseando! (*) **I.**
22. ¿No tenías tantas ganas de (...)? ¡Pues ahora es la tuya! (*) **I.**
23. Yo, que tú, lo haría. Que luego no digan que no sabes. (*) **Enf.**
24. Otros lo hacen. ¿Vas a ser tú menos? (*) **I.**

---

13. Con el verbo *meter* y el sustantivo *cabeza* existen dos construcciones de significado diferente. Por una parte, *metérsele a alguien algo en la cabeza* alude a que una idea fija se apodera de una persona, obsesivamente. Por otra, y con carácter activo, *meterse alguien algo en la cabeza* alude a que se convence de ello. Suele usarse en segunda persona, como consejo u orden.
21. La forma exclamativa *¡anda!* es polivalente. Característico de ella es el valor de estímulo insistente. En conjunto, esta frase se usa cuando uno ve que el interlocutor desea hacer algo pero se contiene; es una invitación a que no se resista a sus propios deseos, casi como un permiso.
22. Esta frase se usa cuando el locutor sabe que alguien desea hacer algo; es una invitación a que no se contenga. La construcción *ahora/ésta es la (...)*, completada con un posesivo, se refiere a la oportunidad favorable que se estaba buscando y que se ha encontrado.
23. *Yo que tú* y *yo en tu lugar* encabezan una frase con verbo en condicional, puesto que son equivalentes a *si yo fuera tú*. Al decir esta frase se reta al interlocutor a que haga algo. No hacerlo provocaría que los demás opinaran que no sabe hacerlo.
24. Con esta frase casi se reta al interlocutor a que haga algo que no se atreve a hacer, haciéndole ver que no hacerlo le coloca en una situación de inferioridad respecto a los demás.

---

98. INSISTIR A ALGUIEN EN ALGO

— ELEMENTAL —

1. ¡(...), por favor! (*)
2. ¡(...), (...)! (*).
3. ¡Toma, toma!
4. ¡Coge, por favor!
5. ¡Venga, ya! (*) **I.**

1 y 2. Ordenar, aconsejar, insistir son acciones que se expresan mediante un imperativo, si se habla de *tú*, o un presente de subjuntivo, si se habla de *usted*. La presencia de un cortés *por favor* atenúa la dureza. La repetición del verbo supone un refuerzo del énfasis, insistencia.

---

13. Get it into your head that you've got to do it!
14. (...) is a convincing reason to (...).
15. Doesn't the idea of (...) appeal to you?
16. If you don't try it, you'll be missing out on something good.
17. Believe you me, there's nothing like (...)!
18. Look, it's a unique opportunity for (...).
19. If you don't (...) now, you'll never do it.
20. Doing it can only work to your advantage.
21. Go on, do it You know you really want to!
22. Weren't you dying to (...)? Well, now's the time!
23. If I were you, I'd do it. Don't let them say you don't know how.
24. Other people are doing it. Are you going to be left out?

---

13. There are two expression with the verb *meter* and the noun *cabeza*: *metérsele a alguien algo en la cabeza* refers to «having a bee in one's bonnet», or succumbing to an obsessive idea. On the other hand, *meterse alguien algo en la cabeza* refers to «getting something into one's head», in other words allowing oneself to become convinced. The latter is often used in the second person in the form of an instruction or piece of advice.
21. The exclamation *¡anda¡* has a number of functions, prominent among which is that of an insistent form of encouragement. In general terms, the expression is used when one perceives that the listener is reluctant to do something which he earnestly wishes to do: as an exhortation to give in to a desire, it is virtually an expression of permission.
22. This expression is used when one perceives that the listener is reluctant to do something which he earnestly wishes to do: as such it is an exhortation to give in to a desire. The construction *ahora/ésta es la (...)*, followed by a possessive, refers to the arrival of the favourable moment for which the listener has been waiting.
23. *Yo, que tú*, and *yo, en tu lugar* introduce a conditional clause, in the same way as *si yo fuera tú* («if I were you»). These expressions constitute a challenge to the listener to do something. Not to do so would invite others to conclude that the listener is unable to perform the action.
24. This expression constitutes a challenge to the listener to do what he does not dare to do, by indicating to him that failure to do so will leave him in a situation of inferiority with respect to other people.

---

98. INSISTING ON SOMETHING

— BASIC —

1. (...), please!
2. (...), (...)!
3. Here, here!
4. Take one, please!
5. Come on now!

1 and 2. Ordering, encouraging and advising are actions which are expressed though the imperative form of the verb (if one is using *tú*) or the present subjunctive (if one is using the *usted* form). The use of the polite *por favor* («please») softens the effect of the imperative. The repetition of the verb conveys insistence.

6. ¡Hale, hale! (*) **I.**
7. ¡Va, un poco más!
8. ¡Vamos! ¿No ves que (...)?
9. ¿Quieres más, (...)?
10. ¿Por qué no quieres más?

— INTERMEDIO

11. Insisto en que (...).
12. Te repetiré una y mil veces que debes (...). **Enf.**
13. Te lo repetiré insistentemente hasta que (...).
14. No me cansaré de repetirte que (...).
15. (...), ya te lo he dicho muchas veces.
16. Perdone mi insistencia, pero creo que debe (...).
17. ¡Anda, (...), que es por tu bien! (*) **R.**

— AVANZADO

18. Insisto en ello.
19. (...) Mira que si no me enfadaré. (*)
20. Me enfadaré si no (...).
21. Mira que me enojaré, ¿eh? (*)
22. No te hagas (de) rogar. (*)
23. (...), por favor. ¡Ya está bien! **I.**
24. Te recalco que (...), ¡pruébalo!
25. Estoy empeñado en que (...).
26. Le ruego encarecidamente que (...). **F.**
27. Insistiré hasta convencerte de que (...).
28. Perdona mi pesadez, pero recuerda que (...).
29. No quiero ser insistente, pero (...).

---

5. *Venga* y *va* son formas verbales que se han fijado en un valor interjectivo. Así combinadas constituyen una forma de insistir para que el interlocutor actúe en algún sentido.
6. *Hale/Hala* es una interjección propia que expresa valores muy variados. No hay que confundirla con el imperativo del verbo *halar*, usado en gran parte de Hispanoamérica. Traduce el sentimiento ante algo exagerado o, simplemente, una forma de apremio, sobre todo repetida.
17. Con esta frase se pretende convencer al interlocutor de que haga algo que parece evitar. Se le da como razón un argumento: lo que haga le será provechoso. Esta fórmula se usa muy a menudo casi para suplicar que coman los niños o los enfermos que se resisten a hacerlo.
19 y 21. El imperativo de *mirar*, además de un valor de interjección, va acompañado de *que/lo que/a ver*. Puede invitarse al que escucha a que se haga una idea de lo que se dice *(mira que me enfado)*, invitársele a que actúe con cuidado *(mira a ver cómo lo coges, no lo rompas)*. Al *que* le puede seguir un *si* introductor de hipótesis. El verbo *enojar*, en muchas zonas de Hispanoamérica, es tan corriente como en España lo es *enfadar*.
22. La construcción *hacerse (de) rogar* significa que alguien no accede a algo sin que los demás le insistan mucho. Esta actitud es propia de personas indecisas o de personas que creen que los demás viven pendientes de ellas.

---

6. Go on, go on!
7. Go on, a bit more!
8. Come, come! Can't you see that (...)?
9. Do you want more (...)?
10. Why don't you want any more?

— INTERMEDIATE

11. I insist that (...).
12. I'll tell you over and over again that you must (...).
13. I'll tell you over and over again until (...).
14. I'll never tire of telling you that (...).
15. (...), I've already told you many times.
16. Forgive me for insisting, but I thing you must (...).
17. Come on, (...), you know it's for your own good!

— ADVANCED

18. I insist.
19. (...). I'll be cross if you don't.
20. I'll be cross if you don't (...).
21. Look, I'll be cross, understand?
22. Don't play hard to get.
23. (...), please. Enough's enough!
24. I tell you emphatically that (...), try it!
25. I'm determined to (...).
26. I beg you most earnestly to (...).
27. I'll persist until I've convinced you that (...).
28. Forgive me for being tedious, but remember that (...).
29. I don't want to insist, but (...).

---

5. *Venga* and *va* are verbal forms which have become fixed as interjections. In combination they constitute a means of insisting that the listener behaves in a particular way.
6. *Hala* is a distinctive expression with a variety of functions. It is often used to exhort someone to hurry up, particularly when repeated, but can also convey a response to something incredible or excessive. It should not be confused with the imperative of the verb *halar*, widely used in Spanish America.
17. With this expression one aims to convince the listener that he should do something which he is trying to avoid, on the grounds that what he should do is advantageous to him. This expression is often used to encourage children or invalids to eat.
19 and 21. The imperative of the verb *mirar* («to look») is often simply a way of attracting the listener's attention. If *mira* is followed by *de que*, however, this is a way of inviting the listener to visualise what the speaker is saying. If, in addition, the listener is being advised to proceed with caution, the construction *mira a ver lo que* (...) («watch out what [...]») may be used. The relative *que* may be followed by *si* introducing a hypothesis. The verb *enojar* is widely used in Spanish America as an alternative *enfadar* («to get angry»).
22. The construction *hacerse (de) rogar* indicates that the listener is only prepared to concede to a request if the person making it is very insistent. Such an attitude is characteristic of indecisive or arrogant individuals.

30. Quiero hacer hincapié en (…). (*)
31. No quiero ser machacón, pero (…). (*)
32. El que la sigue la consigue. (*) **FH.**
33. A Dios rogando y con el mazo dando. (*) **FH.**

---

30. La construcción *hacer hincapié en algo* se refiere a la insistencia con la que uno se refiere a algo. El sustantivo compuesto *hincapié* comporta la idea de asegurar el pie en algún sitio.
31. El verbo *machacar* alude a la acción de aplastar algo con golpes. En sentido figurado equivale a *insistir*. La persona *machacona* es la que resulta pesada de tanto repetir siempre lo mismo.
32. Probablemente este refrán procede del ámbito de la caza, pues el verbo *conseguir* alterna con *matar*. Hace referencia a la constancia como garantía para obtener los fines propuestos.
33. Este refrán, documentado ya en el siglo XVI, viene a decir que no hay que limitarse a esperar la ayuda divina, sino hacer lo que está en nuestras manos para conseguir los fines que nos proponemos.

30. I want to stress that (…).
31. I don't want to go on and on about it, but (…).
32. Perseverance pays off in the long run.
33. God helps those who help themselves.

---

30. The construction *hacer hincapié en algo* indicates the insistence with which someone refers to something. The compound noun *hincapié* refers to the careful placing of the foot on firm ground.
31. The verb *machacar* («to crush») is used figuratively for a person who is very insistent. *Machacón* is the adjective applied to such people.
32. This expression (lit. «he who keeps going gets what he wants») is probably derived from hunting, since the verb *matar* («to kill») can replace *conseguir* («to achieve»).
33. This proverb (lit. «Praying to God and pounding away»), documented in the 16th century, encourages the listener to rely on his own efforts, and not exclusively on divine assistance, to achieve his goals.

99. SOLICITAR ALGO DE ALGUIEN

99. REQUESTING SOMETHING FROM SOMEONE

— ELEMENTAL —

1. ¿Puede (…)?
2. Solicito (…).
3. Le solicito (…).
4. Le pido (…).

— INTERMEDIO —

5. Te pido que (…).
6. Solicito que (…).
7. Le ruego que (…).
8. Le suplico que (…).
9. ¿Le importaría (…)?
10. ¿No le molestaría (…)?
11. ¿Podría usted (…)?

— AVANZADO —

12. Querría que (…).
13. ¿Le importaría que (…)?
14. ¿No le molestaría que (…)?
15. Me gustaría pedirle que (…).
16. Quisiera pedirle que (…).
17. Me gustaría si usted pudiera (…).
18. Si fuera tan amable, le agradecería que (…). **F.**
19. Le imploro que (…). **R.**
20. Le urjo a que (…). **R.**
21. La presente es para solicitar de usted (…). (*) **E.**

— BASIC —

1. Can you (…)?
2. I wish to ask for (…).
3. I wish to request from you (…)
4. I wish to ask you for (…).

— INTERMEDIATE —

5. I'm asking you to (…).
6. I'm asking that (…).
7. I request that you (…).
8. I beg you to (…).
9. Would you mind (…).?
10. You wouldn't mind (…)?
11. Could you (…)?

— ADVANCED —

12. I'd like you to (…)?
13. Would you mind if (…)?
14. You wouldn't mind if (…)?
15. I'd like to ask you to (…).
16. I'd like to ask you to (…).
17. I'd be glad if you could (…).
18. If you'd be so kind, I'd be grateful if you (…).
19. I beseech you to (…).
20. I urge you to (…).
21. I am writing to ask you for (…).

---

21. En esta frase hay omisión del sustantivo *carta*. Del mismo modo, en el lenguaje administrativo, *presente* y *corriente* aluden con mucha frecuencia al mes en curso.

21. This is an elliptical expression from which the noun *carta* («letter») has been omitted. Similar examples of administrative terms are *presente* and *corriente* which allude to the current month, («inst.»).

22. Solicito de usted tenga a bien (…). (*) **E.**
23. La presente instancia es para (…). **E.**

22. Dado que se trata de un texto escrito a alguien de categoría del que se solicita algo, se emplea la fórmula cortés *tener a bien*, seguida de un infinitivo, con la que se invita a hacer algo. El verbo *dignarse* podría ocupar su lugar.

22. I should be grateful if you would be kind enough to (…).
23. I am writing to you to request (…).

22. Given that the context of such an expression is a letter to someone of importance to whom a request is being made, the courteous formula *tener a bien*, followed by an infinitive, is used. The verb *dignarse* could be used instead.

100. SUGERIR ALGO A ALGUIEN

100. MAKING A SUGGESTION TO SOMEONE

ELEMENTAL

1. Sugiero (…).
2. Te lo sugiero.
3. Podrías (…).
4. Quiero hacer una sugerencia: (…).

INTERMEDIO

5. Te sugiero que (…).
6. Por cierto, ¿por qué no (…)?
7. ¿Te parece que (…)?
8. ¿A ti qué te parece si (…)?
9. Si te parece, podrías (…).
10. ¿No te gustaría (…)?
11. ¿No te importaría (…)? (*) **Ir.**
12. Voy a darte una idea. ¿Por qué no (…)?
13. ¿Qué me dices de (…)?
14. ¿No se te ha ocurrido (…)?
15. ¿Verdad que no te molestará que te haga una sugerencia: (…)?

AVANZADO

16. ¿Y si (…)? (*)
17. Te sugeriría que (…).
18. ¿Qué te parecería si (…)?
19. ¿Y si probáramos (…)?
20. Y hablando de (…), ¿por qué no (…)?
21. Y ahora que lo dices, ¿no te gustaría (…)?
22. A propósito, ¿no te gustaría (…)?
23. Si admite una sugerencia, le diré que (…).
24. Las sugerencias del día son (…). (*) **R.**
25. Quisiera apuntar la necesidad de (…). **F.**
26. Aquí tiene (…) más sugerentes. **R.**

11. Se trata de una fórmula educada de ordenar algo, por cuanto se emite como pregunta y, además, contiene un verbo modal: *poder, querer* o un giro indirecto: *importar, tener algún inconveniente*.
16. Una forma de sugerir es emitir un enunciado condicional bajo una forma interrogativa. Si la frase se completara, el verbo podría ir tanto en presente de indicativo como en pretérito imperfecto de subjuntivo.
24. El sustantivo *sugerencia* es sinónimo de *insinuación*. Si se califican de diarias es porque se trata de ofertas comerciales que incitan al comprador; por ejemplo, las de un restaurante o un supermercado.

BASIC

1. I suggest (…).
2. I put it to you as a suggestion.
3. Could you (…)?
4. I want to make a suggestion: (…).

INTERMEDIATE

5. I suggest to you that (…).
6. Incidentally, why don't (…)?
7. What do you think about (…)?
8. How would you feel about (…)?
9. If you think it's a good idea, you could (…)?
10. Wouldn't you like to (…)?
11. You wouldn't mind (…)?
12. I have an idea. Why not (…)?
13. How do you feel about (…)?
14. Hasn't it occurred to you that (…)?
15. You won't mind if I make a suggestion, will you?: (…).

ADVANCED

16. What if (…)?
17. I would suggest to you that (…).
18. How would you feel if (…)?
19. What if we were to try (…)?
20. And, talking about (…), why not (…)?
21. Now that you mention it, wouldn't you like to (…)?
22. By the way, wouldn't you like (…)?
23. If I can make a suggestion, how about (…)?
24. The chef recommends/ Today's speciality is (…).
25. I'd like to point out the necessity of (…).
26. Here are some more attractive (…).

11. This interrogative formula is appropriate for a making polite suggestion. I may be used with modal verbs (*poder, querer* [«to be able, to want»]), or an indirect construction, (*importar, tener algún inconveniente en* [«to mind»]).
16. One method of making a suggestion is to use a conditional construction in the interrogative form. If the phrase is completed, the verb will be in the present indicative or imperfect subjunctive.
24. The noun *sugerencia* («suggestion») is synonymous with *insinuación*. The adjective *diarias* indicates that the suggestions are directed at potential customers, in a supermarket or restaurant.

101. PROMETER O JURAR ALGO

ELEMENTAL

1. Te prometo (...).
2. Te lo prometo.
4. Te prometo que (...).
5. Juro (...).
6. Te lo juro.
7. Te juro que (...).
8. ¡Prometido! (*)

INTERMEDIO

9. Te prometo que es así. **Enf.**
10. Me comprometo a (...).
11. Te aseguro que (...).
12. Puedo prometer y prometo que (...). (*)
13. Tranquilo, cumpliré mi promesa.
14. Palabra de honor. (*) **FH.**

AVANZADO

15. Te doy palabra de que (...).
16. Te doy mi palabra.
17. Yo tengo palabra.
18. (...), palabra de caballero. **R.**
19. Lo haré sin falta. (*)
20. Te hago la promesa de (...).
21. Lo prometido es deuda. (*) **FH.**
22. Soy fiel a mis promesas.

8. Este participio del verbo *prometer* se usa, aislado, para expresar con énfasis que se promete algo. Puede suponerse la elipsis de un verbo como *estar* o *quedar*.
12. La repetición de un elemento es un medio de obtener expresividad. Si se desea enfatizar una promesa, puede decirse: *lo prometo, lo prometo*. Existe también la posibilidad de *como prometer, lo prometo*. La redundancia obtenida con un auxiliar como *poder* o *querer* es muy antigua, pues ya es frecuente en los escritos de Santa Teresa de Jesús (s. XVI).
14. Este grupo nominal, o su versión corta ¡*palabra!*, constituye una exclamación con la que se asegura con fuerza una promesa. Está elíptico el verbo *dar* y un pronombre posesivo (*mi, tu, su*).
19. El sustantivo *falta* es sinónimo, por un lado, de *ausencia* y, por el otro, de *defecto*. Con la locución *sin falta* se expresa seguridad, de modo que es una forma de hacer énfasis en una promesa.
21. Se trata de una frase tradicional por la que se habla de la obligación de cumplir aquello que se ha prometido. *Deuda* es el sustantivo relacionado con el verbo *deber*.

101. PROMISING OR SWEARING TO DO SOMETHING

BASIC

1. I promise you (...).
2. I promise.
3. I promise you that (...).
4. I swear (...).
5. I swear to it.
6. I swear to you that (...).
7. It's a promise!
8. I promise you that's how it is.

INTERMEDIATE

9. I undertake to (...).
10. I assure you that (...).
11. I can and do assure you that (...).
12. Don't worry, I'll keep my word.
13. On my word of honour.
14. I give you my word that (...).

ADVANCED

15. I give you my word.
16. I'm a man of my word.
17. I give you the word of a gentleman.
18. I tell you, (...).
19. I'll do it without fail.
20. I promise you I'll (...).
21. A promise is a promise.
22. I keep my promises.

8. This participle of the verb *prometer* («to promise») is used in isolation to express emphatically that one promises to do something. The ellipsis of a verb such as *estar* or *quedar* is implied.
12. The repetition of an element is one way of enhancing expression. If one wishes to underline a promise one can say: *lo prometo, lo prometo*. It is also possible to say *como prometer, lo prometo*. The redundancy achieved by the use of verbs such as *poder* and *querer* is long established, since there are frequent examples of such usage in the writings of Saint Teresa of Avila in the 16th century.
14. This noun phrase, and the shorter version ¡*palabra!*, constitute and exclamation by means of which a promise is made more emphatic. There is ellipsis of the verb *dar* and the possessive pronoun (*mi, tu, su*).
19. If one wishes to assure the listener that one will do something, the adverb *ya* can be used, since, followed by a verb in the future, it implies a promise: (*yo lo haré, no te preocupes* [«I'll do it, don't worry»]). However, if the verb were in the second person, it would constitute a threat or challenge (¡*ya me darás la razón!*, [«you'll see I'm right!»]).
The noun *falta* («absence» or «fault») is used in the expression *sin falta* to express an assurance. Hence it is used to lend weight to a promise.
21. This traditional saying (lit. «what is promised is a debt») alludes to the obligation to fulfil what one has promised to do. *Deuda* is a noun relted to the verb *deber* («to owe»).

23. (...) No tengo más que una palabra. (*)
24. Empeñé mi palabra; así que (...). (*) **F.**
25. Ya sabes que quedé en (...).
26. (...), llueva, truene o relampaguee. **I.**
27. Hago el juramento de (...). **R.**
28. No es hablar por hablar; me comprometo a (...). (*)
29. ¡A Dios pongo por testigo! **Enf.**
30. Te lo juro por mi madre. **R.**
31. ¡Por la salud de (...)! **R.**
32. ¡Por vida de (...)! **R.**
33. ¡Por mis muertos! (*)
34. ¡Por éstas! (*) **R.**
35. ¡Que me trague la tierra si no lo hago!

23. (...). You have my word on it.
24. I've given my word; so (...).
25. You know I agreed to (...).
26. (...) come rain, hail or shine.
27. I swear to (...).
28. I'm not just saying it; I undertake to (...).
29. God is my witness!
30. I swear by my mother.
31. On the health of (...)!
32. On the life of (...)!
33. On my graves of my ancestors!
34. On the Cross.
35. May the ground open up and swallow me if I fail to do it!

---

23. Esta frase, que no puede entenderse literalmente, significa que la promesa que se ha hecho (*dar alguien su palabra*) se cumplirá porque el que la hace es formal. Parecidas en la forma, pero muy diferentes en el significado, son: *tener unas palabras con alguien* (discutirse), *no tener palabras para* (no saber expresar un sentimiento).
24. El verbo *empeñar* significa depositar algo en préstamo a fin de obtener a cambio una cantidad de dinero, pero con intención de recuperarlo. *Empeñar la palabra* supone que uno se compromete a algo.
28. La frase *hablar por hablar,* a veces *hablar por no estar callado,* se refiere al acto de hablar, pero de cosas sin importancia, a una forma de hablar sin objeto. Precedida de un *no* sirve para realzar el interés de un tema. Aquí se trata de reforzar la autenticidad de una promesa.
33. Se trata de una fórmula de juramento muy enfática. En la actualidad es poco usada. Y en general sólo la usan los hablantes muy mayores.
34. Esta frase exclamativa tiene una parte elíptica, *que son cruces,* que desvela el objeto al que se refiere el demostrativo. La emisión de esta fórmula de juramento va acompañada de un gesto que consiste en cruzar los dedos índice y pulgar de una mano en forma de cruz. En la actualidad es poco conocida y poco usada.

23. This phrase, which must not be taken literally, means that the promise that has been give (*dar alguien su palabra*) will be fulfilled becuse the person concerned is reliable. Similar in form, but very different in meaning, are: *tener unas palabras con alguien* («to have words with someone»); *no tener palabras para* («to be at a loss for words»).
28. The phrase *hablar por hablar,* or *hablar por no estar callado* referes to the action of speaking of trivial matters, with no purpose. Preceded by *no* the interest of a particular matter is underlined. Here it is used to stress the genuineness of a promise.
33. This is a very emphatic form of oath, its use nowadays restricted to the very elderly.
34. This is an elliptical saying, which should be completed with *que son cruces* («which are crosses»). It constitutes an oath which is accompanied by the gesture of crossing the thumb and index finger to represent the crucifix to which verbal reference is made. It is little known or used today.

102. PREVENIR A ALGUIEN DE ALGO

102. WARNING SOMEONE OF SOMETHING

— ELEMENTAL —

1. ¡Cuidado! (*)
2. ¡Cuidado con (...)! (*)
3. Te lo advierto.
4. Quiero prevenirte de algo: (...).
5. ¡Cuidadito! (*) **I.**
6. Ten cuidado.

— BASIC —

1. Be careful!
2. Careful with (...)!
3. I'm warning you.
4. I want to warn you about something: (...).
5. Careful!
6. Take care!

1, 2 y 5. *¡Cuidado!* es una exclamación muy frecuente con la que se recomienda precaución. También va seguida de *con* y de un sustantivo: *cuidado con el perro,* y de un infinitivo: *cuidado con tomar las curvas muy cerradas.* La forma diminutiva *cuidadito,* en apariencia afectuosa, suele contener una velada amenaza. A menudo se emite acompañada de un movimiento del dedo.

1, 2 and 5. *¡Cuidado!* is a common exclamation used to warn someone to take precautions. It is often followed by *con* and a noun: *cuidado con el perro* («be careful with the dog»), or an infinitive: *cuidado con tomar las curvas muy cerradas* («be careful not to take the bends too sharply»). The diminutive *cuidadito,* seemingly affectionate, can in practice convey a veiled threat. It is often reinforced by a wagging finger.

7. ¡Ojo! (*) **I.**
8. ¡Ojo con (...)! (*)
9. ¡Alerta!
10. ¡Eh!
11. ¡Atención!
12. Abre bien los ojos. (*) **Enf.**
13. Te advierto que (...).
14. Te prevengo que (...).
15. Te aviso.

— INTERMEDIO

16. Evita (...).
17. Anda con cuidado.
18. Ve con cuidado.
19. Ve con precaución.
20. Anda con ojo. **I.**
21. Sé prudente.
22. Ten prudencia.
23. No te olvides de (...).
24. Tienes que tomar medidas de precaución.
25. Tendrás que tomar precauciones.
26. Mira bien lo que haces. (*)
27. Quiero que estés sobre aviso.
28. ¡Duerme con los ojos abiertos! (*) **Enf.**
29. (...), no sea cosa que (...).
30. (...), no vaya a ser que (...).
31. (...), no sea cuestión que (...).
32. (...), pero por lo que pueda ser (...).

— AVANZADO

33. Quisiera llamarte la atención sobre (...).
34. Sólo quiero darte un toque de atención.
35. Tendrías que tomar tus medidas. (*)
36. Después no digas que no te lo he dicho. **I.**

---

7 y 8. El sustantivo *ojo*, a partir de su designación del órgano de la vista, equivale, en un sentido figurado, a *atención* o *cuidado*. Se usa aislado, en tono exclamativo: ¡*ojo!* (también en la forma diminutiva ¡*ojito!*). También seguido de *con* y de un sustantivo o de un infinitivo: ¡*ojo con quemarte!* Ambas expresiones se usan para avisar, prevenir, de forma espontánea o amenazadora.

12 y 28. Así como *con los ojos cerrados* o *cerrar los ojos* significa con plena confianza o con irreflexión, las construcciones en las que se alude a los ojos abiertos (*abrir los ojos, dormir con los ojos abiertos, con los ojos fuera de las órbitas,* etc.) expresan sorpresa o la mucha atención que se presta a algo. En frases dirigidas al interlocutor suponen advertencia.

26. El imperativo del verbo *mirar, mira,* constituye con mucha frecuencia una simple llamada de atención al interlocutor. Se acompaña de un que: ¡*mira que meterse en el agua haciendo tanto frío!* El énfasis es mayor si le sigue *que si:* ¡*mira que si mañana llueve, vaya desastre!* Se construye asimismo seguido de un *qué* o de *lo que:* ¡*mira lo que haces!,* equivalente a *cuidado con.*

28. Ver nota al n. 12.

35. Aunque esta frase tiene un sentido literal que supone el cálculo de las dimensiones de alguien, por ejemplo, para poder confeccionar una ropa ajustada a ellas, también conoce otro valor, ya que se llaman *medidas* las actitudes o medios que se adoptan ante alguna situación.

---

7. Watch out!
8. Careful with (...)!
9. Beware!
10. Hey!
11. Take care!
12. Keep your wits about you.
13. I warn you that (...).
14. I warn you that (...).
15. Be warned.

— INTERMEDIATE

16. Avoid (...).
17. Be careful.
18. Be careful.
19. Be careful.
20. Be careful.
21. Take care.
22. Take care.
23. Don't forget to (...).
24. You have to take precautions.
25. You'll have to take precautions.
26. Watch your step.
27. I want to warn you in advance.
28. Sleep with your eyes open!
29. (...), just in case (...).
30. (...), lest (...)
31. (...), lest (...).
32. (...), but just in case (...).

— ADVANCED

33. I'd like to draw your attention to (...).
34. Just a word in your ear.
35. You'll have to take stock of the situation.
36. Don't say I didn't warn you.

---

7 and 8. *Ojo* (lit. «eye») is used on its own as a warning to take care, but may be followed by the preposition *con* with the infinitive, e.g. ¡*ojo con quemarte!* («be careful not to burn yourself!»); ¡*ojo con engañarme!* («be careful you don't hoodwink me!»). It is used to warn, in a spontaneous and even threatening manner.

12 and 28. While phrases such as *con los ojos cerrados* express total, automatic confidence in someone, expressions alluding to *los ojos abiertos* or *con los ojos fuera de las órbitas* convey surprise or wonder. When the phrases are directed at the listener they convey a warning.

26. The imperative of the verb *mirar* («to look»), ¡*mira!,* when followed by *que,* functions as more than simply a means of attracting attention. It invites the listener to envisage what the speaker is saying: ¡*Mira que meterse en el agua haciendo tanto frío!* («Imagine going into the water when the weather's so cold!»). Greater emphasis can be achieved by adding *si* after *mira que,* (¡*mira que si mañana llueve, vaya desastre!* [«Imagine if it rains tomorrow: what a disaster!»]).

28. See note 12.

35. While it is possible that this phrase could be misconstrued as «you ought to take your measurements», the noun *medidas* properly refers, in this context, to «measures» or «precautions».

37. Que no se pueda decir que no te avisé.
38. (...) por si acaso.
39. (...) por si las moscas. (*) **I.**
40. Ponte en guardia. (*)
41. Ponte a cubierto. (*)
42. Prepárate para hacer frente a (...).
43. Que no te cojan desprevenido.
44. Adopte las precauciones pertinentes. **F.**
45. Quisiera que estuvieras al corriente de lo que pasa.
46. Me parece que deberías curarte en salud.
47. Guárdate muy bien, pero que muy bien de (...). **Enf.**
48. Aunque nadie escarmienta en cabeza ajena, debo advertirte que (...).
49. En esas cosas hay que andar con pies de plomo.
50. Creo que deberías tratar de huir de la quema.
51. Hombre prevenido vale por dos. (*) **FH.**
52. Guerra avisada no mata soldado. (*) **FH.**
53. Quien avisa no es traidor. (*) **FH.**
54. Más vale prevenir que curar. (*) **FH.**
55. Adonde fueres, haz lo que vieres. (*) **FH.**
56. Debes aprender a nadar y a guardar la ropa. **FH.**
57. ¡Cuidado, las paredes oyen! (*) **FH.**
58. Más vale pájaro en mano que ciento volando. (*) **FH.**
59. Vale más un por si acaso que un válgame Dios. (*) **FH.**

37. Don't say I didn't warn you.
38. (...) just in case.
39. (...) just in case.
40. Be on your guard.
41. Be prepared.
42. Be prepared to face (...).
43. Don't get caught unawares.
44. Take the necessary precautions.
45. I'd like you to be informed of what's happening.
46. I think you ought to take precautions (while there's still time).
47. Be careful, be very, very careful, not to (...).
48. Although you probably won't take any notice of me, I must warn you that (...).
49. You've got to tread very carefully in these matters.
50. I think you ought to take evasive action.
51. To be forewarned is to be forearmed.
52. It's just a friendly warning.
53. A stitch in time saves nine.
54. When in Rome, do as the Romans do.
55. You must learn to swim and keep your clothes safe.
56. Be careful, the walls have ears!
57. Ask not for whom the bell tolls....
58. A bird in the hand is worth two in the bush.
59. Better to be safe than sorry.

---

39. Esta locución es exactamente equivalente a *por si acaso*, aunque tiene un carácter mucho más familiar y humorístico.
40. Los sustantivos *guarda* y *guardia* están relacionados con el verbo *guardar*. La locución ¡*en guardia*! se usa en esgrima, aunque como *guardia* es denominación para cuerpos armados (*Guardia Civil*, por ejemplo), existen frases como *montar la guardia, rendir la guardia* o *ponerse en guardia*, que se usan en el ejército y también fuera de él, con referencia a situaciones de peligro.
41. La locución *a cubierto de*, combinada con verbos como *estar, permanecer, ponerse*, etc., supone protección ante posibles peligros. Valor parecido tiene la frase *tener las espaldas bien cubiertas*, con la que se expresa que una persona está segura y protegida ante cualquier riesgo.
51 y 54. El significado de esta frase proverbial es que el hombre que toma precauciones para evitar posibles males futuros puede evitarlos. Eso mismo se dice a través de: *más vale prevenir que curar* (o su variante en Hispanoamérica *más vale prevenir que lamentar*) y de *vale más un por si acaso que un válgame Dios*.
52 y 53. Si esta frase proverbial se emite como aviso es porque al interlocutor le puede ocurrir algo desagradable y, precisamente, a partir o por causa del que la emite. El mismo contenido tiene: *guerra avisada no mata soldado*.
54. Ver nota al n. 51.
55. A través de esta frase, en la que se conservan dos futuros de subjuntivo, se aconseja que uno se comporte según lo exijan las circunstancias y el entorno, acomodándose y, en modo alguno, oponiéndose.
57. Con esta frase se aconseja al interlocutor que actúe con mucha prudencia manteniendo el asunto en secreto, por miedo a comprometerse ante los demás.
58. Con este refrán, que se refiere al ámbito de la caza, se aconseja al interlocutor que se contente con lo que tiene y no desee cosas que quizá no alcanzará.
59. Ver nota al n. 51.

39. This is a familiar and humorous variant of *por si acaso*.
40. The nouns *guardia* and *guarda* are related to the verb *guardar*. The expression *en guardia* («en garde») derives from fencing.
41. The expression *a cubierto de*, combined with verbs like *estar, permanecer, ponerse,* etc., imply protection against possible dangers. Similar in meaning is the expression *tener las espaldas bien cubiertas*, which indicates that the person is covered against any risk.
51 and 54. The meaning of these proverbs is that future misfortunes can be avoided if would takes precautions. Other ways of expressing the same sense are: *más vale prevenir que curar*, or its Spanish American equivalent *más vale prevenir que lamentar*; as well as *vale más un por si acaso que un válgame Dios*.
52. If this proverb is uttered as a warning it is because the listener could become the victim of something undesirable, caused by the speaker himself. The same sense is conveyed by: *guerra avisada no mata soldado*.
54. See note 51.
55. This expression, which preserves tow examples of the future subjunctive, is a means of advising someone to adapt his behaviour to the prevailing conditions.
57. This is an expression which advises the listener to be cautious in his actions, maintaining secrecy to avoid compromising himself.
58. Lit. «a bird in the hand is worth a hundred in the air».

103. PEDIR CONSEJO O UNA SUGERENCIA A ALGUIEN

— ELEMENTAL —

1. ¡Aconséjame!
2. ¿Qué me aconsejas?
3. ¿Puedes aconsejarme?
4. Déme su consejo.
5. Quiero pedirte un consejo: (…).
6. ¿Tú crees que (…)?
7. (…), ¿qué crees?
8. (…), ¿qué me dices?
9. ¿Qué me dices de (…)?
10. Oye, ¿tú qué piensas?
11. Para (…), ¿qué debo hacer?
12. ¿Qué me recomiendas?
13. ¿Cuál de (…) me recomiendas?
14. ¿Qué me sugieres?
15. Por favor, ¿qué (…) me sugiere?

— INTERMEDIO —

16. Déme su parecer. **F.**
17. Quiero saber cuál es tu parecer.
18. De (…), ¿qué opinas?
19. Dime, ¿qué opinas de (…)?
20. ¡Oriéntame!
21. Dame alguna indicación sobre (…).
22. ¿Sabe usted lo que me conviene más?
23. ¿Sabe usted qué será lo mejor?
24. ¿Podría usted aconsejarme sobre (…)?
25. ¿Cómo lo hago?
26. ¿Me sugieres que (…)?
27. ¡Sugiéreme algo!

— AVANZADO —

28. Dime, ¿tú, en mi lugar, qué harías?
29. Te lo pregunto porque cuatro ojos ven más que dos. (*) **I.**
30. Quisiera oír alguno de sus sabios consejos. **F.**
31. Quisiera aconsejarme de usted. **F.**
32. ¿Quieres ser mi consejero? **R.**
33. ¿Cuál cree usted que me convendría más?
34. ¿Qué cree usted que me iría mejor?
35. (…). ¿Podría usted asesorarme? **R.**
36. Quisiera asesorarme con usted de (…). **R.**
37. ¿Podría tener su asesoramiento? **R.**
38. Quisiera saber cuáles son sus sugerencias.
39. ¿Cuáles son las sugerencias del día? (*) **R.**

---

29. Con esta frase se alude a que la ayuda o el consejo del interlocutor es muy bien recibida y útil; suele tratarse de una colaboración que implica la actividad visual.
39. El sustantivo *sugerencia* es sinónimo de *insinuación*. Si se califican de diarias es porque se trata de ofertas comerciales que incitan al comprador; por ejemplo, las de un restaurante o un supermercado.

103. ASKING SOMEONE FOR ADVICE OR A SUGGESTION

— BASIC —

1. Advise me!
2. What do you advise?
3. Can you give me some advice?
4. What's your advice?
5. I'd like to ask your advice: (…)
6. Do you think that (…).
7. (…), what do you think?
8. (…), what do you say?
9. What do you think about (…)?
10. Listen, what do you think?
11. To (…), what should I do?
12. What do you think I should do?
13. Which (…) would you advise me to choose?
14. What do you suggest?
15. Please, what (…) do you suggest?

— INTERMEDIATE —

16. Give me your opinion.
17. I'd like to know what you think.
18. What do you think about (…)?
19. Tell me, what do you think about (…)?
20. I need some guidance!
21. Give me some idea of (…).
22. Do you know what's in my best interest?
23. Do you know what would be best?
24. Could you give me some advice about (…)?
25. How do I do it?
26. Are you suggesting that (…)?
27. Make me a suggestion!

— ADVANCED —

28. Tell me, what you do if you were in my shoes?
29. I'm asking you because two heads are better than one.
30. I'd like to hear one of your pearls of wisdom.
31. I'd like you to advise me.
32. Would you like to be my adviser?
33. Which one would you say would be in my best interest?
34. What would you say was in my best interest?
35. (…). Could you give me your professional advice?
36. I should like to seek your professional advice on (…).
37. Could I have your professional opinion?
38. I should like to know what you suggest.
39. What are today's recommendations?

---

29. Lit. «I'm asking you because four eyes see better than two». This implies that the listener's involvement is useful and welcome. The expression usually suggests that the activity involves a visual element.
39. The noun *sugerencia* («suggestion») is synonymous with *insinuación*. The adjective *diarias* indicates that the suggestions are directed at potential customers, in a supermarket or restaurant.

104. ACONSEJAR A ALGUIEN QUE HAGA ALGO

ELEMENTAL

1. Te aconsejo (…).
2. Te lo aconsejo.
3. Creo que (…).
4. Pienso que (…).
5. Opino que (…).
6. Quiero aconsejarte.
7. (…) eso. (*)
8. Le recomiendo (…).
9. Debes (…).

INTERMEDIO

10. Te aconsejo que (…).
11. Te sugiero que (…).
12. Puedo aconsejarte que (…).
13. ¿Puedo darte un consejo?
14. ¿Me permites que te dé un consejo?
15. Sí, mira, yo creo que (…).
16. Le recomiendo que (…).
17. Deberías (…).
18. Mi parecer es que (…).
19. Mi consejo es que (…).
20. ¿Quieres un consejo? Pues, (…).
21. (…) te conviene.
22. Lo mejor será que (…).
23. Lo que te puedo indicar es que (…).
24. Mi experiencia es que en estos casos lo mejor es (…).
25. La orientación que te puedo dar es que (…).

AVANZADO

26. Yo (…). (*)
27. Yo, que tú, (…). (*)
28. Yo, en tu lugar, (…). (*)
29. Si yo fuera tú, (…).
30. Sí, mira, yo creo que lo mejor sería (…).
31. Le recomendaría que (…).
32. Lo que sí le recomendaría sería que (…).

---

7. Se trata de una construcción que supone un consejo próximo a una orden. El verbo será un imperativo o un presente de subjuntivo, según se hable de *tú* o de *usted* (*deja eso, deje eso*).
26. El verbo que sigue al pronombre *yo* ha de ser un condicional porque se expresa lo que uno haría en el caso de ser otra persona; de modo que es un giro muy similar a *yo, que tú, no lo haría*.
27 y 28. Se trata de principios de frases. Ha de seguir un verbo en condicional: *yo, que tú, llevaría el coche al taller*, porque en el fondo estamos ante una estructura condicional paralela a *si fuera tú, (…)*.

104. ADVISING SOMEONE TO DO SOMETHING

BASIC

1. I advise you to (…).
2. That's my advice.
3. I think that (…).
4. I think that (…).
5. In my opinion, (…).
6. I want to give you some advice.
7. (…) that.
8. I recommend that (…).
9. You ought to (…).

INTERMEDIATE

10. I advise you to (…).
11. I suggest that you (…).
12. My advice is to (…).
13. Can I give you a piece of advice?
14. May I offer you some advice?
15. Yes, look, I think that (…).
16. I recommend that (…).
17. You should (…).
18. My feeling is that (…).
19. My advice is that (…).
20. Do you want my advice? Well, (…).
21. (…) is the best thing for you.
22. The best thing will be (…).
23. What I can suggest to you is that (…).
24. In my experience, the best thing to do in these circumstances is to (…).
25. My advice to you would be to (…).

ADVANCED

26. I'd (…).
27. If I were you, I'd (…).
28. If I were in your shoes, (…).
29. If I were you, (…).
30. Yes, look, I think the best thing to do would be (…).
31. I recommend to you that (…).
32. What I would recommend to you would be to (…).

---

7. This construction involves a piece of advice which is tantamount to an instruction. The imperative form of the verb will be used (if one is using *tú*) or the present subjunctive (if one is using the *usted* form): *deja eso, deje eso* («leave it»).
26. The verb that follows the subject pronoun *yo* must be in the conditional, since it expresses what one would do in the listener's position. A similar construction would be: *yo, que tú, no lo haría*.
27 and 28. These constructions introduce conditional phrases: *yo, que tú, llevaría el coche al taller* («if I were you I'd take the car to the garage»). This structure is similar to *si fuera tú, (…)*.

33. (...); mira que cuatro ojos ven más que dos. (*)
I.
34. Quisiera aconsejarle que (...).
35. Le aconsejaría que (...).
36. Creo que (...) le convendría más.
37. Le convendría más que (...).
38. Mi parecer es que (...) le iría mejor.

---

33. Con esta frase se alude a que la ayuda o el consejo del interlocutor es muy bien recibida y útil; suele tratarse de una colaboración que implica la actividad visual.

105. ACONSEJAR A ALGUIEN QUE NO HAGA ALGO

— ELEMENTAL —

1. No te aconsejo (...).
2. No te lo aconsejo.
3. Creo que no (...).
4. Pienso que no (...).
5. Opino que no (...).
6. No (...) eso. (*)
7. Le recomiendo que no (...).
8. No debes (...).

— INTERMEDIO —

9. No te aconsejo que (...).
10. No puedo aconsejarte que (...).
11. No creo que (...).
12. No pienso que (...).
13. No opino que (...).
14. ¿Puedo darte un consejo? No (...).
15. ¿Me permites que te dé un consejo? No (...).
16. Quiero darte un consejo: no (...).
17. Sí, mira, yo creo que no (...).
18. No le recomiendo que (...).
19. No deberías (...).
20. Mi parecer es que no (...).
21. Mi consejo es que no (...).
22. Lo mejor será que no (...).
23. Lo que te puedo indicar es que no (...).
24. Mi experiencia es que en estos casos lo mejor es que no (...).
25. La orientación que te puedo dar es que no (...).
26. ¿Quieres un consejo? Pues no (...).
27. (...) no te conviene.

---

6. Se trata de una construcción que supone un consejo próximo a una orden. El verbo será un presente de subjuntivo, tanto si se habla de *tú* como si se habla de *usted* (no hagas eso, no haga eso).

---

33. Look, two heads are better than one.
34. I'd like to advise you to (...).
35. My advice to you would be to (...).
36. I think the best thing for you to do would be to (...).
37. The best thing for you would be (...).
38. In my view, (...) would be the best thing for you.

---

33. Lit. «I'm asking you because four eyes see better than two». This implies that the listener's involvement is useful and welcome. The expression usually suggests that the activity involves a visual element.

105. ADVISING SOMEONE NOT TO DO SOMETHING

— BASIC —

1. I advise you not to (...).
2. I advise you not to.
3. I don't think that (...).
4. I don't think that (...).
5. In my opinion, (...).
6. Don't (...) that.
7. I recommend that you don't (...).
8. You shouldn't (...).

— INTERMEDIATE —

9. I advise you not to (...).
10. My advice would not be to (...).
11. I don't think that (...).
12. I don't think that (...).
13. I don't feel that (...).
14. Do you want my advice? Don't (...).
15. Can I give you a piece of advice? Don't (...).
16. I want to give you some advice: don't (...).
17. Yes, look, I think you shouldn't (...)
18. I don't recommend that you (...).
19. You shouldn't (...).
20. In my opinion you shouldn't (...).
21. My advice is not to (...).
22. The best thing is not to (...).
23. What I can suggest to you is that you shouldn't (...).
24. In my experience, the best thing to do in these circumstances is not to (...).
25. My advice to you is not to (...).
26. Do you want some advice? Don't (...).
27. (...) would not be in your best interest.

---

6. This is a construction which implies a piece of advice tantamount to an instruction. The verb will be in the present subjunctive, irrespective of whether the *tú* or *usted* forms are being used: *no hagas eso, no haga eso* («don't do that»).

AVANZADO

28. Yo no (...). (*)
29. Yo, que tú, no (...). (*)
30. Yo, en tu lugar, no (...). (*)
31. Si yo fuera tú, no (...).
32. Sí, mira, yo creo que lo mejor sería que no (...).
33. No le recomendaría que (...).
34. Le recomendaría que no (...).
35. Lo que no le recomendaría sería que (...).
36. Quisiera aconsejarle que no (...).
37. Le aconsejaría que no (...).
38. Creo que (...) no te convendría nada.
39. Le convendría más que no (...).
40. Mi parecer es que (...) no le iría bien.

---

28. El verbo que sigue al pronombre *yo* ha de ser un condicional porque se expresa lo que uno no haría en caso de ser otra persona; de modo que es un giro muy similar a: *yo, que tú, no lo haría*.
29 y 30. Se trata de principios de frases. Ha de seguir un verbo en condicional: *yo, que tú, no entregaría esa declaración a Hacienda*, porque en el fondo estamos ante una estructura condicional paralela a: *si yo fuera tú, (...)*.

ADVANCED

28. I wouldn't (...).
29. If I were you, I wouldn't (...).
30. If I were in your shoes, I wouldn't (...).
31. If I were you, I wouldn't (...).
32. Yes, look, I think the best thing to do would be not to (...).
33. I wouldn't advise you to (...).
34. I'd recommend that you didn't (...).
35. What I wouldn't advise you to do would be (...).
36. I'd like to advise you not to (...).
37. I wouldn't advise you to (...).
38. I don't think that (...) would be at all suitable for you.
39. It would be in your best interest not to (...).
40. In my opinion (...) would be unsuitable for you.

---

28. The verb that follows the subject pronoun *yo* must be in the conditional, since it expresses what one would do in the listener's position. A similar construction would be: *yo, que tú, no lo haría*.
29 and 30. These constructions introduce conditional phrases: *yo, que tú, no llevaría esa declaración a Hacienda* («if I were you I wouldn't present that tax return to the Inland Revenue»). This structure is similar to *si fuera tú, (...)*.

106. DAR INSTRUCCIONES A ALGUIEN

ELEMENTAL

1. (...). (*)
2. Sígueme. (*)
3. Mira, es así.
4. Tú, ve copiando.
5. Hazlo como yo.
6. Tú sígueme a mí. (*)
7. Tú mira lo que yo hago.
8. Primero (...), luego (...), y después (...). (*)
9. ¿Ves?, (...).

---

1. Se trata de la emisión aislada de un imperativo, si se habla de *tú*, o de un presente de subjuntivo, si se habla de *usted*. Hay que recordar que un presente o un futuro imperfecto de indicativo también sirven para ordenar.
2 y 6. En ninguna de las dos frases *seguir* está expresando propiamente movimiento en el espacio o en el tiempo. Se trata de un valor equivalente al de *imitar*.
8. Se trata de la emisión de tres formas de mandato, ordenadas según han de llevarse a cabo las acciones. El verbo puede ser un imperativo, un presente de subjuntivo, o bien los equivalentes presente y futuro de indicativo.

106. GIVING INSTRUCTIONS TO SOMEONE

BASIC

1. (...).
2. Follow me.
3. Look, this is the way.
4. You just copy me.
5. Do what I do.
6. You follow me.
7. You watch what I do.
8. First, (...), then (...) and then (...).
9. You see, (...)?

---

1. The imperative may be used in isolation, if the *tú* form is being used; if *usted* is used, the present subjunctive is required. It should be remembered that both the present and future tenses can be used for commands.
2 and 6. Here the sense of *seguir* («to follow») is synonymous with *imitar* («to imitate»).
8. This represents a sequence of three instructions. The verbs in question may be in the imperative, the present subjunctive, the present indicative, or future tense.

INTERMEDIO

10. Se (…). (*)
11. Se (…) por aquí. (*)
12. Se recomienda (…).
13. Es indispensable (…).
14. No es recomendable (…).
15. Hay que (…) por aquí.
16. Siga las instrucciones: (…). **E.**
17. Lo primero que hay que hacer es (…).
18. Lo que no hay que hacer nunca es (…).
19. Lo último que hay que hacer es (..).
20. Esto no se hace así, tienes que (…)

AVANZADO

21. No dejes de (…).
22. Y sobre todo no (…). (*)
23. No se le ocurra (…) **Enf.**
24. Ponle un poco más de (…).
25. Si quieres (…), tienes que (…).

10 y 11. En vez de formular una orden dirigida al interlocutor, puede expresarse lo mismo a través de una construcción impersonal encabezada por *se* con un presente de indicativo: *se corta por aquí.*

22. La presencia del adverbio negativo ante una forma que constituirá una observación o un mandato exige la presencia de un presente de subjuntivo, tanto si se habla de *tú* como si se habla de *usted.*

INTERMEDIATE

10. You (…).
11. You (…) along here.
12. It is recommended that (…).
13. It is essential (…).
14. It is not advisable (…).
15. You have to (…) along here.
16. Follow the instructions: (…).
17. The first thing to do is (…).
18. What you should never do is (…).
19. The last thing to be done is (…).
20. That's not the way to do it, you have to (…).

ADVANCED

21. Don't forget to (…).
22. And above all, don't (…).
23. Don't even attempt to (…).
24. Give it a little more (…).
25. If you want to (…), you have to (…).

10 and 11. Instead of a direct imperative, an instruction may be introduced by the impersonal *se* followed by the present indicative: *se corta por aquí* («cut along here»).

22. The use of the negative *no* before an observation or command is followed the present subjunctive, irrespective of whether the *tú* or *usted* forms are being used.

107. PEDIR PERMISO A ALGUIEN

ELEMENTAL

1. ¿Puedo (…)?
2. ¿Se puede?
3. ¿Se puede (…)?
4. Con permiso.
5. ¿Está permitido (…)?
6. Déjeme (…), por favor.

INTERMEDIO

7. Perdón, ¿me permite?
8. Permítame.
9. ¿Se permite (…)?
10. Por favor, ¿(…)?
11. ¿Podría (…)?
12. ¿Le molesta que (…)?
13. ¿Da su permiso? **R.**
14. (…), ¿me dejas?
15. ¡Paso, paso! (*) **R.**

15. Esta exclamación es la utilizada para abrirse paso entre la gente. Existen formas como: ¡(Que) quemo! o ¡(Que) mancho!, que aunque tienen un origen concreto —el camarero que lleva platos— no conocen más restricción de uso que una situación de relativa familiaridad.

107. REQUESTING PERMISSION

BASIC

1. May I (…)?
2. May I ?
3. May I/Can one (…)?
4. May I?
5. Is (…) allowed?
6. Allow me to (…), please.

INTERMEDIATE

7. Excuse me, may I?
8. Allow me.
9. Is (…) permitted?
10. Please, (…)?
11. Could I (…)?
12. Do you mind if (…)?
13. Do I have your permission?
14. (…), will you let me?
15. Make way!

15. Other ways of asking people to make way for one are: ¡(Que) quemo! («I'll burn you») or ¡(Que) mancho! («I'll stain you!»). These expressions, though they clearly originate in the language of the restaurant, are widely used outside this context in familiar registers.

AVANZADO

16. Siento tener que molestarle, pero... ¿podría (...)?
17. ¿Le molestaría que (...)?
18. ¿Te importaría que (...)?
19. ¿Qué le parecería si (...)?
20. ¿Qué pensarías si (...)?
21. Le agradecería que (...).
22. ¿Me autoriza a (...)? **F.**
23. ¿Me concede permiso para (...)? **F.**
24. ¿Me da su autorización para (...)? **F.**
25. Quisiera su consentimiento para (...). **R.**
26. ¿Me darías carta blanca para (...)? (*) **I.**
27. ¿Aprobaría usted que yo (...)?
28. ¿Verías bien que (...)?
29. (...), ¿es permisible? (*) **R.**
30. Si no le importa, (...).
31. Si se me permite la expresión, (...). **R.**
32. ¿Podría tomarme la libertad de (...)?
33. ¿Puedo contar con su aquiescencia? **F.**
34. Quisiera vuestro plácet para (...). (*) **R.**
35. Pido la palabra. (*) **R.**
36. Con la venia (...). (*) **R.**

---

26. El grupo *carta blanca* designa un nombramiento en el que se deja sin poner el nombre del designado, igual que un cheque *en blanco* es el que está firmado, pero en el que no consta cantidad. La frase *dar carta blanca a alguien* supone autorizarle a que actúe según su propio juicio.
29. Relacionados con el verbo *permitir* existen tres adjetivos: *permitido,* lo que es aceptado; *permisivo* —en un uso actual—, que es propenso a tolerar, y *permisible,* lo que por su naturaleza puede permitirse.
34. La voz *plácet,* latinismo, es sinónimo de aprobación, valor alejado del sustantivo *placer.* Se usa en el ámbito de la diplomacia, cuando el gobierno de un país acepta la designación de un representante de otro; por ejemplo, de un embajador. De ahí el pronombre *vos,* de uso tan restringido.
35. Esta frase suele usarla el que ha de intervenir en una reunión, cuando hay alguien que actúa de moderador. En una situación de más confianza, es un modo de reclamar la atención de un auditorio.
36. *Venia* es un sinónimo de *permiso.* La expresión *con la venia* se usa en ámbitos restringidos, como en el de los tribunales cuando se solicita el permiso del juez; por ejemplo, para tomar la palabra.

ADVANCED

16. Sorry to bother you, but ... could I (...)?
17. Would you mind if (...)?
18. Would you mind if (...)?
19. How would you feel if (...)?
20. What would you think if I (...)?
21. I'd be grateful if (...).
22. With the Court's approval (...).
23. Do I have your authorisation to (...)?
24. Would you grant me permission to (...)?
25. May I have your authorisation to (...)?
26. I would like your consent to (...).
27. Do I have *carte blanche* to (...)?
28. Would you give your approval to my (...)?
29. Would (...) meet with your approval?
30. (...), is it permissible?
31. If you don't mind, (...).
32. If you'll forgive the expression, (...).
33. May I take the liberty of (...).?
34. Can I count on your approval?
35. I should like your seal of approval for (...).
36. May I say speak?

---

26. **Refer to note in Spanish.**
29. There are three adjectives which are related to the verb *permitir* («to permit»): *permitido* («permitted»), *permisivo* («permissive»), and *permisible* («permissible»).
34. The latinism *plácet* is an archaism which is used as a synonym for «it meets with approval». It is employed in diplomatic circles, for example when a government approves the appointment of a foreign ambassador. The expression also illustrates the archaic use of the *vos* form of formal address.
35. Though confined mainly to formal meetings, this request for permission to speak may be used in more intimate gatherings to secure the attention of those present.
36. *Venia* is a synonym of *permiso* («permission»), but is restricted to highly formal situations such as the courtroom.

108. CONCEDER PERMISO A ALGUIEN

108. GRANTING PERMISSION

ELEMENTAL

1. Sí.
2. Sí, sí.
3. Sí, naturalmente.
4. Sí, pase, pase.
5. Vale. (*) **I.**

BASIC

1. Yes.
2. Yes, yes.
3. Yes, of course.
4. Yes, do come through.
5. Okay.

---

5. *Vale* es una forma verbal que, casi con carácter de interjección, viene usándose, y cada vez con mayor frecuencia, como expresión afirmativa de aprobación.

5. The interjection *vale is* increasingly being used as an affirmative expression of approval in Spain.

6. De acuerdo.
7. Sí, está permitido.
8. Sí que puede.
9. Claro que puede.
10. Adelante.
11. Naturalmente que sí.
12. Puedes hacerlo.

— INTERMEDIO

13. ¡Sí, hombre, sí! **I.**
14. ¡Ya puede (…), ya! **I.**
15. ¡Por favor! (*)
16. ¡Hombre! (*)
17. Me parece bien.
18. Le permito (…).
19. Te dejo (…).
20. ¡Usted mismo! (*)
21. ¿Cómo no? (*) **Enf.**
22. No, no me molesta.
23. No, no me importa.
24. Sí, como quiera.

— AVANZADO

25. ¿Por qué no?
26. Le dejo (…) lo que quiera.
27. ¡Faltaría más! (*) **Enf.**
28. ¡Y tanto! (*) **Enf.**
29. Tiene el permiso concedido.
30. Eres muy libre de (…).
31. Eres muy dueño. (*)
32. Yo no soy quien para impedírtelo. (*)

---

15. Es ésta la forma más característica de pedir algo con cortesía. En tono exclamativo puede traducir sorpresa, enfado o, como en este caso, una afirmación expresiva, como sería ¡por descontado!, ¡naturalmente!, ¡faltaría más!
16. Este sustantivo, así aislado, constituye una exclamación con muchos valores que cada contexto concretará: enfado, duda, sorpresa. Si el locutor anterior ha pedido algo, esta respuesta supone no sólo afirmación, sino que la respuesta no podía ser más que ésta. Pero, en cambio, si en la misma situación se pronunciara suspendida (¡hombre…!) supondría que no se sabe contestar, o que se teme responder que no.
20. La alusión enfática al interlocutor supone que el que habla excluye cualquier intervención propia. La expresión se usa sola o precedida de un verbo que alude a la acción ante la que uno es indiferente.
21. Bajo la forma exclamativa, ¡cómo no! constituye asentimiento cortés.
27. Con esta fórmula o con ¡Sólo faltaría! se rechaza algo inadmisible. Indirectamente puede usarse para afirmar.
28. Con esta exclamación se asiente a lo que la otra persona ha dicho.
31. Dueño, sinónimo de amo, se utiliza en la expresión ser muy dueño, que hace referencia al derecho que se tiene de actuar libremente. De hecho, cumple la función del adjetivo libre.
32. La frase no ser quien para, que va seguida por un infinitivo, alude a la falta de autoridad para hacer algo. Supone desprecio si el locutor la refiere a otra persona.

6. All right.
7. Yes, (…) is allowed.
8. Yes you may.
9. Of course you may.
10. Come in/ Go ahead.
11. Of course you may.
12. You may do it.

— INTERMEDIATE

13. Yes, for goodness sake!
14. You may (…), now!
15. Please!
16. But of course!
17. It's fine by me.
18. I allow you to (…).
19. I'll let you (…).
20. Feel free!
21. Of course.
22. No, I don't mind.
23. No, I don't mind.
24. Yes, as you wish.

— ADVANCED

25. Why not?
26. I allow you to (…) whatever you want.
27. Of course!
28. But of course!
29. You have my permission.
30. You are quite free to (…).
31. You're fully entitled to.
32. I'm not in a position to stop you.

---

15. This is the most common way of asking for something politely. As an exclamation it can convey surprise, anger or, as in this case, an enthusiastic affirmative, equivalent in sense to ¡por descontado!, ¡naturalmente! or ¡faltaría más!
16. Hombre, in isolation, could have a variety of meanings: it could be used to express anger, doubt, surprise. If the previous speaker has requested something, this response, articulated as an exclamation, would convey not only agreement, but the understanding that this agreement was automatic. In contrast, were the same word to be uttered with a lengthening and flattening of the intonation, it would indicate that the speaker is unsure how to respond, or is afraid to say no.
20. This type of emphatic response indicates that the speaker does not intend to intervene in any way. It is used on its own or preceded by a verb which refers to the action to which the speaker is indifferent.
21. In the form of an exclamation, this constitutes a polite expression of consent.
27. Both this expression and ¡sólo faltaría! can convey rejection of something unacceptable. Conversely, in this context, it is used to express consent.
28. This expresses assent to what the other speaker has requested.
31. An alternative to dueño (lit. «master») in this construction would be libre («free»).
32. This expression alludes to the speaker's lack of authority to approve a request. It would be disparaging if the speaker then proceeded to refer the other person to someone else.

33. Ya puedes (…) lo que te salga de las narices. (*) **V.**
34. Te doy plena libertad para (…).
35. Con los ojos cerrados. (*) **Enf.**
36. Le autorizo a (…).
37. Le concedo permiso para (…).
38. Tiene mi autorización. **F.**
39. Tiene mi consentimiento. **R.**
40. Te doy carta blanca para (…). (*) **I.**
41. Claro que lo aprobaría.
42. Tiene nuestra aquiescencia. **F.**
43. Tiene la palabra. **R.**
44. Tiene usted nuestro plácet. (*) **R.**

---

33. En esta frase se expresa con contundencia y, por descontado, con vulgaridad, que se actúa por voluntad propia. La palabra *narices* ocupa el lugar de *cojones*.
35. Esta locución expresa la irreflexión con la que se actúa. Es muy corriente usarla para algo que se hace o dice sin dudar debido a la confianza que nos merece el interlocutor.
40. El grupo *carta blanca* designa un nombramiento en el que se deja sin poner el nombre del designado, igual que un cheque *en blanco* es el que está firmado pero en el que no consta cantidad. La frase *dar carta blanca a alguien* supone autorizarle a que actúe según su propio juicio.
44. La voz *plácet*, latinismo, es sinónimo de *aprobación*, valor alejado del sustantivo *placer*. Se usa en el ámbito de la diplomacia, cuando el gobierno de un país acepta la designación de un representante de otro; por ejemplo, de un embajador. De ahí el pronombre *vos*, de uso tan restringido.

33. You can do whatever the hell you like.
34. I'm giving you a free hand to (…).
35. Feel free.
36. I authorise you to (…).
37. I grant you permission to (…).
38. You have my authorisation.
39. You have my consent.
40. I give you *carte blanche* to (…).
41. Of course I'd approve of it.
42. You have our approval.
43. You have the floor/ you may speak now.
44. Your have our approval.

---

33. This emphatic expression could be rendered even more vulgar if *narices* («nostrils») were replaced by *cojones* («balls»), as is often the case.
35. This idiom expresses a lack of concern based on complete confidence in the person making the request.
40. **Refer to note in Spanish.**
44. The latinism *plácet* is an archaism which is used as a synonym for «it meets with approval». It is employed in diplomatic circles, for example, when a government approves the appointment of a foreign ambassador.

109. DENEGAR EL PERMISO A ALGUIEN

109. REFUSING PERMISSION

ELEMENTAL

1. ¡No!
2. ¡No, no!
3. De ninguna manera.
4. ¡Imposible!
5. No, naturalmente que no.
6. No, no pase.
7. No puedes hacerlo.
8. No, no está permitido.

BASIC

1. No!
2. No no !
3. On no account.
4. Impossible!
5. No, of course not.
6. No, you can't go in.
7. You can't do it.
8. No, (…) is not permitted.

INTERMEDIO

9. ¡No, hombre, no! (*)
10. ¡Por favor…! (*) **Enf.**

---

9. La repetición del adverbio negativo con intercalación de un vocativo es un medio enfático de negar, oponerse o contradecir a alguien. La actitud pierde algo de dureza para hacerse condescendiente si se usa *hijo* en vez de *hombre*. Existen las correspondientes frases con *mujer* e *hija*.
10. Es ésta la forma más característica de pedir algo con cortesía. En tono exclamativo puede traducir sorpresa, enfado o, como en este caso, una afirmación expresiva, como sería ¡por descontado que no te dejo!

INTERMEDIATE

9. No, no, no!
10. You must be joking!

---

9. The repetition of the negative adverb with the intercalation of a vocative *hombre* («man») is an emphatic way of denying, opposing or contradicting what someone says. The tone is softened by substituting the rather more condescending *hijo* («son») for *hombre*. The corresponding feminine forms are *mujer* and *hija* («woman» and «daughter»).
10. This is the most common way of asking for something politely. As an exclamation it can convey surprise, anger or, as in this case, an enthusiastic affirmative, equivalent in sense to ¡por descontado!, ¡naturalmente! or ¡faltaría más!

11. ¡Ni hablar! (*) **Enf.**
12. ¡Hombre...! (*)
13. No te lo permito.
14. No le permito (...).
15. Esto no se puede permitir.
16. ¿Otra vez? ¡No! **I.**
17. Te lo prohíbo.
18. Te prohíbo que (...).
19. Prohibido (...).
20. No puede ser. (*)
21. No te dejo. (*) **R.**
22. Me parece mal.
23. No me parece bien que (...).
24. Eso que pides es imposible.
25. Caro que me molesta.
26. No, porque es que (...).
27. Desde luego que me importa. (*)

— **AVANZADO** —

28. Está terminantemente prohibido.
29. Te prohíbo terminantemente que (...).
30. No sabes cómo me enfadaría si lo hicieras. **Enf.**
31. ¡Faltaría más! (*) **Enf.**
32. No te autorizo a (...).
33. Me parecería mal que usted (...).
34. No le concedemos el permiso para (...). **F.**
35. No se puede andar haciendo lo que le salga a uno de (...). **V.**
36. No tiene mi autorización. **F.**
37. No tiene mi consentimiento. **R.**
38. Claro que no lo aprobaría.
39. Desde luego que no asentiría a (...). **F.**
40. Esto no es permisible. (*) **R.**
41. No tiene nuestra aquiescencia. **F.**
42. Espere a que se le dé la palabra. (*) **R.**

11. Not likely !
12. Well, I don't really know...!
13. I won't allow you to.
14. You're not allowed to (...).
15. This can't be allowed.
16. Again? No!
17. I forbid you.
18. I forbid you to (...).
19. (...) forbidden.
20. It's impossible.
21. I won't let you.
22. I don't like it.
23. I don't think it's right to (...).
24. What you're asking is impossible.
25. Of course it bothers me.
26. No, because the thing is (...).
27. It certainly does bother me.

— **ADVANCED** —

28. It is strictly forbidden.
29. I forbid you to (...) under any circumstances.
30. You can't imagine how cross I'd be if you were to do it.
31. That's all we need!
32. You do not have my permission to (...).
33. I wouldn't like you to (...).
34. We refuse to grant you permission to (...).
35. You can't go about doing whatever the (...) you feel like.
36. You do not have my approval.
37. You do not have my consent.
38. Of course I wouldn't approve of it.
39. Of course I wouldn't consent to (...).
40. This is not permissible.
41. You do not have our consent.
42. Wait until you have permission to speak.

11. *¡Ni hablar!* y *¡ni hablar de eso!* son formas bruscas de negar o rehusar lo dicho previamente.
12. Este sustantivo, así aislado, constituye una exclamación con muchos valores que cada contexto concretará: enfado, duda, sorpresa. Si el locutor anterior ha pedido algo, esta respuesta suspendida supone que no se sabe contestar, o que se teme responder que no.
20. Esta frase que, en propiedad, parece que niegue la posibilidad de existencia de algo, se utiliza como respuesta negativa a una solicitud. Da la sensación de que no es uno quien lo impide, sino las circunstancias, algo exterior.
21. Esta forma de denegar un permiso sólo la usan los mayores con los muy jóvenes, porque incluso de superior a inferior resulta demasiado cortante.
27. Esta respuesta sólo puede emitirse tras una fórmula de petición como: *¿te/le importaría que (...)?* Está implícita la negativa del que responde.
31. Con esta fórmula o con *¡sólo faltaría!* se rechaza algo inadmisible. Indirectamente puede usarse para afirmar.
40. Relacionados con el verbo *permitir* existen tres adjetivos: *permitido*, lo que es aceptado; *permisivo* —en un uso actual—, que es propenso a tolerar; y *permisible*, lo que por su naturaleza puede permitirse.
42. Esta frase suele usarla el que actúa de moderador en una reunión. Los turnos de hablar (la «palabra») se piden *(pedir la palabra)*, se conceden *(dar la palabra)* y se tienen *(tener la palabra, estar en uso de la palabra).*

11. *¡Ni hablar de eso!* is an equally abrupt alternative to this emphatic expression of disagreement.
12. *Hombre*, in isolation, could have a variety of meanings: it could be used to express anger, doubt, surprise. If the previous speaker has requested something, this response, articulated as an exclamation, would convey not only agreement, but the understanding that this agreement was automatic. In contrast, were the same word to be uttered with a lengthening and flattening of the intonation, it would indicate that the speaker is unsure how to respond, or is afraid to say no.
20. This expression, which appears to deny the existence of something, is in fact an impersonal construction used to refuse a request. It gives the impression that it is not the speaker who is responsible for saying no, but external circumstances.
21. This expression is only used by adults when addressing children. It is too sharp even for a superior speaking to a subordinate.
27. This form could only be uttered in response to a question such as *¿te/le importaría que (...)?* («would you mind if [...] ?»). The response is an implicit negative.
31. Both this expression and *¡sólo fallaría!* can convey rejection of something unacceptable. Conversely, in this context it is used to express consent.
40. There are three adjectives which are related to the verb *permitir* («to permit»): *permitido* («permitted»), *permisivo* («permissive»), and *permisible* («permissible»).
42. This expression is used by the person chairing a meeting.

43. No podemos darle nuestro plácet. (*) **R.**
44. No puedo tolerar que (…).
45. Una cosa así resulta intolerable.
46. No pienso transigir. **R.**
47. No quiero ni oír hablar de (…). **Enf.**
48. ¿Y a ti qué te parece? Pues claro que no te dejo (…). **Enf.**
49. He dicho que no, y cuando digo que no es que no. **Enf.**
50. ¿Tú creías que iba a dejarte? Pues ibas muy equivocado. **Ir.**

43. La voz *plácet*, latinismo, es sinónimo de aprobación, valor alejado del sustantivo *placer*. Se usa en el ámbito de la diplomacia, cuando el gobierno de un país acepta la designación de un representante de otro; por ejemplo, de un embajador. De ahí el pronombre *vos*, de uso tan restringido.

43. We cannot give it our seal of approval.
44. I can't allow (…).
45. Such a thing is intolerable.
46. I don't intend to relent.
47. I don't want to hear about (…).
48. What do you think? Of course I won't let you (…).
49. I said no and I meant no.
50. If you thought I'd allow you were very much mistaken.

43. The latinism *plácet is* an archaism which is used as a synonym for «it meets with approval». It is employed in diplomatic circles, for example, when a government approves the appointment of a foreign ambassador.

110. EXPRESAR RETINTÍN O RESERVA (*)

— ELEMENTAL —

1. ¡Sí, sí!
2. ¡Ya, ya!
3. ¿Sí…?
4. ¡Je, je!
5. ¡Bah!
6. ¡Qué va!
7. ¡No, hombre, no!
8. ¿De verdad?
9. ¿De veras?
10. ¿En serio?
11. ¡Pssss…!
12. ¡Humm!

— INTERMEDIO —

13. ¡Bah, bah!
14. ¡Bah, hombre, bah!

(*) En esta función no incluimos notas ni señalamos códigos para un número determinado de expresiones, pues en bastantes de ellas habría que decir aproximadamente lo mismo; de modo que hemos optado por un comentario global a la función.
Expresar algo con reserva supone no hacerlo abiertamente. Se llama *reticencia* la insinuación indirecta de algo; *retintín* es el tonillo irónico con el que decimos algo.
Ahí reside la clave de las expresiones acogidas a esta función. Algunas de ellas aparecen al mismo tiempo y en otras funciones; por ejemplo: *¡hala!, ¡bah, hombre, bah!* y *¡no me digas!,* incluidas las tres en la función 146 (Expresar duda, desconfianza o incredulidad). Otras expresiones, para que sirvan a los fines de esta función, han de usarse de modo que se comprenda justo lo contrario de lo que a primera vista significan. Así: *¡no trabaje tanto!, ¡usted siempre lo hace todo bien!* y *¡dichosos los ojos!*
Lo definitivo, en cualquier caso, es una entonación adecuada, que permita advertir la ironía. Sólo así, *sí, sí* dejará de entenderse como una afirmación enfática y valdrá como un comentario reticente.

110. EXPRESSING IRONY OR SARCASM (*)

— BASIC —

1. Oh yes!
2. Oh yes!
3. Really?
4. Ha ha!
5. Bah!
6. You must be joking!
7. No, no, no!
8. Really?
9. Really?
10. Seriously?
11. Pfff.
12. Hmm!

— INTERMEDIATE —

13. Bah!
14. Pull the other one!

(*) There is no attempt in this section to include notes on the function and use of specific items since many of them are roughly equivalent in sense. For this reason we have restricted ourselves to general observations. Expressing something with *reserva* («reticence») means not doing so openly. *Reticencia* («insinuation») is the indirect suggestion of something; *retintín* («sarcasm») is the ironic tone of voice in which we say something. This is the key to the expressions included in this function. Many have a wide range of additional functions to which reference is made elsewhere. For instance *¡hala!, ¡bah, hombre, bah!* and *¡no me digas!* can also express doubt, distrust and incredulity. Other phrases, in order for them to express this function, must be used in such a way that the opposite meaning to their apparent sense is understood by the listener. Thus *¡no trabaje tanto!, ¡usted siempre lo hace todo bien!* and *¡dichosos los ojos!* The fundamental requirement, in all cases, is an appropriate intonation to convey irony. Only in this way will *sí, sí* cease to be understood to be an emphatic affirmation and become a sarcastic comment.

15. ¡Hala!	15. Come now !
16. ¡Cómo (…)!	16. How (…)!
17. ¡Venga, hombre, venga!	17. Pull the other one!
18. ¿Eso es todo?	18. Is that all?
19. ¿Quieres decir?	19. Really?
20. ¿De verdad, verdad?	20. In all seriousness?
21. Eso está por ver.	21. That remains to be seen.
22. ¡No me digas!	22. You don't say!
23. ¿Ya has terminado?	23. Have you finished?
24. ¡No trabaje tanto!	24. Don't over do it!
25. ¡Que no os canséis!	25. Take it easy!
26. ¡Que te lo has creído!	26. That's what you think!
27. Ya sé que usted nunca se equivoca.	27. I know you're never wrong.
28. Usted siempre lo hace todo bien.	28. You're always perfect.
29. ¿Haces esto o tendré que hacerlo yo?	29. Are you doing it or shall I have to?

— AVANZADO — — ADVANCED —

30. ¡Y qué más!	30. I don't believe you!
31. ¡Y un jamón!	31. Pull the other one!
32. ¡Vamos, ande!	32. Oh come come…!
33. ¡Quiá!	33. No way!
34. ¡Vaya usted a saber!	34. Goodness knows!
35. ¡Sabrá Dios!	35. God only knows!
36. ¡Hombre, tanto como eso…!	36. That's a bit of an exaggeration!
37. ¡Dichosos los ojos…!	37. A sight for sore eyes!

111. NEGARSE A HACER ALGO — 111. REFUSING TO DO SOMETHING

— ELEMENTAL — — BASIC —

1. No.	1. No.
2. No (…).	2. I don't (…).
3. No quiero.	3. I don't want to.
4. No, gracias.	4. No, thank you.
5. No puedo.	5. I can't.
6. No lo haré.	6. I won't do it.
7. ¡Imposible!	7. Impossible.
8. ¡Que no!	8. No, I tell you.
9. ¡No señor, no!	9. No sir, no!
10. ¡Nunca!	10. Never!
11. No, no y mil veces no.	11. No, no, a thousand times no!
12. Me niego, me niego y me niego.	12. I refuse, I refuse, I refuse.
13. Que no, que no hago eso.	13. No, no, I won't do it!

— INTERMEDIO — — INTERMEDIATE —

14. ¡Ni hablar! **Enf.**	14. It's out of the question!
15. ¡Ni pensarlo!	15. Not on your life!
16. ¡De ninguna manera!	16. No way!
17. ¡De ningún modo!	17. No way!
18. Nada de eso.	18. On no account.
19. ¡¿Qué dices?! (*) **I.**	19. What are you saying?
20. No tengo plan de (…).	20. I don't intend to (…).

19. Esta expresión viene considerándose que constituye una exclamación y, al mismo tiempo, una pregunta. Pero parece observarse en su uso más actual una fuerte carga de incredulidad, incluso de desprecio. Estos matices quedan acentuados por una fuerza articulatoria notable en la sílaba *di*.

19. This expression is currently being employed as an exclamation combined with a question, and is often characterised by a strong element of incredulity and even contempt. These sentiments are reinforced by heavy stressing of the first syllable of *dices*.

21. ¡Qué va, qué va! (*) **I.**
22. No, tengo otros planes.
23. No tengo idea de (…).
24. No tengo la intención de (…).
25. No me va bien.
26. Me es imposible.
27. Me niego rotundamente a (…).
28. Lo siento, pero he decidido no (…).
29. No esperes que lo haga.
30. Por nada del mundo.

— **AVANZADO** —

31. ¡Ni por asomo! (*)
32. Ni lo sueñes. (*)
33. Ni imaginarlo.
34. ¡Ni loco!
35. ¡Ni borracho!
36. ¿Y qué más? (*) **Ir.**
37. ¡Qué voy a (…)! (*) **I.**
38. ¡Que te crees tú eso! **Ir.**
39. Eso no va conmigo. (*)
40. No, ¡sólo faltaría eso! (*) **Enf.**
41. Ni hablar del peluquín. (*)
42. De eso nada, monada. (*) **I.**
43. No me da la gana. **I.**
44. Ni a tiros. (*)
45. Ni que me lo pidas de rodillas.
46. Ni aunque me dieran (…).
47. Ni por todo el oro del mundo.
48. Ni me lo insinúes.
49. No entra dentro de mis proyectos.
50. No está en mi mente.
51. No tengo (la más mínima) intención.

---

21. Expresión exclamativa en la que el verbo *ir* no conserva su significado. Se usa para manifestar oposición. Equivale a un adverbio negativo.
31. El sustantivo *asomo*, relacionado con el verbo *asomar(se)*, es sinónimo de *indicio*. Es más frecuente en frases negativas *(no tiene ni asomo de sentido del humor)*. La locución *ni por asomo*, igual a *ni soñarlo*, se da en respuestas negativas.
32. Esta frase sirve como respuesta negativa. Casi iguales son: *¡ni en sueños!, ¡ni soñarlo!*
36. Esta fórmula de negación responde a un sentimiento de incredulidad hacia lo que se ha dicho, que se considera imposible o exagerado.
37. Se trata de un modo algo insolente de manifestar que uno no hará algo, precisamente cuando se da por supuesto que sí lo hará.
39. Aquí el verbo *ir* no expresa movimiento. El valor básico de *ir con* es el de *armonizar (esos zapatos no van con el pantalón)*. Cuando alguien se la aplica es para manifestar su falta de acuerdo con algo y, por lo tanto, su rechazo.
40. Es la frase con la que se rechaza algo inadmisible, o se rehúsa alguna propuesta.
41. *Ni hablar* es una expresión con la que se rehúsa una proposición anterior. Puede completarse con *de eso* y, en un tono más vulgar, con *del peluquín* —el sustantivo deriva de peluca—. Pronunciada en tono exclamativo constituye una forma de negación.
42. *Nada*, con el valor de *en absoluto*, niega lo anterior con fuerza. Esta construcción se completa, a veces, con una segunda parte con aspecto de calificativo: *monada*. Es como un juego, porque se da una rima.
44. El sustantivo *tiro* es sinónimo de *disparo*. La locución *ni a tiros* sirve para expresar la decisión de no hacer algo. Es, pues, equivalente al adverbio *no*, o a la expresión *de ningún modo*.

---

21. You've got to be joking!
22. No, I have other plans.
23. I have no idea of (…).
24. I have no intention of (…).
25. It doesn't suit me.
26. I'm unable to.
27. I flatly refuse to (…).
28. I'm sorry, but I've decided no to (…).
29. Don't expect me to do it.
30. Not for all the tea in China.

— **ADVANCED** —

31. No chance!
32. Forget it!
33. Forget it!
34. No way!
35. No way!
36. No way!
37. There's now way I'm going to (…).
38. That's what you think!
39. That doesn't suit me.
40. No, that's all we need!
41. It's out of the question!
42. No way, José!
43. I don't feel like it.
44. Wild horses wouldn't drag me.
45. Not even if you went down on bended knees.
46. Not even if they gave me (…).
47. Not for all the money in the world.
48. Don't even suggest it.
49. It doesn't fit in with my plans.
50. It is not my intention.
51. I haven't the slightest intention.

---

21. In this exclamation the verb *ir* («to go») has lost its original meaning. It is equivalent to an emphatic negative conveying opposition.
31. The noun *asomo*, from the verb *asomarse* («to lean out») is synonymous with *indicio* («trace»). Its use is most frequent in negative constructions: *no tiene ni asomo de sentido del humor* («he hasn't a trace of a sense of humour»). The expression *ni por asomo* is similar in meaning to *ni soñarlo* («not likely»), also used in negative responses.
32. This phrase is used in negative responses, and is similar in meaning to *ni soñarlo* («not likely») or *ni en sueños* («not likely»).
36. This form of negative response expresses incredulity towards something considered to be impossible or disproportionate.
37. This is a rather insolent form of response, apparently denying what one does, in fact, intend to do anyway.
39. Here the expression *ir con* («to go with») is used to mean *armonizar* («to harmonize»): *esos zapatos no van con el pantalón* («those shoes don't go with the trousers»). It is used to show disagreement and rejection.
40. This phrase is used to reject something, such as a proposal, considered unacceptable.
41. *¡Ni hablar!* («Not likely!») is used to reject a previous proposition. It can be completed with *de eso* or *del peluquín*, the latter being a vulgar term derived from the noun *peluca* («wig»). Uttered as an exclamation it is a form of negation.
42. *Nada* («nothing»), synonymous with *en absoluto*, is a term which emphatically negates what has been stated previously. The rhyming noun *monada* («gorgeous») can be added for good measure.
44. This expression is based on the noun *tiro* («shot»). It is equivalent to the adverbial negative *Ni hablar* («Not likely»).

52. No se me había pasado por la cabeza la idea de (…).
53. ¡Sí, eso, no pensaba otra cosa que (…)! **Ir.**
54. Vas listo si piensas que yo (…). **Ir.**
55. ¡Estás tú bueno! ¿Por qué iba yo a (…)? (*) **I.**
56. ¿Cuántas veces tengo que decirte que no quiero? **I.**
57. ¡Que no, que no, ya te he dicho que no! **Enf.**
58. Después de pensarlo y pensarlo, he decidido que no (…).
59. Ni tú ni nadie podrá obligarme a (…).
60. No seré yo quien lo haga. **Ir.**
61. Te equivocas de medio a medio si crees que voy a hacerlo.
62. Ni con una banda de música. **V.**
63. ¡Que lo haga Rita! (*) **V.**
64. No me sale de los cojones. (*) **V.**
65. ¿De dónde? (*) **V.**

55. Tanto bajo la forma personalizada (¡estás bueno!) como bajo la impersonal (¡bueno está!) traduce fastidio o impaciencia.
63. Santa Rita es la santa cuya intercesión se pide cuando uno se halla ante casos imposibles de resolver. Al *que* le ha de seguir un verbo en subjuntivo. Lo que se expresa con esta frase es que uno se desentiende del asunto y le deja a cualquier otro la posibilidad de hacerlo. A veces se oye *Rita* acompañado de *la cantaora*.
64. Con esta frase se expresa con contundencia y, por descontado, con vulgaridad, que se decide por voluntad propia no actuar, y que eso es algo que no se discute. La palabra *cojones* se dulcifica, en ocasiones, con *narices*.
65. Esta exclamación, que a la vez se pronuncia en tono interrogativo, niega algo, traduce protesta o incredulidad ante lo que se acaba de oír. El mismo valor tiene *¿de qué?*

52. The thought hadn't occurred to me to (…).
53. Ah, yes, I'll just (…)!
54. You can think again if you expect me to (…).
55. Are you in your right mind? Why should I (…)?
56. How many times must I tell you that I don't want to?
57. No, no, I've already told you no!
58. After turning it over and over in my mind, I've decided not (…).
59. Neither you nor anybody else can make me (…).
60. I won't be the one to do it.
61. You're utterly mistaken if you think I'm going to do it.
62. Not if you paid me!
63. Find some other mug!
64. I can't bloody well be bothered!
65. Get away!

55. Whether in the form of the personalised *¡estás bueno!* or *¡bueno está!* («that's good!»), this expresses irritation and impatience.
63. Saint Rita is traditionally invoked to resolve an intractable problem. The initial *que* requires the following verb to be in the subjunctive. The exclamation indicates that one is washing one's hands of the matter and leaving responsibility for it to someone else. The word *la cantaora* («the singer») can be added at the end of the phrase.
64. **Refer to note in Spanish.**
65. This interrogative exclamation expresses denial, protest or incredulity. Similar sentiments would be conveyed by the response *¿de qué?*

112. INTENTAR HACER ALGO

— ELEMENTAL —

1. Intento (…).
2. Eso intento.
3. Voy a intentarlo.
4. Lo intentaré.

— INTERMEDIO —

5. Trato de (…).
6. Estoy tratando de (…).
7. Haré lo que pueda.
8. Por mí, que no quede. (*)
9. Con probar no se pierde nada.
10. Intentarlo no cuesta nada.
11. Estoy experimentando (…).
12. Experimento (…).

8. El verbo *quedar*, que en forma negativa sirve para expresar que uno no representará obstáculo para que algo deje de ocurrir, se utiliza para decir que se contribuirá a algo, que se hará algo.

112. ATTEMPTING TO DO SOMETHING

— BASIC —

1. I'll try to (…).
2. I'll try that.
3. I'm going to try.
4. I'll try.

— INTERMEDIATE —

5. I'm trying to (…).
6. I'm trying to (…).
7. I'll do what I can.
8. I'll do my bit.
9. It's worth a try.
10. It's worth a try.
11. I'm experimenting (…).
12. I'm experimenting (…).

8. The verb *quedar* («to remain, be»), which in the negative form expresses that one does not wish to stand in the way of something, is used to say that one will participate or do something.

13. Aquí me tienes, haciendo un experimento.
14. Ensayo (…).

AVANZADO

15. Pruebo a (…).
16. Voy a probarlo.
17. Lo probaré con (…).
18. Hago una prueba para ver si (…).
19. Lo estoy haciendo para probar si (…).
20. A ver si puedo (…). (*)
21. ¡Déjame a mí!
22. A ver si (…). (*)
23. A ver cómo sale. (*)
24. Veré de (…). (*)
25. Estoy haciendo mis pinitos. (*)
26. Estoy haciendo unos tanteos.
27. Tantearé el terreno.
28. Es el primer intento.
29. Al menos yo lo habré intentado.
30. Que no podáis decir que no lo he intentado.

20, 22 y 23. La expresión ¡a ver! tiene diversos valores: traduce interés, constituye una llamada de atención. Seguida de si condicional, introductor de una hipótesis, es una forma de referirse a hechos futuros.
24. El verbo ver en futuro, seguido de la preposición de y de un infinitivo, expresa la intención de hacer algo (veré de ayudarte).
25. Pinito, en apariencia diminutivo de pino, describe los movimientos del niño que empieza a andar solo y, en sentido figurado y con más frecuencia en plural, los primeros pasos e intentos en algo.

113. DECIR QUE UNO PUEDE HACER ALGO

ELEMENTAL

1. Yo puedo hacerlo.
2. Sé hacerlo.
3. Sí que puedo (hacerlo).
4. Para mí, esto es fácil.
5. Sí, me será fácil.
6. No me será difícil.
7. Soy (perfectamente) capaz de hacerlo. (*)

INTERMEDIO

8. ¡Claro que puedo hacerlo! (*)
9. De eso entiendo mucho.
10. Ya tengo experiencia en esto.

7, 12 y 19. Apto, hábil, capaz útil son adjetivos de significado parecido. Aplicado a personas, capaz tiene dos valores muy generales. Uno, equivalente a apto, describe a alguien dotado de determinadas cualidades, y el otro describe la condición de atrevido. Existe, además, el participio capacitado que alude al que ha alcanzado derecho o conocimientos para hacer algo.
8. Claro (independiente) y claro que (seguido de si o de un verbo) son exclamaciones afirmativas como desde luego o por supuesto.

13. Here I am, doing an experiment.
14. I'm trying out (…).

ADVANCED

15. I'm trying to (…).
16. I'm going to test it.
17. I'll test it with (…).
18. I'll run a test to see whether (…).
19. I'm doing it to test whether (…).
20. Let's see whether I can (…).
21. Let me do it!
22. Let's see whether (…).
23. Let's see how it turns out.
24. I'll try to (…).
25. I'm just at the learning stage.
26. I'm having a stab at it.
27. I'll just test the ground.
28. It's my first attempt.
29. At least I'll have had a go.
30. You can't say I haven't tried.

20, 22 and 23. The form a ver has several meanings: it conveys interest and can be used to attract attention. Followed by a conditional construction beginning with si («if») it is a means of referring to future possibilities.
24. The verb ver («to see») in the future, followed by de + infinitive, expresses the intention of doing something: veré de ayudarte («I'll try to help you»).
25. Pinito, the diminutive of pino («pine») refers to a child's first faltering steps and can be used figuratively for the first attempts at any activity.

113. SAYING THAT ONE CAN DO SOMETHING

BASIC

1. I can do it.
2. I know how to do it.
3. I am able (to do it).
4. Yes, no problem.
5. Yes, I can easily do it.
6. It won't be difficult for me.
7. I'm (perfectly) capable of doing it.

INTERMEDIATE

8. Of course I can do it!
9. It's right up my street.
10. I have some experience in this field.

7, 12 and 19. Apto, hábil, capaz, útil, are all roughly equivalent to being «good at something». Capaz, when applied to people, refers to general qualities or skills as well as bravery. The participle capacitado relates to someone who has acquired the right, or the accomplishments, to do something.
8. Claro, used independently, and claro que sí + verb are affirmative exclamations meaning «of course».

11. Yo, de esto, sé algo. (*)
12. Me siento capaz de hacerlo. (*)
13. Estoy seguro de poder hacerlo.
14. Creo que no tiene ninguna dificultad.
15. Creo que no presenta ninguna dificultad.

— AVANZADO —

16. Esto está hecho. **Enf.**
17. Esto está tirado. (*) **I.**
18. Para mí, está chupado. **I.**
19. Me veo capaz de llevarlo a cabo. (*) **F.**
20. Si quisiera, yo podría hacerlo.
21. Esto no tiene ningún misterio.
22. Esto es un juego de niños. (*) **FH.**
23. Esto es coser y cantar. (*) **FH.**
24. Lo puedo hacer en un santiamén. **FH.**
25. Ya sabré componérmelas yo solo. (*)
26. Creo que podré manejarme. (*)
27. Deja, que no soy manco. (*) **V.**

11. Es una forma de decir que uno puede hacer algo, llena de molestia, si es sincera, o llena de orgullo disimulado, si no lo es.
12. Ver nota al n. 7.
17. *Tirado* (ver nota al n. 7), aplicado a un objeto o producto, equivale a *muy barato*. También se emplea como sinónimo expresivo de *fácil,* como ocurre aquí.
19. Ver nota al n. 7.
22 y 23. *Coser y cantar* y *un juego de niños* son expresiones que, equivalentes a *fácil,* aluden a la ausencia de dificultades. Se usan casi exclusivamente tras el verbo *ser.*
25 y 26. *Componérselas* y *manejarse* tienen aquí el significado de obrar con agilidad, de modo que se alcance un fin pretendido. *Apañarse* y *arreglarse* tendrían un valor parecido.
27. *No ser alguien manco* significa que alguien es útil o hábil para determinadas cosas. El adjetivo *manco* describe a la persona a la que le falta un brazo o una mano.

11. I know a bit about it.
12. I feel up to doing it.
13. I'm sure I'll be able to do it.
14. I don't think there's any problem.
15. I don't think there's any problem.

— ADVANCED —

16. Consider it done!
17. A piece of cake.
18. It's a cinch for me.
19. I feel I can carry it through.
20. If I wanted, I could do it.
21. This is very straightforward.
22. It's kids' stuff.
23. It's a doddle.
24. I can do it in a trice.
25. I'll manage on my own.
26. I think I'll be able to cope.
27. Leave it out, I'm not half bad, you know.

11. This phrase, if sincerely meant, expresses irritation at being asked; it can also, however, convey false modesty.
12. See n. 7 above.
17. The adjective *tirado* can be applied to an object or product to mean «extremely cheap». It is also synonymous with «easy», as in this case.
19. See n. 7 above.
22 and 23. These expressions are used almost exclusively after the verb *ser* («to be»).
25 and 26. *Apañarse* and *arreglarse* are synonyms for «to manage».
27. *No soy manco,* lit. «I don't have just one arm» is an expression alluding to skill in a particular area.

114. DECIR QUE UNO NO PUEDE HACER ALGO

— ELEMENTAL —

1. No puedo.
2. Lo siento, pero no puedo.
3. Yo no puedo hacerlo.
4. No sé hacerlo.
5. Para mí, esto es difícil.
6. No, no me será fácil.
7. Me resultará difícil.
8. ¡Imposible, no puedo hacerlo!

— INTERMEDIO —

9. No soy capaz de hacerlo.
10. De eso no entiendo nada.
11. No tengo experiencia en esto.
12. Yo, de esto, no sé nada.
13. Me siento incapaz de hacerlo.

114. SAYING THAT ONE CAN'T DO SOMETHING

— BASIC —

1. I can't.
2. I'm sorry but I can't.
3. I can't do it
4. I don't know how to do it.
5. I find this hard.
6. I won't find it easy.
7. I'll find it hard.
8. I can't possibly do it.

— INTERMEDIATE —

9. I'm not able to do it.
10. I haven't a clue how to do that.
11. I have no experience in that field.
12. I haven't a clue how to do that.
13. I feel unable to do it.

14. Creo que es muy complicado.
15. Esto no es para mí. (*)
16. Me es imposible.
17. No podría.
18. No estoy seguro de poder hacerlo.
19. Para mí esto tiene demasiada dificultad.
20. Es demasiado complicado.

— AVANZADO

21. No tengo ni (la más remota) idea de (...). (*)
22. Yo, de esto, no sé ni pío. (*) **I.**
23. Me veo incapaz de llevarlo a cabo.
24. No veo el modo de hacerlo.
25. No sabría ni cómo empezar.
26. Ni aunque quisiera podría hacerlo.
27. Yo ya querría hacerlo, pero (...).
28. Esto no es un juego de niños. (*)
29. No puedo componérmelas yo solo. (*)
30. No creo que pueda manejarme yo solo.
31. Esto no está hecho para mí.
32. Esto me asusta.
33. Sólo de verlo (...). (*)
34. Pues, la verdad, no sé por dónde cogerlo. (*) **I.**
35. Me horroriza pensar que quieres que lo haga.
36. Perdona, pero no sé lo que me pasa. (*)

---

15. Esta frase no hay que entenderla en sentido literal. Significa que algo no es adecuado para uno; de modo que sirve para expresar de forma indirecta que no se sabe hacer algo.
21. Esta construcción puede reforzar su expresividad si los posibles adjetivos *menor, mínima, ligera* se sustituyen por «tacos», como *puta, puñetera* o *zorra*; en ese caso las frases han de usarse con cuidado.
22. *Pío* es una voz onomatopéyica que imita el sonido de los pájaros, su trino. La locución *ni pío* equivale a *nada* y sustituye a este adverbio junto a unos pocos verbos en forma negativa, como *no decir* o *no saber*. Existe también la locución *ni jota*.
28. *Un juego de niños* es una expresión que, equivalente a *fácil*, alude a la ausencia de dificultad. Se usa casi exclusivamente tras el verbo *ser*. Parecida a ella es: *coser y cantar*.
29. *Componérselas* tiene aquí el significado de obrar con agilidad, de modo que se alcance un fin pretendido. *Apañarse* y *arreglarse* tendrían un valor parecido.
33. La locución *sólo de (...)*, equivalente a *con sólo que (...)*, expresa que una cosa se considera suficiente para algo (*sólo de verlo ya renuncio a hacerlo; con sólo que eche un vistazo ya veo que no sé hacerlo*).
34. Esta frase significa que no se sabe hacer algo, ni siquiera empezar a hacerlo. Es diferente, pues, de *no hay por dónde cogerlo*, que, aplicada a una persona o a un objeto, significa que se trata de algo negativo, malo o mal hecho.
36. La frase *no saber lo que a uno le pasa* puede referirse a que uno no se siente normal, en un sentido físico o psicológico. Si se emite cuando se está intentando hacer algo —puede tratarse de cosas tan diversas como traducir un texto o poner en funcionamiento un aparato— significa que no se consigue hacerlo, que a uno aquello no le «sale».

14. I think it's very complicated.
15. I don't feel up to it.
16. I couldn't possibly.
17. I couldn't.
18. I'm not sure I can do it.
19. This is too hard for me.
20. It's too complicated.

— ADVANCED

21. I haven't the faintest idea how to (...).
22. I haven't the foggiest idea how to do this.
23. I don't feel I can manage it.
24. I can't work out how to do it.
25. I wouldn't even know where to begin.
26. I couldn't do it even if I wanted to.
27. I'd like to do it, but (...).
28. It's not exactly kids' stuff.
29. I can't manage on my own.
30. I don't think I can manage on my own.
31. It's not really my forte.
32. I'm frightened of it.
33. Just one look at it tells me (...).
34. To tell you the truth, I don't know where to start.
35. I'm horrified to think that you want me to do it.
36. Sorry but I don't know what's the matter with me.

---

15. This phrase expresses indirectly that one is unable to do something.
21. This construction could be reinforced by adjectives such as *menor, mínima* or *ligera* («slightest»), or coarser expressions such as *puta, zorra* or *puñetera* («bloody»). The latter expressions should be used with care.
22. The expression *ni jota* («not one iota») is similar in sense to *ni pío* (lit. «not one cheep»), an expression derived from the sound made by birds. These constructions are used with a limited number of negative verbs, such as *no decir* («not to say») and *no saber* («not to know»).
28. Like the equivalent expression *coser y cantar* (lit. «sewing and singing») *un juego de niños* is used almost exclusively after the verb *no ser* («not to be»).
29. *Apañarse* and *arreglarse* are synonyms for *componérselas* («to manage»).
33. The construction *sólo de (...)*, equivalent to *con sólo que (...)* («with only»), conveys the idea that something is sufficient for something else to follow: *sólo de verlo ya renuncio a hacerlo* («one look at it and I give up»); *con sólo que eche un vistazo ya veo que no sé hacerlo* («I have only to look at it to see that I can't do it»).
34. This expression is different in function from the apparently similar *no hay por dónde cogerlo* («it's a real mess»).
36. This expression can be used to describe one's state of mind when, despite one's best efforts, a particular task is not working out.

115. QUEJARSE DE ALGO O DE ALGUIEN

ELEMENTAL

1. Quiero quejarme.
2. Me quejo de (…).
3. Protesto.
4. Protesto de (…).
5. ¡Qué barbaridad!
6. No puede ser. (*)
7. ¡Aquí no se puede (…)!

INTERMEDIO

8. ¡Por favor! (*) **Enf.**
9. Mis quejas son: (…).
10. ¡Esto es el colmo! (*) **Enf.**
11. ¡Esto es intolerable!
12. Ya estoy harto de (…).
13. ¿Ya está bien, no? (*) **Enf.**
14. ¿Y por qué no (…)?
15. Parece mentira que (…).
16. ¿Cómo es posible que (…)?
17. Oiga, ¿cómo es que (…)?
18. Este (…) no me deja (…).
19. Con tanto (…) es imposible (…).
20. Quiero darle las quejas de (…).
21. No puedo soportar por más tiempo (…).
22. ¿Han visto ustedes la hora que es? **R.**

AVANZADO

23. ¡Qué desfachatez!
24. ¡Ah, eso sí que no! (*)
25. ¡No hay derecho, oiga!
26. ¡Vaya hora de (…)! (*) **I.**
27. No puede ser que (…). (*)
28. ¡Con lo que (…)! (*)

6 y 27. Esta frase que, en propiedad, parece que niegue la posibilidad de la existencia de algo, se utiliza como respuesta negativa a una petición, o como exclamación de sorpresa o desacuerdo ante algo molesto.
8. Ésta es la forma más característica de pedir algo con cortesía. En tono exclamativo puede traducir sorpresa, enfado, queja.
10 y 31. El sustantivo *colmo* se usa como sinónimo de *máximo*, pero en un tono más familiar. Se alude al grado máximo de algo *(el colmo de la frescura)*. Sirve para mostrar, como una exclamación, disgusto, indignación o protesta.
13. Con esta frase se expresa la impaciencia o el disgusto ante algo, puesto que está implícito el deseo de que el interlocutor cese en su actitud.
24. Con esta expresión traducimos nuestra tajante negativa ante algo. La usamos para expresar que no estamos dispuestos a aceptar o a hacer algo.
26. La forma de subjuntivo del verbo *oír*, *vaya*, es una exclamación muy usual, tanto aislada como combinada con sustantivos: *¡vaya un partido!*, *¡vaya con el niño!*
27. Ver nota al n. 6.
28. Esta estructura incompleta corresponde a una frase concesiva; ha de completarse con un verbo: *¡con lo que había estudiado!* Sólo se emite cuando se ha producido algo negativo para lo cual se exponen justificaciones.

115. COMPLAINING ABOUT SOMETHING OR SOMEBODY

BASIC

1. I'd like to complain.
2. I'm complaining about (…).
3. I protest.
4. I'm protesting about (…).
5. It's shocking!
6. It's not right.
7. You can't (…) here!

INTERMEDIATE

8. Please!
9. My complaints are: (…).
10. That's the limit.
11. This is intolerable!
12. I'm fed up with (…).
13. Don't you think that's quite enough?
14. And why (…) not (…)?
15. It's hard to believe that (…).
16. How can it be that (…)?
17. Look, how is it that (…)?
18. With this (…) I can't (…).
19. With so much (…) it's impossible to (…).
20. I wish to complain about (…).
21. I can't stand (…) any longer.
22. Have you seen what time it is?

ADVANCED

23. What a nerve!
24. Oh no, that's quite out of the question!
25. Look, that's not fair!
26. This is a fine time to (…)!
27. It can't be true that (…).
28. When I think how (…)!

6 and 27. This phrase, which appears to negate the existence of something, functions as a negative response to a request, an exclamation of surprise, or rejection of something disagreeable.
8. This is the most basic way of formulating a polite request. As an exclamation it can express surprise, anger or complaint.
10 and 31. The noun *colmo* («the limit») is a colloquial alternative to *máximo* («maximum») and is used in exclamations such as *¡es el colmo de la frescura!* («it's the height of cheek!») to convey displeasure, indignation or protest.
13. This expresses impatience or displeasure and an implicit desire for the listener to change his attitude.
24. This expresses a blunt refusal to accept or do something.
26. The subjunctive of the verb *ir* («to go»), *vaya*, is a common exclamation used on its own or in combination: *¡vaya un partido!* («that's one hell of a match»); *¡vaya con el niño!* («what a kid!»).
27. See n. 6.
28. This incomplete construction is part of a concessive phrase, which could be completed with a verbal structure such *había estudiado* («I had studied»). It is only uttered when justifying one's actions in the face of a set-back.

29. ¡Faltaría más! **Enf.**
30. ¡Sólo faltaría que (…)! (*) **Enf.**
31. Sería el colmo que (…). (*)
32. Tendría gracia que (…).
33. Sí que tiene gracia la cosa. **Ir.**
34. ¡Hasta aquí podíamos llegar! (*) **Enf.**
35. ¡Hábrase visto cosa igual! (*) **Enf.**
36. (…) deja mucho que desear.
37. (…) adolece de (…). **F.**
38. La verdad es que no está a la altura de (…). (*)
39. Quisiera expresar formalmente queja contra (…). **F.**
40. Quisiera expresar mi descontento por (…). **F.**
41. Quisiera mostrarles mi disgusto por (…). **F.**
42. Les llamo para denunciar que (…). (*) **R.**
43. Presentaré una querella. (*) **R.**
44. Me siento defraudado con (…).
45. No me diga nada, que estoy negro con (…). (*) **I.**
46. No quiero parecer quejica, pero la verdad es que (…). (*) **I.**
47. He de decirle que (…) se encuentra en un estado lamentable.
48. Perdone; me está tocando las narices. **V.**
49. No se puede aguantar. **I.**
50. Esto es el acabóse. (*) **I.**
51. ¡Por (el amor de) Dios! (*) **FH.**

29. That would be a fine thing indeed!
30. The last thing we need is for (…)!
31. The last straw would be (…)!
32. (…) would be a pretty kettle of fish!
33. What a joke!
34. This really is the limit!
35. Well I never …!
36. (…) leaves a lot to be desired.
37. (…) suffers from (…).
38. The truth is that it's not up to (…).
39. I'd like to make a formal complaint against (…).
40. I'd like to express my dissatisfaction with (…).
41. I'd like to express my dissatisfaction with (…).
42. I'm ringing to make a formal complain about (…).
43. I'll lodge a complaint.
44. I feel let down about (…).
45. Don't talk to me, I'm mad about (…).
46. I don't want to whinge, but the truth is that (…).
47. I have to tell you that (…) is in a lamentable state.
48. Sorry but you're getting on my nerves.
49. It's unbearable.
50. This is disastrous.
51. For Heaven's sake!

---

30. Es una frase con la que se rechaza algo inadmisible o se rehúsa alguna propuesta.
31. Ver nota al n. 10.
34. Se trata de una exclamación de protesta indignada. Tanto el tiempo verbal (imperfecto) como la primera persona del plural son fijos.
35. Se trata de una exclamación de sorpresa indignada, o de protesta. El tiempo (futuro perfecto) es fijo. La expresión puede reducirse a ¡habráse visto! con una entonación final suspendida. Si se usa completa, el sustantivo cosa puede alternar con otros elementos.
38. El sustantivo altura designa la medida desde el punto más alto de algo hasta su base; altitud se aplica a la altura de algún lugar sobre el nivel del mar. La frase estar a la altura (de algo) significa comportarse como corresponde a una situación. Muy a menudo se completa con el sustantivo circunstancia.
42. Esta frase se usa cuando uno acude a la policía o a un organismo destinado a atender denuncias.
43. El sustantivo querella designa la acusación presentada ante los tribunales. La frase se usa en el ámbito jurídico. El verbo correspondiente es querellarse.
45. El color negro traduce impresiones negativas, pesimistas o, como aquí, el enfado o malestar que algo produce en el que usa la frase.
46. Relacionados con el verbo quejar(se) están los adjetivos quejumbroso, quejoso y quejón. Del mismo contenido que este último es la forma, tan especial, quejica (como acusica, del verbo acusar). Califica al que se queja por cualquier motivo.
50. El sustantivo acabóse se ha formado a partir del verbo acabar. Cumple la misma función que el adjetivo desastroso o que el sustantivo un desastre. Parecida a él por su estructura es el no va más.
51. Esta exclamación traduce una actitud de oposición. Existen, sobre la misma palabra, formas vocativas como: ¡Dios!, ¡Dios mío!, ¡Dios Santo! y expresiones más complejas como: como Dios manda, Dios dirá, Dios mediante, si Dios quiere, ¡válgame Dios!, ¡vaya por Dios!, todas ellas usuales y de aplicaciones muy dispares.

30. This phrase is used to reject something, such as a proposal, considered unacceptable.
31. See n. 10.
34. In this expression of indignation, both the imperfect tense and the use of the first person plural are invariable.
35. This is an expression of surprised indignation or protest. The future perfect tense is compulsory. There is an elliptical version in the form of habráse visto, with lengthening of the intonation. The noun cosa («thing») can be replaced by other elements.
38. The noun altura («height») is used for objects and people. For «altitude» the noun altitud is used. The phrase a la altura (de algo) («up to something») means behaving in a way appropriate to a given situation. It is often used with the noun circunstancias («circumstances»).
42. Used for complaints to the police or other official bodies.
43. The verb that derives from this noun is querellarse («to take to court»).
45. The colour black (negro) is used to express negative and pessimistic sentiments or, as in this case, anger and unease.
46. Related to the verbs quejarse («to complain») are the adjectives quejumbroso, quejoso and quejón («querelous»). The colloquial term quejica («a moaner») is formed in the same was as acusica («a tell-tale») is from the verb acusar («to accuse»).
50. This noun is a compound of acabó and se (from acabarse) («to come to an end»). Its function is equivalent to the adjective desastroso («disastrous») or the noun («disaster»).
51. This exclamation expresses opposition. Other versions include: ¡Dios! («God!»);¡Dios mío! («My God!»); ¡Dios santo! («Holy God!»). There are also more complex phrases such as Dios manda («God ordains»); Dios mediante («God willing»); si Dios quiere («if it's God's wish»); ¡Válgame Dios! («so help me God!») and ¡Vaya por Dios! («For Heaven's sake!»). These are all common expressions and are used in a variety of ways.

116. EXPRESAR IMPACIENCIA POR ALGO

ELEMENTAL

1. Estoy impaciente.
2. Estoy nervioso.
3. ¡Qué nervioso estoy!
4. No puedo esperar más.
5. Este (...) no llega nunca.

INTERMEDIO

6. ¡Ufff...! (*)
7. Estoy impaciente por (...).
8. Estoy inquieto.
9. ¡Qué inquietud!
10. ¡Qué nerviosismo!
11. ¡Qué nervioso me pones!
12. ¡Qué nervios!
13. ¡Qué ansiedad!
14. ¡Qué lentitud!
15. Pero ¡qué lento eres!
16. ¡Qué largo me resulta esto!
17. ¿Ya está bien, no? (*) **Enf.**
18. ¡No aguanto más!
19. Ya estoy negro. (*) **I.**
20. Estoy perdiendo la paciencia.
21. Es que es desesperante
22. No puedo estarme quieto.

AVANZADO

23. ¡Qué cosquilleo! (*)
24. ¡Qué comezón! (*)
25. ¡Qué desasosiego!
26. ¡Cuánta desazón! **F.**
27. ¡Cuánta tensión!
28. ¡Qué exasperación!
29. ¡Qué pachorra! **V.**
30. ¡Qué cachaza! **V.**
31. ¡Qué hormigueo siento! (*)
32. Estoy ansioso.
33. Estoy en ascuas. (*)

---

6. Emisión de voz que denota fastidio, cansancio, repugnancia, etc.
17. Con esta frase se expresa la impaciencia o el disgusto ante algo, puesto que está implícito el deseo de que el interlocutor cese en su actitud.
19. El color *negro* traduce impresiones negativas, pesimistas o, como aquí, la impaciencia que produce algo en el que usa la frase.
23, 24 y 31. Los sustantivos *cosquilleo* (relacionado con las *cosquillas*), *hormigueo* (relacionado con *hormiga*) y *comezón* (relacionado con *comer*) suelen usarse tras verbos como *tener, sentir*. Traducen sentimientos de nerviosismo, inquietud, impaciencia.
33. El sustantivo *ascua*, en su significado fundamental, designa un trozo de alguna materia que arde sin llama. La frase *estar en ascuas* alude a una situación de impaciencia o de inquietud.

116. EXPRESSING IMPATIENCE

BASIC

1. I'm impatient.
2. I feel nervous/restless.
3. I feel so restless!
4. I can't wait any longer!
5. This (..) will never come!

INTERMEDIATE

6. Phewww ...!
7. I'm impatient to (...).
8. I feel anxious.
9. I feel so anxious!
10. I feel so jittery!
11. You're making me so nervous!
12. I feel so nervous!
13. I feel so anxious!
14. It's so slow!
15. You're so slow!
16. It's taking such a long time!
17. Don't you think enough's enough?
18. I can't take any more!
19. I'm at the end of my tether.
20. I'm losing my patience.
21. It would drive you to despair!
22. I can't keep still!

ADVANCED

23. They're/ (it's etc.) so slow!
24. I'm so anxious.
25. I'm on tenter hooks.
26. I'm in a state of suspense.
27. This waiting would drive anyone to despair.
28. The wheels of state turn very slowly.
29. You're driving me up the walls!
30. Don't be so exasperating.
31. Don't make me lose hope.
32. Don't drive me round the bend.
33. Don't make me lose my temper.

---

6. This expresses annoyance, weariness, repugnance, etc.
17. This conveys impatience or displeasure, with the implicit desire that the listener change his attitude.
19. The colour black (*negro*) is used to express negative and pessimistic sentiments or, as in this case, impatience.
33. The noun *ascua* («ember») is used in this expression to refer to an unbearable situation producing impatience and anxiety.
34. The expression *en vilo* alludes to a lack of support or stability. Hence it's use to refer to states of anxiety, restlessness or impatience. It is often combined with the verb *poner* («to put»).
36. This phrase alludes to the slowness of public institutions. Hence its suitability in situations of waiting impatiently.
37. *Casillas*, always used in the plural in this expression, is the diminutive of *casas* («houses»).

34. Estoy en vilo. (*)	34. I'm hopping mad.
35. El que espera desespera. **FH.**	35. It drives me scatty.
36. Las cosas de palacio van despacio. (*) **FH.**	36. The waiting's killing me.
37. Me estás sacando de mis casillas. (*)	37. This is just great …!
38. ¡Bueno está lo bueno! (*) **FH.**	38. This is great, just great!
39. ¡Y ésta es la hora en que no (…)! (*).	39. It's high time (…)!
40. Tranquilos, que parece que la cosa va para largo.	40. Let's all calm down. It seems it's going to take a while.
41. ¿Quieres (…) de una puñetera vez? **V.**	41. (…) once and for all?
42. ¡Vamos, que eres un huevazos…! (*) **V.**	42. You have a right bloody nerve…!
43. ¿Todavía (…)? (*)	43. (…) still?
44. ¡No veo la hora de (…)!	44. I can hardly wait to (…)!
45. ¡Hay que ver lo que (…)! (*)	45. It's unbelievable how (…)!
46. ¿Ya sería hora, no? (*)	46. It must be time, don't you think?
47. ¿Va siendo hora de (…), no crees?	47. It's about time (…), don't you think?
48. ¡Vaya una calma la de (…)!	48. (…) is taking it all so calmly!
49. ¡Cuánto tarda!	49. He (she, etc.) is taking so long!

38. Con estas dos expresiones se traduce fastidio o impaciencia. De hecho, incluso el adverbio aislado ¡Bueno! cumpliría la misma función.

39. Aunque la frase es compleja, podría reducirse a la locución *a estas horas* cuando ésta sirve para referirse a un momento en el que ya debería haber ocurrido aquello de lo que se habla. El verbo que sigue al *que* está en indicativo.

42. El nombre de los órganos sexuales masculinos se combina con el verbo *tener* (¡tienes unos huevos!) o, en este caso y en una forma despectiva debido a la aplicación del sufijo aumentativo *-azo*, al verbo *ser*. El contenido es múltiple, pues puede aludirse a la calma de alguien y también a su frescura. La vulgaridad de la expresión todavía es superior en: *tienes unos huevos que te los pisas*.

44. Con esta frase se muestra la impaciencia por el paso lento del tiempo cuando se desea que se produzca algo.

45. Esta frase, que ha de completarse con un verbo, constituye un incremento enfático. Si no hay un *que*, se completa con cualquier adjetivo o adverbio. Traducirá impaciencia, sorpresa o admiración, según el contenido de los elementos que sigan.

38. These two expressions convey irritation or impatience. (The form ¡Bueno! on its own would suffice to convey this meaning.)

39. Although this expression is complex in meaning, it is roughly equivalent to *a estas horas* («at this time»), and used in a context where the event to which one is referring has yet to take place. The following verb will be in the indicative.

42. The vulgar colloquial term for testicles (*huevos* [lit. «eggs»]) is used with the verb *tener* («to have») in a number of expressions: *¡tienes unos huevos!* («you have such a nerve!» [lit. «what balls you have!»]). In this case the addition of the augmentative *-azos* to produce *huevazos* (lit. «very large balls») increases the derogatory tone of the utterance. The functions of such an utterance are various: it could allude to an inappropriately calm response to a frantic situation or to the subject's brazen attitude. The vulgarity of the expression extends even to the version *tienes unos huevos que te los pisas* (lit. «your balls are so big you're treading on them»).

44. This expresses impatience with the length of time that something is taking.

45. This phrase must be completed with a verb. If *que* is not used, the verb can be followed by an adjective or adverb. It is a more emphatic version of the previous exclamation, conveying the speaker's impatience, surprise or amazement, depending on the verb used.

117. LLAMARLE LA ATENCIÓN A ALGUIEN

117. ATTRACTING SOMEONE'S ATTENTION

ELEMENTAL

1. ¡Oiga, oiga! (*)
2. ¡Cuidado, eh!
3. ¿No sabe (…) mejor? **Ir.**
4. Pero, bueno, ¿qué es esto?
5. Mire por dónde camina **R.**
6. ¡Pare, pare!
7. ¿Ya está bien, no? (*)
8. ¡Oiga, oiga, el de (…)!

BASIC

1. Excuse me!
2. Hey, watch out!
3. Can't you (…) any better than that?
4. What's this, might I ask?
5. Watch where you're going.
6. Stop, stop!
7. That's quite enough, don't you think?
8. Hey, you, the one with the (…).

1. La emisión de esta llamada suele ir acompañada de un gesto de alzar un brazo y señalar con la mano, o agitar la mano para atraer así la mirada y el oído del interlocutor.

7. Con esta frase se expresa la impaciencia o el disgusto ante algo, puesto que está implícito el deseo de que el interlocutor cese en su actitud.

1. This call is usually accompanied by the raising of the arm and waving of the hand to attract the attention of the other person.

7. This expresses impatience or displeasure and an implicit desire for the listener to change his attitude.

INTERMEDIO

9. A la cola. (*) **R.**
10. A su sitio. **R.**
11. ¡Sin empujar, eh! **R.**
12. ¡Qué desvergüenza!
13. ¡Lo que hay que ver!
14. Yo he llegado antes que usted. **R.**
15. ¡Oiga, que me toca a mí! (*) **R.**
16. Recuerde que no está usted solo.
17. ¡Eh, que no es usted el único!
18. ¿Dónde cree usted que está? (*)
19. ¿Quiere hacer usted el favor de (…)?
20. ¿Cree usted que ésa es la manera correcta de tratar a (…)?
21. ¿Quién cree usted que es para (…)?

AVANZADO

22. ¡Sin avasallar!
23. ¡Ya no hay justicia!
24. ¡Oiga, ése, que se cuela! **R.**
25. A mí no se me habla así.
26. ¡Pero usted qué se ha creído! (*)
27. ¡Hasta aquí podíamos llegar! (*)
28. ¿Va a seguir así mucho rato?
29. ¡Hombre, por Dios! ¿No ve que molesta?
30. ¿Qué pasaría si todos hiciéramos como usted?
31. ¿Y a usted nadie le ha dicho que ése no es modo de (…)?
32. ¿Es que no le han enseñado (buenos) modales?
33. ¿Y a usted quién le ha dado vela en este entierro? (*) **FH.**
34. Pare el carro. (*) **I.**

---

9. El sustantivo *cola,* aparte de designar un apéndice en el cuerpo de algunos animales, sirve como sinónimo de *fila* para describir una serie de personas, puestas una tras otra, en espera de algo. La locución *a la cola* se emplea para decir a alguien que ha de colocarse al final de la fila
15. El verbo *tocar,* en tercera persona y acompañado de un pronombre *(me, le, nos),* significa que a alguien le llega el turno para algo. Así se usa en los juegos, y también cuando hay gente que espera respetando un orden.
18. Esta pregunta no busca una respuesta; es un modo de hacerle ver al interlocutor que su comportamiento no es adecuado a la situación.
26. Si con la frase *¡que te crees tú eso!* se expresa un rechazo o una negativa, con *¿qué te has creído?* llamamos la atención de alguien para mostrarle nuestra indignación ante su conducta que consideramos intolerable.
27. Se trata de una exclamación de protesta indignada. Tanto el tiempo verbal (imperfecto) como la primera persona del plural son fijos.
33. Esta frase hecha, corriente en forma negativa o interrogativa, se usa para hacerle ver a alguien que no tiene derecho a intervenir en algo.
34. Con esta frase, que suele usarse en forma de mandato, se le invita a alguien a que se contenga, que no siga diciendo lo que dice.

INTERMEDIATE

9. There's a queue, you know.
10. Keep to your place.
11. Could you stop pushing!
12. What a nerve!
13. Now I've seen everything!
14. I was here before you.
15. Hey, I'm next!
16. Remember there are other people here as well.
17. Hey, you're not the only one.
18. Where do you think you are?
19. Would you mind (…)?
20. Do you think that's the proper way to treat (…)?
21. Who do you think you are to (…)?

ADVANCED

22. There's no need to throw your weight about!
23. There's no justice left in the world!
24. Look at him, he's jumping the queue!
25. How dare you talk to me like that!
26. Who do you think you are!
27. That's the limit!
28. Do you intend to carry on like this much longer?
29. For heaven's sake! Can't you see you're annoying people?
30. What would happen if we all behaved like you?
31. Did nobody ever tell you that that's not the way to (…)?
32. Did nobody ever teach you any manners?
33. And who asked you to stick you oar in?
34. Leave it out!

---

9. The noun *cola* («tail» or «queue») is used to direct new arrivals to the back of the line. *Fila* is a synonym for *cola.*
15. The verb *tocar,* in the third person and with an object pronoun (*me, le, nos,* etc.), is used to indicate that one's turn has come. It is thus used in games and in contexts where people are waiting in a queue, as is the case here.
18. This question requires no response: its function is to point out to the listener that his behaviour is inappropriate to the situation.
26. If the expression *¡que te crees tú eso!* conveys a negative response or a rejection, the exclamation *¿qué te has creído?* is used to draw someone's attention to behaviour which is considered unacceptable.
27. In this expression of indignation, both the imperfect tense and the use of the first person plural are invariable.
33. This set phrase (lit. «who gave you a candle for this funeral?») is used in the negative and interrogative forms.
34. This expression is normally used in the form of an imperative to invite a speaker to be quiet.

118. REGAÑAR A ALGUIEN

ELEMENTAL

1. ¡(...)! (*)
2. ¡Otra vez!
3. ¿Por qué (...)?
4. ¡Haz el favor!
5. ¡No lo hagas más!
6. ¡Basta!
7. ¡Vamos, hombre!
8. ¡Por el amor de Dios! **Enf.**
9. ¿Por qué (...)? ¿No ves que (...)?

INTERMEDIO

10. ¿Ya está bien, no? (*) **Enf.**
11. Pero... ¿y esto qué es?
12. ¿Qué te he dicho...? (*)
13. ¿Es que no has oído?
14. ¿Cuántas veces te he dicho que (...)? (*)
15. ¿Pero cómo tengo que decírtelo? (*)
16. ¡Que no lo vuelvas a hacer!
17. ¡Que sea la última vez!
18. ¡Que no se repita!
19. Haz el favor de (...). (*)
20. ¿Quiere hacer el favor de (...)?
21. Ya sabes que no me gusta regañarte, pero (...).
22. Y que no tengamos que hablar más de esto, ¿vale?

AVANZADO

23. Te he dicho una y mil veces que esto no se hace.
24. ¡Cómo coño quieres que te lo diga? ¿En chino? **V.**
25. Pero... ¿cuántas veces tendré que repetírtelo?
26. ¡No me agotes la paciencia!
27. Estás acabando con mi paciencia.
28. ¡Que sea la última vez que (...)!

---

1. Ordenar, aconsejar, insistir, regañar son acciones que se expresan mediante un imperativo, si se habla de *tú*, o un presente de subjuntivo, si se habla de *usted*. La presencia de un cortés *por favor* atenúa la dureza.
10. Con esta frase se expresa el disgusto o la impaciencia ante algo, puesto que está implícito el deseo de que el interlocutor cese en su actitud.
12 y 14. El verbo *decir*, de uso tan corriente, tiene una gran riqueza significativa en la que destacan dos valores: en virtud de uno es sinónimo de *informar*; en virtud del otro, lo es de *ordenar*. Con estas dos frases se alude a una orden, advertencia, una o varias veces formulada pero no atendida por el interlocutor.
15. Con esta frase no se formula una pregunta aunque podría suponerse una parte como *para que me hagas caso*. El que la emplea muestra su exasperación ante un interlocutor que no le presta atención. Es necesario que se sienta superior al otro.
19. Aunque, en apariencia, se trata de una solicitud, la presencia del imperativo y el tono en el que se pronuncia la frase pueden darle valor de orden tajante. Aunque más encubierto, ese valor se mantendría con entonación interrogativa y el verbo en condicional: *¿harías el favor de callarte?*

118. SCOLDING SOMEONE

BASIC

1. ¡(...)!
2. Again!
3. Why...?
4. Do me a favour!
5. Don't do it again!
6. That's enough!
7. Come on!
8. For heaven's sake!
9. Why (...)? Can't you see that (...)?

INTERMEDIATE

10. That's quite enough, don't you think?
11. But...what's this?
12. What did I tell you ...?
13. Haven't you heard?
14. How many times have I told you (...)?
15. How do I get through to you?
16. Don't do it again!
17. Let this be the last time!
18. Don't let it happen again!
19. *Please* (...).
20. Would you please (...)?
21. You know I don't like telling you off, but (...).
22. And let's not have to talk about this again, okay?

ADVANCED

23. I've told you a thousand times that you don't do that.
24. What bleedin' language do I have to say it in? Chinese?
25. How many times must I tell you?
26. Don't try my patience!
27. I'm losing my patience with you.
28. Let this be the last time that (...)!

---

1. Ordering, advising and insisting are actions which are communicated through the imperative mood, if *tú* is being used, or the subjunctive if the form of address is *usted*. The addition of a polite *por favor* («please») softens the tone of the utterance.
10. This expresses impatience or displeasure and an implicit desire for the listener to change his attitude.
12 and 14. The common verb *decir* has two basic meanings: «to say» and «to tell». In the latter sense it conveys an order or a warning which, however often it is formulated, may not be heeded by the listener.
15. This is not a genuine question, although the phrase might be completed with the addition of a construction such as *para que me hagas caso* («for you to pay attention to me»). It conveys the speaker's exasperation at being ignored by someone he considers to be a subordinate.
19. Although this utterance is formulated as a polite request, the use of the imperative and the tone of voice transform it into a sharp command. This quality is not affected by turning the order into a question and reformulating the verb in the conditional mood: *¿harías el favor de callarte?* («would you be kind enough to be quiet?»).

29. Vas a cobrar, ¿eh? (...) **I.**
30. Si vuelves a hacerlo te castigaré.
31. No me gusta sorprenderte, pero (...).
32. Lo siento, pero tengo que echarle una regañina. **F.**
33. Mira que no me gusta tener que llamarte la atención, pero (...).
34. No empieces a (...).
35. Ya me estás tocando los cojones y (...). **V.**

---

29. El verbo *cobrar*, cuyo significado fundamental es el de recibir dinero como pago de algo, sirve para referirse al sentimiento que se adquiere *(cobrar afecto a alguien)* y para, como en este caso, aludir en un tono jocoso a la posibilidad de recibir un castigo, incluso una paliza.

---

29. You're asking for it!
30. If you do it again, I'll punish you.
31. I don't like to catch you unawares, but (...).
32. Sorry, but I shall have to smack your wrists.
33. You know I don't like telling you off, but (...).
34. Don't start (...).
35. You're starting to get on my tits and (...).

---

29. The verb *cobrar* («to receive payment») is also used with feelings (*cobrar afecto a alguien* [«to take a liking to someone»]) as well as for alluding, in a somewhat light-hearted way, to the threat of punishment, as in this case.

---

119. REPROCHAR ALGO A ALGUIEN

— ELEMENTAL —

1. ¡Otra vez!
2. ¡Otra vez (...)!
3. ¿Esto...? (*) **Ir.**
4. ¿Eso es todo? **Ir.**
5. ¡Qué (...)!
6. ¡Falso! (*) **Ir.**
7. ¿Por qué (...)?
8. Te reprocho (...).
9. Eso es reprochable.
10. Quiero hacerte un reproche: (...).
11. ¡Otra vez, (...) mejor!

— INTERMEDIO —

12. ¡No ves...! (*)
13. ¡No, si ya lo sabía! **Ir.**
14. ¿Y para esto (...)?
15. Ya está bien, ¿no? (*) **Enf.**
16. No seas hipócrita.
17. ¡Qué falso eres! (*) **Ir.**

---

3. Este demostrativo, que indica proximidad de algo con el que habla, se carga de un matiz de desprecio cuando se pospone al sustantivo al que puede acompañar *(¡vamos con el niño ese!)*. También la forma neutra *esto* traduce desagrado, pronunciada con una acentuación muy marcada de la primera sílaba. Vale aislada o acompañada de verbo: *¿esto es todo lo que has sabido hacer?*
6 y 17. El adjetivo *falso* alude a la no autenticidad de algo. Como calificativo de persona describe que es mentiroso, exagerado, incluso traidor.
12. Sin el adverbio negativo, *¡ves!* es una reconvención al interlocutor: se marca la razón que uno tenía y el error en el que estaba él. Junto a *no*, la expresión sirve para quejarse del descuido, quizá error, de alguien.
15. Con esta frase se expresa la impaciencia o el disgusto ante algo, puesto que está implícito el deseo de que el interlocutor cese en su actitud.
17. Ver nota al n. 6.

---

119. REPROACHING SOMEONE

— BASIC —

1. Again!
2. The next time (...)!
3. This...?
4. Is that all?
5. What a (...)!
6. Untrue!
7. Why (...)?
8. I disapprove of your (...).
9. That is reprehensible.
10. I wish to reproach you for something: (...).
11. The next time, (...) better!

— INTERMEDIATE —

12. Don't you see ...!
13. No, I knew all along this would happen!
14. So that is why you (...)?
15. I think that's quite enough, don't you?
16. Don't be a hypocrite.
17. How insincere you are!

---

3. The demonstrative *esto* («this»), in addition to indicating proximity, has pejorative overtones when placed after the noun to which it refers: *¡vamos con el niño ese!* («that damn kid!»). The neuter pronoun *esto* conveys dislike, especially when the first syllable is heavily stressed. It can be used on its own or with a verbal construction: *¿esto es todo lo que has sabido hacer?* («is this all you could do?»).
6 and 17. The various meanings of *falso*, as applied to a person, are untruthful, over-demonstrative, even untrustworthy.
12. Used positively, the exclamation *¡ves!* («look!») is a way of drawing to the listener's attention proof that the speaker was right while he, the listener, was wrong. With the addition of the negative adverb *no* the utterance becomes more reproachful of the listener's error.
15. This expresses impatience or displeasure and an implicit desire for the listener to change his attitude.
17. See n. 6.

18. ¡Cuánta falsedad!
19. Yo (...) y tú aquí tan tranquilo.
20. ¡Vaya (...)!
21. ¿Cómo has podido (...)?
22. ¿Cómo te has atrevido a (...)?
23. ¡Ves, ves, ya te lo decía!
24. Ya te lo advertí.
25. Ya lo presentía.
26. Ya sabía que sería perder el tiempo.
27. Tengo que reprocharte algo: (...).
28. Eso es reprobable.

── AVANZADO ──

29. Eso sí que estaría bueno. (*) **Ir.**
30. Bueno está lo bueno. (*) **FH.**
31. ¡Pues sí que estaríamos buenos! (*) **Ir.**
32. ¡Lo bueno sería que (...)! **Ir.**
33. ¿Y tú quién te crees que eres? (*) **Ir.**
34. Eso nunca me lo hubiese pensado de ti.
35. ¿Cómo puedes tener tanta (...)?
36. Ya sé que no tengo por qué reprenderte, pero (...)
37. No es que quiera reconvertirte, pero (...). **F.**
38. No es con ánimo de crítica, pero (...).
39. Espero que no te lo tomes como un reproche, pero (...).
40. (...), y es algo que siempre te echaré en cara. (*)
41. ¡Me hubieras avisado!
42. Ya me lo temía. (*)
43. ¡Haberme hecho caso! (*)

---

29 y 31. Completados con los incrementos enfáticos *eso sí que* y *pues sí que* o sin ellos, la exclamación *estaría/estaríamos bueno/-s* sirve para manifestar la opinión desfavorable ante algo que podría suceder; es más, el propósito de no tolerarlo.
30. Con esta frase se protesta por algo que no se desea ya soportar más. Desempeña una función parecida a: ¡Hasta ahí podíamos llegar!
31. Ver nota al n. 29.
33. Es una forma de manifestar al interlocutor que uno considera insolentes sus actos, sus opiniones; con esta frase se intenta empequeñecerlo, lo mismo que pretenden las construcciones: *no ser nadie, no pintar nada, ser un cero a la izquierda* o *ser un pintamonas*. Esta pregunta, que no espera respuesta, sino cambio en la actitud, puede completarse con *para* seguido de un infinitivo: *para decidir sobre lo que yo tengo que hacer*.
40. La expresión *echar en cara* equivale a *reprochar*.
42. El verbo *temer* se refiere al miedo a recibir un daño: *no lo hizo porque temía las consecuencias*. También expresa recelo, sospecha, tanto bajo la forma *temer* como bajo la pronominal *temerse*. El verbo que lo complementa suele estar en indicativo: *me temo que no llegaremos a tiempo*.
43, 44, 45, 46 y 47. Son frases de valor imperativo con relación al pasado que sólo sirven como queja y reproche. Tras *haber* va un participio. Algunas son muy frecuentes, como ¡Haberme hecho caso!, ¡haberlo dicho! También los auxiliares *poder* y *deber* requieren un infinitivo. En cuanto a *no debieras (...)*, variante de *no deberías (...)*, sólo traduce reproche si se acom-

── ADVANCED ──

18. What insincerity!
19. I (...) and you don't bat an eyelid.
20. What a (...)!
21. How could you (..)?
22. How did you have the nerve to (...)?
23. You see, you see, it's just as I told you!
24. I did warn you.
25. I had a feeling this would happen.
26. I knew it would be a waste of time.
27. I have a bone to pick with you: (...).
28. That is reprehensible.

29. Oh yes, that would be lovely, just lovely.
30. Enough's enough.
31. Oh yes, that would be just marvellous!
32. A fine thing it would be if (...).
33. Who do you think you are?
34. I'd never have thought it of you.
35. How can you be so (...)?
36. I know I have nothing to reproach you for, but (...).
37. I'm not trying to change the way you are, but (...).
38. I don't want to criticise, but (...).
39. I hope you won't take this as a personal criticism, but (...).
40. (...) and that's something I'll always hold against you.
41. You could have warned me!
42. I feared as much.
43. You should have listened to me!

---

29 and 31. These exclamations convey displeasure at the prospect of an unpalatable outcome and a determination not to put up with it. They can be reinforced by the addition of the emphatic *eso sí que* or *pues sí que*.
30. An alternative expression would be ¡Hasta ahí podíamos llegar!
31. See n. 29.
33. This expression of contempt for someone whom the speaker considers impertinent could be conveyed through other phrases such as: *no ser nadie* («to be a nobody»); *no pintar nada* («to be insignificant»); *ser un cero a la izquierda* («to be a nobody»); *ser un pintamonas* («to be a waste of space»). Although formulated as a question, it is not an answer that is required, but a change of attitude. If the sentence is completed, the construction will begin with *para* + an infinitive, such as *para decidir sobre lo que yo tengo que hacer* («to decide what I should do»).
40. **Refer to note in Spanish.**
42. The verb *temer* is used to refer to fear of possible injury: *no lo hizo porque temía las consecuencias* («he didn't do it because he feared the consequences»). However both *temer* and the reflexive form *temerse* can also express apprehension or suspicion. The verb in the following clause usually takes the indicative mood: *me temo que no llegaremos a tiempo* («I fear we won't be on time»).
43, 44, 45, 46 and 47. These are all phrases expressing an imperative which is retrospective and only serves to articulate a reproach or complaint. *Haber* is followed by an infinitive. Some of these expressions are very common, such as ¡Haberme hecho caso! («You should have listened to me!»); ¡Haberlo dicho! («You should have said so!»). *Poder* («to be able») and *de-*

44. ¡Ya podías (...)! (*)
45. ¡Podías haber (...)! (*)
46. ¡Haber (...)! (*)
47. ¡Debiste (...)! (*)
48. ¡No debieras (...)!
49. ¿Dónde coño (...)? **V.**
50. Siempre estás refunfuñando. (*) **I.**
51. No seas gruñón. **I.**
52. ¡Ay, qué tonto eres!
53. Eres el hazmerreír de todos.
54. ¿Pero no ves que te están tomando el pelo?
55. Quien mucho abarca poco aprieta. (*) **FH.**
56. Cría cuervos (que te sacarán los ojos). (*) **FH.**
57. Te voy a cantar las cuarenta. (*) **FH.**

44. You could easily have (...)!
45. You could have (...)!
46. You should have (...)!
47. You should have (...)!
48. You shouldn't have (...)!
49. Where the hell (...)?
50. You're always moaning.
51. Don't be so grumpy.
52. How silly can you get!
53. You're a laughing-stock.
54. But can't you see they're having you on?
55. Jack of all trades, master of none.
56. Raise ravens (and they'll pluck out your eyes).
57. I'm going to give you a good ticking off.

paña de un infinitivo compuesto: *no debieras haber dicho esto*. Con un infinitivo simple se refiere a una acción futura, que se aconseja o desaconseja: *debieras esforzarte más, no debieras salir mañana de viaje*.

50. El verbo *refunfuñar* describe las muestras de enfado que se traducen en unas emisiones persistentes en voz baja. El auxiliar *estar* puede omitirse y, en tal caso, al adverbio siempre le seguirá sólo un gerundio: *siempre quejándote*.
55. Es un refrán muy conocido y usado. Se refiere a que la persona que lleva entre manos muchos asuntos difícilmente puede ocuparse de ellos, invitándola a que se limite a emprender aquello que puede llevar a cabo.
56. Se trata de un refrán con el que se alude a la ingratitud de los que olvidan los beneficios recibidos, pagándolos con el olvido o la injusticia. A menudo se usa sólo la mitad: *Cría cuervos...* Está ya documentado en el siglo XVII.
57. Esta expresión, que procede de un juego de naipes, se usa para reprochar, echarle algo en cara a alguien. Un valor parecido tienen: *cantar(se)las claras a alguien, decirle a uno cuatro verdades, decirle a uno las verdades del barquero*.

ber («to have to») are modal verbs requiring the infinitive. The constructions *no debieras* and *no deberías* («you shouldn't have») only communicate a reproach if followed by a compound infinitive: *no debieras haber dicho esto* («you shouldn't have said this»). If a simple infinitive follows, it refers to a future action, which may or may not be advisable: *debieras esforzarte más* («you should make more of an effort»); *no debieras salir mañana de viaje* («you shouldn't go away tomorrow»).

50. This comment, like the equivalent *siempre estás quejándote* («you're always complaining») could be made elliptical by the omission of the auxiliary *ver*: *siempre refunfuñando, siempre quejándote*.
55. **Refer to note in Spanish.**
56. Often abbreviated to *Cría cuervos...*, this proverb was first recorded in the sixteenth century.
57. This expression, which derives from a card game, is similar in meaning to a number of others: *cantárselas, decirle a uno cuatro verdades, decirle a uno las verdades del barquero*.

120. AMENAZAR A ALGUIEN

— ELEMENTAL —

1. ¡(...)! (*)
2. ¡Ojo! (*)
3. ¡Tú mismo! (*)
4. ¡Usted mismo! (*)
5. ¡Ojito, ojito! (*) **Ir.**

1. Ordenar, aconsejar, insistir, amenazar, son acciones que se expresan mediante un imperativo, si se habla de *tú*, o un presente de subjuntivo, si se habla de *usted*. La presencia de un cortés *por favor* atenúa la dureza.
2 y 5. El sustantivo *ojo*, a partir de su designación del órgano de la vista, equivale, en un sentido figurado, a atención, cuidado. Se usa aislado, en tono exclamativo *(¡ojo!);* también seguido de *con* y de un sustantivo o de un infinitivo *(¡ojo con quemarte!, ¡ojo con engañarme!)*. Ambas expresiones se usan para avisar, de forma espontánea o amenazadora.
3 y 4. La alusión enfática al interlocutor supone que el que habla excluye cualquier intervención propia. La expresión se usa sola o precedida de un verbo que aluda a la acción ante la que uno es indiferente, a veces amenazadoramente indiferente.
5. Ver nota al n. 2.

120. THREATENING SOMEONE

— BASIC —

1. (...).
2. Watch out!
3. Do as you please!
4. Do as you please!
5. Careful, careful!

1. Ordering, advising and insisting are actions which are communicated through the imperative mood, if *tú* is being used, or the subjunctive if the form of address is *usted*. The addition of a polite *por favor* («please») softens the tone of the utterance.
2 and 5. *Ojo* (lit. «eye») is used on its own as a warning to take care, but may be followed by the preposition *con* with the infinitive, e.g. *¡ojo con quemarte!* («be careful not to burn yourself!»); *¡ojo con engañarme!* («be careful you don't hoodwink me!»). It is used to warn, in a spontaneous and even threatening manner.
3 and 4. The emphatic reference to the listener by the subject pronoun indicates that the speaker does not intend to intervene in any way. These expressions are used as they stand or preceded by a verb that refers to the action to which the speaker remains defiantly indifferent.
5. See n. 2.

6. ¡Me oirás! (*)	6. You'll be hearing from me!
7. Esto acabará mal.	7. I don't like the look of this.

— INTERMEDIO —   — INTERMEDIATE —

8. ¡Ay de ti! (*)	8. I feel sorry for you!
9. ¡Pobre de ti si (...)!	9. You'd better watch out if (...)!
10. ¡Prepárate!	10. Just you wait!
11. Te vas a acordar de (...). (*)	11. You won't forget (...).
12. De ésta ya te acordarás.	12. You won't forget this in a hurry.
13. ¡Mira que (...)¡(*)	13. Look, I'm telling you that (...).
14. Como no (...). (*)	14. Unless (...).
15. Ya nos veremos las caras. (*)	15. We'll meet again.
16. Mira a ver lo que haces. (*)	16. You'd better watch out.
17. Ve con cuidado, ¿eh? (*)	17. Watch your step, eh?
18. Me vengaré.	18. I'll get my own back.
19. Me las pagarás. (*)	19. I'll make you'll pay for this.
20. Ya nos encontraremos. (*)	20. We'll meet again.
21. Voy a partirte la cara. **I.**	21. I'm going to knock your block off.
22. Si te cojo (...) **I.**	22. If I catch you, (...).
23. Esto te va a costar un disgusto.	23. You're going to regret this.
24. Esto no va a quedar así. (*)	24. You haven't heard the last of this.

6. El verbo *oír* está en futuro porque con esta expresión se avisa amenazadoramente al interlocutor con una queja o una fuerte regañina si sigue actuando en un sentido que el locutor no desea.	6. The verb *oír* («to hear») is used in the future tense to underline the threat of a complaint or strong reprimand should the listener persist in behaving in a way the speaker does not wish.
8. *¡Ay!* es una interjección expresiva de dolor o sobresalto. Seguida de la preposición *de* y de un pronombre tiene el valor que tendría el adjetivo *pobre*; implica amenaza.	8. *¡Ay!* («Ouch!»), normally an expression of physical pain, when followed by de + pronoun is equivalent to *pobre* («poor»). It is used to issue a threat.
11. No trata de afirmar que el interlocutor recordará, sino que se le amenaza con algo: un castigo, una venganza que dejará un recuerdo difícil de borrar.	11. The reference to remembering alludes, of course, to the potential impact of the threatened punishment or revenge.
13 y 16. El imperativo del verbo *mirar, mira,* constituye con mucha frecuencia una simple llamada de atención al interlocutor. Si se acompaña de *que*, entonces es que se le invita a hacerse una idea de lo que el hablante dice (*mira que me enfado*). Si a lo que se invita es a que actúe con cuidado se usa con preferencia *mira a ver lo que (...).* En ambos casos el verbo está en indicativo.	13 and 16. The imperative of the verb *mirar* («to look») is often simply a way of attracting the listener's attention. If *mira* is followed by *de que*, however, this is a way of inviting the listener to visualise what the speaker is saying. If, in addition, the listener is being advised to proceed with caution, the construction *mira a ver lo que (...)* («watch out what [...]») may be used. Both constructions take the indicative mood.
14. Un *como* seguido del adverbio negativo *no* puede introducir una oración explicativa (*como no tengo trabajo, me voy al cine*), con su verbo en indicativo. Pero también se usa con un verbo en subjuntivo, en cuyo caso constituye una estructura condicional (*como no te des prisa, perderás el tren*), muy útil para expresar amenazas.	14. *Como no*, followed by a verb in the indicative, introduces an explanation: *como no tengo trabajo, me voy al cine* («since I have no work, I'm going to the cinema»). However, followed by the subjunctive, it constitutes a conditional structure: *como no te des prisa, perderás el tren* («if you don't hurry up, you'll miss the train»). The latter is particularly useful for issuing threats.
15. Con esta frase se manifiesta la amenaza de una acción futura, de cierta violencia. Es una forma de reto.	15. This expresses the threat of a potentially violent confrontation in the future.
16. Ver nota al n. 13.	16. See n. 13.
17. Con frecuencia el verbo *ir* deja de aludir a movimiento, como aquí, que sólo se refiere al modo de actuar de alguien.	17. The verb *ir* («to go») frequently refers, not to movement, but to behaviour, as is the case here.
19 y 33. A menudo *pagar* no supone entregar un dinero por el precio de algo. Junto al pronombre femenino indeterminado *las* describe el castigo que impondrá el que así se venga. La segunda frase, de matiz mucho más barriobajero, tiene una parte elíptica: *que son cruces,* que desvela el objeto al que se refiere el demostrativo. La emisión de esta fórmula de juramento va acompañada de un gesto que consiste en cruzar los dedos índice y pulgar de una mano. En la actualidad es poco conocida y poco usada.	19 and 33. The verb *pagar* («to pay»), particularly if used in conjunction with the feminine pronoun *la* or *las*, is a way of alluding to the threat of punishment. The second phrase, distinctly more subcultural than the first, makes elliptical reference to a set phrase: the saying, which should be completed with *que son cruces* («which are crosses»), constitutes an oath which may be accompanied by the gesture of crossing the thumb and index finger to represent the crucifix to which verbal reference is made. It is little known or used today.
20 y 32. En estas frases *buscar* y *encontrar* tienen un valor muy concreto, por cuanto *buscar* implica una provocación, y *encontrar* la actitud de respuesta en la otra persona, que decide plantar cara, amenazadora.	20 and 32. Here *buscar* («to look for») implies provocation and *encontrar* («to find») alludes to the response of the speaker, who is prepared to face up to the challenge and issues his warning as a threat.
24. Con esta frase el locutor amenaza con su venganza o, como mínimo, con su intención de volver a plantear un asunto que, de momento, queda zanjado en contra suya.	24. This expression makes clear the speaker's intention to seek revenge or, at least, reopen a matter which, as it stands, leaves him at a disadvantage.

25. Mira que no quiero enfadarme.
26. No me hagas perder la paciencia.
27. Si vuelves a hacerlo te castigaré.
28. Te la estás buscando.

— AVANZADO

29. Ya te pesará. (*)
30. Ya te apañaré yo a ti... **I.**
31. Vas a cobrar, ¿eh? (*) **I.**
32. Si me buscas, me encontrarás. (*)
33. Por éstas que me las pagarás. (*) **R.**
34. ¡Ya te guardarás muy bien! (*)
35. Guárdate muy bien, pero que muy bien de (...). (*)
36. Eso que dices vas a tener que tragártelo. (*) **I.**
37. Como no lo hagas, ya sabes lo que te espera.
38. A cada cerdo le llega su San Martín. (*) **FH.**
39. (...) si te atreves.
40. De hacerlo..., ya sabes lo que te espera.
41. Aténgase a las consecuencias. **F.**
42. ¿Quieres guerra, eh? (*)
43. ¡Te la estás jugando, eh!
44. Aquí va a correr la sangre. (*) **FH.**

---

29. El *peso* que comporta *pesar* puede ser material o no. Por eso *me pesa* traduce arrepentimiento. En cambio, si el locutor atribuye esa carga futura al interlocutor es porque le amenaza, como si le avisara de que las circunstancias le llevarán a tener que arrepentirse.
31. El verbo *cobrar,* cuyo significado fundamental es el de recibir dinero como pago de algo, sirve para referirse al sentimiento que se adquiere *(cobrar afecto a alguien)* y para, como en este caso, aludir en un tono jocoso a la posibilidad de recibir un castigo, incluso una paliza.
32. Ver nota al n. 20.
33. Ver nota al n. 19.
34 y 35. Como *guardar,* el pronominal *guardarse* puede significar no entregar, reservarse algo, ocultar. Pero, a menudo, si el locutor usa el verbo refiriéndose a la otra persona con un imperativo o con un futuro, también expresivo de orden, es para amenazarlo. De esta forma se intenta que el interlocutor desista de hacer algo.
36. El verbo *tragar,* que describe la acción de hacer pasar algo de la boca al aparato digestivo, es frecuente para describir algo que no gusta nada. En este caso, tratándose de una frase muy violenta de amenaza, se avisa al interlocutor de que en el futuro tendrá que desdecirse, retirar sus palabras o su actitud.
38. Por San Martín (11 de noviembre) es costumbre hacer la matanza del cerdo en los pueblos. Esta frase se usa para afirmar que a cualquiera le llegará el momento de pagar sus faltas. Está documentada en vocabularios del siglo XVII.
42. El sustantivo *guerra* designa la pelea, quizá enfrentamiento, tanto en un sentido material como moral, valor este último también presente en *guerra a muerte, guerra fría.* No es tanto que se le pregunte al interlocutor si su actitud es beligerante como que se le reta a un enfrentamiento. Esta frase ha adquirido un valor relacionado con la provocación sexual.
44. La expresión *correr la sangre* puede describir aquella situación en la que se producen heridos y muertos; pero, además, en sentido figurado describe un enfrentamiento violento. Por lo tanto, puede constituir una forma de amenaza.

---

25. Look, I don't want to lose my temper.
26. Don't make me lose my temper.
27. If you do it again I'll punish you.
28. You're asking for it.

— ADVANCED

29. You'll regret it.
30. I'll soon sort you out...!
31. You'll cop it!
32. If you push me, you'll have to face the consequences.
33. I swear I'll make you pay for this.
34. You'd better watch out!
35. You'd better be very, very careful if (...).
36. You're going to have to eat your words.
37. If you don't do it, you know what's in store for you!
38. Everyone gets his come-uppance eventually.
39. (...) if you dare.
40. If you do it..., you know what's in store for you.
41. Prepare to face the consequences.
42. So you're itching for a fight, are you?
43. You're chancing your arm!
44. Blood will flow!

---

29. *Pesar* («to weigh») may refer to the impact of non-physical matters as well as physical objects; hence *me pesa* conveys the idea of regret. In contrast, if the verb directs the listener to the likely future consequences of his actions, it implies a clear threat.
31. The verb *cobrar* («to receive payment») is also used with feelings (*cobrar afecto a alguien* [«to take a liking to someone»]) as well as for alluding, in a somewhat light-hearted way, to the threat of punishment, as in this case.
32. See n. 20.
33. See n. 19.
34 and 35. The reflexive form of the verb *guardar* («to keep [safe]») can be used in the imperative form or future tense to issue a threat, with the aim of encouraging the listener to desist.
36. The verb *tragar* («to swallow») is frequently used in expressions which refer to unpalatable matters. In this instance a violent threat is being issued, to the effect that the listener will be forced to «eat his words» or change his attitude in the future.
38. Lit. «The feast of St. Martin comes to every pig». This proverb, first recorded in the seventeenth century, alludes to the traditional day for slaughtering swine in rural areas. The saying represents an ominous statement of the ineluctability of retribution.
42. The noun *guerra* («war») can refer to most forms of conflict (*guerra a muerte* [«war to the death»]; *guerra fría* [«Cold War»]). Here the question does not so much infer that the listener's attitude is belligerent as challenge him to a confrontation with the speaker. In addition, the expression has acquired the sexual connotations of «feeling randy».
44. This phrase can be used literally or metaphorically to allude to potential conflict, often in the form of a threat.

45. ¡Qué guantazo te voy a dar! (*) **I.**
46. Voy a romperte la crisma. (*) **Enf.**
47. No voy a dejarte un solo hueso sano. **Enf.**

45. Muchos sustantivos y adjetivos admiten la sufijación con -*azo*, desinencia con diferentes valores. Del puramente aumentativo (*perro, perrazo*) a otro despectivo (*cochino, cochinazo*) o a la designación de determinados golpes (de *codo, codazo*). En el caso que nos ocupa, y aunque se habla de un guante, con lo que se está amenazando es con una bofetada.
46. Esta palabra, procedente del griego, designa en primer lugar una mezcla consagrada de aceite y bálsamo con la que se unge. Pero es más corriente como designación familiar de la *cabeza*. Junto al verbo *romper/romperse* describe la acción de golpear(se) la cabeza. Es, pues, una frase de amenaza, pues se refiere a una agresión física.

45. I'm going to give you such a pasting!
46. I'm going to knock your block off.
47. I'm going to break every bone in your body.

45. Many nouns and adjectives can be modified by the addition of the augmentative suffix -*azo*. The effect varies from increasing physical scale (*perro* [«dog»], *perrazo* [«large dog»]); to adding a disparaging note (*cochino* [«swine»], *cochinazo* [«big slob»]); or designating a blow (*codo* [«elbow»], *codazo* [«poke with the elbow»]). Here *guantazo* («slap with a glove») form *guante* («glove») alludes to the threat of some form of punishment with the hand.
46. The original meaning of *crisma* («holy oil») has given way, in this expression to the colloquial meaning of «head». Along with the version incorporating the verbs *romper/romperse* («to break»), this set phrase describes administering a blow to the head. Here it is being used to threaten physical violence.

121. EXPRESAR IRRITACIÓN POR ALGO

ELEMENTAL

1. ¡Basta! (*)
2. ¡Basta ya! (*)
3. Estoy indignado.
4. Estoy irritado.
5. Me indigna.
6. ¡Cómo me irritas!
7. ¡Grrgrrgrr! **V.**

INTERMEDIO

8. ¡Coño! (*)
9. ¡Joder! (*)
10. ¡Hostia! (*)
11. ¡Cojones! (*)
12. ¡Mierda! (*)
13. ¡Puñetas! (*)
14. ¡Caray! (*)
15. ¡Qué rabia!
16. ¡Déjame en paz!
17. Es irritante.
18. Eso me exaspera.

1 y 2. El verbo *bastar* equivale a *llegar, alcanzar* o *ser suficiente*. Es corriente su uso en tercera persona con valor impersonal: *basta con que me lo expliques una vez*. La forma *¡basta!* tiene carácter interjectivo. Con entonación exclamativa traduce el enfado ante algo que se desea interrumpir.
8 a 13. He aquí seis *tacos,* palabras malsonantes, bastante frecuentes en el uso hablado de la lengua castellana, especialmente entre hablantes masculinos. *Joder* tiene las variantes *jope, joe* y *jo.*
14. *Caray* es una variante eufemística de *coño,* que designa una parte de los órganos genitales femeninos. Puede emitirse solo o seguido de la alusión a lo que causa la irritación: ¡*caray con este tío!*

121. EXPRESSING IRRITATION

BASIC

1. That's enough!
2. That's quite enough!
3. I'm furious.
4. I'm annoyed.
5. It makes me very cross.
6. You really annoy me!
7. Grrrrrrr!

INTERMEDIATE

8. Bloody hell!
9. Well I'll be damned!
10. Jesus wept!
11. Balls!
12. Shit!
13. Hell!
14. Heck!
15. How infuriating!
16. Leave me alone!
17. It's annoying.
18. It exasperates me.

1 and 2. The verb *bastar* is equivalent to *llegar, alcanzar* or *ser suficiente* in the sense of «to be equal to». It is used as in interjection in the form of ¡*basta!* («enough!»). It conveys irritation and a desire for the cause of the irritation to end.
8-13. These coarse swear-words are fairly common in conversational Spanish, particularly in masculine speech. *Joder* (lit. «fuck») has the euphemistic variants of *jope, joe,* and *jo,* roughly equivalent in strength to «flipping heck».
14. *Caray* is a fairly mild euphemism for *coño* («cunt»). It can be used on its own or can refer to the source of the irritation it expresses: ¡*caray con ese tío!* («the devil take that chap!»).

19. Me pones negro. (*) **I.**
20. Me tienes frito. (*) **I.**
21. Estás acabando con mi paciencia.
22. ¡Ya está bien de (...), no! (*) **Enf.**

— AVANZADO —

23. Me cago en (...). (*)
24. No me cabrees. (*) **V.**
25. No me calientes. (*)
26. No me hagas perder los estribos. (*)
27. No sé qué haces para sacarme de quicio. (*)
28. Me sacas de quicio. (*)
29. Me tienes hasta la coronilla (*)

19. You drive me mad.
20. You really make me cross.
21. You're making me lose my patience.
22. That's quite enough (...), don't you think?

— ADVANCED —

23. Sod (...)!
24. Don't wind me up.
25. Don't rile me.
26. Don't make me fly off the handle.
27. You really know how to get my goat.
28. You drive me round the bend.
29. I'm fed up to the back teeth with you.

---

19. El verbo *poner,* acompañado de un pronombre complemento *(me, te, se...)* y de un adjetivo o de otro complemento, alude a lo que hace o provoca que alguien adquiera el estado o la cualidad que el adjetivo expresa. Por otra parte, el color *negro* traduce impresiones negativas, pesimistas o, como aquí, el enfado.
20. El participio del verbo *freír* sirve, muy a menudo, para expresar el enfado ante algo muy molesto. Parecido valor tiene, con esta misma construcción, *harto.*
22. Con esta frase se expresa la impaciencia o el disgusto ante algo, pues está implícito el deseo de que el interlocutor cese en su actitud.
23. Expresión muy grosera y agresiva, usada para insultar algo o a alguien. Enlazando fonéticamente su segundo y su tercer elemento *(¡me cago en...!)* y terminándola con una entonación suspensiva se transforma en un taco que no puede ir dirigido contra nada ni contra nadie, sino que refleja una situación de indignación extrema.
24. *Cabrear,* como *joder,* tiene, en la lengua vulgar, muchos valores y, entre ellos, el de *fastidiar, perjudicar. Jorobar* o *jeringar* se usan para expresar lo mismo.
25. Esta frase puede tener una interpretación relativa al ámbito sexual, puesto que *calentar* puede equivaler a *excitar* sexualmente. Pero también equivale a *enfadar, irritar.*
26. La denominación de una parte fundamental del equipo del jinete se usa, metafóricamente, y en la forma plural, para expresar la pérdida de la serenidad a causa de la cólera que algo produce.
27 y 28. Esta frase, lo mismo que *me sacas de mis casillas,* se usa para expresar que algo nos irrita muchísimo, tanto que perdemos el control. El sustantivo *quicio* designa, cuando no es metafórico, el rincón que forman la puerta y el muro, allí donde la puerta gira.
29. *Tener a alguien hasta (...)* o *estar alguien hasta (...)* significan lo mismo que *hartar* y *estar harto.* El sustantivo *coronilla* designa la parte superior y posterior de la cabeza. Pero como de lo que se trata es de indicar un punto alcanzado, se usan también *cojones, narices...*

19. The verb *poner* («to put») is extremely common and therefore has a wide range of functions. Combined with a pronoun *(me, te, se...)*, an adjective and a complement it refers to the action of provoking a given situation. The colour black *(negro)* is used to express negative and pessimistic sentiments or, as in this case, impatience.
20. *Frito* (lit. «fried») is roughly equivalent in this function to *harto* («fed up»).
22. This expresses impatience or displeasure and an implicit desire for the listener to change his attitude.
23. This is a coarse and aggressive expression used as a term of abuse. It can be left incomplete, with elision of the second and third words and «tailing off» of the intonation, in which case it represents a non-targeted expression of extreme indignation.
24. *Cabrear* («to infuriate»), like *joder* («to fuck»), has a variety of functions in colloquial speech, among them the expression of vexation and as a synonym of *perjudicar* («to harm»). Alternative verbs are *jorobar* and *jeringar.*
25. This expression also has the sexual connotations of «don't make me horny».
26. Lit. «don't make me lose my stirrups», in other words «don't make me get carried away».
27 and 28. Lit. «don't take me off my hinges». An alternative expression is *no me saques de mis casillas.* Always plural in this expression, *casillas* is the diminutive of *casas* («houses»).
29. *Tener a alguien hasta (...)* and *estar alguien hasta* are equivalent to *estar harto* («to be fed up»). *La coronilla* refers to the crown of the head. Since the expression serves to indicate the point of exasperation which the speaker has reached, other parts of the body can be alluded to: *las narices* («nostrils») and *los cojones* («balls»).

(Nota de los traductores: muchos de estos tacos, sobre todo los comprendidos entre los números 8-13, aunque sí tienen equivalentes exactos en inglés, son de uso muy restringido, y suenan muchísimo más fuertes si se traducen literalmente, dado que el grado de tolerancia de este tipo de expresión es notablemente inferior en los registros anglosajones si se compara con los hispánicos. Por esta razón, y no por ningún otro motivo, preferimos seguir el ejemplo de la mayoría de los lexicólogos al optar por versiones que atenúan el efecto que pudiera producir una traducción literal de estas palabras, por respetar su uso y función en cada lengua.)

(Translators' note: many of these expressions, in particular numbers 8-13, have literal English translations, but their use in English is rarely equivalent to their function in Spanish, and they are more restricted by social register in English than in Spanish. Thus the rude expression of irritation ¡*coño!* has neither the power to cause offence, nor the function it enjoys in Hispanic conversation, that the literal English translation («cunt») has for anglophones, for whom it is a term of abuse roughly equivalent in strength and purpose to *cabrón de mierda.* The student is advised to exercise caution in the use of such expletives and respect the particularities of usage in each language.)

30. Me sublevas. (*)
31. No trates de ponerme en el disparadero. (*)
32. Déjame, estoy que trino. (*)
33. Estoy que me subo por las paredes. (*)
34. ¿Con éstas me vienes ahora? (*) **Ir.**
35. ¿Quieres (…) de una puñetera vez? **V.**
36. No sé cómo lo haces, pero sólo consigues irritarme.

---

30. El verbo *sublevarse* significa negarse a obedecer las órdenes de un superior, especialmente en el ámbito militar. Un sentido más reciente y amplio es el de enfrentarse a una persona, cuyas órdenes o palabras se desatienden.
31. El verbo *poner,* acompañado de un pronombre y de un adjetivo o de otro complemento (aquí de la locución *en el disparadero,* relacionada con *disparar*), describe la exasperación en que algo pone a alguien, que casi pierde el control.
32. La construcción consecutiva *estoy que (…)* admite múltiples finales, pero la fórmula se usa siempre en situaciones que el locutor considera malas. El verbo *trinar,* que se aplica al cantar de los pájaros, equivale a *rabiar* en su valor metafórico. Valor parecido tiene *botar.*
33. La construcción consecutiva *estoy que (…)* admite múltiples finales, pero la fórmula se usa siempre en situaciones que el locutor considera malas. Con *subirse a las paredes* se describe un estado de cólera que lleva a hacer cosas inauditas.
34. En forma de pregunta, o como exclamación: ¡*con éstas ahora!* se hace alusión a algo que resulta inesperado e irritante. Puede mantenerse la indeterminación —uso del femenino plural *éstas*— o explicitarse un sustantivo: *historias, monsergas.*

30. You drive me mad.
31. Stop trying to wind me up.
32. Leave me alone, I'm fuming.
33. I'm going up the walls.
34. *Now* you come to me with this?
35. Will you (…) once and for all?
36. I don't know how you manage it, but you really get on my nerves.

---

30. *Sublevarse* refers specifically to acts of mutiny but, in contemporary usage, the verb is now applied to any action which disregards particular statements or instructions.
31. The verb *poner* («to put»), combined with a pronoun (*me, te, se…*), an adjective and a complement, refers to the action of provoking exasperation. *Disparadero* («trigger») alludes to potential loss of control.
32 and 33. The construction *estoy que (…)* introduces a wide variety of potential verbs, all of them alluding to situations which the speaker considers unpleasant. *Trinar* («to trill»), *rabiar* («to be foaming at the mouth»), *subir por las paredes* («to climb up the walls»), and *botar* («bouncing up and down») are amongst the most common expressions of irritation.
34. An alternative form of this exclamation is *¡con éstas ahora!* Both expressions convey irritation at the untimely presentation of something. The non-specific demonstrative may be rendered specific by the addition of a feminine plural noun such as *historias* («stories») or *monsergas* («drivel»).

122. MURMURAR DE ALGUIEN

ELEMENTAL

1. ¿Sabes (…)?
2. ¿Sabes una cosa?
3. Se dice (…).
4. La verdad es que (…).
5. ¡Mira qué (…)! (*)
6. ¡Mira, mira! (*)
7. ¡Ay, ay, ay, me parece que (…)!

---

5 y 41. El imperativo del verbo *mirar* tiene carácter interjectivo, sobre todo si se usa aislado. Puede acompañarle *que (mira que me enfado), qué (mira qué curioso es esto), lo que.* De hecho, con cualquiera de estas frases se invita al que escucha a hacerse una idea de lo que el hablante dice.
6. El imperativo del verbo *mirar* constituye con mucha frecuencia una simple llamada de atención al interlocutor. Puede emitirse repetida, cuando se está viendo algo «interesante». La sorpresa, la ironía y otros valores deberán deducirse de la entonación.

122. GOSSIPING ABOUT SOMEONE

BASIC

1. Do you know (…)?
2. Do you know something?
3. People say/are saying (…).
4. The truth is that (…).
5. I'm telling you, (…).
6. Well, well, well…!
7. Oh deary me, I think (…)!

---

5 and 41. The imperative of the verb *mirar* («to look») is often simply a way of attracting the listener's attention, particularly if used in isolation. It can be followed by *que, (mira que me enfado* [«look, I'm getting cross»]); *qué, (mira qué curioso es esto* [«just look how odd this is»]); or *lo que.* In all its forms it represents a way of inviting the listener to visualise what the speaker is saying.
6. Repetition of the imperative *mira* («look»), as well as being simply a way of attracting the listener's attention, is also used to draw attention to something particularly interesting witnessed by the speaker. Depending on the tone of voice, it can convey surprise or irony.

INTERMEDIO

8. (...) ¿Has visto?
9. ¡Lo que he visto!
10. Se comenta (...).
11. ¿Has oído lo de (...)?
12. ¿Te cuento lo de (...)?
13. ¡Te voy a contar una cosa!
14. ¿Y qué me dices de (...)? (*)
15. Ayer me dijeron que (...).
16. Todo el mundo dice que (...).
17. ¿Sabes lo que me han dicho de (...)?
18. (...), pero sólo es un decir. (*)
19. ¿Sabes lo último de (...)?
20. Se rumorea que (...).
21. Sólo son rumores, pero (...).
22. ¿Ves lo mismo que estoy viendo yo?

AVANZADO

23. ¡Lo que acabo de ver!
24. ¡Lo que hay que ver!
25. ¿Te has fijado?
26. ¿Te cuento un secreto?
27. Aquí, entre tú y yo (...). (*)
28. Que no salga de aquí. (*)
29. Que esto quede entre nosotros. (*)
30. No se lo digas a nadie, pero (...).
31. ¿Te has enterado de (...)?
32. ¿Ves lo que ven mis ojos?
33. Con decir que (...). (*)
34. Eso dará (mucho) que hablar. (*)

---

14. Aunque esta pregunta puede interpretarse como tal en unos contextos, en cuyo caso equivale a contar (¿qué me dices de tu primo?), también sirve para proponer un plan (¿qué me dices de un café irlandés?) o para invitar al interlocutor a comentar algo que las dos personas saben; el comentario tenderá a ser una murmuración.
18. Esta construcción, emitida tras una frase que contiene una información o bien un juicio, implica que el locutor, quizá por prudencia —a veces por una fingida prudencia— da los hechos como aproximados, como posibles. Muy parecida, pero de función muy diferente, es es decir, que suele intercalarse en una emisión para preceder a lo que constituye una aclaración de lo anterior.
27. Con esta expresión se quiere dar a entender que lo que va a comentarse es algo reservado y que no debe hablarse de ello fuera de la intimidad de los dos locutores. Hace referencia a una cierta complicidad.
28 y 29. Estas dos frases las emite el que, antes o después de contar al interlocutor algo delicado, desea recomendar discreción. Salir y quedar, verbos alusivos al movimiento o a su ausencia, se utilizan para hablar de la difusión o del secreto de la conversación.
33. Este principio de frase es una expresión ponderativa de lo expresado a continuación (con decirte que llovía tanto que ni la gabardina, las botas y el paraguas fueron suficientes...); por lo tanto, su finalidad es atraer el interés del interlocutor. La expresividad sería máxima si la emisión concluyera con: ya está todo dicho.
34. La frase dar que hablar/decir hace referencia a que algo (puede tratarse de un acontecimiento general o de algo relativo a una persona) provocará una reacción de crítica y murmuración en la gente.

INTERMEDIATE

8. (...) Did you see/ Have you seen?
9. You should have seen what I've seen!
10. People are gossiping about (...).
11. Have you heard about (...)?
12. Shall I tell you about (...)?
13. I've got something to tell you!
14. And what do you think about (...)?
15. I was told yesterday that (...).
16. Everybody says that/ is saying that (...).
17. Do you know what I've been told about (...)?
18. (...), but that's just a manner of speaking.
19. Have you heard the latest about (...)?
20. It's rumoured that (...).
21. It's just a rumour, but (...).
22. Do you see what I see?

ADVANCED

23. You'll never guess what I've just seen!
24. The things you see!
25. Did you see?
26. Shall I tell you a secret?
27. Just between you and me, (...).
28. Don't let it go beyond these four walls.
29. This is just between you and me.
30. Don't tell anyone, but (...).
31. Have you heard about (...)?
32. Do you see what I see?
33. If I were to say that (...).
34. That'll give people something to talk about.

---

14. Although this question may be taken at face value in some contexts ¿qué me dices de tu primo? («what can you tell me about your cousin?»), in others it can serve to propose a plan ¿qué me dices de un café irlandés? («what about an Irish coffee?»), or to invite the listener to say something about a topic familiar to both parties: the comment is likely to be in the form of a piece of gossip.
18. This construction, which follows a statement containing information or a judgement, implies that what the speaker has divulged may only approximate to the truth, although his caution may be a pretence. Similar in form but very different in function is es decir, which is intercalated in discourse to introduce what constitutes clarification of what has just been stated.
27. **Refer to note in Spanish.**
28 and 29. These phrases follow or precede disclosure of a delicate matter requiring the listener's discretion. The verbs salir («to leave») and quedar («to remain») allude to the diffusion or conservation of the secret in question.
33. This introductory statement serves to draw attention to what follows: con decirte que llovía tanto que ni la gabardina, las botas y el paraguas fueron suficientes.... («if I were to tell you that not even the raincoat, the boots and the umbrella were sufficient [...]»). The full effect of the device would be achieved if the statement were to conclude with the words: ya está todo dicho («there's no more to be said»).
34. The phrase dar que hablar/ decir refers to something —be it an event or something which relates to a particular person— which is likely to invite criticism or gossip.

35. ¡Hay que ver qué (…)! (*)
36. Ya no es lo que era.
37. Ahora que estamos solos (…).
38. No es por nada, pero (…). (*)
39. ¡Cualquiera diría que (…)! (*)
40. No lo comentes con nadie, pero (…).
41. ¡Mira lo que le pasó a (…)! (*)
42. Nunca hubiera imaginado que (…).
43. Puede que sean murmuraciones, pero se dice que (…).
44. Me voy a contar un chisme. (*)
45. No quiero ser cotilla, pero (…). (*)
46. No son más que habladurías, pero (…). (*)
47. Aunque no soy amigo de cotillear, (…). (*)
48. No es por criticar, pero (…).
49. No es con ánimo de criticar, pero la verdad es que (…).
50. No es que me guste chismorrear, pero (…). (*)
51. No me gusta meterme en la vida privada de los demás, pero (…).
52. Aquí hay gato encerrado. (*) **FH**.
53. Y cuando el río suena (…). (*) **FH**.
54. ¡Ver para creer!
55. ¡Vivir para ver! (*)

35. Tanto bajo la forma impersonal *(¡hay que ver (…)!* o *¡habráse visto (…)!)* como bajo la personalizada *(¿has visto (…)?)* se manifiesta asombro, indignación por algo que ha sucedido.
38. Es un curioso principio de frase, pues aunque, en apariencia, se le quita importancia a lo que va a decirse, en el fondo se intenta manifestarlo y, encima, atraer el interés del receptor. Muy parecida, en este sentido, es *¡pues no es nada!*, que no sirve para minimizar algo, sino para ponerlo de relieve: *¡pues no es nada lo que reclaman: una reducción de tres horas!*
39. Con esta exclamación se inicia un comentario acerca de algo (un hecho, una actitud). Se hace ver su incongruencia aduciendo un argumento. Un ejemplo es: *apenas habla con los colegas, ¡cualquiera diría que no sabemos cómo ha llegado a este punto!*
41. Ver nota al n. 5.
44 y 50. El sustantivo *chisme,* aparte de otros valores, designa una información, verdadera o falsa, que se cuenta con intención de hablar mal de alguien o de algo. Se combina con verbos como: *andar con, venir con, contar. Chismosa* es la persona propensa a ese tipo de conversación; el verbo correspondiente es *chismorrear,* y el sustantivo *chismorreo* alude a la acción de criticar con mala intención.
45 y 47. Aunque invariable en cuanto al género, *cotilla* funciona como adjetivo y con un significado muy parecido a *chismoso.* Ambos describen a la persona que suele comentar cosas privadas de otras personas. El verbo correspondiente es *cotillear,* y el sustantivo *cotilleo* alude a esa acción.
46. El sustantivo *habladuría* designa algo sin fundamento, pero ofensivo, que se cuenta con el fin de criticar; es, pues, muy parecido a *chisme.*
47. Ver nota al n. 45.
50. Ver nota al n. 44.
52. Esta expresión significa que una situación, un hecho, un comportamiento tienen una causa que permanece oculta. Parece que la palabra *gato,* además de designar un mamífero felino, es la demostración de un antiguo tipo de bolsa para llevar oculto el dinero.
53. Este refrán se emplea para referirse a que tras cualquier murmuración hay siempre una base real. La parte omitida es: *agua lleva.*
55. Se trata de una expresión, en general emitida en tono exclamativo, con la que se muestra admiración ante algo. De hecho se alude a que en el futuro irán produciéndose cosas que sorprenderán.

35. You should have see what (…).
36. He/she's a different person.
37. Now that we're alone (…).
38. It's just a small matter, but, (…).
39. Anybody would think that (…)!
40. Don't breathe a word of this to anybody, but (…).
41. Look what happened to (…)!
42. I'd never have imagined that (…).
43. It may be just idle gossip, but people are saying that (…).
44. I'm going to tell you something a little bird told me.
45. I don't want to spread gossip, but (…).
46. It's all just talk, but (…).
47. Though I'm not one to gossip, (…).
48. This is not meant as a criticism, but (…).
49. I don't mean to criticise, but (…).
50. I don't like to spread rumours, but (…).
51. I don't like poking my nose into the private lives of other people, but (…).
52. I smell a rat.
53. There's no smoke (…).
54. Seeing is believing!
55. Life is full of surprises!

35. Whether in the impersonal forms *¡hay que ver (…)!* or *¡habráse visto (…)!,* or the personal *¿has visto (…).?,* these expressions convey amazement or indignation.
38. This is a curious form of introductory remark since, although it appears to trivialise what is to follow, it actually serves to highlight its importance and attract the listener's attention. A similar effect would be achieved by *¡pues no es nada!: pues no es nada lo que reclaman: una reducción de tres horas!* («Well, they're not asking for much: just a reduction of three hours!»).
39. This exclamation introduces a comment about a fact or an attitude, for example. The incongruous nature of this is supported by evidence: *apenas habla con los colegas, ¡cualquiera diría que no sabemos cómo ha llegado a este punto!* («he barely talks to his colleagues, as if we didn't all know how he's got where he is!»).
41. See n. 5.
44 and 50. *Chisme* («a piece of malicious gossip») is used with the constructions *andar/venir con* («to go/ come with») and *contar* («to tell»). The type of person with a propensity for this type of rumour-mongering is described as *chismoso.* The verb is *chismorrear* and the noun for the activity itself is *chismorreo.*
45 and 47. *Cotilla* is an invariable adjective synonymous with *chismoso* («scandal-mongering»). The corresponding verb is *cotillear* and the noun for the activity itself is *cotilleo.*
46. The noun *habladuría* is very close in meaning to *chisme.*
47. See n. 45.
50. See n. 44.
52. It seems that *gato,* as well as meaning «cat», once referred to a type of purse in which money could be concealed.
53. The saying is completed by the words *agua lleva* («it bears water», i.e. there is some substance to the rumour).
55. Lit. «to live is to see». The Spanish phrase implies that wondrous things will be continue to be seen in the future.

56. Eso me huele a chamusquina. (*) **FH.**
57. (…) es una mosquita muerta.
58. De todo hay en la viña del Señor. **FH.**
59. (…) le salió rana. (*) **FH.**
60. El primer día ya el vi el plumero.

56. El verbo *chamuscar*, del cual deriva *chamusquina*, significa *quemar*. La frase se refiere a los indicios a partir de los que se comprende que hay algo oculto en un asunto, o que de él va a derivarse algo malo.
59. El sustantivo *rana* designa un animal, pero la frase *salir rana* alude a que alguien o algo defrauda, porque no resulta ser tal como se había esperado que fuera.
60. *Plumero* es un sustantivo derivado de *pluma. Vérsele a alguien el plumero* significa que se adivinan las intenciones de alguien, que seguramente deseaba mantener ocultas.

56. That smells fishy to me.
57. Butter wouldn't melt in (…)? mouth.
58. It takes all sorts.
59. (…) was a real disappointment to (…).
60. I saw what he/ she was after from the word go.

56. The noun *chamusquina* derives from the verb *chamuscar* («to scorch»).
59. Lit. «he turned out to be a frog», in other words, this expresses a failure to live up to expectations.
60. The modern meaning of *plumero* referred to in the phrase is «feather duster».

123. TRANQUILIZAR O CONSOLAR A ALGUIEN

123. CALMING OR CONSOLING SOMEONE

— ELEMENTAL —

1. ¡Tranquilízate!
2. ¡Bah, tranquilo, tranquilo!
3. Vive tranquilo.
4. Puedes estar tranquilo.
5. Tranquilo, que (…).
6. ¡Domínate!
7. ¡Cálmate!
8. ¡Ánimo!
9. ¡Anímate!
10. ¡Así es la vida! (*)
11. A veces la vida es cruel.
12. ¡No pasa nada! (*)
13. ¡Vamos, vamos, no será nada! (*)
14. Domina tus nervios.
15. Tienes que dominarte.
16. No se preocupe.
17. No debes preocuparte por (…).
18. No te pongas nervioso.
19. Yo lo siento tanto como tú.
20. Juntos lo solucionaremos.

— BASIC —

1. Calm down!
2. Hey, take it easy!
3. Take it easy.
4. There's no need to worry.
5. Don't worry, (…).
6. Get a grip!
7. Calm down!
8. Cheer up!
9. Cheer up!
10. That's life!
11. Sometimes life is tough.
12. There's nothing to worry about.
13. Come on now, there's nothing to worry about!
14. Pull yourself together.
15. You've got to pull yourself together.
16. Don't worry.
17. You shouldn't worry about (…).
18. Calm down!
19. I'm as sorry about it as you.
20. We'll sort it out between us.

— INTERMEDIO —

21. Con el tiempo te consolarás.
22. ¡Calma, calma!
23. ¡Tómatelo con calma!
24. ¡Estése tranquilo!
25. ¡Vaya usted tranquilo!

— INTERMEDIATE —

21. In time you'll find consolation.
22. Calm down!
23. Don't get all worked up about it!
24. Keep calm!
25. Don't worry!

10. Con esta frase se consuela al interlocutor haciéndole ver que lo que le ocurre es algo no insólito, sino propio de la vida; de modo que se le invita a que se resigne. Su uso extremo o exagerado traduce sentimientos de impotencia, y también puede encubrir una postura de cobarde inhibición.
12 y 13. *No ser nada* alude a que algo no es importante. Es una fórmula muy corriente dicha para tranquilizar a alguien refiriéndose a la poca importancia de algo ya ocurrido o que puede suceder. También es frecuente como disculpa al que, por ejemplo, acaba de molestarnos.

10. This expression of resignation could, if over-used, suggest feelings of impotence or a cowardly and inhibited attitude towards life.
12 and 13. This could also be used to reassure someone who has unintentionally inconvenienced us.

26. Despreocúpate.
27. Controla tus emociones.
28. Tienes que aprender a controlarte.
29. No hay nada por lo que preocuparse.
30. No debes alarmarte por tan poca cosa.
31. Estoy seguro de que todo saldrá bien.
32. Estoy seguro de que al final todo se solucionará.
33. Mantengamos la calma.
34. No pierdas las esperanzas.
35. No te asustes.
36. Ya verás cómo todo se arregla.
37. Ya verás cómo encuentras una solución.
38. Trata de ver el lado bueno de las cosas.
39. ¡Qué exagerado eres! No es para tanto.

— AVANZADO

40. Tranquilo, no pierdas los estribos. (*)
41. ¡Cálmate, que estás desvariando!
42. ¡Relájate! No pienses más en eso.
43. ¡Sosiégate!
44. Ten aplomo.
45. Ten dominio sobre ti mismo.
46. ¡Dios te ayudará!
47. ¡Que eso no te quite el sueño!
48. Eso tendrá que tomárselo con tranquilidad.
49. Por nada del mundo pierdas la tranquilidad.
50. Por si eso te sirve de consuelo, te diré que (…).
51. Si continúas así, perderás los papeles. (*)
52. No te sulfures, no vale la pena.
53. No llores tanto, ¡no ves que son cuatro días! (*) **Ir.**
54. No le des más vueltas; es mejor despreocuparse.
55. ¡Para cuatro días que vivimos! (*) **Ir.**
56. ¿Por qué te irritas por tan poca cosa?
57. Ya puedes dormir a pierna suelta, que no pasará nada. **FH.**
58. No hay nada que deba inquietarte.
59. No hay ninguna razón para sentirse alarmado.
60. Yo que tú no me preocuparía de (…).
61. Trata de serenarte.
62. Recuerda que debes mostrarte sereno.
63. ¡Que no cunda el pánico! (*) **R.**

---

40. La denominación de este elemento de la silla de montar se usa, metafóricamente, y en plural, para expresar la pérdida de la serenidad a causa de la cólera.
51. Esta frase procede posiblemente del ámbito teatral, pues *papel* es la parte que cada actor representa. El que no sabe su papel y lo «pierde» se queda sin saber cómo actuar. Se usa como una forma de aconsejar el dominio sobre uno mismo.
53 y 55. El adjetivo numeral *cuatro* es muy frecuente en expresiones fijas. Aparece, por ejemplo, en *buscarle cuatro pies al gato*, que equivale a complicar innecesariamente una cosa. Lo más usual, sin embargo, es que designe algo que se juzga escaso (*llover cuatro gotas*). Este valor es el que tiene en *ser cuatro días*, que se refiere a la caducidad de la vida humana, como consejo para no preocuparse tanto.
63. El verbo *cundir* es sinónimo de *extenderse*, pero se combina con un número restringido de sujetos (*noticias, desaliento, epidemias*). *Cundir el pánico* describe la propagación del miedo causado por una situación extrema, aunque hoy se usa sin que las circunstancias sean tan límites.

26. Don't worry.
27. Control feelings.
28. You have to learn to control your yourself.
29. There's nothing to worry about.
30. You shouldn't distress yourself over so little.
31. I'm sure everything will work out.
32. I'm sure everything will work out in the end.
33. Let's all stay calm.
34. Don't give up hope.
35. Don't be alarmed.
36. Everything will be fine, you'll see.
37. You'll find a solution, you'll see.
38. Try to look on the bright side.
39. Don't overdramatise! It's not that bad.

— ADVANCED

40. Calm down, don't get carried away.
41. Calm down, you're raving.
42. Relax. Stop thinking about it.
43. Calm down!
44. Don't get worked up about it.
45. Get a grip of yourself.
46. God will help you!
47. Don't lose any sleep over it!
48. You'll have to take that calmly.
49. Whatever you do, don't get worked up about it.
50. If it's any consolation, I can tell you that (…).
51. If you keep this up, you'll loose your cool.
52. Don't get all steamed up, it's not worth it.
53. Don't cry so, life's too short!
54. Don't keep going over and over it; the best thing is not to worry yourself.
55. Life's too short!
56. Why lose your temper over so little.
57. You can sleep soundly, nothing's going to happen.
58. You've nothing to worry about.
59. There are no grounds for alarm.
60. If I were you I wouldn't worry about (…)
61. Try to compose yourself.
62. Remember that you must look calm.
63. Don't panic!

---

40. Lit. «don't lose your stirrups».
51. Lit. «If you continue like this, you'll lose the rôles», a reference, perhaps, to the danger that loss of control would result in an inability to «act» appropriately.
53 and 55. *Cuatro* («four») figures in many set phrases, such as *buscarle cuatro pies al gato* («to overcomplicate matters»). Usually, however, it is used as a synonym for «hardly any», as in *ha llovido cuatro gotas* («there was just a smattering of rain »). It in this sense that the adjective is used in the expression *ser cuatro días*, a reference to the brevity of human life, which translates as advice not to worry.
63. The verb *cundir* («to spread») is used with a very limited number of subjects: *noticias* («news»); *desaliento* («demoralisation»). The original sense of the verb has been lost in contemporary usage.

64. Ya verás cómo en el momento menos pensado darás con la solución.
65. ¿Quieres que recemos juntos? **R.**
66. No seas miedica, no pasa nada. (*)
67. No se ganó Zamora en una hora. (*) **FH.**
68. Dios hizo el mundo en siete días, y era Dios. **FH.**
69. ¡Bah, hombre, que no llegará la sangre al río! (*)
70. Las penas con pan son menos. (*) **FH.**
71. No hay mal que por bien no venga. (*) **FH.**
72. Dios aprieta, pero no ahoga. (*) **FH.**
73. Después de la tempestad viene la calma. (*) **FH.**

64. You'll find the solution when you least expect it, you'll see.
65. Don't be such a coward, there's nothing wrong.
66. Come, come, it won't come to that!
67. Come on, at least you won't starve.
68. Every cloud has a silver lining.
69. It won't last forever.
70. Give it time.
71. Time is a great healer.
72. God never pushes you beyond your endurance.
73. After the storm come the blue skies.

---

66. El adjetivo que describe a la persona propensa a tener miedo es *miedoso/-a.* Pero la desinencia *-ica* tiene la misma función, al tiempo que supone un recuerdo del lenguaje infantil. Del mismo tipo es *acusica,* calificativo para el que tiene la mala costumbre de acusar a los demás.
67. Con esta construcción se expresa que las empresas importantes no se llevan a cabo con rapidez, sino que requieren tiempo. Recuerda el sitio de siete meses que sufrió Zamora en 1072, entre facciones rivales de la nobleza castellana.
69. La expresión *correr la sangre,* en sentido figurado, describe un enfrentamiento violento. Con la construcción *no llegar la sangre al río* se expresa, con humor, que una situación que parece peligrosa no tendrá consecuencias tan malas como se temía.
70. Con este refrán se indica que la riqueza hace más llevaderas las penalidades de la vida. El sustantivo *penas* alterna con *duelos.*
71. Expresión indirecta de resignación y conformidad con la que puede consolarse a alguien. Se trata de exponer que lo malo y lo bueno están encadenados.
72. Con esta frase se habla de que Dios manda las dificultades, pero, con ellas, remedios. Es una forma de mostrar resignación cristiana.
73. Con esta frase, basada en el conocimiento de la naturaleza, se hace referencia a que las situaciones adversas no son permanentes, que tras ellas vuelven los momentos buenos.

66. The *-ica* ending of *miedica*, a synonym of *miedoso* («fearful»), is reminiscent of infantile expressions such as *acusica* («tell-tale»).
69. Lit. «(...) the blood won't reach the river».
70. Lit. «pains, with bread, are fewer», a reference to the fact that wealth alleviates suffering in this life. The noun *duelos* («mournings») can replace *penas* in this proverb.
71. **Refer to note in Spanish.**
72. Lit. «God afflicts (us) but does not smother (us)», an expression of Christian resignation which indicates that along with afflictions God sends remedies to help us endure them.
73. **Refer to note in Spanish.**

IV. SENTIMIENTOS, GUSTOS Y OPINIONES

IV. FEELINGS, PREFERENCES AND OPINIONS

124. EXPRESAR ALEGRÍA, CONTENTO Y GOZO

— ELEMENTAL —

1. Estoy contento.
2. Estoy alegre.
3. ¡Qué bien!
4. Estoy de buen humor.
5. ¡Bravo!
6. ¡Viva!
7. ¡Hurra! (*) **R.**
8. ¡Olé! (*) **R.**
9. Estoy alegre por (…).
10. ¡Qué contento estoy! **Enf.**
11. He tenido una gran alegría.

— INTERMEDIO —

12. Estoy loco de alegría. (*)
13. Me siento muy contento.
14. Todo lo veo de color de rosa. (*)
15. Estoy contento con (..).
16. Tengo una alegría loca.
17. Me has dado una gran alegría.
18. Es una alegría contagiosa.
19. (…) es una alegría para mí.
20. He quedado contento.
21. ¡Cómo disfruto con (…)!
22. Me vuelvo loco por (…).
23. Me he puesto muy contento al (…).
24. Estoy como un niño con zapatos nuevos.

— AVANZADO —

25. ¡Qué gozo!
26. ¡Qué alborozo!
27. Estoy experimentando un gran gozo.
28. ¡Cómo gozo!
29. Esto es una gozada. (*) **R.**
30. Se me hace la boca agua. (*) **I.**
31. ¡Que reine la alegría! **Enf.**
32. Con tanta alegría no me había acordado de (…).
33. Estoy henchido de gozo. **R.**

---

7. Parece que procede del inglés *hurrah*. Sirve para manifestar entusiasmo y alegría.
8. Esta exclamación traduce alegría y entusiasmo. Acompañada o no de palmas, es frecuente en manifestaciones de baile flamenco o en corridas de toros.
12. *Volverse/estar loco* (de alegría o de contento) o *chiflar(se)*, en sentido figurado y con una fuerte carga expresiva, aluden al deseo o a la afición que alguien siente por algo.
14. La locución *de color de rosa* alude al respecto o a la apariencia favorable de algo.
29. El sustantivo *gozada* es un derivado reciente del verbo *gozar*. Expresa el placer que se siente en determinada situación. Son del mismo tipo otros sustantivos con otros significados (*pasada, pifiada, cateada*), todos ellos propios del lenguaje juvenil.
30. Con esta frase se alude al contento e ilusión con la que uno piensa en algo, en especial en comida.

124. EXPRESSING JOY, HAPPINESS AND PLEASURE

— BASIC —

1. I'm happy/glad.
2. I'm happy.
3. Great!
4. I'm in a good mood.
5. Bravo!/Well done!
6. Up (…)!/Long live (…)!
7. Hooray!
8. Well done!
9. I'm pleased about (…).
10. I'm *so* happy!
11. Something wonderful has happened!

— INTERMEDIATE —

12. I'm over the moon!
13. I feel so happy.
14. Everything's coming up roses.
15. I'm pleased with (…).
16. I'm as pleased as Punch.
17. You've made me so happy.
18. This joy is contagious.
19. (…) is a joy to me.
20. I'm happy about it.
21. I *do* enjoy (…).
22. I'm mad about (…).
23. When (…) I was delighted.
24. I'm as happy as a sand boy.

— ADVANCED —

25. What a delight!
26. What a delight!
27. I am experiencing a great joy.
28. Let joy abound!
29. This is a real treat!
30. My mouth's watering.
31. I can't contain myself with joy.
32. I'd be delighted if (…).
33. What a joyful (…)!

---

7. This is probably a loan-word from English.
8. This exclamation expresses joy and enthusiasm. It may be accompanied by hand-clapping, and is associated with flamenco dancing and bull-fighting.
12. Alternative versions of this expression are *volverse/estar loco/de contento* and *chiflarse de alegría/contento*. The literal meaning of *loco* is «mad».
14. Lit. «I see everything coloured pink».
29. The noun *gozada* («a real treat») is a recent derivation from *gozo* («joy»). The *-ada* ending is a feature of other nouns, all of them typical of the language of Spanish youth: *una pasada* (anything considered to be «excessive»); *una pifiada* («a cock-up»).
30. **Refer to note in Spanish.**

34. Me alegraría mucho si (…).
35. Estoy (contento) como unas pascuas. (*) **I.**

35. El nombre *Pascua*, que designa la fiesta de los judíos, aparece en varias frases expresivas del español. Además de *hacer la pascua* (molestar), existen *estar como unas pascuas* (estar muy contento), *de Pascuas a Ramos* (con muy poca frecuencia), *celebrar Pascua antes de Ramos* (quedar embarazada una mujer antes de casarse), etc.

34. He's beside himself with joy.
35. I'm overjoyed.

35. The proper noun *pascua* («Easter») appears in a number of Spanish expressions: *hacer la pascua* («to annoy»); *estar como unas pascuas* («to be overjoyed»); *de Pascuas a Ramos* («very rarely»); *celebrar Pascua antes de Ramos* («to be pregnant outside wedlock», lit. «to celebrate Easter before Palm Sunday»).

125. EXPRESAR TRISTEZA, PENA O DOLOR

— ELEMENTAL —

1. Estoy (muy) triste.
2. ¡Qué tristeza!
3. ¡Qué pena!
4. ¡Qué dolor!
5. ¡Qué lástima!

— INTERMEDIO —

6. Estoy apenado.
7. Estoy muy afligido.
8. Estoy entristecido.
9. Estoy desconsolado.
10. Estoy desolado. **R.**
11. Estoy deshecho. (*)
12. Estoy hecho polvo. (*) **I.**
13. Siento tristeza por (…).
14. Siento pena por (…).
15. Me da mucha pena (…).
16. Da pena.
17. Sufro por (…).
18. ¡Cómo lo siento!
19. ¡Cuánto lo siento!
20. ¡Qué apenado estoy con (…)!
21. Todo lo veo negro. (*)
22. ¡Qué dolor me da!

11. El participio de *deshacer* se aplica a varios sustantivos: *cama deshecha* (sin hacer), *zapatos deshechos* (rotos). Referido a persona, alude a cansancio o abatimiento moral. Esta forma puede confundirse con el sustantivo homófono *deshecho*, que designa la parte inútil de algo.
12. Se trata de una forma expresiva de traducir un gran abatimiento moral o un enorme cansancio. El sustantivo *polvo* es intercambiable por palabras como *puré, papilla, fosfatina,* que aluden todas ellas a una materia desintegrada. Se usa también *trizas,* fragmentos pequeños de algo, y *cisco,* carbón vegetal pequeño.
21. El color *negro* comporta expresiones negativas o estados de ánimo melancólicos. Hay otras frases conocidas, como: *tener la negra* (tener mala suerte), *ponerse negro* (indignarse), *verse negro para…* (encontrar muchas dificultades).

125. EXPRESSING SADNESS, SUFFERING OR PAIN

— BASIC —

1. I'm (very) sad.
2. I'm so sad!
3. What a shame!
4. How sad!
5. What a pity.

— INTERMEDIATE —

6. I'm so sorry.
7. I'm heart-broken.
8. I'm so sad.
9. I'm heart-broken.
10. I'm terribly sad.
11. I'm distraught.
12. I'm shattered.
13. I feel so sad about (…).
14. I feel so upset about (…).
15. I feel so sad (…).
16. It's pitiful.
17. I'm really worried/sorry about (…).
18. I'm so sorry!
19. I'm so sorry!
20. I'm so unhappy because of (…)!
21. I'm terribly pessimistic.
22. It really pains me!

11. The past participle of *dehacer* («to undo/ unmake») is *deshecho* («unmade»)., e.g. *cama deshecha* («unmade bed»); *zapatos deshechos* («shoes falling apart»). Applied to people, it alludes to fatigue and dejection. It should not be confused with the homonym *desecho* («residue/ waste»).
12. Lit. «I'm reduced to dust». The noun *polvo* is interchangeable in this phrase with *puré* («puré»), *papilla* («baby-food»), *trizas* («shreds»), *cisco* («coal dust»), all of these being decomposed or disintegrating substances.
21. The colour *negro* («black») has negative connotations in a number of expressions: *tener la negra* («to have bad luck»); *ponerse negro* («to be indignant»); *verse negro para* («to encounter many problems»).

169

— AVANZADO —

23. Me apena (…).
24. Me siento muy abatido.
25. Lloraría por cualquier cosa.
26. ¡Qué angustia!
27. ¡Cómo me duele! (*)
28. Me duele en el alma (…). (*)
29. Estoy dolido con/por (…).
30. ¡Qué aflicción! **R.**
31. ¡Qué congoja! **R.**
32. ¡Qué tortura!
33. Estoy acongojado. **R.**
34. Estoy apesadumbrado.
35. Estoy transido de dolor. **R.**
36. Se me rompe el corazón al (…).
37. ¡Dios mío, qué prueba!
38. Nada ni nadie puede consolarme.

27. Además del valor fundamental de «sentir dolor en una parte del cuerpo», el verbo *doler* describe la pena provocada por sentimientos como el remordimiento o la lástima.
28. La locución *en el alma* aporta intensidad al sentimiento expresado por el verbo, que no forzosamente ha de ser *doler*, sino también *alegrarse*, *sentir* o *lamentar*.

— ADVANCED —

23. I'm so sad about (…).
24. I feel so depressed.
25. I could cry for the least thing.
26. It's excruciating!
27. It's so painful!
28. It hurts me deep down (…).
29. I'm so sorry about (…).
30. What an affliction!
31. It's so distressing!
32. It's torture!
33. I'm so distressed.
34. I'm so distressed.
35. I'm racked with pain.
36. My heart breaks when (…).
37. God, what a trial!
38. Nothing nor no-one can console me.

27. *Doler* («to ache») can refer to both physical and mental suffering such as remorse or pity.
28. The phrase *en el alma* («in the soul») adds intensity to the expression of feeling, which may or may not be painful. It could also be used with verbs such as *alegrarse* («to be happy»), *sentir* («to feel/ be sorry») or *lamentar* («to lament»).

126. EXPRESAR OPTIMISMO

— ELEMENTAL —

1. ¡Qué bien! **Enf.**
2. Soy optimista.
3. Todo irá bien.
4. Todo saldrá bien.
5. Creo que vas a ganar.
6. Creo que va a ser un éxito.
7. Me siento muy optimista.

— INTERMEDIO —

8. Tengo un gran optimismo.
9. Estoy seguro de que será maravilloso.
10. Me encuentro muy seguro.
11. Tengo mucha confianza en (…)
12. Seamos optimistas.
13. No seamos pesimistas.
14. ¡Ánimo y adelante!
15. No nos deprimamos por tan poca cosa.
16. Esta vez no puede fallar.

— AVANZADO —

17. ¡Seguro que saldrá bien!
18. Hoy lo veo todo de color de rosa. (*)

18. La locución *de color de rosa* alude al aspecto o apariencia favorable de algo.

126. EXPRESSING OPTIMISM

— BASIC —

1. Wonderful!
2. I'm optimistic.
3. Everything will be fine.
4. Everything will turn out fine.
5. I think you're going to win.
6. I think it's going to be a success.
7. I feel very optimistic.

— INTERMEDIATE —

8. I am very optimistic.
9. I'm sure it will be marvellous.
10. I feel very confident.
11. I have great confidence in (…).
12. Let's be optimistic.
13. Let's not be pessimistic.
14. Cheer up and press on!
15. Let's not get depressed over something as trivial as that.
16. It's bound to work this time.

— ADVANCED —

17. It's bound to turn out well!
18. Today everything is coming up roses!

18. Lit. «today I see everything pink-coloured».

19. Estoy muy eufórico. (*)
20. ¡Ánimo, las cosas mejorarán!
21. Soy optimista respecto a (…).
22. Tengo mucha fe en (…).
23. ¡Espera y verás! **I.**
24. Mi estado de ánimo es excelente.
25. No sufras, ya me sobrepondré.
26. ¡No hay que dejarse abatir!
27. ¡No seas cenizo! (*) **I.**
28. Dios aprieta, pero no ahoga. **FH.**
29. Dios proveerá. (*) **FH.**
30. Conseguiré levantar la cabeza. (*) **I.**
31. A mí no habrá quien me pare. (*) **V.**
32. Conmigo no hay quien pueda. (*) **V.**
33. Yo voy a por todas. (*)
34. No sé cómo, pero saldremos de este atolladero. (*)
35. A mal tiempo, buena cara. (*) **FH.**

19. I'm over the moon.
20. Cheer up, things will improve!
21. I'm optimistic about (…).
22. I have great confidence in (…).
23. Wait and you'll see!
24. I'm in excellent spirits.
25. Don't worry, I'll get back on my feet.
26. You mustn't let things get you down!
27. Don't be such a wet blanket!
28. These things are sent to try us, but we survive.
29. God will provide.
30. I'll bounce back….
31. Just let 'em try to hold me back.
32. Nobody can hold me down.
33. I'm going to win, whatever the cost.
34. I don't know how, but we'll get out of this fix.
35. Let's put a brave face on it.

19. El sustantivo *euforia,* de origen griego, designa, en medicina, la tendencia al optimismo. La persona *eufórica* es la persona satisfecha, que experimenta una sensación de bienestar.
27. El adjetivo *cenizo/-a,* en la forma masculina *cenizo,* se aplica como calificativo a la persona que tiene mala suerte o la atrae sobre otro. Se usó primero en el juego y después se usó en un sentido más amplio.
29. Con esta frase se da a entender que uno no debe angustiarse porque las necesidades pueden verse atendidas, o los problemas resueltos, al margen de uno.
30. Con *levantar cabeza* o *alzar cabeza* se alude a la acción de reanimarse o salir alguien de una situación negativa.
31. La alusión a que nadie puede detener la fuerza de uno es una forma enfática de referirse a la vitalidad y dinamismo que se siente.
32. El verbo *poder,* que con tanta frecuencia es sólo auxiliar, cuando tiene complemento de persona se refiere a la capacidad de alguien de vencer o dominar a otra persona.
33. Se trata de una expresión ponderativa que alude a que alguien va a llevar a cabo su propósito de una forma contundente, a fin de alcanzar lo que se ambiciona, y sin asustarse por las reacciones que ello pueda desencadenar.
34. El sustantivo *atolladero* designa un lugar del que es difícil salir y, en sentido figurado, una situación conflictiva. Se combina con verbos como: *estar, meterse, salir,* etc.
35. Refrán que recomienda mantener la serenidad en los momentos difíciles.

19. **Refer to note in Spanish.**
27. The adjective *cenizo,* which originated in the language of card-games, refers to someone who has, and brings, bad luck. It therefore translates as both «unlucky» and «a jinx».
29. This saying encourages the afflicted not to give in to pessimism, since needs can be satisfied and problems resolved by powers beyond the individual's resources.
30. Both *levantar la cabeza,* and *alzar la cabeza,* mean literally «to hold one's head high».
31. This reference to the fact that nobody can withstand one's strength is an emphatic way of alluding to one's vitality and dynamism.
32. The verb *poder* («to be able») is normally used as an auxiliary verb. Used with a noun complement which is a person it refers to the capacity of people to overcome or dominate others.
33. **Refer to note in Spanish.**
34. Other verbs that can be used with *atolladero* («a tight spot») are *estar* («to be»), *meterse* («to get into»), *salir* («to get out of») etc.
35. Lit. «to bad weather, (show a) good face».

127. EXPRESAR PESIMISMO O DEPRESIÓN

— ELEMENTAL

1. No estoy seguro.
2. Estoy deprimido. (*)
3. Me siento pesimista.

2. Así como existe *verlo todo de color de rosa* para referirse a las impresiones optimistas, el color *negro* comporta impresiones negativas, o estados de ánimo melancólicos. Hay otras frases conocidas que también recurren al uso del color *negro,* como: *tener la negra* (tener mala suerte), *ponerse negro* (indignarse), *verse negro para…* (encontrar muchas dificultades).

127. EXPRESSING PESSIMISM OR DEJECTION

— BASIC

1. I'm not sure.
2. I'm depressed.
3. I feel pessimistic.

2. In contrast with the expression of optimism *verlo todo de color de rosa* (lit. «to see everything in pink»), the colour *negro* («black») conveys negative or melancholic states of mind in a number of idioms such as: *tener la negra* («to have bad luck»); *ponerse negro* («to be indignant»); *verse negro para* («to encounter many problems»).

4. Creo que va a salir mal.
5. Me deprime (…).

— INTERMEDIO —

6. Todo lo veo negro.
7. No creo que (…).
8. No pienso que (…).
9. Dudo que (…).
10. Sospecho que (…).
11. No puede ir bien de ninguna manera.
12. Presiento que (…).
13. ¡Todo es un asco! **Enf.**

— AVANZADO —

14. No tengo mucha fe en que (…).
15. No tengo mucha confianza en que (…).
16. No hay manera de que (…).
17. No quiero parecer pesimista, pero me temo que (…).
18. Me temo que no sacaremos nada en claro.
19. Tengo mis dudas sobre (…).
20. Soy muy escéptico respecto a ello.
21. Con respecto a (…), soy pesimista.
22. ¡Tengo una mala racha! (*) **I.**
23. Esto ya no hay quien lo arregle. **I.**
24. Está visto que no saldré adelante.
25. A esta situación no le veo salida.
26. No sé si será aprensión, pero (…).
27. Mucho me extrañaría que saliera bien.
28. Me ha entrado la depre. (*)
29. Estoy hundido. (*) **R.**

22. El sustantivo racha, que puede designar un golpe de viento, describe aquí una llegada de hechos adversos en la vida de una persona.
28. El sustantivo *depresión* tiene dos valores, aparte de describir un abatimiento del estado de ánimo: una *depresión* es una «cavidad» del terreno (geografía) o una situación de baja de actividad o rendimiento (economía). En el sentido moral se está usando acortada a sus dos primeras sílabas: *depre*.
29. En sus valores más básicos, el adjetivo *hundido* se refiere a algo sumergido en el agua o a algo caído. Junto al verbo *estar*, y aplicado a personas, describe también un estado de abatimiento o depresión.

128. EXPRESAR SIMPATÍA

— ELEMENTAL —

1. Me eres simpático.
2. ¡Qué simpático eres!
3. Le tengo una gran simpatía.
4. Me encanta (…).
5. Me encanta tu compañía.
6. Me encanta estar a tu lado.
7. ¡Qué agradable es!

---

4. I think it's going to turn out badly.
5. I'm depressed by (…).

— INTERMEDIATE —

6. I'm extremely pessimistic.
7. I don't think that (…).
8. I don't think that (…).
9. I doubt that (…).
10. I suspect that (…).
11. There's no way this will succeed.
12. I have a premonition that (…).
13. It's all so awful!

— ADVANCED —

14. I have little faith in (…).
15. I have little confidence that (…).
16. There's no way that (…).
17. I don't wish to seem pessimistic, but I'm afraid that (…).
18. I don't think we're going to get anywhere with this.
19. I have my doubts about (…).
20. I'm very sceptical about it.
21. As regards (…), I'm pessimistic.
22. I'm going through such a bad patch!
23. There's no way this can be put right.
24. It's clear for all to see that I'm getting nowhere with it.
25. I can see no way out of this situation.
26. I don't know whether I'm worrying unduly, but (…).
27. I'd be very surprised if it turned out well.
28. I've got the blues.
29. I feel so depressed.

22. The noun *racha* («gust of wind») also refers to the onslaught of adversity in someone's life.
28. In Spanish, as in English, the noun *depresión* means depression in the psychological, geographical and economic senses. When referring to a state of mind, it is often shortened to *depre* in contemporary usage.
29. The literal meaning of *hundido* is «sunken». Referring to people, *estar hundido* is a synonym for «being depressed».

128. SAYING THAT YOU LIKE SOMEONE

— BASIC —

1. I like you.
2. You're so nice!
3. I'm very fond of you.
4. I love (…).
5. I love being with you.
6. I love being by your side.
7. You're so pleasant!

INTERMEDIO

8. ¡Me cae simpático! (*)
9. ¡Me cae bien!
10. Me resulta simpático.
11. Quiero mostrarle mis simpatías. **F.**
12. Deseo manifestarle mi simpatía.
13. No sé por qué me eres tan simpático.
14. ¡Qué gusto da (…)!
15. Tuyo, afectuosamente. (*) **E.**

AVANZADO

16. A (…) le tengo gran afecto.
17. Siento un gran afecto por (…).
18. (…) me inspira afecto.
19. Me despierta (toda mi) simpatía.
20. Lo miro con buenos ojos.
21. Siento una verdadera debilidad por (…).
22. ¡Qué encanto de (…)! **Enf.**
23. ¡Vaya (…) más estupendo! (*) **I.**
24. (…) es un encanto de (…).
25. (…) me hace tilín. (*) **R.**
26. Te has ganado todas mis simpatías. **F.**
27. Te has hecho conmigo. (*)
28. Eres un ángel. (*)

8. *Caer* es un verbo de significación muy rica. En uno de sus valores alude, como *gustar*, a que algo le resulta agradable a alguien. Cuando se construye con un pronombre *(me, te, se)* y un adjetivo que concierta con el sujeto podría sustituirse por *parecer* o *resultar*.
15. Se trata de una fórmula de despedida propia de la correspondencia escrita, sobre todo de la privada. Un trato más distanciado, pero igualmente cordial, sería: *suyo, atentamente.*
23. La forma de subjuntivo del verbo *ir*, *vaya*, es una exclamación muy usual, tanto aislada como combinada con elementos sustantivos: ¡*vaya un partido!*, ¡*vaya con el niño! Vaya* va seguido aquí de un sustantivo al que califica el grupo *más estupendo*.
25. *Tilín* es una palabra onomatopéyica que reproduce el sonido de una campanilla. La expresión *hacer tilín* significa lo mismo que *gustar*.
27. *Hacerse con*, seguido de una referencia personal, significa ganarse la amistad de alguien; *hacerse con*, seguido de la referencia a un objeto, significa comprarlo o conseguirlo de otro modo.
28. La palabra *ángel* sirve como calificador para alguien bondadoso; es especialmente aplicable a mujeres y a niños (incluso, en este caso, en la forma diminutiva *angelito*). Tiene valor sustantivo, por ejemplo, en la frase *tener ángel,* con el significado de ser encantador o atractivo. Es frecuente el adjetivo derivado *angelical*. Son equivalentes a *ser un ángel, ser un cielo* y *ser un sol.*

129. EXPRESAR ANTIPATÍA

ELEMENTAL

1. ¡Antipático!
2. ¡Qué antipático!
3. Le tengo antipatía.
4. Le odio.

INTERMEDIATE

8. I find him so pleasant!
9. I like him!
10. I like you.
11. I'd like to show how fond I am of you.
12. I'd like to show my affection for you.
13. I don't know why I like you so much.
14. How lovely (…) is!
15. Yours affectionately.

ADVANCED

16. I'm terribly fond of (…).
17. I'm so very fond of (…).
18. I feel such affection for (…).
19. He brings out such warm feelings in me.
20. I have a soft spot for him.
21. I have a real weakness for (…).
22. What a lovely (…).
23. What a marvellous (…)!
24. (…) is a delightful (…).
25. (…) really appeals to me.
26. You've won my wholehearted affection.
27. You've really won my affection.
28. You're an angel.

8. *Caer* («to fall») is also used as a synonym for *gustar* («to please»). When used with a pronoun (*me, te, le*) and an adjective which agrees with the subject its function is that of *parecer* («to seem») or *resultar* («to be»).
15. A standard way of ending an informal letter. A more formal, although cordial, alternative is *suyo, atentamente* («as ever»).
23. The subjunctive of the verb *ir* («to go»), *vaya*, is a common exclamation used on its own or in combination: ¡*vaya un partido!* («that was one hell of a match»); ¡*vaya con el niño¡* («what a kid!»). In this example *vaya* is followed by a noun qualified by the adjectival phrase *más estupendo*.
25. Lit. «he rings my bell». The onomatopoeic noun *tilín* reproduces the tinkling sound of a bell.
27. The literal meaning of *hacerse con* is «to gain possession of» through purchase or other means. Followed by a personal reference, it refers to gaining someone's friendship.
28. The noun *ángel* is used for kind people, especially adults and children, the latter often attracting the diminutive *angelito* («little angel»). It can also be used as a noun in expressions such as *tener ángel* («to be attractive or enchanting»). *Ser un cielo* (lit. «to be a heaven») and *ser un sol* (lit. «to be a sun») are equivalent to *ser un ángel.* The adjective that derives from the noun is *angelical*.

129. EXPRESSING ANTIPATHY

BASIC

1. How unpleasant!
2. How odious!
3. I find him so unpleasant.
4. I hate him.

INTERMEDIO

5. ¡Qué mal me cae! (*) **I.**
6. ¡Qué poco me gusta!
7. Me es antipático.
8. Me resulta antipático.
9. ¡Qué tío! **V.**
10. No puedo ni verlo.
11. No quiero verlo ni en pintura. **I.**
12. Se me hace antipático.
13. Es inaguantable.
14. Es insufrible.
15. Me cae gordo. **V.**
16. Siento antipatía hacia (…).
17. Me es antipático desde el día en que le conocí.
18. ¡Qué odioso es!
19. Lo detesto.
20. Me repele.
21. Le he cogido antipatía a (…).
22. Le tengo manía a (…). **I.**
23. ¡Qué aversión!

AVANZADO

24. A (…) no es que lo mire (precisamente) con buenos ojos.
25. No lo trago. (*) **V.**
26. Lo tengo atravesado. **I.**
27. No le veo la gracia por ninguna parte.
28. Lo aborrezco.
29. Le tengo ojeriza. (*)
30. Le tengo inquina. (*)
31. ¡Qué tirria le tengo! (*) **V.**
32. Le tengo mala voluntad.

---

5. *Caer* es un verbo de significación muy rica. En uno de sus valores alude, como *gustar*, a algo que resulta agradable a alguien. Además de con el pronombre *(me, te, se…)* se combina con un adverbio *(bien/mal)* o con un adjetivo: ¡qué simpático me cae!
25. El valor fundamental del verbo *tragar* describe la acción de hacer pasar algo de la boca al aparato digestivo. *No tragar* significa una interrupción de este proceso y, en sentido figurado, se dice de algo que no gusta nada, que detestamos, especialmente de personas. También se usan: *se me atraganta* o *no lo digiero*, símiles basados en funciones corporales. La emisión de esta frase puede ir acompañada de un gesto de una mano con el dedo índice aproximándose a la garganta.
29. El sustantivo *ojeriza* es un derivado de *ojera,* la denominación de unas manchas que a veces rodean el ojo humano, de forma permanente o debido al sueño o al cansancio. *Ojeriza* es sinónimo de *rabia* o *manía*. Suele ser complemento del verbo *tener*.
30. *Inquina* es una voz culta que significa lo mismo que *antipatía*. Con el mismo valor, y también junto al verbo *tener*, se usa *fobia*, sufijo de origen griego frecuente en compuestos *(hidrofobia, xenofobia)*; en ese caso como sustantivo independiente que alude a una fuerte aversión.
31. *Tirria*, que es una palabra expresiva, y *roña,* sinónimo de suciedad, sirven para describir la manía o la rabia que algo produce en alguien. Se construye con el verbo *tener*. El mismo valor tiene el sustantivo *hincha*.

INTERMEDIATE

5. I just can't abide (…)!
6. I don't like him at all!
7. I find him unpleasant.
8. I find him unpleasant.
9. What a so-and-so!
10. I can't stand him.
11. I can't bear the sight him.
12. I'm really going off him in a big way.
13. He's unbearable.
14. He's insufferable.
15. I find him unbearable.
16. I feel a strong aversion towards (…).
17. I've found him unpleasant since the first day I met him.
18. He's so odious!
19. I hate him.
20. I find him repellent.
21. I've taken such a dislike to (…).
22. I can't stand (…).
23. How loathsome!

ADVANCED

24. I don't exactly have a soft spot for (…).
25. I can't stand him.
26. He sticks in my gullet.
27. I don't think he's in the least bit funny.
28. I loathe him.
29. I can't bear him.
30. I have a phobia about him.
31. I have such an aversion towards him!
32. I feel ill-disposed towards him.

---

5. *Caer* («to fall») is also used as a synonym for *gustar* («to please»). When used with a pronoun (*me, te, le*) and an adjective which agrees with the subject its function is that of *parecer* («to seem») or *resultar* («to be»). It may also be combined with an adverb (*bien/mal* [«well/badly»]) or an adjective: *qué simpática me cae* («I find her so pleasant»).
25. The basic meaning of the verb *tragar* is «to swallow». *No tragar* is used figuratively to refer to what we find «hard to stomach», in particular people. These expressions are often reinforced by pointing to the throat.
29. The noun *ojeriza* derives from *ojera* («rings under the eyes») and alludes to profound feelings of antipathy, synonymous with *rabia* («rage» or «rabies») and *manía* («ill-will»).
30. *Inquina* is a learned synonym of *antipatía* («aversion»). *Fobia* («phobia») can replace *inquina* in expressions with *tener*. *Fobia* is also found in compounds such as *hidrofobia* («hydrophobia») and *xenofobia* («xenophobia»).
31. The highly expressive noun *tirria* («irrational loathing») and *roña* («scab» or «grime») can be used in place of *rabia* («rage») in expressions with *tener* to convey aversion.

33. Lo tengo montado en las narices. (*) **V.**
34. Lo tengo sentado en la boca del estómago. (*) **V.**
35. Le tengo una profunda animadversión.
36. Me revienta. **V.**
37. Me repatea. (*) **V.**
38. ¡Qué mala sombra tiene! **I.**
39. Es un mala sombra. **I.**
40. Siento una gran animosidad hacia (…).
41. Es que no puedo con él. (*) **I.**
42. Sólo pensar en (…), me dan ganas de vomitar. **V.**
43. No es santo de mi devoción. (*) **FH.**
44. La tengo tomada con él. (*)

33. He gets up my nose.
34. He turns my stomach.
35. I feel a deep aversion towards him.
36. He really gets my goat.
37. He gets on my wick.
38. He's a really nasty piece of work!
39. He's a nasty piece of work.
40. I feel real animosity towards (…).
41. I can't bear him.
42. The mere thought of (…) makes me want to throw up.
43. He's not my cup of tea.
44. I have a real down on him.

---

33 y 34. Las dos frases, más bien groseras, expresan la fuerte aversión que se siente hacia alguien.
37. El verbo *repatear* y la frase *dar cien patadas* coinciden, en su significado, con las formas *me fastidia, no me gusta,* pero son más groseras.
41. *No poder con* puede referirse a carecer de fuerza (*no puedo con la maleta*), a carecer de autoridad (*no puedo con ese alumno*) y también a sentir una gran aversión hacia alguien o algo.
43. Así como los verbos *adorar* e *idolatrar* describen una gran pasión por alguien o por algo, la frase *no ser santo de la devoción de alguien* alude no a una profunda aversión, sino a una falta de gusto o afición.
44. La frase *tenerla tomada con alguien* describe la mala inclinación, la antipatía que se siente hacia alguien, incluso irreflexivamente. El pronombre femenino tiene un valor indeterminado (pocas veces se reconoce un sustantivo femenino concreto).

33 and 34. These are both vulgar expressions conveying profound aversion towards someone.
37. The verb *repatear* and the phrase *dar cien patadas* are equivalent in function to *me fastidia* and *no me gusta,* but are much stronger and more vulgar.
41. *No poder con* can refer to a lack of strength (*no puedo con la maleta* [«I haven't the strength for the suitcase»]) or lack of authority (*no puedo con ese alumno* [«I can't do anything with that pupil»]). It is also used for strong feelings of aversion towards someone or something.
43. Lit. «He is not a saint of my devotion». In other words, «I don't adore or idolise him».
44. This phrase expresses the sometimes irrational feelings of ill-will or loathing we feel towards certain people. The feminine pronoun refers to no particular noun, as is the case with many constructions in Spanish.

130. EXPRESAR SATISFACCIÓN O COMPLACENCIA

130. EXPRESSING SATISFACTION OR PLEASURE

ELEMENTAL

1. Me gusta mucho.
2. (…) es maravilloso.
3. ¡Estupendo!
4. ¡Fantástico!
5. ¡Extraordinario!
6. ¡Magnífico!
7. ¡Fenomenal!
8. ¡Formidable!
9. ¡Muy bien!
10. ¡Qué bien!

BASIC

1. I really like it.
2. It's marvellous.
3. Marvellous!
4. Fantastic!
5. Extraordinary!
6. Magnificent!
7. Incredible!
8. Terrific!
9. Great!
10. Great!

INTERMEDIO

11. ¡Cómo me gusta!
12. ¡Me encanta (…)! (*)
13. ¡(…) me alegra mucho!

INTERMEDIATE

11. It's so nice!
12. I love (…)!
13. (…) makes me so happy!

12, 16 y 20. El verbo *encantar,* aparte de su valor relacionado con la magia, traduce gusto o complacencia. Es muy expresivo, pero usual generalmente en hablantes femeninos.

12, 16 and 20. The verb *encantar* («to enchant»), conveys pleasure or willingness. It is highly expressive, but more typical of female speakers.

14. ¡Bárbaro! (*) **Enf.**
15. (…) son buenas noticias.
16. Estoy encantado con (…). (*)
17. Estoy muy contento con (…).
18. Me satisface mucho (…).
19. (…) queda perfecto.
20. Me pareció encantador. (*)
21. Es la mejor noticia que he oído en mucho tiempo.

14. Wicked!
15. (…) is very good news.
16. I'm delighted with (…).
17. I'm very happy with (…).
18. I'm very satisfied with (…).
19. (…) is just perfect.
20. He seemed charming.
21. It's the best news I've heard in a long time.

— AVANZADO

22. ¡De primera! (*) **Enf.**
23. ¡Qué gusto poder (…)!
24. Me complace (…).
25. Me siento complacido.
26. Le estoy tomando el gusto a (…). **I.**
27. Me va de perlas. (*) **R.**
28. Con esto me doy por satisfecho.
29. No tengo palabras para decir (…).
30. ¡Qué gustazo! (*) **V.**
31. ¡Qué gozada! (*) **R.**
32. Usted me halaga. **F.**

— ADVANCED

22. First rate!
23. What a pleasure to be able to (…).
24. I am pleased to (…).
25. I feel pleased.
26. I'm developing a liking for (…).
27. It suits me down to the ground.
28. I'm content with this.
29. Words cannot express (…).
30. What a delight!
31. What a treat!
32. You please me.

14. El adjetivo *bárbaro*, como otros (*tremendo, brutal, bestial*), a pesar de su contenido básico, se usa como una exclamación que traduce asombro ante algo. El uso de tales formas suele ser pasajero y responder a modas y a influencias diversas.
16 y 20. Ver nota al n. 12.
22. Esta locución, que acompaña verbos (*salir, resultar de primera*) o se usa aislada, expresa lo mismo que *muy bien*, quizá debido a su inicial indicación a una preferencia, a un lugar destacado.
27. La locución adverbial *de perlas* equivale a *muy bien*. No se combina con todos los verbos, sino, en especial, con *venir, salir, parecer*…
30. Muchos sustantivos y adjetivos admiten la sufijación con *-azo*, desinencia con diferentes valores. Del puramente aumentativo (de *perro, perrazo*) a otro despectivo (de *cochino, cochinazo*), o a la designación de determinados golpes (de *codo, codazo*). En el caso que nos ocupa, *gustazo* no es más que una expresión más expresiva que el equivalente *gusto*.
31. El sustantivo *gozada* es un derivado reciente del verbo *gozar*. Expresa el placer que se experimenta en determinada situación. Son del mismo tipo otros sustantivos (*pasada, pifiada, cateada*), todos ellos propios del lenguaje juvenil.

14. The adjective *bárbaro* («barbarous»), like others such as *tremendo* («tremendous»), *brutal* («brutal»), and *bestial* («bestial»), are used as exclamations to convey amazement. Their usage is governed by diverse influences and tends to be ephemeral.
16 and 20. See n. 12.
22. Roughly equivalent in function to the exclamation *¡qué bien!* («great!»), this expression can be used on its own. Used initially to indicate a preference or a prominent position, it is found in constructions with the verbs *salir* and *resultar* («to turn out»).
27. The adverbial construction *de perlas* (lit. «pearl-like») is used with a limited number of verbs, in particular *venir, salir*, and *parecer*.
30. Many nouns and adjectives can be modified by the addition of the augmentative suffix *-azo*. The effect varies from increasing physical scale (*perro* [«dog»], *perrazo* [«large dog»]), to adding a disparaging note (*cochino* [«swine»], *cochinazo* [«big slob»]), or designating a blow (*codo* [«elbow»], *codazo* [«poke with the elbow»]). Here *gustazo* intensifies the sense of pleasure associated with the standard noun *gusto* from which it derives.
31. The noun *gozada* («a real treat») is a recent derivation from *gozo* («joy»). The *-ada* ending is a feature of other nouns, all of them typical of the language of Spanish youth: *una pasada* (anything considered to be «excessive»); *una pifiada* («a cock-up»).

131. EXPRESAR ADMIRACIÓN

131. EXPRESSING AMAZEMENT

— ELEMENTAL

1. ¡Oh!
2. ¡Qué (…)!
3. ¡Qué bien!
4. ¡Qué maravilla!
5. Estoy admirado.
6. ¡No es posible!
7. ¡Pero mira qué (…)! **Enf.**

— BASIC

1. Oh!
2. What a (…)!/How (…)!
3. Great!
4. Marvellous!
5. Incredible!
6. It's not possible!
7. Would you take a look at (…)!

INTERMEDIO

8. ¡Es admirable!
9. ¡Me admira!
10. ¡Sopla! (*) **V.**
11. ¡Qué bárbaro! (*) **Enf.**
12. ¡Nunca había visto una cosa igual!
13. Me admira que (...).
14. (...) es digno de admiración.

AVANZADO

15. ¡Anda! (*) **I.**
16. Estoy fascinado. **R.**
17. Estoy embobado. (*) **I.**
18. ¡Es lo nunca visto! (*)
19. Me asombra.
20. ¡Vivir para ver! (*) **FH.**
21. Es de admirar que (...).
22. Me faltan palabras para expresar mi admiración.
23. Quiero manifestar mi admiración por (...).
24. No es hablar por hablar, pero (...).
25. Me dejas atónito.
26. Me has dejado encandilado. (*) **R.**
27. Me dejas con la boca abierta. (*) **I.**
28. Me he quedado boquiabierto. (*) **I.**
29. Me deja patidifuso. (*) **R.**
30. Si no lo veo no lo creo. (*) **FH.**
31. Se me cae la baba. (*) **V.**

10. Esta forma del verbo *soplar* ha quedado fija y constituye una exclamación de asombro o sorpresa, parecida a ¡*caramba!*
11. El adjetivo *bárbaro,* como otros *(tremendo, brutal, bestial),* a pesar de su contenido básico, se usa como una exclamación que traduce asombro ante algo. El uso de tales formas suele ser pasajero y responde a modas y a influencias diversas.
15. La forma exclamativa ¡*anda!* es polivalente. Muy característica de ella es la traducción de un sentimiento de sorpresa admirativa.
17. El verbo *embobar,* derivado de *bobo,* alude a la admiración injustificada que algo produce en una persona. El adjetivo *bobo* describe a una persona nada inteligente, o al ingenuo propenso a maravillarse ante cualquier cosa. A veces se usa como apelativo cariñoso.
18. Con esta frase se alude expresivamente a algo que produce varios sentimientos, como admiración, sorpresa o enfado.
20. Esta expresión se usa para manifestar sorpresa o admiración ante algo, por cuanto se habla de que la vida permite ver cosas siempre nuevas.
26. El verbo *encandilar* se forma sobre *candil,* nombre de un utensilio para iluminar. El participio describe a alguien que está maravillado y admirado ante algo; un valor semejante tendría *deslumbrado.* Ambos llevan implícita la referencia a un posible engaño.
27, 28 y 29. El adjetivo *patidifuso* está compuesto de dos elementos unidos mediante una -i-; es el caso, también, de *verificar* y de *agridulce.* Del mismo modo que *patidifuso* (asombrado) son *peliagudo* (difícil), *manirroto* (despilfarrador) y su casi sinónimo *boquiabierto* (sorprendido, asombrado).
30. Frase con la que se manifiesta la incredulidad asombrada. En los Evangelios la pronuncia Santo Tomás Apóstol, al dudar de la resurrección de Cristo.
31. *Baba,* voz expresiva, alude a la saliva que sale de la boca, en general de los niños. La frase *caérsele a alguien la baba por alguien* se refiere a la admiración o al cariño que se siente por él.

INTERMEDIATE

8. It's amazing!
9. Amazing!
10. Blimey!
11. Amazing!
12. I've never seen anything like it!
13. I'm amazed that (...).
14. (...) is truly amazing.

ADVANCED

15. Gosh!
16. It's amazing!
17. I'm flabbergasted!
18. It's out of this world!
19. I'm astonished.
20. Life is full of surprises.
21. It's astonishing that (...).
22. Word's fail me to express my astonishment.
23. I want to express my astonishment at (...).
24. I'm not just saying it, but (...).
25. You astonish me!
26. You've dazzled me.
27. You leave me open-mouthed.
28. I'm open-mouthed.
29. You leave me flabbergasted.
30. I'd never have believed it if I hadn't seen it with my own eyes.
31. I'm positively drooling.

10. This set expression, the imperative of the verb *soplar* («to blow»), is an exclamation of surprise equivalent to ¡*caramba!*
11. The adjective *bárbaro* («barbarous»), like others such as *tremendo* («tremendous»), *brutal* («brutal») and *bestial* («bestial»), are used as exclamations to convey amazement. Their usage is governed by diverse influences and tends to be ephemeral.
15. The exclamation ¡*anda!* has a variety of functions, one of which is the expression of amazement.
17. The verb *embobar* («to amaze») is derived from the adjective *bobo* («stupid» or «easily impressed»). The adjective can also be employed as a term of endearment.
18. This exclamation can express a variety of emotions, including astonishment, surprise and anger.
20. Lit. «to live is to see».
26. The verb *encandilar* («to dazzle») derives from *candil* («an oil lamp»). The past participle *encandilado* («dazzled») is synonymous with *deslumbrado.* Both terms contain a hint of deception.
27, 28 and 29. *Patidifuso* («flabbergasted») is a compound of *pata* («paw») and *difuso* («widely extended»). Similar formations are *boquiabierto* («open-mouthed»); *agridulce* («bitter-sweet»); *peliagudo* («difficult»); *manirroto* («spendthrift»); and *verificar* («to verify»).
30. This expression of incredulity alludes to the words of the apostle Thomas, who doubted the resurrection of Christ.
31. Lit. «I'm dribbling [like a baby]»). This expression can convey both amazement and almost infantile affection.

32. No salgo de mi asombro.
33. Ante (…), me quito el sombrero. (*)
34. Ante (…), me descubro. (*)
35. ¡Cuidado que es (…)!
36. No creí que existieran (…).
37. ¡Caray con (…)! (*) **V.**
38. ¡Jo! (*) **V.**

33. Esta frase, que hace referencia a un gesto de saludo o de cortesía de los hombres, se emplea, en sentido figurado, para traducir un sentimiento de admiración o de respeto. La frase tiene carácter formal, o bien se usa con cierta carga irónica.
34. El verbo *descubrir* es sinónimo, por una parte, de *mostrar* y, por otra, de *destapar*. Como reflexivo, *descubrirse* alude a la acción acorde con la convención social de quitarse los hombres el sombrero en determinadas circunstancias. El abandono del sombrero no ha sido impedimento para que *descubrirse ante* exprese una manifestación formal, o bien se use con una cierta carga irónica.
37. La voz *coño*, que designa los órganos genitales femeninos, constituye una exclamación que puede traducir una reacción ante algo, tanto favorable como desfavorable. Conoce variantes eufemísticas, como *caray* o *caramba*. *Caray* se emite sólo o seguido de la alusión a lo que causa la admiración o la sorpresa: ¡caray con tu hermano, cómo bebe!
38. Se trata de una exclamación con la que se manifiesta sorpresa. Hay quien la considera versión corta de ¡*joder!*, del mismo modo que *jope* es una variante eufemística, aunque también se relaciona con ¡*so!*, voz con la que se detiene a los caballos.

32. I can't get over my astonishment.
33. I take off my hat to (…).
34. I take off my hat to (…).
35. He's (…) and no mistake!
36. I'd never have believed there could be (…).
37. Gosh, what a (…)!
38. Flipping heck!

33 and 34. As well as indicating that one is extremely impressed, both these expressions of admiration can convey a hint of irony in Spanish. The verb *descubrirse* (lit. «to uncover oneself [i.e. to uncover one's head]») is the reflexive form of the verb *descubrir* («to discover, uncover or reveal»).
37. ¡*Caray!*, like ¡*caramba!*, is a euphemistic variant of the exclamation ¡*coño!* (lit. «cunt»), a vulgar expression which conveys a reaction that can be either positive or negative. ¡*Caray!* can be used on its own or can refer to the source of the amazement it expresses: ¡*Caray con tu hermano, cómo bebe!* («Gosh, what a heavy drinker your brother is!»).
38. This exclamation of surprise is considered by some to be a euphemistic variant of ¡*joder!* («fuck!»), like *jope*, although it may also be related to the interjection ¡*so!* («whoa!») used to stop horses.

132. EXPRESAR SORPRESA

ELEMENTAL

1. ¡Ah, …!
2. ¡Oh, …!
3. ¡¿Sí…?!
4. ¡¿De verdad?! **Enf.**
5. ¡Mira!
6. ¡Dios mío!
7. ¿En serio?
8. ¡Es increíble!
9. ¡¿Cómo!?
10. ¡Es sorprendente!
11. ¡Pero mira qué (…)! **Enf.**

INTERMEDIO

12. ¡Vaya!
13. ¡No me digas!
14. ¡Toma! (*) **V.**
15. ¡¿De veras?! **Enf.**
16. ¡¿Qué qué dices?! **I.**
17. ¡Fíjate!
18. ¿Bromeas?

14. El imperativo del verbo *tomar* ha llegado a ser una interjección usada para manifestar sorpresa; tiene otros valores, entre ellos la expresión de un cierto desprecio por lo que ha dicho o hecho el interlocutor (¡*toma…!*) (*Yo también sabría hacerlo, ¡toma… y yo!*).

132. EXPRESSING SURPRISE

BASIC

1. Ah…!
2. Oh…!
3. Really…?!
4. Really?!
5. Goodness me!
6. Good heavens!
7. Seriously?
8. It's incredible!
9. Sorry?
10. It's surprising!
11. But just look at that (…)!

INTERMEDIATE

12. Gosh!
13. You don't say!
14. Fancy that!
15. Really?
16. What's that you said?!
17. Imagine that!
18. Are you joking?

14. The imperative of the verb *tomar* («to take»), ¡*toma!*, is now used as an interjection expressing surprise. It can also be used to pour scorn on what someone has just said: —*Yo también sabría hacerlo.* —¡*Toma… y yo!* («I could do it too». «Big deal… so could I!»).

19. ¿Hablas en serio?
20. ¿Lo dices en serio?
21. ¿Cómo es posible?
22. Esto sí que es una sorpresa.
23. ¡No me lo puedo creer!
24. Mira qué/quién (…). (*)

— **AVANZADO** —

25. Resulta extraordinario.
26. ¡Ahí va! **I.**
27. ¡Coño! (*) **V.**
28. ¡Caray! (*) **I.**
29. ¡Caramba! (*) **I.**
30. Me dejas de piedra.
31. ¡Santo Cielo!
32. ¡Arrea! (*) **V.**
33. ¡Atiza! (*) **R.**
34. ¡Joder! (*) **V.**
35. ¡Jo! (*) **V.**
36. ¡Vaya forma de (…)! (*) **I.**
37. Me dejas boquiabierto. **I.**
38. Me has dejado con la boca abierta **I.**
39. Me he quedado helado.
40. Me has cogido de sorpresa.
41. Me dejas patidifuso. (*) **R.**
42. Me quita el hipo. (*) **V.**
43. ¿Y ahora me sales con esto?
44. ¡Quién lo hubiera dicho!
45. Pero… ¿qué es lo que ven mis ojos?
46. Pero… ¿habráse visto?

19. Are you serious?
20. Are you serious?
21. How can that be?
22. Now that does surprise me.
23. I just can't believe it!
24. Just look at what/who (…).

— **ADVANCED** —

25. It's extraordinary.
26. Well I never!
27. Bloody hell!
28. Flipping heck!
29. Flipping heck!
30. Stone the crows!
31. Heavens above!
32. Well I'm damned!
33. Gosh!
34. Bloody hell!
35. Heck!
36. What a way to (…).!
37. You leave me speechless.
38. I'm gob-smacked.
39. I'm thunderstruck.
40. You've caught me unawares.
41. I'm flabbergasted.
42. It takes my breath away.
43. Now you tell me!
44. Who'd have thought it!
45. But…what's this I see before my eyes?
46. But… would you credit it?

24. Estas expresiones, también con los adverbios exclamativos *cómo, dónde,* etc., expresan asombro. El verbo está en indicativo. *(¡Mira quién viene!, ¡mira qué me han regalado!).*

27, 28 y 29. La voz *coño* (igual que *carajo*), emitida aislada en tono exclamativo, constituye una interjección que puede traducir una reacción ante algo, tanto favorable como desfavorable. Debido a su designación original a órganos genitales, ha sido sustituida por unas variantes eufemísticas *(caray, caramba* y las más antiguas *canastos* y *caracoles).*

32 y 33. Estas dos interjecciones, manifestación de sorpresa, admiración o susto, proceden de los verbos *arrear* y *atizar;* el significado relativo a la acción de dar algún golpe, común a los dos, se mantiene en *¡arre!,* voz con la que se estimula a las bestias.

34 y 35. Se trata de exclamaciones con las que se manifiesta sorpresa. Hay quien considera *¡jo!* versión corta de *¡joder!,* del mismo modo que *jope* es una variante eufemística, aunque también se relaciona con *¡so!*

36. La forma de subjuntivo del verbo *ir, vaya,* es una exclamación muy usual, tanto aislada como combinada con elementos sustantivos: *¡vaya un partido!, ¡vaya con el niño!, ¡vaya forma de…!* va seguida de un infinitivo: *¡vaya forma de llover!*

41. El adjetivo *patidifuso* está compuesto de dos elementos unidos mediante una -i-; es el caso, también, de *verificar* y de *agridulce.* Del mismo tipo son los expresivos adjetivos *peliagudo* (difícil), *boquiabierto* (sorprendido) y *manirroto* (despilfarrador).

42. El *hipo* es un fenómeno fisiológico debido a un espasmo del diafragma. Se dice que puede cortarse si alguien da un susto repentino al que lo padece; por ejemplo, con un golpe fuerte e inesperado en la espalda. La expresión completa alude a algo que asusta o asombra, aunque recientemente la frase *que quita el hipo,* referida, por ejemplo, a mujer, describe la admiración que ella despierta.

24. These expressions, which can also incorporate the adverbs *cómo, dónde* etc., convey surprise. The verb is in the indicative: *¡Mira quién viene!* («Look who's coming»); *¡mira qué me han regalado!* («look what they bought me!»).

27, 28 and 29. *¡Coño!* (lit. «cunt») is a vulgar expression which conveys a reaction that can be either positive or negative. There are a number of euphemisms also used as interjections for the same purpose: *¡caray!, ¡caramba!,* as well as the more antiquated *¡canastos!* and *¡caracoles!*

32 and 33. These imperatives, which function as interjections, derive from the verbs *arrear* («to drive on») and *atizar* («to give a blow»). A similar form, *¡arre!* is used for urging animals on.

34 and 35. This exclamation of surprise is considered by some to be a euphemistic variant of *¡joder!* («fuck!»), like *jope,* although it may also be related to the interjection *¡so!* («whoa!») used to stop horses.

36. The third person of the present subjunctive of the verb *ir* («to go») is a common interjection expressing surprise. It can be used on its own or in constructions, (*¡vaya un partido!* [what a match!]); (*¡vaya con el niño* [damn kid!]); (*¡vaya forma de llover!* [what a way to rain!]»).

41. *Patidifuso* («flabbergasted») is a compound of *pata* («paw») and *difuso* («widely extended»). Similar formations are *boquiabierto* («open-mouthed»); *agridulce* («bitter-sweet»); *peliagudo* («difficult»); *manirroto* («spendthrift»); and *verificar* («to verify»).

42. Lit. «you get rid of my hiccoughs», a reference to the traditional cure based on giving the sufferer a fright. As well as expressing surprise, this phrase can be now be used to convey other sentiments: *una mujer que quita el hipo* («a woman to take your breath away»).

47. ¿A qué viene tanto (...)? (*) **I.**
48. Jamás lo habría imaginado.
49. De ti nunca lo hubiera pensado.
50. Eso sí que no lo esperaba de ti.
51. ¡Cosas veredes! (*) **R.**
52. Me ha sorprendido tanto que ni siquiera he podido reaccionar.

47. Esta frase traduce la sorpresa que uno siente ante algo, y una cierta actitud negativa. Se completa con un infinitivo (... tanto gritar) o con cualquier sustantivo (... tantas quejas), en cuyo caso el adjetivo ha de concordar con él.
51. Esta expresión traduce extrañeza, asombro ante algún hecho extraordinario o incomprensible. Quizá procede de un romance antiguo, aunque el verso original dice: *Cosas tenedes, el Cid.*

47. What's all this (...) about?
48. I'd never have imagined it.
49. I'd never have though that of you.
50. That's the last thing I expected of you.
51. The things one sees!
52. I was so surprised I couldn't even react.

47. This expression of surprise has negative overtones, and is often completed by a phrase beginning with an infinitive (*tanto gritar* [«all this shouting»]) or a noun (*tantas quejas* [«all these complaints»]). In the latter case, *tanto* will agree with the noun that follows.
51. This expression conveys amazement at something extraordinary and incomprehensible. It may be a corruption of a line from the *Poema de mío Cid*, although the original ballad reads *cosas tenedes* rather than *cosas veredes*.

133. EXPRESAR DECEPCIÓN O DESILUSIÓN

133. EXPRESSING DISAPPOINTMENT

— ELEMENTAL —

1. ¡Qué pena!
2. ¡Qué lástima!
3. ¡Qué mal!
4. ¡Qué mala suerte!
5. ¡Qué decepción!
6. Estoy decepcionado.

— INTERMEDIO —

7. ¡Qué desilusión!
8. ¡Qué desengaño!
9. ¡Qué mala pata! (*) **I.**
10. ¡Vaya chasco! (*)
11. Es una pena que (...).
12. Es una lástima que (...).
13. Me siento decepcionado.
14. Ha sido una gran decepción.
15. Esperaba (...).
16. ¡Esperaba otra cosa de ti!
17. Creía que (...).

— AVANZADO —

18. Me llevo una gran desilusión.
19. ¡Y yo que creía que (...)! (*)

9. El sustantivo *pata* designa la pierna de los animales. Con un valor humorístico se aplica también a la de las personas. El grupo *mala pata* equivale a *mala suerte*, y se llama *patoso/-a* a la persona que no tiene gracia, que es inoportuno o, simplemente, al que es pesado de movimientos.
10. El sustantivo masculino *chasco* se refiere a la sorpresa desagradable que supone que no se produzca lo que esperábamos, o que resulte mal lo que podía salir bien. Supone un sentimiento de decepción. Se combina con varios verbos, como *llevarse, sufrir.*
19. En muchas de sus construcciones, el verbo *creer* no se refiere a la aceptación de algo como verdadero, sino a un juicio u opinión; en tales casos es sinónimo de *pensar*. El imperfecto de esta frase ha de interpretarse como descriptivo de un criterio que los hechos demostraron que no era cierto: *¡y yo que creía que eras mi amigo (y me has traicionado)!*

— BASIC —

1. What a pity!
2. What a shame!
3. How awful!
4. What rotten luck!
5. How disappointing!
6. I'm disappointed.

— INTERMEDIATE —

7. What a disappointment!
8. What a disappointment!
9. What rotten luck!
10. What a blow!
11. It's a real pity that (...).
12. It's a shame that (...).
13. I feel disappointed.
14. It was a great disappointment.
15. I was hoping (...)
16. I had thought better of you!
17. I thought that (...).

— ADVANCED —

18. I'm bitterly disappointed.
19. And there I was thinking that (...).

9. The noun *pata,* strictly speaking the leg or foot of an animal, can also be applied in a jocular sense to human beings. *Mala pata* (lit. «bad foot») signifies «bad luck». *Patoso/a* can describe someone who lacks charm, has no sense of timing or is clumsy in his movements.
10. The noun *chasco*, which means «an unpleasant or disappointing shock», can be used with a number of verbs, including *llevarse* and *sufrir* («to experience»).
19. The use of the imperfect of the verb *creer* («to think or believe») indicates that the speaker was mistaken in his original assessment of the situation: *¡y yo que creía que eras mi amigo (y me has traicionado)!* («there I was thinking you were my friend [and you betrayed me]!»).

20. ¡Qué más hubiera querido!
21. ¡Me hubiera gustado tanto!
22. Si lo sé no vengo. (*)
23. Si llego a saberlo, (...). (*)
24. Jamás esperé esto de usted.
25. Tengo que decir que me siento muy decepcionado.
26. Resulta muy decepcionante.
27. Me siento traicionado.
28. Estoy defraudado.
29. ¡Tanto esfuerzo para esto...!
30. Me has dejado en la estacada. (*)
31. Hemos ido de Guatemala a Guatepeor. (*) **FH.**
32. ¡Todos mis planes por tierra en un minuto!
33. Todos mis planes se han venido abajo.
34. ¡Mira que acabar las cosas así...!
35. Me ha salido el tiro por la culata. (*) **FH.**
36. Como de lo vivo a lo pintado. (*) **FH.**
37. Ha sido como una ducha de agua fría. (*)
38. Me han dejado con un palmo de narices. (*) **V.**
39. Me han dado gato por liebre. (*)
40. ¡Tenga usted hijos para esto! (*)
41. ¡Nuestro gozo en un pozo! (*) **FH.**
42. ¡Pues vaya...! (*) **I.**

20. I'd have loved to!
21. I'd have loved to!
22. If I'd known, I wouldn't have come.
23. If I'd known about it, (...).
24. I never would have expected this of you.
25. I must say I'm very disappointed.
26. It's a great disappointment.
27. I feel betrayed.
28. I've been cheated.
29. All that effort, and for what?
30. You've left me in the lurch!
31. We've gone from bad to worse.
32. All my plans dashed in a moment.
33. All my plans have come to nothing.
34. What a way for things to end...!
35. My plan has backfired.
36. This is nothing like the genuine article.
37. It was like a bucket of cold water.
38. I've had a bucket of cold water thrown over me.
39. I've had the wool pulled over my eyes.
40. Who would have children, when that's what they do!
41. All our hopes down the drain!
42. Well, what a ...!

---

22 y 23. De hecho, aunque estas oraciones condicionales presentan sus verbos en indicativo, suponen una hipótesis imposible, por cuanto se alude a hechos ya pasados que no pueden desarrollarse de modo diferente a como lo hicieron. Este matiz sería más claro en: *si lo hubiera sabido (no hubiera venido)*. Con la presencia de *llegar a* se hace referencia a que hubiera habido un conocimiento.

30. La frase *dejar a alguien en la estacada* significa abandonarlo en una situación difícil. Su contenido no está demasiado alejado del de *traicionar*.

31. *Guatepeor* no es un nombre propio real. Se ha creado como un juego humorístico frente a *Guatemala (malo/peor)*, de modo que con la frase completa se describe haber pasado por una situación negativa, adversa, para enfrentarse a otra todavía peor.

35. La frase *salirle a alguien el tiro por la culata* supone que alguien que contaba obtener un beneficio de algo no lo obtiene o, lo que es peor, obtiene daño. Procede del ámbito de la caza.

36. Con esta locución, metafórica, que compara la realidad con su reproducción, se alude a la gran diferencia que media entre algo y otra cosa que se le compara.

37. Con esta frase se expresa la decepción que supone que a uno le quiten de repente la ilusión o la esperanza que tenía puestas en algo.

38. La frase *dejar con un palmo de narices* significa haber sufrido una gran decepción porque se esperaba algo bueno y lo que ha ocurrido ha sido algo exactamente contrario.

39. Esta frase expresa que a alguien se le ha engañado porque se le ha dado algo haciéndolo pasar por otra cosa.

40. Esta frase, que en propiedad pueden pronunciarla sólo quienes son padres o madres, traduce el sentimiento de desilusión y desengaño que se experimenta al no recibir de los hijos, por quienes uno se ha desvivido, lo que se esperaba recibir.

41. Con esta frase exclamativa expresamos la desilusión que nos produce algo que esperábamos con alegría.

42. *Vaya* es una interjeccción de uso habitual y de valores diversos. Con ella se expresa sorpresa, pero muy a menudo traduce sentimientos de desilusión. El *pues* que la precede, de un inicial valor consecutivo, ha pasado a un valor enfático, lo que explica sus abundantes y variados usos: *¡pues qué bien!, ¡pues si que (...)!, ¡pues vaya!* Puede usarse solo o como principio: *¡pues vaya nochecita nos ha dado!, ¡pues vaya con el hombre ése!*

22 and 23. Although these two conditional statements are in the indicative mood, they offer an self-negating hypothesis, insofar as they refer to past events whose outcome cannot be changed. The meaning would be clearer if rephrased as follows: *si lo hubiera sabido, no hubiera venido*. The use of *llegar a* («to succeed in») in the second phrase reinforces the conditional nature of the utterance.

30. This idiom is similar in meaning to the verb *traicionar* («to betray»).

31. Though Guatemala obviously exists, Guatepeor is invented, merely providing a pun. The phrase translates roughly as «from Guate-bad to Guate-worse».

35. Lit. «my shot back-fired». The saying originated in hunting.

36. Lit. «from the living (i.e. genuine) to the painted (i.e. imitation)».

37. **Refer to note in Spanish.**
38. Lit. «it was like a handful of noses».
39. **Refer to note in Spanish.**
40. **Refer to note in Spanish.**
41. **Refer to note in Spanish.**

42. The interjection *¡vaya!* expresses a number of sentiments, including surprise and disappointment. The addition of *pues*, whose original meaning is «therefore», underlines whatever feeling is being conveyed: hence its use in a variety of expressions such as *¡pues qué bien!* («marvellous, eh?!»); *pues sí que* («well I **must** say that [...]»); *¡pues vaya!* («Well!»). It can be used on its own or at the start of a phrase: *¡pues vaya nochecita que nos has dado!* («that was one humdinger of a night you gave us!»); *¡pues vaya con el hombre ese!* («Damn that man!»).

134. EXPRESAR DISGUSTO Y DESAGRADO / 134. EXPRESSING DISPLEASURE OR DISSATISFACTION

ELEMENTAL / BASIC

1. No me gusta.
2. Es que no me gusta nada.
3. Estoy descontento.
4. Estoy profundamente disgustado.

1. I don't like it.
2. I don't like it at all.
3. I'm not pleased.
4. I'm deeply upset.

INTERMEDIO / INTERMEDIATE

5. ¡Qué descontento estoy con (...)!
6. ¡Qué disgusto!
7. ¡Qué lata! **I.**
8. ¡Vaya lata! (*) **I.**
9. ¡Qué rollo! (*) **R.**
10. ¡Qué barbaridad!
11. ¡Pse! (*) **I.**
12. Me molesta.
13. Me fastidia.
14. Me disgusta.
15. Me desagrada.
16. ¡No me hables de (...)! (*)
17. (...) me tiene disgustado.
18. Lo estoy haciendo a la fuerza.

5. I'm so unhappy about (...).
6. How upsetting!
7. What a bore!
8. What a bore!
9. What a bore!
10. How shocking!
11. Pooh!
12. It annoys me.
13. It annoys me.
14. It upsets me.
15. It displeases me.
16. Don't talk to me about (...).
17. I'm so upset about (...).
18. I'm not doing it out of choice.

AVANZADO / ADVANCED

19. ¡Qué pesadez!
20. ¡Qué fastidio!
21. ¡Qué molestia!
22. Me revienta (...). (*) **V.**
23. Es que me jode (...). (*) **V.**

19. How tedious!
20. How irritating!
21. How annoying!
22. I'm cheesed off with (...).
23. I'm pissed off with/ about (...).

---

8. El sustantivo *lata* (hojalata) designa, aunque en un tono más coloquial, lo mismo que *aburrimiento*. Entra en la expresión *dar la lata*, equivalente a *molestar*.
9. El sustantivo *rollo* designa un cilindro (*rollo de película, rollo de cuerda*). En un sentido figurado describe la pesadez o el aburrimiento que algo provoca. Puede presentarse aislado, como exclamación, o en estructura de frase y con complementos (*es un rollo macabeo/tibetano*).
11. Esta interjección, que conoce varias pronunciaciones (*¡psss...!, ¡pse...!, ¡psch...!*), traduce un cierto desagrado o desánimo. Cuando es respuesta a una pregunta equivale a *regular*.
16. Del mismo modo que *¡Ni hablar!* es una forma de negación o rechazo: con *no se hable más de ello* se corta, se zanja una intervención; con *no me hables más de*, que va seguida bien por un sustantivo, bien por un infinitivo (*no me hables de ir en barco nunca más*), se traduce una negativa ante algo que resulta muy desagradable.
22. El verbo *reventar* conoce varios valores. Por un lado, es sinónimo de *estallar*; por otro, es sinónimo de *cansar(se)*. Acompañado del pronombre complemento y con un infinitivo como sujeto significa *molestar, fastidiar*.
23. El verbo *joder*, cuyo significado fundamental es el de *copular*, tiene en lengua coloquial, pero de carácter vulgar, muchos valores, aparte del de *fastidiar* o *perjudicar*. Vale como *estropear* o *dañar*: *se nos ha jodido la televisión, se le ha jodido la rodilla*.

8. The noun *lata* («tin») is a colloquial expression for «boredom» found in phrases such as *dar la lata* («to be a bore/ pest»).
9. The noun *rollo* («roll») is synonymous with *pesadez* or *aburrimiento* («tedium»). It is found in exclamations or in longer structures with complements such as *es un rollo macabeo/tibetano* («it's one hell of a bore»).
11. This interjection, which can be articulated in a variety of ways (*pss...!, pse...!, psch...!*) conveys a certain degree of dissatisfaction or disappointment. As a response to a question, it translates as «so-so».
16. In the same way that *¡Ni hablar!* is a form of negation or rejection, the phrase *no se hable más de ello* («drop the subject») interrupts or silences a speaker. *No me hables más de*, followed by a noun or infinitive, conveys a negative attitude towards something which could prove to be unpleasant: *no me hables de ir en barco nunca más* («never talk to me about going on a boat again»).
22. The verb *reventar* («to burst») has the additional colloquial meaning of «to tire of something». When used with an object pronoun and an infinitive it means «to annoy».
23. The verb *joder* (lit. «to fuck») is a vulgar expression with a variety of functions in colloquial Spanish: as well as meaning «to annoy» or «to harm», its use extends to describes things that are broken or malfunctioning: *se nos ha jodido la televisión* («our television is knackered»); *se le ha jodido la rodilla* («he's buggered up his knee»).

24. No me des la lata. **I.**
25. No me jorobes. (*) **V.**
26. Estoy contrariado.
27. ¡Qué contrariado estoy con (…)!
28. Me sabe mal que (…).
29. Me repugna (…).
30. (…) me ha dejado mal sabor de boca.
31. (…) me ha hecho pupa. (*) **R.**
32. No me hace ninguna gracia.
33. ¡Maldita la gracia!
34. Se me atraganta. (*) **I.**
35. (…) no es santo de mi devoción. (*) **FH.**
36. Lo he hecho de mala gana.
37. Tus palabras me han contrariado.
38. Tengo un nudo en la garganta.
39. No me hallo aquí. (*) **R.**
40. ¡Qué berrinche me he llevado! (*)
41. Eso me sabe a cuerno quemado. (*) **R.**
42. ¡Sólo faltaba eso ahora!
43. No digo que sea malo, pero aquí (…).
44. ¿Quién diablos (…)? **I.**
45. Me da cien patadas eso de (…). (*) **V.**
46. También es mala pata tener que (…). **I.**

24. Stop bugging me.
25. Give me a break.
26. I'm vexed.
27. I'm so cross with (…).
28. I'm very sorry that (…).
29. (…) disgusts me.
30. (…) has left a bad taste in my mouth.
31. I'm sore about (…).
32. I don't find it funny!
33. Very amusing!
34. It sticks in my throat.
35. (…) is not my cup of tea.
36. My heart was not in it.
37. You words have upset me.
38. I feel like crying.
39. I feel out of place here.
40. I really blew my top!
41. That makes my blood boil.
42. That's all I needed!
43. I'm not saying it's bad, but here (…).
44. Who the devil (…)?
45. I'm really browned off with/ about (…).
46. But what rotten luck having to (…).

25. El verbo *jorobar* significa lo mismo que *molestar*, aunque es mucho más vulgar. Guarda relación con el sustantivo *joroba*, denominación del bulto que produce en la espalda la columna vertebral torcida.
31. *Pupa* es una palabra expresiva propia del lenguaje infantil y, por ampliación, del familiar. Equivale a *daño* o *dolor*.
34. El verbo *tragar* describe la acción de hacer pasar algo de la boca al aparato digestivo. *No tragar*, en sentido figurado, se dice de algo que no nos gusta nada. También se usa *se me atraganta* o *no lo digiero*, símiles basados en funciones corporales.
35. Así como los verbos *adorar* e *idolatrar* describen una gran pasión por alguien o por algo, la frase *no ser santo de la devoción de alguien* alude no a una profunda aversión, pero sí a una falta de gusto o afición.
39. Esta frase puede resultar ambigua, pues, aparte de un contenido evidente, alude a la sensación de incomodidad o disgusto que uno siente en algún sitio.
40. El sustantivo *berrinche*, muy coloquial, designa un enfado que se manifiesta exteriormente de forma muy expresiva. Actúa de complemento de verbos como: *dar, tener, tomar* o *llevar*. Aplicado a niños, describe también el llanto en que se exterioriza ese enfado.
41. Este sustantivo es muy frecuente en frases expresivas: *¡al cuerno!*, forma de desprecio; *no me importa un cuerno*, en absoluto. En plural *(poner cuernos)* alude a la infidelidad; *romperse los cuernos* equivale a *esforzarse*. *Saber una cosa a alguien a cuerno quemado* alude a que algo le enfada o le disgusta.
45. La frase *me da cien patadas* y el verbo *repatear* coinciden, en su significado, con las formas *me fastidia, no me gusta*, pero son más groseras.

25. The verb *jorobar* is similar in meaning to *molestar* («to irritate»), but is more vulgar. It derives from the word for «a hump on the back», *joroba*.
31. *Pupa* is an infantile word for «pain».
34. The basic meaning of the verb *tragar* is «to swallow». *No tragar* is used figuratively to refer to what we find «hard to stomach». Similar in meaning and function are the expressions *se me atraganta* and *no lo digiero*.
35. Lit. «He is not a saint of my devotion». In other words, «I don't adore or idolise him». This phrase refers to those for whom we feel mild dislike rather than genuine loathing.
39. Lit. «I can't find myself here». Used figuratively, the saying alludes to feelings of discomfort or unease experienced in a particular place.
40. The noun *berrinche* («rage» or «tantrum») is used with the verbs *dar, tener, tomar,* or *llevar*.
41. The literal meaning of this expression is «its smells to me of burning horn». The noun *cuerno* («horn») is also found in the following colourful phrases: *¡al cuerno!* («go to hell!»); *no me importa un cuerno* («I don't give a damn»). In the plural, *poner cuernos* means «to cuckold»; *romperse los cuernos* is equivalent to «to make a great effort».
45. The verb *repatear* and the phrase *dar cien patadas* are equivalent in function to *me fastidia* and *no me gusta*, but are much stronger and more vulgar.

135. EXPRESAR ENFADO

ELEMENTAL

1. Estoy enfadado.
2. Estoy de mal humor.
3. No puedo soportarlo más.
4. ¡Basta!
5. ¡Qué estupidez!

135. EXPRESSING ANGER

BASIC

1. I'm angry.
2. I'm in a bad mood.
3. I can't take any more.
4. That's enough!
5. How stupid can you get!

INTERMEDIO

6. ¡Ya estoy harto!
7. ¡Es exasperante!
8. Estoy negro. (*) **I.**
9. Me pone enfermo. (*)
10. Me pone furioso (*)
11. Me pone frenético. (*)
12. Me pone histérico. (*)
13. Me irrita.
14. Es irritante.
15. Es insultante.

AVANZADO

16. ¡Joder! (*) **V.**
17. ¡Me jode! (*) **V.**
18. ¡Coño! **V.**
19. Estoy cabreado. **V.**
20. Estoy hasta la coronilla de (...). **I.**
21. Me enfurece que (...). (*)
22. Me cabrea que (...). **V.**
23. ¡Me tiene negro! (*) **I.**
24. ¿Y ahora, qué? **I.**
25. ¿Y qué más? **Ir.**
26. ¡Ah, no, eso sí que no! (*)
27. Me saca de quicio. (*)
28. Me saca de mis casillas. (*)
29. Estoy de un humor de perros. (*) **I.**

---

8 y 23. El color *negro* traduce impresiones negativas, pesimistas o, como aquí, el enfado o malestar que produce en el que usa las frases.

9, 10, 11 y 12. El verbo *poner*, por ser tan usual, es muy rico en significados. Acompañado de un pronombre complemento *(me, te, se...)* y de un adjetivo, como es el caso de las cuatro anteriores o de otro complemento *(de mal humor)*, alude a lo que hace, provoca que alguien adquiera el estado o cualidad que el adjetivo expresa. El adjetivo *enfermo* no es aquí el antónimo de *sano*, sino que significa *muy enfadado*. En cuanto a *histérico*, describe un nerviosismo agudo, más propio de la mujer.

16 y 17. Este verbo, cuyo significado fundamental es el de *copular*, es muy usado como exclamación, en infinitivo o conjugado. En todos estos casos su valor es el de *molestar, fastidiar*, pero más expresivo y, por supuesto, procaz.

21. Sobre el sustantivo *furor*, sinónimo de *furia (cólera)* se forma el verbo *enfurecerse*. A estas formas verbales, prefijadas y sufijadas a la vez, se las llama «parasintéticas». Son del mismo tipo: *enamorar, entristecerse, enriquecerse*. Los verbos describen el proceso de adquirir o entrar en determinado estado.

23. Ver nota al n. 8.

26. Con esta expresión traducimos nuestra tajante negativa ante algo. La usamos para expresar que no estamos dispuestos a aceptar o hacer algo.

27 y 28. Ambas frases se usan para expresar que algo nos molesta muchísimo, tanto que perdemos el control. El sustantivo *quicio* designa, cuando no es metafórico, el rincón que forman la puerta y la pared, allí donde la puerta gira. El sustantivo *casilla*, al principio designativo de una casa pequeña, se usa en plural y de forma fija e invariable en estas expresiones: *sacar a alguien de sus casillas, salir alguien de sus casillas*.

29. Además del sustantivo *malhumor*, existe el grupo *humor de perros*. *De perros*, equivalente a *muy malo*, puede acompañar a otros sustantivos *(un día de perros)*. La denominación de este animal aparece en

INTERMEDIATE

6. I've had as much as I can take!
7. It/ he etc. is exasperating!
8. I'm furious.
9. It/ he etc. makes me ill.
10. It/ he etc. makes me furious.
11. It/ he etc. drives me scatty.
12. It/ he etc. drives me crazy.
13. It/ he etc. irritates me.
14. It/ he etc. is irritating.
15. It/ he etc. is insulting.

ADVANCED

16. Bloody hell!
17. He pisses me off!
18. Bloody hell!
19. I'm cheesed off.
20. I'm fed up to the back teeth with (...).
21. I'm furious that (...).
22. It infuriates me that (...).
23. I'm furious with him.
24. So now what?
25. You're not serious?
26. Oh no, no way!
27. He drives me up the walls.
28. He drives me round the bend.
29. I'm in a foul mood.

---

8 and 23. The colour black (*negro*) is used to express negative and pessimistic sentiments or, as in this case, anger and unease.

9, 10, 11 and 12. The verb *poner* («to put») is extremely common and therefore has a wide range of functions. Combined with a pronoun (*me, te, se...*), an adjective and a complement (*de mal humor* [«in a bad mood»]) it refers to the action of provoking a given situation.

16 and 17. The verb *joder* («to fuck»), is used as an expletive, in the infinitive or in conjugated form. In this function its meaning is «to annoy».

21. The verb *enfurecerse* («to get mad») is a compound form based on the noun *furor* («fury»). Other parasynthetic verbs include *enamorarse* («to fall in love»), *entristecerse* («to become sad») and *enriquecerse* («to get rich»).

23. See n. 8.

26. This conveys an outright refusal to accept or do something which has been put to us.

27 and 28. These expressions allude to the loss of control that results from extreme annoyance. The literal meaning of the first phrase is «he takes me off my hinges». *Casillas*, always used in the plural in the second expression, is the diminutive of *casas* («houses»).

29. The noun *perro* («dog») is used in a number of expressions, always with negative connotations: *un humor de perros* («a foul mood»); *un día de perros* («a foul day»); *tratar a alguien como a un perro* («to treat someone like a dog»); *morir como un perro* («to die like a dog»).

30. Ha sido como una patada en el estómago. **V.**
31. Se me sube la sangre a la cabeza. (*) **I.**
32. Ésta es la gota que colma el vaso. (*)
33. Es de lo más exasperante que he visto.
34. Esto resulta inaceptable.
35. Me revienta tener que (…). **V.**
36. Me repatea. (*) **V.**
37. Me da cien patadas. (*) **V.**
38. Estoy perdiendo los estribos. (*) **I.**
39. Estoy que echo chispas. (*) **I.**
40. Algo mosca sí estoy, lo reconozco. **I.**
41. Me subleva. (*)

30. It was like a kick in the teeth.
31. He makes me see red.
32. That's the last straw.
33. It's one of the most exasperating things I've ever seen.
34. This is quite unacceptable.
35. It makes me furious to have to (…).
36. It drives me bonkers.
37. It's a real drag.
38. I'm really losing my temper.
39. I'm fuming.
40. Yes, I admit I am a bit annoyed.
41. He really drives me mad.

otras frases, con el mismo valor negativo: *tratar a alguien como a un perro* (con desprecio), *morir como un perro* (solo, abandonado).
31. Con esta frase se describe el proceso de entrarle a alguien una rabia, un enfado muy fuerte. El sustantivo *sangre* aparece en muchas expresiones: *no quedarle a uno sangre en el cuerpo* (tener un sentimiento de miedo intenso), *no tener uno sangre en las venas* (ser cobarde o incapaz de reaccionar), *sudar sangre* (costar mucho esfuerzo o trabajo hacer algo).
32. Con esta frase se alude a que algo resulta ya inaceptable, que excede el punto máximo más allá del cual uno ya no resiste.
36 y 37. Ambas expresiones coinciden en su significado, equivalente al de *me molesta, me fastidia,* pero más grosero.
38. La denominación de una parte fundamental de los antiguos carruajes se usa metafóricamente y en la forma plural para expresar la pérdida de la propia serenidad a causa de la cólera que algo produce.
39. Es muy interesante el grupo *estar que,* al que sigue la acción consecuencia del estado de alteración en que uno se halla. Hay muchas posibilidades (*estoy que muerdo, estoy que me muero,* etc.). *Echar chispas,* que podría describir la emisión de descargas eléctricas o luminosas, alude a la manifestación de un enfado muy fuerte.
41. El verbo *sublevarse* significa negarse a obedecer las órdenes de un superior, especialmente en el ámbito militar. Un sentido más reciente y amplio es el de enfrentarse a una persona, cuyas órdenes o palabras se desatienden.

31. Lit. «the blood is rising to my head». Other expressions with *sangre* include: *no quedarle a uno sangre en el cuerpo* («to have the blood drain from one's body [i.e. to be petrified]»); *no tener sangre en las venas* («to be lily-livered»); *sudar sangre* («to sweat blood»).
32. **Refer to note in Spanish.**
36 and 37. Both expressions are equivalent to *me molesta* («it annoys me»), albeit more coarse in tone.
38. Lit. «he makes me lose my stirrups», in other words, «I get carried away by the anger he provokes in me».
39. The literal meaning of this phrase is «I'm sending off sparks». The interesting construction *estar que* is always followed by a verb describing the state to which the subject has been driven by the provocation alluded to. Examples include *estoy que muerdo* («I'm ready to bite someone»); *estoy que me muero* («I'm ready to die»).
41. *Sublevarse* refers specifically to acts of mutiny but, in contemporary usage, the verb is now applied to any action which disregards particular statements or instructions.

136. EXPRESAR INTERÉS O ENTUSIASMO

136. EXPRESSING INTEREST OR ENTHUSIASM

ELEMENTAL

1. ¡Qué bien!
2. ¡Qué interesante!
3. ¡Muy bien!
4. ¡Bravo!
5. ¡Extraordinario!
6. ¡Es sensacional!
7. ¡Es maravilloso!
8. ¡Viva!
9. Es estupendo.
10. ¡Fantástico!
11. ¡Magnífico!
12. ¡Espléndido!
13. ¡Qué emoción!
14. ¡Qué interés!

BASIC

1. Great!
2. How interesting!
3. Very good!
4. Bravo/ well done!
5. How extraordinary!
6. It's sensational!
7. It's marvellous!
8. Hurrah!
9. It's wonderful.
10. Fantastic!
11. Magnificent!
12. Splendid!
13. How exciting!
14. How interesting!

15. ¡Qué entusiasmo!
16. ¡Qué gran idea!
17. ¡Olé! (*) **R.**

— INTERMEDIO

18. ¡Fenomenal!
19. ¡Formidable!
20. ¡Apasionante!
21. ¡Genial!
22. ¡Bárbaro! (*) **Enf.**
23. ¡Me entusiasma!
24. Estoy loco por (…).
25. No pienso en otra cosa.
26. Resulta muy emocionante.
27. Casi no puedo creerlo.

— AVANZADO

28. Me chifla. (*) **I.**
29. Me arrebata. **R.**
30. Me tiene fascinado.
31. No sabes cuánto interés despierta en mí.
32. ¡Cojonudo! (*) **V.**
33. ¡De puta madre! (*) **V.**
34. Lo espero con verdadera ansia (…).
35. Me muero por (…). **I.**
36. Creo que sueño despierto.

---

17. Esta exclamación traduce alegría y entusiasmo. Acompañada o no de palmas, es frecuente en manifestaciones de baile flamenco o en corridas de toros.
22. El adjetivo *bárbaro*, como otros *(tremendo, brutal, bestial),* a pesar de su contenido básico, se usa como una exclamación que traduce asombro ante algo. El uso de tales formas suele ser pasajero y responde a modas y a influencias diversas.
28. *Chiflar(se)* equivale a *volver(se) loco;* en sentido figurado y con una fuerte carga expresiva alude al deseo o a la afición que alguien siente por algo o alguien; lo emplean, con preferencia, las mujeres.
32. El adjetivo *cojonudo* (derivado de *cojón),* que se refiere a los órganos sexuales masculinos, es muy usado con el simple valor ponderativo de *bueno* o *estupendo.* El olvido del significado original es evidente desde el momento en que se habla de *mujeres cojonudas.*
33. La locución *de puta madre* equivale a los adverbios *estupendamente* o *muy bien (pasarlo de puta madre),* o a los adjetivos correspondientes *(una vida de puta madre).* Por descontado, es grosera, pero muy expresiva.

---

15. I'm really enthusiastic!
16. What a great idea!
17. Bravo!

— INTERMEDIATE

18. Wonderful!
19. Fantastic!
20. How exciting!
21. Brilliant!
22. Wicked!
23. I'm enthusiastic about it!
24. I'm mad about (…).
25. I can think about nothing else.
26. It's very exciting.
27. I can hardly believe it.

— ADVANCED

28. I'm crazy about it.
29. I'm crazy about it.
30. I'm fascinated by it.
31. You can't imagine how much it interests me.
32. Bloody brilliant!
33. Bloody fantastic!
34. I'm really looking forward to it.
35. I'm dying about/for (…).
36. It's like a dream come true.

---

17. This exclamation expresses joy and enthusiasm. It may be accompanied by hand-clapping, and is associated with flamenco dancing and bull-fighting.
22. The adjective *bárbaro* («barbarous»), like others such as *tremendo* («tremendous»), *brutal* («brutal») and *bestial* («bestial»), are used as exclamations to convey amazement. Their usage is governed by diverse influences and tends to be ephemeral.
28. The verb *chiflarse* («to go mad»), is used in a figurative sense for intense enthusiasm for someone or something. It is used mainly by female speakers.
32. The adjective *cojonudo*, from *cojón*, the colloquial word for «testicle», is used as a strong synonym of *bueno* («good»), or *estupendo* («marvellous»). The origin of the adjective appears to have been overlooked in expressions such as *mujeres cojunudas* («bloody marvellous women», [lit. «women with balls»]).
33. The expression *de puta madre* is equivalent to expressions such as *estupendamente* («marvellously») and *muy bien* («very well»), e.g. *pasarlo de puta madre* («to have a bloody brilliant time»), or to corresponding adjectives (*una vida de puta madre* [«a bloody marvellous life-style»]). It is highly expressive, but coarse.

137. EXPRESAR DESINTERÉS O ABURRIMIENTO

ELEMENTAL

1. ¡Qué aburrido!
2. ¡Qué aburrimiento!
3. ¡Qué soso!
4. (…) es muy aburrido.
5. ¡Es insoportable!
6. Ya estoy cansado de (…).
7. (…) me aburre bastante.

INTERMEDIO

8. ¡Qué rollo! (*) **I.**
9. ¡Qué lata! (*) **I.**
10. Ya estoy harto de (…).
11. (…) me resulta muy aburrido.
12. No lo encuentro nada interesante.
13. (…) me ha parecido bastante aburrido.
14. (…) es aburrido como una ostra. (*) **I.**
15. (…) siempre es lo mismo.
16. No me aburras con tus historias de siempre.
17. (…) aburre a cualquiera.
18. ¡Es que es tan aburrido…!
19. Nunca he sentido el menor interés por (…).

AVANZADO

20. ¡Vaya tostón! (*) **I.**
21. ¡Menudo latazo! (*) **I.**
22. ¡Vaya coñazo! (*) **V.**
23. ¡Qué coñazo de (…)! (*) **V.**
24. ¡Qué tedio! **R.**
25. ¡Qué hastío! **R.**
26. ¡Qué palo! (*) **R.**
27. ¡Qué muermo! (*) **R.**
28. ¡Qué plasta! (*) **R.**

8, 37 y 38. El sustantivo *rollo* designa un cilindro *(rollo de película, rollo de cuerda)*. En un sentido figurado describe la pesadez o el aburrimiento que algo provoca. Puede presentarse en forma exclamativa o acompañado de complementos.

9 y 21. El sustantivo *lata (hojalata)* designa, aunque en un tono más coloquial, lo mismo que *aburrimiento*. Entra en la expresión *dar la lata*, equivalente a *molestar*.

14. La denominación de un molusco, manjar apreciado, sirve como término de comparación para describir un grado de aburrimiento.

20 y 40. El sustantivo *tostón*, que tiene relación con *tostar*, es usado en sentido figurado, cuando se aplica a lo que es aburrido o pesado.

21. Ver nota al n. 9.

22 y 23. El sustantivo *coñazo* (derivado de *coño*) se usa, olvidado su significado inicial, como *lata*, es decir, como referencia a algo o a alguien que resulta difícil de soportar por su pesadez *(¡qué coñazo de niño!, ¡qué coñazo de tío!)*.

26, 27 y 28. Las palabras expresivas suelen perder fuerza cuando se usan con frecuencia; de ahí que se sustituyan por otras. *Rollo* y *tostón* son menos actuales que *palo, muermo* y *plasta* para aludir a la misma sensación, la de suma pesadez.

137. EXPRESSING LACK OF INTEREST OR BOREDOM

BASIC

1. How boring!
2. How tedious!
3. How dull!
4. (…) is very boring.
5. It's unbearable!
6. I'm tired of (…).
7. I find (…) quite a bore.

INTERMEDIATE

8. What a bore!
9. What a bore!
10. I'm fed up with (…).
11. I find (…) quite tiresome.
12. I don't find it in the least interesting.
13. I found (…) rather boring.
14. (…) is as exciting as watching paint dry.
15. (…) is always the same.
16. Don't bore me with the same old stories.
17. (…) would bore anybody stiff.
18. It's just that it's so tedious…!
19. I've never had the slightest interest in (…).

ADVANCED

20. What a bore!
21. What an incredible bore!
22. What a bloody drag!
23. What a bloody boring (…)!
24. How tedious!
25. How tedious!
26. Boring!
27. Boring!
28. Boring!

8, 37 and 38. *Rollo* («roll») is synonymous with *pesadez* or *aburrimiento* («tedium»). It is found in exclamations or in longer structures with complements such as *es un rollo macabeo/ tibetano* («it's one hell of a bore»).

9 and 21. The noun *lata* («tin») is a colloquial expression for «boredom» found in phrases such as *dar la lata* («to be a bore/ pest»).

14. Literally «as boring as an oyster». The allusion is not to the taste of the prized mollusc but to its presumably unexciting life-style.

20 and 40. The noun *tostón* comes form the verb *tostar* («to toast») and is applied to anything boring or tedious.

21. See n. 9.

22 and 23. The noun *coñazo*, from *coño* («cunt») has lost its original sense and is now a synonym of *lata* («a bore»), e.g. *¡qué coñazo de niño!* («what a bloody boring child!»); *¡qué coñazo de tío!* («what a bloody boring bloke!»).

26, 27 and 28. *Rollo* and *tostón* have lost some of their expressive force through over-use and have given way in current usage to *palo, muermo* and *pesadez* as terms for the ultimate bore.

29. ¡Menudo latazo! **I.**
30. ¡No hay quien lo aguante!
31. Me aburre soberanamente.
32. (...) se me cae de las manos. (*)
33. ¿Otra vez con ésas? (*) **Ir.**
34. ¡Resulta inaguantable!
35. No me marees más. **I.**
36. Siempre con la misma tabarra. (*) **V.**
37. Es un rollo macabeo. (*) **I.**
38. Es un rollo tibetano. (*) **I.**
39. (...) me hace bostezar. **I.**
40. Déjalo ya, es un tostón. (*) **I.**
41. Lo siento, pero lo tengo aburrido.
42. Es soporífero. (*) **R.**
43. No me llama ni pizca la atención.
44. Éste es capaz de aburrir hasta a las piedras.
45. ¡Otra vez con tus monsergas! (*) **R.**

---

32. La expresión *caérsele a alguien algo de las manos* significa que algo aburre o fastidia, como no *caérsele a alguien algo de la boca* significa que alguien repite lo mismo constantemente.
33 y 45. En forma de pregunta o de exclamación, la frase introducida por *otra vez* alude a una repetición de algo que resulta molesto. Puede mantenerse la indeterminación —uso del femenino plural *ésas*— o se explicita el objeto.
36. Aunque emparentado con *tábano* (nombre de un insecto), el sustantivo femenino *tabarra*, como *dar la lata*, equivale a *molestar* o, quizá más, al grosero *incordiar*.
37 y 38. Ver nota al n. 8.
40. Ver nota al n. 20.
42. Aunque el adjetivo *soporífero* es culto, como su sinónimo *somnífero*, ha ampliado su contenido, ya que describe algo muy aburrido.
45. *Monsergas* son palabras o historias molestas y confusas, a las que no se atribuye ningún interés. Ver también nota al n. 33.

138. EXPRESAR INDIFERENCIA

— ELEMENTAL —

1. ¡Psss...! (*)
2. ¡Pse...! (*)
3. ¡Pche...! (*)
4. ¡Allá tú! (*)
5. No me importa.
6. Ni fu ni fa. (*)

1, 2 y 3. Esta interjección, que conoce varias pronunciaciones, traduce un cierto desagrado o desánimo. Cuando es respuesta a una pregunta equivale a *regular*, en una zona intermedia entre *mal* y *bien*.
4 y 40. Con estas exclamaciones se manifiesta la indiferencia que el futuro comportamiento del interlocutor despierta, aunque, eso sí, comportan un desacuerdo inicial. Se usa la versión abreviada o la completa.
6. *Fu* es la onomatopeya con que se imita el bufido del gato. La locución *ni fu ni fa* suele constituir, aislada o acompañada de una referencia (*a mí, eso, ni fu ni fa*), una manifestación de indiferencia.

---

29. What an awful bore!
30. Who could stand it!
31. It's a monumental bore.
32. (...) bores me.
33. Not that again!
34. It's unbearable!
35. Give my head peace.
36. He's always droning on about the same thing.
37. It's a real bore.
38. It's a real bore.
39. (...) is a yawn.
40. Leave it, it's a bore.
41. Sorry, but I'm bored with it.
42. It's soporific.
43. It doesn't spark off the slightest interest.
44. That would bore anyone stiff.
45. Not more of your drivel!

---

32. There is a similar expression *caérsele a alguien algo de la boca* («to be forever repeating the same old things»).
33 and 45. This expression, which is a response to repeated annoyance, can either be left indeterminate by using the feminine demonstrative *ésas* or refer specifically to the source of the irritation with an object.
36. A cognate of *tábano* («horse-fly»), the noun *tabarra* refers to something or someone persistently irritating and tedious. It is roughly equivalent to *lata* in the expression *dar la lata* («to be a bore»), *molestar* («to annoy») or, most of all, the rather coarse *incordiar* («to be a real nuissance»).
37 and 38. See n. 8.
40. See n. 20.
42. The learned technical term *soperífero* («soporific»), like *somnífero* («sleep-inducing»), has now passed into common speech in expressions such as this.
45. *Monsergas* are words or accounts which are irritating, confused and devoid of interest. See also n. 33.

138. EXPRESSING INDIFFERENCE

— BASIC —

1. Pfff!
2. Pfff!
3. Pfff!
4. Do as you please.
5. It doesn't matter to me.
6. It's all the same to me.

1, 2 and 3. This interjection, which can be articulated in a variety of ways (*pss...!, pse...!, psch...!*) conveys a certain degree of dissatisfaction or disappointment. As a response to a question, it translates as «so-so».
4 and 40. This response can be in the abbreviated or longer form: both convey indifference tinged with initial disagreement.
6. *Fu* is an onomatopoeic noun deriving from the sound of a spitting cat. *Ni fu ni fa* can be used on its own, stressed with an initial reference (*a mí, eso, ni fu ni fa*).

INTERMEDIO

7. ¡Qué más da! (*)
8. ¡Tanto da! (*)
9. ¡A mí, plin! (*)
10. ¡Tanto se me da (una cosa como la otra)! (*)
11. Me da lo mismo. (*)
12. No me dice nada. (*)
13. Me deja frío.
14. ¡No me da ni frío ni calor!
15. Me deja completamente indiferente.
16. Me es indiferente.
17. ¡¿Y a mí qué?! (*)
18. Por mí..., (como si...).
19. ¡Tú mismo!
20. Y yo, como si nada.
21. Y yo, tan fresco.
22. Y yo, tan tranquilo.
23. Eso es cosa tuya.
24. Yo no soy nadie aquí.

AVANZADO

25. Cualquiera que sea, (...).
26. Donde sea, (...).
27. Cuando sea, (...).
28. Lo que sea, (...).
29. Lo que tú digas.
30. Como tú quieras.
31. Me importa un pito. (*)
32. Eso, a mí, ni me va ni me viene. (*)
33. No es ni chicha ni limonada. (*)
34. Te prometo que me es indiferente.
35. Y para lo que queda en el convento...
36. Me deja impasible.

7, 8, 10 y 11. Son numerosas las expresiones de indiferencia en las que aparece el verbo *dar;* todas ellas traducen un cierto desprecio por parte del que las usa.
9. Esta expresión sirve para manifestar indiferencia y es equivalente a *me tiene sin cuidado, no me importa lo más mínimo.*
10 y 11. Ver nota al n. 7.
12. Esta frase no ha de entenderse al pie de la letra, porque se usa para traducir un sentimiento de indiferencia. Se aplica tanto a la persona como a la cosa que no gusta demasiado.
17. Esta expresión traduce indiferencia. Puede usarse así aislada o completada *(¿y a mí qué me importa que te hayas quedado sin trabajo?).*
19. La alusión enfática al interlocutor supone que el que habla excluye cualquier intervención propia. La expresión se usa sola o precedida de un verbo que alude a la acción ante la que uno es indiferente: *decide tú mismo.*
31. El nombre de este pequeño instrumento, que produce un sonido muy agudo, sirve de adverbio negativo, equivalente de *nada.* Además de con *importar,* es muy frecuente junto al verbo *valer* aplicado a cosas y a personas *(la chica no vale un pito).*
32. *Ir* y *venir* aquí no expresan movimiento. El contenido de la frase es la sensación de indiferencia.
33. La voz *chicha* es un americanismo y designa una bebida alcohólica. La frase *no ser algo ni chicha ni limonada,* aplicada a cosas y a personas, alude a la falta de un carácter definido, porque *chicha* y *limonada* constituyen polos opuestos. La segunda palabra a veces se pronuncia más relajada: *limoná.*

INTERMEDIATE

7. What difference does it make?
8. It's all the same to me!
9. I couldn't care less!
10. It makes no difference to me (one way or the other)!
11. It's all the same to me!
12. It doesn't do anything for me.
13. It leaves me cold.
14. I can take it or leave it.
15. It leaves me totally indifferent.
16. I'm indifferent.
17. It's got nothing to do with me!
18. It makes no difference to me whether ..., (or ...).
19. It's up to you!
20. It makes no difference to me.
21. It makes no difference to me.
22. It makes no difference to me.
23. That's your business.
24. I don't count here.

ADVANCED

25. Whichever it is, (...).
26. Wherever, (...).
27. Whenever, (...).
28. Whatever, (...).
29. Whatever you say.
30. Whatever you want.
31. I couldn't care less.
32. It doesn't make a blind bit of difference to me.
33. It's neither one thing nor the other.
34. I promise you it's all the same to me.
35. And for the sake of (...), (...).
36. It leaves me cold.

7, 8, 10 and 11. The numerous expressions of indifference containing the verb *dar* («to give») all convey a degree of contempt.
9. This is a similar expression to *me tiene sin cuidado* or *no me importa lo más mínimo.*
10 and 11. See n. 7.
12. Lit. «It says nothing to me». This expression can apply to both people and things.
17. This question can be extended to include a subordinate clause: *¿Y a mí qué me importa que te hayas quedado sin trabajo?* («What do I care if you've lost your job?»).
19. The emphatic reference to the listener by means of the subject pronoun *tú* indicates that the speaker does not intend to intervene in any way. These expressions are used as they stand or preceded by a verb that refers to the action to which the speaker remains defiantly indifferent.
31. Another expression with *pito* (lit. «whistle»), synonymous with «something worthless», uses the verb *valer* («to be worth»): *la chica no vale un pito* («the girl is a waste of space»).
32. Here the verbs *ir* and *venir* («to go and come») are not used in their literal sense.
33. Lit. «to me, it's neither corn liquor nor lemonade». The second element of the comparison is often pronounced *limoná.*

37. Ante ello, se encogió de hombros. (*)
38. Esto no es de mi incumbencia.
39. En esto, me lavo las manos. (*)
40. Allá te las compongas. (*)
41. Ya se apañará.
42. Por mí, que le zurzan. (*)
43. Me la suda. (*)
44. Me la trae floja. (*)
45. ¡Y tal día hará un año...! (*)

---

37. El interés de esta forma de manifestar indiferencia es que existe el gesto físico correspondiente, también de interpretación inequívoca. Una contracción de los labios puede aumentar la fuerza expresiva.
39. Esta frase se usa para expresar que uno rehúye una responsabilidad, aunque en costumbres antiguas y en la liturgia de la Iglesia simboliza inocencia. Hace referencia a la actitud de Poncio Pilato en el juicio de Cristo.
40. Ver el n. 4.
42. El sentido literal del verbo *zurcir* es arreglar un tejido roto, recomponiendo la trama de los hilos. En sentido figurado, y en un uso algo olvidado, describe una combinación de engaños y mentiras. La exclamación ¡*que te zurzan!* expresa indiferencia, incluso fastidio y una forma tajante de desentenderse de otra persona.
43 y 44. Como el pronombre complemento *la* se refiere a *picha (pene)*, el carácter procaz de las dos expresiones es evidente. Ambas traducen indiferencia y, en lengua totalmente estándar, equivalen a *me tiene sin cuidado*.
45. Con esta expresión se muestra la indiferencia respecto de algo que puede ocurrir y que se ha presentado como una amenaza.

---

139. EXPRESAR FASTIDIO

— ELEMENTAL —

1. ¡Qué fastidio!
2. Esto me fastidia.
3. Esto me molesta mucho.

— INTERMEDIO —

4. ¡Qué rollo! (*) **I.**
5. ¡Qué lata! (*) **I.**
6. ¡Qué molestia!
7. ¡Qué agobio!
8. ¡Qué pesadez!
9. ¡Vaya una lata! (*) **I.**
10. Me molesta que (...).
11. Me fastidia que (...).

---

4. El sustantivo *rollo* designa un cilindro *(rollo de película, rollo de cuerda)*. Con un sentido figurado describe la pesadez o el aburrimiento que algo provoca.
5 y 9. El sustantivo *lata (hojalata)* designa, en un tono más coloquial, lo mismo que *aburrimiento*. Entra también en la expresión *dar la lata*, equivalente a *molestar*.

---

37. He just shrugged his shoulders in response.
38. It is not my concern.
39. I wash my hands of it.
40. It's up to you.
41. He'll (just have to) cope on his own.
42. It's his look-out.
43. I don't give a toss.
44. I don't give a toss.
45. See if I care...!

---

37. There is an interesting non-verbal gesture corresponding to this expression, and serving to underline it: it consists of pouting the lips.
39. This biblical reference to the action of Pontius Pilate usually conveys a refusal to accept responsibility for something.
40. See n. 4.
42. This is an expression of indifference, often conveying irritation and an unequivocal desire to be rid of the person causing it. A more archaic meaning of the verb *zurcir* («to darn») is «to concoct a string of lies».
43 and 44. Since the feminine pronoun alludes to *picha*, a vulgar term for «penis», both these expressions represent rude versions of the more widely acceptable formulation of indifference *me tiene sin cuidado*.
45. Lit. «And on such a day it will be a year hence...!». This expression conveys indifference towards an anticipated event which has been presented as a threat.

---

139. EXPRESSING IRRITATION

— BASIC —

1. How annoying!
2. It annoys me.
3. It really annoys me.

— INTERMEDIATE —

4. What a bore!
5. What a drag!
6. How annoying!
7. What a pain!
8. How tedious!
9. What a dreadful bore!
10. It annoys me that (...).
11. It annoys me that (...).

---

4. The noun *rollo* («roll») is synonymous with *pesadez* or *aburrimiento* («tedium»).
5 and 9. The noun *lata* («tin») is a colloquial expression for «boredom» found in phrases such as *dar la lata* («to be a bore/ pest»).

AVANZADO

12. ¡Jo! (*) **V.**
13. ¡Qué palo! (*) **R.**
14. ¡Qué coñazo! (*) **V.**
15. ¡Qué tedio! **R.**
16. ¡Qué hastío! **R.**
17. ¡Qué pejiguera! (*) **R.**
18. ¡Cuánto me jode que (…)! (*) **V.**
19. Lo que de verdad me jode es que (…). (*) **V.**
20. Me revienta que (…). (*) **V.**
21. Lo que más me joroba es (…). (*) **V.**
22. No me jorobes más. (*) **V.**
23. ¡Qué harto me tienes!
24. Estoy hartito. **Ir.**
25. Estoy harto de que (…).
26. No sabes lo que me molesta que (…).
27. No me hagas la pascua. (*) **V.**
28. No me jeringues. (*)
29. Estoy hasta (…). **(*)**
30. Me estás tocando las narices. **V.**
31. Me toca el nabo que (…). (*) **V.**

---

12. Se trata de una exclamación con la que se manifiesta sorpresa. Hay quien la considera versión corta de ¡joder!, del mismo modo que jope es una variante eufemística, aunque también se relaciona con ¡so!, voz con la que se detiene a los caballos.
13. Las palabras expresivas suelen perder fuerza cuando se usan con frecuencia; de ahí que se sustituyan por otras. Para aludir a una pesadez, palo es muy actual.
14. El sustantivo coñazo (derivado de coño) se usa, olvidado su significado inicial, como lata, es decir, como referencia a algo que resulta difícil de soportar debido a su pesadez.
17. Exclamación con que se expresa el fastidio que algo provoca. El sustantivo pejiguera, aunque relacionado con el melocotón, sólo conoce este uso figurado.
18 y 19. El verbo joder, cuyo significado fundamental es el de copular, tiene en lengua coloquial, pero de carácter vulgar, muchos valores aparte del de fastidiar, perjudicar. Vale como estropear o dañar: se nos ha jodido la televisión, se le ha jodido la rodilla.
20. El verbo reventar conoce varios valores. Por un lado, es sinónimo de estallar; por otro, es sinónimo de cansar(se). Acompañado del pronombre complemento y con un infinitivo como sujeto significa molestar, fastidiar.
21 y 22. El verbo jorobar significa lo mismo que molestar, aunque es mucho más vulgar. Guarda relación con el sustantivo joroba, denominación del bulto que produce en la espalda la columna vertebral torcida.
27. Con esta expresión, de origen discutido y no aclarado (¿la Pascua?), se alude al fastidio o molestia que alguien provoca en otro.
28. El verbo jeringar, derivado de jeringa, significa inicialmente inyectar un líquido con la jeringa. Sin embargo, sólo es conocido en este valor figurado de fastidiar.
29. Estar hasta (…) significa lo mismo que estar harto; luego se indica el punto alcanzado. Será un elemento, pero neutro, como el último pelo o la coronilla (parte superior y posterior de la cabeza) o también cualquier elemento del ámbito sexual (coño, cojones, huevos). Para su sustitución existen palabras como narices; algunas variantes son curiosas: los mismísimos.
31. Nabo, nombre de una raíz carnosa y comestible, se usa como variante eufemística, pero perteneciente al argot, de picha (pene). La misma construcción vale para los elementos (sobre todo del ámbito sexual) citados en la nota al n. 29.

ADVANCED

12. Heck!
13. What a bore!
14. Bloody hell!
15. How tedious!
16. How tedious!
17. What a nuisance!
18. It really pisses me off that (…)!
19. What really pisses me off is that (…)!
20. It really annoys me that (…).
21. What really gives me the hump is that (…).
22. Give me a break.
23. I'm really fed up with you!
24. I'm a trifle fed up!
25. I'm fed up with the fact that (…).
26. You can't imagine how annoyed I am that (…).
27. Don't bug me.
28. Don't bug me.
29. I've had it up to here (…).
30. You're getting up my nose.
31. What a bore!

---

12. This exclamation of surprise is considered by some to be a euphemistic variant of ¡joder! («fuck!»), like jope, although it may also be related to the interjection ¡so! («whoa!») used to stop horses.
13. Such phrases lose some of their expressive force through over-use and give way to others: palo is currently popular for expressing irritation.
14. The noun coñazo, from coño («cunt»), has lost its original sense and is now a synonym of lata («a bore»).
17. An archaic name for «peach», pejiguera survives only in this expression of annoyance.
18 and 19. The verb joder (lit. «to fuck») is a vulgar expression with a variety of functions in colloquial Spanish: as well as meaning «to annoy» or «to harm», its use extends to describes things that are broken or malfunctioning: se nos ha jodido la televisión («our television is knackered»); se le ha jodido la rodilla («he's buggered up his knee»).
20. The verb reventar («to burst») has the additional colloquial meaning of «to tire of something». When used with an object pronoun and an infinitive it means «to annoy».
21 and 22. The verb jorobar is similar in meaning to molestar («to irritate»), but is more vulgar. It derives from the word for «a hump on the back», joroba.
27. The origin of this expression is unclear. The usual meaning of Pascua is Easter.
28. The original meaning of the verb jeringar was «to syringe». It is now only used in the sense of «to annoy».
29. This expression can be left in suspense or completed with reference to body parts such as las narices («nostrils»); el último pelo («the last hair»); la coronilla («crown of the head»); or, on a more vulgar level, el coño («cunt»); los huevos/los cojones («bollocks»). Los mismísimos… («the self-same…») is a more enigmatic, and less rude, alternative.
31. **Refer to note in Spanish.**

32. ¡Qué cargante eres! (*) **I.**
33. Me carga (…). (*) **I.**

32 y 33. *Cargar,* además de varios valores relacionados con la acción de llevar un peso, significa que algo se hace insoportable. El adjetivo *cargante* describe a la persona fastidiosa.

32. You're such a pain!
33. I can't stand (…).

32 and 33. The verb *cargar* («to burden») can also be used to refer to something unbearable. The adjective *cargante* can be applied to an irritating person who is «hard to bear».

140. EXPRESAR DOLOR FÍSICO

— ELEMENTAL —

1. ¡Ay!
2. ¡Uy!
3. ¡Qué dolor!
4. ¡Qué daño!
5. ¡Es insoportable!
6. ¡Es irresistible!
7. ¡Qué dolor de (…)!
8. Tengo dolor de (…).
9. Me duele (…).
10. ¡No puedo más!
11. Sufro mucho.
12. ¡Qué sufrimiento!

— INTERMEDIO —

13. ¡Cómo me duele! **Enf.**
14. Me ha hecho ver las estrellas. (*)
15. ¡Qué malestar!
16. No se me calma el dolor.
17. ¡Qué daño me hace!
18. (…) es muy doloroso.
19. ¡Qué tormento!
20. ¡No resisto el dolor!
21. Me has lastimado.
22. Siento una molestia continua.
23. ¡Dios mío, quítame este dolor! **Enf.**
24. Nunca me ha dolido como ahora.
25. ¡Cómo me escuece! **I.**
26. ¡Cómo me pica! **I.**
27. ¡Hostia! (*) **V.**
28. Esto me produce malestar.

14. La frase *ver las estrellas* se usa para referirse a un dolor físico muy fuerte.
27. Esta exclamación, que se emite sin apenas conciencia de su relación con la religión, se usa, como las también groseras *¡coño!* o *¡joder!,* como respuesta inmediata a un dolor fuerte.

140. EXPRESSING PHYSICAL PAIN

— BASIC —

1. Ow!
2. Ouch!
3. How painful!
4. It's so painful!
5. It's unbearable.
6. It's unbearable!
7. My (…) hurts so!
8. I have a (…)-ache.
9. My (…) hurts.
10. I can't bear it
11. I'm really suffering.
12. It's so painful!

— INTERMEDIATE —

13. It's so painful!
14. It's so uncomfortable!
15. The pain was excruciating.
16. The pain just won't go down.
17. It's so painful!
18. (…) is very painful.
19. It's agony!
20. I can't bear the pain!
21. It has hurt me.
22. I'm in continuous pain.
23. Oh God, please take the pain away!
24. It has never been this painful,
25. It really stings!
26. It really itches!
27. Bloody hell!
28. This is so uncomfortable.

14. Lit. «It made me see stars». This expression can be used to describe any extreme physical pain. Its use is less restricted, therefore, than the English «I saw stars», which it resembles.
27. Although the literal meaning of this interjection is «sacred host», it is now used as an alternative to the equally vulgar expletives *¡joder!* and *¡coño!*

AVANZADO

29. ¡Ojalá desapareciera este dolor! (*).
30. Es un dolor que me taladra. (*)
31. Rabio de dolor. (*)
32. Estoy rabiando.
33. Tengo el (...) dolorido.
34. ¡Qué agujetas! (*) **I.**
35. ¡Qué retortijones! (*) **V.**
36. Siento unas punzadas muy fuertes.
37. Siento ardor de estómago.
38. ¡Este dolor me matará! **Enf.**
39. ¡Esta dolencia acabará conmigo! **Enf.**
40. ¡Es como un clavo! **I.**
41. Es un dolor lacerante. **R.**
42. Estoy con dolores. (*) **R.**
43. Estoy pasando las de Caín. (*) **FH.**

29. *Ojalá* es una interjección exclamativa con la que se expresa deseo. Además de aislada, se usa seguida de un verbo o frase completa. El verbo está en subjuntivo, ya sea un presente o un pretérito imperfecto. En lenguaje popular se intercala *que* o *y* entre la exclamación y el resto: *¡ojalá que revientes!*.
30. El sentido fundamental del verbo *taladrar* es *agujerear*. Esa idea de atravesar es la que permite que en sentido figurado se use para aludir a los efectos de un dolor agudo.
31. Aunque relacionado con la *rabia* o *hidrofobia,* el verbo *rabiar* es muy común como expresivo del padecimiento de un dolor intenso. En otros contextos alude a la exasperación que invade a alguien *(a menudo ella me hace rabiar);* incluso traduce las ganas de algo *(rabia por irse de aquí).*
34. La palabra *agujetas,* derivada de *aguja* y usado en plural, designa el dolor que se siente en alguna parte del cuerpo después de un intenso o violento ejercicio físico. Acompaña al verbo *tener.*
35. Este sustantivo, relacionado con el verbo *retorcer,* da nombre a una contracción espasmódica del diafragma que da la sensación como si los intestinos se revolvieran.
42. El sustantivo *dolor,* a solas, en plural y junto al verbo *estar,* alude sobre todo a los dolores del parto. Con las preposiciones *de* o *en* puede aplicarse a cualquier otro tipo de dolor.
43. Esta frase, que alude a la maldición que pesó sobre Caín después de que diera muerte a su hermano, sirve para referirse a las penalidades, no sólo físicas, que uno sufre.

ADVANCED

29. I wish this pain would go away!
30. It's a pain that goes right through me.
31. I'm writing in agony.
32. I'm writhing.
33. I have a pain in my (...).
34. I have such a stitch!
35. I have such stomach cramps!
36. I have such shooting pains.
37. I have heartburn.
38. This pain will kill me!
39. This pain will finish me off!
40. It's such a sharp pain!
41. It's a lacerating pain.
42. I'm in labour.
43. I'm going through hell.

29. Used independently as an exclamation, *¡ojalá!* is an expression of desire or hope. It may also be followed by a verb or complete clause in the present or imperfect subjunctive. In colloquial speech, either *que* or *y* may be inserted between *ojalá* and the verb *¡ojalá que revientes!* («I hope you burst!»).
30. *Taladrar* («to drill») is used in a figurative sense to convey the effects of intense pain.
31. The verb *rabiar* («to be rabid») can be used metaphorically in many common expressions relating to intense pain. In other contexts it can refer to exasperation, *(a menudo ella me hace rabiar!* [«she often drives me mad!»]).
34. **Refer to note in Spanish.**
35. The noun *retortijones* is related to the verb *retorcer* («to twist») and graphically conveys the contractions of the diaphragm associated with this type of pain.
42. Used in the plural, *dolores* usually refers to labour pains. However, if followed by the prepositions *de* or *en* they can refer to any part of the body.
43. This idiom alludes to the punishment meted out to Cain for slaying his brother Abel, and can by used to refer to any type of hardships being endured, not only physical.

141. LAMENTARSE DE ALGO

ELEMENTAL

1. ¡Ay!
2. ¡Lo siento!
3. (...) está en una situación difícil.
4. ¡Qué lástima!
5. ¡Qué pena!
6. ¡Dios mío!

INTERMEDIO

7. ¡Qué desgracia!
8. ¡Cuánto lo siento!

141. EXPRESSING REGRET

BASIC

1. Unfortunately, (...). Oh!
2. I'm sorry!
3. (...) is in a difficult situation.
4. What a shame!
5. What a pity!
6. Good heavens!

INTERMEDIATE

7. How unfortunate!
8. I'm so terribly sorry!

9. Creía que (…) era otra cosa.
10. ¡Qué diferente me lo imaginaba!
11. ¡Tanto tiempo para nada! **Enf.**
12. ¡Qué le vamos a hacer! **Enf.**
13. ¡Qué (…) tan lamentable!
14. Lamento que (…).
15. Es lamentable que (…).
16. (…) está en un estado lamentable.
17. Por desgracia, (…).
18. Desgraciadamente, (…).
19. Lamentablemente, (…).
20. Desafortunadamente, (…).
21. ¡Qué desastre!
22. ¡Vaya! (*)

9. I thought (…) was something else.
10. I thought it would be so different!
11. Such a waste of time!
12. What can we do about it?
13. What a miserable (…).!
14. I regret that (…).
15. It's regrettable that (…).
16. (…) is in a lamentable state.
17. Unfortunately, (…).
18. Unfortunately, (…).
19. Regrettably, (…).
20. Unfortunately, (…).
21. What a disaster!
22. Well !

— AVANZADO

23. Y yo que creía que (…). (*)
24. ¡Hay que ver cómo ha acabado todo!
25. Fue lastimoso.
26. ¡Quién lo iba a decir! (*) **Enf.**
27. ¡Pobres de nosotros! **Enf.**
28. Si al menos (…).
29. ¡Pensar que (…)! (*)
30. ¡Con lo (…) que (…)! (*)
31. ¡Con lo que (…)! ('*)
32. Deploro que (…).
33. Deploro no poder (…).
34. ¡Qué infortunio! **R.**
35. ¡Qué Via Crucis! (*) **FH.**

— ADVANCED

23. And there I was thinking that (…).
24. Who would have thought things would turn out this way!
25. It was pitiful.
26. Who would have guessed!
27. Poor us!
28. If (…) at least (…).
29. When you think that (…)!
30. When you consider how (…)!
31. When you consider how (…)!
32. I deeply regret not being able to (…).
33. Such ill luck!
34. Such trials!
35. Such trials!

22. Es una interjección de uso habitual y, en consecuencia, con valores muy diversos. Por un lado, con este subjuntivo fijado se expresa sorpresa, pero muy a menudo traduce sentimientos de desilusión, molestia o desagrado. Puede usarse aislado o como introductor de frase: ¡vaya, hombre, ya he vuelto a perder las gafas!

23. En muchas de sus construcciones, el verbo *creer* no se refiere a la aceptación de algo como verdadero, sino a un juicio u opinión; en tales casos es sinónimo de *pensar*. El imperfecto de esta frase ha de interpretarse como descriptivo de un criterio que los hechos demostraron que no era cierto: ¡Y yo que creía que eras mi amigo (y me has traicionado)!

26. Esta frase, aislada como exclamación o seguida de una frase (¡quién iba a decir que todo acabaría así!), traduce la sorpresa o extrañeza ante algo que molesta o defrauda. El verbo *decir* puede adoptar otras formas: *diría, hubiera dicho.*

29. Esta expresión se completa con una frase: ¡pensar que yo confiaba tanto en él!, y sólo se emite cuando se ha producido algo que hace que lo que se dice ya no tenga sentido o no pueda realizarse. Por lo tanto, constituye un lamento.

30 y 31. Estas dos estructuras incompletas corresponden a frases concesivas. La primera ha de completarse con un adjetivo o con un adverbio en el primer lugar, y con un verbo tras el *que: ¡con lo bien que cantó ayer!, ¡con lo simpático que es!* La segunda ha de completarse con un verbo: ¡Con lo que había estudiado! Sólo se emiten cuando se ha producido algo, como, en este caso, cantar mal, resultar alguien antipático a otro y suspender un examen, por ejemplo, para lo cual se exponen justificaciones.

35 y 36. Con ambas expresiones nos quejamos, en concreto, de una serie de circunstancias que nos han producido intenso dolor o sufrimiento. El *Calvario* es la denominación del lugar donde Jesucristo fue crucificado. *Via Crucis,* del latín, designa un camino con

22. The present subjunctive of the verb *ir* («to go»), *¡vaya!* is a common interjection with numerous functions. It can express surprise, disappointment, irritation or displeasure. It can be used on its own or at the beginning of a construction: *¡Vaya, hombre, ya he vuelto a perder las gafas!* («Oh dear, I've lost my glasses again!»).

23. The use of the imperfect of the verb *creer* («to think or believe») indicates that the speaker was mistaken in his original assessment of the situation, *¡y yo que creía que eras mi amigo (y me has traicionado)!* («there I was thinking you were my friend [and you betrayed me]!»).

26. This phrase, used in isolation as an exclamation or followed by a clause (¿Quién iba a decir que todo acabaría así! [«Who would have thought that everything would turn out like this?»]) conveys surprise or amazement at something disappointing. The verb *decir* («to say») could be used in different forms: *diría* («would say») or *hubiera dicho* («would have said»).

29. This expression is completed with a phrase: ¡pensar que yo confiaba tanto en él! («when you think that I trusted him!»), and is only used when what has taken place renders the speaker's words futile. It thus constitutes a lament.

30 and 31. These two unfinished constructions are concessive phrases. The first would be completed with an adjective or adverb in the first part, and a verb after the *que: ¡con lo bien que cantó ayer!* («when you consider how well he sang yesterday!»); *¡con lo simpático que es* («When you think how nice he is!»). The second construction is followed by a verb: *¡Con lo que había estudiado!* («When you think how much I studied!»). These phrases are used to introduce justifications when facing disappointment.

35 and 36. These expressions represent a form of lamentation over a period of intense suffering. Both refer to

36. ¡Qué Calvario! (*) **FH.**
37. ¡Estoy pasando las penas del Purgatorio! (*) **FH.**
38. ¡Si lo hubiera sabido!
39. De haberlo sabido, (…).
40. Por desdicha, (…).
41. Desdichadamente, (…).

representaciones de los pasos de la pasión de Jesucristo.
37. En sentido figurado, *las penas del Purgatorio* aluden a los trabajos, penalidades o sufrimientos que alguien ha de soportar en algún momento de su vida.

36. What a trial.
37. I'm going through Purgatory!
38. If only I'd known!
39. If only I'd known, (…).
40. Unfortunately, (…).
41. Unfortunately, (…).

the liturgical «Way of the Cross» depicting Christ's suffering.
37. **Refer to note in Spain.**

142. EXPRESAR ARREPENTIMIENTO

ELEMENTAL

1. Estoy arrepentido.
2. ¡Qué arrepentido estoy!
3. ¡Perdóname!
4. Lo siento mucho.

INTERMEDIO

5. Debo confesar que (…).
6. Siento mucho lo ocurrido.
7. Ya sé que es demasiado tarde, pero (…).
8. Lo siento, pero yo no pensaba que (…).
9. Me sabe mal (…). (*)

AVANZADO

10. Dispense.
11. Quiero confesarme. (*) **R.**
12. Por favor, no me lo tome en cuenta.
13. ¡Dios mío, por qué lo habré hecho! **Enf.**
14. ¿Quién coño me habrá mandado (…)? **V.**
15. Espero que me sirva de escarmiento.
16. ¿Por qué no habré cerrado la boca a tiempo? **I.**
17. ¿Por qué no te habré hecho caso?
18. Ahora veo que me precipité.
19. ¡Ojalá no (…)! (*)

9. El verbo *saber* tiene un significado muy rico, a partir de dos nociones fundamentales como «tener una cosa cierto sabor»: *el guiso sabe riquísimo*, y «tener conocimientos»: *sabe mucho de música*. Con *saberle mal a alguien algo* se expresa disgusto. Esta frase es muy frecuente seguida de un infinitivo compuesto: *Me sabe mal haber tardado tanto en contestarte*.
11. El verbo *confesar*, que significa tanto decir algo que antes se había ocultado como declarar en un juicio, está relacionado también con el sacramento de la confesión en la religión católica, por el que se dicen los pecados al sacerdote confesor. *Quiero confesarme* es una frase que procede directamente de esta situación, aunque puede ampliarse su ámbito de uso.
19. *Ojalá* es una interjección exclamativa con la que se expresa deseo. Además de aislada, se usa seguida de un verbo o de una frase completa. El verbo está en subjuntivo, ya sea un presente o un pretérito imperfecto. En lenguaje popular se intercala *que* o *y* entre exclamación y el resto: *¡ojalá que revientes!*

142. EXPRESSING REMORSE

BASIC

1. I regret it.
2. How very sorry I am!
3. Forgive me!
4. I'm very sorry.

INTERMEDIATE

5. I have to confess that (…).
6. I regret what happened.
7. I know it's too late, but (…).
8. I'm sorry, but I didn't think that (…).
9. I regret (…).

ADVANCED

10. Sorry.
11. I wish to confess.
12. Please don't hold it against me.
13. Oh Lord, why did I do it!
14. What the hell could have possessed me to (…)?
15. I hope I've learnt my lesson.
16. Why didn't I shut my mouth in time?
17. Why didn't I listen to you?
18. Now I see that I rushed into it.
19. I wish I hadn't (…)!

9. The verb *saber* has a wide range of meanings, including «to taste (of something)»: *el guiso sabe riquísimo* («the dish tastes delicious»). It also means «to know»: *sabe mucho de música* («he knows a lot about music»). Used in the figurative sense, *saber mal* (lit. «to taste unpleasant») is often followed by the infinitive, and expresses regret, e.g. *me sabe mal haber tardado tanto en contestarte* («I'm sorry to have taken so long to reply to you»).
11. The verb *confesar* means «to confess» in both the religious and secular senses, although this expression derives from the former context.
19. Used independently as an exclamation, *¡ojalá!* is an expression of desire or hope. It may also be followed by a verb or complete clause in the present or imperfect subjunctive. In colloquial speech, either *que* or *y* may be inserted between *ojalá* and the verb *¡ojalá que revientes!* («I hope you burst!»).

20. Si lo hubiera pensado dos veces…
21. ¿Por qué me habré metido en camisa de once varas? (*) **FH**.
22. ¡Mea culpa! (*) **FH**.
23. Me daría con la cabeza contra la pared.
24. Me remuerde la conciencia.
25. Tendría que haber escuchado la voz de la conciencia. **F**.

---

21. La frase *meterse en camisa de once varas* alude a que alguien ha intervenido o se ha interesado por algo que no debía haberle preocupado. De la expresión completa se deduce que quizá las consecuencias de este hecho no han sido buenas.
22. Estas palabras pertenecen a una oración, correspondiente a la Iglesia Católica, que se usa para reconocerse culpable de algo. Fuera de ese ámbito, ya como sustantivo aislado, equivale a *culpa*. Puede usarse solo o como complemento de verbos del tipo: *decir, entonar*. La emisión de esta frase puede ir acompañada de un golpe de puño en el pecho.

---

20. If I'd thought about it more ….
21. Why did I bite off more than I could chew?
22. Mea culpa!
23. I could kick myself.
24. My conscience is troubling me.
25. I should have listened to my conscience.

---

21. Lit. «Why did I get myself into a shirt eleven yards long?».
22. This phrase, from the Latin liturgy of the mass, can be reinforced by the traditional gesture of striking one's breast. It can be used with the verbs *decir* or *entonar* («to say», «to intone»).

---

143. EXPRESAR RESIGNACIÓN Y CONFORMIDAD

143. EXPRESSING RESIGNATION AND COMPLIANCE

— ELEMENTAL

1. ¡Paciencia!
2. ¡Resignación!
3. ¡Bien!
4. ¡Bueno!
5. ¡Vale!
6. ¡Conformidad!

— BASIC

1. Patience!
2. All right!
3. Well, okay!
4. Okay!
5. What choice do I have!
6. Resign yourself!

— INTERMEDIO

7. ¡Qué remedio (me queda)!
8. ¡Resignémonos!
9. ¡Tengamos paciencia!
10. ¡Qué le vamos a hacer! **Enf**.
11. No somos nadie. (*) **FH**.
12. ¡Vale, vale, de acuerdo! **I**.
13. Está bien, lo acepto.
14. Si no se puede, (…).
15. Ya nos arreglaremos.
16. Ya se esperaba.
17. Estoy resignado a (…).
18. Me resigno a (…)
19. Estoy conforme.
20. Me conformo con (…).
21. Yo me conformo con poco.

— INTERMEDIATE

7. What choice is there (for me)!
8. Let's resign ourselves to it!
9. Let's be patient!
10. There's nothing we can do about it!
11. We don't matter.
12. Okay, okay!
13. All right, I accept.
14. If it's not to be, (…).
15. We'll manage.
16. It was to be expected.
17. I've resigned myself to (…).
18. I'm resigned to (…).
19. I agree.
20. I agree to (…).
21. I don't ask for much.

— AVANZADO

22. Me contento con poco.
23. Me doy por contento.

— ADVANCED

22. I'm happy with very little.
23. I'll be happy with that.

---

11. La frase *no ser (alguien) nadie* alude a que no se es importante o, mejor dicho, a que se es insignificante. *No somos nadie*, con el verbo fijo en la primera persona del plural, constituye una invitación a la resignación, y es casi una fórmula de condolencia.

---

11. This set phrase affirms that we are all insignificant and, as such, is an expression of resignation. It can also be used to express condolences.

24. ¡Vaya por Dios! (*) **FH.**
25. ¡Todo sea por Dios! **FH.**
26. ¡Alabado sea Dios! **FH.**
27. ¡Bendito sea el Señor! **FH.**
28. ¡Dios proveerá! (*) **FH.**
29. ¡(Que) sea lo que Dios quiera! (*) **FH.**
30. ¡Hágase su (santa) voluntad! (*) **FH.**
31. Podría haber sido peor.
32. Me resigno a la idea de (…).
33. Ya me he hecho a la idea. (*)
34. No tengo otra opción.
35. No me queda más remedio que (…).
36. Si no hay más remedio…
37. ¡Qué remedio! (*)
38. Tengo que tomar las cosas como vienen.
39. Menos da una piedra. (*) **FH.**
40. A la fuerza ahorcan. (*) **FH.**
41. Lo sobrellevaré.
42. Ya se sabía que era algo irremediable.
43. Lo haré, pero a regañadientes. (*)
44. Lo haré, pero a contrapelo. (*) **I.**
45. Ya sé que tendré que cargar con el mochuelo. (*) **I.**
46. Polvo eres (…). (*) **FH.**
47. ¡Tú mandas!
48. Donde hay patrón, no manda marinero. **FH.**
49. Donde hay capitán, no manda soldado. **FH.**
50. A lo hecho, pecho. (*) **FH.**
51. Ajo y agua. (*) **V.**
52. ¡A joderse tocan! **V.**

24. Let it all be for God's sake!
25. Praise the Lord!
26. God will provide.
27. Let's hope it's God's will!
28. Let his will be done!
29. It could have been worse.
30. I'm resigned to the idea of (…).
31. I've come round to the idea.
32. I have no option.
33. I have no alternative but to (…).
34. If there's no alternative, (…).
35. What alternative is there!
36. I have to take things as they come.
37. It's better than nothing.
38. There's no choice in the matter.
39. I'll get by.
40. We knew beforehand that it was hopeless.
41. I'll do it, but grudgingly.
42. I'll do it, but grudgingly.
43. I know I'll have to carry the can.
44. Remember thou art dust…
45. You're in charge!
46. You're the boss!
47. You're the boss!
48. What's done is done (and has to be faced up to).
49. Shitty times!
50. Let's put a brave face on it.
51. It could have been much worse.
52. Every cloud has a silver lining.

---

24. Esta exclamación expresa conformidad, pero, en otros contextos, se emite como lamento tras un disgusto o mala noticia.
28. Con esta frase se da a entender que uno no debe angustiarse porque las necesidades pueden verse atendidas, o los problemas resueltos, al margen de uno.
29 y 30. Con estas frases se confía a la voluntad de Dios el resultado de algo que se ha emprendido y cuyo final se teme.
33. El verbo *hacer* en forma pronominal y seguido de *a* equivale a *acostumbrarse*. Con el complemento *idea* indica la conformidad con una idea diferente de la que se tenía al principio.
37. Esta exclamación puede considerarse la versión corta de ¡qué (otro) remedio me queda sino (…)! Significa que algo es forzoso e inevitable.
39. Esta frase, de matiz irónico, se dice cuando uno desea manifestar que lo obtenido es muy inferior a lo esperado, pero todavía más que nada; es una cierta forma de resignación.
40. Esta frase manifiesta una resignación inevitable; el símil, algo truculento, es el del ahorcado.
43 y 44. Las locuciones adverbiales *a regañadientes* y *a contrapelo*, que pueden combinarse con otros verbos además de con *hacer*, expresan la falta de deseo y el carácter de obligación de una acción.
45. A partir del nombre de una ave, el *mochuelo*, de grito lúgubre, se forman las expresiones *tocar el mochuelo* y *cargar con el mochuelo*, que hacen referencia a la parte más dura y molesta de algo.
46. Este principio de frase se completa con *y en polvo te convertirás*. Es una frase ritual empleada por la Iglesia Católica en la liturgia del Miércoles de Ceniza.
50. Con esta frase se manifiesta la conveniencia de cargar con las consecuencias de algo que se ha realizado, en vez de lamentarlo.
51. Este grupo procede del acortamiento de *a joderse y aguantarse*.

24. This saying encourages the afflicted not to give in to pessimism, since needs can be satisfied and problems resolved by powers beyond the individual's resources.
27 to 30. These phrases entrust to God the resolution of an enterprise about whose outcome one is apprehensive.
33. The expression *hacerse a* is equivalent to *acostumbrarse a* («to get used to»).
37. This exclamation might be considered the short version of the expression ¿qué otro remedio me queda sino (…)? («what other alternative do I have but to (…)?
39. Lit. «a stone would be less use to you».
40. Lit. «They hang people against their will». This proverb affirms that noone goes willingly to the gallows, and is therefore an expression of resignation in the face of the inevitable.
41 and 42. **Refer to note in Spanish.**
45. Incorporating the noun *mochuelo* («owl»), a bird famous for its mournful cry, the expressions *tocar el mochuelo* and *cargar con el mochuelo* refer to the toughest and most unpleasant part of something.
46. «… and unto dust thou shalt return». This is extract from the liturgy of Ash Wednesday.
48. **Refer to note in Spanish.**
50. **Refer to note in Spanish.**
51. **Refer to note in Spanish.**

53. A mal tiempo, buena cara. **FH.**
54. Dentro de cien años todos calvos. **FH.**
55. Donde una puerta se cierra otra se abre. (*) **FH.**

---

53. Expresión de conformidad que consiste en reconocer que lo malo que ha sucedido es muy inferior a lo malo que podía haber sucedido.
55. Dicho popular —de origen probablemente medieval— que implica que, a pesar de los contratiempos, siempre hay esperanza.

53. It won't last forever.
54. We'll all be in the same boat in the long run.
55. When God closes a door He opens a window.

---

53. Lit. «there is no evil that lasts a hundred years». Tradition has it that it was uttered by a condemned prisoner.
55. This expression of hope in adversity is probably of mediaeval origin.

144. EXPRESAR ALIVIO

— ELEMENTAL

1. ¡Uff...!
2. ¡Qué bien! (*)
3. ¡Por fin! (*)
4. ¡Gracias a Dios! (*) **Enf.**
5. ¡Qué alivio!

— INTERMEDIO

6. ¡Vaya...!
7. Es un (gran) alivio.
8. ¡Qué descanso!
9. ¡Qué tranquilidad! (*)
10. Eso me tranquiliza. (*)
11. Gracias a Dios que (...). **Enf.**
12. Por lo menos, (...).
13. Al menos, (...).
14. Como mínimo (...).
15. ¡Qué bien que (...)! (*) **I.**
16. Ahora ya me siento mejor.
17. Ya puedes sentirte tranquilo. (*)
18. Ha pasado ya el peligro.
19. Con esto ya me quedo más tranquilo.
20. (...) me tenía preocupado.

---

2. La expresión exclamativa *¡qué bien!* no siempre aparece aislada. Si le sigue una frase, lo adecuado es que el verbo sea un subjuntivo: *¡Qué bien que hayas venido!*
3 y 4. No es difícil imaginar que esta frase se usa para expresar el alivio que se siente al desaparecer o solucionarse el problema que se tenía.
9, 10 y 17. Bajo las formas de sustantivo, adjetivo y verbo, la noción de «tranquilidad» vale para referirse tanto a la placidez y a la calma (*la tranquilidad del campo*) como al alivio y a la confianza.
15. Este principio de frase expresa simplemente contento o también alivio por algo que se temía que no sucediese. El verbo puede estar en indicativo y en subjuntivo. En Hispanoamérica se emplea *¡qué bueno que (...)!*
17. Ver nota al n. 9.

144. EXPRESSING RELIEF

— BASIC

1. Phew !
2. Thank goodness!
3. At last!
4. Thank heavens!
5. What a relief!

— INTERMEDIATE

6. Gosh... !
7. It's a (great) relief.
8. What a relief!
9. Peace at last!
10. That reassures me.
11. Thank heaven (...).
12. At least (...).
13. At least (...).
14. At the very least (...).
15. Isn't it great that (...)!
16. I feel better already.
17. You can put your mind at ease now.
18. The danger's past.
19. I feel a lot happier now.
20. (...) was worrying me.

---

2. The expression *¡qué bien!* is not always used in isolation. It may also be followed by a phrase in the subjunctive: *¡qué bien que hayas venido!* («how wonderful that you've come!»).
3 and 4. **Refer to note in Spanish.**
9, 10 and 17. In the form of a noun, adjective, or verb the notion of *tranquilidad* indicates both physical calm (*la tranquilidad del campo* [«the peace of the countryside»]) and relief from distress.
15. This introductory phrase expresses happiness and relief that what was feared did not occur. It can be followed by either the indicative or the subjunctive. In Spanish America it is replaced by *¡Que bueno que (...)!*
17. See n. 9.

AVANZADO

21. ¡Menos mal! (*) **Enf.**
22. Menos mal que… (*) **Enf.**
23. ¡Qué desahogo! **Enf.**
24. Por fin respiro.
25. Por fin puedo respirar tranquilo. (*)
26. A ver si ahora me quedo tranquilo.
27. Me tranquiliza saber que (…).
28. ¡Ya era hora! **Enf.**
29. Bueno, al menos ahora estamos en paz.
30. ¡Por poco…!
31. ¡Por un pelo! (*) **I.**
32. ¡Por los pelos…! (*) **I.**
33. ¡De buena me he librado! (*) **I.**
34. ¡De la que me he librado! (*) **I.**
35. ¡Vaya peso que me he quitado de encima! (*) **I.**
36. Ya puedo morir tranquilo. (*)
37. Después de la tempestad viene la calma. **FH.**

21 y 22. La expresión ¡menos mal! ha de entenderse sin tener en cuenta los significados aislados de los dos adverbios que la componen. Con ella aludimos al descanso, al alivio que sentimos al ver que las cosas no han resultado tan malas como se esperaba que fueran. Puede usarse en una frase más amplia: ¡menos mal que me han aprobado!

25. El verbo respirar, que describe la función de absorber los pulmones el oxígeno, puede significar, en sentido figurado, tranquilizarse o descansar después de un esfuerzo, una dificultad o un problema.

31 y 32. Las expresiones por un pelo, por los pelos equivalen a casi, a por (muy) poco. Pelo designa una pequeña, insignificante cantidad en otras frases hechas (faltar un pelo para…, no tocar un pelo de la ropa). Muchas veces aparece como negativo: ni un pelo (no tiene ni un pelo de tonto).

33 y 34. Librarse de alguien o de algo significa dejar de padecer la molestia que eso producía. Con la forma femenina del adjetivo, buena, se hace referencia a un suceso, a un hecho que, si hubiera ocurrido, no hubiera sido bueno, precisamente, sino todo lo contrario, es decir, de malas consecuencias para el que dice la frase.

35. El sentido de esta frase es fácil de deducir. Traduce la sensación de liberación que se experimenta al desaparecer algo que suponía una preocupación.

36. En teoría la frase corresponde a una situación concreta: el padre o la madre que ve que sus hijos ya se valen por sí mismos y que, por lo tanto, él ya no es indispensable. En un sentido más amplio, equivale a decir que uno ya no es necesario.

ADVANCED

21. Thank goodness for that!
22. Fortunately/ luckily (…).
23. What a relief!
24. I can start breathing again.
25. At last I can breathe easy.
26. Let's see if I can relax now.
27. It sets my mind at rest to know that (…).
28. About time too!
29. Well, at least we'll have some peace now.
30. That was close…!
31. That was close… !
32. That was close…!
33. That was a narrow escape!
33. That was a narrow escape!
35. That's a load of my mind!
36. I can die happy now.
37. After the storm comes the calm.

21 and 22. This phrase has to be understood without taking into consideration the isolated meaning of the two adverbs which make it up. Here the expression refers to the peace and relief experienced when we see that things have not turned out as badly as we had expected. It could be used in a longer phrase: ¡menos mal que me han aprobado! («fortunately I've passed!»).

25. **Refer to note in Spanish.**
31 and 32. Both these expressions are equivalent to casi or por muy poco («almost» or «very nearly»). In other set phrases pelo («hair») indicates an insignificant quantity: faltar un pelo para («to be just about to begin»); no tocar un pelo de la ropa («not to touch a stitch of someone's clothing»). It is often used negatively: no tiene ni un pelo de tonto («he's not in the least stupid»).

33 and 34. The verb librarse de («to be rid of») refers to something unpleasant that the speaker has avoided. The feminine of the adjective buena («good») refers to no noun in particular, but is used ironically, since the experience which the speaker has avoided would clearly have had unpleasant consequences for him had it occurred.

35. **Refer to note in Spanish.**
36. Such an observation is associated in particular with the parent who can face death in the knowledge that his children are economically independent. It is, however, used more widely beyond this context.

145. EXPRESAR DUDA, DESCONFIANZA O INCREDULIDAD

145. EXPRESSING DOUBT, DISTRUST OR INCREDULITY

ELEMENTAL

1. Lo dudo.
2. No sé, no sé.
3. ¿Seguro? **Ir.**
4. ¿Estás seguro? **Ir.**
5. Quizá…
6. Tal vez…

BASIC

1. I doubt it.
2. I really don't know.
3. Sure?
4. Are you sure?
5. Maybe.
6. Perhaps.

7. ¿Tú crees? **Ir.**
8. Ya veremos…
9. Tengo (mis) dudas.

— INTERMEDIO

10. Dudo que (…).
11. Me temo que (…).
12. ¿Quieres decir? **Enf.**
13. ¿Qué dices?
14. Si tú lo dices… (*) **Ir.**
15. Desconfío (totalmente) de (…).
16. Perdona, pero es que soy muy mal pensado. **I.**
17. Quizá te parezca mal pensado, pero (…).
18. Lo siento, soy muy incrédulo.
19. (Yo, como Santo Tomás,) Si no lo veo no lo creo. (*) **FH.**
20. Ver y creer. (*) **FH.**
21. ¡Vamos a ver! (*) **Ir.**
22. Eso está por ver.
23. No me lo puedo creer.
24. Ni que me lo jures.

— AVANZADO

25. En esto soy muy escéptico.
26. Piensa mal y acertarás. (*) **FH.**
27. Mucho me extrañaría que (…).
28. Permita que le muestre mi escepticismo en lo que se refiere a (…). **F.**
29. Nunca digas de este agua no beberé. (*) **FH.**
30. Eso habrá que verlo.
31. ¿Y si no fuera como tú dices?
32. Últimamente recelo de (…). **F.**
33. No me fío ni un pelo de (…) **I.**
34. No me fío ni de mi sombra.
35. Yo no pondría las manos en el fuego. (*) **FH.**
36. No las tengo todas conmigo. (*)
37. Yo, que tú, me lo pensaría dos veces.

---

14. Esta frase, cuyo final omitido es: *será verdad*, se pronuncia en un tono que deja entrever la postura contraria, de desconfianza y reticencia.
19. Frase con la que se manifiesta la incredulidad asombrada. En los Evangelios la pronuncia Santo Tomás, al dudar de la resurrección de Cristo.
20. Expresión de duda, por cuanto se supedita el creer a haber visto. Hay una variante: *ver para creer*.
21. Aunque con esta frase suele llamarse la atención del interlocutor: *¡vamos a ver!, ¿qué piensas de (…)?,* o se incita a una acción: *¡vamos a ver!, ¡empecemos por contestar a las cartas!,* con una entonación que la haga irónica vale para manifestar incredulidad; entonces su valor es como el de *eso habrá que verlo*. Puede acortarse en *¡a ver (…)!*
26. Frase con la que, de modo claro, se invita a la desconfianza.
29. Esta frase hecha se aplica como consejo; alude a que no conviene asegurar algo que quizá no se cumplirá. Por lo tanto, incita a una actitud más prudente, a una cierta desconfianza de uno mismo. La frase puede completarse con: *ni este cura no es mi padre.*
35. Esta frase, en esta situación, significa que no se responde de la veracidad de algo. En otros casos expresa duda acerca de la honradez de alguien: *no pondría las manos en el fuego por ese hombre.*
36. Esta frase se usa para manifestar que uno no está muy seguro o muy tranquilo acerca de algo. El pronombre

7. Do you think so?
8. We'll see.
9. I have my doubts.

— INTERMEDIATE

10. I doubt whether (…).
11. I'm afraid that (…).
12. Really?
13. What are you saying?
14. If you say so …
15. I have absolutely no confidence in (…).
16. Sorry, but I always suspect the worst.
17. You may think I have a nasty mind, but (…).
18. Sorry, I'm very sceptical.
19. (I'm a doubting Thomas,) I only believe what I see with my own eyes.
20. Seeing is believing.
21. We'll soon see about that!
22. That remains to be seen.
23. I can't believe it.
24. Not even if you swore to it.

— ADVANCED

25. I'm very sceptical about this.
26. If you think the worst, you won't be far wrong.
27. I'd be very surprised if (…).
28. Allow me to express my scepticism with regard to (…).
29. Never say never.
30. That remains to be seen.
31. But what if you were wrong in what you say?
32. Lately I've been suspicious about (…).
33. I wouldn't trust (…) an inch.
34. I wouldn't trust my own shadow.
35. I wouldn't swear to it.
36. I have my doubts.
37. If I were you I'd think again.

---

14. This elliptical phrase, which might end with the words *será verdad* («it must be true»), is ironic in tone: it expresses doubt.
19. **Refer to note in Spanish.**
20. This is an expression of doubt, another version of which is *ver para creer.*
21. Although this exclamation is often used to draw the listener's attention: *¡vamos a ver, empecemos por contestar a las cartas!* («Let's see, we'll start by answering the correspondence!»), it can also express incredulity if uttered in an ironic tone of voice, making it similar in meaning to *habrá que verlo.* It can be shortened to *¡a ver (…)!*
26. This is a clear warning to be sceptical.
29. This set phrase is delivered as a piece of advice: it suggests that one should not make statements that may not hold good. It conveys, as such, a rather prudent, sceptical attitude. The phrase could be completed with the words: *ni este cura no es mi padre* («nor is this priest my father»).
35. This statement of reservation as to the veracity of something could be employed, in another context, to cast doubt on someone's honesty *no pondría las manos en el fuego por este hombre,* lit. «I wouldn't put my hands in the fire for this man».
36. As with a number of expressions in Spanish, the feminine plural of the pronouns *(las)* alludes to no noun in particular.

38. Esto me escama. (*) **I.**
39. Esto me tiene mosca. (*) **I.**
40. Tengo la mosca en la oreja. (*) **I.**
41. Aquí hay gato encerrado. (*) **I.**
42. Esto me da mala espina. (*) **I.**
43. Esto me huele a chamusquina. (*) **I.**
44. Esto me huele a cuerno quemado. (*) **I.**
45. ¡Que largo me lo fiáis! (*) **FH.**
46. Una y no más, Santo Tomás. (*) **FH.**
47. ¡Y ahora una de indios! (*) **Ir.**
48. ¡Y que más...! (*) **Enf.**
49. Eso cuéntaselo a (...). (*) **Ir.**
50. ¡A que no! (*)
51. Esto no cuela. (*) **V.**
52. ¡Tú a mí no me la cuelas! (*) **V.**
53. ¡Vaya bola! (*) **I.**

38. That makes me suspicious/ that sounds ominous to me.
39. It smells fishy to me.
40. It smells fishy to me.
41. I smell a rat.
42. I don't like the sound/look of this.
43. I don't like the smell of this.
44. This smells fishy to me.
45. That leaves me plenty of time!
46. Once bitten, twice shy.
47. And now for a story you'll never believe!
48. I don't believe you!
49. Go tell it to (...)
50. No way!
51. I don't buy it.
52. You don't fool me!
53. What a fib!

---

femenino tiene un valor indeterminado. Este pronombre es muy frecuente en expresiones españolas, en singular o en plural.

38. El verbo *escamar*, derivado de *escama, concha,* es más corriente en uso figurado, relacionado con lo cerrado de la concha. Alude al sentimiento de recelo que se produce en alguien.
39. y 40. A partir de la denominación de este común insecto se forman muchas expresiones. Las dos citadas se refieren a la desconfianza o recelo que uno experimenta. Pero *mosca* equivale a *dinero* en *aflojar la mosca*. También aparece en *papar moscas* (estar ocioso) y en *por si las moscas* (por si acaso).
41. y 63. A partir de la denominación de este mamífero felino doméstico se forman muchas expresiones. Las arriba citadas sirven para expresar recelo en la medida en que se alude a la existencia de algo oculto, o al trueque. Existen, además, *tener siete vidas, como los gatos* (tener gran capacidad de supervivencia), *ser gato viejo* (ser astuto, experimentado), *ser gato escaldado* (desconfiar de la gente).
42. *Espina* es un extremo puntiagudo de una hoja o de otra cosa, que se clava. *Dar algo mala espina* expresa la sospecha que se siente ante algo o ante alguien.
43. y 44. El verbo *chamuscar*, del cual deriva *chamusquina,* significa *quemar*. Ambas frases se refieren a los indicios a partir de los que se comprende que va a ocurrir algo malo.
45. Frase de un drama de Tirso de Molina que se emplea para despreciar una promesa o una amenaza que se le hace a uno a muy largo plazo.
46. La frase significa que uno se propone no dejarse engañar por segunda vez. La segunda parte de la frase sólo es un juego para que se dé una rima con el final de la primera.
47. Esta frase se usa cuando el interlocutor cuenta cosas difíciles de creer. La frase tiene omitidos un verbo como *contar* y un sustantivo como *historia* o *película*.
48. Esta fórmula negativa responde a un sentimiento de rechazo hacia lo que se ha dicho, que se considera exagerado o imposible.
49. No hay que entender esa frase en sentido literal, porque no constituye una orden, sino que traduce una actitud decidida de no creer algo. Esta frase suele terminar con los grupos *a tu tío, a Rita, a otro, a tu abuela*, etc.
50. Con esta expresión, muy enfática, se traduce un sentimiento de incredulidad, de duda; casi constituye un reto.
51. y 52. El verbo *colar(se)*, en principio equivalente a filtrar, sirve para referirse a la acción de hacer pasar algo por un sitio, ocultándolo. También se usa como sinónimo de *equivocarse;* y vale también para expresar que una mentira no es creída.
53. El sustantivo *mentira* tiene unos equivalentes más coloquiales y expresivos, como *trola, camelo* o *bola*.

38. The verb *escamar* is derived from the noun *escama* («fish scale»).
39 and 40. Other expressions which use the noun *mosca,* lit. «fly», are *aflojar la mosca* («to stump up [money]»); *papar moscas* («to be idle»); *por si las moscas* («just in case»).
41 and 63. Other expressions which use the noun *gato,* lit. «cat», are *tener siete vidas, como los gatos* («to have seven lives, like cats»); *ser gato viejo* («to be astute, worldly wise»); *ser gato escaldado* («to be once bitten, twice shy»).
42. This expression of suspicion includes a reference to the noun *espina* («thorn»).
43 and 44. These expressions include the verb *chamuscar* («to scorch») and the noun deriving from it *chamusquina*. They allude to evidence which indicates that something unpleasant is going to happen.
45. This is a reference to a line from *El burlador de Sevilla,* by Tirso de Molina, *(Tan largo me lo fiais)* in which Don Juan expresses his rash confidence at the length of time that will elapse before the threat which has just been delivered will be carried out. It has become an expression of scepticism in response to any promise or threat.
46. The Spanish phrase is so worded to rhyme. It expresses a determination not to be deceived twice.
47. This phrase introduces something difficult to believe. It is a elliptical expression from which a verb such as *contar* («to narrate») and a noun such as *historia* («story») have been deleted.
48. **Refer to note in Spanish.**
49. This is expressed as an imperative, but conveys an attitude of incredulity. It can end with phrases such as *a tu tío, a Rita, a otro, a tu abuela,* all of which are roughly equivalent to the sense of («[go tell it] to the marines»).
50. This emphatic expression of incredulity almost constitutes a threat.
51 and 52. Although the more usual meaning of *colarse* is «to sneak in without paying», it can be used to mean «to pull the wool over someone's eyes». It is also a synonym for *equivocarse* («to be mistaken»).
53. Colloquial synonyms for *mentira* («lie») are *trola, mentira, camelo* and *bola*.

54. ¡Qué fantasmada! (*) **R.**
55. Esto no me lo trago. **V.**
56. ¿Y tú te crees que yo me voy a creer esto? **Ir.**
57. ¡Que no he nacido ayer! **Ir.**
58. ¡Tú no me llevas al huerto! (*) **V.**
59. ¡A otro perro con ese hueso! (*) **FH.**
60. ¡No quieras dármela con queso! (*) **I.**
61. ¿Te crees que me chupo el dedo? (*) **V.**
62. ¿Te crees que soy gilipollas? (*) **V.**
63. No quieras darme gato por liebre. (*) **FH.**

---

54. *Fantasma* es el nombre de la figura de la persona muerta que se aparece a los vivos; se llama así a la persona que se disfraza con una sábana con el propósito de asustar, pero desde hace un tiempo viene llamándose *fantasma* al *fanfarrón* que pretende impresionar a los demás, y *fantasmadas* a las acciones típicas del *fantasma*.
58. Esta frase alude a la desconfianza de uno, de ningún modo dispuesto a dejarse engañar o enredar.
59 y 60. El sentido de esas frases es claro: uno no dejará convencerse aunque algo le atraiga. La referencia al queso en una trampa para ratones está documentada en el año 1611. Exactamente igual es *no morder* o *no tragar el anzuelo*, referida a los peces y al cebo con que se les atrae.
61. La frase manifiesta la intención de uno de no dejarse engañar. La alusión a *chuparse el dedo* es una evocación de la infancia y de la ingenuidad que se supone característica de esa etapa de la vida.
62. La palabra *gilipollas* es un posible compuesto de la voz gitana *gilí* (tonto, bobo) y de la voz grosera del argot *polla* (pene). Su uso es tan corriente que se han formado también *gilipollada* y *gilipollez* (tontería), *gilipollear* (hacer el tonto) e incluso un eufemismo: *gilipuertas*.
63. Ver nota al n. 41.

---

54. You don't take me in!
55. I can't swallow that!
56. Do you think I'm going to swallow this?
57. I wasn't born yesterday!
58. You're not taking me for a ride!
59. Try it on with someone else!
60. I'm not going for that one!
61. Do you take me for a mug?
62. Do you think I'm some kind of dickhead?
63. Don't try to pull the wool over my eyes.

---

54. *Fantasma* («ghost») appears in expressions which allude to the custom of dressing as a ghost to frighten people. In these idioms the sense of *fantasma* is equivalent to *fanfarrón* («braggart»). The noun *fantasmada* refers to acts of bluster perfomed by such people.
58. **Refer to note in Spanish.**
59 and 60. Both these expressions allude to the use of «bait» to trap someone into believing an attractive lie. The reference to cheese in the second expression, a traditional bait in mouse-traps, was recorded in 1611. Equivalent idioms are *no morder/tragar el anzuelo* («not to bite/ swallow the hook»).
61. Lit. «do you think I suck my thumb?», an allusion to the gullibility of children.
62. The word *gilipollas* is a possible compound of the gypsy term *gili* («stupid») and *polla*, a slang word for the penis. Its popularity is evident in the wide range of expressions which have recently been coined from it: the nouns *gilipollada*, *gillipollez*, the verb *gillipollear* and even the euphemistic alternative noun *gilipuertas*.
63. See n. 41.

146. EXPRESAR PREOCUPACIÓN, TEMOR O ANGUSTIA

— ELEMENTAL

1. Estoy preocupado.
2. Estoy angustiado.
3. Estoy preocupado por (...).
4. Esto me preocupa.

— INTERMEDIO

5. No estoy tranquilo.
6. Estoy realmente inquieto.
7. No estoy tranquilo respecto a (...).
8. Estoy muy nervioso con lo de (...).
9. Tengo mis temores. **F.**
10. Tengo miedo de que (...).
11. Temo que (...). (*)

---

11 y 12. El verbo *temer* constituye un sinónimo tanto de *tener miedo* como de *sospechar*. Con este último valor, y el verbo en indicativo o en subjuntivo, se utiliza para expresar recelo o temor *(temo que ella haya perdido mi libro)*. Exactamente igual contenido pre-

146. EXPRESSING CONCERN, APPREHENSION OR DISTRESS

— BASIC

1. I'm worried.
2. I'm very distressed.
3. I'm worried about (...).
4. This wornes me.

— INTERMEDIATE

5. I feel uneasy.
6. I'm really worried.
7. I'm not happy about (...).
8. I'm anxious about (...).
9. I'm fearful.
10. I'm afraid that (...).
11. I fear that (...).

---

11 and 12. The verb *temer is* used to refer to fear *no lo hizo porque temía las consecuencias* («he didn't do it because he feared the consequences»). However both *temer* and the reflexive form *temerse* can also express apprehension, doubt or suspicion. The verb in the fo-

12. Me temo que (...). (*)
13. Presiento que (...).
14. Creo que (...) es preocupante.
15. No veo la forma de (...).
16. (...) me tiene angustiado.
17. ¡Qué situación tan angustiosa!

— AVANZADO

18. ¡Qué zozobra! **R.**
19. Paso pena por (...).
20. Estoy ansioso por (...).
21. (...) me produce ansiedad.
22. Siento temor ante (...).
23. (...) me hace estremecer. **Enf.**
24. Tengo aprensión a (...). (*)
25. ¡Sólo faltaría que (...)! (*) **Enf.**
26. ¡A ver si (...)! (*) **I.**
27. ¡Quién sabe! (*)
28. Tengo muchos quebraderos de cabeza. (*)
29. Me ha asaltado un presentimiento. **F.**
30. No las tengo todas conmigo. (*)
31. Veremos en qué para todo esto. **I.**
32. No sé cómo salir de este atolladero. (*) **I.**
33. Me tiene con el alma en vilo. (*)
34. Estoy en la cuerda floja. (*) **I.**

12. I'm afraid that (...).
13. I have an awful feeling that (...).
14. I think that (...) is worrying.
15. I don't know how to (...).
16. I'm in a real state over (...).
17. What a distressing situation!

— ADVANCED

18. How distressing!
19. I'm very anxious about (...).
20. I'm very anxious about (...).
21. (...) worries me greatly.
22. I'm fearful about (...).
23. Makes me shudder.
24. I'm apprehensive about (...).
25. All I need is for (...).
26. Let's see whether (...).
27. Who knows!
28. I have lots of things on my mind.
29. I've had an awful premonition.
30. I have my doubts.
31. Who knows where it will all end?
32. I don't know how to get out of this fix.
33. I'm on tenter-hooks.
34. It's like walking a tightrope.

---

senta la forma pronominal *temerse (me temo que llegaremos tarde)*, que rige indicativo o subjuntivo.

24. La *aprensión* es una sensación de resistencia, miedo o recelo ante algo. También conoce la ortografía *aprehensión*; en este caso podría confundirse con el sustantivo correspondiente al verbo *aprehender*, que alude, entre otros valores, a una percepción, por la razón o por los sentidos.
25. Si se construye cerrada, la expresión *¡sólo faltaría (eso)!* es una expresión de negativa o rechazo. Abierta y seguida de una frase constituye la presentación de un posible problema o peligro futuros.
26. Esta expresión tiene diversos valores: traduce interés, constituye una llamada de atención. Seguida de *si* condicional, introductor de una hipótesis, y con una entonación final ligeramente suspendida, es una forma de referirse a posibles problemas o peligros futuros.
27. Esta exclamación, además de temor, expresa intranquilidad, provocada por la duda, la ignorancia o la incredulidad.
28. *Quebradero* se relaciona con el verbo *quebrar* (romper). Los *quebraderos de cabeza* son preocupaciones. También *romperse la cabeza* describe la acción de meditar sobre algo, preocupándose por ello.
30. Esta frase se usa para manifestar que uno no está muy tranquilo o muy seguro acerca de algo. El pronombre femenino tiene un valor indeterminado (pocas veces se identifica un sustantivo concreto). Es muy frecuente en expresiones españolas, en singular o en plural: *armarla, verlas venir*.
32. El sustantivo *atolladero* designa un lugar del que es difícil salir y, en sentido figurado, una situación conflictiva. Se combina con verbos como *estar, meterse, salir*, etc.
33. La locución *en vilo* alude a falta de apoyo o inestabilidad; de ahí el matiz de preocupación o intranquilidad que se desprende de ella. Se combina con otros verbos, como *estar*.
34. La *cuerda floja*, en propiedad, es el cable poco tenso sobre el que trabajan los acróbatas. Ese símil sirve para describir la situación de inseguridad en la que uno se halla, fuente de temor.

llowing clause usually takes the indicative mood, but it can also take the subjunctive: *me temo que llegaremos tarde* («I fear we'll be late»).

24. A homonym and alternative spelling of *aprensión*, the noun *aprehensión* is used as a synonym for «perception» in all its senses.
26. The form *a ver* has several meanings: it conveys interest and can be used to attract attention. Followed by a conditional construction beginning with *si* («if»), and accompanied by a trailing off of the intonation towards the end of the phrase, it is a means of referring to possible problems or dangers ahead.
25. **Refer to note in Spanish.**
27. This exclamation conveys both fear and disquiet generated by doubt, ignorance or incredulity.
28. From the verb *quebrar* («to split»), the noun *quebradero*, in conjunction with *cabeza* («head») refers to headaches. The phrase *romperse la cabeza* conveys the idea of «racking one's brains».
30. As with a number of expressions in Spanish, the feminine of the pronoun *(la)* alludes to no noun in particular, e.g. *armarla* («to make trouble»); *verla venir* («to see it coming»).
32. Other verbs that can be used with *atolladero* («a tight spot») are *estar* («to be»), *meterse* («to get into»), *salir* («to get out of») etc.
33. The expression *en vilo* alludes to absence of support or stability. Hence it is used to refer to states of anxiety, restlessness or impatience. It is often combined with the verb *poner* («to put»).
34. **Refer to note in Spanish.**

35. Estoy pendiente de un hilo. (*) **I.**
36. No es precisamente una balsa de aceite. (*)
37. Es como estar bajo la espada de Damocles. (*) **FH.**

35. Como en la locución *en la cuerda floja,* aquí se alude a una situación de peligro o inseguridad que resulta angustiosa. Se usan los verbos *pender* y *colgar.*
36. El grupo *balsa de aceite* sirve como calificativo metafórico para una situación de total tranquilidad.
37. El grupo *espada de Damocles* alude a un peligro que amenaza a alguien permanentemente. Damocles fue un cortesano de Dionisio de Siracusa el Tirano (siglo IV antes de J.C.). Según la tradición, se desengañó de la felicidad en la que viven los tiranos al ver que en un banquete una espada desnuda pendía sobre la cabeza del gobernante.

35. I'm on a knife-edge.
36. It's not exactly plain sailing.
37. It's like being under the sword of Damocles.

35. The expressions *en la cuerda floja* («on the tightrope») is used with the verbs *pender* and *colgar* («to dangle»).
36. Lit. «It's not exactly a pool of oil», an ironic allusion to the absence of calm.
37. This is a reference to a danger which dogs someone. Damocles was a courtesan in the court of Dionysus the Tyrant of Syracuse (4th Century B.C.). According to tradition, he saw through the happiness which despots seemed to enjoy when, in the course of a banquet, he observed an unsheathed sword suspended above the head of the governor.

147. EXPRESAR MIEDO

ELEMENTAL

1. ¡Qué miedo!
2. Tengo miedo.
3. ¡Qué horror!
4. Estoy (muy) asustado.
5. ¡Qué pánico! (*)

INTERMEDIO

6. Me muero de miedo.
7. ¡Qué susto!
8. Estoy muerto de miedo.
9. Me horroriza.
10. Estoy aterrorizado.
11. Tiemblo de miedo sólo al pensar que (…).
12. Tengo miedo de que (…).
13. Eso me impone.

AVANZADO

14. ¡Ay, ay, ay, que (…)! (*)
15. ¡Qué espanto, Dios mío! **R.**
16. ¡Dios quiera que no (…)! **R.**
17. ¡Dios nos coja confesados! (*) **FH.**
18. Se me ponen los pelos de punta. **I.**
19. Se me pone la carne de gallina. **I.**
20. Se me hace un nudo en la garganta.
21. Tengo un nudo en la garganta.
22. Si me pinchan, no me sacan sangre. **I.**
23. Tengo el corazón en un puño. **I.**
24. Se me abren las carnes. **V.**

5. El sustantivo *pánico* designa un miedo grandísimo. Procede de *Pan,* dios de la mitología griega.
14. La interjección *ay* traduce susto, dolor o sobresalto. Aparte de usarse aislada, precede a una oración introducida por un *que* (¡ay, ay, ay, que me caigo!). Alude al miedo de que se produzca algo que parece que va a suceder de inmediato, o que está ya sucediendo.
17. Con esta frase se manifiesta miedo por las consecuencias de algo, que se presumen desagradables.

147. EXPRESSING FEAR

BASIC

1. How frightening
2. I'm afraid!
3. How awful!
4. I'm (very) frightened!
5. I'm really panicking!

INTERMEDIATE

6. I'm frightened to death.
7. What a fright!
8. I'm scared to death.
9. I'm horrified.
10. I'm terrified!
11. I tremble at the very thought of (…).
12. I'm afraid that (…).
13. I'm in awe of it.

ADVANCED

14. Oh no, oh no, (…)!
15. Good heavens, what a fright!
16. God forbid that (…).
17. May we die in a state of grace!
18. My hair's standing on end!
19. I've got goose pimples!
20. My heart's in my mouth.
21. My heart's in my mouth.
22. The blood has drained from me.
23. My heart's in my mouth.
24. I'm shit scared.

5. The *noun pánico* («panic») derives from Pan, the Greek God of nature.
14. The interjection *¡ay!* («ouch!») expresses pain or shock. It can be used on its own or in combination with *que* + a clause (¡ay, ay, ay, que me caigo! [«ow, ow, ow, I'm going to fall!»]), and expresses actual or imminent danger.
17. This pious expression translates fear of the potential consequences of a situation.

25. Me cago (de miedo). (*) **V.**
26. Estoy cagao (de miedo). (*) **V.**
27. Estoy ciscado. (*) **V.**
28. Estoy acojonado. (*) **V.**
29. Los tengo aquí. (*) **V.**
30. Se me pusieron de corbata. (*) **V.**
31. Estoy más muerto que vivo. (*) **I.**
32. Le he visto las orejas al lobo. (*)
33. La piel no me toca el cuerpo. (*) **I.**
34. La camisa no me llega al cuerpo. (*) **I.**

---

25. I'm shit scared.
26. I'm scared silly.
27. I'm quaking.
28. I'm scared shitless.
29. I'm bricking it.
30. I was really bricking it.
31. I'm scared to death.
32. I've stared death in the face.
33. I'm scared to death.
34. I'm scared witless.

---

25 y 26. *Cagar* es un sinónimo grosero de *evacuar* excrementos. Alejado de este significado, se usa como palabra expresiva, equivalente a *estropear, equivocarse (¡la hemos cagado!).* También aparece en maldiciones *(¡me cago en tu padre!)* y como refuerzo *(me muero o me cago de miedo).*
27. *Ciscarse,* que es un verbo algo arcaico, es una versión más elegante de *cagar.*
28. El adjetivo *acojonado* (derivado de *cojón),* relacionado con los órganos sexuales masculinos, es muy usado como sinónimo expresivo de *asustado.* El olvido del significado original es evidente desde el momento en que se habla de una *mujer acojonada.*
29 y 30. Ambas frases aluden a *cojones,* asociados al sentimiento de miedo. El adverbio *aquí* se pronuncia acompañado de un gesto de la mano que señala el cuello. Son frases groseras, pero que constituyen creaciones expresivas originales.
31. Con esta frase se alude tanto a miedo como a cansancio; es el contexto el que concreta uno de los dos valores.
32. Esta frase alude al miedo que se experimenta ante un peligro. Está relacionada con la oveja, presa del lobo.
33 y 34. Utilizando los sustantivos *piel* o *camisa,* y los verbos *tocar* o *llegar,* lo que se expresa es un miedo muy intenso.

---

25 and 26. *Cagar* («to shit») is used in certain vulgar expressions with the sense of *estropear* («to break or ruin») or *equivocarse* («to be mistaken»): *(¡la hemos cagado!* [«that's buggered it!»]). It is also used in curses such as *¡me cago en tu padre!* (lit. «I shit on your father!») or as an intensifier *(me cago de miedo* [«I 'm shit scared»]).
27. *Ciscarse* («to soil oneself») is a polite alternative to *cagarse* («to shit oneself») in expressions of fear.
28. The adjective *acojonado,* from *cojón,* the colloquial word for «testicle», is used as a strong synonym of *asustado* («frightened»). The derivation of the adjective is evidently overlooked when expressions such as *una mujer acojonada* («a scared woman») are used.
29 and 30. Both these inventive but vulgar phrases allude to the colloquial word for testicles, *cojones,* associated with the effects of fear in a number of expressions. The adverb *aquí* («here»), in the first expression, is reinforced by the physical gesture of pointing to the throat to indicate the point to which fear has, metaphorically speaking, caused the speaker's testicles to migrate. The general sense of the second phrase, which is even more graphic, is «I found that I was wearing my balls as a tie».
31. This expression, in a different context, can refer to extreme fatigue.
32. This expression of intense fear alludes to the situation of a sheep facing a wolf.
33 and 34. The nouns *camisa* («shirt») and *piel* («skin») are used with the verbs *tocar* («to touch») and *llegar* («to reach»), to express intense fear.

---

148. EXPRESAR REPULSIÓN O ASCO

— ELEMENTAL —

1. ¡Qué asco!
2. ¡Es un asco!
3. ¡Pufff! (*)
4. ¡Qué sucio!
5. ¡Qué repulsión!
6. Es repulsivo.

— INTERMEDIO —

7. ¡Qué asqueroso!
8. ¡Qué asco me da!
9. ¡Qué asquerosidad!
10. ¡Qué peste! **I.**

3. Con este sonido, que se reproduce también como *¡pfff...!, ¡puuu...!* o *¡puah...!,* se expresa molestia o repugnancia.

---

148. EXPRESSING REVULSION

— BASIC —

1. How disgusting!
2. It's disgusting!
3. Ugh!
4. How filthy!
5. How repulsive!
6. It's repulsive.

— INTERMEDIATE —

7. How disgusting!
8. I find it so disgusting!
9. How disgusting!
10. It's foul!

3. This sound, also written *¡pfff!..., ¡puuu...!,* or *¡puah...!,* conveys irritation or revulsion.

11. Me produce asco.
12. Eso no me lo tomo.
13. ¡Qué repugnante! **Enf.**
14. ¡Está hecho un asco! **I.**
15. ¡Qué inmoralidad!
16. ¡Qué mal olor!
17. (...) me repele.
18. (...) me repugna.
19. Es repelente.
20. No va conmigo.
21. ¡Qué cosas tan asquerosas (...)! **R.**
22. No soy demasiado escrupuloso, pero (...).

— AVANZADO —

23. ¡Qué desverguenza!
24. ¡Qué poca verguenza tienes! **I.**
25. Estoy asqueado.
26. Es un asco de (...). (*) **I.**
27. Le he cogido repugnancia.
28. (...) me revuelve el estómago. **I.**
29. Se me revuelven las tripas. **V.**
30. Me produce náuseas.
31. ¡Qué fetidez!
32. Huele a rayos. (*) **I.**
33. Huele a animal muerto. **I.**
34. Me dan ganas de vomitar. **V.**
35. ¡Qué arcadas! (*) **V.**
36. Le he cogido aversión a (...).
37. Tengo la aprensión de que (...).
38. ¡Qué asco le he cogido a (...)! **I.**

---

26. Esta frase copulativa, que ha de concluir con un sustantivo *(es un asco de sopa)*, constituye un medio expresivo de atribuir una cualidad a un soporte de modo más enfático que a través de la mera adjetivación *(es una sopa asquerosa)*. Podría también formularse como exclamación: *¡Qué asco de sopa!*
32. Para referirse a algo que huele muy mal se emplean los grupos *huele que apesta/marea/tumba* o *huele a rayos;* es decir, se habla de las consecuencias del olor o se introducen referencias muy enfáticas.
35. El sustantivo *arcada,* relacionado con *arco,* alude a los movimientos violentos del estómago que preceden o acompañan al vómito. Un sinónimo es *basca*.

11. It disgusts me.
12. I can't stomach this.
13. How repulsive!
14. It's in a disgusting state!
15. Shocking!
16. What a dreadful smell!
17. I find (...) repellent.
18. I find (...) repugnant.
19. It is repellent.
20. It's not for me.
21. Such disgusting things...!
22. I'm not that squeamish, but (...).

— ADVANCED —

23. Shameful!
24. You have no shame!
25. I'm disgusted.
26. This (...) is so revolting.
27. I've taken a real aversion to him.
28. (...) makes me want to throw up.
29. It turns my stomach.
30. It's sick-making.
31. What a stench !
32. What a stink!
33. It smells as if something has died.
34. I feel like throwing up.
35. My stomach's heaving.
36. I've taken a real dislike to (...).
37. I have a premonition that (...).
38. I've really gone off (...) in a big way!

---

26. This phrase, which would end in a noun *(es un asco de sopa* [«it's a disgusting soup»]), is more emphatic than a merely adjectival construction such as *es una sopa asquerosa*. It can also be exclamatory in form: *¡Qué asco de sopa!*
32. To refer to a foul smell, the following constructions may be used: *huele que apesta/ marea/ tumba* («the smell is pestilent/ nauseating/ enough to knock you down»), or *huele a rayos* (lit. «it smells of thunderbolts»).
35. The noun *arcadas* refers to the violent arching that accompanies the action of retching.

149. RECHAZAR ALGO

149. REJECTING SOMETHING

— ELEMENTAL —

1. ¡No!
2. ¡De ninguna manera!
3. No pienso (...).
4. No lo quiero. **Enf.**
5. ¡Que no!
6. De eso nada. (*)

— BASIC —

1. No!
2. It's out of the question!
3. I don't intend to (...).
4. I don't want it.
5. No, I say!
6. No fear.

---

6. *Nada,* con el valor de *en absoluto,* niega lo anterior con fuerza. *¡Nada!* se pronuncia exagerando la fuerza de la sílaba tónica, y se produce un alargamiento; de ahí que puede oírse, con carácter muy popular, la forma acortada *¡na!*

6. *Nada,* in the sense of *en absoluto* («absolutely not») is a vigorous way of denying something. The word is stressed heavily on the first syllable, lengthening it to such an extent that produces the highly colloquial pronunciation *¡na!*

INTERMEDIO

7. ¡Qué va! (*) **Enf.**
8. ¡Ni hablar! (*) **Enf.**
9. ¡Ni hablar de eso! (*) **Enf.**
10. ¡Ni pensarlo! **Enf.**
11. Ni pensar en (...).
12. Eso no lo admito.
13. Me opongo. **Enf.**
14. Me repugna.
15. Es repugnante.
16. Me repele.
17. Siento repulsión por (...). **F.**
18. Te repito que no.
19. Ya te he dicho que no.
20. Estoy totalmente en contra.
21. No quiero ni (...).
22. No quiero ni oír hablar de (...).
23. Conmigo no cuentes. **I.**

AVANZADO

24. ¡Narices! (*) **V.**
25. ¡Un rábano! (*) **V.**
26. ¡Y un cuerno! (*) **V.**
27. ¡Que te crees tú eso! **Ir.**
28. Eso no va conmigo. (*)
29. No me vengas ahora con eso. **I.**
30. No me vengas con éstas ahora. **I.**
31. ¿Y qué más...? **Enf.**
32. ¡Quítamelo de delante!
33. ¡Qué (...) Rita! (*) **V.**

---

7. Expresión exclamativa en la que el verbo *ir* no conserva su significado. Se usa para manifestar oposición. Equivale a un adverbio negativo.
8 y 9. Ambas son formas bruscas de negar, rehusar o rechazar lo dicho previamente.
24. Exclamación con la que se niega o rechaza algo; traduce enfado. La denominación de esta parte del cuerpo (usada a veces como sustitución de otra más grosera), a menudo en plural, además de utilizarse como exclamación aislada, entra en muchas frases hechas: *estar de algo hasta las narices, tocarle a uno las narices*, etc.
25. Exclamación con la que se rehúsa algo. El nombre de esta raíz comestible, de no mucho valor ni gran tamaño, se usa como adverbio equivalente a *nada*. Lo mismo les ocurre a *comino, pimiento, pepino, bledo*, etc.
26. Es una forma despectiva de negación, desacuerdo o rechazo. Este sustantivo es muy frecuente en frases expresivas (*¡al cuerno!*, forma de desprecio; *no me importa un cuerno*, en absoluto). En plural *(poner cuernos)* alude a la infidelidad; además se usa en otras frases *(romperse los cuernos*, esforzarse).
28. Aquí el verbo *ir* no expresa movimiento. El valor básico de *ir con* es de *armonizar (los zapatos no van con ese pantalón)*. Cuando alguien se la aplica es para manifestar su falta de acuerdo con algo y, por lo tanto, su rechazo. Valor parecido, de indiferencia, es el de *ir* en *no me va ni me viene*.
33. Santa Rita es la santa cuya intercesión se pide cuando uno se halla ante casos imposibles de resolver. Al *que* le ha de seguir un verbo en subjuntivo *(que lo haga Rita)*; lo que se expresa con esta frase es que uno se desentiende del asunto y le deja a cualquier otro la posibilidad de hacerlo. A veces se oye *Rita* acompañado de *la cantaora*.

INTERMEDIATE

7. Nonsense!
8. Not likely!
9. No way!
10. Forget it!
11. You can forget about (...).
12. I can't accept that.
13. I'm against it.
14. It repels me.
15. It's repugnant.
16. It repels me.
17. I'm repelled by (...).
18. I repeat «no».
19. I've already told you «no».
20. I'm totally against it.
21. I don't even want to (...).
22. I don't even want to hear about (...).
23. Count me out.

ADVANCED

24. Nonsense!
25. Rubbish!
26. Pull the other one!
27. That's what you think!
28. It's not really me.
29. Don't come to me with that now.
30. Don't come to me with such things now.
31. I don't believe you...
32. Take it away!
33. Let some other mug (...)!

---

7. In this exclamation, equivalent to a negative adverb, the verb *ir* («to go») has lost its usual meaning.
8 and 9. These are both abrupt ways of denying, refusing or rejecting what has just been said.
24. This exclamation rejects or denies something and conveys a degree of anger. *Narices* («nostrils») also figures in expressions such as *estar de algo hasta las narices* («to be fed up with something»); *tocarle a uno las narices* («to get on someone's nerves»). *Narices* can be replaced by more vulgar expressions.
25. Lit. «a radish!». This small salad vegetable could be replaced by equally insignificant items such as *comino* («cummin seed»), *pimiento* («pepper»), or *pepino* («cucumber»).
26. Lit. «And a horn!». The noun *cuerno* («horn») is also found in the following colourful phrases: *¡al cuerno!* («go to hell!»); *no me importa un cuerno* («I don't give a damn»). In the plural, *poner cuernos* means «to cuckold»; *romperse los cuernos* is equivalent to «to make a great effort».
28. Here the expression *ir con* («to go with») is used to mean *armonizar* («to harmonize»): *los zapatos no van con ese pantalon* («the shoes don't go with those trousers»). When someone applies it to himself, it is to express disagreement and rejection. Used negatively, *no me va ni me viene* is an expression conveying indifference.
33. Saint Rita is traditionally invoked when faced with an intractable problem. The initial *que* requires the following verb to be in the subjunctive. The exclamation indicates that one is washing one's hands of the matter and leaving responsibility for it to someone else. The words *la cantaora* («the singer») can be added at the end of the phrase.

34. ¡Qué asco siento por (...)! **I.**
35. Lo rechazo tajantemente.
36. ¿Cómo coño quieres que yo (...)? **V.**
37. ¿Y tú te creías que yo (...)? **Ir.**
38. ¿Que yo iba a (...)? ¿Y qué más? **Ir.**
39. ¡Vas listo si crees que yo (...)! **Ir.**
40. ¡Pues eso sí que hubiera tenido gracia! **Ir.**
41. Lo que es yo, no voy a (...). **I.**
42. ¿Por quién me has tomado? (*) **Ir.**
43. ¡Tú te has equivocado de persona! **Ir.**

42. El verbo *tomar*, debido a su carácter usual, es muy rico en significados. *Tomar por*, en general con complemento de persona, expresa una confusión, al creerse equivocadamente que alguien es otro *(me tomó por mi hermano)*; también implica un juicio, al atribuir una cualidad a alguien *(¿me tomas por tonto?)*.

34. I feel such loathing for (...)!
35. I utterly reject it.
36. How the hell do you expect me to (...)?
37. And you thought that I(...).?
38. What, me (...)? Are you serious?
39. You've got another think coming if you think that I (...).
40. As far as I'm concerned, I'm not going to (...).
41. What do you take me for?
42. You're barking up the wrong tree!

42. The common verb *tomar* («to take») is rich in meanings. *Tomar por* («to take for») expresses a confusion: *me tomó por su hermamo* («he took me for his brother»). It can also imply a judgement: ¿*me tomas por tonto*? («do you take me for a fool?»).

150. RECHAZAR A ALGUIEN

ELEMENTAL

1. ¡Vete!
2. ¡Márchate!
3. ¡Fuera (de aquí)! **Enf.**
4. No quiero verte más.

INTERMEDIO

5. ¡Fuera de mi vista! **Enf.**
6. ¡Aléjate!
7. ¡Largo! (*) **V.**
8. ¡Lárgate! (*) **V.**
9. ¡Desaparece! **R.**
10. ¡Apártate de mi vista! **I.**
11. Me repeles.
12. Te desprecio.
13. ¡Eres repugnante!
14. ¡Qué repelente eres! (*)

AVANZADO

15. ¡Vete por ahí! (*) **I.**
16. ¡Vete a paseo! (*) **I.**
17. ¡Vete a la porra! **I.**

7 y 8. El verbo *largarse*, sinónimo algo vulgar de *marcharse*, es usual en forma imperativa: *¡lárgate!* La forma *¡largo!* de carácter adverbial, sola o con un refuerzo: *¡largo de aquí!*, se usa con la misma función, es decir, para echar a alguien de un sitio.
14. El significado fundamental de *repeler* es equivalente al de *rechazar*; además vale como *repugnar*. Pero el adjetivo *repelente*, además de tener estos valores, se aplica a la persona muy estudiosa, trabajadora u ordenada, que suele molestar a los demás, que ven en ella una acusación para su propio comportamiento.
15 y 16. Ninguna de estas frases hay que entenderla al pie de la letra. No se trata de invitaciones a pasear, sino de expresiones enfáticas que traducen el deseo de ver desaparecer de nuestra vista a una persona.

150. DISMISSING SOMEONE

BASIC

1. Go away!
2. Go away!
3. Get out (of here)!
4. I don't ever want to see you again.

INTERMEDIATE

5. Get out of my sight!
6. Go away!
7. Get lost!
8. Get lost!
9. Disappear!
10. Get out of my sight!
11. You repel me.
12. I despise you.
13. You are repellent!
14. How unbearable you are!

ADVANCED

15. Buzz off!
16. Skedaddle!
17. Sling your hook!

7 and 8. The verb *largarse* («to go away») is a rather more informal alternative to *marcharse*, used mainly in the imperative: *¡lárgate!* («clear off!»). The adverbial form *¡largo!*, with or without the addition of *de aquí*, has the same function.
14. The adjective *repelente*, from the verb *repeler* («to repel»), is often applied to hard-working perfectionists and gifted individuals whose accomplishments reflect badly on less meticulous people.
15 and 16. These expressions are not to be taken literally. They are only invitations to take a walk in the sense that they convey a desire to be rid of the person in question.

18. ¡Vete a la mierda! (*) **V.**	18. Piss off!
19. ¡Vete con viento fresco! **V.**	19. Go to blazes!
20. ¡Esfúmate! (*) **R.**	20. Get lost!
21. ¡Quítate(me) de delante!	21. Get out of my sight!
22. No quiero volver a verte.	22. I don't want to see you again.
23. No quiero verte ni en pintura. **I.**	23. I never want to see you again.
24. No quiero (ni) oír hablar más de ti.	24. I don't ever want to hear your name again.
25. Sólo de verte me entran vómitos. **V.**	25. Just seeing you makes me want to puke.
26. ¡Píratelas! (*) **R.**	26. Get lost!
27. ¡Anda y que te (...)! (*) **V.**	27. Oh, go and (...)!
28. ¡Que te zurzan! (*) **V.**	28. Get knotted!

18. Forma grosera y tajante de quitarse a alguien de encima. La misma intención tienen formas más suaves: *¡vete a freír churros/espárragos!,* o formas suavizadas: *¡vete a hacer gárgaras!,* y fórmulas mucho más escabrosas: *¡vete a tomar por el culo! (saco).* Hay que reconocer que los hablantes, al emitirlas, no son conscientes del contenido inicial de las frases. Así, son contados los que asocian hacer puñetas con masturbarse.
20. El verbo *esfumar(se)* guarda relación con *humo;* su contenido fundamental implica una disipación, un desvanecimiento. A partir de la idea de una desaparición gradual se ha formado un valor sinónimo de *marchar(se).* Es una orden algo irónica, pero efectiva. Existen también *convertirse algo en humo* (desaparecer) y la antigua expresión *tomar la del humo* (marcharse).
26. *Pirarse,* o con el posible incremento del pronombre femenino *las (pirárselas),* pertenece al argot y es de probable origen gitano. Describe la acción de marcharse con precipitación de un sitio. Con la misma base léxica existen *irse de pira* (irse de juerga) y *pirandón* (juerguista), formas mucho menos frecuentes.
27. La polivalente forma *anda* se emite a veces seguida de la conjunción *y* y de una especie de fórmula de desprecio. El verbo no es fijo *(anda y que te zurzan, anda y que te den morcilla).*
28. El sentido literal del verbo *zurcir* es arreglar un tejido roto, recomponiendo la trama de los hilos. En sentido figurado, y en un uso algo olvidado, describe una combinación de engaños y mentiras. La exclamación *¡que te zurzan!* expresa fastidio y es una forma tajante de desentenderse de alguien.

18. Other less offensive expressions are *¡vete a freír churros/espárragos!* («go and fry doughnuts/ asparagus!») or *¡vete a hacer gárgaras!* («go and gargle!»). More obscene versions include include *¡vete a tomar por el culo/saco!* («get stuffed!»). The majority of speakers are unaware of the original sense of these phrases, or of the literal meaning of the more tolerable alternative *vete a hacer puñetas,* which is, strictly speaking, a colloquial exhortation to masturbate.
20. The verb *esfumarse* is derived from *humo* («smoke»). Beginning with the notion of gradual disappearance, the verb has now become synonymous with *marcharse* («to go away»). It is a somewhat ironic but effective imperative. There are similar expressions in the form of *convertirse algo en humo* and the more antiquated *tomar la del humo.*
26. *Pirarse* or *pirárselas* («to beat it») is a slang term which may derive from a gypsy expression. Related but rarer expressions are *irse de pira* («to go boozing») and *pirandón* («reveller»).
27. The multifunctional form *anda* is sometimes followed by the preposition *de* and an expression of contempt. A variety of verbs are found in this position, such as *anda y que te zurzan* (lit. «go and get stitched») or *anda y que te den morcilla* (lit. «go and get them to give you some black pudding»).
28. This is an expression of indifference, often conveying irritation and an unequivocal desire to be rid of the person causing it. A more archaic meaning of the verb *zurcir* («to darn») is «to concoct a string of lies».

151. PREGUNTAR SOBRE GUSTOS Y AFICIONES

151. ASKING ABOUT LIKES AND LEISURE INTERESTS

— ELEMENTAL —

1. ¿Te gusta (...)?
2. ¿No te gusta (...)?
3. ¿Qué te parece (...)?
4. ¿Eres aficionado a (...)?
5. ¿Cuáles son tus pasatiempos favoritos?
6. ¿Cuáles son tus aficiones?
7. Dime, ¿qué es lo que más te gusta?

— BASIC —

1. Do you like (...)?
2. Don't you like (...)?
3. What do you think of (...)?
4. Are you fond of (...)?
5. What are your favourite pastimes?
6. What are your leisure interests?
7. Tell me, what do you like?

— INTERMEDIO —

8. ¿Te cae bien (...)? (*)
9. ¿No te parece maravilloso?

— INTERMEDIATE —

8. Do you like (...)?
9. Don't you think it's marvellous?

8. *Caer* es un verbo de significación muy rica. En uno de sus valores alude, como *gustar,* a que algo le resulta

8. *Caer* («to fall») is also used as a synonym for *gustar* («to please»). Another of its meanings is equivalent to

10. ¿Te divierte (...)?
11. ¿Te entretiene (...)?
12. ¿Te va (...)? (*) **I.**
13. ¿Disfrutas con (...)?
14. ¿Te resulta entretenido?
15. (...) ¿No te resulta agradable?
16. ¿Lo pasas bien?
17. ¿No te encanta? (*)
18. (...) es encantador, ¿verdad? (*) **F.**

— AVANZADO —

19. ¿Encuentras interesante (...)?
20. ¿Hallas interesante (...)? **F.**
21. Me gustaría saber si le atrae (...) **F.**
22. ¿Qué sientes ante (...)?
23. ¿Estás tomándole afición a (...)?
24. ¿No te vendría bien ahora (...)? (*)
25. ¿Le has cogido el gusto a (...)? (*) **I.**
26. ¿Le importaría que le preguntara si le gusta (...)? **F.**
27. (...), ¿no te chifla? (*) **I.**
28. En confianza, ¿cuál es tu punto flaco? (*) **I.**

---

agradable a alguien. Valor próximo es el de *caer* en la frase: *este traje te cae muy bien;* en este caso podría ocupar su lugar el verbo *sentar.*
12. El verbo *ir,* a partir del valor inicial, referido al movimiento, tiene una gran amplitud significativa. Acompañado, por lo general, de los adverbios *bien/mal* se refiere a algo que está de acuerdo o en desacuerdo con alguien. Hay un uso moderno sin adverbio; el verbo podría cambiarse por *gustar.*
17 y 18. El verbo *encantar,* aparte de un valor relacionado con la magia, traduce gusto o complacencia. Es muy expresivo, pero usual generalmente en hablantes femeninos.
24. *Venir,* en especial algo a alguien, significa que algo le resulta conveniente. La expresión puede completarse con un sustantivo o con un infinitivo: *¿no le vendría bien ahora dormir un ratito?*
25. Los grupos *coger/tomar el gusto* describen la afición progresiva hacia algo, que en principio podía incluso haber resultado molesto o desagradable. Esta frase se completa con un sustantivo o con un infinitivo.
27. *Chiflar(se)* equivale a *volver(se) loco;* en sentido figurado y con una fuerte carga expresiva, alude al deseo o a la afición que alguien siente por algo.
28. Los grupos *punto flaco, punto débil* aluden al lugar o al aspecto por el que uno puede ser atacado, materialmente o no. Hay gustos y aficiones que constituyen debilidades para el que no puede resistirse a su tentación: *los bombones son mi punto flaco.*

152. EXPRESAR GUSTOS Y AFICIONES

— ELEMENTAL —

1. Me gusta (...).
2. (...) me gusta mucho.
3. Me encanta (...).
4. Mis pasatiempos favoritos son (...).

---

10. Do you find (...) Amusing?
11. Do you find (...) Amusing?
12. Do you enjoy (...)?
13. Do you enjoy (...)?
14. Do you find it enjoyable?
15. (...). Don't you find it enjoyable?
16. Do you enjoy it?
17. Don't you love it?
18. (...) Is wonderful, isn't it?

— ADVANCED —

19. Do you find (...) Interesting?
20. Do you find (...) Interesting?
21. I'd like to know whether you're interested in (..)?
22. How do you feel about (...)?
23. Are you growing fond of (...)?
24. Wouldn't you like to (...) Now?
25. Are you growing fond of (...)?
26. Would you mind if I asked you whether you like (...)?
27. (...), Don't you just love it?
28. Confidentially, what do you have a weakness for?

---

that of *sentar* («to suit, to look well on») as in the phrase: *este traje te cae muy bien* («this suit looks very good on you»).
12. The verb *ir* («to go») has a range of additional meanings. With the adverbs *bien* («well») or *mal* («badly»), it refers to something which suits ar does not suit someone. In contemporary usage the adverb may disappear, in which case *ir* becomes a synonym of *gustar* («to please»).
17 and 18. The verb *encantar* («to enchant»), conveys pleasure or willingness. It is highly expressive, but more typical of female speakers.
24. The verb *venir* («to come») can be used in certain constructions to indicate what suits someone. It can be followed by a noun or an infinitive: *¿no te vendría bien ahora dormir un ratito?* («wouldn't a little rest do you good now?»)
25. The construction *coger/tomar el gusto* refers to the gradual development of a taste for something which may not have been to the person's liking initially. It may be followed by a noun or infinitive.
27. The verb *chiflarse* («to be mad about») is used in a figurative sense for intense enthusiasms.
28. **Refer to note in Spanish.**

152. EXPRESSING LIKES AND INTERESTS

— BASIC —

1. I like (..).
2. I really like (...).
3. I love (...).
4. My favourites hobbies are (...).

5. Soy (muy) aficionado a (…).
6. Mis aficiones son (…).

INTERMEDIO

7. A mí me va (…). (*) **I.**
8. Me cae bien. (*)
9. Me fascina (…). **F.**
10. Adoro (…). (*) **F.**
11. Sí que me gusta (…). **Enf.**
12. Disfruto mucho con (…).
13. ¡Cómo disfruto con (…)!
14. (…) es maravilloso.
15. (…) me parece apasionante.
16. Soy admirador de (…).
17. (…) es una de mis aficiones preferidas.
18. Lo que de verdad me gusta es (…).
19. (…) me vuelve loco. **I.**
20. Me atrae (…).
21. Estoy loco por (…). **I.**

AVANZADO

22. Soy un entusiasta de (…).
23. Soy hincha de (…). (*) **I.**
24. Me vuelve loco la idea de (…). **I.**
25. Me tira (…). (*) **I.**
26. Me seduce (mucho) la idea de (…). **F.**
27. Siento verdadera pasión por (…). **F.**
28. No hay nada que me guste más que (…).
29. Me siento muy atraído por (…).
30. Siento una especial predilección por (…). **F.**
31. Me siento en las nubes cuando (…). (*)

---

7. El verbo *ir*, a partir del valor inicial, referido al movimiento, tiene una gran amplitud significativa. Acompañado, por lo general, de los adverbios *bien/mal* se refiere a algo que está de acuerdo o en desacuerdo con alguien. Hay un uso moderno sin adverbio; el verbo podría cambiarse por *gustar*.
8. *Caer* es un verbo de significación muy rica. En uno de sus valores alude, como *gustar*, a que algo le resulta agradable a alguien. Valor próximo es el de *caer* en la frase *este traje te cae muy bien*; en este caso podría ocupar su puesto el verbo *sentar*.
10. Este verbo, cuyo significado fundamental es rendir culto a Dios, conoce un uso enfático en la lengua coloquial. En ese caso traduce un amor o un gusto apasionados, lo mismo que *idolatrar* o *morir de amor*.
23. Se llama *hincha* al aficionado entusiasta de un deporte o de un equipo; es decir, lo que es un *fan* —anglicismo— respecto de un artista o cantante. También se emplea *seguidor*, aunque esta voz no alcanza la expresividad de *hincha*, palabra que no conoce variación de género.
25. *Tirar* es un verbo de rica significación (*tirar una piedra, tirar el dinero, no tirar una chimenea*). Acompañado de un pronombre complemento (*me, te, se...*) y de un sujeto relativo a actividades traduce intereses, gustos o aficiones (*la caza no me tira*).
31. La palabra *nube* se aplica a algo que oscurece (*una nube en una amistad*), a un punto alcanzado por los precios (*los precios están por las nubes*) o a una situación fuera de la realidad, ya sea por distracción o por un bienestar muy grande. Aparece con verbos de estado (*estar, hallarse*) o de sentimiento (*sentirse*).

---

5. I'm (very) fond of (…).
6. My leisure interests are (…).

INTERMEDIATE

7. I enjoy (…).
8. It suits me.
9. I'm fascinated by (…).
10. I love (…).
11. I do like it.
12. I enjoy (…) A lot.
13. How I enjoy (…)!
14. (…) Is marvellous.
15. I find (…) So exciting.
16. I'm a great admirer of (…).
17. (…) Is one of my favourite pursuits.
18. What I really like is (…).
19. I'm mad about (…).
20. (…) Appeals to me.
21. I'm mad about (…).

ADVANCED

22. I'm a (…) Enthusiast.
23. I'm a (…) Fan.
24. I'm mad keen on the idea of (…).
25. (…) Really appeals to me.
26. I'm really attracted to the idea of (…).
27. I'm passionately fond of (…).
28. There's nothing I like better than (…).
29. I'm very attracted to (…).
30. I have particular weakness for (…).
31. I'm on cloud nine when (…).

---

7. The verb *ir* («to go») has a range of additional meanings. With the adverbs *bien* («well») or *mal* («badly»), it refers to something which suits or does not suit someone. In contemporary usage the adverb may disappear, in which case *ir* becomes a synonym of *gustar* («to please»).
8. *Caer* («to fall») is also used as a synonym for *gustar* («to please»). Another of its meanings is equivalent to that of *sentar* («to suit, to look well on») as in the phrase: *este traje te cae muy bien* («this suit looks very good on you»).
10. **Refer to note in Spanish.**
23. The noun *hincha* («fan» or «supporter») has the same form for the masculine and feminine. *Seguidor* is a less expressive synonym.
25. The verb *tirar* («to throw, shoot or pull»), when used with pronouns (*me, te, le...*) and a relevant activity, expresses interests: *la caza no me tira* («hunting does not appeal to me»).
31. The noun *nube* («cloud») is applied to things that obscure (*una nube en una amistad* [«a cloud over a relationship»]); to a point reached by prices (*los precios están por las nubes* [«prices are sky high»]); or to an unreal situation, whether the result of day-reaming or intense pleasure. It is used with the verbs *estar/hallarse* («to be») or *sentirse* («to feel»).

32. (...) es mi punto flaco. (*) **I.**
33. Voy tomándole el gusto a (...). (*) **I.**
34. Desde luego, no le haría ascos a (...). (*) **I.**
35. Está encoñado con (...). (*) **V.**
36. Me gusta más que el pan mojado. **R.**
37. Me gusta más que comer con los dedos. **R.**
38. Está encaprichado con (...).
39. No puedo pasar sin (...).
40. (...) me hace tilín. (*) **R.**

---

32. Los grupos *punto flaco, punto débil* aluden al lugar o al aspecto por el que algo puede ser atacado, materialmente o no. Hay gustos o aficiones que constituyen debilidades para el que no puede resistirse a su tentación: *los bombones son mi punto flaco.*
33. Los grupos *tomar/coger el gusto* describen la afición progresiva hacia algo, que en principio podía incluso haber resultado molesto o desagradable. Esta frase se completa con un sustantivo o con un infinitivo.
34. *Asco* es un sinónimo de *repugnancia*. *Hacer ascos* alude a la exigencia de la persona, en especial con comida. Suele emplearse irónicamente, como es *Desde luego no le haría ascos a una langosta*. También se aplica a propuestas de otro tipo.
35. Del mismo modo que *cojonudo* equivale a *estupendo* y es un mero ponderativo, alejado de su referencia sexual inicial, el verbo *encoñar(se)*, del argot, alude a un encaprichamiento sexual, pero también se usa para hacer referencia a una afición muy fuerte. La usan casi exclusivamente hablantes masculinos.
40. *Tilín* es una palabra onomatopéyica que reproduce el sonido de una campanilla. La expresión *hacer tilín* significa lo mismo que *gustar*.

32. I have a real soft spot for (...).
33. I'm developing a taste for (...).
34. I certainly wouldn't turn up my nose at (...).
35. He's really hooked on (...).
36. It's one of my favourite things.
37. I like it more than anything else in he world.
38. He's hooked on (...).
39. He can't do without (...).
40. (...) Really turns me on.

---

32. **Refer to note in Spanish.**
33. The construction *coger/tomar el gusto* refers to the gradual development of a taste for something which may not have been to the person's liking initially. It may be followed by a noun or infinitive.
34. *Asco* («disgust») provides the basis of the expression *hacer ascos* («to turn up one's nose») and is applied in particular to food, sometimes with ironic understatement: *desde luego no le haría ascos a una langosta* («I certainly wouldn't turn up my nose at a lobster»). It is also used for other propositions.
35. In the same way that *cojonudo* («bloody marvellous») has lost its original link with the colloquial expression for testicles (*cojones*), the verb *encoñarse*, from *coño* («cunt»), now refers not only to sexual infatuation but to any other kind of intense interest that may develop. Its use is restricted mainly to male speakers.
40. Lit. «he rings my bell». The onomatopoeic noun *tilín* reproduces the tinkling sound of a bell.

153. EXPRESAR LO QUE A UNO NO LE GUSTA

153. EXPRESSING WHAT ONE DOES NOT LIKE

— ELEMENTAL

1. No me gusta (...).
2. (...) no me gusta nada.
3. Nunca me ha gustado (...).
4. Odio (...).
5. No soy aficionado a (...).
6. (...) me disgusta mucho.

— INTERMEDIO

7. ¡Dios mío, qué horror! **Enf.**
8. Me disgusta profundamente.
9. (...) me cae mal. (*)
10. (...) no me va. (*) **I.**

9. *Caer* es un verbo de significación muy rica. En uno de sus valores alude, como *gustar*, a que algo le resulta agradable a alguien. Valor próximo es el de *caer* en la frase *este traje te cae muy bien*; en este caso podría ocupar su puesto el verbo *sentar*.
10. El verbo *ir*, a partir del valor inicial referido al movimiento, tiene una gran amplitud significativa. Acompañado, por lo general, de los adverbios *bien/mal* se refiere a algo que está de acuerdo o en desacuerdo con alguien. Hay un uso moderno sin adverbio; el verbo podría cambiarse por *gustar*.

— BASIC

1. I don't like (...).
2. I don't like (...) At all.
3. I've never liked (...).
4. I hate (...).
5. I'm not fond of (...).
6. I really dislike (...).

— INTERMEDIATE

7. God, how awful!
8. I deeply dislike it.
9. I dislike (...).
10. I don't like (...).

9. *Caer* («to fall») is also used as a synonym for *gustar* («to please»). Another of its meanings is equivalent to that of *sentar* («to suit, to look well on») as in the phrase: *este traje te cae muy bien* («this suit looks very good on you»).
10. The verb *ir* («to go») has a range of additional meanings. With the adverbs *bien* («well») or *mal* («badly»), it refers to something which suits or does not suit someone. In contemporary usage the adverb may disappear, in which case *ir* becomes a synonym of *gustar* («to please»).

11. No me atrae (…).
12. No soporto (…).
13. (…) me parece de mal gusto.
14. (…) no me entusiasma.
15. No siento afición por (…).
16. Lo que menos me gusta es (…)
17. (…) no es para mí.
18. No soy amigo de (…). (*)

— AVANZADO

19. ¡No es que me vuelva loco la idea de (…)! **I.**
20. ¡No es que me entusiasme!
21. Lo de (…) no me seduce. **F.**
22. Me resulta insoportable (…).
23. No lo aguanto. **I.**
24. No puedo con (…). (*)
25. Me resulta muy desagradable.
26. Se me hace difícil soportar (…).
27. No lo trago. (*)
28. No soy un admirador de (…).
29. No soy (precisamente) un entusiasta de (…). **Ir.**
30. No soy hincha de (…). (*) **I.**
31. A (…) le tengo manía. **I.**
32. Me da cien patadas. (*) **V.**
33. (…) no es santo de mi devoción. (*) **FH.**
34. Siento una profunda aversión por (…). **F.**

18. El contenido de *ser amigo de* es fácilmente imaginable, pero no hay referencia a la amistad, sino a un gusto o afición, en *(no) ser amigo de*. Se completa con un sustantivo o con un infinitivo *(no soy amigo de trasnochar)*.
24. Aunque el verbo *poder* es tan frecuente como auxiliar *(no puedo hacerlo, ¡no puede ser!)*, es fuente de bastantes valores fijos, como *no poder con (…)*, que traduce el disgusto o la aversión que se siente ante algo *(no puedo con los espárragos)*.
27. El valor fundamental del verbo *tragar* describe la acción de hacer pasar algo de la boca al aparato digestivo. *No tragar* significa una interrupción de ese proceso y, en sentido figurado, se dice de algo que no nos gusta nada, que detestamos, especialmente de personas. También se usa: *se me atraganta* o *no lo digiero*, etc., símiles basados en funciones corporales.
30. Se llama *hincha* al aficionado entusiasta de un deporte o de un equipo, es decir, lo que es un *fan* —anglicismo— respecto de un artista o cantante. También se emplea *seguidor*, aunque esa voz no alcanza la expresividad de *hincha*, palabra que no conoce variación de género.
32. Esta expresión y el verbo *repatear* coinciden, en su significado, con las formas *me fastidia, no me gusta*, pero son más groseras.
33. Así como los verbos *adorar* e *idolatrar* describen una gran pasión por alguien o por algo, la frase *no ser santo de la devoción de alguien* alude no a una profunda aversión, pero sí a una falta de gusto y afición.

154. PREGUNTAR A ALGUIEN POR SUS PREFERENCIAS

— ELEMENTAL

1. ¿Qué prefieres?
2. ¿Prefieres (…)?

---

11. (…) Does not attract me.
12. I can't bear (…).
13. (…) Seems tasteless to me
14. (…) Does not enthuse me.
15. I don't have any interest in (…)
16. What I like least is (…).
17. (…) Is not for me.
18. I'm not a fan of (…).

— ADVANCED

19. I'm not exactly mad about the idea of (…).
20. I'm not exactly enthusiastic about it!
21. (…) Does not really appeal to me.
22. I can't bear (…).
23. I can't bear.
24. I can't stand (…).
25. I find it quite unpleasant.
26. I'm finding it hard to take (…).
27. I can't stomach it.
28. I'm not an admirer of (…).
29. I'm not (exactly) a fan of (…).
30. I'm not a fan of (…).
31. I really hate (…).
32. I can't bear (…).
33. (…) Is not my cup of tea.
34. I have a profound aversion to (…).

18. Lit. «I am not a friend of». This construction can be followed by either a noun or an infinitive, e.g. *No soy amigo de trasnochar* («I'm not a fan of staying up late»).
24. *No poder* can refer, amongst other functions, to a lack of ability (*no puedo hacerlo* [«I can't do it»]). The construction *no puedo con* is used for strong feelings of aversion towards someone or something: *no puedo con los espárragos* («I can't stand asparagus»).
27. The basic meaning of the verb *tragar* is «to swallow». *No tragar* is used figuratively to refer to what we find «hard to stomach». Similar in meaning and function are the expressions *se me atraganta* and *no lo digiero*.
30. The noun *hincha* («fan» or «supporter») has the same form for the masculine and feminine. *Seguidor* is a less expressive synonym.
32. The verb *repatear* and the phrase *dar cien patadas* are equivalent in function to *me fastidia* and *no me gusta*, but are much stronger and more vulgar.
33. Lit. «he is not a saint of my devotion». In other words, «I don't adore or idolise him».

154. ASKING SOMEONE ABOUT HIS PREFERENCES

— BASIC

1. What do you like best?
2. Do you prefer (…)?

3. ¿Cuál prefieres?
4. ¿Qué te gusta más?
5. ¿Le gusta más (...) que (...)?
6. ¿Te gusta más (...) o (...)?
7. ¿Qué te parece mejor?
8. ¿Cuál es tu favorito?

— INTERMEDIO —

9. ¿Qué decides?
10. ¿Has pensado cuál te gusta más?
11. Podemos (...) o (...), ¿qué prefieres?
12. En tu opinión, ¿cuál es el mejor?
13. ¿Con cuál te quedas?
14. ¿Qué te apetece más? (*)

— AVANZADO —

15. ¿Cuál seleccionarías?
16. Entre (...) y (...), ¿con cuál te quedarías?
17. ¿De qué lado estás? (*)
18. ¿A favor de cuál estás?
19. ¿Por quién apostarías?
20. ¿Por cuál te inclinas? (*) **F.**
21. ¿Cuál te hace más tilín? (*) **R.**

---

14. El verbo *apetecer* es sinónimo de *desear* o *sentirse atraído por*. En zonas de Hispanoamérica su uso es restringido por cuanto es sustituido por provocar (¿Te provoca un café?).
17. La locución *del lado de*, que, además de con *estar*, se combina con *ponerse, pasarse*, etc., significa que alguien es partidario de una de dos alternativas u opciones.
20. *Inclinarse*, verbo de movimiento no traslativo que describe el gesto de doblar la espalda, se usa con sentido figurado, y aquí en forma pronominal, para aludir a una decisión de preferencia por algo, frente a otra posibilidad.
21. *Tilín* es una palabra onomatopéyica que reproduce el sonido de una campanilla. La expresión *hacer tilín* significa lo mismo que *gustar*.

---

155. EXPRESAR PREFERENCIAS

— ELEMENTAL —

1. Prefiero (...).
2. Sí, lo prefiero.
3. Me gusta más (...).
4. Mi favorito es (...).
5. Yo creo que (...) es mucho más interesante.

— INTERMEDIO —

6. Me viene mejor (...). (*)

---

6. *Venir bien*, en especial algo a alguien, significa que algo le resulta conveniente. La expresión suele completarse con un infinitivo (*me viene mejor quedarme que salir*).

---

3. Which do you prefer?
4. What do you like best?
5. Do you prefer (...) to (...)?
6. Do you prefer (...) or (...)?
7. What do you think is best?
8. Which is your favourite?

— INTERMEDIATE —

9. What have you decided?
10. Have you thought about which you prefer?
11. We can (...) or (...). What do you prefer?
12. Which is best in your opinion?
13. Which one will you take?
14. What appeals to you most?

— ADVANCED —

15. Which one would you choose?
16. What would be your choice between (...) And (...).
17. What's your verdict?
18. Which are you in favour of?
19. Who would you put your money on?
20. Which one do you go for?
21. Which one turns you on most?

---

14. The verb *apetecer* («to appeal to») is synonymous with *desear* or *sentirse atraído por* in parts of Spanish America *provocar* replaces *apetecer*: ¿te provoca un café? («do you fancy a coffee?»).
17. The expression *del lado de* («on the side off»), which conveys a choice between two options, is combined with the verbs *ponerse, pasarse*.
20. The verb *inclinarse* («to incline or bend over») is used figuratively to express a choice between two options.
21. The onomatopoeic noun *tilín* reproduces the tinkling sound of a bell; *hacer tilín* refers to something that «rings one's bell» in a metaphorical sense, and is thus equivalent to *gustar* («to please»).

---

155. EXPRESSING PREFERENCES

— BASIC —

1. I prefer.
2. Yes I prefer that.
3. I like (...) Best.
4. My favourite is (...).
5. I think (...) Is much more interesting.

— INTERMEDIATE —

6. I prefer (...).

---

6. *Venir bien* is equivalent to «suits me», and is usually followed by an infinitive: *me viene mejor quedarme aquí* («it would be better for me to stay here»).

7. Me sientan mejor (…). (*)
8. Me quedaría con (…).

— AVANZADO

9. Estoy a favor de (…).
10. Estoy del lado de (…). (*)
11. Yo me inclino por (…). (*) **F.**
12. Encuentro (…) mejor que (…).
13. Para mí, (…) resulta más atractivo que (…).
14. Yo siempre escogería (…).
15. Yo apostaría por (…).
16. Si tuviera que elegir, me decidiría por (…).
17. Más que (…), yo preferiría (…).
18. Si fuese posible, preferiría (…).
19. Mi preferido es, con mucho (…).
20. (…) es, a mucha distancia, el mejor.
21. Lo que a mí me va es (…). (*) **I.**
22. Por lo que a mí respecta, (…) es superior.
23. En resumen, que (…) me atrae más.
24. Puestos a tener que elegir, optaría por (…).
25. A mí, dadme (…). (*) **I.**
26. Sí, (…) me hace tilín. (*) **R.**

7. *Sentar mejor* puede aplicarse a la comida, medicamento o algo de este tipo que produce un buen efecto en el organismo de las personas. También se usa, lo mismo que *ir* o *caer*, para describir aquello que resulta bien o mal en una persona, como un color o un tipo de ropa. Suele completarse con un sustantivo.
10. La locución *del lado de,* que además de con *estar* se combina con *ponerse, pasarse,* etc., significa que alguien es partidario de una de dos alternativas u opciones.
11. *Inclinarse,* verbo de movimiento no traslativo que describe el gesto de doblar la espalda, se usa con sentido figurado, y aquí en forma pronominal, para aludir a una decisión de preferencia por algo, frente a otra posibilidad.
21. *Irle bien a alguien algo* significa que las cosas funcionan de modo satisfactorio para uno, que algo le favorece materialmente *(Las corbatas rojas me van),* o que algo le gusta o le conviene a uno.
25. Aunque parece una frase de carácter imperativo, con ella no se busca una acción del interlocutor, sino que se expresa que a uno le gusta algo, y que recibirlo le produce satisfacción.
26. *Tilín* es una palabra onomatopéyica que reproduce el sonido de una campanilla. La expresión *hacer tilín* significa lo mismo que *gustar*.

7. (…) Suit me best.
8. I'd take (…).

— ADVANCED

9. I'm in favour of (…).
10. I opt for (…).
11. I'm inclined to (…).
12. I find (…) better than (…).
13. To my mind, (…) is more attractive than (…).
14. I'd always choose (…).
15. I'd put my money on (…).
16. If I had to choose, i'd go for (…).
17. More than (…), I prefer (…).
18. If possible, i'd prefer (…).
19. My preference is for (…) By a long way.
20. (…) Is the best, by far.
21. What I go for is (…).
22. As far as I'm concerned, (…) is superior.
23. In short, (…) is more appealing to me.
24. If I've got to choose, I'd go for (…).
25. Give me (…) any day.
26. I have a soft spot for (…).

7. *Sentar mejor* can be used with food, medication or similar items which have a positive effect on people. It is also used, like the verbs *ir* and *caer*, for what suits or does not favour a person, such as colour or type of clothing. It is usually followed by a noun.
10. The expression *del lado de* («on the side off»), which conveys a choice between two options, is combined with the verbs *ponerse, pasarse.*
11. The verb *inclinarse* («to incline or bend over») is used figuratively to express a choice between two options.
21. *Irle bien algo a alguien* means that something suits a particular person, pleases him, or works well for him: *las corbatas rojas me van* («red ties suit me»).
25. **Refer to note in Spanish.**
26. The onomatopoeic noun *tilín* reproduces the tinkling sound of a bell; *hacer tilín* refers to something that «rings one's bell» in a metaphorical sense, and is thus equivalent to *gustar* («to please»).

156. PREGUNTAR A ALGUIEN SI ESTÁ INTERESADO POR ALGO

156. ASKING SOMEONE IF THEY ARE INTERESTED IN SOMETHING

— ELEMENTAL

1. ¿Le interesa a usted (…)?
2. (…), ¿te interesa?
3. ¿Estás interesado por (…)?

— INTERMEDIO

4. ¿En qué esta usted interesado?
5. ¿Sientes verdadero interés por algo?

— BASIC

1. Are you interested in (…)?
2. (…), are you interested?
3. Are you interested in (…).?

— INTERMEDIATE

4. What are you interested in?
5. Are you really interested in anything?

6. ¿Considera usted que (…) es interesante?
7. Me pregunto si se interesa usted por (…). **F.**
8. ¿Le atrae (…)?
9. ¿Qué le parecería (…)?

— AVANZADO

10. ¿Le llama la atención (…)?
11. ¿Encuentra interesante (…)?
12. ¿Que le parecería si (…)?
13. Parece que (…) ha despertado su interés, ¿no?
14. ¿Le deja indiferente la posibilidad de (…)? **F.**
15. ¿No le seduce la idea de (…)? **F.**

157. EXPRESAR INTERÉS POR ALGO

— ELEMENTAL

1. Qué interesante!
2. Estoy interesado en (…).
3. (…) me interesa mucho.
4. Tengo (un gran) interés por (…).
5. (…) es muy interesante.

— INTERMEDIO

6. Me llama la atención (…).
7. (…) me atrae.
8. Me intereso mucho por (…).
9. Siento gran interés por (…).
10. Estoy tan interesado como usted por (…).

— AVANZADO

11. Encuentro muy interesante (…).
12. (…) ha despertado mi interés.
13. No puedo negar mi interés por (…).
14. Comparto su interés por (…).
15. Me interesa mucho que (…).
16. (…) polariza mi atención. (*) **F.**

16. El sustantivo *polo*, término empleado en geografía, geometría o física, designa un extremo. En sentido figurado describe extremos opuestos *(ser un gemelo el polo opuesto del otro gemelo)*, y también el punto que atrae la atención y el interés. A partir de aquí hay que deducir el contenido del verbo *polarizar*, equivalente en esta frase a *llamar* o *atraer*.

158. EXPRESAR FALTA DE INTERÉS POR ALGO

— ELEMENTAL

1. No me interesa.
2. No tengo interés por (…).
3. No estoy (muy) interesado en (…).

6. Do you think that (…) is interesting?
7. I wonder whether you're interested in (…).
8. Does (…) appeal to you?
9. What would you think of (…)?

— ADVANCED

10. Does (…) strike you as interesting?
11. Do you find (…) interesting?
12. How would you feel about (…)?
13. Your interest seems to have been drawn to (…), doesn't it?
14. Does the possibility of (…) leave you cold?
15. Aren't you attracted by the idea of (…)?

157. EXPRESSING AN INTEREST IN SOMETHING

— BASIC

1. How interesting!
2. I'm interested in (…).
3. (…) interests me a lot.
4. I have a great interest in (…).
5. (…) is very interesting.

— INTERMEDIATE

6. I'm struck by (…).
7. (…) appeals to me.
8. I'm very interested in (…).
9. I have a great interest in (…).
10. I share your interest in (…).

— ADVANCED

11. I find (…) very interesting.
12. I've developed an interest in (…).
13. I have to confess to an interest in (…).
14. I share your interest in (…).
15. I'm very interested in the fact that (…).
16. (…) captivates me.

16. The verb *polarizar* («to polarize») derives from *polo* («pole»), which, as well a having the geographical and physical meaning, is also used figuratively in expressions such as, *ser un gemelo el polo opuesto del otro* («one twin being the total opposite of»). *Polarizar* is equivalent to *llamar* («to call») or *atraer* («to attract») when used with the nouns *atención* («attention») or *interés* («interest»).

158. EXPRESSING LACK OF INTEREST IN SOMETHING

— BASIC

1. I'm not interested.
2. I'm not interested in (…).
3. I'm not very interested in (…).

INTERMEDIO

4. No estoy tan interesado como usted por (…).
5. No estoy nada interesado en (…).
6. No siento interés por (…).
7. (…) no me ofrece ningún interés.
8. No me llama la atención.

AVANZADO

9. No lo encuentro muy interesante.
10. No encuentro nada interesante (…).
11. Encuentro poco interesante (…).
12. Nunca he sentido el menor interés por (…).
13. No comparto su interés por (…).
14. Nada me atrae menos que (…).
15. (…) no consigue despertar mi interés.
16. Resulta imposible sentirse interesado por (…).
17. No me seduce la idea de (…). **F.**
18. Quiero expresar mi falta de interés por (…).
19. Me lo paso por el arco de triunfo. (*) **V.**

19. Un *arco de triunfo* es el levantado para conmemorar una victoria o recordar a alguien. La frase se usa como versión atenuada de las vulgares: *pasarse algo por la entrepierna* o *pasarse algo por el sobaco,* o de las más groseras, *pasarse algo por los cojones.* Todas ellas aluden a la poca importancia o interés que uno concede a algo, de lo que se desentiende con desprecio. Hay una versión eufemística: *me lo paso por un sitio que yo me sé.*

159. EXPRESAR POSIBILIDAD O PROBABILIDAD

ELEMENTAL

1. Es posible.
2. Es probable.
3. Quizá.
4. Va a (…).
5. Creo que va a (…).
6. Seguro que (…).

INTERMEDIO

7. Posiblemente (…).
8. Probablemente (…).
9. Seguramente (…). (*)
10. A lo mejor (…).
11. Tal vez (…).
12. Quizá pueda (…).
13. Espero que (…).
14. Puede (ser) que (…).

9. Este adverbio resulta algo ambiguo, pues según el contexto equivale a *con seguridad* o tan sólo a cierto grado de probabilidad.

INTERMEDIATE

4. I'm not as interested as you in (…).
5. I'm not in the least interested in (…).
6. I have no interest in (…).
7. (…) is of no interest to me.
8. (…) does not impress me.

ADVANCED

9. I don't find it very interesting.
10. I don't find (…) at all interesting.
11. I don't find (…) interesting.
12. I have never had any interest in (…).
13. I don't share your interest in (…).
14. Nothing appeals to me less than (…).
15. (…) fails to awake my interest.
16. I find it impossible to feel any interest in (…).
17. I'm not tempted by the idea of (…).
18. I'd like to express my lack of interest in (…).
19. I can live without it.

19. Lit. «I pass that one through the Triumphal Arch». This is a mild version of a number of more vulgar expressions of indifference which dismiss a particular subject by metaphorically «passing» it by certain parts of the speaker's body. Popular alternatives are: *pasarse algo por la entrepierna* («to pass something between one's legs»); *pasarse algo por el sobaco* («to pass something by one's armpit»); and the less acceptable *pasarse algo por los cojones* («to pass something by one's balls»). There is a euphemistic variant of these: *me lo paso por un sitio que yo me sé* («I pass it by a certain place I know well»).

159. EXPRESSING POSSIBILITY OR PROBABILITY

BASIC

1. It's possible.
2. It's probable.
3. Maybe.
4. It's going to (…).
5. I think it's going to (…).
6. I'm sure that (…).

INTERMEDIATE

7. Possibly (…).
8. Probably (…).
9. Doubtless (…).
10. Probably/maybe.
11. Perhaps.
12. Maybe he can (…)
13. I hope that (…).
14. It may be that (…).

9. The degree of likelihood conveyed by this adverb varies considerably from one context to another, ranging from «certainly» to «possibly».

15. Puede ocurrir que (...). (*)
16. Me parece que (...).
17. Es fácil que (...).
18. Es bastante probable que (...).
19. ¡Todo puede ser! (*)
20. ¡Ya verás cómo (...)!

— AVANZADO

21. Igual (...). (*)
22. Acaso (...). R.
23. Podría ser que (...).
24. Pudiera ser que (...).
25. Tengo la esperanza de que (...).
26. Creo que muy bien podría (...).
27. Me sorprendería que (...).
28. No parece imposible que (...)
29. No es (del todo) improbable que (...). F.
30. Hay esperanzas de que (...).
31. Todo parece indicar que (...).
32. Todo hace presumir que (...). (*) F.
33. No podemos excluir la posibilidad de que (...). F.
34. Siempre existirá la posibilidad de que (...).
35. Entra dentro de lo posible (...).
36. El día menos pensado (...). (*) I.
37. ¡Cualquier día (...)! (*)
38. Es más que probable que (...).
39. Con (toda) seguridad (...).
40. ¡Hombre, cabe dentro de lo posible!
41. Mira que si (...). (*)
42. ¿Qué te apuestas a que (...)? I.
43. ¡A que (...)! (*) I.
44. ¡A que sí! (*) I.
45. Albergo fundadas esperanzas de que (...). F.
46. Entra dentro de nuestros cálculos la posibilidad de que (...). F.

---

15. El verbo *ocurrir* tiene un valor análogo al de *suceder* o *pasar* (*ocurrió un accidente espantoso*). En forma pronominal, *ocurrirse*, alude a que a alguien le viene una idea a la mente: *se me ocurre que podríamos ir a bailar*.
19. Con esta expresión se admite la posibilidad futura de algo. Denota una actitud de indiferencia.
21. Aquí *igual* tiene una función adverbial; podría ocupar su puesto *lo mismo*. Le sigue un verbo en indicativo. La expresión sirve para expresar la posibilidad de que ocurra algo.
32. *Presumir* es un verbo de significado rico. Por una parte, significa mostrar orgullo sobre algo; por otra, equivale a *suponer*, o sea, al proceso mental de creer que algo ocurrirá.
36 y 37. Estas dos expresiones, que son equivalentes, sirven para indicar que hay posibilidad de que ocurra algo que tanto puede desearse como temerse.
41. El imperativo del verbo *mirar*, *mira*, constituye con mucha frecuencia una simple llamada de atención al interlocutor. Si se acompaña de *que*, entonces es que se invita al que escucha a hacerse una idea de lo que el hablante dice (*¡Mira que meterse en el agua haciendo tanto frío!*). Mayor énfasis todavía tiene si le sigue un *si* introductor de una hipótesis (*¡Mira que si mañana llueve, vaya desastre!*).
43 y 44. Con la primera expresión, que debe emitirse completada al menos por un verbo, se manifiesta el convencimiento de que algo va a ocurrir. Es muy enfática, porque implica que el interlocutor no comparte esta impresión, de modo que constituye casi un reto. La segunda versión, que es completa, se emplea como respuesta a una intervención anterior.

---

15. It could happen that (...).
16. I think that (...).
17. It's easy for (...) to (...).
18. It's fairly probable that (...).
19. Anything's possible!
20. You'll see, (...)!

— ADVANCED

21. (...) probably (...).
22. Maybe (...).
23. It could be that (...).
24. It could be that (...).
25. I'm hoping (...).
26. I think (...) could very well (...).
27. I'd be surprised if (...).
28. It seems not altogether impossible that (...).
29. It's not (altogether) improbable that (...).
30. There are hopes that (...).
31. Everything would seem to suggest that (...).
32. Everything leads to the conclusion that (...).
33. We can't rule out the possibility that (...).
34. There will always be the possibility that (...).
35. It's just possible that (...).
36. When you least expect it (...).
37. Any day now (...).
38. It's more than likely that (...).
39. In all likelihood (...).
40. Well, it's just about possible!
41. I'm telling you, if (...).
42. What do you bet (...)?
43. I bet (...)!
44. You bet!
45. I have good grounds for hoping that (...).
46. The possibility that (...) falls within our calculations.

---

15. The verb *ocurrir* («to occur») is synonymous with *suceder* or *pasar*, e.g. *ocurrió un accidente espantoso* («a terrible accident occurred»). The reflexive form *ocurrirse* refers to a mental occurrence: *se me ocurre que podríamos ir a bailar* («it occurs to me that we could go dancing»).
19. This expression of indifference concedes the possibility that what is being referred to may indeed occur.
21. *Lo mismo* conveys the same degree of probability as *igual*, here used as an adverb. The verb that follows is in the indicative.
32. The verb *presumir* has two distinct meanings: one is «to suppose», the other «to swank».
36 and 37. Depending on the context, both expressions, equivalent in meaning, can be used to convey the idea that what may happen is either desirable or undesirable.
41. The imperative of the verb *mirar* («to look»), *¡mira!*, when followed by *que*, functions as more than simply a means of attracting attention. It invites the listener to envisage what the speaker is saying: *¡Mira que meterse en el agua haciendo tanto frío!* («Imagine going into the water when the weather's so cold!»). Greater emphasis can be achieved by adding *si* after *mira que*, (*¡mira que si mañana llueve, vaya desastre!* [«Imagine if it rains tomorrow: what a disaster!»]).
43 and 44. The first expression, which is incomplete without a verb, conveys the certainty that something will occur. It is very emphatic, since it implies that the listener does not share the speaker's conviction, and as such constitutes a threat. The second version, which is complete, is used as a response to what someone else has just said.

160. EXPRESAR IMPOSIBILIDAD O IMPROBABILIDAD

ELEMENTAL

1. Es imposible.
2. Es improbable.
3. ¡Imposible!
4. ¡En absoluto!

INTERMEDIO

5. ¡Ni hablar! **Enf.**
6. ¡Ni pensarlo! **Enf.**
7. ¡Ni soñarlo! (*) **Enf.**
8. Seguramente no.
9. A lo mejor no.
10. Es difícil que (…).
11. No creo que (…).
12. Es posible que no (…).
13. No parece que (…).
14. Es muy dudoso que (…).
15. Puede (ser) que no (…)
16. No es fácil que (…).
17. Es poco probable que (…).
18. No es nada probable que (…).
19. No parece muy probable que (…).
20. No puedo creer que (…).
21. Hay pocas posibilidades de que (…).
22. ¡De ninguna manera!
23. (…) resulta imposible.

AVANZADO

24. Igual no. (*)
25. Es del todo imposible que (…).
26. Me sorprendería que (…).
27. Es altamente improbable que (…). **F.**
28. No es razonable pensar que (…). **F.**
29. No existe ni la más remota posibilidad de que (…).
30. Creo que deberíamos descartar la posibilidad de que (…).
31. ¡Esto ni lo sueñes! **I.**
32. ¡Ni te lo imagines! **I.**
33. ¡No caerá esa breva! (*) **FH.**
34. ¡Qué más quisieras tú! (*) **I.**

---

7. Esta frase exclamativa sirve para manifestar el convencimiento de que no ocurrirá algo. También puede servir como respuesta negativa.
24. Aquí *igual* tiene una función adverbial; podría ocupar su lugar *lo mismo*. Le sigue un verbo en indicativo. Sirve para expresar la posibilidad de que ocurra algo.
33. Esta frase, formada a partir del sustantivo *breva*, nombre de un tipo de higo, se usa para expresar la imposibilidad de que ocurra algo que constituiría una suerte.
34. Con esta frase se expresa que no ha de ocurrir algo que el interlocutor está deseando, pero no, en cambio, el que la dice. Puede darse así, aislada, o seguida de otra oración (*¡Qué más quisieras tú que ganarme al tenis!*).

160. EXPRESSING IMPOSSIBILITY OR IMPROBABILITY

BASIC

1. It's impossible.
2. It's unlikely.
3. Impossible!
4. It's out of the question!

INTERMEDIATE

5. Not likely!
6. Definitely not!
7. Out of the question!
8. In all probability not.
9. Probably not.
10. It's unlikely that (…).
11. I don't think that (…).
12. It's possible that (…) not (…).
13. It doesn't look as if (…).
14. It's highly doubtful that (…).
15. It may be that (…) not (…)
16. It won't be easy for (…).
17. It's unlikely that (..).
18. There's little likelihood that (…).
19. It doesn't seem very likely that (…).
20. I can't believe that (…).
21. There's little likelihood that (…).
22. Out of the question!
23. (…) is impossible.

ADVANCED

24. Probably not.
25. It is quite impossible that (…).
26. I'd be very surprised if (…).
27. It's highly unlikely that (..).
28. It's unreasonable to think that (…).
29. There isn't the remotest possibility that (…).
30. I think we ought to dismiss the possibility that (…).
31. Not by any stretch of the imagination!
32. Don't kid yourself!
33. No such luck!
34. That'll be the day!

---

7. This exclamation, which expresses the conviction that something will not happen, can also be used as a negative response to a statement or request.
24. *Lo mismo* conveys the same degree of probability as *igual*, here used as an adverb. The verb that follows is in the indicative.
33. Lit. «That black fig will not fall», an allusion to the unlikelihood of what is desired occurring.
34. This response expresses the conviction that the desire that the listener has just expressed will not be fulfilled. It can stand alone as an exclamation or be followed by a verb phrase: *¡qué más quisieras tú que ganarme al tenis!* («wouldn't you just love to beat me at tennis!»).

161. ESPERAR QUE OCURRA ALGO

— ELEMENTAL —

1. Espero (...).
2. Eso espero.
3. ¡Todo llegará!
4. ¡Ojalá! (*)

— INTERMEDIO —

5. Espero que (...).
6. Deseo que (...).
7. Es de esperar que (...).
8. Tengo la esperanza de que (...).
9. Debemos confiar en (...).
10. Estamos en espera de (...).
11. Estamos a la espera de (...).
12. Estoy impaciente por (...).
13. Ya verás cómo (...).

— AVANZADO —

14. ¡Dios quiera que (...)! **R.**
15. Todavía hay esperanzas.
16. Estoy por (...). R)
17. Me gustaría que (...).
18. Confiemos en que (...).
19. Tengo mucha confianza en que (...).
20. Hay perspectivas de que (...).
21. Estoy a la expectativa.
22. No estaría de más que (...), ¿verdad?
23. ¡Buena os espera! (*) **Ir.**
24. ¡Qué expectación!
25. Estamos en un compás de espera. (*) **F.**
26. Tengo cifradas mis esperanzas en (...). **F.**
27. (...) me hace concebir ilusiones. **F.**

---

4. *Ojalá* es una interjección exclamativa con la que se expresa deseo. Además de aislada, se usa seguida de un verbo o de una frase completa. El verbo está en subjuntivo, ya sea un presente o un pretérito imperfecto. En lenguaje popular se intercala *que* o *y* entre la exclamación y el resto: *¡ojalá que revientes!*
16. El verbo *estar* se construye con muchas preposiciones. Seguido de *por* + infinitivo tiene dos valores, ambos relativos a acciones futuras: la espera de algo que no se ha realizado todavía (*la comida está por hacer*) y la casi decisión de hacer algo (*casi estoy por quejarme al director*).
23. El femenino del adjetivo *bueno/-a* constituye una forma que, en ausencia de un sustantivo que concrete su valor, aparece en expresiones coloquiales (*a la buena de Dios*, equivalente a *sin preparación*): *¡buena la he hecho!*, equivalente a *¡qué error he cometido!* Puede decirse que *una buena* alude a un suceso, o a algo dicho, o, simplemente, a una idea.
25. El sustantivo *compás*, en música, designa el modo de repartir la duración de los sonidos en intervalos de tiempo regulares. En la actualidad, la locución *en un compás de espera* se utiliza para describir un período de tiempo en el que no hay acontecimientos, que sólo ocurrirán tras él.

161. HOPING THAT SOMETHING WILL HAPPEN

— BASIC —

1. I hope (...).
2. I hope so.
3. Everything will come in due course!
4. If only!

— INTERMEDIATE —

5. I hope that (...).
6. I hope that (...).
7. It is to be hoped that (...).
8. I have high hopes that (...).
9. We ought to trust in (...).
10. We're expecting (...).
11. We're expecting (...).
12. I can't wait for (...).
13. (...), you'll see.

— ADVANCED —

14. Let's hope that (...).
15. There's hope yet.
16. I have a good mind to (...).
17. I'd like (...).
18. Let's trust that (...).
19. I have every confidence that (...).
20. There's some prospect of (...).
21. I'm waiting in expectation.
22. You wouldn't rule out the possibility of (...), would you?
23. Just you wait!
24. Such excitement!
25. We're in a period of waiting.
26. I've placed my hopes in (...).
27. (...) makes me very hopeful.

---

4. Used independently as an exclamation, *¡ojalá!* is an expression of desire or hope. It may also be followed by a verb or complete clause in the present or imperfect subjunctive. In colloquial speech, either *que* or *y* may be inserted between *ojalá* and the verb: *¡ojalá que revientes!* («I hope you burst!»).
16. The verb *estar* («to be») can be followed by a number of prepositions. The construction *estar por* indicates either an action yet to be performed (*la comida está por hacer* [«the meal has yet to be made»]) or the near decision to do something (*casi estoy por quejarme al director* [«I'm almost for complaining to the director»]).
23. The feminine form of the adjective *buena* («good») alludes to no noun in particular and is found in numerous expressions: *a la buena de Dios* («without any preparation»); *¡buena la he dicho!* («what a blunder!»). *Una buena* could be said to refer to an event, an utterance, or simply an idea.
25. Lit. «We're in a waiting rhythm». The noun *compás* («rhythm») is used figuratively here.

28. Esto promete. (*) **I.**
29. Hay que dar tiempo al tiempo. **FH.**
30. Toquemos madera. (*) **I.**
31. Crucemos los dedos para que esto ocurra. (*) **I.**

28. El verbo *prometer* significa decir alguien que hará algo obligándose a hacerlo. Pero cuando se usa como intransitivo, caso de *esto promete,* expresa que hay buenas perspectivas para aquello de lo que se está hablando, ya sea una persona o una situación.
30. Esta frase, pronunciada por alguien supersticioso al mismo tiempo que hace con la mano el gesto de tocar un objeto de madera, supone el deseo de deshacer un maleficio. En un sentido más general, se emite cuando se cita algo que puede acarrear mala suerte.
31. El verbo *cruzar* junto a *los dedos* reproduce un gesto físico de la mano que hacen los supersticiosos —introduciendo el dedo gordo entre el índice y el corazón— para deshacer un maleficio. En un sentido más amplio supone la manifestación del deseo de que nada impida que ocurra algo.

28. This is promising.
29. We've got to give it time.
30. Touch wood.
31. Let's keep our fingers crossed that it will happen.

28. **Refer to note in Spanish.**
30. **Refer to note in Spanish.**
31. In the Spanish version of the gesture that accompanies this expression of superstition, the thumb and index finger are crossed over the heart.

162. QUERER ALGO

— ELEMENTAL —

1. Quiero (…).
2. Necesito (…).
3. ¿Por qué no puedo (…)?

— INTERMEDIO —

4. Quiero que (…).
5. Me encantaría. (*)
6. Estoy decidido a (…).
7. Mi idea es (…).
8. Me he propuesto (…).
9. Lo que necesito es (…).

— AVANZADO —

10. Quisiera (…).
11. Querría (…).
12. ¡Ojalá pudiera! (*).
13. Necesitaría (…).
14. ¿Podría (…)? **I.**
15. ¿Y no podría (…)?
16. Haré mi (santa) voluntad.
17. Me iría muy bien que (…).
18. Me da la gana de (…) **V.**
19. Tengo el capricho de (…).
20. Me he encaprichado de (…).

5. El verbo *encantar,* aparte de un valor relacionado con la magia, traduce gusto o complacencia. Es muy expresivo, pero usual generalmente entre hablantes femeninos.
12. *Ojalá* es una interjección exclamativa con la que se expresa deseo. Además de aislada, se usa seguida de un verbo o de una frase completa. El verbo está en subjuntivo, ya sea un presente o un pretérito imperfecto. En lenguaje popular se intercala *que* o *y* entre la exclamación y el resto: ¡*ojalá que revientes!*

162. WANTING SOMETHING

— BASIC —

1. I want (…).
2. I need (…).
3. Why can't I (…)?

— INTERMEDIATE —

4. I want (…) to (…).
5. I'd love (…).
6. I've made up my mind to (…).
7. My idea is to (…).
8. My aim is to (…).
9. What I need to do (…).

— ADVANCED —

10. I'd like to (…).
11. I'd like to (…).
12. If only I could (…).
13. I'd need (…).
14. Could I (…)?
15. And couldn't I (…).?
16. I'll do (exactly) as I please.
17. It would suit me fine if (…).
18. I feel like (…).
19. I fancy (…).
20. I've taken it into my head to (…).

5. The verb *encantar* («to enchant»), conveys pleasure or willingness. It is highly expressive, but more typical of female speakers.
12. Used independently as an exclamation, ¡*ojalá*! is an expression of desire or hope. It may also be followed by a verb or complete clause in the present or imperfect subjunctive. In colloquial speech, either *que* or *y* may be inserted between *ojalá* and the verb: ¡*ojalá que revientes!* («I hope you burst!»).

21. Me chiflaría tener (...). (*) **I.**
22. Deseo de todo corazón que (...). **R.**
23. Lo que pretendo es (...).
24. Lo que de verdad me gustaría sería (...).
25. Tengo el firme propósito de (...).
26. No habrá quien me lo impida.
27. Voy tras (...). (*)
28. Querer es poder. (*) **FH.**
29. Lo tengo entre ceja y ceja. (*) **I.**
30. Tengo el ojo echado a (...). **I.**

---

21. *Chiflarse* equivale a *volverse loco;* en sentido figurado y con una fuerte carga expresiva alude al deseo o a la afición que alguien siente por algo.
27. El verbo *ir* no expresa aquí movimiento, sino el deseo que despierta una cosa en alguien y la búsqueda que se realiza por conseguirla.
28. El contenido de este refrán es muy claro: la voluntad es una buena herramienta para alcanzar algo.
29. La locución *entre ceja y ceja* expresa la obstinación con la que se pretende algo. El verbo con el que se combina puede ser uno de éstos: *tener, ponerse, meterse...*

21. I'd me tickled pink to have (...).
22. I wish with all my heart that (...).
23. What I'm aiming for is (...).
24. What I'd really like would be (...).
25. I firmly intend to (...).
26. No one will stand in my way.
27. I'm after (...).
28. Where there's a will there's a way.
29. I've set my mind on it.
30. I've set my heart on it.

---

21. The verb *chiflarse* («to go mad»), is used in a figurative sense for intense enthusiasm for someone or something. It is used mainly by female speakers.
27. The verb *ir* («to go») frequently refers not to movement, but to behaviour: in this case it alludes to the desire that something awakes in the speaker and the pursuit of that desire.
28. **Refer to note in Spanish.**
29. Lit. «I have it between eyebrow and eyebrow». This refers to determination. The verbs which usually accompany this expression are *tener, ponerse, meterse.*

163. ANHELAR ALGO

— ELEMENTAL —

1. Anhelo (...).
2. Tengo muchas ganas de (...).
3. Estoy deseando (...).

— INTERMEDIO —

4. Deseo que (...).
5. Estoy loco por (...). **I.**
6. Anhelo que (...).
7. No puedo vivir sin (...).
8. Tengo el anhelo de (...). **F.**
9. ¡Ojalá (...)! (*)
10. Lo deseo con toda el alma. **R.**
11. Sueño con (...).
12. ¡Cómo lo deseo! **Enf.**
13. ¡Qué bien si (...)!
14. ¡A ver si tengo suerte y (...)!

— AVANZADO —

15. Me muero de ganas de (...). (*) **I.**
16. Siento vivos deseos de (...). **F.**
17. Ardo en deseos de (...). (*) **F.**

---

9. *Ojalá* es una interjección exclamativa con la que se expresa deseo. Además de aislada, se usa seguida de un verbo o de una frase completa. El verbo está en subjuntivo, ya sea un presente o un pretérito imperfecto. En lenguaje popular se intercala *que* o *y* entre la exclamación y el resto: *¡ojalá que revientes!*
15 y 17. En ambas frases, muy expresivas, aunque de tono más familiar la primera, hay un uso figurado del verbo. *Arder* y *morir* sirven para intensificar la manifestación de un anhelo.

163. DESIRING SOMETHING

— BASIC —

1. I long for (...).
2. I really want to (...).
3. I'm looking hoping to (...).

— INTERMEDIATE —

4. I hope that (...).
5. I'm mad about (...).
6. I long to (...).
7. I can't live without (...).
8. I long to (...).
9. If only (...)!
10. I desire it with all my heart.
11. I'm dreaming of (...).
12. How I long for it!
13. Wouldn't it be great it (...)!
14. Let's see if I'm lucky and (...)!

— ADVANCED —

15. I'm dying to (...).
16. I have an urgent desire to (...).
17. I have a burning desire to (...).

---

9. Used independently as an exclamation, *¡ojalá!* is an expression of desire or hope. It may also be followed by a verb or complete clause in the present or imperfect subjunctive. In colloquial speech, either *que* or *y* may be inserted between *ojalá* and the verb: *¡ojalá que revientes!* («I hope you burst!»).
15 and 17. **Refer to note in Spanish.**

18. No veo la hora de (…). (*)
19. ¡Qué fantástico sería que (…)! **Enf.**
20. Mi ideal sería (…).
21. ¡Con qué gusto (…)! **I.**
22. ¡Con lo que a mí me apetecería (…)!
23. ¡Lo que daría por (…)! **I.**

18. Esta frase, que culmina en un infinitivo (*no veo la hora de irme de aquí*) o en una frase encabezada por *que* (*no veo la hora de que me den las vacaciones*), traduce la ansiedad e impaciencia que se siente al esperar que algo ocurra.

18. I can't wait to (…).
19. It would be fantastic to (…)!
20. My ideal would be to (…).
21. How I'd love to (…)!
22. When I think how much I'd fancy (…)!
23. What I wouldn't give for (…)!

18. This expression of impatient expectation can be followed by an infinitive (*no veo la hora de irme de aquí* [«I can't wait to get out of here»]) or a subjunctive construction introduced by *que*: *no veo la hora de que me den las vacaciones* («I can't wait till I get my holidays»).

164. PEDIR LA OPINIÓN A ALGUIEN

ELEMENTAL

1. ¿Qué opinas?
2. ¿Qué piensas de (…)?
3. En tu opinión, ¿qué (…)?
4. ¿Qué crees de (…)?
5. ¿Te gusta?
6. ¿Y a ti qué te parece?
7. ¿Cuál es tu opinión sobre (…)?

INTERMEDIO

8. ¿Te preocupa (…)?
9. Dime la verdad. ¿Qué te ha parecido?
10. ¿Cuál es tu punto de vista sobre (…)?
11. Me gustaría conocer su opinión sobre (…).
12. Dime lo que piensas (acerca) de (…).

AVANZADO

13. ¿Qué opinión te merece (…)?
14. ¿Qué me dices de (…)? (*) **I.**
15. ¿Le gustaría comentar algo sobre (…)?
16. ¿(Hay) alguna objeción?
17. ¿Cómo ves lo de (…)? (*) **I.**

14. Esta frase no ha de entenderse en su sentido literal, pues constituye una petición de nuestra opinión: *¿qué me dices de mi nuevo coche?* En otros contextos supondría una fórmula de invitación: *¿qué me dices de una cerveza y unos calamares?*
17. El verbo *ver*, en su significado fundamental, alude a la actividad propia del sentido de la vista, pero es muy frecuente referido a una capacidad de comprensión mental: *¿ves ahora por qué lo he hecho?*, como sinónimo de *comprender*. A veces *ver algo* implica un juicio, una opinión: *veo bien que te cases*. En ese sentido puede formularse la pregunta: *¿cómo ves lo de comprar ese terreno?* En la respuesta ha de aparecer un elemento valorativo: *bien/mal, estupendo, fatal,* etc.

164. ASKING SOMEONE'S OPINION

BASIC

1. What do you think?
2. What do you think of (…)?
3. In your opinion, what (…)?
4. What do you think of (…)?
5. Do you like it?
6. What do you think?
7. What's your opinion of (…)?

INTERMEDIATE

8. Are you concerned about (…).?
9. Tell me the truth. What did you think of it?
10. Where do you stand on (…)?
11. I'd like to know your opinion of (…)?
12. Tell me what you think about (…)?

ADVANCED

13. What do you feel about (…)?
14. What's your feeling about (…)?
15. Would you like to say a couple of words about (…)?
16. Any objections?
17. How do you see the matter of (…)?

14. Lit. «What do you tell me about (…)?». This question should not be taken literally: it is a request for the listener's opinion: *¿qué me dices de mi nuevo coche?* («what do you think of my new car?»). In other contexts it constitutes an invitation: *¿qué me dices de una cerveza y unos calamares?* («what would you say to a beer and some squid?»).
17. *Ver* means «to see» in both the visual and mental senses, being frequently used as a synonym for *notar* («to note») and *comprender* («to understand»): *¿ves ahora por qué lo he hecho?* («do you see now why I did it?»). Sometimes *ver* also indicates a judgement or opinion: *veo bien que te cases* («I approve of your marrying»). In this sense it can be used interrogatively: *¿cómo ves lo de comprar ese terreno?* («how do you feel about buying this land?»). The response will contain a value judgement: *bien, mal, estupendo, fatal* etc.

18. ¿Qué impresión has sacado de (...)?
19. ¿Puedo saber si te has formado ya una opinión?
20. Me gustaría saber qué opinión te has formado acerca de (...). **F.**
21. ¿Podría saber si está en condiciones de emitir ya un juicio?
22. ¿Quiere hacer alguna otra apreciación? **F.**

18. What impression have you formed of (...)?
19. Could you tell me whether you have formed an opinion yet?
20. I'd like to know your impression of (...)?
21. Could you tell me whether you're in a position to express an opinion yet?
22. Would you like to add any other comment?

165. DAR LA OPINIÓN

── ELEMENTAL ──

1. Creo que (...).
2. Opino que (...).
3. Pienso que (...).
4. Me parece que (...).
5. Supongo que (...).

── INTERMEDIO ──

6. Para mí, (...).
7. Considero que (...).
8. En mi opinión, (...).
9. Personalmente, opino que (...).
10. Mi punto de vista es que (...).
11. Desde mi punto de vista (...).
12. Mi opinión sobre esto es la siguiente: (...).
13. ¿Quieres que te diga lo que pienso? Pues (...). **I.**
14. Si quieres saber mi opinión, aquí la tienes: (...). **I.**

── AVANZADO ──

15. A mi entender, (...).
16. A mi modo de ver, (...).
17. Por lo que veo, (...).
18. A mi juicio, (...).
19. Según mi criterio, (...).
20. Me figuro que (...).
21. Sospecho que (...). (*)
22. Presumo que (...).
23. Estimo que (...). (*)
24. Entiendo que (...).
25. Me temo que (...). (*)

21. El valor básico del verbo *sospechar* es creer en algo a partir de unas deducciones previas; el verbo de la oración que le siga está en indicativo: *sospecho que su invitación oculta algún propósito*. Además se utiliza para aludir a la intuición de culpabilidad: *sospecho que ese hombre es el asesino*.
23. El verbo *estimar*, sinónimo de *apreciar* o *valorar*, hace referencia a un juicio (*estimar un cuadro en dos millones, estimar una amistad*), pero también sirve, como *creer* o *considerar*, para exponer las propias opiniones.
25. El verbo *temer* sirve para referirse al miedo a recibir un daño: *no lo hizo porque temía las consecuencias*. Pero también expresa recelo o sospecha, tanto bajo la forma *temer* como bajo la pronominal *temerse*. El verbo de la frase que lo complementa suele estar en indicativo: *me temo que no llegaremos a tiempo*.

165. EXPRESSING AN OPINION

── BASIC ──

1. I think that (...).
2. In my opinion (...).
3. I think that (...).
4. It seems to me that (...).
5. I suppose that (...).

── INTERMEDIATE ──

6. As far as I'm concerned, (...).
7. I consider that (...).
8. In my opinion (...).
9. Personally, I'm of the view that (...).
10. My view is that (...).
11. In my view, (...).
12. My view on this is as follows: (...).
13. Do you want me to tell you what I think? Well (...).
14. If you want to know what I think, I'll tell you: (...).

── ADVANCED ──

15. As I understand it, (...).
16. The way I see it, (...).
17. As far as I can see, (...).
18. To my mind, (...).
19. In my judgement, (...).
20. I guess that (...).
21. I suspect that (...).
22. I assume that (...).
23. I reckon that (...).
24. I understand that (...).
25. I fear that (...).

21. The basic meaning of the verb *sospechar* is to believe in something on the basis of previous deductions. The verb will be in the indicative: *Sospecho que su invitación oculta algún motivo* («I suspect that your invitation has an ulterior motive»). In addition, the verb refers to culpability: *sospecho que ese hombre es el asesino* («I suspect that that man is the murderer»).
23. The verb *estimar* means both «to evaluate» or «value» (*estimar un cuadro en dos millones* [«to value a painting at two million pesetas»; *estimar una amistad* [«to value a friendship»]). It is also used as a synonym for «to believe» or «to consider» when expressing an opinion.
25. The verb *temer* is used to refer to fear: *no lo hizo porque temía las consecuencias* («he didn't do it because he feared the consequences»). However both *temer*

26. Yo diría que (…).
27. A decir verdad, (…).
28. La impresión que he sacado es que (…).
29. Tengo la firme convicción de que (…).
30. Estoy totalmente convencido de que (…).
31. Para serle sincero debo decirle que (…).
32. Con todos mis respetos, yo creo que (…). **F.**
33. Puestos a dar una opinión, yo diría que (…). **I.**
34. Si alguien me preguntara, le diría que (…).
35. Según mi humilde entender, (…). **R.**

26. I'd say that (…).
27. To tell the truth, (…).
28. The impression I've got is that (…).
29. It is my firm conviction that (…).
30. I'm totally convinced that (…).
31. To be frank, I should tell you that (…).
32. With all due respect, I feel that (…).
33. If you ask my opinion, I'd say that (…).
34. If I were asked, I'd say that (…).
35. In my humble opinion, (…).

and the reflexive form *temerse* can also express apprehension, doubt or suspicion. The verb in the following clause usually takes the indicative mood, but it can also take the subjunctive: *me temo que llegaremos tarde* («I fear we'll be late»).

166. EVITAR DAR LA OPINIÓN

166. AVOIDING GIVING AN OPINION

ELEMENTAL

1. No sé.
2. ¡Sin comentarios! (*)
3. Prefiero no opinar.
4. No quiero opinar.
5. De momento, me reservo mi opinión.
6. Eso no es asunto tuyo. **I.**

BASIC

1. I don't know.
2. No comment!
3. I prefer not to express an opinion.
4. I don't wish to express an opinion.
5. For the time being, I'll keep my thoughts to myself.
6. That's none of your business.

INTERMEDIO

7. ¡Y yo qué sé! **I.**
8. No tengo ninguna opinión acerca de (…).
9. En ese asunto prefiero no tomar partido.
10. Lo siento, pero no me corresponde a mí opinar.
11. No me hagas hablar. (*) **I.**
12. ¿Qué quieres que te diga? (*)
13. No sé qué pensar de (…).
14. Eso tendría que pensarlo. (*)
15. Es que no sé qué decir.

INTERMEDIATE

7. How should I know!
8. I have no view on (…).
9. I prefer not to take sides on this issue.
10. I'm sorry but I'm not in a position to give an opinion.
11. Don't make me say something I'd regret later.
12. What can I say?
13. I don't know what to think about (…).
14. I need to think about that one.
15. I just don't know what to say.

2. Equivalente a la fórmula del inglés *no comment!*, expresa la negativa a decir algo acerca de un tema. Constituye una negativa bastante cortante. Con la misma fórmula se expresa la impresión negativa que alguien o algo nos produce: —¿Qué te parece el abogado? —¡Sin comentarios!
11. Aunque esta frase tiene la estructura de una orden negativa, su valor es el de una fórmula con la que se rehúsa opinar; está implícito que uno sí tiene cosas que decir, pero que esas cosas resultarían inconvenientes. Se parece a *no me tires de la lengua*.
12. Aunque esta frase, por su estructura, puede parecer una pregunta, su valor exacto responde al deseo de no opinar, o a un sentimiento de indiferencia que explica que no se opine, es decir, a una opinión no formada.
14. Aunque *tener que* + infinitivo es una construcción de obligación, en condicional no sólo expresa una obligación remota, sino que es una forma de evitar opinar.

2. **Refer to note in Spanish.**
11. Although it is uttered in the form of an imperative, this is a non-committal response to a request for an opinion. The implication is that the speaker *does* have an opinion, but that it would be inappropriate to express it. It is equivalent to the phrase: *no me tires de la lengua*.
12. Although this is uttered in the form of a question, this expresses either a wish not to respond to a request for an opinion, or sheer indifference which accounts for the lack of an opinion to express.
14. Although the construction *tener que* («to have to») expresses obligation, in the conditional it not only conveys a remote possibility but functions as a means of avoiding giving an opinion.

AVANZADO

16. Eso ahora no viene a cuento. (*)
17. Eso ahora no viene al caso. (*)
18. A mí no me incumbe opinar. **R.**
19. A mí no me compete opinar. **R.**
20. No me he parado a pensarlo.
21. No quiero mojarme. (*) **V.**
22. Yo no soltaré prenda. (*) **I.**
23. No lograrás sonsacarme. (*)
24. Tiempo habrá para hablar de eso.
25. No me tires de la lengua. (*) **FH.**
26. Eso a mí ni me va ni me viene. (*) **Enf.**
27. No tengo mucho que decir sobre esto.
28. No hay nada que pueda decirte.
29. (Me temo que) No puedo decir nada de (…).
30. No tengo suficientes elementos de juicio como para opinar. **F.**

16 y 17. *Hacer/venir algo al caso* y *venir algo a cuento* aluden a la oportunidad de algo o a la relación que algo tiene con la situación en la que se emite la frase.
21. *Mojarse,* en sentido figurado, equivale a *comprometerse.*
22. *No soltar prenda* es una frase metafórica que se usa para evitar hablar cuando uno podría haberse comprometido.
23. *Sonsacar* es un verbo derivado de *sacar,* que describe la acción de conseguir alguien que otro diga determinada cosa.
25. El contenido de *tirar de la lengua* es equivalente al del verbo *sonsacar.* El uso de esta frase implica el deseo de evitar opinar, por cuanto el juicio callado sería negativo. Con el sustantivo *lengua* se forman otras frases usuales, como: *irse de la lengua* (hablar demasiado, o de cosas que deberían haberse mantenido calladas), *morderse la lengua* (reprimir el deseo de decir algo).
26. *No ir ni venirle a alguien algo* significa que no le importa. La frase resulta brusca y cortante, si la dirigimos al interlocutor con el propósito de evitar manifestar una opinión, desentendiéndonos del asunto.

ADVANCED

16. Now's not the time for that.
17. Now's not the time for that.
18. It does not behove me to express an opinion.
19. It does not for me to express an opinion.
20. I've never stopped to think about it.
21. I don't want to get involved.
22. I'm not giving anything away.
23. You won't worm it out of me.
24. There'll be another time for that.
25. Don't try to drag it out of me!
26. I don't care one way or the other.
27. I have very little to say about this.
28. There's nothing I can say.
29. (I'm afraid) I have nothing to say about (…).
30. I don't have enough information on which to base an opinion.

16 and 17. **Refer to note in Spanish.**
21. Lit. «I don't want to get wet».
22. Lit. «I won't take any clothes of». This expresses a desire not to reveal anything that might compromise the reluctant speaker.
23. *Sonsacar* derives from the verb *sacar* («to take out»).
25. The expression *tirar de la lengua* (lit. «to pull someone's tongue») alludes to the extraction of information and is equivalent to *sonsacar.* Other common phrases with *lengua* include: *irse de la lengua* («to talk too much» or «to let the cat out of the bag»); *morderse la lengua* («to bite one's tongue»).
26. Here the verbs *ir* and *venir* («to go and come») are not used in their literal sense. This expression of indifference is very abrupt if used as a means of avoiding giving an opinion.

167. INTENTAR CONVENCER A ALGUIEN

ELEMENTAL

1. Yo creo que debes (…).
2. Sí, pero mire (…).
3. Creo que esto es mejor.
4. (…) es lo mejor.
5. Más (…), ¡imposible! **Enf.**

INTERMEDIO

o que yo creo que debes hacer es (…).
o que lo mejor para usted será (…).
¿no crees que (…)?
¿no ves así? (*)

en su significado fundamental, alude ropia del sentido de la vista, pero

167. TRYING TO CONVINCE SOMEONE

BASIC

1. I think you should (…).
2. Yes but look, (…).
3. I think this is better.
4. (…) is best.
5. More (…) would be impossible!

INTERMEDIATE

6. What I think you ought to do is (…).
7. I think the best thing for you is to (…).
8. But, don't you think that (…)?
9. Isn't that how you see it?

Ver eans «to see» in both the visual and mental sen- ng frequently used as a synonym for *notar* («to

10. Seguro que no quieres decir eso.
11. Seguro que lo que usted quiere decir es algo así (...).
12. ¡Por supuesto!, pero (...).
13. Por favor, fíjate en (...).
14. Espera, espera, ¿de veras crees que (...)?
15. Escúchame, por favor, y verás que tengo razón.
16. ¡Convéncete!
17. ¡Déjese convencer!
18. Debe convencerse de que (...).

— AVANZADO

19. ¿Bromeas? Lo que está claro es que (...). **Ir.**
20. A pesar de eso, ¿no crees que (...)?
21. Yo que tú (...). (*) **I.**
22. ¿No querrás decir que (...)?
23. ¿No pensarás (...) esto? (*)
24. ¿No pensarás que (...)? (*)
25. No es por nada, pero (...). **Ir.**
26. Por favor, fíjate qué (...).
27. Eso sí..., pero ¿no es posible que (...)?
28. Bueno, ¿y si lo miramos desde otro ángulo? **R.**
29. Respeto tu punto de vista, pero (...).
30. Sí, pero mirado de otra manera (...).
31. Desengáñate de una vez.
32. Si tenemos en cuenta que (...), entonces (...).
33. Otra alternativa sería (...), ¿no?
34. También hay que tener en cuenta otras consideraciones, como (...).
35. Me pregunto si has tenido en cuenta lo que (...).
36. No es que quiera convencerle, pero (...).
37. No es que quiera que usted se deje convencer, sino que (...). **F.**
38. ¿No te das cuenta de que sería muchísimo más útil (...)?
39. No parece que esto tenga vuelta de hoja. (*)
40. Le puedo dar mil razones por las que creo que usted debe (...).
41. Usted debe llegar por sí mismo al convencimiento de que (...). **F.**

10. I'm sure that you don't mean it.
11. I'm sure that roughly what you mean is (...).
12. Of course, but (...)!
13. Please, just think (...).
14. Wait a minute, do you really think that (...)?
15. Please, listen to me and you'll see that I'm right.
16. Believe me!
17. You must believe it!
18. You must accept that (...).

— ADVANCED

19. Are you kidding? What's clear is that (...).
20. In spite of that, don't you think that (...).
21. If I were you (...).
22. Surely you don't mean that (...).
23. Surely you don't think (...) this?
24. Surely you don't think that (...).
25. I'm loath to say it, but (...).
26. Please, just think what (...).
27. Indeed..., but isn't it possible that (...)?
28. Well, what if we looked at it from another point of view?
29. I respect your view but (...).
30. Yes, but looked at another way, (...).
31. Look, open your eyes once and for all (...).
32. If we bear in mind that (...), then (...).
33. Another alternative would be to (...).
34. We also have to take into account other considerations, like (...).
35. I wonder whether you've taken into account what (...).
36. I'm not trying to make your mind up for you, but (...).
37. It's not that I'm trying to make your mind up for you, but rather (...).
38. Don't you realise that it would be much more useful (...).?
39. There are no two ways about it, it seems.
40. I could give you a thousand reasons why I think you should (...).
41. You ought to be convinced by your own reasoning that (...).

muy frecuente referido a una capacidad de comprensión mental: ¿ves ahora por qué lo he hecho?, como sinónimo de comprender. A veces ver algo implica un juicio, una opinión: veo bien que te cases. En ese sentido puede formularse la pregunta: ¿cómo ves lo de comprar ese terreno? En la respuesta ha de aparecer un elemento valorativo: bien/mal, estupendo, fatal, etc.

21. Se trata de un principio de frase, como lo son: yo (...) y yo, en tu lugar, (...). Ha de seguir un verbo en condicional: yo que tú llevaría el coche al taller, porque, en el fondo, estamos ante una estructura condicional, paralela a: si yo fuera tú, (...).

23 y 24. El verbo pensar, aparte de su contenido fundamental, significa tener la intención de hacer algo, o haber decidido hacerlo. En estos dos últimos valores acompaña a un infinitivo: no pensarás irte sin mí, ¿verdad? En estas construcciones hay una pronunciación muy exagerada de la última sílaba del verbo.

39. No tener algo vuelta de hoja o sin vuelta de hoja describen la claridad y el carácter indiscutible de algo

note») and comprender («to understand»): ¿ves ahora por qué lo he hecho? («do you see now why I did it?»). Sometimes ver also indicates a judgement or opinion: veo bien que te cases («I approve of your marrying»). In this sense it can be used interrogatively: ¿cómo ves lo de comprar ese terreno? («how do you feel about buying this land?»). The response will contain a value judgement: bien, mal, estupendo, fatal etc.

21. This is an introduction similar to yo and yo, en tu lugar. The verb that follows must be in the conditional: yo que tú llevaría el coche al taller («if I were you I'd take the car to the garage»). This construction is similar to the conditional si yo fuera tú, (...).

23 and 24. The verb pensar («to think») also expresses intention, or a decision to do something, when followed by an infinitive: no pensarás irte sin mí («you're not intending to go without me»). In such a construction the last syllable is heavily stressed.

39. **Refer to note in Spanish.**

42. ¡Hágame caso! No se deje engañar. (*) **Enf.**
43. No se deje engañar. ¡Convénzase usted mismo! **Enf.**

---

42. *Hacer caso a/de* alude a la atención que se presta a alguien. Muy parecida y, sin embargo, de contenido muy diferente es *hacer al caso,* en general negativa, que se refiere a la oportunidad de algo *(eso que dices no hace al caso).*

42. Listen to me, don't let yourself be taken in.
43. Don't let yourself be taken in. Make up your own mind!

---

42. The expression *hacer caso a/de* refers to paying attention. Similar in form but not meaning is the construction *hacer al caso,* used mainly in the negative to indicate the inappropriateness of something: *eso que dices no hace al caso* («what you're saying is irrelevant»).

168. EXPONER LAS RAZONES DE ALGO

ELEMENTAL

1. Mira, (…).
2. Porque (…).
3. Pues, (…).
4. Yo creo que (…).
5. Lo he hecho porque creo que (…).
6. La razón principal es que (…).
7. Yo tengo mis razones.

INTERMEDIO

8. Verás, (…).
9. Pues porque (…).
10. Fue así porque (…).
11. Mis razones son las siguientes: (…).
12. Déjame explicarte (…).
13. Es así, mira, (…).
14. Pues, la verdad, me ha parecido que (…).
15. A decir verdad, lo he hecho porque (…).
16. (…) por estos motivos.

AVANZADO

17. ¡Pues porque sí! (*) **I.**
18. Porque me da la gana. (*) **I.**
19. (…) ya que (…).
20. Como que (…).
21. Me baso en (…).
22. Me apoyo en (…).
23. Deja que te explique. **I.**
24. El caso es que (…). (*)

---

17. No siempre uno está dispuesto a exponer las razones de algo, ni siempre hay razones susceptibles de exponerse. El hablante, con cierta grosería, puede resumir su justificación en unas fórmulas fijas como: *(pues) porque sí* o *(pues) porque me da la gana.*
18 y 33. Además, *darle a alguien la gana de algo* es un equivalente de *querer. Gana* se refiere al deseo o a la voluntad. Se enfatiza con el adjetivo *real* antepuesto, también como superlativo: *realísima.* Incluso llega a desaparecer el sustantivo: *me da la realísima.*
24. Se trata de una fórmula que se utiliza con varios fines. Traduce, a veces, una cierta inseguridad; pero sirve también para demorar un momento la propia intervención, o para introducir un razonamiento.

168. GIVING THE REASONS FOR SOMETHING

BASIC

1. Look, (…).
2. Because (…).
3. Well, (…).
4. I think that (…).
5. I did it because (…).
6. The main reason is that (…).
7. I have my reasons.

INTERMEDIATE

8. You'll understand, (…).
9. Well because (…).
10. It was like that because (…).
11. My reasons are as follows: (…).
12. Let me explain to you (…).
13. Look, it's like this, (…).
14. Well, to tell the truth, it seemed to me that (…).
15. To tell the truth, I did it because (…).
16. (…) for these reasons.

ADVANCED

17. Because I say so!
18. Because I feel like it!
19. (…) since (…).
20. As (…).
21. I base my argument on (…).
22. I base my argument on (…).
23. Let me explain.
24. The fact is that (…).

---

17. One is not always willing, nor able, to give the reasons for something. This position can be conveyed, with a fair degree of rudeness, by expressions such as: *(pues) porque sí* or *(pues) porque me da la gana.*
18 and 33. An additional meaning of *darle a alguien la gana de algo* is that of *querer* («to want»). The noun *gana,* which can be reinforced with the preceding adjective *real* (lit. «royal») or, in the superlative *realísima* («most royal»), refers to desire or willingness. The noun itself can be omitted in colloquial usage, leaving the elliptical: *me da la realísima.*
24. This is a flexible formula which can be used to convey a degree of uncertainty, but can also serve briefly to delay an utterance, or introduce an argument.

25. La cosa va así, mira, (...). (*) **I.**
26. Espera que te diga por qué (...).
27. Tengo mis motivos para hacerlo, y son éstos: (...).
28. Voy a exponerte una a una las razones por las que (...).
29. El porqué te lo explicaré con pelos y señales. **V.**
30. Yo no veo otro motivo que (...).
31. Motivos no me faltan, puesto que (...).
32. Creo que ni yo sé muy bien el porqué. (*)
33. Lo hice porque me dio la (real) gana. (*) **V.**
34. Pues porque me salió de los cojones, y no se hable más. (*) **V.**
35. Creo que está justificado actuar así, puesto que (...).
36. Creo que después de exponerle detalladamente mis razones usted comprenderá (...). **F.**
37. Creo que queda bien justificado por las siguientes razones: (...).
38. Estos son los pros y los contras que he sopesado (...). (*) **F.**
39. ¿Que por qué? Pues, mira, por el simple hecho de que (...). **I.**

25. Look, this is the way things stand, (...).
26. Wait and I'll tell you why (...).
27. I have my reasons for doing it, and they are as follows: (...).
28. I'm going to tell you one by one the reasons why (...).
29. I'll tell you why, quoting chapter and verse.
30. I see no other reason than (...).
31. I'm not short of reasons, given that (...).
32. I don't think even *I* know for sure why.
33. I did it because I (damn well) felt like it.
34. Because I bloody well felt like it, okay?
35. I think it's right to act in this way, since (...).
36. I believe that after explaining to you in detail my reasons, you will understand (...).
37. I think it is fully justified for the following reasons: (...).
38. These are the pros and cons which I've weighed up (...).
39. Why? For the simple fact that (...).

---

25. Además de su valor como verbo de movimiento, el verbo *ir* es frecuente como sinónimo de *marchar* o *funcionar* (*el reloj no va*). El sustantivo *cosa* es un comodín, una voz mediante la cual uno puede referirse tanto a la situación política como a un asunto personal o al curso de una enfermedad. El adverbio *así* se refiere a la información que se da a continuación.
32. El sustantivo *porqué* es sinónimo de *causa, razón, motivo*. Si lleva complemento que amplíe su contenido va introducido mediante un *de* (*me preocupa el porqué de su actitud*). Hay que evitar confundir este sustantivo con la forma interrogativa *por qué* (*dime por qué lo has hecho*).
33. Ver nota al n. 18.
34. Con esta frase se expresa con contundencia y, por descontado, con vulgaridad que se ha actuado por voluntad propia y que eso es algo que no puede discutirse. La palabra *cojones* se dulcifica, en ocasiones, con *narices*. El *no se hable más* final traduce la poca disposición de diálogo.
38. *Pro*, en realidad, es un prefijo, y *contra* es una preposición. Pero ambas formas se convierten en sustantivos que aparecen unidos porque designan los aspectos favorables y los desfavorables de algo. Es frecuente encontrarlos como complementos de verbos como: *examinar, medir, pesar*. En este caso, *sopesar* es un derivado de *pesar*.

25. The verb *ir* («to go») frequently refers not to movement, but to functioning, in which case it is equivalent to *marchar* or *funcionar* («to work»): *este reloj no va* («this watch isn't working»). The noun *cosa* («thing») is a convenient expression for referring to whatever the speaker wishes, from the political situation to the progress of an illness. The adverb *así* alludes to the information that will follow.
32. The noun *porqué* («cause», «reason») may be followed by *de* + complement: *me preocupa el porqué de su actitud* («I'm worried about the reasons for his attitude»). This form should not be confused with the interrogative pronoun *por qué* (*dime por qué lo has hecho* [«tell me why you did it»]).
33. See n. 18.
34. This is an emphatic and vulgar way of indicating that one has acted of one's own free will and that the matter is not open to discussion. The expression can be softened by substituting *narices* («nostrils») for *cojones* («balls»). The final *no se hable más* translates an unwillingness to enter into discussion.
38. The most common verbs used with these nouns are *examinar* («to examine»); *medir* («to measure»); *pesar* («to weigh»). *Sopesar* («to weigh up») is derived from *pesar*.

169. DAR LA RAZÓN A ALGUIEN

169. TELLING SOMEONE THEY'RE RIGHT

ELEMENTAL

1. Sí.
2. Tienes razón.
3. Sí, vale.
4. Sí, de acuerdo.
5. Sí, estoy de acuerdo contigo.
6. Sí, hombre, claro que sí.
7. No estás equivocado.

BASIC

1. Yes.
2. You're right.
3. Yes, okay.
4. Yes, okay.
5. Yes, I agree with you.
6. Yes, yes of course (you're right).
7. You're not wrong.

INTERMEDIO

8. Sí, claro, por supuesto.
9. Sí, quizá yo estaba equivocado.
10. Puede que tenga razón.
11. Sí, no había pensado en (…).
12. Lo que dice es muy razonable.
13. Debo reconocer que tiene usted razón.
14. Sí, veo que tu punto de vista es muy razonable.
15. De acuerdo, tú sabes bien lo que dices.

AVANZADO

16. Tienes más razón que un santo. (*) **FH**.
17. Sí, qué tonto soy. **I**.
18. Vale, tú ganas. (*) **I**.
19. Sí, quizá yo estuviera equivocado.
20. Perdona, he metido la pata. (*) **I**.
21. ¡Y cuánta razón tienes! **Enf**.
22. Sí, ahora que lo pienso, lo que dice es cierto.
23. No ibas desencaminado. (*)
24. Sí, me había olvidado de esto.
25. ¡Bueno!, me pongo de tu parte.
26. Me has convencido plenamente.
27. Perdona, no había caído en eso. (*) **I**.
28. Perdone, no sabía lo que decía.
29. Tengo que admitir que está usted en lo cierto.
30. Sí, esto se me había pasado por alto. (*)
31. Sí, me temo que no había tenido eso en cuenta.
32. No sé en qué estaría pensando cuando dije eso.

---

16. La comparación con un santo es una forma tradicional de ponderar la razón, o sea, lo acertado del juicio; algo curioso, pues la lucidez no parece indispensable para la santidad, y sí la bondad. También se usa *mano de santo* para referirse a algo o a alguien que ha resultado eficaz para algo.
18. Es una manera muy familiar de reconocer que el otro tiene la razón, por cuanto se alude al juego. El *vale* inicial corresponde a *de acuerdo*. Podría completarse con *me rindo*, que se refiere a la decisión de dejar de oponer resistencia.
20. *Meter la pata* es un equivalente coloquial, pero no grosero, de equivocarse. A partir del sustantivo derivado de *meter, metedura,* se ha formado la versión sustantiva *metedura de pata*, equivalente a equivocación o inconveniencia. Por otra parte, el grupo *mala pata* equivale a *mala suerte,* y el adjetivo *patoso* describe a la persona poco hábil.
23. El *buen camino* alude al modo acertado de actuar en una situación o en la ejecución de un proyecto. El verbo es libre: *ir, llevar, andar, estar, elegir*. El adjetivo *desencaminado* (también *descaminado*) equivale a *desorientado* o *equivocado*.
27. *Caer* es un verbo de significación muy rica. En uno de sus valores sirve, como *parecer*, para dar nuestra opinión (*este chico me cae fatal, tú me caes muy bien*). En otro valor alude, como *ocurrirse*, a que el pensamiento encuentra una noción, idea o solución. *Caerse de la parra* significa darse cuenta repentinamente de algo evidente; también perder la candidez.
30. El significado de *pasar por alto* alude a olvido, omisión o silencio.

INTERMEDIATE

8. Yes, of course, naturally.
9. Yes, maybe I was wrong.
10. You may be right.
11. Yes, I hadn't thought of (…).
12. What you say is very reasonable.
13. I must admit that you're right.
14. Yes, I can see that your point of view is very reasonable.
15. All right, you know what you're talking about.

ADVANCED

16. You couldn't be more right.
17. Yes, how stupid of me.
18. All right, you win.
19. Yes, perhaps I was wrong.
20. Sorry, I've put my foot in it.
21. I'll say!
22. Yes, now that I come to think of it, what you say is right.
23. You were on the right track.
24. Yes, I'd forgotten that.
25. All right. I'm with you.
26. You've fully convinced me.
27. Sorry, I hadn't taken that into account.
28. Sorry, I didn't know what I was saying.
29. I have to admit that you're right.
30. Yes, I'd overlooked this.
31. Yes, I'm afraid I hadn't taken that into account.
32. I don't know what I can have been thinking of when I said that.

---

16. The comparison with a saint is a traditional way of stressing that someone is right. This is a curious custom, given that lucidity is hardly an essential characteristic of sanctity, unlike goodness. The expression *mano de santo* (lit. «saint's hand» or «holy relic») refers to someone or something that has been effective in some way.
18. This is a common way of conceding that the other person is right; hence the reference to game-playing. Here *vale* is equivalent to *de acuerdo* («agreed»). It could be completed with *me rindo* («I surrender»).
20. *Meter la pata* is a colloquial, but not vulgar, alternative to *equivocarse* («to be mistaken»).
23. *El buen camino* («the right way») alludes to the correct manner of acting in a given situation or in the execution of a project. The verb that accompanies the expression is variable: *ir* («to go»); *llevar* («to bear»); *andar* («to walk»); *estar* («to be»); *elegir* («to choose»). The adjective *desencaminado* (also *descaminado*) («misguided») is equivalent to *desorientado* or *equivocado*.
27. The verb *caer* («to fall») has a wide variety of meanings: one of these is equivalent to that of *parecer* («to seem»), used for expressing an opinion, (*este chico me cae fatal, tú me caes muy bien* [«I can't stand that boy, I like you»]). Another meaning is similar to *ocurrirse* («to occur»), in the sense of a thought, idea or solution coming to one. *Caerse de la parra* means «to realise the obvious» or «loose one's innocence».
30. **Refer to note in Spanish.**

33. Reconozco que lo que dices cae por su propio peso. (*)
34. Carezco de argumentos para refutar su opinión. **F.**
35. Ante un argumento tan sólido, me rindo. **R.**
36. Ante tales evidencias, no me queda otro remedio que darle la razón. **F.**
37. Eso va a misa. (*) **FH.**
38. ¡Claro, hombre, eso es de cajón! (*) **I.**

33. A través de esta referencia indirecta a la ley de la gravedad, *caer(se) algo por su (propio) peso* se emplea para mostrar la evidencia de algo.
37. La frase *ir algo a misa* traduce el énfasis que pone alguien en reconocer la seguridad o la veracidad de algo. *Este presupuesto va a misa,* por ejemplo, significa que estamos muy convencidos de que es correcto.
38. La locución *de cajón,* formada con el sustantivo *cajón* (a su vez derivado de *caja*), alude al carácter acostumbrado de algo, casi obligatorio. Hay quien dice que se debe a la costumbre de los antiguos impresores manuales de utilizar unas frases hechas cuyos tipos se guardaban en cajones.

33. I recognise that what you say speaks for itself.
34. I lack arguments to refute what you say.
35. Before such a powerful argument, I give in.
36. Faced with such evidence, I have no other resort but to agree with you.
37. That's the Gospel truth.
38. But of course, that goes without saying.

33. Lit. «I recognise that this falls by its own weight», an admission that the evidence for something is as incontrovertible as the Law of Gravity.
37. The expression *ir algo a misa* (lit. «to go to mass») stresses the veracity or reliability of something, e.g. *este presupuesto va a misa* («you can put your bottom dollar on this estimate»).
38. The expression *de cajón* (lit. «from a drawer») alludes to the almost obligatory nature of something. It is thought to come from the custom among early typesetters of keeping blocks of set phrases in drawers.

170. DECIR A ALGUIEN QUE ESTÁ EQUIVOCADO

170. TELLING SOMEONE THEY'RE WRONG

— ELEMENTAL

1. Estás equivocado.
2. No tienes razón.
3. Te equivocas de (…).
4. Eso es falso. **Enf.**
5. Eso no es verdad. **Enf.**
6. Eso no es así.
7. Estás en un error.
8. Me parece que no es así.
9. ¡Que no, que no es así! **I.**
10. Eso es absurdo.

— BASIC

1. You're mistaken.
2. You're not right.
3. You've got the wrong (…).
4. That's false.
5. That's not true.
6. It's not like that.
7. You're mistaken.
8. I don't think that's how it is
9. No, no, that's not how it is.
10. That's absurd.

— INTERMEDIO

11. No has acertado.
12. Aquí has cometido un error.
13. Has cometido una equivocación.
14. Has cometido una falta.
15. Se confunde usted.
16. Te has confundido de (…).
17. ¡Qué disparates dices! **I.**
18. Creo que no es como lo dices.
19. Creo que estás haciéndolo mal.

— INTERMEDIATE

11. You' haven't got that right.
12. You've made a mistake here.
13. You've made a mistake.
14. You've made a mistake.
15. You're mistaken.
16. You've got the wrong (…).
17. What a lot of nonsense you talk!
18. I don't think it's as you say.
19. I think you're doing it wrong.

— AVANZADO

20. Vas errado. **R.**
21. Vas desencaminado. (*)

21. El *buen camino* alude al modo acertado de actuar en una situación o en la ejecución de un proyecto. El verbo es libre: *ir, llevar, andar, estar, elegir.* El adjetivo *desencaminado* (también *descaminado*) equivale a *desorientado* o *equivocado.*

— ADVANCED

20. You're wide of the mark.
21. You're on the wrong track.

21. *El buen camino* («the right way») alludes to the correct manner of acting in a given situation or in the execution of a project. The verb that accompanies the expression is variable: *ir* («to go»); *llevar* («to bear»); *andar* («to walk»); *estar* («to be»); *elegir* («to choose»). The adjective *desencaminado* (also *descaminado*) («misguided») is equivalent to *desorientado* or *equivocado.*

22. Vas despistado. **I.**
23. Vas arreglado. (*) **I.**
24. Me parece que tu respuesta ha sido muy desafortunada.
25. Has dado un paso en falso. (*)
26. Creo que vas desorientado.
27. Temo que está usted completamente desorientado.
28. Temo que sufre usted una confusión. **F.**
29. Tengo la impresión de que estás equivocado.
30. Eso que dice usted es improcedente. **R.**
31. Eso que dices es una aberración. (*) **R.**
32. Te equivocas de medio a medio. (*) **I.**
33. Has metido la pata. (*) **I.**
34. ¡Qué metedura de pata! (*) **I.**
35. ¡Vaya patinazo! (*) **I.**
36. ¡Qué despropósito! **R.**
37. ¡Qué torpeza has cometido!
38. Te has colado. (*) **I.**
39. La has pifiado. (*) **I.**
40. No digas más burradas. **V.**
41. Me parece que toma una cosa por otra.
42. Me parece que se pasa usted de listo. **Ir.**
43. Me parece que te has hecho un lío. (*) **I.**
44. Creo que me ha tomado usted por (*).

---

23. Con esta expresión se alude a que alguien se equivoca al esperar algo. En el lugar de *arreglado* pueden aparecer *apañado*, *bueno* o *listo*. Hay que pronunciarla en un tono que no deje lugar a dudas sobre cuál ha de ser su interpretación.
25. A partir de un valor referido a la caída o vacilación que se sufre al poner mal el pie se llega a un significado figurado, alusivo al error cometido al realizar algo de lo que se han derivado malas consecuencias.
31. El sustantivo *aberración*, alusivo a una desviación o anormalidad en física, biología y astronomía, es un sustituto enfático para *disparate*. Igualmente expresivos son: *atrocidad*, *desatino*, *barbaridad* o *herejía*.
32. La locución *de medio a medio* equivale a *completamente* y no se usa más que con el verbo *equivocarse* y similares.
33 y 34. *Meter la pata* es un equivalente coloquial, pero no grosero, de *equivocarse*. A partir del sustantivo derivado de *meter*, *metedura*, se ha formado la versión sustantiva *metedura de pata*, equivalente a equivocación o inconveniencia. Por otra parte, el grupo *mala pata* equivale a *mala suerte*, y el adjetivo *patoso* describe a la persona poco hábil.
35. Así como *dar un paso en falso* describe el error que se produce al haber realizado algo de lo que se derivan malas consecuencias, el verbo *patinar* (de la idea de deslizarse se llega a la de cometer una indiscreción) y, más aún, el sustantivo derivado *patinazo*, aislado o combinado con los verbos *dar*, *pegar*, alude a un desacierto cometido.
38. Aunque no es su significado fundamental (*colarse en un cine sin pagar*), es muy frecuente usar el verbo *colar(se)* de forma metafórica y en un registro familiar, como sinónimo de *equivocarse*. También se dice de una mentira que *no cuela* cuando la gente no se la cree.
39. El verbo *pifiar*, sinónimo familiar de *equivocarse*, se ha formado sobre el sustantivo *pifia*, que designa un golpe en falso en el juego del billar.
43. El sustantivo *lío* tiene muchos valores. Designa un bulto o paquete; se aplica a unas relaciones sentimentales irregulares (*tiene un lío de faldas con una vecina*); vale como *jaleo*, refiriéndose a desorden. En este contexto alude a una situación difícil y confusa que le lleva a uno a equivocarse. Hay una variante grosera: *hacerse la picha un lío*.

---

22. You're confused.
23. You're hopeful!
24. I think your response was most unfortunate.
25. You've made a mistake.
26. I think you're on the wrong track.
27. I'm afraid you're completely misguided.
28. I'm afraid you're labouring under a misapprehension.
29. I have a feeling you're mistaken.
30. What you're saying is unfounded.
31. What you're saying is absurd.
32. You're utterly mistaken.
33. You've put your foot in it.
34. What a blunder!
35. What a faux pas!
36. What nonsense!
37. You've got it wrong.
38. You've blown it.
39. I think you're trying to be too clever.
40. I think you've got yourself tied up in knots.
41. Yes, I know it was a misunderstanding.
42. I have the impression that you're wide of the mark.
43. What's wrong with you that you can't manage to (…).
44. Are you raving?

---

23. This expression, uttered in a suitably sarcastic tone of voice, indicates that the speaker is mistaken in hoping for something. Alternative forms of this idiom are *vas apañado*, *vas bueno*, and *vas listo*.
25. Lit. «you have taken a false step». Used figuratively, this expression refers to an error which has unfortunate consequences.
31. The noun *aberración*, which refers to a deviation from the norm in scientific terms, is an alternative to *disparate* («absurd thing»). Other expressive terms are *atrocidad*, *desatino*, *barbaridad* and *herejía*.
32. The expression *de medio a medio* («completely») is reserved for verbs like *equivocarse* («to be mistaken»).
33 and 34. *Meter la pata* is a colloquial but inoffensive alternative to *equivocarse* («to be mistaken»). The noun *metedura de pata* («mistake») derives from this verb. *Mala pata* is a synonym for «bad luck» and *patoso* refers to a clumsy person.
35. In the same way that the expression *dar un paso en falso* (lit. «take a false step») refers to an error which has unfortunate consequences, the verb *patinar* («to skid») is used for «boobs» that are «let slip» in a conversation. The noun *patinazo* alludes to such blunders.
38. Although its most common meaning is «to sneak in without paying», the verb *colarse* is used figuratively in colloquial registers as a synonym for *equivocarse* («to be mistaken»). It is also common to dismiss unconvincing lies with the remark *no cuela* («it won't wear»).
39. The verb *pifiar* («to cock up») derives from the term for a miscue in the game of pool, *una pifia*.
43. The noun *lío* («bundle») has a wide range of figurative meanings, from illicit amorous entanglements (*tiene un lío de faldas con la vecina* [«he has a little thing going with the neighbour»]), to «row» or «confusion». (There is a crude variant of this meaning in the expression: *hacerse la picha un lío* [lit. to get one's penis tied up in knots] which is a more graphic version of «getting one's knickers in a twist»).

45. ¿Cómo se te ha ocurrido? (*)
46. ¡Es que no das una! **I.**
47. No das en el clavo. (*) **FH.**
48. Cuidado, que te trabucas. **R.**
49. Te estás armando un taco. **I.**
50. Te has pegado un planchazo. (*) **I.**
51. ¡Qué plancha has metido! (*) **I.**
52. Te ha salido el tiro por la culata. (*) **FH.**
53. Has tomado el rábano por las hojas. (*) **FH.**
54. La has cagao. (*) **V.**
55. Quien mucho habla mucho yerra. **FH.**

45. How could you have thought that?
46. You haven't a clue!
47. You haven't a clue.
48. Careful, you're getting mixed up.
49. You're getting all mixed up.
50. You've dropped a clanger.
51. What a clanger you've dropped!
52. It has backfired on you!
53. You've got the wrong end of the stick.
54. You've screwed up.
55. He who talks too much errs.

45. Mientras que *ocurrir* es sinónimo de *suceder*, *ocurrírsele a alguien algo* expresa que alguien ha tenido una idea. Si las consecuencias de su puesta en práctica son negativas o la idea le parece disparatada a otro, puede emitirse esta frase, que ha de concluir con un infinitivo: *¿cómo se te ha ocurrido salir sin paraguas, con lo que está lloviendo?*
47. La frase *dar en el clavo* es un equivalente expresivo de *acertar*. *Blanco* o *diana*, relativos a deportes que exigen puntería, son otros complementos posibles para el grupo *dar en*, sin que haya modificación en el contenido.
50 y 51. El valor fundamental de *plancha* es el de lámina, hoja. En sentido figurado alude a una equivocación o una indiscreción. Se combina con los verbos *pegarse, tirarse, meter*. Hay un derivado aumentativo: *planchazo*. El valor de estas dos frases es similar al de *meter la pata*.
52. Esta frase supone que alguien que contaba obtener un beneficio de algo no lo obtiene o, lo que es peor, obtiene daño. Procede del ámbito de la caza.
53. Esta frase describe la mala interpretación que alguien hace de algo por fijarse sólo en un pequeño detalle y no en el conjunto.
54. El verbo *cagar* es un sinónimo grosero de *evacuar* excrementos. Alejado de este significado, se usa como palabra expresiva, equivalente a *estropear, equivocarse*. También aparece en maldiciones: *me cago en (…)*.

45. The verb *ocurrir* («to occur») is synonymous with *suceder*. The reflexive form *ocurrirse a alguien* refers to a mental occurrence. If the consequences of putting the idea into practice are negative, or the idea seems absurd to a listener, a response such as the following construction, incorporating an infinitive, is appropriate: *¿cómo se te ha ocurrido salir sin paraguas, con lo que está lloviendo?* («How did it occur to you to go out without an umbrella, in this rain?»).
47. Lit. «you haven't kicked the ball once». An equivalent alternative from the world of games is *no das una*.
50 and 51. Apart from the basic meaning of «sheet» or «plate», the noun *plancha* has the figurative meaning of «gaffe» or «blunder». It is used in this sense with the verbs *pegarse, tirarse* or *meter*. The idiom *meter la pata* is equivalent. There is an augmented version of this in the form of *planchazo*.
52. This expression comes from the language of hunting.
53. Lit. «you have picked up the radish by the leaves». This is a metaphor for misunderstanding or misinterpretation because of over-attention to detail. It therefore shares some of the sense of the English expression «failing to see the wood for the trees».
54. *Cagar* («to shit») is used in certain vulgar expressions in the sense of *estropear* («to break or ruin») and *equivocarse* («to be mistaken»): (*¡la hemos cagado!* [«that's buggered it!»]). It's also used in curses: *¡me cago en … !* (lit. «I shit on …!).

171. DECIR A ALGUIEN QUE ESTÁ EN LO CIERTO

171. TELLING SOMEONE THEY'RE RIGHT

ELEMENTAL

1. ¡Claro!
2. ¡Claro que sí!
3. Tienes razón.
4. Estás en lo cierto.
5. Sí, es así.
6. Eso es cierto.
7. Está bien.
8. Es correcto.
9. Es verdad.
10. No estás equivocado.

BASIC

1. Of course!
2. Of course!
3. You're right!
4. You're right!
5. Yes, that's it.
6. That's right.
7. That's fine.
8. It's correct.
9. It's true.
10. You're not mistaken.

11. No te equivocas.
12. ¡Por supuesto!
13. ¡Ciertamente!

INTERMEDIO

14. ¡Desde luego!
15. Es certísimo.
16. ¡Que sí, que sí, que es así! **Enf.**
17. Has acertado.
18. Es rigurosamente cierto.
19. Creo que es como dices.
20. Creo que estás haciéndolo bien.
21. Me parece que tu respuesta ha sido muy acertada.
22. Tus noticias han resultado ser ciertas. **F.**
23. Vas por buen camino. (*)
24. ¡Qué tacto has tenido! (*)
25. No has hecho ninguna falta.
26. No has cometido ninguna equivocación.
27. No te confundes, no.
28. ¡Has acertado en/con (…)!

AVANZADO

29. Has dado en el blanco. (*)
30. ¡Por descontado!
31. ¡Qué acierto has tenido!
32. ¿Cómo has dado con la respuesta?
33. Has empezado con buen pie. (*) **I.**
34. Has entrado con el pie derecho. (*) **I.**
35. No vas desencaminado.
36. No vas despistado. **I.**
37. Estás pisando firme. **Enf.**
38. Me temo que estás en lo cierto.
39. Lo que ha dicho es indiscutible.
40. Lo que has dicho no es ninguna tontería. **I.**
41. ¡Qué certero has sido! **R.**
42. ¡Qué ojo clínico tienes! (*)

---

23. El *buen camino* alude al modo acertado de actuar en una situación o en la ejecución de un proyecto. El verbo es libre: *ir, llevar, andar, estar, elegir*. El adjetivo *descaminado* (también *desencaminado*) equivale a *desorientado, equivocado*.
24. El sustantivo *tacto* designa el sentido corporal por el que se percibe contacto con las cosas y algunas de sus características (temperatura, suavidad). En sentido figurado describe la habilidad para tratar los asuntos delicados con prudencia.
29. *Blanco* o *diana*, relativos a deportes de puntería, son, junto a *clavo*, complementos posibles para el grupo *dar en*. Constituyen frases con un significado global equivalente al de *acertar*.
33 y 34. Las locuciones *con buen pie* y *con el pie derecho* tienen el mismo significado que *con buena suerte* o *de forma acertada*. Se combinan con verbos como *empezar, entrar*, etc. Para aludir a la situación contraria usamos las correspondientes *con mal pie, con el pie izquierdo*.
42. Aplicada a un médico, esta frase aludiría a su sagacidad y acierto al dar un diagnóstico. En un sentido más amplio se aplica al acierto con el que alguien deduce y saca conclusiones o predice acontecimientos o actuaciones de los demás.

---

11. You're not mistaken.
12. Of course!
13. For sure!

INTERMEDIATE

14. Of course!
15. It's absolutely certain.
16. Yes, yes, that's it!
17. You've hit the nail on the head.
18. It's scrupulously accurate.
19. I think it's just as you say.
20. I think you're doing it well.
21. I think your answer was spot on.
22. Your news has turned out to be accurate.
23. You're on the right track.
24. You handled it so sensitiviely!
25. You have made no mistakes.
26. You have made no mistakes.
27. You're not mistaken, no.
28. You've hit the mark with/in (…).

ADVANCED

29. You've hit the nail on the head.
30. It goes without saying!
31. What a good idea you had!
32. How did you think up the reply?
33. You've got off to a good start.
34. You've started off on the right foot.
35. You're on the right track.
36. You're on the right track.
37. You're on firm ground.
38. I'm afraid you're right.
39. What you've said is indisputable.
40. What you've said makes sense.
41. You were spot on!
42. You have such a sharp eye!

---

23. *El buen camino* («the right way») alludes top the correct manner of acting in a given situation or in the execution of a project. The verb that accompanies the expression is variable: *ir* («to go»); *llevar* («to bear»); *andar* («to walk»); *estar* («to be»); *elegir* («to choose»). The adjective *desencaminado* (also *descaminado*) («misguided») is equivalent to *desorientado* or *equivocado*.
24. The noun *tacto* («touch» or «feel») also refers to «tact».
29. *Dar en el blanco/clavo*, and *dar en la diana* are three expressions, deriving from games which demand accuracy of aim, which are alternatives to the verb *acertar* («to get it right»).
33 and 34. The expressions *con buen pie* and *con el pie derecho* are equivalent in meaning to *con buena suerte* («with good luck») or *de forma acertada* («correctly»). They are used with the verbs *empezar* («to start») or *entrar* («to enter»). In the opposite sense the expressions *con mal pie* and *con el pie izquierdo* («on the wrong foot/with the left foot») are used.
42. This expression has a wider application than its literal meaning would suggest: the reference to *ojo clínico* («clinical eye») is appropriate to anyone who is able to make deductions, draw conclusions or make accurate predictions about events and actions.

43. ¡Qué pronto lo has calado! (*) **I.**
44. Eso que dices no tiene vuelta de hoja. (*)
45. Ahora has puesto el dedo en la llaga. (*) **FH.**
46. Lo que dices es tan cierto como que dos y dos son cuatro. **FH.**
47. ¡Caliente, caliente! (*) **I.**
48. Has dado en el quid. (*)

---

43. El verbo *calar*, no muy usual en sus valores fundamentales, sí es frecuente en sentido figurado. Describe la acción de penetrar en la naturaleza de algo, o en las intenciones de alguien. Por otra parte, como pronominal, *calarse* es corriente como equivalente a mojarse mucho a causa de la lluvia.
44. *No tener algo vuelta de hoja* o *sin vuelta de hoja* describen la claridad y el carácter indiscutible de algo.
45. Esta frase de aplicación metafórica tiene un contenido fácilmente deducible. Alude a que alguien acierta con precisión el punto más delicado de algo.
47. Esta exclamación se emplea en algunos juegos cuando el que busca algo está muy cerca de conseguirlo. Fuera de ese ámbito se refiere a lo mismo, a que alguien casi sabe, adivina o reconoce algo.
48. El término *quid* es un latinismo que alude al punto más importante o delicado de un asunto. La frase se refiere al acierto de alguien en algo. Es parecida, pues, a *dar en el blanco, en la diana, en el clavo*.

---

43. You were so quick to suss the situation!
44. There are no two ways about it, you're right.
45. Now you've put your finger on it.
46. It's as certain as two and two make four.
47. Your getting hotter, hotter!
48. You've put your finger on it.

---

43. The verb *calar* (lit. «to saturate») is more commonly used in the figurative sense of «penetrating the nature of something» or «seeing through someone's motives». The reflexive *calarse* means «to get a soaking».
44. **Refer to note in Spanish.**
45. **Refer to note in Spanish.**
47. In Spanish, as in English, this cry, associated with a popular children's game consisting of the search for something that has been hidden, has made its way into colloquial speech as a way of indicating that someone is close to discovering the truth about something.
48. *Dar en el quid*, an alternative expression to *dar en el blanco/en la diana/en el clavo*, contains the Latin term for «the nub of the matter».

---

172. PREGUNTAR A ALGUIEN SI ESTÁ DE ACUERDO

— ELEMENTAL —

1. ¿De acuerdo?
2. ¿Verdad?
3. ¿Vale? **I.**
4. ¿Sí? **Enf.**
5. ¿Sí o no? **I.**
6. (…), ¿verdad?
7. ¿Crees que tengo razón?
8. ¿Te parece bien (…)?
9. ¿Qué te parece lo que ha dicho?

— INTERMEDIO —

10. ¿Ves las cosas como yo?
11. ¿Pensamos lo mismo?
12. Me parece que pensamos lo mismo, ¿no?
13. ¿Qué? ¿Te parece bien?
14. ¿No crees que (…)? (*)
15. (…), ¿no te parece?
16. (…), ¿me equivoco?

---

14. Con esta frase no se pregunta algo al interlocutor, sino que se busca su asentimiento, presuponiendo que su opinión es la misma que la del que pronuncia la frase: *¿no crees que esta gabardina es un poco cara?* El verbo de la oración que sigue está en indicativo. Hay que distinguir esa estructura de la de *no creo que esta gabardina sea cara*, donde sí hay una emisión de un juicio personal (y el verbo subordinado es subjuntivo).

---

172. ASKING SOMEONE IF THEY AGREE

— BASIC —

1. Agreed?
2. Right?
3. All right?
4. Yes?
5. Yes or no?
6. (…), no/ don't you/ isn't it etc.?
7. Do you agree with me (…)?
8. Is that okay with you (…)?
9. What do you think of what I've said?

— INTERMEDIATE —

10. Do you see things my way?
11. Are we in agreement?
12. I think we're in agreement, aren't we?
13. So, do you like the idea?
14. Don't you think that (…)?
15. (…), don't you think?
16. Am I right in thinking that (…)?

---

14. This question presupposes that the listener's opinion is identical to that of the speaker and the verb that follows the question is therefore in the indicative mood. Were it a genuine negative statement expressing a personal opinion, as in the sentence *no creo que esta gabardina sea cara* («I don't think this raincoat is expensive»), the subjunctive would be required in the subordinate clause.

17. ¿Opinas como yo?
18. ¿Aceptarías esa idea?
19. ¿Puedo preguntarle si está de acuerdo conmigo? **F.**

— AVANZADO —

20. (…). ¿Crees que es una tontería? **I.**
21. (…), ¿conforme?
22. ¿Estás conforme con lo que he dicho?
23. ¿Eres de mi parecer?
24. ¿Lo apruebas?
25. ¿Estamos? (*) **I.**
26. ¿Estás conmigo? (*)
27. ¿Estás conmigo en lo de (…)? (*)
28. ¿No estás de acuerdo conmigo cuando digo que (…)?
29. ¿Coincides con mi punto de vista?
30. ¿Cerramos el trato? **R.**
31. ¿Ves por dónde voy? (*) **I.**
32. ¿No dirías también que (…)?
33. Me pregunto si está usted dispuesto a aceptar mi propuesta. **F.**
34. ¿Suscribiría esta propuesta? **F.**
35. ¿Le da usted el visto bueno? (*) **R.**

25, 26 y 27. Esta expresión, muy enfática, equivale a ¿comprendes? y, a la vez que sirve para comprobar si el interlocutor ha entendido, da énfasis a las propias palabras. Puede usarse también la forma de la primera persona del plural: ¿estamos? Tampoco en ese caso hay inclusión del interlocutor. La construcción más compleja ¿estás conmigo en lo de (…)? se completa con un infinitivo.

31. El verbo de movimiento *ir* no expresa traslación real en el espacio ni en el tiempo. Se trata de un movimiento mental. Se alude a la dirección del pensamiento expresado.

35. El *visto bueno* procede de la fórmula *Visto Bueno* que se pone al pie de los documentos, generalmente en abreviatura *(V.º B.º)*, con la firma del que lo aprueba. En este sentido más general, y como sustantivo masculino, equivale a *conformidad* o *acuerdo*.

17. Do you think the same as I do?
18. Would you accept that idea?
19. May I ask whether you agree with me?

— ADVANCED —

20. (…). Do you think it's stupid?
21. (…), agreed?
22. Do you agree with what I said?
23. Do you share my opinion?
24. Do you approve?
25. Okay?
26. Are we agreed?
27. Don't you agree with me on/about (…).?
28. Don't you agree with me when I say that (…).?
29. Do you share my view?
30. Shall we agree on the deal?
31. Do you follow me?
32. Wouldn't you say that (…) too?
33. I wonder whether you're prepared to accept my proposal?
34. Would you subscribe to this proposal?
35. Do you give it your seal of approval?

25, 26 and 27. *¿Estamos?*, which is an emphatic equivalent to *¿comprendes?* («do you understand?»), is also used to check whether the listener has understood. Although the first person plural is used, the speaker does not include himself in the question. *¿Estás conmigo en lo de… ?* is a more elaborate version of *¿Estás conmigo?*, and if followed by a verb this will be in the infinitive.

31. The verb *ir* («to go») frequently refers, not to movement, but to mental understanding or «following» what the speaker is saying, as is the case here.

35. This expression derives from the formula *Visto Bueno* (lit. «well seen»), usually in abbreviated form *(V.ºB.º)*, which appears at the end of documents alongside the signature of the person giving his approval. As a masculine noun, in this form, it is equivalent to *conformidad* or *acuerdo*.

173. MANIFESTAR QUE UNO ESTÁ DE ACUERDO CON ALGUIEN

173. EXPRESSING AGREEMENT WITH SOMEONE ELSE

— ELEMENTAL —

1. ¡De acuerdo!
2. Estoy de acuerdo.
3. Vale. (*) **I.**
4. Vale, vale. (*) **I.**
5. Sí, de acuerdo.
6. ¡Es verdad!

3 y 4. *Vale* es una forma verbal que, casi con carácter de interjección, viene usándose, y cada vez con mayor frecuencia, como expresión afirmativa de aprobación. A veces, repetida, puede traducir una actitud de apremio.

— BASIC —

1. Okay!
2. I agree.
3. Okay.
4. Okay, okay.
5. Yes, all right!
6. That's right!

3 and 4. *Vale* is increasingly used as an affirmative in Spain. Particularly when repeated in the form of *vale, vale* it indicates impatience.

7. Tienes razón.
8. ¡Naturalmente!
9. ¡Claro!
10. ¡Claro que sí!
11. ¡Claro, claro!
12. ¡Por supuesto!
13. ¡Por supuesto que sí!
14. ¡Sí, por supuesto!
15. ¡Bueno!
16. ¡Bueno, bueno!
17. ¡Eso, eso!
18. Está bien.
19. Eso está bien.
20. Sí, estoy completamente de acuerdo contigo.
21. Me parece bien.

INTERMEDIO

22. ¡Desde luego!
23. ¡Desde luego que sí!
24. ¡Exacto!
25. Sin duda.
26. Indudablemente.
27. Es indudable.
28. Eso mismo.
29. Exactamente.
30. Justamente.
31. Perfectamente.
32. Precisamente.
33. Soy exactamente de la misma opinión.
34. Eso es exactamente lo que yo pensaba.
35. Ése es también mi punto de vista.
36. Veo que pensamos lo mismo.
37. Veo las cosas como tú.
38. Lo veo bien. (*)
39. ¡No se hable más! (*) **Enf.**

AVANZADO

40. ¡Por descontado!
41. ¡Justo!
42. En efecto.
43. Ya lo creo.
44. Con toda seguridad.
45. Apruebo tu decisión.
46. Es justo lo que yo quería decir.
47. Estoy con usted en esto.
48. Coincidimos plenamente.
49. Coincido contigo.

---

38. El verbo *ver*, en su significado fundamental, alude a la actividad propia del sentido de la vista, pero es muy frecuente referido a una capacidad de comprensión mental: *¿ves ahora por qué lo he hecho?*, como sinónimo de *comprender*. A veces *ver* algo implica un juicio, una opinión: *veo bien que te cases*. En ese sentido puede formularse la pregunta: *¿cómo ves lo de comprar este terreno?* En la respuesta ha de aparecer un elemento valorativo: *bien/mal, estupendo, fatal*, etc.
39. La fórmula *¡no se hable más (de algo)!* sirve para dar por terminada una intervención; por tanto, puede usarse si se quiere cortar al interlocutor, pero también cuando se considera que lo que se ha dicho no requiere más discusión ni comentario.

7. You're right!
8. You're right.
9. Of course!
10. Of course!
11. Of course!
12. Of course, of course!
13. Of course!
14. Of course!
15. Yes, of course!
16. Good!
17. Good, good!
18. Fine.
19. That's fine.
20. Yes, I agree with you completely.
21. It's fine by me.

INTERMEDIATE

22. Of course!
23. Of course!
24. Exactly!
25. Without doubt.
26. Without doubt.
27. There's no doubt about it.
28. Precisely.
29. Exactly.
30. Exactly.
31. Perfect.
32. Precisely.
33. I am of exactly the same opinion.
34. That's exactly what I was thinking.
35. That's how I see it too.
36. I see we think the same.
37. I see things the way you do.
38. It seems fine to me.
39. Say no more!

ADVANCED

40. That goes without saying!
41. Exactly!
42. Indeed.
43. Yes indeed.
44. For sure.
45. I support your decision.
46. That's exactly what I meant.
47. I agree with you on this.
48. We are in complete agreement.
49. My view coincides with yours.

---

38. *Ver* means «to see» in both the visual and mental senses, being frequently used as a synonym for *notar* («to note») and *comprender* («to understand»): *¿ves ahora por qué lo he hecho?* («do you see now why I did it?»). Sometimes *ver* also indicates a judgement or opinion: *veo bien que te cases* («I approve of your marrying»). In this sense it can be used interrogatively: *¿cómo ves lo de comprar ese terreno?* («how do you feel about buying this land?»). The response will contain a value judgement: *bien, mal, estupendo, fatal* etc.
39. This expression can be used to bring someone's contribution to a discussion to an end. It can therefore serve either to interrupt the speaker or to indicate that the matter requires no further discussion or comment.

50. Le doy mi aprobación. **F.**
51. Soy de tu mismo parecer.
52. ¡Lo que tú digas! (*)
53. Quiero expresarle mi total conformidad con (...). **F.**
54. No puedo estar más de acuerdo contigo.
55. Creo que no hay nadie que pueda no estar de acuerdo con usted. **F.**
56. No faltaba más. (*) **Enf.**
57. ¡No faltaría más! (*) **Enf.**
58. ¡Sólo faltaría! (*) **Enf.**
59. Tienes más razón que un santo. (*) **FH.**
60. ¡No se hable más de esto! Haremos lo que tú digas.
61. ¡Ni qué decir tiene! (*) **Enf.**
62. No (me) cabe (ninguna) duda.
63. ¡Y tanto! (*) **Enf.**
64. Suscribimos su propuesta. **R.**
65. Me adhiero a su respuesta. **R.**
66. Le doy mi visto bueno. (*) **R.**
67. Abundo en la misma opinión. **R.**

52. Con esta frase se expresa conformidad con lo que el interlocutor dice o propone. El verbo en subjuntivo implica que esta predisposición se aplica también a las cosas que puedan decirse en el futuro. Forma serie con otras, como: *como quieras, donde te parezca,* etc.
56, 57 y 58. Con estas frases se puede rechazar algo inadmisible; indirectamente, sirven para afirmar.
59. La comparación con un santo es una forma tradicional de ponderar la razón, o sea, lo acertado de un juicio; algo curioso, pues la lucidez no parece indispensable para un santo, y sí en cambio otras cualidades, como la bondad. También existe *mano de santo* para referirse a algo o a alguien que ha resultado eficaz para algo.
61. Es una enérgica expresión de afirmación. Implica que no cabe ninguna duda acerca de aquello de lo que se trata.
63. Con esta exclamación se asiente rotundamente a lo que otra persona ha dicho.
66. El *visto bueno* procede de la fórmula *Visto Bueno* que se pone al pie de los documentos, generalmente en abreviatura (*V.º B.º*), con la firma del que lo aprueba. En este sentido más general, y como sustantivo masculino, equivale a *conformidad* o *acuerdo*.

50. You have my approval.
51. I share your view exactly.
52. Whatever you say.
53. I want to express to you my total agreement with (...).
54. I couldn't agree with you more.
55. I don't think anyone could fail to agree with you.
56. But of course!
57. But of course!
58. But of course!
59. Never a truer word was spoken!
60. Enough said! We'll do whatever you say.
61. That goes without saying!
62. I haven't the slightest doubt (in my mind).
63. You can say that again!
64. We subscribe to your proposal.
65. I endorse your proposal.
66. I give it my seal of approval.
67. I share your opinion wholeheartedly.

52. This expresses conformity with what the speaker says or proposes. The use of the subjunctive indicates that this position will hold good for anything that may be proposed in the future as well.. It is similar to other constructions such as, *como quieras* («as you wish»); *donde te parezca* («wherever you wish»), etc.
56, 57 and 58. These exclamations are used to reject something considered to be unacceptable; indirectly, as in this case, they constitute emphatic affirmatives.
59. The comparison with a saint is a traditional way of stressing that someone is right. This is a curious custom, given that lucidity is hardly an essential characteristic of sanctity, unlike goodness. The expression *mano de santo* (lit. «saint's hand» or «holy relic») refers to someone or something that has been effective in some way.
61. This is a very emphatic expression of agreement which excludes the possibility of any doubt in the speaker's mind about what has been proposed.
63. This is an expression of total agreement with what has just been said.
66. This expression derives from the formula *Visto Bueno* (lit. «well seen»), usually in abbreviated form (*V.ºB.º*), which appears at the end of documents alongside the signature of the person giving his approval. As a masculine noun, in this form, it is equivalent to *conformidad* or *acuerdo*.

174. MANIFESTAR QUE UNO NO ESTÁ DE ACUERDO CON ALGUIEN

174. SAYING THAT YOU DISAGREE WITH SOMEONE

— ELEMENTAL —

1. No estoy de acuerdo.
2. No puedo estar de acuerdo.
3. Eso es inexacto.
4. ¡Claro que no!
5. ¡Por supuesto que no!
6. No lo creo.
7. No tienes razón.

— INTERMEDIO —

8. ¡Desde luego que no!
9. Estoy en total desacuerdo.

— BASIC —

1. I don't agree.
2. I can't agree.
3. That's incorrect.
4. Of course not!
5. Of course not!
6. I don't think so.
7. You're not right.

— INTERMEDIATE —

8. Of course not!
9. I totally disagree!

10. No lo veo bien. (*)
11. Eres el único que opina eso. **Ir.**
12. No soy de tu misma opinión.
13. Veo que no pensamos lo mismo.
14. No veo las cosas como tú.
15. No creo que (...).
16. ¡Vamos! **I.**
17. ¡¿Qué dices?! (*) **I.**
18. ¡Qué va! **I.**
19. ¡Hala! (*) **I.**
20. No es así como yo lo veo.
21. ¿Lo dices en serio?
22. Yo veo las cosas de otra manera.
23. Lo siento, pero no puedo aceptar su propuesta. **F.**
24. Yo no diría eso, desde luego.
25. No lo apruebo.

── **AVANZADO** ──────────

26. ¡Tonterías! **I.**
27. Eso me parece una tontería. **I.**
28. Debes de estar bromeando. **Ir.**
29. No soy de tu parecer.
30. No coincidimos en nada.
31. Lo siento, pero no estoy con usted.
32. Desapruebo su decisión. **F.**
33. ¿No lo dirás en serio?
34. Me temo que eso no es verdad.
35. Mi punto de vista es totalmente opuesto al suyo.
36. ¡Anda ya! (*) **I.**
37. ¡Eso habría que verlo! (*) **Ir.**
38. ¡Eso lo dirás tú! (*) **Ir.**

10. El verbo *ver*, en su significado fundamental, alude a la actividad propia del sentido de la vista, pero es muy frecuente referido a una capacidad de comprensión mental: *¿ves ahora por qué lo he hecho?*, como sinónimo de *comprender*. A veces *ver* algo implica un juicio, una opinión: *veo bien que te cases*. En ese sentido puede formularse la pregunta: *¿cómo ves lo de comprar este terreno?* En la respuesta ha de aparecer un elemento valorativo: *bien/mal, estupendo, fatal*, etc.
17. Esta expresión viene considerándose que traduce exclamación y, al mismo tiempo, pregunta. Pero parece observarse en su uso más actual una fuerte carga de incredulidad, incluso de desprecio. Estos matices quedan acentuados por una fuerza articulatoria notable en la sílaba *di*.
19. *Hala* es una interjección propia que expresa valores muy variados. Además de constituir una fórmula de apremio (*¡hala, termina de una vez!*), traduce el sentimiento ante algo exagerado. No hay que confundirla con el imperativo del verbo *halar*, usado en gran parte de Hispanoamérica.
36. La forma exclamativa *anda* es polivalente. Muy característica de ella es la traducción de un sentimiento de sorpresa que puede estar acompañado de admiración o incredulidad. Esta última posibilidad es evidente en el grupo *¡anda ya!*, que en determinados ambientes se pronuncia casi *¡andajá!*
37. Con esta frase se traduce duda o incredulidad, por cuanto se alude a que es necesario mayor estudio y reflexión. El verbo haber podría estar también en futuro, *habrá*. Casi equivalente a esta expresión es *estar (algo) por ver*.

10. I'm not happy with it.
11. You're the only one who thinks that.
12. I don't share your opinion.
13. I can see we are divided in our opinions.
14. I don't see things the way you do.
15. I don't think that (...).
16. Come now!
17. What are you saying?!
18. Nonsense!
19. Get away!
20. That's not the way I see it.
21. Are you serious?
22. I see things differently.
23. I'm sorry, but I can't accept your proposal.
24. I, certainly, wouldn't say that.
25. I don't approve of it.

── **ADVANCED** ──────────

26. Nonsense!
27. It think that's nonsense!
28. You must be joking.
29. I don't share your opinion.
30. We agree on nothing.
31. I'm sorry, but I'm not with you.
32. I don't agree with your decision.
33. You aren't serious, are you?
34. I'm afraid that's not true.
35. My point of view is totally opposed to yours.
36. Come off it!
37. That remains to be seen!
38. That's your opinion!

10. *Ver* means «to see» in both the visual and mental senses, being frequently used as a synonym for *notar* («to note») and *comprender* («to understand»): *¿ves ahora por qué lo he hecho?* («do you see now why I did it?»). Sometimes *ver* also indicates a judgement or opinion: *veo bien que te cases* («I approve of your marrying»). In this sense it can be used interrogatively: *¿cómo ves lo de comprar ese terreno?* («how do you feel about buying this land?»). The response will contain a value judgement: *bien, mal, estupendo, fatal* etc.
17. It has usually been considered that this expression conveys an exclamation and, at the same time, a question. However, in contemporary usage it translates a strong element of incredulity, or even contempt which is emphasised by the heavy stressing of the first syllable of *dices*.
19. ¡*Hala!* can also be used to convey both impatience (*Hala, termina de una vez* [«come on, finish once and for all»]) and scepticism about a statement considered to be exaggerated. It should not be confused with the imperative of the verb *halar* («to pull») widely used in Spanish America.
36. This exclamation has many functions. It frequently conveys surprise, often accompanied by amazement and incredulity, particularly if expressed in the form *¡anda ya!*, pronounced *¡andajá!* in some quarters.
37. This expression conveys doubt or incredulity, thereby indicating that more thought and investigation are required. The verb *haber* could also be in the future, *habrá*. This expression is almost equivalent to *estar (algo) por ver*.

39. No creo que pueda haber nadie que pueda estar de acuerdo con usted.
40. Me temo que estoy en completo desacuerdo. **F.**
41. No le doy mi aprobación.
42. Reconozco que no comparto su punto de vista.
43. No me consta que sea así. **R.**
44. Mi opinión personal, sin embargo, es que (…).
45. No me ha convencido en lo más mínimo.
46. No estoy del todo convencido de que (…).
47. Quiero expresarle mi total disconformidad con (…). **F.**
48. Desearía mostrar mi más profundo desacuerdo con (…). **F.**
49. Personalmente, me inclinaría por (…). **F.**
50. ¿Pero qué coño tiene que ver esto con (…)? **V.**
51. Me parece descabellado. (*) **R.**
52. Me parece un despropósito. **R.**
53. Lo que tú dices es el polo opuesto de lo que diría yo. **F.**
54. No tienes ni pizca de razón. **I.**
55. Hemos aprendido la vida en libros diferentes. **R.**
56. No suscribimos su propuesta. **R.**
57. Me niego a adherirme a su propuesta. **R.**
58. Lo siento, pero no puedo darle mi visto bueno. (*) **R.**

---

38. Esta frase hay que interpretarla no en su sentido básico, sino como una forma de transmitir total desacuerdo con lo que se ha oído. Es un tanto despreciativa.
51. El adjetivo *descabellado,* aunque derivado de *cabello,* no guarda, en su significado, relación con el contenido de ese elemento base, pues equivale a *disparatado, absurdo.*
58. El sustantivo *visto bueno* procede de la fórmula *Visto Bueno* que se pone al pie de los documentos, generalmente en abreviatura (V.º B.º), con la firma del que lo aprueba. En un sentido más general equivale a *conformidad* o *acuerdo.*

175. MANIFESTAR QUE UNO ESTÁ PARCIALMENTE DE ACUERDO CON ALGUIEN

ELEMENTAL

1. ¡Pse! (*)
2. Sí y no.
3. Bueno.
4. Vale, pero (…).
5. De acuerdo, pero (…).
6. Puede ser, pero (…).
7. Quizá, pero (…).

---

1. Esta interjección, que conoce otras pronunciaciones (¡Pss…!, ¡Psch…!), traduce un cierto desagrado, disconformidad o desánimo. Cuando es respuesta a una pregunta equivale a una zona intermedia entre *bien* y *mal* o entre *sí* y *no.*

---

39. I don't think anyone could agree with you.
40. I'm afraid I totally disagree.
41. I cannot give you my approval.
42. I recognise that I do not share your point of view.
43. It does not seem clear to me that this is so.
44. My personal view, however, is that (…).
45. It hasn't convinced me in the slightest.
46. I am not quite convinced that (…).
47. I wish to express my total disagreement with (…).
48. I should like to express my total disagreement with (…).
49. Personally, I would tend towards (…).
50. But what the hell does this have to do with (…).?
51. It seems crazy to me.
52. It seems nonsensical to me.
53. What you say is diametrically opposed to what I would say.
54. You are completely and utterly wrong.
55. We belong to completely different schools of thought.
56. We do not endorse your proposal.
57. I refuse to endorse your proposal.
58. I'm sorry, but I can't give you my seal of approval.

---

38. This expression, in Spanish as in English, is derogatory in tone and expresses total disagreement with what has been said.
51. The adjective *descabellado* («crazy») has lost its semantic link with the noun *cabello* («hair») from which it derives, being synonymous with *absurdo, disparatado* («absurd»).
58. This expression derives from the formula *Visto Bueno* (lit. «well seen»), usually in abbreviated form (V.ºB.º), which appears at the end of documents alongside the signature of the person giving his approval. As a masculine noun, in this form, it is equivalent to *conformidad* or *acuerdo.*

175. INDICATING PARTIAL AGREEMENT WITH SOMEONE

BASIC

1. Pfff!
2. Yes and no.
3. Well…
4. Okay, but (…).
5. All right, but (…).
6. Maybe, but (…).
7. Perhaps, but (…).

---

1. This interjection, which can be articulated in a variety of ways (*pss…!, pse…!, psch…!*) conveys a certain degree of dissatisfaction or disappointment. As a response to a question, its value lies somewhere between *bien* and *mal,* or between *sí* and *no.*

INTERMEDIO

8. A lo mejor sí, pero (…).
9. Puede que sí, puede que no.
10. En principio, sí.
11. Verás, las cosas no son tan claras.
12. Estoy de acuerdo con todo lo que dices, menos en (…).
13. Quiero manifestar que sólo estoy parcialmente de acuerdo.
14. Eso es discutible.
15. Eso es opinable.
16. Quizá me equivoque, pero (…).

AVANZADO

17. No estoy de acuerdo al cien por cien.
18. Igual sí, aunque (…). (*)
19. Comprendo su punto de vista, pero (…).
20. Hasta cierto punto sí, pero (…).
21. Sí, pero por otro lado (…).
22. En líneas generales no me parece mal.
23. No lo veo muy claro, que digamos. (*)
24. Sí, aunque no deberíamos olvidar que (…).
25. En parte, puede que tengas razón.
26. Ya comprendo lo que dice; sin embargo (…).
27. Bueno, bueno, pero, ¿no deberíamos tener también en cuenta (…)?
28. Vale; con todo, ¿no crees que (…)?
29. Podría ser, si bien (…).
30. Habría mucho que discutir sobre esto.
31. A pesar de lo que tú opinas, yo creo que (…).
32. Sí, pero también tengo entendido que (…).
33. Sólo aceptaríamos su propuesta bajo determinadas condiciones. **F.**
34. No es que lo vea mal; lo que ocurre es que (…).

18. El adjetivo *igual*, con un significado relacionado con la comparación, seguido de *sí,* implica que lo que ha dicho el interlocutor es probable que ocurra, o que sea cierto; el hecho de que siga un *aunque* implica que van a exponerse razones en contra.
23. La expresión *que digamos* ha de usarse tras una frase negativa. Su función es expresar ponderación enfática. Por lo tanto, aumentará la desaprobación que ya suponga el enunciado anterior.

INTERMEDIATE

8. Probably, but (…).
9. Maybe yes, maybe no.
10. In principle, yes.
11. You'll see, things are not that clear.
12. I agree with everything you say, except (…).
13. I want to state that I am only partly in agreement.
14. That is debatable.
15. That's a matter of opinion.
16. I may be mistaken, but (…).

ADVANCED

17. I don't agree with you one hundred per cent.
18. Possibly, although (…).
19. I appreciate your point of view, but (…).
20. To a certain extent yes, but (…).
21. Yes, but on the other hand, but (…).
22. I think that, broadly speaking, it's not bad.
23. I'm not convinced, to put it mildly.
24. Yes, although we shouldn't forget that (…).
25. In part, you may be right.
26. I understand what you're saying; however (…).
27. Fine, fine, but shouldn't we also bear in mind (…)?
28. Okay; still, in spite of everything, don't you think that (…)?
29. It could be, although (…).
30. This would require a lot of discussion.
31. Despite what you feel, I think that (…).
32. Yes, but it is also my understanding that (…).
33. I would only accept your proposal under certain conditions.
34. It's not that I'm against it; the thing is just that (…).

18. The adjective *igual*, used in comparisons, has a different function when followed by *sí*. Here it implies that what the speaker has said will probably happen; however the fact that *aunque* («however») follows the pause indicates that he is about to offer reasons against its being considered a foregone conclusion.
23. The function of the expression *que digamos*, which follows a negative statement, is to add weight to the speaker's disapproval.

176. LLEGAR A UN ACUERDO CON ALGUIEN

ELEMENTAL

1. Vale.
2. De acuerdo.
3. Vale, de acuerdo.
4. Estamos completamente de acuerdo.
5. Sí, sí, sí. **Enf.**

INTERMEDIO

6. Al fin hemos llegado a un acuerdo.

176. REACHING AGREEMENT WITH SOMEONE

BASIC

1. Okay
2. Agreed.
3. Okay, fine.
4. We're in complete agreement.
5. Yes, yes, yes.

INTERMEDIATE

6. We've finally reached an agreement.

7. Bien, quedamos así. (*)
8. Bien, queda decidido.
9. Así que estamos de acuerdo, ¿verdad?
10. De hecho, estamos diciendo lo mismo. **I.**
11. Creo que hemos llegado a un acuerdo.

— AVANZADO —

12. A fin de cuentas, somos del mismo parecer.
13. Bien, todos contentos. (*) **Ir.**
14. ¡No se hable más! (*)
15. Parece que nuestros puntos de vista no difieren. **R.**
16. Hemos quedado en paz.
17. Bueno, la cuestión ya está decidida.
18. Me alegra que nos hayamos arreglado. (*)
19. Finalmente hemos adoptado la decisión que tanto deseábamos. **R.**
20. ¡Qué bien nos hemos avenido!
21. Por fin hemos podido adoptar un acuerdo. **F.**
22. Ha sido cuestión de tiempo, pero, al final, hemos podido ponernos de acuerdo.
23. ¡Gracias a Dios que hemos podido llegar a tomar esta resolución!

---

7. El verbo *quedar* tiene un significado muy rico. Además de un valor de permanencia, se aplica al tiempo (*quedan tres semanas para la boda*) y al acuerdo entre dos personas (*hemos quedado a las cinco*). Si *quedar* va acompañado de más información, suele tratarse de un infinitivo (*ayer quedamos en trabajar juntos*).
13. El interés de esta frase está en el contenido del adjetivo *contentos* que, además de sinónimo de *alegres*, equivale a *satisfechos* y a *conformes*. Aunque en este caso no haya verbo, podrán usarse: *quedar, estar, poner, tener*.
14. La fórmula *¡no se hable más (de algo)!* sirve para dar por terminada una intervención; por lo tanto, puede usarse si se quiere cortar al interlocutor, pero también cuando se considera que lo que ha dicho no requiere más discusión ni comentario.
18. La forma pronominal de *arreglar, arreglarse*, significa que algo adquiere el estado adecuado; también, que una persona hace los preparativos para algo. El valor que aquí interesa es el de *avenirse* o *entenderse* entre dos personas.

177. PEDIR APROBACIÓN

— ELEMENTAL —

1. ¿Sí o no? **I.**
2. ¿Te gusta?
3. ¿Qué te parece?
4. ¿Qué tal? (*)

---

4. Aunque el valor básico de esta frase es constituir una expresión de saludo, puede ser una forma de pedir al interlocutor opinión acerca de algo que se ha dicho o que se ha hecho, o incluso acerca de algo que se lleva: *¿qué tal me sienta este abrigo nuevo?*

7. Okay, that's agreed then.
8. Okay, that's decided then.
9. So, we agree then?
10. In effect, we're both/all saying the same thing.
11. I think we've reached agreement.

— ADVANCED —

12. At the end of the day, we're of the same mind.
13. Right, everybody happy then?
14. Enough said!
15. It seems that our points of view do not differ.
16. We're all agreed then.
17. Well, that settles the matter then.
18. I'm pleased that we've settled the matter.
19. We've finally adopted the decision that we all desired.
20. We've reached an excellent compromise.
21. We've finally managed to reach an agreement.
22. It was just a question of time, but we've finally managed to agree.
23. Thank God that we've managed to adopt this resolution!

---

7. In addition to its basic meaning of «to stay or remain», the verb *quedar* has a number of other uses: it can be used with time, (*quedan tres semanas para la boda* [«there are three weeks left before the wedding»]), as well as for expressing an agreed arrangement (*hemos quedado a las cinco* [«we've arranged to meet at five o'clock»]). If *quedar* is followed by additional information, it is usually introduced by *en* + infinitive, (*ayer quedamos en trabajar juntos* [«yesterday we agreed to work together»]).
13. Here the sense of *contentos* («happy») is *satisfechos* «satisfied» or *conformes* «agreed». The expression could have employed a verb such as *quedar, estar, poner, tener*.
14. This expression can be used to bring someone's contribution to a discussion to an end. It can therefore serve either to interrupt the speaker or to indicate that the matter requires no further discussion or comment.
18. The reflexive form of *arreglar* («to arrange» or «fix») is used to indicate that something has reached the requisite state. It also means that someone has made the necessary preparation for something. Here it is equivalent in meaning to *avenirse* or *entenderse* («to reach an understanding or agreement between two parties»).

177. SEEKING APPROVAL

— BASIC —

1. Yes or no?
2. Do you like it?
3. What do you think?
4. What do you think?

---

4. As well as being a familiar form of greeting, *¿Qué tal ...?* can introduce a request for the listener's opinion of what has been said or done, or even of what the speaker is wearing: *¿qué tal me sienta este abrigo nuevo?* («how does this new coat look on me?»).

5. ¿Vale? (*) **I.**
6. Es eso, ¿no?
7. ¿Crees que es interesante?
8. Lo estoy haciendo bien, ¿verdad?

— INTERMEDIO —

9. ¿Estás conforme?
10. ¿Te parece bien así?
11. ¿Apruebas (…)?
12. ¿Estarías en favor de (…)?
13. ¿Piensas que es una buena idea?
14. ¿Crees que lo he hecho bien?
15. ¿Crees que es aceptable?
16. Es así como lo querías, ¿no?
17. ¿Me daría su voto? **R.**
18. ¿Vale la pena?
19. ¿Consideras que está bien así?
20. ¿Crees que ha valido la pena?

— AVANZADO —

21. ¿A que sí? (*) **Enf.**
22. Espero que lo apruebes.
23. No te opondrás, ¿verdad?
24. ¿Pondrás reparos?
25. No dirás que no, ¿verdad? **Enf.**
26. Tu criterio es el mismo que el mío, ¿verdad?
27. ¿Puedo contar con tu aprobación?
28. Me gustaría obtener tu aprobación. **F.**
29. Ojalá te parezca bien.
30. Confío en que me apoyes.
31. ¿Puedo contar con su respaldo? **F.**
32. ¿Lo das por bueno? (*)
33. Lo único que falta es su visto bueno. **R.**
34. Quiero tener su beneplácito. (*) **R.**
35. Os ruego vuestro plácet. (*) **R.**
36. Quisiera obtener su asentimiento en lo que respecta a (…). **F.**

5. Esta forma verbal es usada como pregunta, y como sinónimo de ¿conforme? o ¿de acuerdo? Lo es también como la respuesta afirmativa correspondiente: ¡vale!
21. Esta frase se utiliza tras una emisión completa, para pedir la aprobación del interlocutor. Puede emplearse: ¿a que (…)? seguida de la frase en cuestión: ¿a que ahora lo habéis entendido?
32. La frase dar (algo a alguien) por bueno seguida de un adjetivo implica que se considera algo dotado de la cualidad expresada. Algunas construcciones de este tipo son especialmente usadas: dar a alguien por muerto, dar la sesión por terminada, dar algo por bien empleado.
34. El sustantivo beneplácito procede de la expresión latina bene placitus. Es un sinónimo culto de aprobación.
35. La voz plácet, un latinismo, designa la aprobación por parte del gobierno de un país de la designación de un representante de otro; por ejemplo, de un embajador. Se construye en especial con los verbos dar y pedir.

5. All right?
6. That's it, isn't it?
7. Are you interested?
8. I'm doing it right, am I not?

— INTERMEDIATE —

9. Do you agree?
10. Do you think it's okay like that?
11. Do you approve (…).
12. Would you be in favour of (…)?
13. Don't you think it's a good idea?
14. Don't you think I've done it well?
15. Do you think it's acceptable?
16. That's the way you wanted it, didn't you?
17. Would you vote for me?
18. Is it worth it?
19. Do you feel it's all right like that?
20. Do you think it was worthwhile?

— ADVANCED —

21. Don't you agree?
22. I hope you approve of it.
23. You won't oppose it, will you?
24. Will you raise any objections?
25. You won't refuse, will you?
26. Your view coincides with my own, doesn't it?
27. Can I count on your approval?
28. Can I count on your support?
29. I hope you approve of it.
30. I trust you'll support me.
31. Can I count on your support?
32. Does it meet with your approval?
33. All it needs now is your seal of approval.
34. I want your seal of approval.
35. I should be grateful for your seal of approval.
36. I should be grateful for your consent with regard to (…).

5. This is used as a question equivalent to ¿conforme? or ¿de acuerdo? («agreed?»). It also serves as a positive affirmation equivalent to ¡sí!
21. This expression follows a complete utterance as a means of seeking the listener's approval. The phrase in question can also follow ¿a que…?, (¿a que ahora lo habéis entendido? [«you've understood it now, haven't you?»]).
32. The expression dar algo a alguien por bueno, followed by an adjective, indicates that something exemplifies the quality alluded to. Particularly common constructions of this type are: dar a alguien por muerto («to give someone up for dead»); dar algo por bien empleado («to consider that something has been put to good use»).
34. From the Latin bene placitus, this is a learned alternative to aprobación («approval»).
35. The Latin plácet, this is a term used in diplomatic circles to indicate approval at governmental level, such as on the appointment of an ambassador. It is used particularly with the verb dar («to give») and pedir.

178. EXPRESAR APROBACIÓN

— ELEMENTAL —

1. ¡De acuerdo!
2. ¡Vale! (*) **I.**
3. ¡Conforme!
4. ¡Bien!
5. ¡Qué bien!
6. ¡Estupendo!
7. ¡Magnífico!
8. ¡Formidable!
9. ¡Eso, eso! **I.**
10. ¡Así es!
11. ¡Sin duda (alguna)!
12. Está muy bien.
13. Estoy (completamente) de acuerdo.
14. Me gusta mucho.
15. Me parece perfecto.
16. Tienes (toda la) razón.
17. Así es como debe ser.

— INTERMEDIO —

18. ¡Y tanto! (*) **R.**
19. ¡Qué buena idea!
20. ¡Qué excelente idea (has tenido)!
21. ¡Así se habla! **I.**
22. ¡Bárbaro! (*) **Enf.**
23. Lo doy por bueno.
24. Sólo puede ser así.
25. ¡Eso es, ni más ni menos! (*) **Enf.**
26. La razón está de tu parte.
27. No vas equivocado.
28. Me hace sentirme muy feliz. **R.**
29. Creo que es un plan estupendo.
30. Soy (completamente) partidario de eso.

— AVANZADO —

31. No (me) cabe la menor duda.
32. Visto bueno. (*) **E.**
33. Doy mi visto bueno. (*) **R.**
34. Puedo recomendarlo vivamente. **Enf.**

---

2. ¡*Vale!* expresa aprobación, lo mismo que *de acuerdo*.
18. Con esta exclamación se expresa asentimiento a algo que se ha dicho antes.
22. El adjetivo *bárbaro*, como otros *(tremendo, brutal, bestial)*, a pesar de su contenido básico, se usa como una exclamación que traduce asombro ante algo. El uso de tales formas suele ser pasajero y responde a modas y a influencias diversas.
25. La expresión *ni más ni menos* alude, en este contexto, a la exactitud de lo dicho, de modo que se usa para asentir. Además puede introducir un elemento destinado a provocar la sorpresa del interlocutor.
32 y 33. *Visto bueno* es una fórmula que se pone, en general abreviada (V.º B.º), al pie de un documento con la firma del que lo aprueba. Por extensión, el verbo *dar* acepta como complemento la versión sustantiva *el visto bueno*, equivalente a *acuerdo, conformidad*.

178. EXPRESSING APPROVAL

— BASIC —

1. Agreed!
2. Okay!
3. Agreed!
4. Fine!
5. Great!
6. Marvellous!
7. Magnificent!
8. Terrific!
9. Exactly!
10. That's it!
11. There's (absolutely) no doubt about it!
12. It's very good.
13. I (totally) agree.
14. I like it very much.
15. I think it's perfect.
16. You're (dead) right.
17. That's how it should be.

— INTERMEDIATE —

18. You can say that again!
19. What a good idea!
20. What an excellent idea (you've had)!
21. Well said!
22. Wicked!
23. I give my approval.
24. That's how it must be.
25. That's exactly it!
26. You're right.
27. You're not wrong about that.
28. It makes me feel very happy.
29. I think it's a wonderful plan.
30. I'm (completely) in favour of that.

— ADVANCED —

31. There isn't the slightest doubt (in my mind) about it.
32. Approved.
33. It has my approval.
34. I can recommend it wholeheartedly.

---

2. This is used as a question equivalent to ¿*conforme?* or ¿*de acuerdo?* («agreed?»).
18. This exclamation indicates approval of what has just been said.
22. The adjective *bárbaro* («barbarous»), like others such as *tremendo* («tremendous»), *brutal* («brutal») and *bestial* («bestial»), are used as exclamations to convey amazement. Their usage is governed by diverse influences and tends to be ephemeral.
25. The expression *ni más ni menos* («neither more nor less») is used to affirm the exactitude of what has just been said. Use of the phrase may also be calculated to surprise the listener.
32 and 33. This expression derives from the formula *Visto Bueno* (lit. «well seen»), usually in abbreviated form (V.ºB.º), which appears at the end of documents alongside the signature of the person giving his approval. As a masculine noun, in this form, it is equivalent to *conformidad* or *acuerdo*.

35. Podemos darlo por bueno. (*)
36. ¿Qué otra cosa, sino?
37. Daría todo mi respaldo a (…). **F.**
38. No tendría ningún inconveniente en (…).
39. No encuentro ninguna razón (suficiente) para oponerme.
40. Considero que puedo darle todo mi apoyo. **F.**

---

35. *Dar por* se construye con un complemento de cosa o de persona y un adjetivo *(dar la sesión por terminada, dar a alguien por muerto).* Equivale a *juzgar, considerar.* Aunque parecida, otra construcción con dar es: *darle a alguien por* + infinitivo. Significa que alguien, de repente, coge una costumbre: *ahora le ha dado por coleccionar mariposas.*

35. We can approve it.
36. If not this, what else?
37. I would give my total support to (…).
38. I would have no reservation in (…).
39. I can find no (adequate) reason for opposing it.
40. I feel I can give you my total support.

---

35. The expression *dar algo a alguien por* is followed by an adjective: *dar a alguien por muerto* («to give someone up for dead»); *dar la sesión por terminada* («to consider the meeting closed»). In this function it is equivalent to *juzgar* («to judge») or *considerar* («to consider»). A different meaning is conveyed by the construction *dar a alguien por* + infinitive, which translates as «to take to doing something», (*ahora le ha dado por coleccionar mariposas* [«now he's taken to collecting butterflies»]).

179. EXPRESAR DESAPROBACIÓN

— ELEMENTAL —

1. ¡No!
2. Estoy en contra.
3. Es un error.
4. ¡No, en absoluto!
5. ¡Horrible! **Enf.**
6. ¡Qué malo!
7. ¡Pésimo! **Enf.**
8. No me parece bien.

— INTERMEDIO —

9. ¡Fatal!
10. ¡Horroroso!
11. ¡Qué va! **Enf.**
12. ¡¿Qué dices?! (*) **I.**
13. Eso es de mal gusto.
14. No lo apruebo en absoluto.
15. No debería ser así.
16. No estoy dispuesto a (…).
17. No puedo aprobarlo.
18. Esto es intolerable.
19. No creo que esté demasiado bien.

— AVANZADO —

20. No contéis conmigo.
21. Estoy muy disgustado con (…).
22. Lo encuentro inaceptable.
23. Estoy completamente en desacuerdo.
24. Me opondré con todas mis fuerzas. **Enf.**
25. Tengo que decir que censuro su actuación. **F.**

---

12. Esta expresión viene considerándose que constituye una exclamación y, al mismo tiempo, una pregunta. Pero parece observarse en su uso más actual una fuerte carga de incredulidad, incluso de desprecio. Estos matices quedan acentuados por una fuerza articulatoria notable en la sílaba *di.*

179. EXPRESSING DISAPPROVAL OR REJECTION

— BASIC —

1. No!
2. I'm against it.
3. It's a mistake.
4. No, under no circumstances!
5. Awful!
6. How awful!
7. Dreadful!
8. I don't think it's right.

— INTERMEDIATE —

9. Appalling!
10. Horrible!
11. Nonsense!
12. What are you saying?!
13. That's tasteless.
14. I categorically disapprove.
15. That's not the way it should be.
16. I'm not prepared to (…).
17. I can't agree to it.
18. It's unbearable.
19. I don't think it's up to much.

— ADVANCED —

20. Count me out.
21. I'm very upset about (…).
22. I find it unacceptable.
23. I totally disagree.
24. I'll fight it tooth and nail.
25. I must say that I strongly disapprove of your action.

---

12. It has usually been considered that this expression conveys an exclamation and, at the same time, a question. However, in contemporary usage it translates a strong element of incredulity, or even contempt which is emphasised by the heavy stressing of the first syllable of *dices.*

26. No me parece nada bien que (...).
27. No está muy bien que digamos. (*)
28. Es erróneo pensar que (...).
29. No estoy muy contento que digamos.
30. Quiero mostrar mi más rotundo rechazo. **F.**
31. Quiero manifestarle mi más enérgica repulsa por (...). **F.**
32. ¿Cómo quieres que no ponga reparos si (...)?
33. ¿Cómo quieres que lo apruebe si (...)?
34. ¡No faltaría más! **Enf.**
35. ¡No faltaría más sino que (...)! (*) **Enf.**
36. Por si faltaba algo, ahora me vienes con ésas. (*) **Ir.**

27. La expresión *que digamos* ha de usarse tras una frase negativa. Su función es expresar ponderación enfática. Por lo tanto, aumentará la desaprobación que ya suponga el enunciado anterior.
35 y 36. Son frases con las que se rechaza algo inadmisible aunque, indirectamente, sirvan para afirmar. En el caso de que la expresión se complete con una frase, ésta tendrá su verbo en imperfecto de subjuntivo: *¡no faltaría más sino que tú le dieras también la razón!*

26. It seems to me quite wrong that (...).
27. It's not very good, to put it mildly.
28. It's erroneous to think that (...).
29. I'm not very happy, to put it mildly.
30. I wish to express my utter rejection.
31. I wish to register with you my utter disapproval of (...).
32. How do you expect me not to raise objections if (...)!
33. How do you expect me to approve it if (...)!
34. Of course not!
35. What do you expect but that (...).
36. As if I hadn't enough on my plate, now you come to me with this.

27. The function of the expression *que digamos*, which follows a negative statement, is to add weight to the speaker's disapproval.
35. The expression *no faltaría más* is used to reject a statement although, indirectly, it can be used to express agreement. If a verb follows, it will be in the imperfect subjunctive: *¡no faltaría más sino que tú le dieras también la razón!* («all we need is for you to agree with him!»)

180. HACER COMPARACIONES

ELEMENTAL

1. (...) más (...) que (...).
2. (...) tan (...) como (...).
3. (...) menos (...) que (...).
4. (...) más que (...).
5. (...) tanto como (...).
6. (...) menos que (...).
7. (...) tanto/-a (...) como (...).
8. (...) como (...).
9. (...) igual a (...).
10. (...) es igual a (...).
11. (...) y (...) son iguales

INTERMEDIO

12. El (...) mucho, tanto como (...).
13. (...) mejor que (...).
14. (...) peor que (...).
15. Esto no se puede comparar con (...).
16. (...) son idénticos.
17. (...) se parece a (...).
18. (...) es muy diferente a (...).
19. Prefiero (...) a (...).
20. (...) el mismo (...) que (...).
21. (...) lo mismo que (...).
22. Su (...) es como el (...).
23. Entre (...) y (...) no hay ninguna diferencia.
24. (...) y (...) no se parecen en nada.
25. (...) no se parece en nada a (...).
26. A mí me (...) tan poco como a (...).
27. (...) es incomparable.
28. (...) es sinónimo de (...).

AVANZADO

29. Esto no se puede comparar con (...).
30. (...) superior a (...).

180. MAKING COMPARISONS

BASIC

1. (...) more (...) than (...).
2. (...) as (...) as (...).
3. (...) less than (...).
4. (...) more than (...).
5. (...) as much as (...).
6. (...) less than (...).
7. (...) as much (...) as (...).
8. (...) as/like (...).
9. (...) the same as (...).
10. (...) is the same as (...).
11. (...) and (...) are the same.

INTERMEDIATE

12. He (...) a great deal, as much as (...).
13. (...) better than (...).
14. (...) worse than (...).
15. This bears no comparison with (...).
16. (...) are identical.
17. (...) is like (...).
18. (...) is very different from (...).
19. I prefer (...) to (...).
20. (...) the same (...) as (...).
21. (...) the same as (...).
22. His (...) is like the (...).
23. There's no difference between (...) and (...).
24. (...) and (...) are nothing like each other.
25. (...) bears no similarity to (...).
26. I (...) as little as (...).
27. (...) is incomparable.
28. (...) is synonymous with (...).

ADVANCED

29. This cannot be compared with (...).
30. (...) superior to (...).

31. (…) inferior a (…).
32. (…) y (…) son clavados. (*)
33. Más vale (…) que (…).
34. Más vale que (…) a que (…).
35. Es preferible (…) que (…).
36. Entre (…) y (…) no hay comparación posible.
37. (…) y (…) no tienen nada que ver. (*)
38. (…) no tiene nada que ver con (…). (*)
39. Decir (…) no es lo mismo que decir (…).
40. No creo que (…) supere a (…) en (…).
41. (…) más de lo que (…).
42. (…) me trata de igual a igual. (*)
43. Tú no eres más capaz de (…) de lo que lo soy yo. **I.**
44. (…) al igual que (…).
45. (…) es de una belleza sin igual.
46. (…) y (…) son de la misma cuerda. (*) **I.**
47. (…) y (…) son igualitos. **Ir.**
48. No puedo igualarme a (…).
49. (…) vale por dos. (*)
50. Están cortados por el mismo patrón. (*)
51. Están como el perro y el gato. (*)
52. (…) y (…) son tal para cual. (*) **FH.**
53. (…) es el vivo retrato de (…). (*)
54. (…) no le va a la zaga a (…). (*)
55. Estamos entre iguales.
56. Ése come como un cerdo. **V.**
57. Ha muerto como un perro.

31. (…) inferior to (…).
32. (…) and (…) are dead ringers.
33. (…) is better than (…).
34. It's better that (…) than that (…).
35. It is preferable to (…) to (…).
36. There is no possible comparison between (…) and (…).
37. (…) and (…) bear no comparison with each other.
38. (…) bears no comparison with (…).
39. To say that (…) is not the same as saying (…).
40. I don't think (…) exceeds (…) in (…).
41. (…) more than (…).
42. (…) treats me as an equal.
43. You're no more able to (…) than I am.
44. (…) the same as (…).
45. (…) is of matchless beauty.
46. (…) is every bit as bad as (…).
47. (…) and (…) are likes two peas in a pod.
48. I can't compare myself with (…).
49. (…) is worth double.
50. They're of the same ilk.
51. They're like cat and dog.
52. (…) is as bad as (…).
53. (…) is the living image of (…).
54. (…) is every bit as good as (…).
55. We're among equals.
56. He eats like a pig.
57. He died like a dog.

32. El adjetivo *clavado*, relacionado con *clavo* y *clavar*, se usa para referirse a algo muy parecido a otra cosa, a una persona muy semejante a otra. Es más expresivo que *iguales*.
37 y 38. *No tener* (dos personas) nada que ver significa que no hay relación entre ellas, o que no hay parecido; o sea, que no hay comparación posible.
42. La locución *de igual a igual* sigue a los verbos *hablar* o *tratar*. Describe la familiaridad en el trato, como si se relacionaran personas de la misma edad, nivel social o jerarquía laboral.
46. La expresión *ser* (dos personas) *de la misma cuerda* significa que comparten un punto de vista, una forma de pensar, aunque el que la usa traduce un sentimiento desfavorable. Otros sustantivos podrían ocupar el sitio de *cuerda* (*camada, calaña, paño*).
49. Existe el refrán *hombre prevenido vale por dos*. De ahí que cuando se dice que alguien *vale por dos* se pondera su valor, igual al de dos personas.
50. El *patrón* es un modelo o muestra con el que se mide algo; también se llama así a la plantilla de papel sobre la que se dibujan y cortan otras piezas iguales. La frase se aplica a personas que se parecen. Por lo general, supone la opinión desfavorable del locutor.
51. El perro y el gato son animales que se rehúyen. Se alude a ellos para describir una relación de discordia y enemistad entre las personas.
52. *Tal* y *cual* funcionan como pronombre, acompañando o no a un sustantivo. Se usan en expresiones correlativas. *Tal para cual* describe a dos personas muy iguales, pero por el hecho de que comparten un mismo defecto o una misma falta. Puede aparecer el verbo *ser* u omitirse: *Pedro y Enrique, tal para cual.*
53. El sustantivo *retrato* designa la representación (en pintura, en fotografía) de algo o de alguien. Cuando hay un gran parecido entre padres e hijos se puede decir de los segundos que *son el vivo retrato de* los primeros.
54. El sustantivo *zaga*, no frecuente, designa la parte posterior de algo (se llama *zaguero* al jugador que en juegos de pelota ocupa en el campo una posición trasera). *No ir en/a la zaga* (una persona de otra) significa que hay igualdad entre ellas, tanto si se alude a algo positivo como a algo negativo.

32. The adjective *clavado* («nailed») is used for people and things that resemble each other. It is more expressive than *iguales* («the same»).
37 and 38. **Refer to note in Spanish.**
42. This expression is used with the verbs *hablar* («to speak») and *tratar* («to treat»).
46. This expression indicates that the two people share the same opinions and outlook, although it is always disparaging. Other verbs could replace *cuerda* in this idiom: *camada, calaña, paño.*
49. **Refer to note in Spanish.**
50. The various meanings of *patrón* include «standard», and «pattern». It is used for making comparisons between people, although the tone is usually disparaging.
51. **Refer to note in Spanish.**
52. *Tal* and *cual* are pronouns used in correlative expressions, with or without a noun. *Tal para cual* describes two people who are identical in terms of a negative quality. The verb *ser* («to be») is optional in this construction: *Pedro y Enrique, tal para cual* («Pedro and Enrique, one as bad as the other»).
53. **Refer to note in Spanish.**
54. The noun *zaga* refers to the rear of something (a *zaguero* plays in back position in the game of *pelota*). This expression can be used for parity in both positive and negative terms.

58. Ése va como un adán. (*)
59. Es más feo que Picio. (*) **I.**
60. (...) es más puta que las gallinas. **V.**
61. (...) es más conocida que Rita. **V.**
62. (...) sabe más que Lepe. (*) **I.**
63. (...) es como el perro del hortelano. (*)
64. Cada oveja con su pareja. (*) **FH.**
65. De tal palo tal astilla. (*) **FH.**
66. Los mismos perros con distintos collares. (*) **FH.**
67. (...) como si (...).
68. Parece como si (...).
69. Parece que (...).
70. (...) igual que si (...).

58. He's like a caveman.
59. He's as ugly as sin.
60. She's bloody sly/she has a bloody nerve.
61. (...) is notorious.
62. (...) knows a thing or two,
63. (...) is like a dog in the manger.
64. Birds of a feather flock together.
65. He's a chip of the old block.
66. They're just turncoats.
67. (...) as though (...).
68. It seems as if (...).
69. It seems that (...).
70. (...) the same as if (...).

---

58. El nombre dado en la Biblia al primer hombre se usa como nombre calificativo para describir a un hombre que descuida su aspecto personal exterior. En esta función, la palabra se escribe en minúscula.
59. Se trata de una forma de ponderar la fealdad de alguien. Según la tradición, Picio era un zapatero andaluz condenado a muerte y, en el último momento, indultado. La sorpresa le produjo una serie de transformaciones brutales en su rostro y en su cuerpo.
62. Se trata de una forma de ponderar los conocimientos de alguien. Parece que el nombre de Lepe corresponde a don Pedro de Lepe, obispo de Calahorra en el siglo XVII, hombre de gran cultura. Hay variantes de la frase: *saber más que Lepe y Lepillo, saber más que Lepe, Lepillo y su hijo*.
63. Se trata de un refrán inacabado, pues se ha omitido: *que ni come ni deja comer*. Se aplica a las personas que no sacan provecho de algo, pero que tampoco permiten que los demás se aprovechen de ello. Ya recoge la frase un diccionario de principios del siglo XVII.
64. Esta frase constituye una recomendación para que cada persona se relacione con aquellas que se le parecen o sean de su misma clase.
65. Con este refrán se sostiene que las cosas se parecen a aquellas de las cuales proceden; en especial, los hijos recuerdan a los padres y heredan sus cualidades y defectos.
66. Parece que esta frase fue usada por Benito Pérez Galdós —novelista del siglo XIX— en uno de sus «Episodios Nacionales». Se aplica a las personas que se acomodan con facilidad a los cambios, en especial a los políticos. En el fondo, esas personas siguen siendo siempre las mismas.

58. Lit. «He's an Adam». This expression is applied to a man who takes little care over his personal appearance. The proper noun is always written in lower case in this set phrase.
59. Lit. «as ugly as Picio». According to tradition, Picio was an Andalusian cobbler who was sentenced to death only to be reprieved at the last moment. The consequent trauma he suffered had a grotesque effect on his physical appearance.
62. Lit. «He knows more than Lepe». This expression emphasises someone's knowledge by comparing him to a sixteenth century bishop of Calahorra renowned for his learning. Other variations include *saber más que Lepe y Lepillo* and *saber más que Lepe, Lepillo y su hijo*.
63. This proverb, listed in a seventeenth century dictionary, concludes with the words: *que ni come ni deja comer* («who neither eats nor allows anyone else to eat»). It is applied to people who derive no benefit from something, but refuse to let anyone else enjoy it.
64. **Refer to note in Spanish.**
65. **Refer to note in Spanish.**
66. Lit. «the same dogs with different collars». Reputed to have been coined by the novelist Benito Pérez Galdós (1843-1921) in one of his *Episodios nacionales*, this phrase is applied to people who adapt with ease to changing circumstances, in particular to new political climates, without undergoing any fundamental change themselves.

ÍNDICES

INDICES

ÍNDICE DE FUNCIONES

I. RELACIÓN SOCIAL

Saludo

1. Saludar a alguien 14
   ¡Hola!
2. Recibir a alguien 14
   ¡Adelante!
3. Reclamar la atención de alguien 15
   ¡Eh…!
4. Excusarse por un tiempo 16
   ¡Perdón!
5. Despedirse de alguien 17
   ¡Adiós!
6. Presentar a alguien o presentarse 19
   Te presento a (…)
7. Responder a una presentación 19
   ¡Encantado!
8. Preguntar a alguien cómo está 20
   ¿Cómo estás?
9. Manifestar cómo se encuentra uno 21
   Bien, gracias.

Ofrecimiento. Invitación

10. Invitar a alguien 23
    ¿Quieres (…)?
11. Aceptar una invitación 24
    Sí, gracias.
12. Rehusar una invitación 25
    No, gracias.
13. Ofrecer algo a alguien 26
    ¿Quieres?
14. Aceptar un ofrecimiento 27
    Sí, gracias.
15. Rehusar un ofrecimiento 28
    No, gracias.
16. Proponer un plan 29
    ¿Quieres (…)?
17. Aceptar un plan 30
    Sí, ¡dime!
18. Rehusar un plan 31
    No, no puedo.
19. Pedir algo a alguien 33
    ¿Me das (…)?
20. Dar algo a alguien 34
    ¡Toma!
21. Pedir ayuda 36
    ¿Me ayudas?
22. Ofrecer ayuda y apoyo 38
    ¿Te ayudo?
23. Aceptar una oferta de ayuda 40
    Sí, gracias.
24. Rehusar una oferta de ayuda 41
    No, gracias.
25. Solicitar una cita o convocar 43
    ¿A qué hora (…)?
26. Aceptar o conceder una cita 44
    De acuerdo, quedamos a las (…).
27. Rehusar o no conceder una cita 45
    No, es imposible.
28. Dar las gracias 47
    ¡Muchas gracias!
29. Devolver las gracias 48
    ¡De nada!

INDEX OF FUNCTIONS

I. SOCIAL RELATIONS

Greetings

1. Greeting Someone 14
   ¡Hola! Hello!
2. Welcoming someone 14
   ¡Adelante! Come in!
3. Attracting someone's attention 15
   ¡Eh…! Hey!
4. Excusing oneself for a period of time 16
   ¡Perdón! Sorry!
5. Saying good-bye to someone 17
   ¡Adiós! Good-bye!
6. Introducing yourself or someone else 19
   Te presento a … Let me introduce you to (…).
7. Responding to an introduction 19
   ¡Encantado! Delighted to meet you!
8. Asking how someone is 20
   ¿Cómo estás? How are you?
9. Expressing how one is feeling 21
   Bien, gracias. Fine, thanks.

Offering. Inviting

10. Inviting someone 23
    ¿Quieres…? Do you want to… ?
11. Accepting an invitation 24
    Sí, gracias. Yes, thanks.
12. Declining an invitation 25
    No, gracias. No thank you.
13. Offering something 26
    ¿Quieres? Would you like some/one?
14. Accepting an offer 27
    Sí, gracias. Yes, thanks.
15. Declining an offer 28
    No, gracias. No thank you
16. Proposing a plan 29
    ¿Do you want to …? Do you want to (…)?
17. Accepting a proposal 30
    Sí, ¡dime! Yes, tell me about it!
18. Rejecting a proposal 31
    No, no puedo. No, I can't
19. Making a request 33
    ¿Me das…? Can you give me (..)?
20. Giving something to someone 34
    ¡Toma! Here you are!
21. Requesting help 36
    ¿Me ayudas? Can you help me?
22. Offering help and support 38
    ¿Te ayudo? Can I help you?
23. Accepting an offer of help 40
    Sí, gracias. Yes, thanks.
24. Rejecting an offer of help 41
    No, gracias. No thank you!
25. Requesting or arranging an appointment 43
    ¿A qué hora…? At what time (…)?
26. Accepting or giving an appointment 44
    De acuerdo, quedamos a … Okay, let's meet at (…).
27. Refusing to accept or grant an appointment 45
    No, es imposible. No, it's impossible.
28. Expressing gratitude 47
    ¡Muchas gracias! Many thanks!
29. Responding to an expression of gratitude 48
    ¡De nada! Don't mention it!

Fórmulas

30. Desear buena suerte a alguien 49
    ¡Buena suerte!
31. Corresponder al deseo de buena suerte 50
    Gracias, igualmente.
32. Expresar condolencia 51
    ¡Lo siento!
33. Hacer cumplidos 53
    ¡Qué bien (…)!
34. Felicitar a alguien 54
    ¡Muchas felicidades!
35. Responder a los cumplidos y felicitaciones 55
    ¡Muchas gracias!
36. Pedir disculpas a alguien 57
    ¡Perdón!
37. Aceptar las disculpas de alguien 58
    ¡No hay de qué!
38. Hacer un brindis 60
    ¡Salud!

II. INFORMACIÓN Y COMUNICACIÓN

Conversación

39. Iniciar una conversación o charla 62
    ¡Hola! ¿Qué tal?
40. Concluir una conversación o charla 63
    En fin (…).
41. Ganar tiempo para pensar 64
    Pues…
42. Afirmar algo 65
    ¡Sí!
43. Negar algo 66
    ¡No!
44. Cambiar de tema 67
    ¡Ah! Otra cosa (…).
45. Interrumpir o cortar a alguien 68
    Perdón (…).
46. Resumir una conversación o charla 69
    En resumen (…).
47. Pedir a alguien que repita lo que ha dicho 70
    Perdón, ¿puede repetir?
48. Repetir de otra manera lo ya dicho 71
    Repito (…).
49. Poner un ejemplo 71
    Por ejemplo (…).
50. Manifestar atención 72
    ¿¡Ah sí!?
51. Hacer referencia a algo 73
    ¡Ah, eso de (…)!
52. Poner algo de relieve 74
    Pero, ¡ojo! (…).
53. Quitarle importancia a algo 75
    No es nada.
54. Comprobar que uno ha comprendido 76
    (…), ¿verdad?
55. Comprobar que alguien ha comprendido 77
    ¿Me entiendes?
56. Mantener un diálogo telefónico 78
    ¡Diga!
    ¿Está (…), por favor?

Información

57. Pedir información 80
    Perdone, ¿sabe usted (…)?
58. Preguntar a alguien si sabe algo 80
    ¿Qué sabes de (…)?

Formulas

30. Wishing someone good luck 49
    ¡Buena suerte! Good luck!
31. Responding to an expression of good luck 50
    Gracias, igualmente. Thanks, the same to you.
32. Expressing condolences 51
    ¡Lo siento! I am sorry!
33. Paying compliments 53
    ¡Qué bien (…)! How well (…)!
34. Congratulating someone 54
    ¡Muchas felicidades! Many congratulations!
35. Responding to compliments and congratulations. .. 55
    ¡Muchas gracias! Thank you very much!
36. Apologising 57
    ¡Perdón! Sorry!
37. Accepting an apology 58
    ¡No hay de qué! It doesn't matter!
38. Proposing a toast 60
    ¡Salud! Cheers!

II. INFORMATION AND COMMUNICATION

Conversation

39. Initiating a conversation or chat 62
    ¡Hola! ¿Qué tal? Hello, how are you?
40. Terminating a conversation or chat 63
    En fin (…). So, finally, (…)
41. Gaining time for thought 64
    Bueno. Well, …
42. Responding positively 65
    ¡Sí! Yes!
43. Denying something 66
    ¡No! No!
44. Changing the subject 67
    ¡Ah! Otra cosa (…) Oh, another thing (…)!
45. Interrupting or silencing someone 68
    Perdón (…) Sorry, (…).
46. Summarising a conversation 69
    En resumen (…). To sum up, (…).
47. Asking someone to repeat something 70
    Perdón, ¿puede repetir? Sorry, could you repeat that?
48. Rephrasing something 71
    Repito (…) I repeat, (…).
49. Giving an example 71
    Por ejemplo (…) For example, (…).
50. Demonstrating attention 72
    ¿¡Ah, sí!?
51. Referring to something 73
    ¡Ah, eso de (…)! Ah, about (…)!
52. Stressing something 74
    Pero ¡ojo! But, watch out, (…)!
53. Playing something down 75
    No es nada. It's nothing.
54. Confirming that one has understood something. ... 76
    (…), ¿verdad? (…), isn't that right?
55. Confirming that someone has understood something 77
    ¿Me entiendes? Do you understand me?
56. Conducting a telephone conversation 78
    ¡Diga! Hello!
    ¿Está (…) por favor? Is (…) there please?

Information

57. Requesting information 80
    Perdone, ¿sabe usted (…)? Excuse me, do you know (…)?
58. Ascertaining whether someone knows something 80
    ¿Qué sabes de (…)? What do you know about (…)?

251

59.	Decir que uno está informado de algo	81
	Sí, sí, ya lo sé.	
60.	Transmitir lo que ha dicho otro	82
	Dice que (…).	
61.	No saber responder a lo que se pregunta	83
	No lo sé.	
62.	Preguntar a alguien si le ocurre algo	84
	¿Qué te pasa?	
63.	Manifestar curiosidad por algo	85
	¿Sí…?	
64.	Preguntar sobre lo ocurrido	86
	¿Qué ha pasado?	
65.	Preguntar a alguien si está seguro de algo	87
	¿Seguro?	
66.	Decir que uno está seguro de algo	88
	¡Sí, claro!	
67.	Decir que uno no está seguro de algo	89
	No sé.	
68.	Decir que uno va a hacer algo	90
	Voy a (…).	
69.	Decir que uno no va a hacer algo	91
	No voy a (…).	
70.	Recordar algo a alguien	92
	¡Oye, acuérdate de (…)!	
71.	Preguntar a alguien si recuerda algo	93
	¿Recuerdas (…)?	
72.	Recordar algo	93
	Me acuerdo de (…).	
73.	Decir que uno ha olvidado algo	94
	No me acuerdo.	
74.	Preguntar si algo es correcto	95
	Por favor, ¿está bien (…)?	
75.	Decir que algo es correcto	96
	¡Está bien!	
76.	Decir que algo no es correcto	97
	¡No, no es así!	
77.	Contradecir a alguien	98
	¡No!	
78.	Especular sobre lo que podría ocurrir	100
	¡Quizá (…)!	

Información lingüística

79.	Preguntar sobre la pronunciación correcta	102
	¿Cómo se pronuncia (…)?	
80.	Preguntar sobre la ortografía correcta	102
	¿Cómo se escribe (…)?	
81.	Preguntar sobre la corrección gramatical	103
	¿Está bien dicho (…)?	
82.	Preguntar sobre el significado de una palabra o expresión	104
	¿Que quiere decir (…)?	
83.	Preguntar sobre la propiedad de una palabra o expresión	104
	¿Es correcto decir (…)?	
84.	Preguntar sobre la forma de expresar algo	105
	¿Qué se dice cuándo (…)?	
85.	Corregir algo a alguien	106
	Eso no es así.	

III. ACCIONES COMUNICATIVAS

Obligación. Consejo. Permiso

86.	Preguntar si uno está obligado a hacer algo	108
	¿Tengo que (…)?	
87.	Estar obligado a hacer algo	109
	Tengo que (…).	

59.	Saying that you know about something	81
	Sí, sí, ya lo sé. Yes, yes, I know.	
60.	Conveying what someone else has said	82
	Dice que (…). He says that (…).	
61.	Expressing inability to answer a question	83
	No lo sé. I don't know.	
62.	Asking whether someone has a problem	84
	¿Qué te pasa? What's the matter?	
63.	Indicating curiosity	85
	¿Sí…? Really…?	
64.	Asking about what happened	86
	¿Qué ha pasado? What's happened?	
65.	Asking whether someone is sure about something	87
	¿Seguro? Are you sure?	
66.	Stating that you are sure of something	88
	¡Sí, claro! Yes, of course!	
67.	Saying you're not sure about something	89
	No sé. I don't know.	
68.	Saying you're going to do something	90
	Voy a (…). I'm going to (…).	
69.	Saying you're not going to do something	91
	No voy a (…). I'm not going to (…).	
70.	Reminding someone of something	92
	¡Oye, acuérdate de (…)! By the way, remember to (…)!	
71.	Asking someone if they remember something.	93
	¿Recuerdas (…)? Do you remember (…)?	
72.	Remembering something	93
	Me acuerdo de (…). I remember (…).	
73.	Saying that you've forgotten something	94
	No me acuerdo. I don't remember.	
74.	Asking whether something is correct.	95
	Por favor, ¿está bien (…)? Is (…) okay, please?	
75.	Saying that something is right	96
	¡Está bien! That's fine!	
76.	Saying that something is not right	97
	¡No, no es así! No, it's not like that!	
77.	Contradicting someone	98
	¡No! No!	
78.	Speculating about what may occur	100
	¡Quizá (…)! Maybe (…)!	

Linguistic information

79.	Asking about correct pronunciation	102
	¿Cómo se pronuncia (…)? How do you pronounce (…)?	
80.	Asking about correct spelling	102
	¿Cómo se escribe (…)? How do you spell (…)?	
81.	Asking about grammatical accuracy	103
	¿Está bien dicho (…)? Is it correct to say (…)?	
82.	Asking about the meaning of a word or expression	104
	¿Qué quiere decir (…)? What does (…) mean?	
83.	Asking about the appropriateness of a word or expression	104
	¿Es correcto decir (…)? Is it correct to say (…)?	
84.	Asking about how to express something	105
	¿Qué se dice cuando (…)? What do you say when (…)?	
85.	Correcting someone's mistake	106
	Eso no es así. That is not the way to say it.	

III. COMMUNICATIVE ACTIONS

Obligation. Advice. Permission

86.	Asking whether one is obliged to do something.	108
	¿Tengo que (…)? Do I have to (…)?	
87.	Having to do something	109
	Tengo que (…). I have to (…).	

#	Español	Pág.	#	English	Pág.
88.	No estar obligado a hacer algo *No tengo que (…).*	110	88.	Not having to do something *No tengo que (…).* I don't have to (…).	110
89.	Decir a alguien que está obligado a hacer algo. *Tienes que (…).*	111	89.	Telling someone he has to do something *Tienes que (…).* You have to (…).	111
90.	Decir a alguien que no está obligado a hacer algo *No tienes que (…).*	113	90.	Telling someone he does no have to do something *No tienes que (…).* You don't have to (…).	113
91.	Preguntar a alguien si puede hacer algo. *¿Puedes (…)?*	114	91.	Asking someone whether he can do something. *¿Puedes (…)?* Can you (…)?	114
92.	Decir a alguien que puede hacer algo *¡Claro que sí!*	115	92.	Telling someone he may do something *¡Claro que sí!* Of course!	115
93.	Decir a alguien que no puede hacer algo *No puedes (…).*	117	93.	Telling someone he may not do something *No puedes (…).* You may not (…).	117
94.	Decir a alguien que haga algo *Por favor, ¡(…)!*	118	94.	Telling someone to do something *Por favor, ¡(…)!* Please, (…)!	118
95.	Decir a alguien que no haga algo *¡No (…)!*	120	95.	Telling someone not to do something *¡No (…)!* Don't (…)!	120
96.	Animar a alguien a hacer algo *¡Ánimo!*	122	96.	Encouraging someone to do something *¡Ánimo!* Come on!	122
97.	Intentar persuadir a alguien a hacer algo *¿Por qué no lo intentas?*	123	97.	Trying to persuade someone to do something. *¿Por qué no lo intentas?* Why don't you try it?	123
98.	Insistir a alguien en algo *¡Venga, va!*	124	98.	Insisting on something *¡Venga, va!* Come, come!	124
99.	Solicitar algo de alguien *¿Puede (…)?*	126	99.	Requesting something from someone *¿Puede (…)?* Can you (…)?	126
100.	Sugerir algo a alguien *Podrías (…).*	127	100.	Making a suggestion to someone *Podrías (…).* You could (…).	127
101.	Prometer o jurar algo *Te prometo (…).*	128	101.	Undertaking to do something *Te prometo (…).* I promise you (…).	128
102.	Prevenir a alguien de algo *Ten cuidado.*	129	102.	Warning someone of something *Ten cuidado.* Be careful.	129
103.	Pedir consejo o una sugerencia a alguien *¿Qué me aconsejas?*	132	103.	Asking someone for advice or a suggestion *¿Qué me aconsejas?* What do you advise?	132
104.	Aconsejar a alguien que haga algo *Te aconsejo (…).*	133	104.	Advising someone to do something *Te aconsejo (…).* I advise you to (…).	133
105.	Aconsejar a alguien que no haga algo *No te aconsejo (…).*	134	105.	Advising someone not to do something *No te aconsejo (…).* I advise you not to (…).	134
106.	Dar instrucciones a alguien *¿Ves? (…).*	135	106.	Giving instructions to someone *¿Ves?* Do you see?	135
107.	Pedir permiso a alguien *¿Puedo (…)?*	136	107.	Requesting permission *¿Puedo (…)?* May I (…)?	136
108.	Conceder permiso a alguien *Sí, sí.*	137	108.	Granting permission *Sí, sí.* Yes, yes.	137
109.	Denegar el permiso a alguien *¡No, no!*	139	109.	Refusing permission *¡No, no!* No no!	139

Reacción

Reaction

#	Español	Pág.	#	English	Pág.
110.	Expresar retintín o reserva *¡Ya, ya!*	141	110.	Expressing irony or sarcasm *¡Ya, ya!* Oh yes!	141
111.	Negarse a hacer algo *No quiero.*	142	111.	Refusing to do something *No quiero.* I don't want to.	142
112.	Intentar hacer algo *Intento (…).*	144	112.	Attempting to do something *Intento (…).* I'm trying to (…).	144
113.	Decir que uno puede hacer algo *Yo puedo hacerlo.*	145	113.	Saying that one can do something *Yo puedo hacerlo.* I can do it.	145
114.	Decir que uno no puede hacer algo *No puedo.*	146	114.	Saying that one can't do something *No puedo.* I can't.	146
115.	Quejarse de algo o de alguien *Me quejo de (…).*	148	115.	Complaining about something or somebody *Me quejo de que (…).* I'm complaining about (…).	148
116.	Expresar impaciencia por algo *Estoy impaciente.*	150	116.	Expressing impatience *Estoy impaciente.* I'm impatient.	150
117.	Llamarle la atención a alguien *¡Oiga, oiga!*	151	117.	Attracting someone's attention *¡Oiga, oiga!* Excuse me!	151
118.	Regañar a alguien *¡Haz el favor!*	153	118.	Scolding someone *¡Haz el favor!* Do me a favour!	153
119.	Reprochar algo a alguien *¡Otra vez!*	154	119.	Reproaching someone *¡Otra vez!* Again!	154
120.	Amenazar a alguien *Te vas a acordar de (…).*	156	120.	Threatening someone *Te vas a acordar de (…).* You won't forget (…).	156
121.	Expresar irritación por algo *¡Basta!*	159	121.	Expressing irritation *¡Basta!* That's enough!	159
122.	Murmurar de alguien *¿Sabes una cosa?*	161	122.	Gossiping about someone *¿Sabes una cosa?* Do you know something?	161

123. Tranquilizar o consolar a alguien .... 164 ¡Bah, tranquilo, tranquilo!	123. Calming or consoling someone .... 164 ¡Bah, tranquilo, tranquilo! Hey, take it easy!

IV. SENTIMIENTOS, GUSTOS Y OPINIONES

Sentimientos

124. Expresar alegría, contento y gozo 168
¡Qué bien!
125. Expresar tristeza, pena o dolor 169
¡Qué pena!
126. Expresar optimismo 170
Me siento muy optimista.
127. Expresar pesimismo o depresión 171
Me deprime (…).
128. Expresar simpatía 172
¡Qué simpático eres!
129. Expresar antipatía 173
¡Qué antipático!
130. Expresar satisfacción o complacencia 175
¡Estupendo!
131. Expresar admiración 176
¡Qué bien!
132. Expresar sorpresa 178
¡Oh, …!
133. Expresar decepción o desilusión 180
¡Qué lástima!
134. Expresar disgusto y desagrado 182
Estoy descontento.
135. Expresar enfado 183
Estoy de mal humor.
136. Expresar interés o entusiasmo 185
¡Qué interesante!
137. Expresar desinterés o aburrimiento 187
¡Qué aburrido!
138. Expresar indiferencia 188
¡Psss…!
139. Expresar fastidio 190
¡Qué fastidio!
140. Expresar dolor físico 192
¡Ay!
141. Lamentarse de algo 193
¡Lo siento!
142. Expresar arrepentimiento 195
¡Perdóname!
143. Expresar resignación y conformidad. 196
¡Paciencia!
144. Expresar alivio 198
¡Uff…!
145. Expresar duda, desconfianza o incredulidad … 199
No sé, no sé.
146. Expresar preocupación, temor o angustia …… 202
Estoy preocupado.
147. Expresar miedo 204
¡Qué miedo!
148. Expresar repulsión o asco 205
¡Qué asco!
149. Rechazar algo 206
¡De ninguna manera!
150. Rechazar a alguien 208
¡Vete!

Gustos. Aficiones. Intereses

151. Preguntar sobre gustos y aficiones 209
¿Te gusta (…)?
152. Expresar gustos y aficiones 210
Me gusta (…).
153. Expresar lo que a uno no le gusta 212
No me gusta (…).

IV. FEELINGS, PREFERENCES AND OPINIONS

Feelings

124. Expressing joy, happiness and pleasure 168
¡Qué bien! Great!
125. Expressing sadness, suffering or pain 169
¡Qué pena! What a pity!
126. Expressing optimism 170
Me siento muy optimista. I feel very optimistic.
127. Expressing pessimism or dejection 171
Me deprime (…). I'm depressed by (…).
128. Saying that you like someone 172
¡Qué simpático eres! You're so nice!
129. Expressing antipathy 173
¡Qué antipático! How unpleasant!
130. Expressing satisfaction or pleasure 175
¡Estupendo! Marvellous!
131. Expressing amazement 176
¡Qué bien! Great!
132. Expressing surprise 178
¡Oh, …! Oh…!
133. Expressing disappointment 180
¡Qué lástima! What a pity!
134. Expressing displeasure or dissatisfaction 182
Estoy descontento. I'm not pleased.
135. Expressing anger 183
Estoy de mal humor. I'm in a bad mood.
136. Expressing interest or enthusiasm 185
¡Qué interesante! How interesting!
137. Expressing lack of interest or boredom 187
¡Qué aburrido! How boring!
138. Expressing indifference 188
¡Psss…!! Pfff!
139. Expressing irritation 190
¡Qué fastidio! How annoying!
140. Expressing physical pain 192
¡Ay! Ow!
141. Expressing regret 193
¡Lo siento! I'm sorry!
142. Expressing remorse 195
¡Perdóname! Forgive me!
143. Expressing resignation and compliance 196
¡Paciencia! Patience!
144. Expressing relief 198
¡Uff…! Phew!
145. Expressing doubt, distrust or incredulity 199
No sé, no sé. I really don't know.
146. Expressing concern, apprehension or distress .. 202
Estoy preocupado. I'm worried.
147. Expressing fear 204
¡Qué miedo! How frightening!
148. Expressing revulsion 205
¡Qué asco! How disgusting!
149. Rejecting something 206
¡De ninguna manera! It's out of the question!
150. Dismissing someone 208
¡Vete! Go away!

Tastes. Pastimes. Interests

151. Asking about likes and leisure interests 209
¿Te gusta (…)? Do you like (…)?
152. Expressing likes and interests 210
Me gusta (…). I like (..).
153. Expressing what one does not like 212
No me gusta (…). I don't like (…).

154.	Preguntar a alguien por sus preferencias	213
	¿Qué prefieres?	
155.	Expresar preferencias	214
	Prefiero (…).	
156.	Preguntar a alguien si está interesado por algo.	215
	¿Te interesa (…)?	
157.	Expresar interés por algo	216
	¡Qué interesante!	
158.	Expresar falta de interés por algo	216
	No me interesa.	

Opiniones

159.	Expresar posibilidad o probabilidad	217
	Quizá.	
160.	Expresar imposibilidad o improbabilidad	219
	Es imposible.	
161.	Esperar que ocurra algo	220
	¡Ojalá!	
162.	Querer algo	221
	Quiero (…).	
163.	Anhelar algo	222
	Tengo muchas ganas de (…).	
164.	Pedir la opinión a alguien	223
	¿Qué piensas de (…)?	
165.	Dar la opinión	224
	Creo que (…).	
166.	Evitar dar la opinión	225
	No sé.	
167.	Intentar convencer a alguien	226
	Sí, pero mire (…).	
168.	Exponer las razones de algo	228
	Mira (…).	
169.	Dar la razón a alguien	229
	Tienes razón.	
170.	Decir a alguien que está equivocado	231
	No tienes razón.	
171.	Decir a alguien que está en lo cierto	233
	¡Claro que sí!	
172.	Preguntar a alguien si está de acuerdo	235
	¿De acuerdo?	
173.	Manifestar que uno está de acuerdo con alguien	236
	¡De acuerdo!	
174.	Manifestar que uno no está de acuerdo con alguien	238
	No estoy de acuerdo.	
175.	Manifestar que uno está parcialmente de acuerdo con alguien	240
	De acuerdo, pero (…).	
176.	Llegar a un acuerdo con alguien	241
	De acuerdo.	
177.	Pedir aprobación	242
	Es eso, ¿no?	
178.	Expresar aprobación	244
	¡Conforme!	
179.	Expresar desaprobación	245
	Estoy en contra.	
180.	Hacer comparaciones	246
	(…) más (…) que (…).	
	(…) menos (…), que (…).	

154.	Asking someone about his preferences	213
	¿Qué prefieres? What do you like best?	
155.	Expressing preferences	214
	Prefiero (…). I prefer.	
156.	Asking someone if they are interested in something	215
	¿Te interesa (…)? Are you interested in (…)?	
157.	Expressing an interest in something	216
	¡Qué interesante! How interesting!	
158.	Expressing lack of interest in something	216
	No me interesa. I'm not interested.	

Opinions

159.	Expressing possibility or probability	217
	Quizá. Maybe.	
160.	Expressing impossibility or improbability	219
	Es imposible. It's impossible.	
161.	Hoping that something will happen	220
	¡Ojalá! If only!	
162.	Wanting something	221
	Quiero (…). I want (…).	
163.	Desiring something	222
	Tengo muchas ganas de (…). I really want to (…).	
164.	Asking someone's opinion	223
	¿Qué piensas de (…)? What do you think of (…).	
165.	Expressing an opinion	224
	Creo que (…). I think that (…).	
166.	Avoiding giving an opinion	225
	No sé. I don't know.	
167.	Trying to convince someone	226
	Sí, pero mire (…). Yes, but look, (…).	
168.	Giving the reasons for something	228
	Mira (…). Look (…).	
169.	Telling someone they're right	229
	Tienes razón. You're right.	
170.	Telling someone they're wrong	231
	No tienes razón. You're not right.	
171.	Telling someone they're right	233
	¡Claro que sí! Of course!	
172.	Asking someone if they agree	235
	¿De acuerdo? All right?	
173.	Expressing agreement with someone else	236
	¡De acuerdo! Okay!	
174.	Saying that you disagree with someone	238
	No estoy de acuerdo. I don't agree.	
175.	Indicating partial agreement with someone	240
	De acuerdo, pero… Okay, but (…).	
176.	Reaching agreement with someone	241
	De acuerdo. Okay	
177.	Seeking approval	242
	Es eso, ¿no? That's it, isn't it?	
178.	Expressing approval	244
	¡Conforme! Agreed!	
179.	Expressing disapproval or rejection	245
	Estoy en contra. I'm against it.	
180.	Making comparisons	246
	(…) más (…) que (…). (…) more (…) than (…).	
	(…) menos (…) que (…). (…) less than (…).	

ÍNDICE LÉXICO

COMBINACIONES ESTABLES, FRASES HECHAS Y REFRANES

A cada cerdo le llega su San Martín (120)
A contrapelo (143)
A cubierto de (102)
A decir verdad (165, 168)
A Dios pongo por testigo (101)
A Dios rogando y con el mazo dando (98)
A escape (86)
A joderse tocan (143)
A la buena de Dios (161)
A la fuerza ahorcan (87, 89, 143)
A lo hecho, pecho (143)
A mal tiempo, buena cara (126, 143)
¡A otra cosa, mariposa! (44)
A otro perro con ese hueso (145)
A regañadientes (143)
Abrírsele a alguien las carnes (147)
Aburrido como una ostra (137)
Aburrir hasta a las piedras (137)
Acabóse (115)
Acojonarse (147)
Adelante con los faroles (96)
Adonde fueres haz lo que vieres (102)
Aflojar (19)
Aflojar la mosca (145)
¡Ahí es nada! (52)
Ajo y agua (143)
Alzar cabeza (126)
Andando que es gerundio (96)
Andar con chismes (122)
Andar con ojo (102)
Andar con pies de plomo (102)
Apretar las clavijas (86, 87, 88, 90)
Apuntarse a (16, 18)
Arder en deseos de (136, 163)
Armarla (146)
Armarse un taco (170)
Armarse una (78)
Arrear (132)
Arreglarse (176)
Arrieros somos y en el camino andamos y a cada paso nos encontramos (120)
Arrimar el hombro (21)
Atizar (132)
Atragantársele algo a alguien (129, 134)
¡Ave María Purísima! (115)

Bajo de moral (9)
Bajo la espada de Damocles (146)
Balsa de aceite (146)
Bastarse y sobrarse (24)
Borrarse de la memoria (71)
Botar (121)
Brindar algo a alguien (13)
Brindarse a (13, 14, 15, 22)
Bueno está lo bueno (116, 119)
Buscarle cuatro pies al gato (123)

Cabrear (135)
Cada oveja con su pareja (180)
Caer (128, 129, 151, 153, 169)
Caer algo por su propio peso (169)
Caer en la cuenta de (71, 72)
Caerle a uno alguien gordo (129)
Caérsele a alguien algo de las manos (137)
Caérsele a alguien la baba por (131)
Cagarla (147, 170)
Cagarse de (147)

Calentar (121)
Calentar la cabeza (71)
Caliente (171)
Cambiar de tercio (44)
Canastos (132)
Cantar el kirieleisón (120)
Cantar las cuarenta (119)
Cantárselas claras a alguien (119)
Caracoles (132)
Cargar (139)
Cargar con el mochuelo (86, 87, 88, 89, 90, 143)
Carta blanca (107)
Celebrar Pascua antes de Ramos (124)
Cerrar el pico (45)
Cerrar la boca (142)
Ciscarse (147)
Cobrar afecto a (118, 120)
Coger a alguien de sorpresa (59)
Coger el gusto (151)
Cogerle a alguien de sorpresa (132)
Colar (145, 171)
Colarle a alguien algo (145)
Colarse (76, 77, 117, 170)
Colorín, colorado este cuento se ha acabado (40)
Como Dios manda (115)
Como el perro y el gato (180)
Como Juan Palomo: yo me lo guiso, yo me lo como (24)
Como un niño con zapatos nuevos (124)
Compás de espera (161)
Componérselas (138)
Con buen pie (30, 171)
Con el pie derecho (30, 171)
Con el pie izquierdo (171)
Con los cinco sentidos (50)
Con pelos y señales (168)
Contar con (10, 13, 69, 91)
Convertirse algo en humo (150)
Correr la sangre (120)
Correr un tupido velo (37)
Cortar el rollo (42, 45)
Corresponder con (28)
¡Cosas veredes...! (132)
Cría cuervos y te sacarán los ojos (119)
Cruzar los dedos (161)
Cuando el río suena... (122)
Cuando las barbas de tu vecino veas pelar, pon las tuyas a remojar (102)
Cuatro ojos ven más que dos (103, 105)
Cuerno (149)
Curarse en salud (102)

Chuparse el dedo (145)

Dar alguien su palabra (101)
Dar carta blanca (105)
Dar cien patadas (129, 134, 135, 153)
Dar coba (35)
Dar cuartel (21)
Dar cuenta de (36, 37)
Dar el visto bueno (172, 174, 178)
Dar en el blanco (171)
Dar en el clavo (170, 171)
Dar en el quid (171)
Dar en la diana (171)
Dar gato por liebre (133, 145)
Dar la enhorabuena (34)
Dar la hora (25, 26)
Dar la lata (23, 134, 137)
Dar la mano (21, 91, 92)
Dar la palabra (109)
Dar las gracias (28)
Dar morcilla (150)
Dar palos de ciego (23)
Dar plantón (25, 26)
Dar por acabado (40)
Dar por bueno (177, 178)

Dar por terminado (40)
Dar que (122)
Dar rienda suelta a (108)
Dar tiempo al tiempo (123, 161)
Dar un paso en falso (170)
Dar un toque de atención (102)
Dar una en el clavo y ciento en la herradura (170)
Dar vueltas a (74, 123)
Darla con queso (145)
Darle a alguien algo mala espina (145)
Darle a alguien la gana (69)
Darle a alguien la real gana (168)
Darle a alguien la realísima (168)
Darle a alguien por (178)
Darle a alguien una ducha de agua fría (133)
Darle a alguien vela en un entierro (117)
Darse cuenta de (36, 37, 72, 167)
Darse por (143)
De balde (25)
De buena fuente (66, 59)
De buena tinta (66, 59)
De cabo a rabo (24)
De lo vivo a lo pintado (133)
De medio a medio (77)
De Pascuas a Ramos (124)
De penas y cenas están las sepulturas llenas (119)
De perlas (130)
De perros (135)
De piedra (132)
De primera (130)
De puta madre (136)
De sobras (92)
De tal palo tal astilla (180)
De todo hay en la viña del señor (122)
Decir entre líneas (60)
Decirle a alguien algo (70, 71)
Decir a alguien cuatro verdades (119)
Decir a alguien las verdades del barquero (119)
Dejar a alguien con la boca abierta (131, 132)
Dejar a alguien con un palmo de narices (133)
Dejar algo en manos de (91, 92)
Dejar algo en las manos de (21, 22)
Dejar mal sabor de boca (134)
Dejar plantado (25, 26)
Dejarle a alguien en la estacada (133)
Dejarle a alguien frío (138)
Dejarse algo en el tintero (73)
Del mal el menos (143)
Demasiado pecado para tan poca agua bendita (93)
Dentro de cien años todos calvos (143)
Descubrirse alguien ante (131)
Despertar la curiosidad (63)
Después de la tempestad viene la calma (123, 144)
¡Dichosos los ojos! (2, 110)
Digerir (129)
Dios aprieta, pero no ahoga (123, 136)
Dios hizo el mundo en siete días, y era Dios (123)
Dios mediante (115)
Dios proveerá (126)
Dolerle a alguien algo en el alma (125)
Don de gentes (128)
Donde hay capitán no manda soldado (143)
Donde hay patrón no manda marinero (143)
Donde una puerta se cierra otra se abre (143)
Dormir a pierna suelta (123)
Dos y dos son cuatro (171)

Echar a broma (52)
Echar a buena parte (36)
Echar chispas (135)
Echar en cara (119)
Echar pelillos a la mar (36, 37)
Echar un capote (21)
Echar una mano (21, 22, 23, 91, 92)

Echarse a (68)
El movimiento se demuestra andando (112)
El que espera desespera (116)
El que la sigue la consigue (98)
El tiempo todo lo cura (123)
Embobarse (131)
Empeñar la palabra (101)
En balde (25)
En guardia (103)
En vilo (116)
Encandilar (131)
Encogerse de hombros (138)
Encogérsele a alguien el ombligo (147)
Encontrarse (120)
Enrollarse (45, 139)
Enrollarse como una persiana (45)
Entre ceja y ceja (162)
Entre líneas (60)
Equivocarse de medio a medio (77, 111, 170)
Errar el tiro (170)
Escarmentar en cabeza ajena (24, 102)
Escuchar con los cinco sentidos (50)
Esfumarse (150)
Estar a la altura de (91, 92, 115)
Estar alguien a sus anchas (2)
Estar al corriente de (57, 67, 102)
Estar al tanto de (57)
Estar bueno (119)
Estar como un clavo (11)
Estar con alguien (172, 174)
Estar con el alma en vilo (146)
Estar chupado (113)
Estar cortado por el mismo patrón (180)
Estar de algo hasta las narices (149)
Estar del lado de (154, 155)
Estar en ascuas (116)
Estar en blanco (73)
Estar en buenas manos (33, 92, 93)
Estar en el ajo (59)
Estar en la cuerda floja (146)
Estar en lo cierto (66, 74)
Estar en manos de (91, 92, 93)
Estar en vilo (116)
Estar encoñado (152)
Estar hasta el coño (139)
Estar hasta el último pelo (139)
Estar hasta la coronilla (136, 139)
Estar hasta las narices (139)
Estar hasta los cojones (139)
Estar hasta los mismísimos (139)
Estar hasta los ovarios (139)
Estar hecho cisco (139)
Estar hecho fosfatina (139)
Estar hecho papilla (9)
Estar hecho polvo (9, 125)
Estar hecho puré (139)
Estar hecho trizas (139)
Estar hecho un asco (9)
Estar hecho un hombre (9)
Estar hecho un lío (9, 170)
Estar hecho una mierda (9)
Estar loco de (124)
Estar loco por (136, 152, 163)
Estar mano sobre mano (21)
Estar más muerto que vivo (147)
Estar mosca (135)
Estar muerto de curiosidad por (63)
Estar muerto de envidia por (63)
Estar muerto de ganas de (63)
Estar muerto de hambre (63)
Estar muerto de miedo por (63)
Estar negro (115, 116)
Estar para el arrastre (9)
Estar pendiente de un hilo (146)

Estar por (161)
Estar que (...) (9)
Estar sobre ascuas (63)
Estar sobre aviso (59, 102)
Estirar más el brazo que la manga (93)
Esto no va a quedar así (120)

Faltar un pelo para (144)
Frito (121)
Fuera de tino (17)

Gastar coba (35)
Golpe de fortuna (30)
Gracias a Dios (28)
Guardarse de (102, 120)
Guerra avisada no mata soldado (102)
Gustarle algo a alguien más que el pan mojado (152)
Gustarle algo a alguien más que comer con los dedos (152)

Haber gato encerrado (122, 145)
Haber más días que longanizas (27)
Hablar de tú (84)
Hablar por hablar (52, 101, 131)
Hablar por no estar callado (101)
Hacer al caso (167)
Hacer algo a la fuerza (134)
Hacer algo a posta (36)
Hacer algo a rastras (69)
Hacer algo de mala gana (69)
Hacer algo ex profeso (36)
Hacer algo por la fuerza (69)
Hacer caso a (167)
Hacer caso de (167)
Hacer hincapié (97)
Hacer la pascua (124, 139)
Hacer la vista gorda (36)
Hacer lo que a uno le salga de (109)
Hacer memoria (70, 73)
Hacer mutis por el foro (5)
Hacer pinitos (112)
Hacer pupa (134)
Hacer tabla rasa (37)
Hacer votos por (38)
Hacerla buena (161)
Hacerle ascos a (151, 152)
Hacerle tilín algo a alguien (127, 152, 154, 155)
Hacerse cargo de (20)
Hacerse de rogar (98)
Hacerse el olvidadizo (70)
Hacerse el sueco (21)
Hacerse la picha un lío (170)
Hacerse uno con (128)
Hacérsele a alguien la boca agua (124)
¡Hala! (174)
Hasta aquí podíamos llegar (117)
Higo (135)
Hincha (129)
Hinchar las narices (120, 121)
Hombre prevenido vale por dos (102, 180)
Huir de la quema (102)

Igual (159, 175)
Importarle a alguien algo un bledo (149)
Importarle a alguien algo un comino (135)
Importarle a alguien algo un higo (135)
Importarle a alguien algo un pepino (149)
Importarle a alguien algo un pimiento (135, 149)
Importarle a alguien algo un pito (138)
Importarle a alguien algo un rábano (149)
Inclinarse por (154, 155)
Ir (151, 168)
Ir a escote (12)
Ir a la zaga (180)

Ir a misa (169)
Ir a por todas (126)
Ir arreglado (170)
Ir aviado (170)
Ir como un adán (180)
Ir de ala (69)
Ir de Guatemala a Guatepeor (133)
Ir de perlas (130)
Ir hecho un tiro (170)
Ir algo para largo (116)
Ir por buen camino (171)
Ir tirando (9)
Ir volando (68)
Irle a alguien algo (151, 152, 153, 155)
Irse a freír churros (150)
Irse a freír espárragos (150)
Irse a hacer gárgaras (150)
Irse a hacer puñetas (150)
Irse a la mierda (150)
Irse a la porra (150)
Irse a paseo (150)
Irse a tomar por culo (150)
Irse a tomar por el saco (150)
Irse con viento fresco (150)
Irse de pira (150)
Irse por ahí (150)
Írsele a alguien algo de la cabeza (71)
Írsele a alguien algo de la memoria (72, 73)
Írsele a alguien el santo al cielo (73)

Jeringar (121, 139)
Joder (134, 135, 139, 140)
Jorobar (121, 134, 139)
Jugar con fuego (119)

Largar la pasta (19)
Largarse (150)
Las cosas de palacio van despacio (116)
Las paredes oyen (102)
Las penas con pan son menos (123)
Lata (134, 137, 139)
Latazo (137)
Lavarse las manos (138)
Levantar cabeza (126)
Lío de faldas (170)
Lo prometido es deuda (101)
Lo que sea sonará (78)
Los mismos perros con distintos collares (180)

Llegar a los oídos (58)
Llegar la sangre al río (123)
Llevar al huerto (145)
Llevar la contraria (77)
Llover cuatro gotas (123)

Mala pata (133, 134, 170)
Mala sombra (129)
¡Maldita la gracia! (134)
Mano de santo (169, 173)
Manos a la obra (17)
Marear (137)
Más vale pájaro en mano que ciento volando (102)
Más vale prevenir que curar (102)
Matar la gallina de los huevos de oro (102)
¡Menos mal! (144)
Menos da una piedra (143)
Metedura de pata (170)
Meter algo en la cabeza (71)
Meter la pata (169, 170)
Meterse alguien donde no le llaman (63)
Meterse alguien en camisa de once varas (1423)
Meterse alguien en lo que no le importa (63)
Metérsele a alguien algo en la cabeza (97)
Mochuelo (143)

258

Mojarse (166)
Montar la guardia (102)
Morder (9, 135)
Morder el anzuelo (145)
Morirse por (136)
¡Mucho ruido y pocas nueces! (53)
Muermo (137)
¡Muy largo me lo fiáis! (110)

Nabo (139)
Nadar y guardar la ropa (102)
¡Naranjas de la China! (43)
¡Narices! (43, 121, 149)
Negro (121)
¡Ni a rastras! (69)
¡Ni a tiros! (111)
¡Ni borracho! (69)
¡Ni fu ni fa! (138)
¡Ni hablar! (109, 160)
¡Ni hablar de eso! (149)
¡Ni hablar del peluquín! (77, 111)
Ni irle ni venirle algo a alguien (138, 149, 166)
Ni la más ligera idea (61, 114)
Ni la más mínima idea (61, 114)
Ni la menor idea (61, 114)
¡Ni muerto! (69)
¡Ni pensarlo! (27, 160)
¡Ni pío! (114)
¡Ni por asomo! (111)
¡Ni por todo el oro del mundo! (111)
Ni puñetera idea (61, 114)
Ni puta idea (61, 114)
¡Ni que estuviese loco! (69)
Ni zorra idea (114)
Ni soñarlo (27, 160)
No caber en sí de gozo (124)
No caber la menor duda de (66)
No caerá esa breva (160)
No caérsele a alguien algo de la boca (137)
No dar pie con bola (170)
No dar una (170)
No darle a alguien la gana (111)
No despintársele a alguien algo (72)
No es hablar por hablar (101)
No estar a la altura de (115)
No estar para bromas (18)
No fiarse alguien ni un pelo (145)
No fiarse alguien ni de su sombra (145)
No haber para tanto (35, 53)
No haber por dónde cogerlo (76, 114)
No haber quien pueda con uno (126)
No haberse visto cosa igual (115)
No hacerle algo a alguien ninguna gracia (134)
No hay mal que cien años dure (123, 143)
No hay mal que por bien no venga (123, 143)
No llegarle a alguien la camisa al cuerpo (147)
No llegar la sangre al río (123)
No mover ni un dedo (21, 69)
No pasársele a alguien por la cabeza la idea de (111)
No pintar nada (119)
No poder con (129, 153)
No poder ni con el alma (93)
No poder por menos de (11)
No poner las manos en el fuego (145)
No por mucho madrugar amanece más temprano (119)
No quedarle a uno sangre en el cuerpo (135)
No querer ver a alguien ni en pintura (129, 150)
No saber de qué va (77)
No sacar nada en claro (127)
No salirle a alguien de los cojones (69)
No se ganó Zamora en una hora (123)
No ser alguien manco (113)
No ser alguien nadie (143)
No ser cosa de (53)

No ser cosa de broma (52)
No ser cosa de guasa (52)
No ser cosa de risa (52)
No ser nada (32, 123)
No ser nadie (119)
No ser ni chicha ni limonada (138)
No ser por nada (167)
No ser quien para (108)
No ser santo de la devoción de alguien (129, 134, 153)
No tener algo vuelta de hoja (66, 167, 171)
No tener más que una palabra (101)
No tener nada que ver con (180)
No tener ni idea (67)
No tener ni la más remota idea (77)
No tener ni la menor idea (77)
No tener ni pizca de razón (174)
No tener ni puta idea (77)
No tener ni un pelo de tonto (144)
No tener ni zorra (77)
No tener alguien otra salida (86)
No tener palabras para (101, 130)
No tener sangre en las venas (135)
No tenerlas alguien todas consigo (145)
No tocarle a alguien la piel al cuerpo (147)
No tocarle a alguien ni un pelo de la ropa (144)
No valer la pena (123)
No venir a cuento (166)
No venir al caso (166)
No ver la hora de (116, 163)
No verle la gracia a algo (129)
¡Nones! (43)
¡Nuestro gozo en un pozo! (133)
Nunca digas de este agua no beberé (145)

Ocurrírsele a alguien algo (159, 170)
Ofrecer la mano (21, 22, 91, 92)
Ofrecérsele a alguien algo (13)
¡Olé tu (…)! (33)
Oler a cuerno quemado (145)
Oler a chamusquina (122, 145)
Oler a rayos (148)

Pagárselas alguien a uno (120)
Palabra de honor (101)
Paliza (139)
Palo (137, 139)
Papar moscas (145)
Para este viaje no hacían falta alforjas (119)
Para lo que queda en el convento… (138)
¡Para el carro! (117)
Partido (128)
Partir la cara (120)
Pasada (130)
Pasar página (44)
Pasar algo por alto (36, 169)
Pasar las de Caín (140)
Pasar las penas del Purgatorio (141)
Pasarse algo por el arco de triunfo (158)
Pasarse algo por el coño (158)
Pasarse algo por el sobaco (158)
Pasarse algo por la entrepierna (158)
Pasarse algo por los cojones (158)
Pasarse algo por un sitio que yo me sé (158)
Pasarse alguien de listo (170)
Pasársele a alguien algo por alto (73)
Patada en el estómago (135)
Patinazo (170)
Pedir hora (25, 26)
Pedir la palabra (109)
Pedir peras al olmo (122)
Pegar un planchazo (170)
Pensar alguien algo dos veces (145)
Perder el hilo (73)
Perder la cabeza (71)
Perder la paciencia (116)

Perder los estribos (121, 123, 135)
Perder los papeles (123)
Pesar (120)
Picarle a alguien la curiosidad (63)
Pico de oro (45)
Piensa mal y acertarás (145)
Pimiento (135)
Pirárselas (5, 150)
Pisar firme (171)
Planchazo (170)
Plasta (137)
Polvo eres… (143)
Poner a alguien en el disparadero (121)
Poner cuernos (135, 149)
Poner de relieve (52)
Poner el dedo en la llaga (171)
Poner las manos en el fuego (65, 66, 67)
Poner manos a la obra (68)
Ponerle a alguien a cien (116)
Ponerse a (68)
Ponerse a cubierto (102)
Ponerse a tiro (170)
Ponerse de mil colores (35)
Ponerse en guardia (102)
Ponerse negro (125, 127)
Ponérsele a uno de corbata (147)
Ponérsele a uno la carne de gallina (147)
Ponérsele a uno los pelos de punta (147)
Ponérsele a alguien un nudo en la garganta (147)
¡Por éstas, que son cruces! (120)
Por la muestra se conoce el paño (122)
¡Por los pelos! (144)
Por mis muertos (101)
¡Por muchos años! (34)
Por si las moscas (102, 145)
¡Por un pelo! (144)
Presumir (159, 165)
Provocar (154)
Punto débil (151)
Punto flaco (151, 152)

¡Qué largo me lo fiáis! (145)
¡Que lo haga Rita! (111, 149)
¡Que me caiga muerto si (…)! (66)
¡Que me trague la tierra si (…)! (101)
Quedar algo bien claro (52)
Quedarse corto (28)
Quedarse helado (133)
Quedársele a alguien la mente en blanco (73)
Quejarse de vicio (115)
Quien avisa no es traidor (102)
Quien diga lo contrario, miente (66)
Quien mucho abarca, poco aprieta (119)
Quien mucho habla, mucho yerra (170)
Quien siembra vientos, recoge tempestades (122)
Quitar el hipo (132)
Quitar hierro a (53)
Quitarse algo de la cabeza (72)
Quitarse el sombrero ante (131)
Quitarse un peso de encima (143)

Rábano (135, 149)
Rabiar (140)
Racha (127)
Radio Macuto (59)
Rascarse el bolsillo (19)
Refrescar la memoria (70)
Reservarse alguien la opinión (166)
Respirar (144)
Resultar algo de primera (130)
Retirarse por el foro (5)
Reventarle a alguien algo o alguien (129, 134, 135, 139)
Revolvérsele a uno el estómago (148)
Revolvérsele a uno las tripas (148)
Rollo (133, 137, 139)

Romper a (68)
Romper la crisma (120)
Romperse la cabeza (146)
Romperse los cuernos (134, 149)
Rompérsele a uno el corazón (125)
Roña (129)

Saber algo a ciencia cierta (66)
Saber algo a cuerno quemado (134)
Saber algo de buena fuente (59, 66)
Saber algo de buena tinta (59, 66)
Saber de fijo (66)
Saber más que Lepe (180)
Sablear (19)
Sacar en claro (45)
Sacar un tema a colación (100)
Sacarle a alguien algo de quicio (116, 121, 135)
Sacarle a alguien algo de sus casillas (116, 121, 135)
Sacarle a alguien algo de tino (121)
Sacarle a alguien algo los colores (35)
Salir (25, 73)
Salir algo a la perfección (75)
Salir algo a pedir de boca (75)
Salirle a alguien algo de las narices (168)
Salirle a alguien algo de los cojones (168)
Salirle a alguien el tiro por la culata (133, 170)
Salir alguien con (132)
Salir alguien de su asombro (131)
Salir alguien de sus casillas (135)
Salir algo de primera (130)
Salir de un atolladero (146)
Salir rana (122)
¡Salud, dinero y amor! (38)
¡Salud y pesetas! (38)
¡Sanseacabó! (42)
¡Santiago y cierra España! (96)
Se acabó el carbón (42)
Se acabó lo que se daba (42)
Se casaron, fueron felices y comieron perdices (42)
Sentarle algo a alguien (155, 177)
Sentarle algo a alguien como un tiro (170)
Sentirse en las nubes (152)
Sentirse como pez en el agua (2)
Ser cenizo (126)
Ser clavado a (180)
Ser como el perro del hortelano (180)
Ser algo coser y cantar (113)
Ser algo de cajón (169)
Ser de la misma calaña (180)
Ser de la misma camada (180)
Ser de la misma cuerda (180)
Ser de lo que no hay (33)
Ser del mismo paño (180)
Ser (…) donde los hay (33)
Ser el acabóse (115)
Ser el colmo (115)
Ser el chocolate del loro (53)
Ser el polo opuesto de (172)
Ser el vivo retrato de (180)
Ser flaco de memoria (73)
Ser gato escaldado (145)
Ser gato viejo (145)
Ser la gota que colma el vaso (135)
Ser lo nunca visto (131)
Ser más conocida que Rita (180)
Ser más feo que Picio (180)
Ser más puta que las gallinas (180)
Ser muy dueño (108)
Ser peor el remedio que la enfermedad (24)
Ser tal para cual (180)
Ser tan cierto como es de día (66)
Ser todo oídos (50)
Ser un ángel (128)
Ser un asco de (148)

Ser un caradura (148)
Ser un cero a la izquierda (119)
Ser un cielo (128)
Ser un juego de niños (113, 114)
Ser un manitas (33)
Ser un pintamonas (119)
Ser un sol (128)
Ser una mosquita muerta (122)
Si es un perro, te muerde (110)
Si me pinchan no me sacan sangre (147)
Si no lo veo, no lo creo (145)
Si lo sé no vengo (133)
Sin vuelta de hoja (66, 171)
Soltar la guita (19)
Soltar prenda (166)
Soltarle a alguien algo (7, 58, 71, 72)
¡Sopla! (131)
Sospechar (165)
Subirle a alguien los colores (35)
Subirse por las paredes (121)
Subírsele a alguien la sangre a la cabeza (135)
Sublevarle a alguien algo (121, 135)
Sudar sangre (135)
Sudársela a alguien algo (138)
¡Sursum corda! (96)

Tender la mano (21, 22, 23, 91, 92)
Tener algo a alguien hasta (121)
Tener a alguien montado en las narices (129)
Tener a alguien sentado en la boca del estómago (129)
Tener algo a bien (99)
Tener algo en cuenta (169)
Tener algo entre ceja y ceja (162)
Tener ángel (128)
Tener aplomo (123)
Tener buena mano para (92, 93)
Tener buena percha (33)
Tener buenas manos para (33)
Tener el corazón en un puño (147)
Tener el ojo echado a (162)
Tener en cuenta (36, 37, 167)
Tener en la punta de la lengua (73)
Tener ganas (18)
¡Tener hijos para esto! (133)
Tener inquina (129)
Tener la cara muy dura (148)
Tener la manga muy ancha (93)
Tener la mosca en la oreja (145)
Tener la negra (125, 127)
Tener las espaldas bien cubiertas (102)
Tener lugar algo (27)
Tener mala voluntad a alguien (129)
Tener manía (153)
Tener mano en (33, 92, 93)
Tener más razón que un santo (169, 173)
Tener más salero andando que Manolete toreando (33)
Tener ojeriza (129)
Tener ojo clínico (171)
Tener algo por objeto (25)
Tener presente (70, 71)
Tener salero (33)
Tener tacto (171)
Tener un mal momento (37)
Tener un nudo en la garganta (134, 147)
Tener unas palabras con alguien (101)
Tenerla tomada con alguien (129)
Tenerlas alguien todas consigo (145, 146)
Tenerle a alguien algo mosca (145)
Tenerle a uno sin cuidado (138)
Tentarle a alguien algo (13)
Tiempo al tiempo (123)
Tirar de la lengua (168)
Tirarle algo a alguien (152)
Tirria (129)
Tocar algo a alguien (12, 20)

Tocar el nabo (139)
Tocar las narices (115, 121, 139)
Tocar madera (161)
Tocarle a alguien el mochuelo (86, 87, 88, 90, 143)
Tocarle a algo a alguien las narices (149)
¡Toma! (132)
Tomar a pecho (53)
Tomar (buena) nota (50, 52)
Tomar el gusto a (151, 152)
Tomar el pelo (65, 119)
Tomar el rábano por las hojas (170)
Tomar el tiempo como viene (123)
Tomar en cuenta (36, 37)
Tomar en serio (53)
Tomar hora (25, 26)
Tomar una cosa por otra (170)
Tomar la del humo (150)
Tomar las cosas como vienen (143)
Tomar partido (166)
Tomarse la libertad de (107)
Tope (136)
Tostón (137)
Trabucarse (170)
Traérsela floja algo a alguien (138)
Tragar (129, 134, 145, 153)
Tragar el anzuelo (145)
Tragarse alguien algo (120)
Tratar a alguien como un perro (135)
Tratar de tú (84)
Tratar de usted (84)
Trinar (116, 121)

¡Una y no más, Santo Tomás! (145)

Vale más un por si acaso que un válgame Dios (102)
Valer (143, 172, 173, 175, 176, 177, 178)
Valer la pena (17)
¡Vaya usted a saber! (110)
Venir (92, 93)
Venir alguien a alguien con algo (121)
Venir a cuento (166)
Venir a la cabeza (71, 72, 73)
Venir a la memoria (72)
Venir al caso (166)
Venir con chismes (122)
Venir con exigencias (18)
Venir con planes (18)
Venirle a uno (155)
Venirse algo abajo (133)
Venirse algo por tierra (133)
Ver (164, 167, 173, 174)
Ver algo con estos ojos que se va a comer la tierra (66)
Ver con buenos ojos (35)
Ver las estrellas (140)
Ver para creer (122, 145)
Ver y creer (145)
Verlas venir (146)
Verle el plumero a alguien (122)
Verle las orejas al lobo (147)
Verlo todo de color de rosa (123, 126)
Verlo todo negro (125, 127)
Verse las caras (120)
Verse negro para (125, 127)
Vía de apremio (87)
Vivir para ver (122, 131)
Volverle a uno loco (152, 153)
Volverse loco (124)

¡Y ahora una de indios! (145)
Y fueron felices y comieron perdices (40)
¡Y tal día hará un año! (138)
¡Y un huevo! (43)
¡Y un jamón! (43, 110)
¡Y una mierda! (43)

Zurcir (138, 150)

ÍNDICE DE ELEMENTOS COMUNICATIVOS

ENFATIZADORES, CONECTORES Y ESTIMULANTES

ELEMENTAL

¡(…)! (118, 120)
¡(…), (…)! (96, 98)
A lo mejor (78)
¡Adelante! (96, 108)
¡Adiós! (5)
¡Ah! (44, 50)
¡Ah, (…)! (94, 132)
¡Ah, eso de (…)! (51)
¡Ah, sí! (14, 50)
¿Ah sí? (63)
¡Alerta! (102)
¡Allá tú! (138)
¡Ánimo! (96)
Aquí (56)
¡Arriba! (96)
¡Así es! (178)
¡Atención! (102)
¡Ay! (140, 141)
¡Ay…! (3)
¡Ay, ay, ay, que (…)! (122)
¡Ay, sí! (23)
¡Bah! (110)
¡Basta! (95, 118, 121, 135)
¡Basta ya! (95, 118, 121)
Bien, … (39, 41)
¡Bien! (178)
¡Bien, bien! (75)
¡Bravo! (136)
¡Buenas! (1)
¡Bueno! (17, 173, 175)
¡Bueno, bueno! (173)
Bueno, pues (41)
Ciertamente (42, 171)
¡Claro! (23, 42, 171, 173)
¡Claro, claro! (173)
Claro que (42, 108, 109)
Claro que sí (92, 171, 173)
¿Cómo (…)? (47, 50, 64)
¡¿Cómo?! (132)
Como ejemplo (49)
¡Cómo no! (11)
¿Cómo que no? (77)
¿Cómo que sí? (77)
Conforme (178)
¿Conforme? (177)
¡Cuidadito! (102)
¡Cuidado! (102)
¡Cuidado, eh! (117)
Cuidado con (102)
¡Chsss! (3)
Da igual (53)
Da lo mismo (53)
De acuerdo (26, 55, 75, 108, 173, 176, 178)
¿De acuerdo? (74)
De acuerdo, pero (175)
De eso, nada (43, 149)
De momento (166)
De nada (29)
¡De ningún modo! (12, 15)
De ninguna manera (109)
¿De veras? (35, 50, 63, 65, 110)
¿De verdad? (35, 50, 63, 65, 110, 132)

De verdad que (35)
¡Desde luego! (92)
¡Dios mío! (132, 141)
¡Eh…! (3, 102)
¿Eh? (47)
¡En absoluto! (160)
En realidad (77)
En resumen (46)
¿En serio? (35, 132)
¿Es así? (74)
Es eso, ¿no? (177)
(…) es lo mejor (167)
¡Es verdad! (173)
Es decir (48, 49)
Es igual (53)
Es posible (159)
Es probable (159)
Es que (…) (24, 35, 67)
¿Es verdad? (74)
¡Eso! (42)
¡Eso, eso! (173, 178)
Eso de (51)
Eso es cierto (171)
Eso es todo (110, 119)
Está claro (55)
¡Esto…? (119)
Evidentemente (42)
¡Fatal! (76)
¡Gracias! (14, 15, 22, 28, 31, 35)
¡Grrgrrgrr! (121)
¡Hale, hale! (98)
¡Hasta (…)! (5)
¡Hola! (1, 3, 7, 39, 56)
¡Hum, hum! (41, 110)
¡Hurra! (124)
Igualmente (31, 93, 109, 111, 114)
¡Imposible! (160)
¡Je, je! (110)
¡Lástima! (27)
La verdad es que (122)
Lo mismo… (31)
Lo siento (3, 18)
Mejor dicho (48)
¡Mira! (132, 168)
¡Mira…! (3, 16)
¡Mira, mira! (122)
Mira a ver lo que (120)
Mira que (120, 122)
Muy bien (75, 136)
Muy mal (76)
¡Na! (43)
¡Nada! (29, 43)
¡Naturalmente! (23, 42, 173)
Ni fu ni fa (138)
¡Ni hablar! (12, 15, 27)
Ni pensarlo (27)
¡No! (12, 15, 18, 24, 27, 43, 76, 77, 93, 95, 109, 111, 139, 179)
(…), ¿no? (54, 74)
¡No, en absoluto! (179)
¡No es así! (76)
No es nada (53)
No, gracias (111)
No importa (53)
¡No me digas! (50)
¡No, hombre, no! (109, 110)
¡No, no! (109, 114)
No sé, no sé (144)
No, señor, no (111)
No tiene importancia (53)
No vale la pena (53)
¡Nunca! (111)
O sea (48, 49)
O séase (48)
¡Oh! (131)

¡Oh...! (50, 132)
¡Oiga...! (3)
¡Oiga, oiga! (117)
¡Ojalá! (31, 161)
¡Ojito, ojito! (120)
¡Ojo! (52, 102, 120)
¡Ojo con (...)! (102, 120)
¡Olé! (124, 136)
¡Otra vez! (118, 119)
¡Otra vez...! (119)
Oye (91, 103)
¡Oye...! (3, 39, 70)
¡Oye, por cierto (...)! (44)
Para mí (113, 114)
Para resumir (46)
¡Perdón! (4, 36, 45, 47, 107)
¡Perdone! (4, 56)
Pero, bueno, ¡qué es esto? (117)
¡Pero mira qué (...)! (131, 132)
Pero no (95)
¡Pfff! (148)
Por ejemplo (49)
Por favor (18, 19, 36)
Por favor (70, 94)
Por favor, no (95)
¡(...) por favor! (98)
¡Por supuesto! (42, 92, 171, 173)
¡Por supuesto que no! (174)
¡Por supuesto que sí! (173)
¿Por qué (...)? (118)
¡Psch...! (175)
¡Pse! (175)
¡Psss...! (110, 175)
¡Puah! (148)
Puede ser, pero (175)
Pues, ... (39, 41)
Pues claro (42)
Pues mira (35)
¡Pufff! (148)
¡Puuu! (148)
¡Qué (...)! (33, 119)
¿Qué? (47)
¿Quééé...? (50)
¡Qué bien! (75, 124, 126, 136, 178)
¡Qué bien que (...)! (144)
¡Qué mal! (76)
¿Qué más da? (53)
¡Que no! (111, 149)
¡Que no, que no es así! (170)
¿Qué sé yo? (67)
¿Qué tal? (39, 177)
¡Qué va! (110)
Quizá (67, 78, 146, 159)
Quizá, pero (175)
Repito (48)
Respecto a (51)
Resumiendo (46)
Segurísimo (66)
¡Seguro! (42, 66)
¿Seguro? (65, 145)
Seguro que (160)
Seguro que sí (66)
Sí (92)
¡Sí! (11, 22, 26, 42, 55, 75, 108)
¿Sí? (172)
¿Síííí...? (50, 110)
¡¿Sí?! (56, 132)
¡Sí, es así! (171)
¡Sí, claro! (66)
Sí, de acuerdo (169)
¡Sí, desde luego! (66)
¡Sí, hombre, claro que sí! (169)
Sí, naturalmente (108)
¿Sí o no? (172, 177)
¡Sí, por supuesto! (66, 173)

Sí que (108)
¡Sí, sí! (110, 176)
¡Sí, vale! (169)
¡Sin comentarios! (166)
¡Sin duda alguna! (178)
Sobre (51)
Tal vez (67, 78, 145)
¡Tanto gusto! (7)
¡Todo llegará! (161)
¡Tú! (3)
¡Tú mismo! (121)
¡Ufff...! (144)
¡Un momento! (56)
¡Uy! (140)
¡Vale! (11, 17, 26, 75, 108, 143, 173, 176, 178)
¿Vale? (55, 74, 172, 177)
Vale, pero (175)
¡Vamos! (96, 98, 174)
¡Vamos, hombre! (118)
¡Vamos, vamos! (123)
¡Vaya! (132, 133, 141)
¡Vayamos! (96)
¡Venga! (10)
¡Venga, va! (98)
¡Venga, venga! (96)
Verás (168)
(...), ¿verdad? (54, 172)
¿Ves? (106)
¡Viva! (166)
¿Y...? (50)
¡Y yo qué sé! (61, 67)
¡Ya! (42)
¿Ya? (55)
Ya veremos (67, 145)

INTERMEDIO

A decir verdad (168)
A lo mejor (159)
A lo mejor no (160)
A lo mejor sí, pero (175)
A modo de ejemplo (49)
A propósito (39)
A propósito de (51)
¡A ver...! (4, 50)
¡A ver si (...)! (25)
A todo esto (44)
Abreviando (46)
¡Acaso (...)! (78)
Acerca de (51)
¡Ah, eso sí que no! (115)
Al menos (144)
¡Anda...! (50, 94, 98)
¡Anda, anda! (96)
Aquí (6)
¡Ay! (120)
¡Ay de (...)! (120)
¡Bah, bah! (53, 77, 110)
¡Bah, hombre, bah! (110)
Basta de (44)
Bien, pero (77)
¡Bueno! (40)
¡Calla! (77)
¡Claro que (...)! (37, 113)
¡Cómo (...)! (110)
¿Cómo (...)? (63, 64)
Como decía antes (39)
Como Dios manda (77)
¿Cómo es posible que (...)? (115)
¿Cómo es que (...)? (115)
Como mínimo (144)
Como no... (120)
¡Cómo no! (23, 108)
¿Cómo no? (42, 108)

Con estas palabras (46)
Con esto (144)
¡Con qué gusto (...)! (163)
Con referencia a (51)
Con relación a (51)
Con tanto (115)
Creía que (141)
¡De acuerdo! (17)
De eso, nada (77)
De hecho (76)
De ningún modo (77, 111)
De ninguna manera (77, 111, 149, 160)
¡¿De veras?! (132)
¿De verdad, verdad? (110)
Desafortunadamente (141)
¡Desde luego! (171, 173)
Desde luego que (108, 109, 173, 174)
Desde mi punto de vista (165)
Desgraciadamente (141)
Dicho con otras palabras (48)
Dicho de otra manera (48)
Dicho de otro modo (48)
Dicho en otra palabras (48)
¡Dios! (77)
Dios dirá (77)
Dios mediante (77)
¡Dios mío! (77)
¡Dios Santo! (77)
¡Eh, que (...)! (117)
Ejemplificando (49)
En conclusión (40)
En cuanto a (50)
En estas circunstancias (83)
En mi opinión (77, 165)
En pocas palabras (46)
En principio, sí (176)
En referencia a (51)
En relación a (51)
¿En serio? (50)
En tu opinión (154)
¿Es así cómo (...)? (74)
¿Es cierto que (...)? (74)
Es como (49)
Es como decir (49)
Es difícil que (160)
Es evidente que (43)
Es fácil que (159)
Es igual que si (48)
Es muy dudoso que (160)
Es poco probable que (160)
Es probable que (159)
¿Es verdad que (...)? (74)
Es un decir (122)
¡Escuche! (3)
Eso de que (51)
Eso está por ver (110)
Eso mismo (75, 173)
Espera (41, 48)
Espera, espera (167)
Está claro que (42, 43)
¿Estamos? (55)
¿Estás? (55)
Éste es el caso de (49)
Esto (41)
Exactamente (173)
¡Exacto! (173)
Fíjate (132)
Hablando de otra cosa (44)
¡Hala! (53, 96, 98, 110)
¡Hala, pero (...)! (77)
Hay perspectivas de que (161)
¡Hombre...! (109)
Hombre, pues (41)
¡Humm...! (67)
Indudablemente (173)

Justamente (173)
¡Justo! (75)
Lamentablemente (141)
¡Lástima...! (12)
Lo dicho (26, 46)
Mira (6, 48)
Nada de eso (111)
Naturalmente que (37)
¡Ni hablar! (43, 77, 109, 111, 149, 160)
¡Ni hablar de eso! (109, 149)
¡Ni idea! (60)
¡Ni más ni menos! (178)
¡Ni mucho menos! (43)
¡Ni pensar en (...)! (149)
¡Ni pensarlo! (77, 111, 160)
¡Ni soñarlo! (77, 160)
No es fácil que (160)
No es nada probable que (160)
No es para (29)
¡No, hombre, no! (77)
¡No me (...)! (63)
¡No me digas! (110, 132)
No parece muy probable que (160)
No parece que (160)
¡No, por Dios! (95)
¡No se hable más! (173)
No se hable más de (134)
¡No, si ya (...)! (119)
¡No ves...! (119)
O, lo que es lo mismo (48)
O sea que (54)
Oiga (39)
¡Oiga, que (...)! (117)
¡Ojalá...! (30, 163)
Otra vez (47)
¿Otra vez? (109)
¡Otro día (...)! (12)
¡Oye...! (46)
Para abreviar (45)
Parece que (39)
¡Pche! (138)
Perfectamente (173)
Pero (...) (92, 93)
Pero..., ¿(...)? (118)
¿Pero cómo (...)? (118)
Personalmente (165)
¡Pobre de (...) si (...)! (120)
Por casualidad (56)
Por cierto, ¿por qué no (...)? (100)
¡Por completo! (75)
¡Por Dios! (77)
¡Por favor! (115, 167)
Por lo menos (144)
Por mí (148)
¡Por supuesto! (167)
Posiblemente (159)
Precisamente (173)
Probablemente (78, 159)
¡Psch! (138)
Pse... (9)
¡Pse! (134)
¡Psss! (138)
Puede ocurrir que (159)
Puede pasar que (159)
Puede ser que (78, 159, 160)
Puede suceder que (159)
Pues, la verdad (168)
¡Qué (...)! (30)
¿Qué (...)? (64)
¡Qué bien que (...)! (144)
Que conste (52)
¡Qué desastre! (141)
¿Qué dices? (145, 174)
¿Qué hay de (...)? (70)
¡Qué horror! (133)

¿Qué le vamos a hacer? (141, 143)
¡Qué más da! (53, 138)
¿Que qué (...)? (47, 63)
¿Que qué dices? (132)
Que quede bien claro que (52)
¡Qué remedio nos queda! (143)
¿Que si qué (...)? (47)
¡Que sí! (42, 173)
Qué tal (...)? (81)
¡Qué va! (43, 77, 149, 174, 179)
¡Qué va, qué va! (111)
¡Que no! (43)
¡Quién sabe! (67)
¿Quieres decir? (110)
¡Quita, quita! (77)
Quizá pueda (159)
Resulta que (136)
Seguramente (159)
Seguramente no (160)
Seguro que (43, 58)
Sí (50)
¿¡Sí!? (2)
Si Dios quiere (77)
Si es que (29)
¡Sí, hombre, sí! (108)
Si no hay más remedio (143)
Si no se puede (143)
Si tú lo dices (145)
Sin duda (173)
Sirva de ejemplo (49)
Tal vez (159)
¡Tanto da! (53, 138)
¡Todo puede ser! (159)
¡Toma! (132)
Total (48)
Total, que (46)
¡Tú mismo...! (9)
¡Ufff...! (116)
Un caso evidente (49)
Un momento (41)
¡Usted mismo! (108)
¡Uy, uy, uy! (65)
¡Vale, vale, de acuerdo! (143)
Vale la pena (52)
Válgame Dios (77)
Vamos a (...) (10, 145)
Vamos, que (48)
¡Vaya! (132, 141)
¡Vaya...! (49, 115, 119, 128)
¡Vaya por Dios! (77)
¡Venga, hombre, venga! (110)
Verás (175)
(...), ¿verdad? (62)
¡Ves, ves, ya (...)! (119)
Viene a ser como (48)
¿Y...? (50)
¿Y a mí qué? (53, 138)
Y hablando de... (51)
¿Y para esto (...)? (119)
¿Y por qué no (...)? (115)
¿Y qué más? (50)
¿Y si (...)? (78)
¡Y tanto! (173, 178)
Ya esta bien de (...), ¿no? (122)
Ya está bien, ¿no? (119)
Ya está bien, no? (115, 116, 117,118)
¡Ya voy! (4)
¡Ya, ya! (50)

AVANZADO

A decir verdad (165)
A fin de cuentas (176)
A lo mejor (78)

¡¿A mí con ésas?! (69)
A mi entender (165)
A mi juicio (165)
A mi modo de ver (165)
A mucha distancia (155)
A pesar de eso (167)
A propósito (100)
¡A que (...)! (159)
¡A que no! (145)
¡A que sí! (159)
¿A que sí? (177)
¿A qué viene tanto (...)? (132)
¡A ver! (42)
¡A ver...! (11)
A ver... (41)
¡A ver, a ver! (47)
A ver si (41, 112, 146)
A ver si de esta forma (48)
Además de (82)
¡Ahí va...! (20, 132)
Algo (...) sí que (...) (135)
¡Anda! (131)
¡Anda y que (...)! (150)
¡Anda ya! (174)
Ante ello (138)
¡Arrea! (132)
Así que (46)
¡Atiza! (132)
¡Aúpa! (96)
¡Ay, qué (...)! (119, 147)
¡Bah, hombre (...)! (123)
Bien mirado (46)
Bien, pero (37)
¡Buena nos espera! (161)
Bueno, bueno, pero (161)
¡Ca! (43)
Cabe dentro de lo posible (159)
¡Caramba! (132)
¡Caray! (132)
¡Caray con (...)! (131)
Como acabo de decir (48)
¡Cómo no! (42)
Como que (168)
Como quien no dice nada (52)
Como quien no quiere (52)
Como síntesis (46)
Con decir que (122)
¿Con éstas (...)? (121)
¡Con lo que (...)! (115, 141)
Con permiso (4)
Con respecto a (127)
Con seguridad (78, 159, 173)
Con todo (175)
Concretando (46)
Conque (46)
¡Cualquier día (...)! (159)
Cualquiera que sea (138)
¡Cualquiera sabe! (67)
Cuando sea (138)
¿De dónde? (111)
De haberlo sabido (141)
De hacerlo (120)
¿De qué? (29)
¡Déjalo ya! (137)
Desde ahora (18)
Desde luego que (108)
Desde mi punto de vista (77)
Desdichadamente (141)
Digamos (41)
¡Dios! (115)
¡Dios mío! (115, 142)
¡Dios quiera que (...)! (161)
¡Dios Santo! (115)
Dispense (4)
Donde sea (138)

¡Ejem…! (3)
El caso es que (4, 41, 168)
El día menos pensado (159)
En efecto (173)
En esto (138)
En líneas generales (175)
En lo concerniente a (51)
En parte (175)
En resumen (155)
En resumidas cuentas (40)
Entonces, ¿cómo (…)? (121)
Entre (…) y (…) (154)
¡Es (…) eso de (…)? (63)
Es igual que si (49)
Es más que probable que (159)
Es que (90)
Eso habrá que verlo (145)
¡Eso habría que verlo! (174)
¡Eso lo dirás tú! (174)
Eso sí, pero (167)
Eso sí que estaría bueno (119)
¡Eso sí que no! (135)
Está que (121)
¿Estamos? (172)
Esto promete (161)
¡Faltaría más! (11, 108, 109, 115)
¡Habráse visto (…)! (122, 132)
¡Habráse visto cosa igual! (115)
¡Hala! (174)
¡Hasta aquí podíamos llegar! (115, 117)
Hasta donde yo sé (77)
Hay esperanzas de que (159)
¡Hay que ver cómo (…)! (141)
Hay que ver lo que (116)
¡Hay que ver qué (…)! (122)
¡Hombre (…)! (7, 110)
¡Hombre, por Dios! (117)
Hombre, tanto como eso (110)
Igual (78, 159)
Igual no (160)
Igual sí (175)
La verdad (…) (18)
Lo bueno sería que (119)
Lo de (153)
Lo que equivale a (48)
Lo que es lo mismo que (48)
Lo que sea (138)
Lo que sí (104)
¡Lo que tú digas! (173)
¡Lo que yo daría por (…)! (163)
Más fácil (48)
Más vale que (180)
¡Menos mal! (144)
¡Menos mal que (…)! (144)
Mira a ver si (74)
¡Mira qué (…)! (85, 97)
Mira que si (159)
Mirado de otra manera (167)
Muy bien podría (159)
Nada menos que (52)
¡Ni lo preguntes! (89)
Ni más ni menos (75)
¡Ni por asomo! (111)
¡Ni qué (…)! (53)
¡Ni qué decir tiene! (42, 173)
No es improbable que (159)
No es por nada (76)
No es por nada', pero (77, 122, 167)
No es que (119, 122, 153)
No estaría de más que (161)
¡No faltaba más! (173)
¡No faltaría más! (11, 42, 173, 179)
¡No faltaría más sino que (…)! (179)
No me diga nada, que (115)
No parece imposible que (159)

¡No se hable más! (173, 176)
¡Ojalá! (61)
¡Ojalá (…)! (140)
¡Ojalá no (…)! (142)
¡Ojalá pudiera! (162)
¿Otra vez con ésas? (137)
Para mí (165)
Parece como si (180)
Parece igual que si (180)
Parece que (180)
Pase lo que pase (78)
¿Pero es que (…)? (93)
Pensándolo bien (41)
Pensar que (141)
¡Pero, ojo! (52)
Podría ser que (159)
Pongamos por caso (49)
Por descontado (171)
Por desdicha (141)
Por ejemplo (49)
¿Por eso? (53)
¡Por éstas! (66, 101)
¡Por fin! (7)
Por lo que a mí respecta (155)
Por lo que veo (…) (8)
Por lo que yo sé (77)
¿Por qué no? (108)
Por si (123, 179)
Por si acaso (102)
Pudiera ser que (159)
¡Pues eso sí que (…)! (149)
Pues, la verdad (114)
Pues, mira (168)
¡Pues qué bien! (133)
¡Pues si que (…)! (133)
¡Pues vaya…! (133)
Pues verás (41)
¡Qué (…) el tuyo! (33)
¡Qué (…) las tuyas! (33)
¡Qué bien que (…)! (176)
(…), que digamos (179)
¡Qué más hubiera (…)! (133)
¡Qué más quisiera! (61, 160)
¿Qué otra cosa, sino? (178)
¿Qué por qué? (168)
¡Qué pronto (…)! (171)
¿¡Qué quieres que te diga!? (9)
¡Qué remedio! (87, 89)
¡Que sí, hombre! (85)
¿Qué tal si (…)? (82)
¡Que te crees tú eso! (27, 149)
¿Qué voy a (…)? (111)
¡Quiá! (110)
¡Quién diablos (…)! (134)
¡Quién iba a decir que (…)! (141)
¡Quién lo iba a decir! (141)
¡Quién sabe! (146)
Seguramente (78)
Seguro que (126)
Sería el colmo que (115)
Si al menos (141)
Si bien se mira (46)
Si fuese posible (155)
¡Si lo hubiera sabido! (141)
Si llego a saberlo (133)
Si mal no recuerdo (72)
Sí, mira (104, 105)
Si yo fuera tú (104, 105)
Sintetizando (46)
Sólo de verlo (114)
¡Sólo faltaría! (42, 108, 173)
¡Sólo faltaría que (…)! (115, 146)
Sólo pensar en (129)
Tal como (72)
¿Tanto (…) para eso? (53)

Tendría gracia que (115)
Tiempo habrá para (166)
¿Todavía (…)? (116)
Todo hace presumir que (159)
Todo parece indicar que (159)
¡Tonterías! (174)
¡Una y no más! (145)
¡Upa! (96)
¡Uy, qué (…)! (35)
¡Válgame Dios! (115)
¡Vamos! (174)
¡Vamos, ande! (110)
¡Vaya (…)! (132, 144)
¡Vaya con (...)! (115)
¡Vaya churro! (76)
¡Vaya forma de (…)! (132)
¡Vaya hora de (…)! (115)
¡Vaya por Dios! (115, 143)
¡Vaya si (…)! (11)
¡Vaya usted a saber! (110)
Veamos (41)
¡Venga (…)! (10, 21)

¡Vete tú a saber! (67)
¿Y a (…) qué? (53)
Y ahora que (…) (100)
¿Y ahora qué? (135)
Y ésta es la hora en que (116)
Y hablando de (…) (100)
¡Y que lo digas! (42)
¡Y qué más! (110)
¡Y qué más…! (53, 145)
¿Y qué más? (43, 111, 135, 149)
¿Y si (…)? (16, 94, 100)
¿Y si no fuera (…)? (145)
¿Y si por si acaso (…)? (78)
¡Y tanto! (108)
¡Ya lo creo! (173)
¡Y yo que (…)! (133)
¡Ya era hora! (144)
¡Ya lo tengo! (72)
Ya será menos (53)
Yo diría (41)
Yo, en tu lugar (104, 105)
Yo, que tú (97, 104, 105, 123, 145, 167)